HISTOIRE
DE
LORRAINE
(Duché de Lorraine, duché de Bar, Trois-Évêchés)

Couronnée en 1925 par l'Académie française (grand prix Gobert)

PAR

Robert PARISOT

Professeur d'histoire de l'Est de la France à l'Université de Nancy.
Associé de l'Académie royale de Belgique.

TOME I
Des Origines à 1552

Ouvrage illustré de seize gravures hors texte et d'une carte

Deuxième édition, revue et corrigée

PARIS
AUGUSTE PICARD, ÉDITEUR
Libraire des Archives nationales et de la Société de l'École des Chartes
82, RUE BONAPARTE, 82
—
1925

HISTOIRE DE LORRAINE

(Duché de Lorraine, Duché de Bar, Trois-Évêchés)

I

Des Origines à 1552

PRINCIPAUX OUVRAGES DU MÊME AUTEUR

Le royaume de Lorraine sous les Carolingiens. Paris, *épuisé*. A. Picard et Fils, 1899, 1 vol. in-8°.

Cet ouvrage a obtenu, en 1899, de l'Académie des Inscriptions et Belles-Lettres, le *grand prix Gobert*.

Les origines de la Haute-Lorraine et sa première maison ducale (959-1033). Paris, A. Picard et Fils. 1909, 1 vol. in-8°, 10 fr.

Cet ouvrage a obtenu, en 1909, de l'Académie des Inscriptions et Belles-Lettres, la *première médaille au concours des Antiquités nationales*.

HISTOIRE
DE
LORRAINE

(Duché de Lorraine, duché de Bar, Trois-Évêchés)

Couronnée en 1925 par l'Académie française (grand prix Gobert)

PAR

Robert PARISOT

Professeur d'histoire de l'Est de la France à l'Université de Nancy,
Associé de l'Académie royale de Belgique.

TOME I

Des Origines à 1552

Ouvrage illustré de seize gravures hors texte et d'une carte

Deuxième édition, revue et corrigée

PARIS
AUGUSTE PICARD, ÉDITEUR
Libraire des Archives nationales et de la Société de l'Ecole des Chartes
82, RUE BONAPARTE, 82

1925

AVANT-PROPOS DE LA PREMIÈRE ÉDITION

Peut-être me reprochera-t-on d'avoir manqué d'exactitude et de précision en intitulant mon livre *Histoire de Lorraine* ; *Histoire de la région lorraine* ne conviendrait-il pas mieux à un ouvrage où j'ai étudié non seulement le passé du petit duché féodal de Lorraine, mais encore celui du Barrois et des Trois-Évêchés ? Devant l'insistance de mon éditeur, j'ai dû renoncer à ce titre, que j'avais tout d'abord choisi.

Jusqu'ici presque tous les historiens, trop influencés par le morcellement politique qu'avait subi le pays depuis le xiie siècle, avaient pris pour sujet de leurs travaux soit le duché de Lorraine comme Dom Calmet, Digot, de Saint-Mauris, Derichsweiler, soit Metz, Toul ou Verdun comme les Bénédictins et Westphal, Benoit Picart et l'abbé Martin, Roussel et l'abbé Clouët. Si Madelin, dans ses *Croquis lorrains*, avait fait une place au Barrois, au comté de Vaudémont et aux Trois-Évêchés, ses aperçus, d'ailleurs pleins de vie et de charme, sur le passé de notre pays, ne formaient pas une véritable histoire de la région lorraine. Le colonel Kaufmann, dans son ébauche, a eu le double tort de laisser de côté tout ce qui précède l'époque carolingienne et de prendre l'une après l'autre les principautés lotharingiennes. Enfin, absorbé par la construction du monument qu'il élevait en l'honneur de Nancy, M. Pfister n'a pu écrire l'*Histoire de Lorraine* qu'autrefois il nous avait fait espérer.

Je me propose d'étudier l'ensemble de la région lorraine. Mais d'abord, que signifient ces mots « région lorraine » ? Au sens large, ils désignent la première Belgique, la Mosellane; au sens étroit, les territoires des Médiomatriques, des Leuques et des Verdunois, qui ont constitué d'abord les diocèses de Metz, de Toul et de Verdun, puis, en 1790, les quatre départements de la Meurthe, de la Meuse, de la Moselle et des Vosges. C'est surtout de la région lorraine prise dans cette dernière acception que je m'occuperai. Pourtant, j'aurai toujours présent à l'esprit que le bassin de la Moselle constitue un tout, que les territoires qui le composent ont vécu pendant de longs siècles de la même existence politique, que, durant cette période d'union, ils ont connu les jours les plus tranquilles et les plus glorieux de leur histoire. Je ne saurais oublier non plus que Trèves, « la seconde Rome », après avoir servi de capitale à la première Belgique, de résidence à quelques-uns des empereurs du IIIe et du IVe siècle, est devenue à cette époque et qu'elle est restée, jusqu'à la Révolution française, la métropole ecclésiastique de toute la région mosellane. Aussi donnerai-je une petite place à l'histoire de Trèves et de la vallée inférieure de la Moselle, jusqu'à la fin du XIIIe siècle. A ce moment, par suite du démembrement de la Haute-Lorraine, de la dislocation de l'Empire et de l'orientation vers la France des principautés lotharingiennes de langue romane, les rapports deviennent plus rares entre elles et l'électorat de Trèves, que des liens étroits continuent de rattacher à l'Allemagne.

Cette étude de la région lorraine, je la prendrai — non point au IXe ni au Xe siècle — mais aux temps préhistoriques. La connaissance des origines n'est-elle pas nécessaire à qui veut comprendre l'évolution du pays dans le passé ? D'ailleurs, en choisissant comme point de départ le x⁰ siècle, nous laisserions justement de côté la période la plus glorieuse de notre histoire et nous paraîtrions nous ranger à l'avis de ceux qui voient dans la région lorraine une simple marche, enjeu d'un conflit plus que millénaire entre la France et l'Allemagne.

Bien loin de supprimer l'histoire de la période franque, nous lui ferons une place d'honneur, tant il nous semble utile de rappeler aux habitants du pays et à leurs voisins, qui l'oublient trop aisément, que la Mosellane n'a pas toujours été un pays frontière et qu'elle a connu jadis des jours d'indépendance et de grandeur. D'autres raisons nous décident à conduire l'histoire du pays jusqu'au début du xx⁰ siècle : les quarante dernières années nous offrent en effet, avec de grands événements politiques, un merveilleux développement économique, un mouvement littéraire intéressant, ainsi qu'un réveil artistique plein de promesses.

En ce qui concerne les divisions du sujet, nous ne pouvions prendre pour bases les transformations économiques, sociales ou politiques. Jusqu'à la fin du xix⁰ siècle, la Lorraine et le Barrois étaient surtout des pays agricoles ; l'industrie, sans y être négligée, restait au second plan. Au point de vue social, ceux qui possédaient la terre, les nobles, auxquels se joignait l'Église durant le moyen âge et les temps modernes, ont longtemps joui d'une situation privilégiée; la masse de la population a été, jusqu'à la Révolution, ou bien privée de la possession de la terre, ou tout au moins contrainte de supporter beaucoup plus de charges qu'il n'en pesait sur la noblesse et sur le clergé. La Révolution a eu le mérite de supprimer, au moins en principe, les inégalités qui existaient avant 1789 entre les habitants de notre pays.

Ces groupes sociaux, en possession de la terre, détenaient également l'autorité politique, qu'ils ont conservée même après 1789. Dans les républiques municipales du moyen âge, à Metz, à Toul et à Verdun, le pouvoir se trouvait entre les mains d'un patriciat bourgeois, enrichi par l'industrie et par le commerce.

En définitive, jusqu'au xixe siècle, la région lorraine se présente comme un pays de civilisation agricole ; la terre y appartenait à un nombre restreint de familles nobles ou bourgeoises, auxquelles il faut, pour le moyen âge et la période moderne, joindre l'Église. Ces familles, ainsi que le clergé catholique, non contents de jouir seuls de nombreux avantages honorifiques ou utiles, dirigeaient le gouvernement et l'administration du pays. Durant de longs siècles, la partie la plus nombreuse de la population a donc été, plus ou moins selon les temps, soit exclue de la possession de la terre et de la participation à la vie politique, soit tout au moins privée de quelques-unes des prérogatives politiques ou économiques réservées à un petit nombre de privilégiés. Ce qui, d'ailleurs, n'a pas empêché le pays de connaître, à différentes époques, une prospérité qui a profité à tous les habitants sans exception.

Ainsi, ni la vie économique ni l'évolution sociale ou politique ne peuvent nous fournir les divisions de notre travail ; nous nous adresserons ailleurs. La situation où la région lorraine s'est trouvée vis-à-vis d'autres pays, les relations qu'elle a entretenues avec les contrées voisines nous permettront de distinguer dans son passé plusieurs périodes. La première comprendra les temps préhistoriques et protohistoriques, la domination romaine et les invasions barbares ; la seconde, l'époque franque (511-925), durant laquelle le pays, compris dans l'Austrasie mérovingienne, puis dans la monarchie carolingienne, enfin dans la *Lotharingie*, a connu jusqu'en 843 la tranquillité et la sécurité ; au cours de la période allemande (925-1270), le pays, dont Henri Ier (l'Oiseleur) a fait la conquête, associe de façon étroite son existence à celle de l'Allemagne ; la région lorraine se désagrège alors en de nombreuses principautés laïques ou ecclésiastiques. Depuis 1270, c'est l'influence française qui prédomine, bien que le pays reste, dans certaines parties jusqu'en 1552, dans d'autres jusqu'en 1737 (1766) ou 1797 (1801), uni politiquement au Saint-Empire romain germanique. Cette période d'influence française (1270-1812) est partagée elle-même en deux par l'année 1552, date de l'occupation de Metz, de Toul et de Verdun par Henri II. L'acquisition de toute la rive gauche du Rhin (1797-1801) marque la dernière étape des progrès de la France. Avec la fin du premier Empire, au contraire, commence une nouvelle période, durant laquelle la France perd du terrain et recule devant l'Allemagne.

A partir du xiie siècle, moment où la Mosellane se morcelle en de nombreuses principautés laïques ou ecclésiastiques, l'histoire de la région lorraine devient très difficile, en raison des différences assez grandes que présente l'évolution politique ou sociale de ces petits États

Sans négliger l'histoire extérieure, sans dédaigner les guerres, dont quelques-unes ont eu sur les destinées du pays une influence décisive, nous ne croirons pourtant pas avoir rempli toute notre tâche, quand nous aurons parlé des victoires que nos ancêtres ont gagnées, des défaites qui leur ont été infligées, des territoires qu'ils ont conquis ou perdus, des dominations qu'ils ont subies. L'étude des institutions politiques, administratives, judiciaires, militaires et financières, des phénomènes sociaux, du mouvement économique, de la civilisation littéraire ou artistique et des croyances religieuses tiendra dans notre livre la place à laquelle ont droit aujourd'hui, dans un ouvrage d'histoire, les manifestations si variées de l'activité humaine.

Ce n'est pas un ouvrage d'érudition que nous avons eu la prétention d'écrire. Aussi avons-nous réduit le plus possible les notes et donné seulement de brèves indications bibliographiques en tête de chacun des chapitres[1]. Des cartes et des gravures, qui reproduisent des sites, des monuments et des œuvres d'art, illustrent nos volumes, dont elles faciliteront l'intelligence aux lecteurs[2].

Cet ouvrage, nous l'adressons à tous les habitants de la Mosellane sans distinction de langue ni de nationalité. Il leur remettra en mémoire, car ils semblent l'avoir souvent oublié, que leur patrie n'a pas toujours été réduite à la condition misérable où ils la voient tombée depuis trop longtemps : le pays morcelé entre plusieurs États, après avoir servi de théâtre et d'enjeu à leurs luttes, eux-

---

[1]. Une *Bibliographie* placée en tête du premier volume groupe les ouvrages généraux, qu'il aurait fallu mentionner au début d'un grand nombre de chapitres.

[2]. Nous tenons à remercier ici Mme A. Jacquot, M. l'abbé Aimond, MM. Masson, Ch. Sadoul et, d'une façon générale, tous ceux dont l'obligeance nous a permis d'insérer dans notre ouvrage des reproductions de monuments ou d'œuvres d'art intéressant la région lorraine.

mêmes condamnés à s'entr'égorger dans des guerres fratricides. La région lorraine — la grande — a connu jadis une époque glorieuse, où ses enfants de langue romane et de langue germanique, unis dans les mêmes destinées à leurs frères de l'Austrasie, ont fondé, sous la conduite des Pépins et des Charles, un vaste empire qui s'étendait de l'Atlantique à l'Elbe et à la Theiss, de l'Èbre et du golfe de Tarente à la Manche et à la mer du Nord; au lieu d'être un pays frontière, exposé aux malheurs des invasions comme aux humiliations des partages, elle formait le centre et le cœur de la monarchie carolingienne. Héritiers d'un grand passé, que rien ne devrait leur faire oublier, que rien ne saurait abolir, les Mosellans peuvent, aux mauvais jours, redire avec le poète tchèco-slovaque Kollar :

> Pleins de force et de confiance,
> Embellissons notre avenir
> Du prestige de l'espérance,
> De la fierté du souvenir !

Nancy, mars 1914.

AVANT-PROPOS DE LA DEUXIÈME ÉDITION

Nous désirions donner de notre *Histoire de Lorraine* une deuxième édition revue et profondément remaniée. Il s'agissait, dans notre pensée, de faire disparaître tout d'abord les erreurs qui nous avaient été signalées ou que nous avions constatées nous-même et de compléter, sur certains points, notre exposé, en tenant compte des travaux qui avaient paru depuis 1919 ; nous nous proposions en outre de modifier — non point le plan général de l'ouvrage — mais celui de plusieurs chapitres. Ce travail avait été exécuté pour deux des chapitres du tome I (*Le christianisme* [1] et *Les invasions barbares* [2]), avant l'apparition de ce volume, apparition qui fut retardée par la guerre jusqu'au mois de juin 1919. Nous aurions voulu les insérer, sous leur nouvelle forme, dans la seconde édition du tome I et faire subir à d'autres chapitres de ce volume un traitement analogue. Il nous a été malheureusement impossible d'obtenir cette satisfaction, pourtant bien légitime, que les historiens des siècles passés ne s'étaient pas vu refuser. Une refonte de notre ouvrage, telle que nous la comprenions, aurait rendu nécessaire une composition nouvelle et, par suite, entraîné des frais considérables ; il en coûte aujourd'hui, pour se faire imprimer, quatre fois plus qu'en 1914. On avait cliché la première édition ; la se-

---

1. *Mémoires de l'Académie de Stanislas*, CLV[e] année, 1914-1915, p. 113-146.
2. *Ibid.*, CLXIX[e] année, 1918-1919, p. 200-239

conde a été tirée d'après ces clichés, sur lesquels nous n'avons pu opérer que des corrections légères. Pour ce qui est des modifications plus importantes, des additions plus étendues faites soit au texte lui-même, soit aux Bibliographies placées en tête des chapitres, elles ont été rejetées, sous la rubrique *additions et corrections*, à la fin du volume, immédiatement avant les tables [1].

Nos lecteurs, nous l'espérons, useront à notre égard d'indulgence et nous pardonneront de n'avoir pas mieux rempli notre devoir d'historien consciencieux. Nous subissons, qu'ils ne l'oublient pas, l'une des conséquences fâcheuses de la grande guerre, de cette guerre qui a été presque aussi fatale à la France victorieuse qu'à l'Allemagne vaincue. Les auteurs sont victimes d'un état de choses dont ils ne portent à aucun degré la responsabilité et qu'ils n'ont pas le pouvoir de modifier.

Nancy, le 25 décembre 1924.

ROBERT PARISOT.

[1]. Des astérisques, placés dans les marges, indiquent les passages auxquels se rapportent les additions ou les corrections renvoyées à la fin du volume.

BIBLIOGRAPHIE GÉNÉRALE [1]

Alten Territorien des Bezirks Lothringen (Die) nach dem Stande vom Januar 1648, 2 vol. in-8°, 1898 et 1909.

Bénédictins, *Histoire de Metz*, 6 vol. in-4°, 1769-1790.

Berthollet (père), *Histoire du Luxembourg*, 8 vol. in-4°, 1741.

Calmet (dom A.), *Histoire ecclésiastique et civile de Lorraine*, 1re éd., 3 vol. in-f°, 1728 ; 2e éd., 7 vol. in-fol., 1745-1757.
— *Notice de la Lorraine*, 1re éd., 2 vol. in-fol., 1756 ; 2e éd., 2 vol. in-8°, 1844.

Clouët (abbé), *Histoire de Verdun et du pays verdunois*, 3 vol. in-8°, 1867-1870.

Derichsweiler (H.), *Geschichte Lothringens. Der tausendjährige Kampf um die Westmarck*, 2 vol. in-8°, 1901.

Digot (A.), *Histoire de Lorraine*, 1re éd., 6 vol. in-8°, 1856 ; 2e éd., 6 vol. in-8°, 1880.

Documents rares et inédits de l'histoire des Vosges, publiés par le Comité d'histoire vosgienne, 11 vol. in-8°, 1868-1896.

Dorvaux (abbé), *Anciens pouillés du diocèse de Metz*, 1 vol. in-8°, 1902, avec un atlas.

Durival (N.), *Mémoire sur la Lorraine et le Barrois*, 1 vol. in-4°, 1753.
— *Description de la Lorraine et du Barrois*, 4 vol. in-4°, 1779-1784.

Favier (J.), *Catalogue des livres et documents imprimés du fonds lorrain de la bibliothèque municipale de Nancy*, 1 vol. in-8°, 1896.

Hontheim (J.-N.), *Historia Trevirensis diplomatica*, 3 vol. in-fol., 1750.

Lepage (H.), *Le département de la Meurthe*, 2 vol. in-4°, 1845.
— *Les communes de la Meurthe*, 2 vol. in-4°, 1853.

Lepage (H.) et Charton (Ch.), *Le département des Vosges*, 2 vol. in-4°, 1845.

---

[1]. Nous n'indiquons ici que les ouvrages les plus généraux ; en tête de chacun des chapitres on trouvera mentionnées les études de détail.

Longnon (A.) et **Carrière** (abbé O), *Anciens pouillés de la province de Trèves*, 1 vol. in-4°, 1915.

Martin (Alexandre), *Le pays barrois, géographie et histoire*, 1 vol. in-8°, 1912.

Martin (abbé Eugène), *Histoire des diocèses de Toul, de Nancy et de Saint-Dié*, 3 vol. in-4°, 1900-1903.

Mourin (E.), *Récits lorrains*, 1 vol. in-12, 1895.

Pfister (Chr.), *Histoire de Nancy*, 3 vol. in-8°, 1902-1909.

— *Les régions de la France. La Lorraine, le Barrois et les Trois-Évêchés*, 1 vol. in-8°, 1912 [1].

Picart (père Benoît), *Histoire ecclésiastique et politique de la ville et du diocèse de Toul*, 1 vol. in-4°, 1707.

Reichsland Elsass-Lothringen (Das), 3 parties in-4°, 1898-1903.

Robinet (abbé) et **Gillant** (abbé), *Pouillé du diocèse de Verdun*, 4 vol. in-8°, 1888-1910.

Roussel (chanoine N.), *Histoire ecclésiastique et civile de Verdun*, 1re éd., 1 vol. in-4°, 1745 ; 2e éd., 2 vol. in-8°, 1863-1864.

Werveke (N. van), *Kurze Geschichte des Luxemburger Landes*, 1 vol. 1909.

Westphal (major de), *Geschichte der Stadt Metz*, 3 vol. in-8°, 1875.

---

[1]. C'est à cet excellent ouvrage que devront recourir ceux de nos lecteurs qui voudront connaître plus à fond la Llibliographie de l'histoire de la Lorraine, du Barrois, de Metz, de Toul et de Verdun.

HISTOIRE DE LORRAINE

INTRODUCTION

GÉOGRAPHIE DE LA RÉGION LORRAINE [1].

Il existe des relations étroites entre l'histoire d'un pays d'une part, sa situation, sa configuration et ses ressources de l'autre. La région lorraine ne fait pas exception à cette règle ; aussi croyons-nous devoir, en commençant, dire quelques mots de sa géographie physique et de ses richesses naturelles.

Elle manque d'homogénéité au point de vue physique ; non seulement ni la géologie, ni l'orographie, ni l'hydrographie ne s'accordent entre elles, mais considéré sous l'un de ces trois aspects, le pays n'a pas d'unité. Il se trouve partagé, tiraillé même entre le bassin de Paris et celui du Rhin. Dans la moitié occidentale de la région lorraine, les couches géologiques se rattachent par leur nature et leur orientation au bassin parisien, et les collines jurassiques qui les dominent

---

1. Bibliographie. — BLEICHER (G.), *les Vosges*, 1 vol. in-12, 1890. — AUERBACH (B.), *le Plateau lorrain*, 1 vol. in-12, 1893. Du même, *les Vosges*, dans le *Dictionnaire géographique de la France* de JOANNE. — VIDAL DE LA BLACHE (P.), *Tableau de la géographie de la France*, dans l'*Histoire de France* de E. LAVISSE, 1 vol. in-8°, 1903. — VIDAL DE LA BLACHE (capitaine), *Étude sur la vallée lorraine de la Meuse*, 1 vol. in-8°, 1908. — JOLY (H.), *Géographie physique de la Lorraine*, 1 vol. in-8°, 1911.

forment les zones extrêmes de la ceinture de ce bassin ; dans la partie orientale, au contraire, une large bande triasique correspond à des terrains de même nature qui s'étendent à l'est de la Forêt-Noire, et les Vosges font pendant à cette dernière chaîne ; quant aux cours d'eau lorrains, après avoir semblé vouloir se réunir à la Seine ou à l'un de ses affluents, ils changent presque tous de direction et finissent tôt ou tard par rejoindre le Rhin ; même le principal d'entre eux, la Moselle, correspond en quelque sorte au Neckar.

Au point de vue géologique, avons-nous dit, la région lorraine manque d'unité. Les terrains des Vosges ne sont pas les mêmes que ceux du plateau, et dans les Vosges elles-mêmes, autour de roches éruptives anciennes, granits, gneiss, qui forment le noyau central, il y a les roches gréseuses, grès rouge, grès vosgien, grès bigarré. Cette dernière formation se retrouve sur le plateau avec celles de l'époque triasique, calcaire coquillier (*muschelkalk*) et marnes irisées (*keuper*). Viennent ensuite, dans la région des collines et des plateaux, les terrains jurassiques dont les bandes, orientées nord-sud, s'infléchissent en arcs de cercle à convexité tournée vers l'est ; après le lias, se présentent les divers étages de l'oolithe, bajocien, corallien, portlandien ; enfin, au nord-ouest, apparaît le crétacé. Quand on va de l'est à l'ouest, on trouve ainsi trois groupes principaux de terrains, les roches éruptives et primaires, les formations triasiques, enfin les jurassiques.

A ces divisions que présente la constitution géologique du sol correspondent des aspects différents du relief. A l'est s'élève la chaîne des Vosges, au noyau de roches cristallines, entouré d'une ceinture de grès. Les Vosges ne formaient autrefois qu'une chaîne avec la Forêt-Noire : à la suite de mouvements du sol et du soulèvement d'autres massifs, le système vogéso-hercynien se disloqua, le faîte s'effondra, et, l'action des eaux aidant, la vallée du Rhin finit par se creuser, bordée à droite par la Forêt-Noire, à gauche par les Vosges. Un peu plus tard il se forma dans les hautes vallées de la chaîne des glaciers, qui disparurent ensuite. Lorsque les Vosges eurent acquis leur indépendance, elles conservaient encore une hauteur de 2.500 à 3.000 mètres ; plus tard, sous l'influence de causes multiples, elles se rapetissèrent, au point de perdre peu à peu la moitié de leur altitude primitive. Leurs sommets, souvent dénudés et couverts de chaumes, aux formes arrondies et un peu molles, restent tous au-dessous de 1.400 mètres, sauf le ballon de Guebwiller, situé en Alsace, qui atteint 1.424 mètres. Sur la chaîne principale, le ballon d'Alsace est descendu à 1.242 mètres et le Hohneck à 1.361. Les Vosges gréseuses, qui continuent au nord les Vosges cristallines, ne dépassent guère 1.000 mètres (Donon). Quelques-uns de leurs sommets, en forme de tables ou de murailles de rochers, à l'aspect curieux et pittoresque, rappellent, vus de loin, les ruines d'un château féodal. Au nord de la trouée de Saverne, les Vosges, noires de forêts, mais tombées au rang de simples collines, restent, sauf en deux points, au-dessous de 500 mètres. Des cols, dont plusieurs atteignent une altitude assez grande si on la compare à celle des sommets voisins, traversent les Vosges et mettent en communication les vallées de la Moselle et de ses affluents de droite avec celles des rivières alsaciennes qui rejoignent l'Ill ou le Rhin lui-même. Citons parmi les principaux cols ceux de Bussang, de la Schlucht, de Saales, du Donon, de Saverne.

Si les Vosges descendent en pentes rapides vers l'Alsace, elles se raccordent par une série de hauteurs, d'altitude décroissante, avec les formations triasiques du plateau lorrain, dont l'altitude oscille entre 200 et 300 mètres ; c'est une contrée monotone, peu boisée, couverte d'étangs dans quelques-unes de ses parties ; sur plusieurs points se dressent des buttes qui appartiennent à des formations géologiques différentes. À l'ouest du trias, on trouve une région oolithique de collines orientées sud-nord, au versant oriental plus raide que le versant occidental : côtes de Moselle, côtes de Meuse, dont le pied est couvert de vignes, le sommet de bois ; entre ces deux séries de côtes s'étendent plusieurs plateaux : la contrée forestière de la Haye ; la Woëvre, parsemée d'étangs ; le pays dénudé de Briey ; de l'autre côté de la Meuse, les plateaux souvent monotones du Barrois. Au nord-ouest, la chaîne boisée de l'Argonne, de formation crétacée, qui ne dépasse pas 350 mètres, forme la limite de la région lorraine. Au sud, les collines et les plateaux gréseux des Faucilles, qui descendent en pentes rapides vers la vallée de la Saône, relient les Vosges au plateau de Langres ; elles se maintiennent généralement au-dessous de 500 mètres.

Aux vents secs du nord et du nord-est s'opposent les vents pluvieux du nord-ouest, de l'ouest et surtout du sud-ouest, qui déversent des quantités d'eau plus ou moins abondantes sur les différentes parties de la région lorraine. Les précipitations pluviales, toujours supérieures à 60 centimètres sur les plaines et les plateaux, atteignent jusqu'à 1 m. 70 sur les hauts sommets des Vosges.

Les cours d'eau lorrains viennent soit des Vosges, comme la Moselle et la plupart de ses affluents de droite, Moselotte, Vologne, Meurthe, Sarre, soit des Faucilles, tels le Madon, affluent de gauche de la Moselle, la Meuse et deux de ses affluents de droite, le Mouzon et le Vair, soit enfin de divers plateaux comme l'Euron et la Seille, affluents de droite de la Moselle, l'Ornain, la Saulx, l'Aisne et l'Aire, tributaires d'affluents de droite de la Seine. Tandis que la Manche reçoit les eaux de ces quatre dernières rivières, c'est à la mer du Nord que parviennent celles de la Moselle et de la Meuse. Depuis que les Vosges ont perdu leurs glaciers, seules les pluies alimentent les cours d'eau lorrains ; ajoutons-y pourtant la fonte des neiges pour ceux qui prennent naissance dans les hautes Vosges. L'hydrographie de la région ne présente plus le même aspect qu'autrefois. Sous l'influence de phénomènes géologiques qui ont bouleversé le pays, la Meuse a, par exemple, perdu quelques-uns de ses affluents ; la Moselle, qui se jetait autrefois dans la Meuse, a reconquis, au moins vis-à-vis d'elle, son indépendance ; elle reçoit en outre aujourd'hui les petites rivières de la Woëvre, jadis tributaires, comme elle-même, de la Meuse. Ces deux cours d'eau, qui comptent parmi les moins réguliers de la Lorraine, ont des crues subites, très redoutées des riverains. Assez étroite dans la plus grande partie de son parcours, la vallée de la Moselle offre des prairies semées de bouquets d'arbres, à travers lesquelles serpente capricieusement la rivière aux eaux claires et limpides. A droite et à gauche s'élèvent des collines dont les premières pentes sont encore tapissées de quelques vignes, tandis que des bois de chênes et de hêtres recouvrent leurs sommets.

Par sa situation, un peu au-dessus du 45° de latitude nord, notre pays appartient à la zone tempérée. Les Vosges mises à part, l'altitude médiocre du plateau n'exerce guère d'influence ; les 600 kilomètres qui séparent la région lorraine de l'Atlantique la soustraient aux influences modératrices de la mer. Le climat de la Lorraine est donc continental, marqué par des hivers très rigoureux et des étés très chauds, surtout par des variations brusques de température; au cours d'une même journée, le thermomètre monte ou descend de 15° ou de 20°. Les pluies, assez fréquentes, entraînent d'habitude, même en été, une baisse très sensible de la température. Les gelées printanières causent trop souvent de véritables désastres dans les vergers et dans les vignes. Aussi les hommes, les animaux et les plantes ont-ils quelque peine à supporter le climat de la Lorraine, quand ils ne sont pas nés dans le pays.

En tenant compte des formations géologiques, du relief, du régime hydrographique et du climat, on peut distinguer en Lorraine plusieurs régions naturelles ou pays, les uns accidentés, boisés et pittoresques, tels que la Vôge, la Haye, les côtes de Toul, les côtes de Meuse, l'Argonne ; les autres au relief médiocre, au sol dénudé, à l'aspect monotone et mélancolique, comme le Saulnois et la Woëvre. Par les productions du sol et du sous-sol, aussi bien que par la physionomie extérieure, ces régions naturelles diffèrent les unes des autres.

Quoique dépouillé d'une partie des forêts qui le couvraient aux temps préhistoriques, le pays, pris dans son ensemble, compte parmi les plus boisés de la France. Sapins et pins dans les Hautes-Vosges, chênes et hêtres dans le reste de la Lorraine, constituent d'inappréciables richesses. Les terrains défrichés sont devenus des prairies ou des pâturages sur les pentes des collines et dans les vallées, des champs de céréales dans les plaines et sur les plateaux. Des vergers entourent les villages ; les coteaux de la Moselle et ceux de l'Ornain, les côtes de Toul et de Meuse se couvraient autrefois de vignes, qui disparaissent peu à peu, tuées par les maladies et par la rareté croissante de la main-d'œuvre. Le même sort attend ou même a déjà frappé les plantes industrielles, houblon, lin, chanvre et tabac. Les diverses parties du pays fournissent en abondance toutes sortes de légumes.

On chercherait vainement aujourd'hui dans les forêts lorraines les ours et les aurochs qui les parcouraient jadis ; les loups se font rares, comme aussi le petit gibier, plume et poil, mal protégé contre les braconniers ; usines et bribeurs se chargent de dépeupler les cours d'eau. Les abeilles sont maintenant domestiquées. Tandis que l'élevage du gros bétail, du cheval et du porc fait des progrès, les moutons diminuent de jour en jour.

Le sous-sol de notre pays offre encore plus de richesses. Les vallées de la Seille, du Sanon et de la Meurthe recèlent d'inépuisables gisements de sel ; le granit et le grès se trouvent en abondance dans les Vosges, les pierres calcaires sur le plateau et dans les terrains oolithiques, le sable un peu partout. Si l'on n'exploite plus ni les mines de plomb argentifère des Vosges ni celles de cuivre, par contre les terrains jurassiques fournissent chaque année, par millions de tonnes, du minerai de fer, que l'on peut aujourd'hui débarrasser du phosphore qui le rendait jadis inutilisable. Une partie du sous-sol de la Lorraine recèle même de la houille ; le bassin de Sarrebrück se continue vers le sud-ouest jusqu'à la Moselle et au delà. On n'a pas encore commencé en Meurthe-et-Moselle l'exploitation des filons de houille, qui devra vaincre de sérieuses difficultés.

Les Vosges à l'est, le massif schisteux rhénan au nord, les forêts et les marécages entravaient les relations commerciales. Mais, d'autre part, le relief médiocre du plateau, les cols des Vosges, les vallées des affluents et des sous-affluents de la Marne et de la Seine ont rendu possible l'établissement de pistes, puis de routes, enfin de voies ferrées. Les rivières, peu profondes, au cours et au débit irrégulier, ne pouvaient jouer comme routes qu'un rôle secondaire. L'homme a dû intervenir, soit pour les rendre navigables, soit pour construire des canaux qui suppléent à leur insuffisance.

Comme nous le montrerons bientôt, l'homme n'a fait qu'à une date assez tardive son apparition dans notre pays. Il y a créé, depuis l'âge néolithique jusqu'à nos jours, des centres d'habitation agglomérés, sauf dans les Hautes-Vosges, où domine le type de la ferme isolée. Villes et villages se rencontrent nombreux dans les vallées, sur les plateaux et sur les pentes moyennes des collines, aux points d'affleurement des sources ; bien peu au contraire couronnent les sommets des hauteurs.

Sans être un pays très riche, la région lorraine offrait à ses habitants des ressources variées. Elle devait exciter les convoitises de voisins peu favorisés, dont le sol était moins fertile et le climat encore plus rude. Aussi, plus d'une fois, des conquérants venus de l'est ou du nord ont-ils fait irruption dans le pays par les cols des Vosges ou par la vallée de la Moselle. Jadis les forêts, plus tard des camps et des forteresses élevés sur les hauteurs, ont servi d'abri aux habitants.

Certes, ni le courage ni les moyens de défense n'ont jamais manqué aux populations qui ont vécu sur le sol lorrain ; pourtant, le sort des armes ne leur a pas toujours été favorable au cours des luttes qu'elles ont eu à soutenir contre leurs voisins. Si elles ont connu des jours, trop rares et trop rapides, d'expansion et de grandeur, les humiliations des défaites, des annexions et des partages ne leur ont pas été épargnées. C'est ce que nous montrera trop souvent leur histoire.

PREMIÈRE PARTIE

LIVRE UNIQUE
LES ORIGINES (jusqu'en 511).

CHAPITRE PREMIER
LES TEMPS PRÉHISTORIQUES [1].

En ce qui concerne la région lorraine, les temps préhistoriques, c'est-à-dire ceux pour lesquels il n'existe point de documents écrits, se prolongent jusqu'à l'établissement des Belges dans le pays et comprennent par suite, outre les époques de la pierre et du bronze, la première période de l'âge du fer ou période de Hallstatt, et même les débuts de l'époque de la Tène (Tène I — et débuts de la Tène II (?)).

---

1. Bibliographie. — Ouvrages généraux : Déchelette (J.), *Manuel d'archéologie préhistorique, celtique et gallo-romaine*, tomes I et II, 4 vol. in-8°, 1908-1914.
Ouvrages concernant la région : Barthélemy (F.), *Recherches archéologiques sur la Lorraine avant l'histoire*, 1 vol. in-8°, 1890. — Bernhardt (G.), *les Peuples préhistoriques en Lorraine*, 1 vol. in-8°, 1890. — Bleicher (G.) et Beaupré (J.), *Guide pour les recherches archéologiques dans l'Est de la France*, 1 vol. in-12, 1896. — Keune (J.-B.), *Das Briquetage im obern Seillethal* (*Westdeutsche Zeitschrift*, t. XX, 1901). — Beaupré (J.), *les Études préhistoriques en Lorraine de 1889 à 1902*, 1 vol. in-8°, 1902. Du même de nombreux articles, en particulier *Contribution à l'étude du camp d'Affrique* (Messein) (*Mém. Soc. arch. lorr.*, t. LXII, 1912). — Liétard (G.), *la Population des Vosges*, 1 vol. in-12, 1902.

Nous ne connaissons encore que de façon très imparfaite l'histoire des premiers temps de l'humanité dans notre pays. Le regretté docteur Bleicher, le premier qui ait entrepris l'étude méthodique des temps préhistoriques en Lorraine, a trouvé des continuateurs dans les élèves qu'il avait formés, M. Barthélemy et le comte Beaupré. Les fouilles qu'ont opérées ces archéologues ont produit des résultats sérieux et intéressants, mais incomplets et provisoires. M. Beaupré a déjà dû modifier, pour l'âge du bronze, les vues qu'il avait adoptées tout d'abord à la suite de M. Barthélemy. Des découvertes ultérieures amèneront sans doute M. Beaupré et ses successeurs à rejeter comme inexactes des hypothèses qui leur avaient tout d'abord paru vraisemblables.

Comme les données que nous possédons sur les temps préhistoriques nous sont fournies surtout par des sépultures, c'est la vie matérielle de ces âges que nous connaissons le mieux.

I. — L'ÂGE DE LA PIERRE.

Avant d'utiliser les métaux, l'homme employa la pierre, le bois et la corne pour la confection de ses outils et de ses armes. Durant la période paléolithique, ou période de la pierre éclatée, la pierre servit telle qu'elle se présentait. Du jour où l'homme apprit à la façonner, commença l'âge néolithique ou âge de la pierre polie.

Les grottes de Sainte-Reine et du Trou des Celtes, à quelque distance de Toul, le Trou de la Fontaine et la Roche-Plate, près de Saint-Mihiel, sont les seuls points de notre pays où l'on ait cru découvrir, peut-être à tort, des traces de l'homme paléolithique.

Durant la période néolithique, la région lorraine se peupla. Il résulte des fouilles faites à Cumières que les hommes de cette époque étaient de petite taille et mésaticéphales ou sous-brachycéphales.

Leur outillage se composait de couteaux, de grattoirs,

de haches, de marteaux, d'aiguilles, leur armement de haches, de lances, de flèches et de casse-têtes. Pour fabriquer ces objets, les hommes de l'âge de pierre se servaient soit de silex fournis par les calcaires coralliens de la vallée de la Meuse ou importés de la Champagne, soit de pierres dures, trapp et diorite des Vosges, serpentine et jadéite provenant des Alpes. Les outils en silex étaient détachés d'un bloc, ou nucléus, à l'aide d'un marteau ou percuteur en quartzite, en trapp, ou en granit; on en avivait le tranchant avec un retouchoir. Des meules de grès ou de pierre dure permettaient de polir les armes ou les outils extraits d'une roche résistante. Pour trouer le silex, le diorite, le trapp, etc., on faisait tourner un bâton de bois tendre sur l'endroit choisi, recouvert au préalable de sable mouillé. Haches et marteaux étaient emmanchés avec du bois ou des cornes d'animaux.

C'est à l'aide de ces outils et de ces armes que les néolithiques devaient se nourrir, s'habiller et se loger. Le gibier, le poisson, des fruits et des racines formaient le fonds de leur alimentation. Les peaux des animaux qu'ils avaient tués, préparées sommairement, servaient à les vêtir, des ornements, formés de coquillages ou de pierre, à les parer. Habitaient-ils déjà des mares ou mardelles, c'est-à-dire des trous recouverts de branchages? On ne sait. Des grottes, là où il en existait, ont dû également leur fournir un abri.

C'étaient probablement des nomades, vivant par petits groupes; s'ils pratiquaient peut-être l'élevage, ils ne cultivaient pas la terre. Outre les outils et les armes dont nous avons parlé, ils fabriquaient à la main des poteries grossières, d'une pâte noire ou rougeâtre, aux formes simples et sans aucune ornementation. Quelques-unes, de grandes dimensions, ont l'aspect de creusets ou de globes à bords renversés. La cuisson insuffisante à laquelle elles avaient été soumises les rendait peu résistantes. Les néolithiques avaient quelques relations commerciales avec les contrées voisines, par exemple avec la Champagne d'où ils tiraient le silex, et même avec la région alpestre qui leur fournissait la jadéite et la serpentine.

C'est par leurs sépultures surtout que nous les connaissons. Tantôt on les enterrait dans des grottes (grotte du Géant à Maron), tantôt dans des trous, comme à Cumières et à Pierre-la-Treiche (trou des Celtes). Un autre mode d'inhumation était alors en usage : les cadavres reposaient, assis ou accroupis, dans des fosses recouvertes de terre ou de pierres. Souvent sur ces tombeaux se dressaient des pierres seules (menhirs), ou en cercle (cromlechs). Quelquefois sur deux pierres droites on en posait une troisième formant toit (dolmens) ; enfin deux rangées parallèles de pierres verticales pouvaient être surmontées de dalles (allées couvertes). Ces monuments mégalithiques, qui ne sont ni gaulois ni druidiques, encore nombreux en Bretagne, ne se rencontrent aujourd'hui que très rarement en Lorraine. Comme menhirs on peut citer la Pierre Kerlinkin près de Remiremont, la Pierre-Borne au nord-ouest de Raon l'Etape, la Pierre au Jô à Norroy, près de Pont-à-Mousson, le Breitenstein dans la Lorraine annexée, entre Soucht et Meisenthal. Il y avait à Montplonne (Meuse) un cromlech, qui a disparu au siècle dernier. Si l'on ne peut citer de dolmen, le comte Beaupré a trouvé à Bois l'Abbé (Sexey-aux-Forges) et à Liverdun des allées couvertes, enfouies sous la terre. D'habitude on enterrait avec les corps des outils et des armes.

D'après les sépultures et les ateliers, il semble que les populations néolithiques aient — en Lorraine au moins — évité les fonds des vallées, encore marécageux ou exposés aux inondations, pour choisir de préférence les plateaux ou le penchant des côtes ; c'est en contrebas des crêtes qu'ils s'établissaient d'habitude. Peu nombreuses dans les Vosges, les stations néolithiques se rencontrent plutôt sur les collines oolithiques et sur le plateau du trias. De l'ouest à l'est, on trouve successivement, entre la Saulx et l'Ornain, Brauvillier, Montplonne, Nant-le-Grand ; entre l'Ornain et la Meuse, Vaudreville, Epiez, Bovée ; plus au nord, Pierrefitte, Chaumont, Issoncourt ; dans la vallée de la Meuse, Bourlémont, Vaucouleurs, Commercy, les Kœurs, Saint-Mihiel, Verdun, Cumières, Stenay ; sur les bords du Mouzon, Rebeuville ; dans la vallée du Vair, Baufremont, Dombrot, Suriauville ; entre la Meuse et la Moselle, Allain, Crézilles ; dans la vallée du Madon, Damas, Saxon-Sion ; le long de la Moselle, Maron, Pierre-la-Treiche, Pont-à-Mousson, Metz ; dans la vallée de la Meurthe, Malzéville, Villers-les-Nancy ; près de la Vezouse, Lunéville ; dans la vallée de la Seille, Salone, Morville, Château-Salins ; dans celle de la Sarre, Lorquin.

II. — L'AGE DU BRONZE.

Contrairement à ce que les archéologues ont cru longtemps, il y a eu dans notre pays un moment où les hommes ont employé le bronze, à l'exclusion du fer, pour la confection des outils et des armes, sans d'ailleurs renoncer au silex, ni à la pierre dure.

Peut-être l'apparition du bronze en Lorraine a-t-elle coïncidé avec l'arrivée d'immigrants venus de l'est, les Ligures ; les auteurs anciens nous les représentent comme des hommes petits et bruns, durs au travail, tenaces, traditionalistes, routiniers même. A la différence des néolithiques, les Ligures étaient des sédentaires, qui s'établirent dans le pays par groupes assez importants. Comme la Lorraine ne possède pas de gisements d'étain et que le cuivre ne s'y trouve qu'en très petite quantité, les Ligures devaient faire venir de loin soit les armes et les outils de bronze, soit le métal ou plutôt l'alliage nécessaire à la fabrication des uns et des autres.

Les objets de bronze devaient donc coûter cher ; aussi les Ligures continuèrent-ils d'employer la pierre.

Le bronze, sous forme de lingots ou d'instruments façonnés, venait de l'Orient par la vallée du Danube ou, plus probablement, par la mer et par les vallées du Rhône et de la Saône. Les objets en bronze qui avaient leurs similaires en pierre reçurent d'abord les mêmes formes que ceux-ci ; mais l'on fabriqua aussi des armes et des outils nouveaux, faucilles, poignards, épées.

Grâce à l'outillage perfectionné dont ils disposaient, les Ligures purent améliorer leur existence ; la culture des céréales et des plantes textiles leur permit d'ajouter le pain à leur alimentation, des vêtements tissés à leur costume. Ils se paraient d'ornements en bronze, bracelets aux bras et aux jambes, colliers ou *torques*, fibules (sortes d'épingles de nourrice), enfin épingles ordinaires. Nous ne savons pas quel mode d'habitation ils avaient adopté.

Leurs occupations, plus nombreuses et plus variées que celles des néolithiques, comprenaient la culture, l'élevage, le tissage, la chasse et la pêche. L'art de la poterie ne semble pas alors avoir fait de progrès. Les Ligures devaient entretenir des relations commerciales avec le Midi et avec l'Orient. On a supposé qu'ils rendaient un culte au soleil, dont la hache double ou *bipennis*, trouvée dans plusieurs sépultures, aurait été l'emblème.

Peut-être les noms donnés par les Ligures aux montagnes et surtout aux cours d'eau ont-ils survécu à ce peuple et sont-ils parvenus, modifiés et déformés, jusqu'à nous : ce serait en particulier le cas pour la Meuse.

Tout en continuant, à ce qu'il semble, de recourir aux modes anciens d'inhumation, les Ligures en adoptèrent un autre, la sépulture sous tumulus. Les corps reposaient sur le sol par leur côté droit, les jambes repliées, les genoux rapprochés du menton ; on plaçait à côté du mort des outils, des armes, des poteries ; on jetait sur le tout de la terre et des pierres, de manière à former un tumulus. Dans d'autres cas, les corps étaient d'abord incinérés, puis on recouvrait les cendres de terre. Les Ligures ont employé aussi bien l'incinération que l'inhumation. En plus des sépultures, l'âge du bronze a fourni des cachettes d'armes et d'outils.

Sans abandonner les hauteurs, les Ligures occupèrent

aussi les vallées. Nous pouvons citer parmi les principales stations de la période du bronze actuellement connues : entre l'Aire et la Meuse, Sivry-la-Perche ; sur la Meuse, Verdun, Consenvoye, Inor, Pouilly ; près du Madon, Gugney-sous-Vaudémont, Lemainville, Benney ; entre l'Orne et la Moselle, Rouvres ; dans la vallée de la Moselle, Azelot, Dornot, Corny, Pépinville, Niederjütz, Ritzingen ; sur la Meurthe, Rosières ; dans la vallée de la Seille, Bezange-la-Grande, Bezange-la-Petite, Urville ; sur les bords de la Nied, Nieder-altdorf ; le long de la Sarre, Sarrebrück, Vaudrevange Cette énumération, qui pourra sans doute s'allonger beaucoup par la suite, ne donne qu'une idée incomplète de l'étendue des territoires où s'établirent les Ligures.

III. — Période de Hallstatt [1] et premiers temps de la période de la Tène [2].

Nous joignons au premier âge du fer, en d'autres termes à la période de Hallstatt, les débuts de la période de la Tène (Tène I — et commencements de la Tène II (?)), parce que, semble-t-il, des populations celtiques ont alors habité la région mosellane. Toutefois, durant ces quelques siècles, l'outillage et l'armement se modifient : petit à petit, le fer remplace le bronze pour la confection des armes et des instruments de travail.

Le fer fut-il apporté en Lorraine par de nouveaux venus, Celtes ou Gaulois, hommes de grande taille, aux cheveux blonds, aux yeux bleus, intelligents et braves, mais légers et bavards ? On ne peut l'affirmer avec certitude. Peut-être les Celtes sont-ils arrivés dans notre pays dès la fin de l'âge du bronze.

L'outillage et l'armement des hommes de la période de

---

1. Hallstatt se trouve dans la Haute-Autriche, sur les bords du lac auquel la localité a donné son nom.
2 La station de la Tène est située dans le canton et sur le lac de Neuchâtel.

Hallstatt ne diffèrent pas beaucoup de ceux de l'époque antérieure, si ce n'est par la présence d'instruments et d'armes en fer. Quant aux poteries de la période hallstattienne, elles ne sont pas seulement plus fines, elles reçoivent pour la première fois une ornementation. Le lignite concourt avec le bronze à la confection des colliers.

L'industrie se développe; c'est alors que l'on commence à exploiter les gisements de fer et de sel de la région lorraine. Peut-être le briquetage de la Seille, aux environs de Vic et de Marsal, date-t-il de l'époque de Hallstatt; ce briquetage n'avait nullement pour but, comme on l'a longtemps cru à tort, de consolider le sol pour lui permettre de recevoir des constructions; il a servi, sans que nous puissions dire aujourd'hui quel procédé l'on employait, à extraire le sel d'une eau qui en était saturée. Le sel et le fer constituaient des matières d'échange, à l'aide desquelles les populations de la période de Hallstatt se procuraient le bronze qu'envoyait l'Orient et le lignite venu de la Germanie.

Sur quelques points des vallées de la Sarre et de la Moselle, dans la Province rhénane actuelle, on a découvert des *torques* en or ainsi que des vases à vin ou *œnochoé* en bronze, de provenance grecque ou italo-grecque; ces objets auraient été importés dans le pays à l'époque de la Tène I.

Les inhumations sous tumulus forment l'unique mode de sépulture en usage au début de la période de Hallstatt. Seulement, au lieu d'être recroquevillés, les cadavres se présentent étendus à plat sur le sol, les bras allongés et collés au corps. Des instruments, des armes et des bijoux sont placés à côté du défunt. Chose curieuse, les tumulus de cette époque contiennent plus de femmes que d'hommes. Sur le corps on jetait soit du sable additionné ou non de pierres, soit de la terre seule ou mélangée de pierres, soit enfin de la pierraille, bref ce que fournissait le sol avoisinant. A la fin de la période de Hallstatt et au début de la

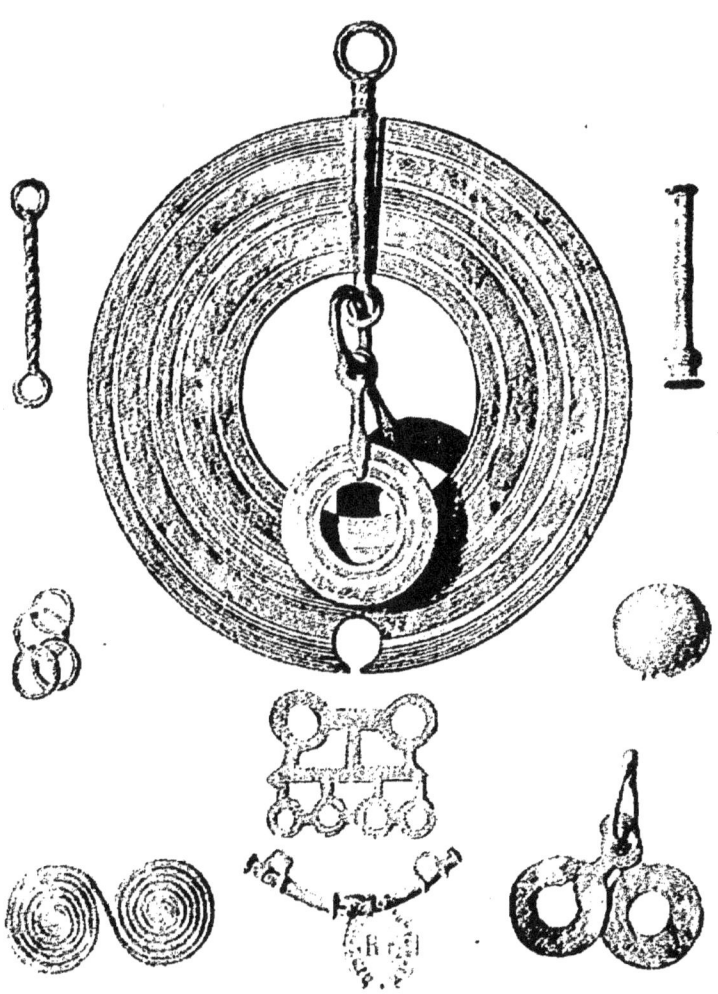

VAUDREVANGE (province rhénane). — Objets de l'âge du bronze
(Dict. arch. de la Gaule).

(Voir p. 15).

Tène l'incinération se substitue fréquemment à l'inhumation.

D'après les tumulus, la population hallstattienne avait créé dans la région lorraine des établissements sur une bande de terrains orientés d'une façon générale sud-ouest nord-est. En partant du sud, on rencontre des stations dans les localités suivantes : Sauville, Suriauville, Contrexéville, Vittel et Dombrot dans la région qu'arrosent le Mouzon et le Vair, Bouzemont et Haroué sur le Madon, Clayeures sur l'Euron, Richardménil sur la Moselle, Serres entre la Meurthe et la Seille, Chambrey et Moncel le long de la Seille. En continuant vers le nord-est, on trouve d'abord Kappelkinger sur l'Albe, Saaraltdorf sur la Sarre, Schalbach entre cette rivière et les Vosges, enfin plus loin, et presque sur une ligne allant du nord-ouest au sud-est, Waldwiese entre la Moselle, la Sarre et la Nied, Bouzonville dans la vallée de ce dernier cours d'eau, Kadenborn entre la Rosselle et la Sarre, Grossbliedersdorf sur la Sarre, Bliesebersingen sur la Blies et Bitche au pied des Basses-Vosges. A l'ouest de la Meuse, il n'y a qu'un petit nombre de tumulus hallstattiens.

Pour le début de la période de la Tène, nous pouvons citer comme possédant des stations : Clermont-en-Argonne sur l'Aire, plus à l'ouest Domèvre-en-Haye, puis quatre villages qui s'échelonnent sur les bords de la Moselle, Chaudeney, Gondreville, Villey-Saint-Etienne et Liverdun, enfin, un peu à l'ouest de la Seille, Bezange-la-Grande.

IV. — LES ENCEINTES FORTIFIÉES.

Les prétendus camps romains que l'on rencontre en grand nombre dans la région lorraine datent, en réalité, des temps préhistoriques, sans que d'ailleurs l'on puisse toujours déterminer l'époque de leur construction. Laissant de côté les *oppida* gaulois, dont nous parlerons un peu plus tard, nous nous occuperons ici d'enceintes qui remontent à l'âge du bronze, ou à l'époque de Hallstatt. Il ne semble pas que l'on en doive attribuer aucune aux néolithiques, qui ne disposaient pas d'un outillage suffisant. Le type le plus commun est celui de l'éperon barré : les habitants utilisaient l'extrémité d'un chaînon montagneux, défendu à sa pointe et sur ses deux flancs par des pentes rapides, souvent aussi par des bois ; le quatrième côté, par lequel l'éperon se rattache au plateau ou au chaînon, formait — dépourvu qu'il était de défense naturelle — le point faible de la position. Pour en interdire l'accès, on élevait un retranchement de hauteur et de largeur variables, précédé d'un fossé plus ou moins profond. Nous connaissons quelques rares exemples de retranchements qui font le tour de l'éperon. Il se peut que ces enceintes n'aient pas été constamment habitées et qu'elles aient simplement servi de refuges en cas d'attaques. Citons seulement quelques-unes des très nombreuses enceintes fortifiées qui sont disséminées sur le sol de la Lorraine : celles de Sorcy et du Camp-des-Romains (Saint-Mihiel) dominent la vallée de la Meuse, celle de Montsec la Woëvre, les camps d'Aingeray, de la Fourasse (Champigneulle) et d'Affrique (Messein) couronnent des contreforts de la forêt de Haye ; celui de Gugney, qui date de l'âge du bronze, s'élève au-dessus du Saintois. Nous pouvons signaler encore le Châtelet de Bonneval (Thuillières) dans les Faucilles, le camp de Repy (Raon l'Etape) qui commande la Meurthe, l'enceinte de Tincry sur la rive gauche de la Nied française, enfin le camp des Huns, à l'une des extrémités du Schlossberg, près de Haspelscheidt, dans les Basses-Vosges.

L'enceinte du camp d'Affrique se compose de deux retranchements, dont chacun est précédé d'un fossé creusé dans le roc. Dans le mur intérieur du camp d'Affrique et dans le retranchement de la Fourasse on a découvert une masse calcinée. Nous ne pouvons dire, dans l'état actuel de nos connaissances, si l'incendie qui a produit cette calcination a été accidentel ou si, au contraire, les habitants l'ont allumé dans le but de donner plus de cohésion aux matériaux du retranchement.

CHAPITRE II

LES TEMPS PROTOHISTORIQUES

LES PEUPLES BELGES DE LA MOSELLE. — FIN DE LA PÉRIODE DE LA TÈNE [1].

C'est durant la période de la Tène, peut-être au IIIe siècle, que les Belges vinrent s'établir dans notre pays. Nous sortons alors des âges préhistoriques pour entrer dans les temps protohistoriques. Aux armes, aux instruments et aux parures, découverts dans des sépultures ou dans des *oppida*, viennent s'ajouter, pour nous faciliter l'étude des derniers temps de la Tène, quelques passages d'auteurs anciens, grecs ou latins, ainsi que des documents de plus d'une sorte, inscriptions, monuments, etc., qui datent, il est vrai, de la période romaine.

I. — TERRITOIRE, INSTITUTIONS, CIVILISATION ET RELIGION DES PEUPLES BELGES DE LA MOSELLE.

Frères des Celtes, comme le prouvent les témoignages des auteurs anciens et la linguistique, les Belges leur ressemblaient au physique et au moral ; seulement, demeurés quelques siècles de plus dans un pays éloigné de tout centre de civilisation, alors que les Celtes étaient entrés en contact avec la Grèce et avec Rome, ils avaient des mœurs

---

1. Bibliographie. — Sources : CÉSAR, *De bello gallico*.
Ouvrages généraux : JULLIAN (C.), *Histoire de la Gaule*, t. I-III, 3 vol. in-8°, 1907-1909. — DOTTIN (G.), *Manuel pour servir à l'étude de l'antiquité celtique*, 1 vol. in-12, 1906. — ARBOIS DE JUBAINVILLE (H. D'), *les Celtes depuis les temps les plus anciens jusqu'à l'an 100 avant notre ère*, 1 vol. in-8°, 1904.
Ouvrages concernant la région : BEAUPRÉ (J.), *l'Oppidum de Sainte-Geneviève (Essey-lès-Nancy)* (*Mém. Soc. arch. lorr.*, t. LX, 1910). — WICHMANN (K.), *Ueber die Maren oder Mertel in Lothringen* (*Jahrbuch der Gesellschaft für lothringische Geschichte*, de Metz, t. XV, 1903).

plus rudes et plus grossières. Après avoir longtemps habité la partie septentrionale du pays qui s'appellera plus tard la Germanie, ils en furent chassés par un cataclysme, franchirent le Rhin et se répandirent entre ce fleuve et la Marne. Inutile de chercher à déterminer le nombre des nouveaux venus ; c'était d'ailleurs une population entière qui émigrait sans esprit de retour.

Si parmi les anciens habitants, néolithiques, Ligures et Celtes, beaucoup périrent au cours des luttes qu'ils soutinrent contre les envahisseurs, la plupart d'entre eux échappèrent aux massacres et vécurent désormais à côté ou plutôt au-dessous des conquérants, qui formèrent une sorte d'aristocratie.

Peut-être les centres de population prirent-ils de nouvelles dénominations ; peut-être la plupart de celles que les Ligures avaient données aux montagnes et aux rivières subsistèrent-elles. A ce propos, on peut faire observer que quelques-unes de nos rivières, l'Orne, la Seille, la Bièvre, ont dans d'autres contrées des sœurs de même nom. Plusieurs d'entre elles portent des noms qui ressemblent à celui d'un de leurs affluents ou d'un autre cours d'eau de la région ; citons comme exemples du premier cas le Rupt-de-Mad et la Madine, la Meurthe et la Mortagne, la Meuse et le Mouzon ; comme exemples du second, le Rupt-de-Mad et le Madon.

Trois peuples belges, les Trévires, les Médiomatriques et les Leuques occupèrent les vallées de la Moselle et de ses affluents, ainsi que celle de la haute et de la moyenne Meuse, s'établirent même à l'est des Vosges et sur les plateaux du Barrois. Nous ignorons le sens du mot Trévire ; les Médiomatriques auraient été les hommes qui habitent au milieu de la Moder, rivière alsacienne, affluent de la Zorn ; le nom des Leuques indiquerait qu'ils avaient dans leur costume ou dans leur armement quelque chose de blanc.

On ne peut déterminer que d'une manière approximative le territoire occupé à l'origine par chacun des trois peuples, parce que, les commentaires de César mis à part, les documents dont on dispose pour résoudre le problème sont postérieurs à la conquête du pays par les Romains. Les Trévires s'installèrent dans la vallée inférieure de la Moselle, depuis Coblenz jusqu'aux environs de Sierck, atteignirent le Rhin à l'est, la Meuse à l'ouest ; au sud des Trévires, les Médiomatriques débordaient également la chaîne des Vosges et englobaient vers l'ouest le pays verdunois : une ligne, partant du sud de l'Argonne pour aboutir au Donon, séparait les Médiomatriques des Leuques. Ceux-ci, à la différence des deux peuples précédents, ne franchirent pas la chaîne des Vosges. Au sud, la limite de leur territoire suivait en partie la ligne des Faucilles, faisait pourtant quelques pointes dans la vallée de la Saône ; à l'ouest, le territoire leuquois s'étendait sur les vallées de l'Ornain et de la Saulx et touchait presque la Marne. Les Séquanes à l'est et au sud, les Lingons au sud-ouest et à l'ouest limitaient les Leuques ; le pays des Rèmes confinait à celui des Médiomatriques. Les Trévires avaient pour clients les petits peuples belges établis dans leur voisinage vers le nord-ouest ; le principal d'entre eux était celui des Eburons.

L'organisation sociale des peuples belges de la Moselle avait un caractère aristocratique nettement marqué. Au sommet de la hiérarchie se trouvaient les chevaliers, descendants des conquérants belges. La plèbe, recrutée surtout dans l'ancienne population vaincue, composait la clientèle des familles nobles et menait une vie misérable. Les esclaves occupaient le dernier degré de l'échelle sociale.

Les Trévires n'avaient pas de roi ; ils devaient former une sorte de république aristocratique, ayant à sa tête un chef dont César n'indique pas le titre. L'autorité politique appartenait aux chevaliers : quelques-uns d'entre eux, plus puissants que les autres, les princes, jouissaient d'une influence prépondérante. La plèbe ne jouait aucun rôle politique. Les institutions des Médiomatriques et des Leuques ne différaient probablement pas beaucoup de celles des Trévires.

Un peu avant la conquête du pays par Jules César, il y avait chez ce dernier peuple, comme dans presque tous les Etats gaulois, deux partis, dont l'un s'appuyait sur les Romains, tandis que l'autre les combattait. On peut également supposer que chez les Trévires, les Médiomatriques et les Leuques, le territoire était subdivisé en *pagi*, chacun de ceux-ci correspondant à une fraction de peuple. Si peut-être nos contrées ne possédaient pas encore de véritables villes au temps de l'indépendance, on a la certitude que celles de l'époque romaine ont occupé l'emplacement de centres de population antérieurs. Nous parlerons plus loin des *oppida*. On ne sait rien des institutions judiciaires et financières des trois peuples belges de la Moselle.

La famille était fortement constituée sur la triple base de la monogamie, de l'autorité souveraine du mari sur sa femme et du père sur ses enfants. La femme recevait une dot de ses parents, un douaire de son époux. Si nous avons la certitude que les Belges connaissaient la propriété mobilière, nous n'osons rien affirmer à l'égard de la propriété immobilière : il se peut que l'Etat ait été l'unique propriétaire terrien. Dans tous les cas, c'est la noblesse seule qui détenait la terre soit en toute propriété, soit en vertu d'une cession à titre précaire que lui faisait l'Etat. D'ailleurs, même dans la première hypothèse, il y avait un domaine public, qui comprenait en particulier les forêts.

Les sépultures et les *oppida* ont fourni sur la vie matérielle des renseignements nombreux. Le gibier, le poisson, la viande des animaux domestiques, ainsi qu'une sorte de bière formaient le fond de l'alimentation des peuples belges de la Moselle. Le pantalon ou braie, la tunique à manches et le manteau ou *sagum* étaient les pièces principales du costume. Des fibules, sortes d'épingles de nourrice, remplaçaient nos boutons et nos agrafes. Hommes et femmes portaient des bracelets et des colliers de métal, des pendeloques et des amulettes. Il semble que les habitations aient été assez primitives ; les fouilles faites sur la butte Sainte-Geneviève, près de Nancy, ou dans les mares (mardelles) de la Lorraine annexée en donnent une preuve suffisante. On commençait par creuser le sol, et l'on rejetait la terre ainsi extraite au dehors pour en former un mur qui, du côté extérieur, se raccordait par un talus avec le sol naturel ; des pièces de bois, dont une extrémité reposait sur ce talus, s'élevaient obliquement et se reliaient les unes aux autres par leur sommet ; ce qui donnait à la partie supérieure de la maison une forme conique. Des branchages et de la terre glaise jetés sur les pièces de bois dont nous venons de parler complétaient la toiture ; un trou percé dans celle-ci permettait à la fumée du foyer de s'échapper. Les demeures des Leuques et des Médiomatriques, à moitié enfouies dans la terre, ressemblaient, il faut l'avouer, à des huttes de sauvages. Plusieurs d'entre elles étaient destinées à servir — non de logis — mais de magasins ou d'ateliers. Au pied des Vosges on a trouvé des débris de maisons construites en pierres. Les huttes ou les maisons se groupaient sur des hauteurs ou au fond des vallées, formant des villages ou *vici*, quelquefois des *oppida*. Mais il existait aussi dans les forêts des habitations isolées ou *ædificia*, appartenant sans doute à des nobles.

Chasseurs et pêcheurs, les Belges de la Moselle pratiquaient en outre l'élevage, surtout celui du porc, cultivaient le blé, extrayaient le sel et le fer, fabriquaient des instruments et des armes, ainsi que des poteries assez grossières ; pourtant l'usage du tour commença de s'introduire chez eux vers la fin de la période de la Tène. Les voies commerciales étaient des pistes plutôt que des routes proprement dites.

Malgré l'état fort peu avancé de leur civilisation, les tribus de la Moselle connaissaient l'usage de la monnaie et frappaient des pièces d'or, d'argent et de bronze imitées, les premières, des statères de Philippe de Macédoine, les secondes, des deniers romains. Seules les pièces en bronze offrent quelque originalité : celles des Médiomatriques représentent souvent un cheval ou un cavalier, celles des Leuques, coulées au lieu d'être frappées, un sanglier; sur quelques bronzes des Leuques figure un chef qui s'appelait Matugenos, c'est-à-dire « fils de l'ours ». Les peuples mosellans échangeaient du blé, du sel et du fer contre des armes, des parures ou des poteries. Le commerce était probablement aux mains de marchands romains bien avant la conquête du pays par Jules César.

Les dialectes de nos trois peuples ne devaient pas sensiblement différer de ceux que parlaient les autres peuples gaulois : les noms de personnes et de localités en fournissent des preuves nombreuses.

Si nous ignorons tout de la littérature et de l'art des riverains de la Moselle et de la Meuse, nous sommes mieux au courant de leur religion et de leurs dieux, que nous connaissons surtout par des textes et par des monuments de l'époque romaine. Parmi les grands dieux honorés sur les bords de la Moselle comme dans toute la Gaule, citons Teutatès, Taran, Belen, identifiés le premier avec Mercure, le deuxième avec Jupiter, le dernier avec Apollon. Au temps de la domination romaine, ce fut peut-être Belen, le dieu du soleil, que l'on représenta sous la forme d'un cavalier s'appuyant sur un monstre anguipède. Aux dieux s'associent souvent des déesses ; ainsi Rosmerta est la compagne de Mercure. Comme divinités d'un caractère plus régional que national citons Epona, la déesse des chevaux, Sucellos, le dieu au maillet et sa parèdre Nantosuelta, la déesse à la ruche [?]. Chaque peuple, semble-t-il, avait son génie ; nous avons à cet égard une certitude pour les Leuques. Mentionnons enfin les Mères, demi-déesses devenues plus tard les fées. Il est probable qu'il y a eu des druides sur les bords de la Moselle et qu'ils y ont joué, comme partout en Gaule, le triple rôle de prêtres, d'éducateurs et d'arbitres. Nous ne savons rien du culte que les Belges rendaient à leurs divinités ; ils ne leur élevaient ni temples, ni statues.

Les mœurs devaient être rudes et grossières. Les Belges employaient comme modes de sépulture l'inhumation et l'incinération ; cadavres et cendres étaient placés dans des *tumuli*, et avec eux des outils, des objets de parure et des armes ; souvent les uns et les autres avaient été au préalable brisés ou tordus. Toutefois le mobilier ne présente pas la même richesse qu'aux époques précédentes. On connaît aussi quelques exemples de sépulture plate à inhumation.

II. — Les Belges de la Moselle, les Germains et César.

Il semble que les Belges de la Moselle n'aient point fait partie de la grande confédération belge, et qu'ils n'aient pas non plus formé de ligue particulière ; chacun des trois peuples vivait isolé des autres.

Deux ennemis menaçaient leur indépendance, les Germains d'abord, puis les Romains, qui finirent par les subjuguer.

Tout homme libre en état de porter les armes devait le service militaire ; les nobles et leurs clients formaient la cavalerie, la plèbe l'infanterie. Nous savons par César que la cavalerie des Trévires était très renommée. Quelques sépultures prouvent que nos ancêtres belges connurent, comme d'autres peuples gaulois, les chars de guerre. Seuls, les nobles portaient des casques et des cuirasses ; les autres guerriers n'avaient comme arme défensive qu'un bouclier oblong, dont l'armature en bois était recouverte de cuir ou de bandes de métal. Des épées ou des sabres en fer, dépourvus de pointe, du reste de bonne qualité, quoi qu'en aient dit certains auteurs anciens, des lances, des javelots, des arcs et des flèches constituaient les armes offensives. Braves, mais peu disciplinés et sujets à des paniques, ils n'avaient ni stratégie ni tactique, ignoraient l'art de la castramétation.

Pour résister aux envahisseurs, les Belges avaient des *oppida*, forteresses toujours situées sur une hauteur. La description que donne Jules César des murailles de villes fortes gauloises, murailles construites d'un assemblage de pièces de bois, de terre et de pierres, s'applique assez bien à celles de l'*oppidum* leuque qui couronnait une hauteur au-dessus du village actuel de Boviolles. Ailleurs, comme à la butte Sainte-Geneviève (Essey), le rempart contient à l'intérieur une masse calcinée. Nous avons dit plus haut, à propos des enceintes fortifiées du camp d'Affrique et de la Fourasse, que les incendies auxquels on doit ces calcinations pouvaient être l'effet du hasard aussi bien que de la volonté des hommes. Il semble d'ailleurs que les retranchements calcinés aient formé une masse compacte, capable de résister aux agents atmosphériques, comme aux attaques de l'ennemi. Les Belges n'étaient probablement pas plus habiles dans l'attaque des places que dans la guerre en rase campagne.

On connaît mal les luttes que nos ancêtres belges eurent à soutenir contre les Germains au IIe et au Ier siècle avant notre ère. Les Cimbres et les Teutons, après avoir franchi le Rhin, avaient envahi la Belgique, mais la vigoureuse résistance qu'ils y rencontrèrent les obligea de quitter le pays et de se diriger vers le centre et le sud de la Gaule.

Environ un demi-siècle plus tard, les Suèves, après avoir détruit le royaume gaulois des Volkes sur les bords du Mein et du Danube, traversèrent le Rhin sous la conduite d'Arioviste ; ils venaient, à l'appel des Séquanes, combattre les Eduens ; mais une fois victorieux, ils parlèrent en maîtres à leurs alliés, et se firent céder par eux une partie de leur territoire, probablement la Haute-Alsace. Des peuples qui marchaient à la suite des Suèves, les Triboques, les Némètes, les Vangions, passèrent aussi le Rhin et s'établirent sur les terres des Médiomatriques et des Trévires, entre le fleuve, les Vosges et la Hardt. Peut-être même ces barbares, continuant leur marche au delà de la chaîne vosgienne, se répandirent-ils dans les vallées de la Sarre, de la Seille, de la Meurthe et de la Moselle. L'*oppidum* de Sainte-Geneviève, qui porte des traces d'occupation violente et d'incendie, n'aurait-il pas été pris par une bande de Suèves ou de Triboques ?

La situation devenait grave pour les peuples de la Moselle comme pour ceux de la vallée de la Saône. Menacés dans leur indépendance, ne se jugeant pas en état de résister aux envahisseurs germains, ils invoquèrent le secours de Rome, sans réfléchir aux dangers que pareille démarche pouvait entraîner. Cet appui que Rome leur accordera, ils le paieront de leur liberté. César avait besoin d'acquérir par des victoires et des conquêtes assez de prestige et d'autorité pour être en mesure d'exécuter à Rome un coup d'Etat ; aussi accueillit-il avec empressement les demandes de secours que les Séquanes, les Eduens et peut-être les peuples belges de la Moselle lui adressèrent en l'an 58 avant Jésus-Christ.

César conduisit ses légions contre les Suèves, qu'il écrasa dans la Haute-Alsace. Les Leuques lui avaient fourni du blé pour cette campagne ; peut-être les Médiomatriques et les Trévires firent-ils en même temps une démonstration militaire pour seconder l'action des Romains. Pourtant ils ne rentrèrent pas en possession des territoires que leur avaient enlevés Triboques, Némètes et Vangions.

Le péril germain écarté, le danger romain apparut aux plus clairvoyants. César, en effet, ne songeait nullement à quitter la Gaule, qu'il voulait conquérir. Quand on le vit installer ses troupes en cantonnement chez les Séquanes, on devina ses projets, et durant l'hiver 58-57, les Belges se préparèrent à engager la lutte contre le proconsul. Nos trois peuples de la Moselle restèrent, comme les Rèmes, étrangers à la tentative qu'allaient faire les autres Belges pour repousser les Romains. Les Trévires eux-mêmes, pourtant très attachés à leur indépendance, ne surent presque jamais concerter leurs efforts avec ceux des autres nations gauloises. Du reste, leur hostilité à l'égard de Rome persista longtemps ; à plusieurs reprises, et jusqu'en 70 de l'ère chrétienne, ils se soulevèrent contre la domination des transalpins. Mais, à aucun moment, les Leuques ne participèrent à la lutte contre César, et l'action des Médiomatriques se réduisit à peu de chose. Pour comprendre le rôle effacé, et peu honorable, de deux au moins des peuples de la Moselle, nous ne voyons qu'une explication plausible, la crainte des Germains. Entre deux maux, Leuques et Médiomatriques ont choisi celui qu'ils croyaient le moindre, la domination romaine.

En 57, les Trévires avaient fourni à César, pour sa campagne contre les Belges, un corps de cavalerie, qui abandonna les Romains pendant le combat furieux que ceux-ci eurent à soutenir contre les Nerviens. Mais, par la suite, les Trévires, à l'instigation de leur chef Indutiomar, prirent plusieurs fois les armes contre les Romains, en 56 d'abord, puis en 55-54 ; au cours de cette dernière campagne, où il eut Labienus pour adversaire, Indutiomar fut tué dans un combat de cavalerie. Son gendre Cingétorix, qui s'empara du pouvoir, était un ami des Romains. Trévires et Leuques ne prirent aucune part à l'effort suprême que, durant l'hiver 53-52, la Gaule tenta contre César. Seuls, les Médiomatriques envoyèrent des députés à la grande assemblée de Bibracte et fournirent un corps de 6.000 hommes à l'armée qui tenta en vain de débloquer Alesia. Bien que les Trévires, alors aux prises avec les Germains, n'eussent pas secouru Vercingétorix, ils restaient quand même hostiles aux Romains, et beaucoup d'entre eux se soulevèrent en 52 à la voix du chef éduen Sur: Labienus eut raison de cette levée de boucliers.

En 51, la Gaule était déclarée province romaine. Si la noblesse belge perdait son hégémonie politique, elle gardait le premier rang dans la société. Quant à la masse de la population, issue des peuples primitifs et des Ligures, elle ne faisait en somme que changer de maîtres ; il est difficile de dire s'il en résulta pour elle des conditions d'existence meilleures ou plus mauvaises.

Ainsi, après les conquérants venus de l'est, les Ligures d'abord, les Belges ensuite, il en était arrivé du midi, les Romains, qui allaient, durant près de cinq siècles, gouverner le pays ; leur action y sera tellement profonde qu'elle se fait encore sentir aujourd'hui.

CHAPITRE III

LA BELGIQUE ROMAINE [1].

La conquête de la Belgique par les Romains se distingue de la plupart des conquêtes antérieures ou postérieures. Point de migration de peuple, point de dépossession totale ou partielle des anciens habitants. Les Romains n'envoyèrent dans le pays que très peu de colons, n'y exer-

---

[1]. Bibliographie. — Sources : Les inscriptions dans ROBERT (P. Ch.), *Epigraphie gallo-romaine de la Moselle*, 1 vol. in-4°, 1873 ; et dans le *Corpus inscriptionum latinarum*, t. XIII. — STRABON, *Géographie*, l. IV. — TACITE, *Annales*, l. I et III. Du même, *Histoires*, l. I-V. — AMMIEN MARCELLIN, *Rerum gestarum*, libri XIV-XXXI.

Ouvrages généraux : DESJARDINS (E.), *Géographie historique et administrative de la Gaule romaine*, 4 vol. in-8°, 1876-1893. — DURUY (V.), *Histoire des Romains*, t. III-VII, 1881-1887. — MOMMSEN (Th.), traduit par CAGNAT (R.) et TOUTAIN (J.), *Histoire romaine*, 3 vol. in-8°, 1887-1889. — MOMMSEN (Th.) et MARQUARD (J.), traduits sous la direction de HUMBERT (G.), *Manuel des Antiquités romaines*, 16 vol. in-8°, 1887-1895. — FUSTEL DE COULANGES, *Histoire des institutions politiques de l'ancienne France, la Gaule romaine, l'Invasion germanique*, 2 vol. in-8°, 1891. — JULLIAN (C.), *Histoire de la Gaule*, t. IV, 1913.

Ouvrages concernant la région : BEAULIEU (J.-L. DUGAS de), *Archéologie de la Lorraine*, 2 vol. in-8°, 1840-1843. — JOLLOIS (J.-B. P.), *Mémoires sur quelques antiquités remarquables du département des Vosges*, 1 vol. in-4°, 1843. — LIÉNARD (F.), *Archéologie de la Meuse*, 3 vol. in-4°, 1881-1885. — KEUNE (J.-B.), *Zur Geschichte von Metz in römischer Zeit* (Jahrbuch der Gesellschaft für lothringische Geschichte, t. X, 1898), et de nombreux articles parus dans le même recueil. — SAVE (G.) et SCHULER (Ch.), *le Groupe équestre de Grand* (Mémoires de la Société d'archéologie lorraine, t. XLIX, 1899). — WELTER (C.), *Die Besiedelungen der Vorstufen der Vogesen* (Jahrbuch de Metz, t. XVIII, 1906). — GRÉSIER (A.), *Habitations gauloises et villas latines dans la cité des Médiomatrices*, 1 vol. in-8°, 1906. — HUBERT (H.), *Nantosuelta déesse à la roche* (Mélanges Cagnat, 1912). — WERNER (L. G.), *l'Arrondissement de Mulhouse à l'époque romaine* (Bulletin du Musée historique de Mulhouse, t. XXXVII, 1913).

cèrent, une fois la conquête terminée, aucunes violences, n'y entretinrent pas de garnisons et ne confièrent le gouvernement qu'à un petit nombre de fonctionnaires. Les vaincus gardèrent, sans que les Romains y fissent obstacle, leur langue, leurs institutions, leur religion. Et pourtant, petit à petit, les Belges devaient, à la suite d'une évolution plus rapide dans les villes, plus lente dans les campagnes, adopter la langue et la civilisation de leurs vainqueurs. Comment expliquer ce phénomène d'assimilation ? Il n'existait pas d'antagonisme entre Gaulois et Romains ; à défaut d'un patriotisme gaulois, que l'on ne trouve pas avant la conquête du pays par Jules César, il y avait un esprit particulariste très fort ; mais Rome le ménagea en respectant les institutions et les mœurs des vaincus. Lorsqu'ils eurent oublié les premières violences qui avaient accompagné la conquête, Trévires, Leuques et Médiomatriques s'habituèrent à la domination romaine, qui ne s'attaquait ni à leurs croyances, ni à leurs habitudes. Elle devenait du reste, sous le régime impérial, beaucoup plus douce aux provinciaux : les gouverneurs, désormais payés et soumis à une surveillance qui n'existait pas dans les derniers temps de la République, ne peuvent plus se permettre les exactions ni les violences qui ont immortalisé Verrès.

Enfin la domination romaine apporte aux Belges des avantages précieux : c'en est fait, au moins pour un temps assez long, des discordes civiles, des guerres de peuple à peuple, des invasions étrangères ; le pays jouit d'une tranquillité parfaite, aussi favorable à sa prospérité matérielle qu'à son développement intellectuel et moral. La civilisation romaine, ou plutôt gréco-romaine, quel que soit le point de vue auquel on l'envisage, l'emportait sur celle des Gaulois, encore bien imparfaite, bien rudimentaire, à plus d'un égard. Quoique à demi barbares, les Gaulois eurent assez de clairvoyance, assez de perspicacité pour se rendre compte de cette supériorité, assez de raison et d'énergie pour chercher à s'assimiler la civilisation de leurs vainqueurs. C'est ainsi que les Belges de la Moselle se transformèrent peu à peu en Gallo-Romains.

I. — Histoire des cités belges de la Moselle sous la domination romaine.

L'histoire des peuples belges de la Moselle durant les quatre siècles et demi qu'a duré la domination romaine peut se subdiviser en trois périodes, dont les limites sont marquées par les années 70 et 257 de l'ère chrétienne.

Jusqu'en l'année 70, la tranquillité du pays est encore troublée à plusieurs reprises. Si Médiomatriques et Leuques font preuve à l'égard de Rome d'une soumission exemplaire, les Trévires, moins résignés, se soulèvent une première fois en 29 avant Jésus-Christ ; en l'an 21 de notre ère, le Trévire Julius Florus et l'Eduen Julius Sacrovir font une nouvelle tentative, aussi malheureuse que la précédente.

De 68 à 70, la région mosellane fut encore le théâtre de troubles sanglants. En 68, Vindex, gouverneur de la Lyonnaise, las des folies et des cruautés de Néron, se révolta contre cet empereur, entraînant avec lui la grande majorité des habitants de sa province ; il se prononça pour Serv. Sulpicius Galba, légat de l'Espagne citérieure, qui se déclarait prêt à accepter l'empire. Mais les légions de la Germanie et les cités belges refusèrent de faire cause commune avec les Gaulois du centre, de l'ouest et du sud. Verginius Rufus, gouverneur de la Germanie supérieure, fut obligé par ses troupes de marcher contre Vindex qui, battu près de Besançon, se tua sur les cadavres de ses soldats. Galba, que la mort de Néron laissait bientôt après maître de la situation, punit Verginius et les peuples belges de leur opposition à Vindex ; le premier fut dépouillé de son commandement et rappelé à Rome ; les cités, en particulier celle des Trévires, se virent privées de leurs libertés ou d'une partie de leur territoire et frappées de lourds impôts.

Le résultat de ces mesures impolitiques ne se fit pas

attendre. Les légions de la Germanie inférieure encouragées, excitées même par les Belges, chez qui d'ailleurs elles se recrutaient, se révoltèrent et proclamèrent empereur leur légat, Aulus Vitellius. Un des lieutenants de Vitellius, Valens, gagna l'Italie par la vallée de la Moselle. Arrivés à Metz, ses soldats, comme pris de folie, se jetèrent sur les habitants, qui les avaient pourtant bien accueillis et en égorgèrent quatre mille. Valens eut beaucoup de peine à calmer leur fureur. Ce fut en traversant le territoire des Leuques que Valens apprit la mort de Galba et l'élévation d'Othon.

Les événements dont l'Italie fut ensuite le théâtre, en particulier la défaite et la mort de Vitellius, puis l'incendie du Capitole, provoquèrent une vive agitation en Belgique et en Germanie. Le Batave Civilis, les Trévires Classicus, Tutor et Valentinus soulevèrent leurs compatriotes, ainsi qu'une partie des peuples voisins, contre la domination romaine et proclamèrent empereur le Lingon Sabinus. Leuques et Médiomatriques se rallièrent-ils à l'empire gaulois ? On n'en a aucune preuve. D'ailleurs les représentants des cités de la Gaule, réunis à Reims, se prononcèrent, malgré les adjurations éloquentes de Valentinus, pour la soumission à Rome. Cerialis, le général que Vespasien envoyait sur les bords du Rhin, eut raison des rebelles. Classicus, Tutor et cent treize sénateurs trévires se réfugièrent sur la rive droite du Rhin ; Valentinus fut livré au supplice, sur l'ordre de l'empereur. C'en était fait pour longtemps de l'empire gaulois.

Pendant près de deux siècles, de 70 à 257, la Belgique va jouir d'une tranquillité profonde. Les Antonins au second siècle, puis les Sévères lui procureront cette longue paix. Point de révolte à mentionner alors, point d'événement militaire, si ce n'est, entre 196 et 198, un siège que la ville de Trèves aurait soutenu, on ne sait d'ailleurs contre quel ennemi. Entre 211 et 217, l'édit de Caracalla fit des Belges, comme de tous les provinciaux, des citoyens romains.

Une nouvelle période commence en 257, marquée par des révoltes militaires, par des tentatives séparatistes, par des révoltes de Bagaudes, enfin par des invasions de Francs et d'Alamans, sur lesquelles nous reviendrons plus loin.

Les révoltes de généraux romains, plus soucieux d'arriver à l'Empire que de défendre les frontières contre les Germains, avaient permis à ceux-ci de pénétrer dans la Gaule et de la dévaster ; les barbares purent d'autant plus facilement accomplir leur œuvre destructrice qu'il n'y avait à l'intérieur du pays ni troupes ni places fortes. La vallée de la Moselle eut, plus que d'autres contrées, à souffrir de ces invasions. A deux reprises, en 253 et en 257, Francs et Alamans traversèrent la Gaule du nord-est au sud-ouest, pillant et brûlant tout sur leur passage. C'est également en 257 qu'un général romain d'origine gauloise, Postumus, se révolta contre Gallien et revêtit la pourpre ; la Gaule, la Bretagne, l'Espagne reconnurent l'autorité de l'usurpateur. Trèves semble avoir été la résidence de Postumus et de ses successeurs. En 273, cet empire gaulois succomba sous les coups d'Aurélien. Nous ignorons si les bords de la Moselle furent alors, comme d'autres régions de la Gaule, dévastés par les paysans révoltés ou Bagaudes.

En vue de rétablir l'ordre à l'intérieur et de prévenir de nouvelles invasions barbares, Dioclétien, qui jugeait cette double tâche trop lourde pour un seul prince, se donna un collègue, Maximien Hercule ; chacun des deux augustes dut en outre être secondé par un césar. Celui qui fut adjoint à Maximien, Constance Chlore, chargé de gouverner la Gaule, la Bretagne et l'Espagne, fit de Trèves sa résidence : c'était en quelque sorte la restauration de l'Empire gaulois qu'avait créé Postumus. Les villes de la Belgique furent à cette époque pourvues de remparts et de garnisons. Le pays connut alors une nouvelle période de tranquillité et de prospérité. Constance Chlore, Constantin le Grand et Constant réussirent, jusqu'au milieu du IV° siècle, à contenir Francs et Alamans sur la rive droite du Rhin. Par malheur, la seconde moitié du IV° siècle vit de nouveaux usurpateurs, Magnence, Maxime, Eugène, revêtir tour à tour la pourpre. La tentative de Magnence eut pour conséquence une nouvelle invasion de la Belgique par les Francs et les Alamans : nous en reparlerons plus tard. Le dernier des grands empereurs, Théodose, meurt en 395 ; les légions du Rhin sont en 400 rappelées par Stilicon ; le préfet du prétoire des Gaules est transféré de Trèves en Arles entre 413 et 417 ; tels sont les événements qui marquent la décadence de la domination romaine sur les bords de la Moselle. Les efforts de généraux habiles, tels que Constance, Aétius, Ægidius Syagrius ne réussiront qu'à retarder la chute du régime impérial.

II. — L'ORGANISATION SOCIALE. — LES INSTITUTIONS POLITIQUES ET ADMINISTRATIVES DES CITÉS BELGES DE LA MOSELLE.

Nous allons constater l'influence lente, mais toujours croissante, de Rome sur les Belges, qui s'efforcent de modeler leurs institutions sur celles de leurs maîtres. Elles gardent d'ailleurs, tout en se transformant, un caractère aristocratique nettement accentué.

1° *L'organisation sociale.*

En ce qui concerne le chiffre de la population, nous n'avons aucune donnée. Le nombre des habitants dut augmenter durant le Ier et surtout durant le II° siècle, diminuer au III°, surtout au IV° et au V°, à la suite des invasions barbares. La population des cités belges de la Moselle comprenait des hommes libres, des affranchis et des esclaves.

Jusqu'à l'édit de Caracalla (211-217), les hommes libres se classaient parmi les citoyens romains ou parmi les non-citoyens. Au début, les premiers, colons ou commerçants venus de l'Italie, étaient certainement très peu nombreux.

A ces Romains d'origine s'ajoutèrent bientôt ceux des Belges qui avaient reçu le droit de cité, grands propriétaires, magistrats des cités, anciens soldats. Au 1ᵉʳ siècle on trouve chez les Trévires des personnages considérables pourvus du droit de cité, Julius Classicus, Julius Tutor, Julius Valentinus ; chose curieuse, ce sont justement ces Belges romanisés qui soulèveront leurs concitoyens contre la domination romaine. Entre les citoyens romains et la masse des provinciaux libres se trouvaient, depuis la fin du 1ᵉʳ siècle, les colons de droit latin installés à Trèves.

Les citoyens jouissaient d'avantages que ne possédaient pas les autres habitants de l'Empire. Leurs droits comme époux, comme pères, comme propriétaires du sol, étaient mieux définis, plus étendus. Tandis que le Belge se désignait simplement par un nom suivi de celui de son père, le citoyen romain portait le nom de sa *gens*, le gentilice, précédé d'un prénom et suivi d'un surnom ; le provincial devenu citoyen adoptait d'habitude le gentilice de l'empereur alors au pouvoir ; c'est ainsi que les Trévires Florus, Classicus, Tutor, Valentinus avaient *Julius* pour gentilice, parce qu'ils avaient été naturalisés sous le règne de princes appartenant par la naissance ou par l'adoption à la famille de Jules César, la *gens Julia*. L'édit de Caracalla (211-217) transforma en citoyens romains tous les Trévires, Médiomatriques et Leuques de condition libre. En ce qui concerne les noms, les Belges ne se plièrent pas tout de suite aux usages romains : au début, le gentilice n'avait aucune fixité dans les familles, il changeait d'une génération à l'autre, le fils prenant pour gentilice le surnom de son père, mais avec une autre terminaison. C'était en quelque manière rester fidèle à l'ancien usage gaulois, d'après lequel chacun se désignait par son nom, suivi du nom paternel.

Jusqu'à l'édit de Caracalla, l'ancienne aristocratie des chevaliers formait la portion la plus influente de la population. L'Etat romain lui avait enlevé les clients qui jadis avaient constitué sa force, elle ne pouvait plus entraîner la cité dans des guerres avec les peuples voisins. Mais elle avait conservé ou acquis la propriété de la plus grande partie des terres ; c'étaient encore ses membres qui détenaient les magistratures et qui remplissaient la curie de la cité. Les propriétaires terriens formaient donc une véritable aristocratie, comme jadis les chevaliers, dont ils étaient en majorité les petits-fils. Il semble que, chez les peuples belges de la Moselle, ce soit le régime de la propriété moyenne qui ait prédominé. Nous ignorons s'il y avait beaucoup de petits propriétaires, si la plèbe avait acquis une partie du sol.

D'autres Belges de condition libre exerçaient les professions d'avocats, de médecins, de professeurs ; vers la fin du IV° siècle, la ville de Trèves possédait des maîtres qui recevaient de l'Etat romain un traitement. On trouvait aussi dans le pays des industriels et des commerçants ; mais, quelle que fût leur fortune, ils n'arrivaient jamais à jouir de la considération que l'on accordait aux propriétaires fonciers.

Les affranchis étaient d'anciens esclaves ou descendaient d'esclaves qui avaient reçu la liberté. Les affranchis restaient liés à leur patron par des devoirs multiples et par des services. Leur condition, du reste, variait beaucoup suivant le mode d'après lequel ils avaient reçu la liberté. Ils dépendaient, comme les esclaves, d'un particulier ou d'une corporation. Beaucoup d'entre eux étaient industriels, négociants, quelques-uns médecins ou professeurs. Ceux des affranchis qui avaient amassé quelque fortune dans les affaires pouvaient s'élever dans l'estime de leurs concitoyens en s'affiliant à la corporation des sévirs augustaux, ainsi nommés en l'honneur d'Auguste. Les sévirs jouissaient de quelques privilèges et remplissaient diverses fonctions. En vue justement de s'attirer la considération, ils entreprenaient de grands travaux publics ; l'aqueduc qui amenait les eaux de Gorze à Metz a été construit aux frais des sévirs augustaux de cette dernière ville.

Quant aux esclaves, les uns cultivaient la terre, les autres travaillaient dans la maison de leur maître, qui pouvait leur faire exercer l'industrie ou le commerce.

Les colons étaient des hommes personnellement libres, mais attachés à la terre que leur avait confiée, pour la faire valoir, un grand propriétaire. Ces colons se recrutaient dans l'Empire parmi les petits propriétaires ruinés ou dans le monde barbare, qui fournissait des engagés volontaires ou des prisonniers de guerre. Maximien Hercule distribua un jour des captifs francs aux propriétaires trévires.

Depuis le milieu du III° siècle, il y a d'une façon générale diminution du nombre des hommes libres ; beaucoup de moyens et de petits propriétaires, beaucoup de commerçants ruinés sont réduits à tomber dans la dépendance des grands propriétaires et à devenir leurs clients; quelquefois même les petits propriétaires se transforment en colons. Par contre, les grands propriétaires voient leurs domaines et leur importance s'accroître ; leur entrée dans l'ordre sénatorial fait d'eux des personnages puissants, avec lesquels les agents impériaux sont obligés de compter.

L'organisation de la famille avait subi, sous l'influence de la législation romaine, une transformation lente ; l'autorité du mari et du père, tout en restant très étendue, ne conserva pas la puissance presque illimitée qu'elle avait possédée jadis.

2° *Les institutions politiques et administratives.*

Si, dans l'histoire même des peuples belges de la Moselle, nous avons distingué trois périodes, celle des institutions politiques et administratives n'en admet que deux : l'une qui va d'Auguste à Dioclétien, l'autre du règne de ce prince à la chute de la domination romaine. A la fin du III° siècle, en effet, il se produit des modifications profondes dans les institutions de l'Empire.

L'administration garde durant toute l'époque romaine un caractère aristocratique : elle appartient dans les cités à la classe des chevaliers, restés ou devenus propriétaires du sol ; toutefois, aux privilèges dont jouissent les chevaliers correspondent des charges parfois assez lourdes. En retour des services que l'Etat romain rend aux peuples belges, il exige d'eux des soldats, des impôts et des prestations. Pour tout ce qui touche à l'administration de leurs affaires, les Belges jouissent, surtout durant les premiers siècles, d'une grande liberté d'action.

A. — Première période : du règne d'Auguste jusqu'à la fin du IIIe siècle.

L'organisation de la Gaule fut l'œuvre d'Auguste. La Belgique, l'une des trois provinces créées par l'empereur dans la partie de la Gaule que son grand-oncle avait conquise, comprenait — outre la plupart des anciennes cités belges — celle des Séquanes ; quant aux territoires qui bordaient la rive gauche du Rhin, ils formèrent les deux provinces de la Germanie supérieure et de la Germanie inférieure. Reims était la capitale de la Belgique. Celle-ci, comme la Celtique et l'Aquitaine, fut dès l'origine une province impériale, que gouvernait un légat prétorien, investi de pouvoirs étendus, mais n'ayant point de troupes sous ses ordres. Son autorité sur les cités était plus ou moins grande suivant la situation de celles-ci vis-à-vis de Rome.

D'une façon générale, les anciens peuples belges avaient conservé leurs territoires ; toutefois, Trévires et Médiomatriques ne rentrèrent pas en possession du pays qu'avaient occupé Vangions, Némètes et Triboques. Chacun des trois peuples belges de la Moselle constitua une cité. A l'origine, les Trévires et les Leuques eurent le rang de cités libres, mais quand Pline écrivit son *Histoire naturelle*, les Trévires l'avaient perdu ; peut-être Tibère les en avait-il privés à la suite de la révolte de Julius Florus. Vers la fin du Ier siècle de notre ère, *Augusta Treverorum*, capitale de la cité des Trévires, devint une colonie de droit latin. Quant aux Médiomatriques, ils n'étaient point encore des alliés de Rome à l'époque où fut rédigée l'*Histoire naturelle*, tandis que, d'après Tacite, ils possédaient cette situation en l'an 70. A l'origine, les cités alliées ou libres étaient dispensées de payer le tribut auquel Rome astreignait les autres, elles avaient le droit de battre monnaie ; en outre, les gouverneurs romains avaient à leur égard des attributions plus limitées. Mais avec le temps, les privilèges des cités libres ou alliées leur furent enlevés ; en l'an 21, Tibère les soumit au tribut. A la fin, il n'existait plus de différence entre la situation des cités libres et alliées et celle des cités tributaires.

Les territoires des Trévires, des Médiomatriques et des Leuques continuèrent, sous la domination romaine, d'être divisés en *pagi*, en villes, en *vici* ruraux ou bourgs. Nous ne connaissons des noms de *pagi* que pour la première de nos cités ; toutefois nous serions porté à croire que le territoire de Verdun, qui ne fut élevé au rang de cité que vers la fin du IIIe siècle, avait dû à l'origine être un simple *pagus* de la cité des Médiomatriques.

Les principales villes étaient toutes situées sur les grandes voies romaines. La capitale des Trévires *Augusta Treverorum* (Trèves), création d'Auguste, fut pendant longtemps la seule place forte de la Belgique. Cette ville ne prendra toute son importance qu'à partir du jour où elle deviendra, au IIIe siècle, le chef-lieu de la première Belgique, la résidence du préfet du prétoire et de l'empereur. Mentionnons encore dans cette cité les bourgs ruraux ou *vici* de *Beda* (Bitburg), d'*Orolaunum* (Arlon), d'*Eposium* (Ivoy-Carignan).

Metz, alors appelé *Divodurum*, chef-lieu de la cité des Médiomatriques, atteignit au contraire son plus haut degré de prospérité avant les invasions du IIIe siècle. Les fouilles opérées depuis une vingtaine d'années ont fait connaître son étendue, quelques-uns des monuments qu'elle possédait : un vaste amphithéâtre, de la fin du Ier siècle ou du début du IIe siècle de notre ère, des thermes, une piscine, un nymphæum ; l'eau était amenée de Gorze à Metz par un aqueduc long de 23 kilomètres. La ville se divisait en *vici* urbains ou quartiers ; nous connaissons deux d'entre eux, le *vicus Honoris* et le *vicus Pacis*, qui tiraient leurs noms de temples élevés l'un à l'Honneur, l'autre à la Paix. Les principaux *vici* ruraux ou bourgs de la cité des Médiomatriques étaient *Verodunum* (Verdun), *Scarpona* (Scarpone) qui, contrairement à une opinion très répandue, ne se rattachait pas à la cité des Leuques, *Vicus Bodelius* (Vic), *Marosalium* (Marsal), *Ad Duodecimum* (Delme ou Dieuze), *Decempagi* (Tarquimpol), *Pons Saravi* (Sarrebourg) et le *vicus* — au nom inconnu — qui s'élevait sur le Herapel.

Toul, chef-lieu de la cité des Leuques, n'était certainement qu'une ville de médiocre étendue. On doit regarder comme plus importantes que Toul les villes de *Nasium* (Naix), qui avait remplacé l'ancien *oppidum* de Boviolles, d'*Andesina* (Grand), qui semble avoir appartenu à la cité des Leuques plutôt qu'à celle des Lingons. On y a découvert les restes d'un amphithéâtre, une mosaïque et les débris de nombreux monuments. Citons encore le *vicus* de *Solecia* ou *Solocia* (Soulosse), qui ne se confondait peut-être pas avec celui de *Solimariaca*. C'est, remarquons-le, dans la partie occidentale du pays des Leuques que s'élevaient les villes et les bourgades dont nous venons de parler.

L'administration de nos cités est caractérisée par ce fait que chacune d'elles et son chef-lieu ne forment qu'un tout, qu'un bloc. Les magistrats (*magistri*) des *pagi*, des villes, des *vici* ruraux sont subordonnés à ceux de la cité. Voici une autre preuve encore de l'union étroite qui existait entre la cité et sa capitale : peu à peu le nom de la première remplacera celui de la ville chez les Trévires et chez les Médiomatriques ; ainsi *Augusta Treverorum* deviendra *Treveri* et *Divodurum* disparaîtra pour faire place à *Mettis*, contraction probable de *Mediomatrici*. On a peine à s'expliquer que le même phénomène ne se soit pas produit dans la cité des Leuques, dont le chef-lieu finit, malgré son peu d'importance, par garder son vieux nom gaulois.

Il est possible qu'à l'origine plusieurs cités belges aient

conservé leurs anciennes institutions. Mais, petit à petit, elles calquèrent leur administration sur celle de la république romaine. Des duumvirs, qui rappelaient les consuls, exerçaient dans les cités le pouvoir exécutif, avec l'assistance d'édiles et de questeurs ; la curie représentait le sénat romain. Pour les Trévires, nous connaissons l'existence de duumvirs du trésor public, de *quinquennales*, c'est-à-dire de duumvirs qui, tous les cinq ans, remplissaient les fonctions de censeurs ; pour les Médiomatriques, celle d'un questeur, qui était en même temps *præfectus statorum*.

Les duumvirs ordinaires administrent la cité, rendent la justice au civil ; dans certains cas on pouvait en appeler de leurs sentences au gouverneur de la province ; à celui-ci — et à lui seul — appartenait la justice criminelle. A l'origine la législation appliquée en matière civile dut probablement être formée de coutumes gauloises, puis se pénétrer peu à peu d'éléments romains, enfin devenir à partir de l'édit de Caracalla (211-217) exclusivement romaine. Les édiles s'occupaient de la police et de la voirie, les questeurs de la levée des impôts et du maniement des deniers. Quant à la curie, assemblée délibérante, elle votait le budget, les lois et toutes les mesures qui se rapportaient à l'administration de la cité.

Les duumvirs, élus pour un an, étaient à l'origine nommés par un corps électoral dont nous ne connaissons pas la composition, plus tard par la curie elle-même. Le soin de désigner les membres de cette dernière assemblée ou décurions appartenait aux duumvirs quinquennaux, qui inscrivaient sur l'album de la curie d'abord les anciens magistrats, duumvirs, édiles, questeurs, puis d'autres personnages qui se recommandaient par leurs richesses ou par leurs services. En définitive, pour entrer dans la curie, pour remplir les hautes charges de la cité, il fallait avoir de la fortune et une fortune immobilière ; c'était la seule qui entrât en ligne de compte.

Ainsi le pouvoir appartient à la classe des grands ou des moyens propriétaires, formée surtout des anciens chevaliers.

Nous avions raison de dire plus haut que les institutions de l'époque romaine présentaient, comme celles de la période gauloise, un caractère nettement aristocratique.

En revanche, des obligations assez lourdes pesaient sur les magistrats, qui ne recevaient aucun traitement et qui devaient, pendant la durée de leurs fonctions, donner des jeux à leurs concitoyens et même entreprendre à leurs frais de grands travaux publics.

Les différentes classes de la population ne supportaient pas les mêmes charges ; en outre celles-ci variaient, à l'origine tout au moins, d'une cité à l'autre. En sus du tribut qu'avaient à payer toutes les cités depuis l'an 21 de notre ère, l'Etat romain prélevait sur les propriétaires l'impôt foncier, sur les non-propriétaires la capitation. Des droits frappaient les successions des citoyens et les affranchissements ; les marchandises acquittaient des taxes douanières, en particulier la *quadragesima Galliarum*. Nous ignorons sous quelles formes les magistrats des peuples belges de la Moselle faisaient contribuer leurs administrés aux dépenses de la cité. Les habitants devaient encore exécuter des corvées pour la construction et l'entretien des routes. Le gouverneur et, au-dessous de lui, divers fonctionnaires répartissaient et recouvraient les impôts d'Etat ; dans la cité, le questeur, assisté sans doute d'agents subalternes, était le principal fonctionnaire financier.

La population devait encore à l'Etat romain le service militaire. Les légions se recrutaient alors parmi les provinciaux à l'aide d'engagements volontaires, et, quand ceux-ci ne suffisaient pas, on recourait à la conscription. En outre, certaines cités, comme celle des Trévires, fournissaient des corps auxiliaires ; nous ne savons rien de pareil pour les Médiomatriques ni pour les Leuques.

L'ensemble de ces charges ne constituait pas, semble-t-il, un fardeau écrasant, à l'époque où le pays, garanti contre les invasions étrangères et jouissant à l'intérieur d'une tranquillité parfaite, pouvait librement développer ses forces économiques.

B. — Deuxième période : de l'avènement de Dioclétien aux grandes invasions.

On a mis sous le nom de Dioclétien des réformes dont ses prédécesseurs avaient pris l'initiative et qu'il s'est contenté de compléter et de coordonner.

Les fonctions civiles sont désormais complètement séparées des commandements militaires ; l'administration et l'armée reçoivent une organisation qui s'inspire de principes nouveaux.

Le nombre des cités s'accroît ; ainsi, de la cité des Médiomatriques se détache le *pagus* des *Verodunenses*, qui devient une nouvelle cité. On divise l'ancienne Belgique en deux provinces, dont l'une, appelée la première Belgique, comprend les quatre cités des Trévires, des Médiomatriques, des Leuques et des Verdunois ; Trèves en est le chef-lieu.

Dans chaque cité le pouvoir exécutif passe des duumvirs à un curateur, d'abord pris en dehors de la cité, puis élu par ses concitoyens ; au cours du IV° siècle, le curateur lui-même fait place à un défenseur. Au-dessous du curateur ou du défenseur, qui représentent le pouvoir exécutif, plusieurs fonctionnaires sont chargés des différents services. La curie existe toujours, avec les mêmes attributions ; elle continue de se recruter parmi les anciens magistrats et, d'une façon plus générale, parmi les moyens et les petits propriétaires, les curiales. Quant aux grands propriétaires, entrés dans l'ordre sénatorial, ils cessent de faire partie de la curie et d'exercer les magistratures de la cité.

Les charges financières de la population sont devenues de plus en plus lourdes. Si l'Etat a supprimé les droits qui frappaient les successions et les affranchissements, il a dû, en raison de l'augmentation sans cesse croissante de ses dépenses, créer de nouveaux impôts : il lève l'*aurum oblatitium* sur les membres de l'ordre sénatorial, l'*aurum coronarium* sur les curiales, le *chrysargyre* sur les commerçants. D'anciens impôts, la capitation et l'impôt foncier sont maintenus ; toutefois, l'administration impériale modifie l'unité qui sert de base à l'impôt foncier. Désormais l'État astreint les curiales, moyens et petits propriétaires, à répartir et à lever l'impôt foncier, dont il les rend responsables. C'est une charge très lourde pour cette classe sociale, dont l'importance numérique ne cesse de diminuer sous l'influence de causes multiples, si bien que l'impôt se répartit sur un nombre toujours décroissant de contribuables. La corvée pèse encore sur la population des provinces.

En revanche, le service militaire est allégé, les troupes romaines se recrutant de plus en plus parmi les barbares. L'organisation militaire a subi d'autres modifications. Au lieu de concentrer, comme autrefois, l'armée aux extrémités de l'Empire, Constantin et ses successeurs l'ont répartie entre les frontières et l'intérieur du pays. Les villes et les *vici* ruraux ont été ceints de murailles ; en ce qui concerne les premières et quelques-uns des autres, on a réduit leur superficie, jeté bas une partie des monuments et des maisons, afin d'achever plus vite les remparts et d'avoir un périmètre moindre à défendre. C'est ainsi que l'étendue de Metz a sensiblement diminué, à la suite de l'abandon d'un quartier situé vers le sud-est ; alors fut démoli l'amphithéâtre. Par mesure d'économie, les débris des édifices détruits et jusqu'à des tombeaux ont servi de matériaux pour la construction des nouvelles murailles. On a retrouvé à Metz, à Tarquimpol, à Soulosse, ailleurs encore, dans les restes des anciennes fortifications romaines de ces villes, des pierres sculptées ou taillées, qui provenaient de monuments ou de tombeaux abattus dans les dernières années du IIIe siècle.

Ces réformes ne purent que retarder la chute de l'Empire, qui finit par disparaître en Occident au Ve siècle. Autant et plus que les attaques des barbares, les fautes commises par les gouvernants, ainsi que la faiblesse et l'inertie des gouvernés, firent crouler ce majestueux édifice, qui avait semblé jadis avoir été construit pour l'éternité !

III. — La vie matérielle. — La vie économique.

1° *La vie matérielle.*

Ici encore l'influence romaine se fait sentir, d'abord dans l'alimentation ; les recettes des gastronomes romains pénétrèrent sans doute dans les cuisines des riches Belges ; l'usage du vin, depuis le jour où le pays posséda des vignes, se répandit peu à peu dans la population.

Les Belges continuèrent, durant les deux premiers siècles de la domination romaine, à porter les vêtements de leurs ancêtres ; des pierres tombales les représentent revêtus du *sagum* ; des monuments figurent aussi les dieux portant le costume gaulois. Une fois pourvus du droit de cité, les provinciaux prenaient sans doute la toge, qui finit par devenir le vêtement de tous les hommes libres. Les Belges renoncèrent aux colliers et aux bracelets, dont seules les femmes continuèrent de se parer. On peut supposer que les femmes et les filles des riches propriétaires de nos contrées suivirent de loin les modes de la capitale de l'Empire.

Les habitants de la vallée de la Moselle se conformèrent aussi à l'usage romain des bains, comme le prouvent les thermes publics des grandes villes, les salles de bains des villas rurales ; l'aqueduc, qui amenait à Metz l'eau de Gorze, aboutissait à un établissement de bains.

On utilisait également les propriétés curatives de quelques-unes des eaux minérales de la région ; à l'époque gallo-romaine, Plombières, Bains, peut-être aussi Vittel, dont le nom n'a du reste rien de commun avec l'empereur Vitellius, étaient déjà des stations balnéaires.

Nous connaissons mieux les habitations rurales que les demeures urbaines de cette époque. Jusqu'au III° siècle, la partie la plus misérable de la population des Médiomatriques continua d'habiter les mares (mardelles) où avaient logé ses ancêtres aux temps de l'indépendance. On trouve ces habitations primitives, dont le mobilier indique clairement qu'elles datent de l'époque romaine, sur la rive gauche de la Sarre, dans la région des étangs, sur le plateau qui sépare la vallée de la Nied de celle de la Moselle, enfin à l'ouest de cette dernière rivière, au nord de Moyeuvre.

Mais les propriétaires aisés, moins fidèles au passé, ne tardèrent pas à construire des demeures plus confortables. Puis on copia la villa romaine, celle dont Caton l'Ancien, Varron et Vitruve nous ont décrit l'aménagement. Ce furent d'abord des villas rustiques, où voisinaient une maison d'habitation et des bâtiments d'exploitation, ceux-ci beaucoup plus importants que celle-là ; le maître ne résidait dans sa villa que durant la belle saison. A l'époque où s'élevèrent ces villas rustiques, prédominait dans la région mosellane le régime de la moyenne propriété. Nous pouvons citer comme exemples de ces villas celles de Cheminot, de Sorbey, de Betting au pays des Médiomatriques.

Les invasions et les guerres civiles du IIIe siècle ruinèrent un grand nombre de moyens et de petits propriétaires. Trèves devint l'une des capitales de l'Empire, et d'autre part les villes, entourées de remparts, perdirent beaucoup de leur étendue. Hauts fonctionnaires de la cour et riches propriétaires, auxquels déplaisait le séjour des villes amoindries et closes de murailles, allèrent se fixer à la campagne, où ils construisirent des villas urbaines, qu'ils habitaient ou qu'ils pouvaient habiter toute l'année. Des fouilles récentes ont permis de reconnaître l'emplacement et le plan d'un certain nombre de ces demeures, beaucoup plus vastes, beaucoup plus luxueuses que les anciennes villas rustiques ; elles possédaient tout le confort que l'on connaissait à l'époque. Par malheur, elles n'offrent aucune originalité : exception faite pour les calorifères, on ne sent pas de la part des architectes un effort pour adapter la villa aux conditions du climat de notre région, si différent de celui de l'Italie. A quelque distance de la demeure du riche propriétaire, s'élevaient les bâtiments réservés à l'exploitation du domaine ; ils abritaient les colons, les affranchis et les esclaves chargés de cultiver la terre ou d'en transformer les produits en instruments, en outils, en vêtements, etc. Mentionnons, parmi ces villas urbaines, au pays trévire celles d'Euren, de Fliessem, de Lautersdorf, d'Oberweiss, de Raversbeuren, et chez les Médiomatriques celles de Rouhling, de Mackwiller, de Saint-Ulrich, de Teting. Sur le territoire leuquois, on n'a encore découvert les restes d'aucune villa urbaine ; peut-être les habitants y possédaient-ils moins d'aisance que ceux des autres cités mosellanes.

Nous avons le droit de supposer, sans en avoir la preuve, que les maisons de Metz, de Trèves, de Toul, etc., rappelaient celles des villes italiennes. Bien que les villas rurales aient été détruites, comme le plus souvent on n'a rien élevé sur leurs ruines, des fouilles bien conduites en font retrouver aujourd'hui les murs et permettent ainsi de déterminer quelle en était l'ordonnance. Dans les villes au contraire, même dans celles qui ont résisté à la rage destructrice des barbares, rien ne subsiste des maisons gallo-romaines ; entre celles-ci et les maisons modernes combien d'autres n'a-t-on pas élevées, qui ont elles-mêmes disparu sans laisser de traces !

C'est par la représentation que nous fournissent du mobilier les monuments funéraires que nous pouvons le mieux nous en faire une idée. Par contre, on a exhumé des ruines de plusieurs villas une partie des ustensiles de cuisine.

Tout d'abord, les Belges généralisèrent l'usage de brûler leurs morts, jusqu'alors pratiqué par les seuls nobles gaulois. Les cendres étaient ensuite recueillies dans des urnes, que l'on confiait à la terre ou que l'on plaçait dans des caisses de bois ou de pierre. Il semble que l'on ne brûlait pas les cadavres des enfants. A partir du IIIe siècle, l'inhumation tendit de plus en plus à remplacer l'incinération ; les chrétiens et les barbares ne connaissaient que ce mode de sépulture. Les pauvres gens se faisaient enterrer dans des cimetières ; on a retrouvé deux de ces nécropoles près de Metz, une à Scarpone. Avant le IIIe siècle, les gens riches élevaient à leurs proches, selon l'usage romain, des monuments funéraires le long des grandes voies ; c'était le cas à Metz, à Soulosse, etc. Ces tombeaux, d'un art réaliste assez médiocre, présentent pourtant un grand intérêt, car ils donnent l'image en relief du défunt, et font connaître son costume ainsi que ses attributs professionnels. Si quelques-uns d'entre eux nous sont parvenus dans un mauvais état de conservation, c'est qu'à la fin du III° siècle on les utilisa pour construire les remparts dont on entoura les villes. L'usage se continuait d'ensevelir avec les morts quelques-uns des objets qui leur avaient appartenu, mais en général le mobilier funéraire qu'on a découvert à Metz et à Scarpone n'a que peu de valeur. Au IV° siècle et au V°, avant de confier à la terre les corps des gens riches ou aisés, on les plaçait dans des sarcophages de pierre, dont quelques-uns étaient ornés de sculptures.

2° *La vie économique.*

C'est toujours l'agriculture qui constitue la principale occupation des habitants de nos contrées. M. Grenier croit que la moyenne et la petite propriété ont prédominé, jusqu'au III° siècle, chez les Médiomatriques. A la suite des invasions du III° siècle, le régime de la grande propriété devient au contraire prépondérant. Les conclusions de M. Grenier doivent être adoptées pour les Trévires, mais en ce qui concerne les Leuques, on ne peut rien affirmer.

Dans chaque cité existaient, comme en Italie, des domaines ou *fundi*, qui comprenaient d'une part une villa où habitaient le maître et les cultivateurs, et d'autre part des terres, champs, prés, forêts, etc. A quelle époque ces *fundi* ont-ils pris naissance ? Quelques-uns d'entre eux, on peut le supposer, datent du I°ʳ siècle, d'autres du second. Les grands domaines constitués après les invasions du III° siècle ont pu tantôt former un nouveau *fundus*, tantôt réunir plusieurs *fundi*, dont chacun gardait son individualité. On ne sait quel rapport existait entre les premiers *fundi* créés et

Pl. II.

MESSEIN (Meurthe-et-Moselle). — Coupe du rempart du camp d'Affrique (période de Hallstatt)
(DÉCHELETTE, *Manuel*, t. II, 2ᵉ partie).

(Voir p. 18 et 26).

les agglomérations ou les domaines de l'époque gauloise. Chaque *fundus* avait son nom particulier, formé du gentilice de son premier propriétaire et d'un suffixe d'origine gauloise, *acus*. Comme l'usage des gentilices ne s'est généralisé en Belgique qu'après l'édit de Caracalla, les noms de la plupart des *fundi* ne remonteraient pas plus haut que le III° siècle. On aurait cependant tort d'en conclure que les *fundi* eux-mêmes ne sont pas antérieurs à cette époque. Tous nos villages à la désinence *ey* ou *y* sont d'anciens *fundi* gallo-romains, dont le nom finissait par *acus* : peut-être leurs limites actuelles sont-elles les mêmes que celles des *fundi* dont ils ont conservé le nom. Les villes ou villages de Chassey, Coussey, Essey, Sassey, Ancy, Flavigny, Martigny, Nancy, Sancy, Sorcy, Vigy, pris au hasard dans toutes les parties de la région moso-mosellane, rappellent des *fundi* de l'époque romaine.

Si le très petit cultivateur libre travaille de ses mains, le moyen et le grand propriétaire font exploiter leurs terres par des hommes de conditions diverses, esclaves, affranchis, colons, les uns enfants du pays, les autres venus de la Germanie, tous astreints à des redevances en argent ou en nature, à des corvées, bref, à des obligations qui varient et avec leur condition sociale et avec l'étendue, la nature, la fertilité des terres qu'on leur a confiées. Il est permis de supposer que la superficie du sol cultivé alla sans cesse en augmentant au cours des deux premiers siècles de la domination romaine; après avoir subi un recul à la suite des invasions du III° siècle, elle diminua encore, et dans des proportions beaucoup plus fortes, lorsque les invasions du milieu du IV° siècle eurent fait périr une partie de la population.

Il n'est pas sûr que l'empereur Probus (276-282) ait le premier autorisé les Gaulois à planter des vignes; quoi qu'il en soit, elles couvraient, au dire d'Ausone, les coteaux qui dominent les bords de la Moselle, entre Trèves et Coblenz; d'autre part, un sarment trouvé dans les ruines de Scarpone prouve que cette plante prospérait aussi dans la partie moyenne de la vallée de la Moselle.

Le régime de l'assolement triennal date-t-il de cette époque? Nous n'en savons rien. Pline l'Ancien nous apprend que le sapin des Vosges était déjà réputé. Ausone énumère les nombreux poissons : saumons, truites, brochets, carpes, etc., que l'on pêchait de son temps dans la Moselle.

A l'époque romaine, les industries étaient exercées soit par des particuliers, soit par l'Etat. Jusqu'au IIIe siècle, les premières se rencontraient surtout dans les villes ; mais quand celles-ci eurent, à la suite des premières invasions, perdu de leur importance, l'industrie, sans les déserter tout à fait, se transporta partiellement dans les campagnes. Le grand propriétaire voulut que son domaine se suffît à lui-même et que les produits qu'il en retirait fussent transformés sur place en vêtements, en meubles, en outils. A la ville, les patrons et les ouvriers de l'industrie sont des hommes libres ou des affranchis, groupés en corporations; le grand propriétaire confie à des affranchis ou à des esclaves qui travaillent pour son compte les métiers que rend nécessaires l'exploitation de son domaine. Parmi les industries du pays connues par des inscriptions, on peut citer celles du vêtement (*vestiarii, calcearii*), celles du bâtiment, celles de la céramique ; il a existé dans la région de nombreuses fabriques de poteries, dont quelques-unes fournissaient des produits assez fins.

Nous savons que Trèves possédait au IIIe et au IVe siècle des manufactures de vêtements et d'armes qui appartenaient à l'Etat. C'est encore l'Etat qui exploitait à Norroy des carrières, où l'on a découvert des inscriptions intéressantes. En ce qui concerne les carrières de Savonnières-en-Perthois, les salines, plusieurs mines de plomb argentifère et de fer, nous ignorons qui, de l'Etat ou des particuliers, se chargeait de les exploiter à l'époque romaine.

Durant les premiers siècles de l'Empire, le commerce put se développer librement : la population augmentait, elle avait plus de besoins et produisait davantage ; les voies de communication s'amélioraient et devenaient plus nombreuses. Certains cours d'eau rendaient alors à la navigation d'importants services, comme le prouve l'existence des bateliers de la Moselle. Un gouverneur de la Germanie supérieure, L. Vetus, songea même, sous Néron, à joindre par un canal la Moselle à la Saône, mais il fut détourné par Ælius Gracilis, gouverneur de la Belgique, d'exécuter ce projet, que la France a réalisé au xixe siècle.

A défaut de canaux, les Romains construisirent de grandes routes, qui reliaient les principales villes des provinces et les camps des frontières, soit entre eux, soit avec Rome. Ces routes, qui avaient un caractère moins politique que militaire, servaient avant tout au transport rapide des troupes d'un point à un autre. Citons en particulier celle de Lyon à Trèves par Langres, *Mosa* (Meuvy), *Noviomagus* (Nijon), *Solimariaca* (Soulosse ?), Toul, Scarpone, Metz, *Caranusca* et *Ricciacum*. Reims était réuni à *Argentoratum* (Strasbourg) par une route qui traversait Verdun, *Ad Fines*, *Ibliodurum* (Hannonville-au-Passage), Metz, *Ad Duodecimum* (Delme ou Dieuze), *Decem Pagi* (Tarquimpol), *Pons Saravi* (Sarrebourg). Une autre voie allait de Reims à Metz en passant par *Caturices* (Bar-le-Duc), *Nasium* (Naix), *Fines*, Toul et Scarpone ; à partir de Toul, elle se confondait avec la voie de Lyon à Trèves. *Eposium* (Ivoy-Carignan) et *Orolaunum* (Arlon) étaient deux des stations de la route de Reims à Trèves. Deux voies partant de Trèves se dirigeaient l'une sur Mayence, l'autre sur Cologne. Ces routes allaient droit devant elles, sans tenir compte des accidents du terrain. Les Romains les avaient établies avec tant de solidité qu'elles ont subsisté durant le moyen âge et presque jusqu'à nos jours. Le gouvernement impérial fit sans doute construire et entretenir ces routes, qui représentent nos routes nationales, au moyen de corvées imposées aux habitants du pays. De leur côté les cités se chargèrent, en recourant probablement, elles aussi, au système des corvées, d'établir et de maintenir en bon état des voies secondaires, qui rappellent nos routes départementales et nos chemins vicinaux. Ces voies secondaires, très nombreuses dans notre région, formaient un réseau à mailles serrées.

Les principales villes, en particulier Metz et Trèves, semblent avoir été les centres commerciaux les plus importants.

Les poids et les mesures employés à l'époque de l'indépendance continuèrent d'être en usage, concurremment avec les poids et les mesures d'origine romaine. Ainsi la lieue gauloise, longue d'un peu plus de deux kilomètres, ne fut pas abolie par le mille romain. L'arpent, mesure agraire gauloise, traversa le moyen âge, les temps modernes et survit encore, sous le nom de « jour », à toutes les révolutions.

Les Trévires, les Médiomatriques et les Leuques conservèrent, après avoir été soumis par Jules César, le droit de battre monnaie ; nous possédons, en effet, diverses pièces, frappées par ces peuples postérieurement à la conquête romaine. Mais, petit à petit, l'Empire retira ce droit à nos cités, à moins qu'elles n'y aient renoncé d'elles-mêmes, et les monnaies romaines, as de cuivre, deniers d'argent, sous (*aurei*) et tiers de sou (*trientes*) d'or, finirent par avoir seules cours sur les bords de la Moselle. Postumus dota Trèves, sa capitale, d'un atelier monétaire, qui continua de fonctionner après la disparition de l'empire gaulois.

Des indigènes, des Romains ou des Orientaux exerçaient le commerce dans nos contrées. A la première de ces catégories appartenait un *negotiator artis cretariæ*, c'est-à-dire un marchand de craie de Metz, qui mourut à Milan ; une autre inscription atteste la présence à Lyon d'un marchand de vins trévire. Les commerçants appartenaient à la classe des hommes libres ou à celle des affranchis. Comme les patrons de l'industrie, ils se groupaient en corporations.

Nos ancêtres exportaient probablement des produits agricoles, du sel, du fer, des poteries et faisaient venir d'autres parties de l'empire des fruits, des épices, des vêtements ou des objets de luxe.

La prospérité matérielle de nos contrées a dû croître sans interruption durant les premiers siècles de la domination romaine. Compromise par les invasions et par les guerres civiles du iii° siècle, elle se rétablit au début du iv°, mais disparut avec les grandes invasions, qui se déchaînèrent au milieu de ce même siècle, puis au début du suivant.

IV. — LA CIVILISATION LITTÉRAIRE ET ARTISTIQUE. LES DISTRACTIONS.

Ici encore l'influence de Rome et de la Grèce devait se faire peu à peu sentir et pénétrer lentement les différentes classes de la population.

1° *La langue, l'enseignement et la littérature.*

Les dialectes nationaux de nos peuples belges disparurent d'autant moins vite que Rome ne tenta rien pour hâter leur mort. Nous ne connaissons pas d'inscriptions rédigées dans l'un des dialectes parlés sur les bords de la Moselle, mais les noms de nombreux personnages attestent la persistance de ces idiomes, et le témoignage de saint Jérôme, qui séjourna quelque temps dans le pays de Trèves, tendrait à prouver qu'au iv° siècle le gaulois y était encore parlé. Les classes riches y renoncèrent sans doute de bonne heure, pour adopter la langue des vainqueurs. Le latin, langue de l'administration, de l'armée, des affaires, finit par se substituer peu à peu aux dialectes gaulois.

C'était probablement aussi la langue de l'enseignement. Par malheur, nous ne savons rien sur les écoles élémentaires de nos contrées. Un décret de Gratien nous apprend que des maîtres payés par l'Etat enseignaient à Trèves le latin et le grec ; Trèves possédait ainsi une sorte d'Université.

Le seul écrivain qu'ait produit la région mosellane, encore n'avons-nous pas la certitude qu'il ait Trèves pour patrie, est un prêtre de Marseille, nommé Salvien, qui vivait au v° siècle. Son traité *De gubernatione Dei*, qu'il ne faut lire qu'avec défiance, contient des détails curieux sur le pays de Trèves. Le joli poème de la *Moselle* a pour auteur le Bordelais Ausone ; en voici un extrait :

« Salut, rivière renommée pour tes champs, renommée pour tes colons, rivière à qui les Belges doivent la ville devenue le siège de l'empire, rivière bordée de coteaux dont les vignes produisent un vin parfumé, rivière aux berges couvertes d'un gazon verdoyant. Comme la mer, tu portes des vaisseaux, comme un fleuve tu coules sur une pente rapide, tu as la profondeur et la transparence d'un lac : tu peux égaler les ruisseaux par ta marche hâtive, et ton eau claire surpasse celle des fontaines glacées. Seule tu réunis tout ce que possèdent la source, le ruisseau, le fleuve, le lac et la mer. Toi qui roules des eaux tranquilles, tu ne souffres ni des murmures des vents, ni de la résistance des écueils cachés »[1].

2° *Les arts.*

Nos contrées produisirent aussi peu de véritables artistes que de littérateurs. Pourtant, nous possédons en grand nombre des ruines de monuments et des fragments d'œuvres d'art. Ils attestent dans ce domaine encore l'imitation par nos ancêtres de la civilisation gréco-romaine.

Des temples s'élevèrent en l'honneur des dieux, soit dans les grandes villes, soit même sur des hauteurs. Trèves et Metz eurent des palais impériaux ; dans ces deux villes, ainsi qu'à Naix et à Grand, on construisit des amphithéâtres ; partout enfin il existait des thermes publics.

Nous ne reviendrons pas sur les maisons particulières, parfois d'une grande richesse, que firent bâtir, surtout à la campagne, les hauts fonctionnaires impériaux ou de riches particuliers, à la fin du III° siècle et au début du IV°. Vers la même époque, les villes et même de simples bourgades

---

1. Ausone, *Mosella*, vers 23 et suiv. (*Monumenta Germaniæ historica, Scriptores antiquissimi*, t. V, 2° partie, p. 82-83.)

furent entourées de murailles flanquées de tours. Il serait intéressant de connaître le lieu d'origine des architectes qui ont élevé ces édifices : les premiers en date venaient probablement de l'Italie ou des provinces hellénisées ; plus tard, le pays put fournir quelques architectes.

Des statues de toutes dimensions, en bronze, en marbre, en pierre, en terre cuite, des bas-reliefs, des monuments funéraires nous sont parvenus de l'époque romaine, les uns mutilés, les autres dans un état satisfaisant de conservation. Certains érudits croient devoir attribuer toutes celles de ces œuvres qui présentent un caractère de fini et d'élégance à des étrangers, Romains, Grecs, ou Orientaux, soit que ces artistes aient travaillé sur place, soit que leurs œuvres aient été importées dans les vallées de la Moselle, de la Meuse ou de l'Ornain. Des ouvriers du pays auraient exécuté les autres monuments de la sculpture, qui attestent un art réaliste, mais fruste et grossier.

Il reste malheureusement peu de chose des fresques qui décoraient les murs des édifices publics et des maisons luxueuses de l'époque gallo-romaine. On sait pourtant que celles du IV° siècle représentaient des scènes de la vie quotidienne, des paysages ou des animaux. Nous possédons encore plusieurs mosaïques, dont la mieux conservée peut-être est celle de Grand.

On a retrouvé des monuments de la glyptique, de l'orfèvrerie et de la céramique ou dans les ruines des villas gallo-romaines, ou dans des sépultures. Les œuvres les plus élégantes de cette catégorie proviennent de l'Italie, de la Grèce, de l'Orient ou d'ateliers locaux ; à La Madeleine, entre Laneuveville-devant-Nancy et Saint-Nicolas-de-Port, à Lavoye, puis à Trèves, on a fabriqué des poteries samiennes, des poteries en *terra sigillata*.

C'est donc un art dépourvu d'originalité, tout d'imitation et d'une imitation encore bien imparfaite, qui s'est lentement développé dans nos contrées au temps de la domination romaine. Ne voyons dans les Trévires, les Médiomatriques et les Leuques que des écoliers, trop souvent inhabiles et gauches, qui ont essayé de copier les œuvres des maîtres gréco-romains.

3° *Les distractions.*

Les Belges de la Moselle s'amusaient à la mode romaine. Si nous ne pouvons affirmer l'existence dans nos contrées d'un théâtre proprement dit, nous avons le droit de supposer que les amphithéâtres de Trèves, de Metz, de Naix et de Grand ont servi à donner des représentations aussi bien que des jeux, des combats de gladiateurs ou d'animaux féroces. Des chrétiens peut-être et certainement des barbares y furent livrés aux bêtes. Les habitants des grandes villes goûtaient fort ces divertissements cruels. Quand on eut détruit l'amphithéâtre de Metz, vers la fin du IIIe siècle, au moment où l'on entourait la ville de murailles, il fallut en rebâtir un autre, plus petit, à l'intérieur de la cité. Salvien nous montre au Ve siècle les Trévires passionnés pour les jeux du cirque au point d'en oublier les invasions barbares. Nos ancêtres connaissaient encore d'autres plaisirs, festins, régates sur la Moselle, etc.

V. — LA RELIGION ET LES MŒURS.

Le paganisme gréco-romain s'introduira dans les vallées de la Moselle et de la Meuse, mais sans faire disparaître les anciennes divinités que l'on y adorait avant la conquête. Quelques-unes de ces dernières se confondront avec des dieux italiens ou grecs, dont elles prendront le nom, tandis que d'autres conserveront leur personnalité. Il ne semble pas d'ailleurs qu'il y ait eu de lutte entre dieux gréco-romains et dieux gaulois. Le panthéon latin se montrait accueillant, et l'assimilation de divinités gauloises à des dieux latins ne faisait que répéter le rapprochement qui s'était produit jadis entre les dieux de l'ancienne Rome et ceux de la Grèce.

Ce sont en général les divinités régionales ou locales de la Belgique, et non celles que l'on honorait dans toute la Gaule, qui garderont leur nom et leur individualité. Citons en particulier Sucellos, le dieu au maillet, honoré à Sarrebourg et à Escles ; plusieurs divinités féminines : Rosmerta, déesse de l'abondance, des foires et des marchés, souvent associée à Mercure ; Epona, la déesse des chevaux, que des bas-reliefs représentent assise ou à califourchon sur l'un de ces animaux ; Sirona, la déesse des eaux, associée à Apollon ; Icovellauna, Nantosuelta, la déesse à la ruche (?), associée à Sucellos ; ce dernier et sa compagne auraient été l'un la divinité protectrice de la bière, l'autre celle de l'hydromel. Etait-ce une divinité locale que Meditrina, déesse de la pharmacie, connue par un bas-relief trouvé à Grand ? On continua d'honorer les divers génies protecteurs des cités, des *pagi*, des *vici*, les Mères ou fées.

Le grand dieu des Gaulois, Teutatès, fut identifié avec le dieu gréco-romain Mercure, protecteur du commerce, des lettres et des arts. Les nombreux temples, statues, bas-reliefs, inscriptions en l'honneur de Mercure, que l'on a trouvés dans la région lorraine, prouvent la popularité dont jouissait chez nos ancêtres le culte de ce dieu. Junon et Minerve, qui n'avaient pas, semble-t-il, leurs similaires dans le pays belge, et même Jupiter-Taran furent l'objet d'un culte beaucoup moins répandu que Mercure-Teutatès et qu'Apollon-Belen, en l'honneur de qui s'élevaient des temples sur le Herapel et à Grand.

Doit-on voir Apollon-Belen dans un dieu solaire dont on a retrouvé de très nombreuses représentations dans les vallées du Rhin et de la Moselle ? Un homme barbu, tenant toujours de la main droite une lance, et quelquefois une roue de la gauche, est monté sur un cheval au galop, qui semble fouler aux pieds une sorte de monstre, homme par le haut du corps, mais que termine une queue de serpent ; sur un monument trouvé à Grand, un génie ailé remplace le monstre anguipède. D'après certains savants, le groupe représenterait Jupiter terrassant un géant, selon d'autres soit l'Empire triomphant des barbares, soit Maximien Hercule, vainqueur des Germains ou des Bagaudes, tandis que d'autres y voient Ziu, le Jupiter Germain, écrasant le dieu de la terre. Une opinion longtemps admise est que le cavalier figure un dieu solaire, le monstre anguipède — ou le génie — la terre que fécondent les rayons du soleil. Mais on vient de proposer une nouvelle explication : le groupe du cavalier et du monstre anguipède, toujours élevé près des sources sacrées, aurait symbolisé les eaux jaillissantes. Le plus célèbre des monuments de cette nature, découvert à Merten, se trouve aujourd'hui au musée de Metz ; nous avons mentionné plus haut celui de Grand. Quant à Bacchus, c'est en vidant des coupes de vin que nos ancêtres lui rendaient un culte.

On sait que les cités de la Gaule avaient élevé à Lyon, capitale de la province, un temple en l'honneur de Rome et d'Auguste, déifiés tous deux. Leurs délégués élisaient chaque année le prêtre attaché à ce temple. Metz, comme beaucoup d'autres villes, possédait un temple de Rome et d'Auguste ; on a découvert une inscription en l'honneur du prêtre qui le desservait. Au culte d'Auguste se rattachait la corporation des sévirs augustaux, recrutée parmi les affranchis ; nous en avons déjà parlé.

Les divinités de l'Orient trouvèrent, elles aussi, des adorateurs parmi les Belges de la Moselle. Ce furent probablement des commerçants, des artistes, des soldats, qui introduisirent dans nos contrées les cultes d'Isis, de Sérapis et de Mithra, un dieu solaire, venu de la Perse, qui, à un moment donné, jouit dans l'Empire d'une grande vogue. Il y a quelques années, des travaux exécutés à Sarrebourg ont amené la découverte d'un temple de Mithra ; il avait été construit dans une grotte, dont le fond était occupé par un bas-relief qui représentait le dieu égorgeant un taureau ; au milieu des débris qui en restent gisait un cadavre, peut-être celui du prêtre de Mithra. On a supposé que, soit lors du triomphe définitif du christianisme et de la proscription des cultes païens (fin du IV⁰ siècle), soit lors d'une invasion barbare, le temple avait été détruit et le prêtre massacré.

Ces divinités avaient leurs prêtres, nous l'avons vu pour Rome et Auguste, ainsi que pour Mithra, leurs temples, comme l'attestent les ruines trouvées soit dans des villes, les unes encore existantes, Trèves, Metz, Toul, Sarrebourg, les autres détruites, telles que celle du Herapel, Scarpone, Naix, Grand, soit enfin sur des hauteurs, Sion et le Donon. Nous ne savons rien des cérémonies ni des fêtes que l'on célébrait en leur honneur.

Les empereurs prirent, à l'égard des religions païennes de la Gaule, deux mesures importantes : ils interdirent les sacrifices humains, que pratiquaient les Gaulois au temps de leur indépendance ; ils supprimèrent la corporation des druides, dans lesquels ils voyaient à tort ou à raison des adversaires déclarés ou secrets de la domination romaine. D'ailleurs, Rome se garda d'imposer ses dieux ; les provinciaux purent continuer d'adorer leurs anciennes divinités, ou adopter quelques-unes de celles de l'Olympe gréco-latin, de l'Orient égyptien, syrien ou perse. Le gouvernement impérial toléra même certains cultes orientaux en dépit de leur immoralité.

Remarquons d'autre part que, dans cette société, on trouve la religion étroitement associée à tous les actes de la vie privée et de la vie publique. Chaque fonctionnaire se double en quelque sorte d'un prêtre qui accomplit certains rites, certains sacrifices, dans toutes les circonstances solennelles de l'existence de l'Etat ou de la Cité. Nous avons déjà vu que Rome et Auguste, mis au rang des divinités, étaient l'objet d'un culte à Lyon, à Metz et dans d'autres villes de la Gaule. Cette union étroite de la religion et de la vie extérieure, publique ou privée, aura pour le christianisme de graves conséquences ; elle fera d'abord obstacle à ses progrès, lui vaudra les persécutions du gouvernement impérial ; plus tard, elle agira directement sur lui, en le transformant, en le faisant dévier de la voie qu'il aurait dû suivre, s'il était demeuré fidèle aux intentions de son divin fondateur.

Nous voudrions connaître l'état moral de nos ancêtres durant les trois premiers siècles de la domination romaine ; par malheur aucune source ne nous apporte à cet égard de renseignements.

On voit combien a été variée, combien profonde l'influence des conquérants latins sur nos contrées. Qu'il s'agisse de l'administration, du droit, de la langue, de la littérature, des arts, de la religion, Rome a fait sentir son action. Peu à peu les Belges ont librement, sans contrainte, adopté les institutions et la civilisation de Rome ; elles les ont imprégnés à ce point qu'ils garderont à travers les âges beaucoup de ces emprunts faits à leurs vainqueurs ; aujourd'hui encore il subsiste quelque chose de l'esprit de Rome sur les bords de la Moselle et de la Meuse. C'est une langue dérivée du latin que parlent les descendants des Leuques, des Verdunois et d'une partie des Médiomatriques ou des Trévires ; plusieurs de leurs conceptions en matière d'administration, de droit, de littérature et d'art leur viennent, non sans avoir subi des déformations, du peuple qui les avait soumis au premier siècle avant notre ère et qui les maintint, durant près de cinq cents ans, sous une domination longtemps tutélaire et bienfaisante.

CHAPITRE IV

LE CHRISTIANISME [1].

A certains égards, l'influence de Rome s'est encore fait sentir dans nos contrées par l'intermédiaire de l'Eglise catholique

---

[1]. Bibliographie. — Sources : Inscriptions dans LE BLANT (E.). *Inscriptions chrétiennes de la Gaule* et dans le *Corpus inscriptionum latinarum*.

qui, après avoir adopté la langue latine et quelques-unes des institutions de l'Empire, les a sauvées de la ruine et en a prolongé l'existence durant des siècles.

I. — LES ORIGINES DU CHRISTIANISME DANS LA PREMIÈRE BELGIQUE ET LA FONDATION DES DIOCÈSES.

1° *Difficultés auxquelles se heurtait le christianisme.*

Le christianisme ne s'est pas implanté sans peine dans nos contrées. Ici, comme ailleurs, il se heurtait en raison du caractère élevé, généreux de ses doctrines, aux instincts, aux passions, aux intérêts qu'il prétendait dominer ou contenir. Il se trouvait en opposition avec quelques-unes des institutions qui servaient de fondement à la société ancienne, à celle de l'esclavage en particulier. Si l'Evangile faisait aux esclaves une loi d'accepter avec résignation leur malheureux sort, il imposait implicitement aux maîtres l'obligation de les affranchir. D'autre part, les chrétiens, pour se conformer à une parole célèbre du Christ, acceptaient de remplir leurs obligations vis-à-vis de César, c'est-à-dire vis-à-vis de l'Etat et de la Cité, mais ils refusaient de participer aux cérémonies païennes qui, nous l'avons vu, accompagnaient la plupart des actes de la vie publique. Ils demandaient la disjonction des unes et des autres; en d'autres termes, ils réclamaient pour ainsi dire la séparation des Eglises et de l'Etat. N'obte-

— SALVIEN, *De gubernatione Dei* (*Monumenta Germaniæ historica, Auctores antiquissimi*, t. V). — *Passio s. Eliphii martyris* (*Acta sanctorum* des BOLLANDISTES, octobre, t. VII, 2e partie); *Vita sancti Mansueti* (*Monumenta Germaniæ historica, Scriptores*, t. IV) ; PAUL DIACRE, *Gesta episcoporum Mettensium* (*Mon. Germ. hist., Script.*, t. IV).

Ouvrages généraux : *Gallia christiana*, 2e éd., t. XIII, 1785. — DUCHESNE (Mgr), *les Fastes épiscopaux de l'ancienne Gaule*, t. Ier, 1894. — HAUCK (A.), *Kirchengeschichte Deutschlands*, t. Ier, 3e et 4e éd., 1904.

Ouvrages concernant la région : CLOUET (abbé), *Histoire de la province ecclésiastique de Trèves*, 2 vol. in-8o, 1844-1851. — PROST (A.), *Etudes sur l'histoire de Metz, les Légendes*, 1 vol. in-8o, 1865. — ZELLER (abbé E.), *Saint Elophe, sa vie et son culte*, 1 vol. in-8o, 1875. — MIRGUET (abbé L.), *Saint Euchaire*, 1 vol. in-8o, 1897.

nant pas satisfaction, les chrétiens refusèrent d'accomplir leurs devoirs politiques ; cette résistance attira sur eux les persécutions du gouvernement impérial.

Dans la région mosellane, d'autres causes, particulières au pays, faisaient obstacle à la diffusion de l'Evangile. Les doctrines élevées des philosophes grecs n'y avaient pas préparé, comme c'était le cas pour les provinces orientales de l'Empire, les hautes classes, encore peu cultivées, à bien accueillir la religion du Christ ; et les couches inférieures de la population, parlant toujours leur idiome celtique, ne comprenaient pas les apôtres qui leur parlaient, dans une langue inconnue d'elles, de relèvement et d'espérance en un avenir meilleur. Ainsi, tout concourait à empêcher le christianisme de pénétrer de bonne heure dans nos contrées et d'y faire des progrès rapides.

2° *La théorie de l'apostolicité.*

Des savants ont pourtant soutenu que les apôtres avaient envoyé quelques-uns de leurs disciples prêcher l'Evangile aux Belges de la Moselle et fonder chez eux des chrétientés dont ils auraient été les premiers évêques. Cette théorie de l'apostolicité des Eglises de notre pays n'apparaît pour la première fois que dans la seconde moitié du VIII° siècle ; tout d'abord, on l'accueillit avec d'autant plus de faveur qu'elle flattait l'amour-propre des Eglises. Ses premiers adversaires furent les protestants, bientôt suivis par des savants catholiques, jésuites comme les Bollandistes ou bénédictins de Saint-Maur. En Lorraine même, un capucin, Benoît Picart, des bénédictins, Dom Calmet et les auteurs de l'Histoire de Metz, n'admirent pas non plus la théorie de l'apostolicité. Si, au XIX° siècle, l'abbé Vanson pour Toul, les abbés Chaussier et Châtelain pour Metz, l'ont encore fait revivre, ni l'abbé Clouët, ni l'abbé E. Martin ne l'ont formellement défendue. Depuis lors, des savants, tels que M⁰ʳ Duchesne et Hauck, le premier catholique, le second protestant, ont démontré de façon péremptoire qu'elle ne reposait sur aucune base solide.

Résumons brièvement leurs arguments. D'abord, c'est avec un historien des évêques de Metz, contemporain de Charlemagne, que la théorie de l'apostolicité fait sa première apparition. Des auteurs beaucoup plus anciens, Sulpice Sévère (iv° siècle) et Grégoire de Tours (vi°), non contents de l'ignorer, donnent clairement à entendre que le christianisme s'est assez tardivement introduit dans la Gaule, et par suite dans la Belgique. En outre, on ne constate pas avant la seconde moitié du ii° siècle l'existence à Lyon d'une église épiscopale. Comment veut-on que les villes de la Belgique, beaucoup moins importantes que Lyon, beaucoup plus éloignées qu'elle de Rome et de l'Orient, aient eu des évêques cent ou soixante-quinze ans avant la capitale de la Gaule ? Ajoutons que les inscriptions chrétiennes de Trèves et de Metz, les seules qu'on ait trouvées dans la région, datent du iv° siècle au plus tôt. Paul Diacre assurait que saint Clément, le premier évêque de Metz, avait établi dans les souterrains de l'amphithéâtre sa première église. Les fouilles faites par les Allemands dans les ruines de l'ancien amphithéâtre messin ont amené la découverte d'une chapelle et prouvé ainsi l'exactitude de l'assertion de Paul Diacre. Seulement, il est de toute évidence que saint Clément a dû installer cette chapelle — non point à l'époque où l'amphithéâtre servait à des représentations ou à des jeux profanes — mais bien après que le monument eut été détruit et abandonné, c'est-à-dire vers la fin du iii° siècle ou le début du iv°. Pour Verdun, comme pour Metz, la création d'une église épiscopale ne peut remonter au delà de cette dernière époque. La cité des *Verodunenses* n'ayant commencé d'exister qu'au temps de Dioclétien, son chef-lieu n'a pu avoir plus tôt d'évêque. En outre Paris, d'où la tradition fait venir saint Saintin, le premier évêque de Verdun, n'a eu d'évêque qu'au milieu du iii° siècle.

On le voit, tout s'accorde à montrer l'invraisemblance

de la thèse d'après laquelle les Églises de nos cités auraient eu pour fondateurs des disciples des apôtres.

Mais l'on peut admettre que, dès le second siècle, les villes importantes de la Belgique moso-mosellane ont possédé de petites communautés chrétiennes, formées surtout d'étrangers, dirigées par de simples prêtres et relevant de l'évêque de Lyon.

3° *Les premiers évêques.*

C'est un problème difficile à résoudre que celui de rechercher la date approximative à laquelle les communautés chrétiennes sont devenues de véritables Églises avec un évêque à leur tête : pour y parvenir, on ne dispose que de documents peu nombreux et postérieurs, pour la plupart, au IVe siècle. Aussi, malgré l'ingéniosité des combinaisons et des calculs auxquels ils recourent, les meilleurs érudits n'arrivent-ils qu'à des résultats probables.

Deux événements ont une importance particulière dans l'histoire du christianisme; c'est d'abord l'édit de Milan (313), par lequel Constantin accordait aux chrétiens le droit de pratiquer ouvertement leur culte. Désormais l'Etat romain va témoigner de la bienveillance à la religion du Christ, en attendant qu'avec Gratien et Théodose, et c'est là le second fait de grande conséquence, il la protège et en fasse une religion officielle. Les attitudes successives du gouvernement impérial auront leur répercussion sur les progrès du christianisme dans la première Belgique. Lents avant 313, ils deviendront plus rapides à partir de l'édit de Milan. Il semble que les Églises de Trèves et de Metz aient été fondées avant 313, celles de Toul et de Verdun après cette date : rien de plus naturel du reste, rien de plus conforme à l'importance respective de nos cités.

La présence au concile d'Arles (314 ou 316) du quatrième des évêques de Trèves, Agrecius, permet de reporter vers le milieu du IIIe siècle l'existence du premier de ses prédécesseurs, saint Euchaire. Les documents qui nous parlent de lui mêlent la légende à l'histoire. On peut remarquer qu'il porte un nom grec. La première église qu'il construisit eut pour patron saint Jean ou saint Pierre. Le successeur immédiat d'Euchaire, Materne, quitta peut-être le siège de Trèves pour aller fonder les Églises de Cologne et de Tongres.

En ce qui concerne Metz, on se heurte, en raison du désaccord entre le catalogue des évêques et d'autres textes historiques, à de sérieuses difficultés pour établir la date de la fondation de l'Eglise. Victor, le cinquième des prélats messins, ne se confond peut-être pas avec l'évêque de ce nom qui, en 346, assista au concile de Sardique. D'après des documents postérieurs, Auctor, le douzième successeur de Clément, aurait été un contemporain de l'invasion d'Attila en Gaule (451). Enfin, on sait par les actes du concile de Clermont-Ferrand (535) qu'Hesperius, le vingt-troisième des évêques de Metz, prit part aux délibérations de cette assemblée. Comment tirer une conclusion ferme de ces données incertaines ou contradictoires ? Mais du moment que l'amphithéâtre a été, selon toute vraisemblance, démoli dans les dernières années du IIIe siècle, la création d'une chapelle dans ses ruines par le premier des évêques messins peut très bien se placer soit à la fin du IIIe siècle, soit au début du IVe. Il y a lieu d'admettre que le fondateur de l'Eglise messine portait le nom de Clément, et, comme la chapelle qu'il construisit avait pour patron saint Pierre, de supposer qu'il était envoyé par l'évêque de Rome.

Ainsi, avant 313, Trèves et Metz, quoique pour cette dernière ville le fait soit moins sûr, avaient un évêque. Passons à Toul et à Verdun.

Auspicius, cinquième évêque de Toul, vivait au temps de Sidoine Apollinaire, évêque de Clermont, mort en 482. Il en résulte que la fondation de l'Eglise de Toul par saint Mansuy date de la seconde moitié du IVe siècle. La vie de Mansuy, en partie légendaire, qu'a écrite Adson au Xe siècle, fait de lui un Ecossais ou un Irlandais. Il dédia, semble-t-il, à saint

Pierre l'église qu'il construisit en dehors de l'enceinte de Toul ; ce qui donne lieu de conjecturer que Mansuy avait été envoyé par le pape.

Les actes du prétendu concile de Cologne (346) étant faux, on n'en peut rien conclure pour la date à laquelle vivait Saintin, le premier des évêques de Verdun. Mais, comme le cinquième des prélats verdunois, Polychronius ou Pulchrône, appartient à la seconde moitié du v⁰ siècle, il en résulte que Saintin a pu fonder cent ans plus tôt l'Eglise verdunoise. Bien que la tradition fasse venir Saintin de Paris, il avait peut-être reçu du pape une mission ; c'est à saint Pierre, en effet, qu'il consacra l'église qu'il construisit en dehors des murs, église qui devint plus tard l'abbaye de Saint-Vanne.

Ainsi, dans l'ordre chronologique, l'Église de Trèves occupe le premier rang, celle de Metz le deuxième ; quant aux Églises de Toul et de Verdun, qui datent de la seconde moitié du iv⁰ siècle, nous ne savons laquelle des deux est la plus ancienne. On peut remarquer que les chapelles élevées par les premiers évêques de ces quatre cités se trouvaient en dehors de la ville, que trois d'entre elles au moins avaient pour patron saint Pierre, ce qui semblerait indiquer des rapports entre leurs fondateurs et le siège de Rome.

II. — Histoire du christianisme dans la première Belgique au iv⁰ siècle et au début du v⁰.

1° *Les progrès du christianisme.*

Malgré l'édit de Milan, le christianisme ne progressera qu'avec lenteur chez les Trévires et chez les Médiomatriques ; nous venons même de voir que les Eglises de Toul et de Verdun ne s'étaient constituées qu'un demi-siècle environ après 313. Ce qui s'oppose à la diffusion de l'Evangile, c'est toujours la langue celtique, restée en usage dans les campagnes, ce sont aussi les persécutions ariennes du iv⁰ siècle et les réactions païennes qui marquèrent les usurpations de Magnence et d'Eugène, ainsi que le règne de Julien.

Enfin, sous le règne de Théodose le Grand (379-395), l'Etat romain, non content de la tolérance bienveillante de Constantin, accorda au christianisme orthodoxe sa protection, fit de lui une religion officielle, prit des mesures rigoureuses contre les hérétiques et les païens. Ceux-ci disparurent peu à peu de la Belgique, bien qu'il en restât longtemps encore de petits groupes dans les campagnes. Ainsi, le christianisme orthodoxe avait, en moins d'un siècle, conquis la situation qu'occupaient jadis les cultes païens, il se trouvait uni pour des siècles à l'Etat. L'Eglise devait-elle au point de vue de son indépendance, de sa dignité, de son action morale, se féliciter de la nouvelle situation qui lui était faite ?

2° *L'union de l'Église et de l'État.*

On doit reconnaître qu'il était difficile aux empereurs chrétiens de s'en tenir vis-à-vis du christianisme à une attitude de neutralité bienveillante et respectueuse. Héritiers des empereurs païens, qui avaient été grands pontifes, encore imbus des idées anciennes sur l'union de l'Eglise et de l'Etat, les empereurs chrétiens se trouvaient amenés par la force des choses à continuer les traditions du passé. Leur intérêt, ou ce qu'ils croyaient être leur intérêt, ne les poussait pas moins à intervenir dans les affaires religieuses. Voyant dans le christianisme une très grande force morale, ils ne se souciaient pas qu'il devînt une arme contre eux et voulaient au contraire en tirer le meilleur parti possible, en faire un instrument de gouvernement.

Les édits de Théodose et de ses successeurs eurent bien pour résultat d'augmenter dans des proportions énormes le nombre des chrétiens ; mais que valaient ces nouveaux convertis ? Il n'y avait de leur part qu'une adhésion apparente à la doctrine évangélique, dont ils se contentaient de pratiquer extérieurement le culte, sans se soucier de conformer leur vie aux préceptes du Christ. Restés païens au fond de leur âme, ils introduisirent dans l'Eglise toutes les vieilles superstitions, dont quelques-unes ont persisté jusqu'à nos jours. Donc de ce chef abaissement du niveau moral de la communauté chrétienne.

D'autre part, les avantages matériels que l'Eglise retirera de la protection de l'Etat ne manqueront pas de tenter l'ambition et la cupidité ; si l'on recherche les hautes charges de l'Eglise, c'est à cause des honneurs et des richesses qu'elles procurent. L'Etat interviendra dans la désignation des prélats, nommera ou fera nommer ses protégés, même quand ils seront indignes de l'épiscopat. Aussi de trop nombreux évêques se montreront-ils beaucoup plus préoccupés d'intérêts temporels que de leurs devoirs spirituels, donneront même parfois à leurs subordonnés et à leurs ouailles de déplorables exemples.

En outre, l'immixtion de l'Etat dans les querelles dogmatiques ne fera le plus souvent que les exaspérer, bien loin d'y mettre un terme ; l'Etat persécutera les adversaires de la doctrine qu'il protège, un jour les orthodoxes, le lendemain les hérétiques. Non seulement cette ingérence entraînera de fâcheux résultats pour l'Eglise, mais l'Etat lui-même n'en souffrira pas moins dans son autorité et dans son prestige, qu'il compromettra en se faisant le champion d'une doctrine religieuse.

Ajoutons enfin que l'Eglise, une fois assurée de l'appui du gouvernement, finira par trouver naturel l'emploi contre ses adversaires de moyens que l'Evangile n'avait ni recommandés, ni même prévus ; elle admettra d'abord, puis encouragera des persécutions qui prendront un caractère de plus en plus rigoureux. Un jour viendra, hélas ! où le pouvoir séculier, non content de frapper d'exil ou d'emprisonnement les hétérodoxes, les condamnera au cruel supplice du feu, et cela du consentement de l'Eglise.

Ces conséquences, dont quelques-unes sont à jamais regrettables, ne se manifesteront pas toutes au ive siècle ;

mais elles se trouvaient en germe dans la situation officielle que l'Etat assurait à l'Eglise depuis le règne de Théodose le Grand. Aussi avons-nous cru devoir les signaler tout de suite. Nous ne tarderons pas à constater que, dès cette époque, l'épiscopat de notre région, en particulier celui de Trèves, souffrira de l'immixtion du gouvernement dans les affaires religieuses.

3° *Les circonscriptions ecclésiastiques. Le clergé.*

L'Eglise adopta les circonscriptions administratives de l'Empire : il y eut un évêque au chef-lieu de chaque cité ; celui qui résidait à Trèves, capitale de la première Belgique, eut — mais seulement au v° siècle — rang de métropolitain, avec des droits encore mal définis vis-à-vis de ses collègues de Metz, de Toul et de Verdun. A l'origine, seul le chef-lieu de la cité avait une église, et il n'en possédait qu'une ; il est possible qu'une seconde église ait été construite à Trèves durant le IV° siècle, à Metz dans la première moitié du v°. Les *vici* ruraux et les grands domaines finirent sans doute par avoir aussi leurs chapelles.

Parmi les prélats de la première Belgique, nous ne connaissons un peu que ceux de Trèves par des documents contemporains. Qu'ils aient été originaires du pays, ou qu'ils soient venus du dehors, tous semblent avoir appartenu, avant d'arriver à l'épiscopat, au clergé trévirois et avoir été régulièrement élus par la communauté chrétienne. Les documents qui nous parlent des évêques de Trèves du IV° siècle, nous les montrent fidèles à l'orthodoxie et à la papauté, bravant les persécutions plutôt que d'adhérer à l'arianisme. Agrecius condamna le donatisme au concile d'Arles (314 ou 316). Lorsque, plus tard, l'arianisme troubla profondément l'Eglise et l'Empire, saint Maximin, successeur d'Agrecius, prit rang parmi les champions de la doctrine catholique, à côté de saint Paul de Constantinople, et de saint Athanase d'Alexandrie, qui vécut en exil à

Trèves de 336 à 337. Maximin devait avoir, ainsi que le pape Jules et Osius de Cordoue, l'honneur d'être excommunié par le conciliabule arien de Philippopoli. Saint Paulin suivit les traces de son prédécesseur Maximin. Saint Athanase le cite avec le pape Libère, les évêques Denis de Milan et Eusèbe de Verceil, parmi les défenseurs les plus zélés de l'orthodoxie. On le voit, au concile tenu dans la ville d'Arles en 353, combattre l'évêque arien Valens, de Mursa, et défendre saint Athanase. En punition de cette attitude courageuse, Constance, l'empereur protecteur de l'arianisme, exila Paulin en Phrygie, où l'évêque mourut sans avoir revu son diocèse.

Britto (Britannius), deuxième successeur de Paulin, se montra, lui aussi, orthodoxe fervent. Il assista au concile gaulois de Valence (374), peut-être à celui de Constantinople (382) et certainement à un synode romain qu'avait réuni le pape Damase. A propos du priscillianisme, Britto devait faire preuve d'une orthodoxie intransigeante. L'Espagnol Priscillien enseignait des doctrines d'un ascétisme exagéré, mélangées peut-être d'erreurs empruntées à l'Orient. Des évêques espagnols et gaulois se prononcèrent contre Priscillien et, oublieux de la pratique habituelle de l'Eglise, réclamèrent de l'usurpateur Maxime la mise à mort de l'hérésiarque. Combattu peut-être par saint Martin, leur avis, qui finit par l'emporter, reçut l'approbation de Britto d'abord, puis de son successeur Félix. Toutefois, l'attitude de ce dernier rencontra des contradicteurs ; il semble que saint Ambroise de Milan l'ait blâmée. Nous n'avons d'ailleurs pas la certitude que le concile tenu en 417 à Turin ait déclaré qu'il n'admettrait pas à sa communion ceux des évêques gaulois qui entretiendraient encore des relations avec le métropolitain de Trèves ; peut-être a-t-il pris une décision exactement contraire à celle qu'on lui attribue d'habitude.

Si un usurpateur orthodoxe avait répandu le sang d'un hérétique, le sang de chrétiens orthodoxes, dont l'un peut-être était évêque, avait coulé trente ans auparavant dans le diocèse de Toul. La tradition fait retomber sur Julien l'Apostat, cet empereur à qui les ariens avaient fait haïr l'Evangile, le supplice de saint Euchaire [1], de son frère saint Elophe et de ses sœurs (?), sainte Libaire, sainte Menne et sainte Suzanne. Vu la date, très postérieure au IV° siècle, des documents qui nous parlent d'Euchaire et de ses compagnons, vu les contradictions qu'ils présentent, on a été plus d'une fois tenté de rejeter dans le domaine des fables l'événement lui-même, ainsi que l'existence des martyrs. Pourtant, si le supplice d'Euchaire, d'Elophe et de leurs sœurs (?) avait été forgé de toutes pièces, pourquoi le faussaire, au lieu de le rattacher à l'une des grandes persécutions connues, l'aurait-il attribué à Julien, qui se garda bien d'édicter la peine de mort contre les chrétiens? La condamnation d'Euchaire et de plusieurs membres de sa famille n'a pu être prononcée que par un fonctionnaire païen trop zélé. C'est en 362, près de Liverdun, qu'Euchaire aurait trouvé la mort, tandis qu'Elophe subissait le martyre sur le territoire du village qui a pris son nom.

On sait peu de chose sur nos évêques du V° siècle, mais quelques-uns des prélats qui ont occupé d'autres sièges étaient originaires de la première Belgique, tels saint Loup de Troyes et saint Vincent de Lérins. Il est possible, nous l'avons dit, que le prêtre de Marseille Salvien ait vu le jour dans la cité de Trèves.

Sur les prêtres, les diacres et les clercs inférieurs, qui servaient d'auxiliaires aux évêques, ainsi que sur la situation matérielle du clergé, nous ne savons rien.

A côté du clergé séculier trouvait-on des moines dans la première Belgique? Saint Augustin, dans ses *Confessions*, parle d'ascètes qui vivaient à Trèves ; plusieurs inscrip-

---

[1]. Saint Euchaire, qu'il ne faut pas confondre avec son homonyme, le fondateur de l'Eglise de Trèves, aurait été, d'après la tradition, évêque de Grand.

tions nous font connaître la présence de religieuses dans la même ville. Aucun document ne mentionne de communautés de moines ou de nonnes constituées dans les autres diocèses de la province. Nous ignorons également si, au IV⁰ siècle, les évêques de la première Belgique nourrissaient à l'égard du monachisme les sentiments peu bienveillants de la plupart de leurs collègues gaulois. Ces dispositions devaient peu à peu se modifier durant le v⁰ siècle.

III. — Valeur morale du clergé et des fidèles.

La conduite de quelques-uns des évêques de Trèves au IV⁰ siècle prouve de leur part du courage et de l'indépendance. Mais, pour le reste de l'épiscopat, pour le clergé inférieur, pour les fidèles, nous ne possédons aucun témoignage. En ce qui concerne le v⁰ siècle, il nous est parvenu — toujours sur Trèves — des renseignements qui, à première vue, semblent avoir une valeur de premier ordre ; ils nous sont fournis, en effet, par un homme qui, s'il n'était pas né à Trèves, y avait tout au moins vécu, qui connaissait donc le pays et les gens dont il parlait : nous avons nommé le prêtre Salvien. Dans son *De gubernatione Dei* il trace un portrait peu flatteur des Gaulois en général, et des Trévires en particulier. Ecoutons-le :

« J'ai vu moi-même des Trévires, hommes de naissance noble, élevés en dignité, quoique déjà presque dépouillés de leurs biens par les ravages des barbares, ruinés moins par les événements que par leurs mœurs... Il est triste de rapporter ce que nous avons vu : des vieillards chargés d'honneurs, des chrétiens décrépits s'adonner à la bonne chère et à la luxure, alors que la ruine menaçait déjà leur cité... Les premiers personnages de la cité, oublieux de leur honneur, oublieux de leur âge, oublieux de leur profession, oublieux de leur nom, restaient à table, étendus sur des lits, gorgés d'aliments, abrutis par l'ivresse, poussant des cris de forcenés et rendus furieux par l'orgie... Alors que deux péchés capitaux, la cupidité et l'ivrognerie, avaient tout perdu, l'amour immodéré du vin finit par exercer un tel empire que les premiers citoyens de Trèves ne se levaient

même pas de table quand l'ennemi entrait déjà dans leur ville...
J'ai vu là des choses lamentables ; les adolescents et les vieillards
ne différer en rien : même bouffonnerie, même légèreté ; tous
ensemble s'adonnaient au luxe, aux orgies, à la corruption, tous
se rendaient coupables des mêmes excès, jouaient, s'enivraient,
commettaient des adultères ; des hommes vieux et chargés d'honneurs se livraient sans mesure aux plaisirs de la table ; déjà presque impuissants à vivre, ils trouvaient des forces pour absorber du
vin ; trop faibles pour se promener, ils se montraient vigoureux à boire, chancelants pour marcher, légers pour danser.

« Enfin, à la suite de trois mises à sac successives, lorsque
toute la cité avait été incendiée, les maux croissaient même
après le désastre. Car ceux que l'ennemi n'avait pas tués se
virent ensuite en proie à mille maux. En effet, ceux qui avaient
reçu des blessures profondes mouraient d'une mort lente, et
ceux qu'avaient brûlés les flammes des ennemis enduraient,
même après qu'elles eussent été éteintes, des souffrances atroces.
Les uns mouraient de faim, les autres de nudité ; les uns se
putréfiaient, les autres étaient raidis par le froid et tous allaient
d'un pas rapide à la mort par différents chemins... On voyait,
gisant çà et là, les cadavres nus d'hommes et de femmes,
mutilés... déchirés par les oiseaux et par les chiens. Les vivants
étaient atteints de la peste ; les morts répandaient une odeur
fétide, la mort exhalait la mort... Et après cela ? Pourrait-on
supposer semblable démence ? Quelques nobles, qui avaient
échappé au désastre, demandaient à l'empereur de rétablir les
jeux du cirque ; voilà pour eux le remède souverain aux maux
de la ville détruite !... A quoi faut-il attribuer la conduite de ces
gens ? Est-ce d'impiété, de sottise, de luxure ou de folie qu'il
faut surtout les accuser ? A la vérité, de tout cela réuni [1]. »

Aussi, pour punir ces hommes incorrigibles, Dieu suscite-t-il une quatrième fois les barbares, qui mettent de
nouveau Trèves à sac. S'il fallait en croire Salvien, la
masse des Gaulois, quelques hommes vertueux mis à part,
n'avait aucun souci des préceptes de l'Evangile.

Ce que dit Salvien des Trévires est-il vrai des autres cités
de la première Belgique ? Doit-on même tenir pour exactes
les accusations que Salvien lance contre Trèves ? Sans mettre

[1]. Salvien, *De gubernatione Dei*, l. VI, c. xv, par. 82-86 (*Mon. Germ. hist., Auct. antiq[mt]*, t. Ier, p. 80-81.)

en doute la bonne foi de l'auteur du *De gubernatione Dei*, nous pouvons reconnaître chez lui, comme chez beaucoup de sermonnaires et de moralistes, une tendance manifeste à exagérer le mal. Ne le prenons donc pas au pied de la lettre, croyons qu'il a vu les Trévires plus mauvais qu'ils ne l'étaient ; n'oublions pas non plus que toujours les mœurs ont été meilleures dans les campagnes que dans les grandes villes. Il n'en reste pas moins un fonds de vérité dans les accusations de Salvien contre ses contemporains. La conversion des Belges au christianisme n'aurait-elle donc pas eu pour effet de relever leur niveau moral ? Constatation aussi pénible que déconcertante, mais qui surprendra moins, si l'on songe que l'intervention inopportune de l'Etat avait fait entrer de force dans la société chrétienne une masse de païens qui n'avaient point dépouillé le vieil homme en recevant le baptême. Rendons-nous compte aussi que les invasions barbares avaient jeté le trouble et le désordre dans la société gallo-romaine.

Ainsi, au v⁰ siècle, l'Eglise est organisée dans la première Belgique, qui forme une province divisée en quatre diocèses ; à cette époque les habitants du pays ont tous embrassé la religion du Christ, sans que d'ailleurs ils aient sensiblement modifié leur manière de vivre. Le christianisme n'avait donc pas produit les fruits qu'on était en droit d'attendre de sa diffusion ; nous avons dit pourquoi. L'entrée dans la société chrétienne des barbares établis sur les bords de la Moselle ne fera qu'y augmenter la confusion et le désordre, comme nous n'aurons que trop souvent l'occasion de le montrer.

CHAPITRE V

LES INVASIONS BARBARES. — L'ÉTABLISSEMENT DES FRANCS ET DES ALAMANS DANS LA PREMIÈRE BELGIQUE [1].

Revenons maintenant sur les invasions barbares pour rechercher quels sont ceux des Germains qui ont dévasté la première Belgique, ou qui ont fini par s'y établir, comment ils ont pu s'y introduire, dans quelle partie du pays et à quel titre ils s'y sont fixés, ce qu'est devenue la population gallo-romaine, quelles conséquences enfin ont entraînées pour nos contrées les invasions et l'établissement des Francs et des Alamans.

---

1. Bibliographie. — Sources : Outre AMMIEN MARCELLIN et SALVIEN, mentionnés plus haut (p. 29 et 61), voir GRÉGOIRE DE TOURS, *Historia ecclesiastica Francorum*, 2ᵉ éd., dans la *Collection de textes pour servir à l'étude et à l'enseignement de l'histoire*.
Ouvrages généraux : WAITZ (G.), *Deutsche Verfassungsgeschichte*, t. Iᵉʳ, 3ᵉ éd., 1880. — WIETERSHEIM (E. von) et DAHN (F.), *Geschichte der Völkerwanderungen*, 2 vol. in-8°, 1880-1881. — ARNOLD (W.), *Ansiedelungen und Wanderungen deutscher Stämme*, 2ᵉ éd., 1 vol. in-8°, 1881. — FUSTEL DE COULANGES, *Histoire*, etc., t. II, 1891.
Ouvrages concernant la région : Outre l'ouvrage de BEAUPRÉ (J.), cité plus haut (p. 9), consulter NABERT, *Ueber Sprachgrenze, insbesonders die deutschfranzösische*, 1 br. in-8°, 1856. — THIS (G.), *Die deutschfranzösische Sprachgrenze in Lothringen*, 1 vol. in-8°, 1887. — PFISTER (Chr.), *la Limite de la langue française et de la langue allemande en Alsace-Lorraine*, 1 br. in-8°, 1890. — WITTE (Hans), *Deutsche und Keltoromanen in Lothringen* (*Beiträge zur Landes- und Volkskunde*, t. III, fasc. 15, 1891). Du même, *Das deutsche Sprachgebiet Lothringens und seine Wandelungen* (*Forschungen zur deutschen Landes- und Volkskunde*, de KIRCHHOFF, t. VIII, 1894). — SCHIBER (A.), *Die fränkischen und alemannischen Siedlungen in Gallien, besonders in Elsass und Lothringen*, 1 br. in-8°, 1894. Du même, *Die Ortsnamen des Metzer Landes* (*Jahrbuch* de Metz, t. IX, 1897). — WITTE (Hans), *Zur Geschichte des Deutschtums im Elsass und im Vogesengebiete*, 1 vol. in-8°, 1897. — SCHIBER (A.), *Germanische Siedlungen in Lothringen und England* (*Jahrbuch* de Metz, t. XII, 1900). Du même, *Zur deutschen Siedlungsgeschichte und zur Entwicklung ihrer Kritik in den letzten Jahren* (*Jahrbuch* de Metz, t. XIV, 1902).

I. — Quels sont les barbares qui ont pénétré dans notre pays ?

Si de nombreux barbares, Francs, Alamans, Vandales, Alains, Huns ont pillé notre pays, seuls ou à peu près les deux premiers de ces peuples y ont créé des établissements durables. Francs et Alamans vivaient, au III° siècle de notre ère, sur la rive droite du Rhin, les premiers au nord, les seconds au sud du Mein. Presque tous les différents peuples dont se composaient les Francs se groupèrent en deux confédérations principales, celle des Saliens, qui pénétra par la vallée de l'Escaut dans l'Empire, et, plus au sud, celle des Ripuaires. Toutefois, on doit remarquer que, ni au IV° ni au V° siècle, le nom de Ripuaires n'apparaît dans les documents. Enfin, sur les bords du Mein, d'autres tribus franques, probablement celles des Cattes, restèrent en dehors de la confédération des Ripuaires. C'étaient surtout, mais non exclusivement, des Suèves qui avaient constitué la confédération des Alamans.

Chacune des tribus entrées dans l'une ou dans l'autre de ces confédérations avait conservé une certaine autonomie ; elle avait en particulier un chef, souvent qualifié de roi. Quand plusieurs tribus se groupaient pour entreprendre une expédition, elles attribuaient le commandement suprême à un ou à deux de leurs rois, qui ne disposaient que d'une autorité restreinte. Dans chaque tribu l'assemblée des hommes libres, des guerriers, limitait plus ou moins le pouvoir des chefs. Des trois classes entre lesquelles se partageait la population, nobles, hommes libres, esclaves, la première finit par se réduire à quelques familles, tandis que la deuxième était au contraire très nombreuse. Ces peuples élevaient du bétail, cultivaient le sol, mais à toute autre occupation ils préféraient la chasse et la guerre. Francs et Alamans n'avaient point abandonné leurs dieux ; malgré un contact de plusieurs siècles avec l'Empire romain, ils avaient toujours des mœurs rudes et grossières. On accusait les Francs de fourberie, les Alamans de cruauté.

D'ailleurs, en raison des guerres incessantes que ces peuples eurent à soutenir contre l'Empire au IVe et au Ve siècle et de leur établissement dans la Gaule romaine, leurs institutions, ainsi que leurs mœurs, avaient dû peu à peu s'altérer et se transformer.

II. — A QUELLE ÉPOQUE, A QUEL TITRE FRANCS ET ALAMANS SE SONT-ILS ÉTABLIS DANS LA PREMIÈRE BELGIQUE ?

Des Francs et des Alamans se sont établis pacifiquement dans la première Belgique, comme colons, peut-être aussi comme soldats, au IIIe et au IVe siècle. Une partie de la population ayant été massacrée lors des premières invasions, les propriétaires firent appel aux barbares ; parmi ces derniers, les uns vinrent librement se mettre à leur service, d'autres étaient des prisonniers de guerre, donnés ou vendus par les empereurs ou par les généraux romains. On sait par exemple que Maximien Hercule répartit entre les Trévires et les Nerviens les Francs qu'il avait faits prisonniers.

Les empereurs installèrent dans des villes de l'intérieur les corps de troupes barbares qu'ils avaient pris à leur solde : ainsi, le nom de Sermaize rappelle que des Sarmates ont autrefois tenu garnison dans cette localité, limitrophe du territoire des Leuques. Des villes ou des bourgades de la première Belgique ont-elles servi de résidence à des détachements de soldats barbares ? Ce fut peut-être le cas de Verdun et d'Allain. Il ne semble pas d'autre part que des peuples germains aient reçu l'autorisation de prendre leurs cantonnements dans la première Belgique, comme ce fut le cas pour les Ripuaires et pour les Saliens, installés à titre de fédérés par les empereurs sur la rive gauche du Rhin, dans la seconde Germanie.

Les barbares devaient pénétrer de force dans le pays, le dévaster d'abord au IIIe siècle, puis au IVe et au Ve, s'y installer enfin dans le cours de ce dernier siècle. L'esprit d'aventures, la soif du butin, la surabondance de population, le désir d'échanger un climat brumeux et froid, un sol ingrat, contre un ciel plus clément, une terre plus fertile, voilà ce qui poussa les Germains à se jeter sur l'Empire. Au cours des premiers siècles de l'ère chrétienne, les légions romaines du Rhin continrent sans trop de peine les Germains. Mais plus tard l'affaiblissement de l'Empire permit aux Francs et aux Alamans de ravager la Gaule.

C'est dans la seconde moitié du III° siècle que commencèrent dans notre pays les invasions de ces deux peuples barbares. En 253, puis en 257, ils mirent à feu et à sang la première Belgique et pénétrèrent beaucoup plus avant en Gaule ; Postumus parvint à débarrasser en 257 le pays de ces hôtes dangereux. Nos contrées ne souffrirent pas moins de l'invasion de 275-276. Probus, Maximien Hercule, Constance Chlore réussirent à contenir les barbares. Peut-être la bande d'Alamans qui, en 297, s'avança jusqu'à Langres, avait-elle traversé la première Belgique.

Constantin franchit plusieurs fois le Rhin, et, par les rigueurs impitoyables qu'il exerça contre les barbares, inspira aux Francs et aux Alamans une telle crainte que, jusqu'au milieu du IV° siècle, ni les uns ni les autres n'osèrent attaquer la Gaule.

Par malheur, la révolte de Magnence (350) devait rouvrir l'ère des invasions. Constance a-t-il, comme on l'en a accusé, demandé aux Francs et aux Alamans de faire une diversion en Gaule contre l'usurpateur? Toujours est-il que les barbares profitèrent de ce que Magnence avait dégarni la frontière pour traverser le Rhin. De 350 (351) à 356, Francs et Alamans se répandirent dans les deux Germanies et les deux Belgiques, pillant et massacrant comme l'avaient fait leurs ancêtres. Il fallut que Constance fît partir pour la Gaule, en 356, son cousin Julien avec le titre de César. Julien, malgré son inexpérience, allait faire preuve de réels talents militaires. En 356, deux de ses légions, surprises près de *Decempagi* (Tarquimpol) par les Alamans, auraient péri jusqu'au dernier homme, si le reste de l'armée romaine n'était accouru à leur secours. Mais l'année suivante, une grande victoire, remportée en Alsace par Julien sur les Alamans, devait rejeter ceux-ci de l'autre côté du Rhin et assurer pour quelque temps à la première Belgique un peu de tranquillité. En 367, les Alamans reparaissaient en Alsace et sur les bords de la Moselle. Le général romain Jovin, d'origine rémoise, battit une de leurs bandes près de Scarpone, une autre à quelque distance de cette ville. En 378, ce fut l'empereur Valentinien Ier qui franchit le Rhin et qui mit à feu et à sang le pays des Alamans. Dix ans plus tard, Gratien, fils et successeur de Valentinien Ier, dut chasser d'Alsace une troupe d'Alamans. Malgré l'assassinat de Gratien, malgré celui de Valentinien II, malgré les usurpations de Maxime et d'Eugène, les barbares n'envahirent pas les provinces frontières. Le Franc Arbogast, devenu général romain, sut imposer à ses compatriotes le respect des traités qu'ils avaient auparavant conclus avec l'Empire. Les documents ne font d'autre part aucune mention des Alamans. Il semble même que, durant les années qui suivirent la mort de Théodose le Grand (395), la première Belgique n'ait pas eu d'invasions à subir. Par malheur, dès 406, les choses allaient changer.

L'incapacité des empereurs et l'ambition de généraux qui rêvent de revêtir la pourpre vont enfin permettre aux Germains, dont les exigences croissent avec la décadence de l'Etat romain, de s'établir dans la première Belgique. Lorsqu'en 400 Stilicon se vit obligé de rappeler en Italie les légions du Rhin, il ouvrit par là même aux barbares la porte de la Gaule. Désormais la Belgique ne reverra plus que de loin en loin des armées romaines ; elle ne sera pas détachée de l'Empire, mais les empereurs n'y exerceront le plus souvent qu'une autorité nominale, et les barbares auront dans le pays toute liberté d'action.

Durant la première moitié du ve siècle, les barbares dévastèrent à plusieurs reprises les cités belges de la Moselle. Vainement en 406-407 les Francs, par fidélité à leurs devoirs de fédérés ou par crainte de la concurrence, essayèrent-ils de barrer la route aux Vandales, aux Alains et aux Suèves qui voulaient franchir le Rhin ; leurs adversaires les repoussèrent et réussirent à pénétrer dans la Gaule, qu'ils mirent à feu et à sang. Les souvenirs de cette invasion se perpétuèrent dans des traditions qui nous sont parvenues. C'est aux Vandales ou Vandres, par exemple, que l'on attribua, en même temps qu'à Julien, le martyre de saint Euchaire. Un diplôme, d'ailleurs faux, d'Arnoul, parle de l'échec qu'ils auraient subi devant Liverdun. Il est encore question des Vandales dans *Garin le Loherain*. Quelques années plus tard les Francs, probablement les Ripuaires, s'emparaient de Trèves ; les Burgondes occupaient sur la rive gauche du Rhin d'abord la Germanie première, puis une partie de la première Belgique. Mais le général romain Aétius réussit en 428 à repousser du pays trévire les Francs, qu'il cantonna autour de Cologne, en 435 à expulser les Burgondes de la première Belgique, enfin, en 443, à les transplanter en Savoie.

Bientôt après, un nouveau et plus grave péril menaçait la Gaule. Le roi des Huns Attila, n'osant s'attaquer à l'empereur d'Orient Marcien, et pensant que la conquête de l'empire d'Occident offrirait moins de difficultés, remonta en 451 la vallée du Danube, franchit le Rhin, les Vosges et traversa la première Belgique, qui subit une fois de plus les pires violences. Comme l'invasion des Vandales, celle des Huns a laissé dans notre pays des souvenirs que la tradition nous a transmis : les Huns ayant appris, pendant qu'ils assiégeaient Scarpone, que les murailles de Metz venaient de s'écrouler, se portent en hâte vers cette ville, y entrent le 6 ou le 8 avril 451 et la détruisent presque entièrement. Seule l'église Saint-Etienne échappa à la rage des barbares, ainsi que la population qui y avait trouvé un refuge. On sait, car ceci n'est pas une légende, que, défaits par Aétius,

Pl. III.

Reconstitution d'un appareil servant à recueillir le sel
(Briquetage de la Seille, période de Hallstatt [?])
(DÉCHELETTE, *Manuel*, t. II, 2e partie).

(Voir p. 16).

GRAND (Vosges). — Ruines de l'Amphithéâtre gallo-romain.
(Voir p. 54).

les Huns traversèrent à nouveau la première Belgique durant leur retraite ; c'est alors qu'ils auraient mis à mort saint Livier, près de Salival.

Le départ d'Aétius pour l'Italie, puis sa mort privèrent la Gaule du seul homme de guerre qui fût capable de la défendre. Désormais, le champ demeure libre aux Francs et aux Alamans, qui reviennent dans la Belgique, non plus pour la dévaster, mais pour s'y installer.

III. — Comment Francs et Alamans se sont-ils répartis dans la première Belgique ?

Lesquels, des Francs ou des Alamans, et, parmi les Francs, des Ripuaires ou des Cattes, vont se fixer dans la vallée de la Moselle ? Problème difficile, car les documents historiques ne nous fournissent aucunes données pour le résoudre. Les dialectes aujourd'hui parlés dans les parties du pays où l'allemand a triomphé, les formes des noms de lieu de cette région, le droit en usage à l'époque franque, voilà les sources de renseignements dont nous disposons pour arriver à connaître la vérité.

Si les habitants de la vallée inférieure de la Moselle parlent des dialectes franciques, les Alsaciens des dialectes alémanniques, sur les bords de la Sarre et de la Nied on constate un mélange des uns et des autres, quoique les seconds semblent prédominer dans la haute vallée de la Sarre.

Beaucoup parmi les localités de la partie germanisée de l'ancienne première Belgique ont des noms terminés en *heim*, *ingen* ou *weiler*. La théorie d'Arnold, d'après laquelle *heim* serait un suffixe franc, *ingen* un suffixe alémannique est aujourd'hui abandonnée ; Schiber a prétendu qu'*ingen* indique une colonisation populaire faite par un groupe de barbares libres, *heim* au contraire l'établissement d'un chef franc et de quelques guerriers de même nationalité au milieu d'une population romane ou alémannique ; quant aux villages en *weiler*, ils auraient été peuplés de Gallo-Romains, qui ne se seraient germanisés que lentement. II. Witte admet cette manière de voir en ce qui concerne les villages en *weiler*. Pour ce qui est du droit, nous savons que, dans toute l'ancienne première Belgique, le droit salien finit par prévaloir ; toutefois il se peut qu'au vi° siècle le droit des Ripuaires ou celui des Alamans aient été en vigueur dans telle ou telle partie de la région.

En définitive, à ne tenir compte que des dialectes, qui seuls nous fournissent des renseignements sérieux, les Alamans auraient colonisé le versant occidental des moyennes et des basses Vosges. Le fait n'a d'ailleurs rien que de conforme à la vraisemblance. Les Alamans avaient, au iii° siècle, et au milieu du iv°, franchi plus d'une fois les cols de la chaîne vosgienne ; pourquoi ne les auraient-ils pas traversés au v°, une fois devenus maîtres de l'Alsace ? Ils pouvaient, plus facilement que les Ripuaires et que les Cattes, pénétrer dans la haute vallée de la Sarre et dans celle de la Nied[1].

Nous savons d'ailleurs par la vie de saint Loup que, dans la seconde moitié du v° siècle, les Alamans arrivèrent jusqu'à Troyes ; n'en doit-on pas conclure qu'ils avaient traversé d'est en ouest la première Belgique ? Ils avaient d'autre part franchi la Moselle plus au nord. La bataille de Tolbiac (Zulpich), qu'ils livrèrent peut-être, non à Clovis, mais aux Ripuaires, en fournit une preuve péremptoire. Leurs succès décidèrent Clovis à intervenir contre ce peuple entreprenant, qui pouvait devenir dangereux pour lui. Vaincus en 496, probablement dans les plaines de l'Alsace, les Alamans durent se soumettre. La première Belgique tomba au pouvoir de Clovis, soit à la suite de sa victoire sur les Alamans, soit lorsque après les assassinats successifs de Sigebert le Boiteux et de son fils Cloderic il se fit reconnaître pour roi par les

---

1. La persistance d'une population gallo-romaine, disons-le en passant, plaiderait, il est vrai, contre l'établissement — dans le pays — des Alamans qui, très cruels, massacraient d'habitude les habitants des contrées où ils pénétraient.

Ripuaires. Les Francs du Mein se soumirent également à lui. Clovis avait ainsi étendu sa domination sur tout le nord-est de la Gaule, et clos pour plusieurs siècles l'ère des invasions.

Une trop grande distance séparait les Saliens de la première Belgique pour qu'il leur fût possible de s'y installer en masses compactes après l'occupation du pays par Clovis. Des chefs appartenant à cette tribu vinrent-ils s'établir dans le pays avec une escorte de quelques guerriers ? En tous cas, ceux des Alamans qui avaient pris pied sur les bords de la Haute-Sarre et de la Nied gardèrent les terres qu'ils avaient occupées. Quant à la vallée de la Moselle, elle fut, selon toute vraisemblance, colonisée par des Ripuaires ou par des Cattes. Voilà ce que nous avons le droit de supposer.

IV. — Quels pays les barbares ont-ils occupés ?

Il nous faut essayer de déterminer aussi exactement que possible les territoires où s'établirent les Francs et les Alamans, sans chercher d'ailleurs à distinguer les uns des autres.

La langue des habitants, la forme des noms des localités, enfin les cimetières barbares, voilà les seuls moyens d'enquête dont nous disposions. Les deux premiers ne fournissent pas de renseignements précis ni sûrs, en raison des modifications qui se sont produites au cours des âges.

Ce n'est pas toujours la même langue, en effet, que l'on a parlée dans un certain nombre de localités aux différentes époques de l'histoire. L'allemand, par exemple, a gagné du terrain vers le milieu et jusqu'à la fin du moyen âge et conquis des localités demeurées romanes après les invasions. Un mouvement inverse prit naissance au xvi° siècle et s'accéléra durant le xvii°, à la suite des désastres de la guerre de Trente ans ; des villages où l'on parlait l'allemand perdirent alors tous leurs habitants, que remplacèrent des colons de langue française ; les progrès du français se continuèrent jusqu'en 1871. Depuis cette dernière date, l'allemand a reconquis une partie du terrain perdu. Les changements survenus dans la langue que parlaient les populations ont, en général, entraîné des modifications dans les noms des localités et même, quoique plus lentement, dans ceux des lieux-dits.

Voyons maintenant ce que donne la toponomastique et occupons-nous d'abord de la région où se rencontrent des noms germaniques. On retrouve dans quelques-uns de ces derniers des noms latins déformés et affublés d'une terminaison allemande : *Treveri* par exemple a donné *Trier* et *Ricciacum Ritzingen*. Comme le mot allemand *weiler* n'est que le latin *villare* transplanté en allemand, il s'ensuit qu'à l'origine une population romane habitait les localités assez nombreuses dont le nom se termine par ce terme, et que plus tard seulement le *villare* primitif est devenu *weiler*. Au contraire, les désinences *heim* et *ingen* sont franchement germaniques. Nous n'avons pas à revenir sur les opinions variées qu'ont émises à leur égard les érudits allemands. On peut remarquer que les noms de localités formés à l'aide de *heim* et de *weiler* commencent presque toujours par un nom d'homme de forme germanique.

Dans le territoire où le roman a triomphé, à côté des noms de lieu qui remontent aux temps gaulois ou romains et qui se terminent aujourd'hui en *dun, y, ey, é, oy, ières*, on en remarque d'autres avec les désinences *court, ménil, ville, viller*. Ces noms sont composés à l'aide d'un des substantifs latins *curtis, masnile, villa, villare* et d'un nom propre, le plus souvent de forme germanique : *Ramberti curtis* = Rembercourt, *Theobaldi masnile* = Thiébauménil, *Arnaldi villa* = Arnaville, *Herberti villare* = Herbéviller. On peut rapprocher ces noms des noms allemands en *heim* et en *ingen*. D'une part, le mode de formation de ces noms de localités, le placement du complément déterminatif avant le mot déterminé, commun aux noms romans en *curtis*, etc., et aux noms allemands en *heim*, etc., indique une influence germanique ; d'un autre côté, l'emploi de termes latins prouve que c'est une population en majorité gallo-romaine qui a formé les noms terminés en *curtis*, etc. Les hommes, dont le nom est entré dans celui de nombreux domaines de notre pays devenus plus tard des villages, appartenaient sans doute en grande majorité à la race franque ; seulement, ils ne se sont installés qu'avec quelques guerriers de leur race au milieu de Gallo-Romains.

Les cimetières barbares nous fournissent une autre preuve de l'établissement des Germains dans notre pays. On les trouve en grand nombre non seulement dans la Lorraine allemande, mais dans les trois départements de la Meurthe-et-Moselle, de la Meuse et des Vosges, où l'on ne parle que le français. Toutefois, la plupart de ces nécropoles ne renferment pas beaucoup de tombes, soit que les barbares n'aient fait dans le pays qu'un séjour de courte durée, soit qu'ils aient été peu nombreux, soit enfin que, s'étant mêlés de bonne heure aux Gallo-Romains, ils aient adopté l'usage de se faire inhumer avec eux près des églises.

La frontière entre les contrées où les Germains s'établirent en masse et celles où ils ne formèrent qu'une minorité partait des sources de la Semoy, coupait la Moselle au nord de Metz, se dirigeait ensuite vers le confluent des deux Nied, remontait la vallée de la Nied allemande, coupait la Seille en amont de Marsal, puis le Sanon, suivait la ligne de partage des eaux entre la Sarre et la Vezouse et venait aboutir au Donon ; d'une façon générale, la frontière se dirigeait du nord-ouest au sud-est.

Mais, au nord et à l'est de cette limite, on trouvait des groupes de population gallo-romaine, comme le montrent et les noms terminés en *weiler* et certains lieux-dits de forme romane remarqués sur le territoire de quelques localités allemandes. D'autre part, les cimetières barbares ainsi que les noms germaniques de plusieurs villages, Bezange, Marbache ou de plusieurs lieux-dits de localités romanes, prouvent qu'au sud et à l'ouest de la frontière il existait des îlots de population germanique. Peu à peu, les Gallo-Romains qui avaient subsisté au nord-est de la limite linguistique se germanisèrent, tandis que les Alamans et les Francs disséminés de l'autre côté de la frontière se laissèrent absorber par les Gallo-Romains qui les entouraient. Tout cela fut l'œuvre lente du temps.

La population de la région lorraine se présente donc à nous comme une population mélangée, où sont entrés, dans des proportions variables, différentes suivant les contrées, des éléments gaulois et des éléments germaniques. Le fait a une importance capitale et nous croyons que l'on peut grâce à lui expliquer bien des phénomènes, bien des événements, dont on est allé parfois chercher fort loin l'origine et les causes.

V. — Dans quelles conditions les barbares se sont-ils établis ?

Les Germains, lorsqu'ils s'établirent dans la première Belgique, évitèrent les bois, les hauteurs, les vallées étroites, en un mot tout ce qui rappelait un peu trop leur pays ; les villes n'avaient d'ailleurs aucun attrait pour eux. Au contraire, les vallées larges et bien ensoleillées, les plateaux déboisés, les terres fertiles, favorables aux cultures ou à l'élevage, attirèrent les nouveaux venus. Parfois ils occupèrent d'anciens villages, d'anciens domaines, parfois au contraire ils créèrent de nouveaux centres à côté d'agglomérations détruites au cours des invasions.

Nous ignorons, en ce qui concerne notre pays, comment s'opéra le partage des terres soit entre les nouveaux venus et les anciens habitants, soit entre les Germains eux-mêmes. Les grands propriétaires de la Belgique durent-ils, comme ceux d'autres contrées de la Gaule, abandonner aux barbares une partie de leurs domaines ?

VI. — Que devint la population gallo-romaine ?

Sans aucun doute, de nombreux habitants périrent les uns au cours des invasions du ive et du ve siècle, d'autres au moment où Francs et Alamans prirent possession de la première Belgique. La population indigène n'en subsista pas moins dans les contrées où le latin continua d'être parlé ; il en resta même des groupes, nous l'avons vu, dans la partie du pays qui devait prendre une physionomie germanique. Peut-être les indigènes se déplacèrent-ils à certains endroits ; des érudits ont soutenu que les noms en *weiler* étaient ceux de localités créées, après les invasions, par des Gallo-Romains que les barbares avaient chassés de leur ancien territoire. Il se produisit sans doute aussi un reflux des indigènes vers Metz, la grande cité de la région mosellane ; autour de cette ville, en effet, les noms de lieux, presque tous terminés en *y*, indiquent une origine gallo-romaine. Au contraire, on n'y rencontre qu'un très petit nombre de villages en *court*, *ville*, etc.

VII. — Conséquences des invasions des barbares et de leur établissement dans la première Belgique.

Massacre d'une partie de la population indigène, déplacement, exode d'une autre partie, destruction de plusieurs villes, Scarpone, Naix, Soulosse, Grand, de nombreuses villas, de presque tous les ouvrages d'art, comme l'aqueduc de Gorze à Metz, troubles et anarchie partout, décadence ou arrêt de la vie économique, de la vie intellectuelle et morale, bref de la civilisation sous toutes ses formes, voilà en quelques mots les conséquences négatives des invasions et de l'établissement des barbares dans la première Belgique.

L'arrivée de barbares païens apportait en outre une entrave aux progrès du christianisme. Ils devaient pourtant, à la suite de Clovis, adopter petit à petit la religion du Christ, mais leur conversion ne les transforma pas ; ils restèrent rudes, grossiers, superstitieux. A leur contact, les Gallo-Romains prirent des mœurs brutales et redevinrent de vrais barbares.

Les invasions et l'établissement des Francs et des Alamans produisirent d'autre part quelques résultats positifs. La population s'accrut dans des proportions que nous ne sommes pas en mesure de déterminer ; de nouveaux villages se créèrent. En ce qui concerne les institutions, le régime judiciaire mis à part, l'apport des Germains a peu d'importance. En revanche, et l'on doit s'en féliciter, le nombre des hommes libres augmenta, plus spécialement celui des moyens et des petits propriétaires. Francs et Alamans pratiquaient, non sans adresse, les métiers de charpentiers, d'armuriers, d'orfèvres. Ils apportaient des dialectes nouveaux, encore bien rudes, auxquels le latin emprunta un assez grand nombre de mots, qui passèrent dans le roman, puis dans le français. S'ils n'avaient pas, tant s'en faut, la loyauté, ni la pureté de mœurs, ni l'amour de la liberté qu'on leur a trop généreusement attribués, nous pouvons leur reconnaître l'esprit d'aventure et une bravoure incontestable.

En résumé, les invasions et l'établissement des barbares dans la première Belgique nous semblent y avoir causé plus de mal que de bien. Nous regardons en particulier comme des conséquences profondément regrettables le recul de la civilisation, ainsi que la disparition de l'unité ethnographique et linguistique du pays.

RÉSUMÉ SUR LA PÉRIODE DES ORIGINES.

Avec la soumission de la première Belgique à Clovis, se termine la période des origines. Le pays se trouve désormais en possession de tous les éléments ethniques dont se compose sa population, ainsi que des conceptions politiques, sociales, littéraires, artistiques, religieuses et morales sur lesquelles il vivra.

La population est un mélange de néolithiques, de Ligures,

de Belges et de Germains, Francs ou Alamans ; le contingent que Rome a fourni n'a que peu d'importance. Les conceptions d'ordre divers que notre pays s'est assimilées, il les doit à Rome, à l'Eglise, aux barbares, qui ont agi sur lui de façon inégale et très différente et dont les influences, bien loin de s'exercer dans le même sens, se sont contrariées et combattues.

La société romaine, fortement hiérarchisée, avait pour base l'esclavage ; les inégalités sociales existaient aussi, quoique moins accentuées, chez les barbares. Le christianisme au contraire déclarait tous les hommes égaux devant Dieu. De ces deux conceptions nettement opposées c'est, on ne peut le nier, la première, la païenne, qui l'emporta tout d'abord. La condition des esclaves s'améliora, mais avec quelle lenteur ! L'Eglise, non contente d'accepter en fait l'inégalité des hommes, s'encadrera dans l'ancienne société et finira par tolérer les injustices de cette dernière, sans toutefois renier les doctrines évangéliques. Il s'écoulera bien des siècles avant que l'idée chrétienne de l'égalité des hommes inspire les lois des Etats européens.

Au point de vue politique, l'Empire et l'Eglise, celle-ci héritière, nous l'avons dit, des traditions romaines, représentaient les idées d'administration régulière, d'ordre, de centralisation, qui devaient finalement prédominer. Les barbares ont apporté avec eux, non point un nouveau système de gouvernement, qui aurait fait une place aux hommes libres, mais bien plutôt un esprit d'anarchie, dont la féodalité marquera le triomphe.

Les Germains n'avaient pas à proprement parler de littérature ; leur art, rude et grossier, était fait surtout d'emprunts à d'autres arts, à ceux de l'Orient en particulier. Les artistes de la Gaule continueront de copier les modèles gréco-romains, jusqu'à ce que, sous diverses influences, se développent des arts originaux, l'art roman, puis l'art gothique, ce dernier remplacé lui-même au xvie siècle par l'art gréco-romain ressuscité. En littérature, c'est à Rome, dont l'Eglise continuera la tradition, c'est au christianisme que les écrivains demanderont des idées et des modèles.

La religion du Christ avait, grâce à l'appui du gouvernement impérial d'abord, puis des rois francs, définitivement triomphé du paganisme gréco-romain et du paganisme barbare. Dans la région lorraine, il n'y avait plus que des chrétiens. Triomphe plus apparent que réel ! Si les habitants pratiquent extérieurement le culte chrétien, il s'en faut de beaucoup qu'ils conforment leur vie aux préceptes évangéliques. Les auteurs de l'époque franque nous les dépeignent violents, orgueilleux, débauchés, vindicatifs. Malgré l'Evangile, les barbares se font toujours un point d'honneur de venger leurs propres injures et celles de leurs proches. De nombreuses superstitions païennes subsistent, enveloppent le christianisme d'une végétation parasite, au point d'en cacher le tronc majestueux, et s'unissent à lui si étroitement qu'on finit par les prendre pour des branches de l'arbre lui-même.

La protection de l'Eglise par l'Etat, legs que les rois francs recueilleront dans la succession des empereurs, aura, nous l'avons dit, pour la société chrétienne, pasteurs et fidèles, plus de mauvais résultats que de conséquences heureuses.

Dans les conflits de la civilisation romaine avec la barbarie germanique, du christianisme avec les cultes païens, ce ne seront pas toujours les conceptions les plus intelligentes, les idées les plus justes, les doctrines les plus généreuses qui triompheront au début. Si elles ont alors le dessous, elles ne périront pourtant pas, elles ne seront pas étouffées. Après un long sommeil, elles se réveilleront, reprendront vie et finiront par produire quelques-uns des effets qu'on était en droit d'attendre d'elles. Au surplus, ce n'est pas chez nous qu'idées et doctrines se heurteront avec le plus de vivacité ; nous subirons simplement le contre-coup de luttes qui se seront livrées ailleurs.

Dans quelle mesure la mentalité lorraine a-t-elle été façonnée par les éléments qui ont concouru à former la population du pays ? De qui nous viennent nos qualités, amour de l'ordre et du travail, économie, réflexion, prudence, attachement aux traditions, respect de l'autorité [1], bravoure, et nos défauts, avarice, routine, inertie, défiance, prosaïsme ? Il nous paraît impossible de le dire. N'oublions pas d'ailleurs que les événements ont naturellement agi depuis le v® siècle sur le caractère des habitants de la Lorraine, qu'ils ont fait naître ou tout au moins développé en eux certaines qualités, certains défauts. La situation de région frontière, qui a trop longtemps été et qui est encore celle de notre pays, avec tout ce que cette situation entraîne de misères et de catastrophes, n'a-t-elle pas en particulier influencé la mentalité de nos ancêtres et la nôtre ?

1. Poussé trop loin, le respect de l'autorité cesse d'être une qualité; il est plus d'une fois arrivé aux Lorrains de l'oublier.

DEUXIÈME PARTIE

LIVRE UNIQUE
L'ÉPOQUE FRANQUE (511-925).

Durant l'époque franque, au moins jusqu'en 840, la région mosellane se trouva dans une situation toute différente de celle qu'elle avait eue auparavant et dont elle ne retrouvera pas l'équivalent dans la suite. Elle n'est pas un pays frontière, sans cesse exposé aux invasions et aux annexions. Plus d'incursions des Germains, qui sont désormais tenus en respect et soumis. Si des guerres fréquentes mettent aux prises durant un siècle et demi l'Austrasie et la Neustrie, elles n'ont pas l'ancienne première Belgique pour théâtre. De 511 à 840, l'histoire militaire de notre pays ne peut mentionner qu'une seule grande bataille, livrée près de Toul, en 612. D'un autre côté, la région de la Moselle est alors un centre politique. A l'époque mérovingienne, le royaume franc d'Austrasie a Metz pour capitale. Sous les Carolingiens, Metz reste, après Aix-la-Chapelle, l'une des villes les plus importantes de la monarchie ; un de ses évêques, saint Chrodegang, se trouve à un moment donné le seul archevêque du pays franc, et dans une certaine mesure le continuateur de saint Boniface. Un peu plus tard, Louis le Pieux donne le siège de Metz à l'un de ses frères naturels, Drogon qui, lui aussi, recevra le titre d'archevêque et même celui de vicaire du pape en Gaule et en Germanie. Le couronnement, à Metz, de Charles le Chauve en 869, apporte une nouvelle preuve de l'importance qu'avait gardée cette ville. On s'explique très bien, du reste, le rang que Metz occupait sous les Carolingiens : ceux-ci n'avaient-ils pas pour ancêtre saint Arnoul, un évêque messin ?

À l'époque de Pépin et de Charlemagne, la région mosellane nous apparaît comme une pépinière de prélats, de hauts fonctionnaires et même de rois ; dans la seconde moitié du ix° siècle, un comte né dans la région ardennaise, Boson, fondera en 879 le royaume de Provence ; Guy et Lambert, de la maison de Spolète, originaires du pays de la Blies dans le diocèse de Metz, deviendront rois d'Italie et recevront même la couronne impériale.

Ainsi, pendant plus de trois siècles, la région lorraine jouira de l'indépendance, de la sécurité, de la tranquillité intérieure ; elle possédera même aux temps carolingiens une prépondérance marquée. Circonstances heureuses pour notre pays, mais qui ne se renouvelleront plus dans son histoire !

CHAPITRE PREMIER

HISTOIRE DE LA RÉGION LORRAINE DE 511 A 925 [1].

La période franque se divise en trois époques d'inégale durée, qui correspondent respectivement à l'Austrasie méro-

---

1. Bibliographie. — Sources : Capitulaires dans BORETIUS (A.) et KRAUSE (V.), *Capitularia regum Francorum*, t. I et II (*Monumenta Germaniæ historica, Leges*, section IIe). Diplômes et chartes dans les preuves de dom CALMET, de l'*Histoire de Metz* par les BÉNÉDICTINS, dans BRÉQUIGNY (F. de) et PARDESSUS (J.-M.), *Diplomata, cartæ, epistolæ, leges*, etc., 2 vol. in-f°, 1843-1849, dans PERTZ (K.), *Diplomata imperii*, in-f°, et MÜHLBACHER (E.), *Diplomata Karolinorum*, t. I, in-4° (*Mon. Germ. hist., Diplomata*). Pour les analyses des diplômes, voir BÖHMER-MÜHLBACHER, *Die Regesten des Kaiserreichs unter den Karolingern*, 2e éd., 1 vol. in-4°, 1899-1908. Pour les chartes, voir encore BLOCH (H.), *Die älteren Urkunden des Klosters S. Vanne zu Verdun* (Jahrbuch der Gesellschaft für lothringische Geschichte, t. X et XIV, 1898 et 1902). HERBOMEZ (d'), *Cartulaire de Gorze*, et LESORT (A.), *Chronique et chartes de l'abbaye de Saint-Mihiel* (Mettensia, t. II et VI, 1898-1901 et 1909-1912). — GRÉGOIRE DE TOURS (voir ci-dessus, p. 75) ; FRÉDÉGAIRE (Pseudo-), *Chronicon* (*Mon. Germ., Script. rerum merovingicarum*, t. II) ; *Annales Mettenses, Annales*

vingienne, à la monarchie carolingienne, au royaume de Lotharingie.

I. — L'Austrasie mérovingienne.

Si les descendants de Clovis se sont montrés braves et ambitieux, ils n'ont en général été que de médiocres chefs d'Etat et de fort mauvais chrétiens, violents, cruels, perfides, débauchés. Quelques-uns pourtant ont eu de belles vertus privées, et l'histoire de l'Austrasie nous en fera connaître deux. Les Mérovingiens traitent l'Etat comme un domaine particulier, et quand un souverain laisse plusieurs fils, ceux-ci partagent entre eux le royaume qu'avait gouverné leur père.

L'Austrasie ou royaume de l'Est naquit du premier de ces partages, celui qui suivit la mort de Clovis ; elle comprenait la première et la seconde Belgique, les deux Germanies, était peuplée de Gallo-Romains, de Ripuaires, de Cattes et d'Alamans. Metz ne tarda pas à remplacer Reims comme capitale de l'Austrasie ; moins voisine de la frontière, elle occupait une situation plus centrale ; ville de langue romane, elle se trouvait à proximité de la limite linguistique. Pourquoi les successeurs de Thierry préférèrent-ils Metz à Trèves, l'ancienne métropole de la première Belgique, la résidence de quelques-uns des empereurs du IIIe et du IVe siècle ? On ne saurait le dire avec certitude ; peut-être Metz

---

Bertiniani, Annales Fuldenses, et Réginon, *Chronicon*, éd. *in usum scholarum*, tirées des *Monum. Germ., Script.*, 4 vol. in-8°.

Ouvrages généraux : Gutsche (O.) et Schultze (W.), *Deutsche Geschichte von der Urzeit bis zu den Karolingern*, 2 vol. in-8°, 1894-1896. — Mühlbacher (E.), *Deutsche Geschichte unter den Karolingern*, 1 vol. in-8°, 1896. — Bayet (A.), Pfister (Chr.) et Kleinclausz (A.), *le Christianisme, les barbares, Mérovingiens et Carolingiens*, t. II (1re partie) de l'*Histoire de France* de Lavisse, 1903.

Ouvrages concernant la région : Huguenin (A.), *Histoire du royaume mérovingien d'Austrasie*, 1 vol. in-8°, 1862. — Digot (A.), *Histoire d'Austrasie*, 4 vol. in-8°, 1863. — Gérard (P.-A.-F.), *Histoire des Francs d'Austrasie*, 2 vol. in-8°, 1864. — Parisot (R.), *le Royaume de Lorraine sous les Carolingiens*, 1 vol. in-8°, 1899.

avait-elle moins que Trèves souffert des invasions barbares.

L'histoire de l'Austrasie mérovingienne (511-751) peut se diviser en trois périodes. De 511 à 613, elle forme presque sans interruption un État autonome. De 613 à 679, si elle retrouve d'une façon intermittente cette situation, elle est à plusieurs reprises incorporée dans la monarchie franque. Depuis 679, l'Austrasie ne forme plus un État distinct. Soumise à l'autorité d'un Mérovingien, maître nominal de tout l'État franc, elle obéit en fait à un maire du palais de la famille de saint Arnoul, à un ancêtre de Charlemagne.

1° *L'Austrasie de 511 à 613.*

De 511 à 613, l'Austrasie, royaume indépendant, a son existence particulière, sauf durant une très courte période de six années (555-561). Elle est gouvernée de 511 à 555 par Thierry, puis par le fils et par le petit-fils de ce prince, de 561 à 613 par Sigebert Ier et par ses descendants.

Le premier roi d'Austrasie, Thierry (511-534), fils aîné de Clovis, avait pour mère une autre femme que Clotilde. Il vainquit et soumit les Thuringiens, les Alamans, contribua aussi à la destruction du royaume burgonde. Son fils Théodebert Ier (534-547) est le plus brillant des rois d'Austrasie et de tous les rois francs successeurs de Clovis. On le voit intervenir en Italie comme allié des Grecs ou des Wisigoths, en réalité avec l'arrière-pensée de soumettre la péninsule à sa domination. Aspirant à l'indépendance complète vis-à-vis de l'empire romain d'Orient, il prit le titre d'Auguste, fit frapper à son effigie des monnaies d'or; on lui prêta même le projet de prendre Constantinople et de fonder un grand empire barbare. Ce prince nous apparaît comme un précurseur de Charlemagne. Aucun de ses successeurs, pas même Dagobert Ier, n'aura des visées aussi grandioses. Après la mort de son fils Théodebald (547-555), Clotaire Ier, le dernier des fils de Clovis et de Clotilde, se fit reconnaître roi par les Austrasiens.

Quand il mourut en 561, ses quatre fils se partagèrent ses Etats ; l'un d'eux, Sigebert ou Sigisbert, eut dans son lot l'Austrasie, qui va de nouveau, durant cinquante-deux ans, former un Etat autonome. Le rôle de Sigebert et de ses descendants (561-613) aura peut-être moins d'importance que celui de Brunehaut, femme de Sigebert, qui dirigera les affaires de l'Austrasie sous les règnes de son fils et de ses petits-fils. Fille du roi des Wisigoths Athanagilde, arienne, mais convertie après son mariage au catholicisme, elle n'avait pas seulement la beauté qui charme, elle était de plus intelligente, instruite, énergique. On peut lui reprocher de s'être montrée vindicative, avide de pouvoir, cruelle et peu scrupuleuse dans le choix des moyens. Ses préférences allaient au régime administratif romain ; un pouvoir royal respecté, des fonctionnaires dociles, des sujets payant régulièrement les impôts, voilà comment elle comprenait le mécanisme gouvernemental. C'est au temps de Brunehaut, et en partie à son instigation, que commenceront les guerres de l'Austrasie contre la Neustrie ; elles n'auront du reste pas pour origine un antagonisme de races. Le meurtre de Galeswinthe, sœur de Brunehaut et deuxième femme de Chilpéric, frère de Sigebert, en sera la première cause. La haine que vouera Brunehaut à Chilpéric, à sa troisième femme Frédégonde, à leur fils Clotaire II, perpétuera ces luttes jusqu'à la mort tragique de la vieille reine en l'an 613.

Sigebert Ier est, après Théodebert Ier, l'un des rois austrasiens qui font la meilleure figure ; même au point de vue moral, il l'emporte sur son cousin et prédécesseur. Son mariage avec Brunehaut, célébré à Metz en 568 avec un grand éclat et des fêtes magnifiques[1], des expéditions contre les Avars, peuple asiatique qui s'était installé dans les vallées du Danube et de la Theiss, surtout des guerres contre son frère Chilpéric, assassin de Galeswinthe, rem-

---

1. Fortunat a célébré dans quelques-uns de ses poèmes l'union de Sigebert et de Brunehaut.

plissent la plus grande partie de son règne ; Sigebert périt en 575 sous le poignard d'assassins que Frédégonde, troisième femme de Chilpéric, avait dépêchés contre lui.

C'est surtout à partir de ce moment que Brunehaut va jouer un rôle politique. Toutefois, durant la minorité de son fils Childebert, elle ne dominera pas la situation. Les leudes royaux, c'est-à-dire les hauts fonctionnaires du palais et des provinces, ducs, comtes, etc., se partagent alors en deux groupes ; si les uns, d'accord avec la reine mère, veulent faire respecter à l'intérieur l'autorité royale, s'ils recherchent au dehors l'alliance de Gontran, roi de Bourgogne, l'un des frères de Sigebert, d'autres grands s'efforcent au contraire — en s'appuyant sur Chilpéric — de réduire à leur profit le pouvoir du souverain. Les deux partis auront tour à tour l'avantage. En 577, l'entrevue de Pompierre, à la limite de la cité des Leuques et de celle des Lingons, marque un succès du parti de Brunehaut : Gontran adopte alors une première fois son neveu Childebert. Toutefois, dans la suite, le roi de Bourgogne soupçonna d'hostilité à son égard Brunehaut, qui dut justifier sa conduite auprès de son beau-frère. Après bien des péripéties, dont nous ne pouvons exposer le détail, en particulier après la tentative d'un prétendu fils de Clotaire Ier, Gondovald, qui revendiquait une partie du royaume franc, l'entrevue d'Andelot scella, en 587, la réconciliation définitive de Childebert et de Gontran, qui promit à son neveu de lui léguer tous ses Etats.

Bien qu'à ce moment le jeune roi d'Austrasie eût depuis quelques années atteint sa majorité, il laissait le gouvernement à sa mère, qui désormais n'avait plus de rivaux à craindre. A l'intérieur, elle fit mettre à mort ou disgracier quelques-uns des grands qui l'avaient combattue. Voici, d'après Grégoire de Tours, comment finirent Berthefrid et Ursion, deux des adversaires de Brunehaut :

« Childebert réunit une armée, qu'il fit marcher vers l'endroit où s'étaient enfermés Ursion et Berthefrid. C'était une villa du *pagus Vabrensis*, que dominait une montagne escarpée. Au sommet de cette montagne, avait été construite une église en l'honneur de saint Martin. On rapportait que jadis un château s'élevait là, mais alors le lieu était fortifié par la nature seule et non par la main des hommes. C'est dans la basilique qu'Ursion et Berthefrid s'étaient réfugiés avec leurs femmes, leurs serviteurs et leurs richesses. L'armée de Childebert, avant d'avoir joint les deux rebelles, pilla et incendia tous ceux de leurs domaines qu'elle rencontra. Arrivés à l'endroit où se tenaient Ursion et Berthefrid, les guerriers de Childebert gravissent la montagne et cernent la basilique. Ils avaient pour chef Ghodegisèle, gendre du duc Lupus. Comme ils ne pouvaient faire sortir les rebelles de la basilique, ils essaient d'y mettre le feu. A cette vue, Ursion sort de la basilique, l'épée à la main, et fait un tel massacre des assiégeants que de tous ceux qui se présentaient à ses regards aucun ne demeura en vie. Là périrent Trudulf, comte du palais royal, et beaucoup de guerriers. Lorsque Ursion commençait à être fatigué du carnage qu'il avait fait, il fut blessé à la cuisse et tomba affaibli à terre ; on se jeta sur lui et on l'acheva. Ce que voyant, Ghodegisèle cria : « Que la paix règne maintenant ; voilà que le plus grand ennemi de nos seigneurs est mort ; Berthefrid aura la vie sauve. » A ces mots, les guerriers se précipitèrent en foule dans la basilique pour piller toutes les richesses qui s'y trouvaient entassées. Berthefrid en profita pour sauter sur un cheval et gagner Verdun, où il se réfugia dans l'oratoire du palais épiscopal ; il s'y croyait d'autant mieux en sûreté que l'évêque Airy résidait alors dans sa demeure. Mais quand Childebert apprit la fuite de Berthefrid, il en fut très irrité et s'écria : « Si Berthefrid a échappé à la mort, Ghodegisèle ne sortira pas vivant de mes mains. » Le roi ignorait que Berthefrid se fût sauvé dans la maison de l'évêque de Verdun, et croyait qu'il avait fui dans une autre contrée. Ghodegisèle, qui craignait pour ses jours, réunit ses troupes et cerna avec elles la maison d'Airy. Mais l'évêque refusa de lui livrer Berthefrid et s'efforça de prendre sa défense ; alors les hommes de Ghodegisèle montèrent sur le toit et tuèrent Berthefrid en jetant sur lui les tuiles et les autres matériaux qui couvraient l'oratoire : il périt avec trois serviteurs. L'évêque conçut une vive douleur d'avoir été impuissant à sauver la vie de Berthefrid et d'avoir vu souiller de sang humain l'oratoire où il avait l'habitude de prier et où il avait réuni les reliques de plusieurs saints. Childebert eut beau lui envoyer des présents pour apaiser son chagrin, l'évêque ne voulut pas se consoler [1]. »

1. GRÉGOIRE DE TOURS, *Historia ecclesiastica Francorum*, l. IX, c. XII.

A l'extérieur, l'Austrasie lutte contre les Lombards, maîtres du nord de l'Italie, et contre Frédégonde, tutrice de son jeune fils Clotaire II ; Chilpéric avait péri assassiné en 584, dans des circonstances demeurées mystérieuses.

Après la mort prématurée de Childebert, en 597, son fils aîné Théodebert II eut l'Austrasie, le cadet Thierry II l'ancien royaume de Gontran, dont Childebert avait hérité sans opposition en 593. Chassée de l'Austrasie, où elle s'était fixée tout d'abord, par les grands qui la détestaient, Brunehaut alla chercher un refuge en Bourgogne, où elle exerça au nom de Thierry II un pouvoir presque absolu, brisant toutes les résistances, moins vives d'ailleurs qu'elles ne l'étaient en Austrasie. Des guerres heureuses que Thierry et Théodebert dirigèrent contre Clotaire II prouvent que Brunehaut voulait venger sur le jeune roi de Neustrie les crimes de sa mère Frédégonde. Puis ses petits-fils se brouillèrent à propos de l'Alsace et du Saintois, l'un des *pagi* de la cité des Leuques. La guerre éclata en 612 entre Thierry et Théodebert. Vaincu à Toul, puis à Tolbiac, le roi d'Austrasie fut pris et mis à mort, ainsi que ses enfants. Thierry s'apprêtait à reprendre la guerre contre Clotaire II, quand il mourut brusquement (613). Au lieu de partager les Etats de Thierry entre les enfants que celui-ci avait laissés, Brunehaut fit proclamer seul roi l'aîné Sigebert II. Mais les grands de l'Austrasie, et à leur tête Pépin l'Ancien et Arnoul, le futur évêque de Metz, aimèrent mieux faire appel à Clotaire II que de subir à nouveau le joug de Brunehaut.

Abandonnée de tous, la vieille reine tomba au pouvoir du fils de Chilpéric et de Frédégonde, qui la condamna, après un simulacre de jugement, à périr d'un affreux supplice. Sigebert II fut aussi mis à mort. Clotaire, qui se trouvait quelques mois auparavant réduit à un très petit royaume, devenait le seul maître de toute la monarchie franque.

2° *L'Austrasie de 613 à 679.*

De 613 à 679, l'Austrasie va tantôt constituer un royaume autonome, tantôt être réunie au reste des Etats francs. L'esprit d'indépendance qui anime les grands se fait jour en plusieurs circonstances ; ils refusent d'obéir au souverain qui, maître de toute la monarchie, ne réside pas dans le pays ; ils entendent avoir un roi à eux, et de préférence un roi mineur, afin de tenir entre leurs mains le pouvoir et de l'exercer au mieux de leurs intérêts.

Cet esprit particulariste se manifesta une première fois sous le règne de Clotaire II, qui dut en 622, pour calmer le mécontentement des grands d'Austrasie, leur donner comme souverain son fils Dagobert ; sous le nom du jeune prince gouvernèrent Pépin l'Ancien et Arnoul, devenu évêque de Metz. Dagobert qui avait, à la mort de son père (629), rétabli l'unité de la monarchie franque, conserva l'Austrasie jusqu'en 634 ; durant cette période eurent lieu des expéditions heureuses contre les Wendes.

Mais les Austrasiens, toujours jaloux de leur indépendance, exigèrent de Dagobert, qui ne résidait plus que rarement dans leur pays, qu'il en abandonnât le gouvernement à son fils, Sigebert ou Sigisbert III. Pépin l'Ancien, Otton, Grimoald, fils de Pépin, furent l'un après l'autre, en qualité de maires du palais, les véritables maîtres de l'Austrasie. Même après qu'il eut atteint l'âge de la majorité, Sigebert ne s'occupa que peu des affaires de l'Etat. Disons à son honneur qu'il se distingua de la plupart des membres de sa famille, et plus particulièrement de son père, par de belles vertus privées, qui lui valurent d'être après sa mort honoré comme saint.

Quand, en 656, Sigebert mourut, jeune encore ainsi du reste que la plupart des Mérovingiens de cette époque, Grimoald se crut assez fort pour substituer sa dynastie à celle de Clovis. Il fit emmener secrètement en Irlande le petit

Dagobert, fils de Sigebert, et proclamer roi son propre fils Childebert. La tentative échoua.

L'Austrasie, réunie à la Neustrie, eut le même souverain qu'elle, d'abord Clovis II, puis son fils Clotaire III. Mais, dès 663, les Austrasiens obtinrent qu'on leur donnât pour roi Childéric II, frère de Clotaire III ; le maire du palais Wulfoald gouverna le pays. Quand Clotaire mourut en 673, Childéric joignit à l'Austrasie la Neustrie et la Bourgogne ; deux ans plus tard, il périssait assassiné, victime des haines qu'avaient soulevées ses violences.

Le maire Wulfoald fit alors proclamer en Austrasie Dagobert, fils de saint Sigisbert, revenu d'Irlande. Très pieux comme son père, le jeune roi sera mis, lui aussi, par l'Eglise au rang des saints. Après un règne très court, Dagobert fut tué, en 679, près de Stenay, ainsi que le maire Wulfoald. On a tour à tour accusé Ebroïn, maire du palais de Neustrie, et Pépin le Moyen d'avoir armé le bras des meurtriers.

3° *L'Austrasie de 679 à 751.*

Affaiblie par les guerres civiles et par les minorités, la royauté mérovingienne avait perdu toute autorité à l'intérieur sur les fonctionnaires, au dehors sur les Alamans et les Thuringiens, qui avaient reconquis leur indépendance. Une dynastie de maires du palais, issue de saint Arnoul par les mâles, de Pépin l'Ancien par les femmes, va rendre au pouvoir central sa force et son prestige. Ces maires, qui ont pour clients la plupart des grands de l'Austrasie, rétablissent l'ordre dans le pays dont ils deviennent les véritables maîtres, étendent leur autorité sur la Neustrie et reprennent la lutte contre les Germains d'outre-Rhin. L'Austrasie, tout en conservant son autonomie, n'a plus de souverain qui lui soit propre ; sur elle, comme sur les autres parties de la monarchie franque, règne un Mérovingien, roi de parade, roi fainéant, qui ne possède qu'un vain titre.

Le premier de ces maires du palais, Pépin le Moyen,

finit après de longues luttes par soumettre la Neustrie, que lui livra la bataille de Tertry (687). Il guerroya avec succès contre les Alamans, contre les Frisons, favorisa l'évangélisation de ces derniers par l'Anglo-Saxon saint Willibrord ; toutefois il se désintéressa de l'Aquitaine. Les révoltes qui éclatèrent en Neustrie et en Germanie à la mort de Pépin (714) compromirent la suprématie de sa maison et celle de l'Austrasie.

Mais le plus jeune des fils de Pépin, Charles Martel, le seul qui lui eût survécu, devait reprendre et consolider l'œuvre paternelle. Guerrier infatigable et presque toujours heureux, il triompha des Neustriens et des Germains, écrasa en 732, à Poitiers, les Arabes qui, maîtres de l'Espagne, menaçaient de conquérir la Gaule franque ; c'était un service de la plus haute valeur qu'il rendait ainsi à la civilisation chrétienne. A l'intérieur, comme nous le verrons, sa politique ecclésiastique ne mérite pas les mêmes éloges.

Ses fils Pépin et Carloman, qui se partagèrent l'Etat franc à sa mort (741), vécurent dans une étroite union jusqu'à ce que Carloman eût, en 747, embrassé la vie religieuse. Tout en continuant la lutte contre les ennemis extérieurs, Alamans et Thuringiens à l'est, Aquitains au sud-ouest, ils cherchèrent à remettre de l'ordre dans l'Etat et dans l'Eglise. Quatre ans après que Carloman eut quitté le siècle, Pépin jugea le moment venu pour lui d'échanger son titre de maire du palais contre celui de roi. Les grands et les évêques se montrèrent favorables à ses projets, le pape Zacharie, consulté, les approuva. En conséquence, le dernier des Mérovingiens, Childéric III, fut tonsuré et enfermé dans un monastère, Pépin couronné et sacré (751). Une nouvelle dynastie montait sur le trône des Francs.

Peu après l'avènement de Pépin, le comte de Verdun Wulfoad se révolta, sans que l'on puisse dire si le soulèvement de ce haut fonctionnaire fut une protestation contre la déchéance des Mérovingiens.

II. — La monarchie carolingienne de 751 a 840.

A part une courte période de trois années (768-771), l'Etat franc ne sera pas morcelé de 751 à 840 et n'aura jamais qu'un souverain à la fois. Le nom d'Austrasie se déplace, quitte la Moselle et se transporte de l'autre côté du Rhin. L'ancienne Austrasie mérovingienne devient la *Francia media*, la Francie centrale. Le pays continue de vivre tranquille, à l'abri des invasions ; les guerres civiles du règne de Louis le Pieux ne l'atteignent pas. La population fournit des contingents militaires aux souverains pour lutter contre les Aquitains, les Arabes, les Lombards, les Saxons, les Avars. Les Carolingiens recrutent dans notre pays des fonctionnaires civils, des évêques, des abbés, qui vont administrer les pays conquis, les surveiller et les maintenir dans l'obéissance.

Le premier des rois de la dynastie carolingienne, Pépin le Bref (751-768), soumet l'Aquitaine, enlève la Septimanie aux Arabes, dirige contre les Lombards deux expéditions heureuses en 754 et en 756, fonde l'Etat pontifical. A l'intérieur, saint Chrodegang, évêque de Metz, continue avec le titre d'archevêque la réforme de l'Eglise franque. Pépin vint plusieurs fois sur les bords de la Moselle.

L'Etat franc, partagé en 768 entre les deux fils de Pépin, retrouva son unité sous l'autorité du seul Charles, quand une mort prématurée eut, en 771, enlevé Carloman. Charlemagne est le plus grand des Carolingiens et de tous les rois francs. Il n'a pas seulement par ses conquêtes sur les Saxons, sur les Avars, sur les Lombards et sur les Arabes, conquêtes dont nous n'avons pas à raconter ici les péripéties, reculé au loin les frontières de la monarchie franque; homme d'Etat clairvoyant et sage, il a cherché par une meilleure utilisation des anciens rouages, par la création de nouveaux organes, à rendre l'administration plus régulière, à faire respecter partout le pouvoir royal, à réprimer les désordres, les violences, les injustices. Ses guerres et ses réformes ne l'empêchent pas de continuer la régénération de l'Eglise, de restaurer l'enseignement, la littérature et les arts. L'œuvre civilisatrice qu'il a entreprise est son plus beau titre de gloire; si le morcellement de la monarchie franque en 843, si de nouvelles invasions barbares l'ont compromise, ils ne l'ont point ruinée. Il est tout naturel que Charles ait restauré, en 800, l'Empire d'occident ; l'événement était préparé tant par ses conquêtes que par son administration intérieure. Le malheur voulut que cette restauration rencontrât de nombreux obstacles dans l'esprit particulariste des différents peuples qui se trouvaient compris dans l'Etat franc, et surtout dans l'insuffisance des institutions, qui ne répondaient plus aux besoins d'une monarchie aussi vaste.

Beaucoup plus souvent que son père, Charles résida sur les bords de la Moselle, non point dans les villes qu'il semble avoir évitées, mais dans les palais et les villas qu'il possédait à la campagne. Nous le trouvons à Remiremont, à Champ-le-Duc, dans les Vosges, où il aimait aller chasser le sanglier, dans l'Ardenne et surtout à Thionville, où les diplômes attestent sa présence à six reprises ; c'est à Thionville, en 806, qu'il accomplit l'un des grands actes de son règne, le partage de ses Etats entre ses trois fils, Charles, Pépin et Louis, partage que la mort des deux aînés rendit caduc.

Louis le Pieux, qui survécut seul à son père, recueillit donc toute la monarchie franque et le titre d'empereur. Prince pacifique, il ne voulut pas faire de conquêtes et prétendit n'employer que les prédications des missionnaires pour amener au christianisme les peuples du Nord ; par malheur, sa tentative n'eut d'autre effet que d'exciter le fanatisme odinique des Scandinaves et de provoquer leurs incursions dans l'empire franc. Aidé de saint Benoît d'Aniane, Louis le Pieux opéra la réforme des abbayes.

Mais l'œuvre la plus importante, la plus intéressante de

son règne aurait été l'acte par lequel il régla sa succession (817), s'il avait eu la sagesse d'en respecter les dispositions. Sur les conseils de quelques hommes d'Eglise d'un grand sens politique, Louis rompit avec la déplorable coutume des partages, attribua à son fils aîné Lothaire le titre d'empereur, les trois quarts de la monarchie et la suzeraineté sur ses deux frères Pépin et Louis, qui devaient gouverner, avec le simple titre de rois et sous l'autorité supérieure de leur aîné, le premier l'Aquitaine, le second la Bavière. Ces sages mesures auraient, si Louis ne les avait pas violées, consolidé l'empire franc, assuré à notre pays la continuation des avantages que lui valaient sa situation centrale et sa prépondérance. Pour complaire à Judith, sa seconde femme, pour assurer au fils qu'elle lui avait donné, Charles, une part de l'Etat franc, l'empereur bouleversa les dispositions de 817. Les soulèvements de Lothaire et du parti unitaire en 830 et en 833 ne remédièrent pas au mal, tout au contraire. De ces troubles l'autorité impériale sortit bien affaiblie, les grands plus puissants, les Normands plus redoutables. Le mécontentement et le désordre étaient partout quand Louis mourut en 840.

Ce prince avait fait à notre pays de fréquentes visites. On le trouve en 821, 834, 835, à Metz, où l'attirait son frère Drogon, évêque de cette ville, mais avec le titre d'archevêque, à Trèves en 821, à Thionville en 821, 828, 831, 834, 835, 837 ; c'est à Thionville qu'en 821 se tint une grande assemblée de l'Empire et que fut célébré le mariage de Lothaire et d'Hermengarde, fille du comte Hugues de Tours ; en 835, Louis réunit à Thionville une autre assemblée et un concile qui jugea et déposa l'archevêque de Reims Ebbon, l'un des partisans de Lothaire et l'un des chefs du parti unitaire. L'empereur fit encore des séjours à Gondreville en 837, à Remiremont en 821, 825, 831, 834 et 836. N'oublions pas de rappeler que plusieurs des hommes considérables de cette époque dans l'Etat ou dans l'Eglise sont originaires de ce pays, ou y exercent de hautes fonctions, tels les comtes Matfrid d'Orléans et Lambert de Nantes, les évêques Hetti de Trèves, Drogon de Metz, Frothaire de Toul.

L'histoire de cette période offre d'ailleurs peu de faits importants pour le pays de la Moselle. Tranquille, prospère, fournissant des collaborateurs aux rois francs dans l'Eglise et dans l'Etat, que pouvait-il souhaiter, sinon garder toujours la situation privilégiée dont il jouissait ?

III. — Le royaume de Lotharingie (840-925).

1° *La Lotharingie de 840 à 869.*

Des hauteurs où elle vivait sous Charlemagne, la région mosellane va rapidement déchoir. L'aîné des fils de Louis le Pieux, Lothaire, prétendit faire accepter par ses frères Louis et Charles les stipulations de l'acte de 817, les seules qu'il considérât comme valables ; peut-être même songeait-il à les évincer et à se débarrasser d'eux. Ni Louis ni Charles n'étaient disposés à subir les exigences de leur aîné ; il fallut donc combattre. La défaite qu'essuya Lothaire à *Fontanetum*, le 25 juin 841, ruina ses espérances et porta un coup dont elle ne s'est jamais relevée à la région mosellane. Lothaire dut, en août 843, signer à Verdun-sur-Meuse le traité désastreux qui démembrait la monarchie carolingienne et le pays franc. Non seulement Lothaire ne gardait sur ses frères aucun droit de suzeraineté, mais il n'avait qu'un tiers des Etats de son père et, comme il avait voulu conserver — avec Rome — Aix-la-Chapelle et une partie de la *Francia media*, son empire présentait une configuration bizarre. Le pays franc était coupé en trois morceaux ; la région mosellane perdait, et pour toujours, la situation prépondérante qu'elle avait occupée dans la monarchie carolingienne ; si elle n'était pas encore mutilée, elle devenait pays frontière : à l'est, plusieurs *pagi* des diocèses de Metz et de Trèves confinaient aux Etats de Louis le Germanique, qui s'était fait attribuer les diocèses de Mayence, de Worms et de Spire ; à l'ouest, quelques *pagi* des diocèses de Toul et de Trèves ainsi que le Verdunois se trouvaient dans une situation analogue à l'égard du royaume de Charles le Chauve. Cette situation ne cessera d'empirer durant la seconde moitié du IX° siècle et le premier quart du X° ; guerres, partages, luttes entre les grands, invasions normandes vont accabler le pays, l'affaiblir, le dépeupler et le ruiner.

Lothaire Ier (843-855) voulut se servir de son oncle, l'archevêque Drogon, de Metz, qu'il avait fait nommer par le pape Sergius IV vicaire pontifical en Gaule et en Germanie, pour recouvrer un peu de l'autorité que lui avait refusée le traité de Verdun ; mais une grande assemblée d'évêques des trois royaumes francs, tenue à Thionville en 844, sans dénier à Drogon la qualité de légat du Saint-Siège, s'abstint de la lui reconnaître ; l'affaire n'eut pas de suites. A plusieurs reprises, Lothaire fit des séjours à Thionville, à Gondreville et à Remiremont. Bien qu'il eût été jadis le champion de l'unité de l'Empire, il n'en partagea pas moins, avant de mourir à Prüm, sous l'habit monastique, ses États entre ses trois fils. A l'aîné, Louis II, échut l'Italie, au plus jeune, Charles, la Provence et le duché de Lyon ; le cadet enfin, qui portait le même nom que son père, reçut l'ancienne *Francia media* avec la Frise, l'Alsace et la Bourgogne. C'est de Lothaire II que les territoires francs de la Moselle et de la Meuse prirent leur nom *Lotharii regnum*, *Lotharingia*, Lotharingie, Lorraine.

Lothaire II (855-869) se trouvait dans une position difficile entre ses deux oncles Louis et Charles, brouillés depuis quelques années. Lorsqu'en 858 Louis essaya d'enlever à son frère la France occidentale, Lothaire ne sut que se laisser conduire par les événements ; allié de Charles, il ne le défendit pas, l'abandonna même pour s'attacher à Louis au moment où il crut celui-ci le plus fort, puis il revint à Charles, quand ce prince eut, au début de 859, recouvré ses

Etats. Lothaire s'employa pourtant à réconcilier ses deux oncles ; dans ce but il réunit à Savonnières, près de Toul, une assemblée de grands et d'évêques et entama des négociations qui n'aboutirent pas tout d'abord. Ce fut seulement l'année suivante, à Coblenz, que Louis et Charles firent la paix. Les fluctuations politiques de Lothaire n'avaient pas pris fin. Il va se rapprocher de Louis, avec lequel il restera jusqu'à sa mort en bons termes, tandis qu'il trouvera dans Charles un adversaire presque constant.

C'est la question de son divorce qui domine depuis 860, et même avant, toute la politique de Lothaire II. Répudier sa femme légitime Thiéberge, qui peut-être lui avait été imposée et dont il n'avait pas eu d'enfant, épouser une ancienne maîtresse, Waldrade, légitimer le fils que celle-ci lui avait donné et le rendre ainsi capable de recueillir un jour sa succession, voilà à quoi se résument tous les efforts, toute l'activité du jeune roi durant le milieu et la fin de son règne. Prince d'ailleurs médiocre, sans capacité, sans talents, il puisera dans son amour pour sa maîtresse et pour son fils une ténacité que les obstacles ne rebuteront pas. Pour arriver à ses fins, tous les moyens lui paraîtront bons, mensonges, calomnies ou violences. Contre sa femme il eut recours aux menaces pour qu'elle s'avouât coupable d'inceste avec son frère. Les évêques et les abbés de son royaume, dont il avait besoin pour faire prononcer l'annulation de son union avec Thiéberge, se laisseront, pour la plupart, intimider ou corrompre par lui et se feront ses auxiliaires et ses complices. Enfin, il tentera ses frères, ses oncles, dont il redoute l'opposition, par la cession de territoires. Affaiblissement de son autorité, amoindrissement de ses Etats, rien ne lui coûtera.

Sans entrer dans le détail de cette tragi-comédie du divorce, il nous faut pourtant en retracer à grands traits les péripéties, car de la solution donnée à l'affaire dépendaient dans une certaine mesure les destinées de notre pays. Si Lothaire en effet parvenait à faire casser l'union qu'il avait contractée avec Thiéberge et à épouser Waldrade, il légitimait le fils que celle-ci lui avait donné, le rendait apte à régner un jour sur la Lotharingie, qui gardait son indépendance. Que le jeune roi fût au contraire obligé de conserver Thiéberge, Hugues restait un bâtard inhabile à recueillir la succession paternelle, et la Lorraine courait le risque d'être annexée à l'un des royaumes voisins ou partagée entre eux.

Après deux conciles tenus à Aix-la-Chapelle (860), conciles où Thiéberge avait été contrainte de s'avouer coupable d'inceste, les évêques lorrains l'avaient condamnée à une pénitence et à l'incarcération dans une abbaye. Mais, quelques mois plus tard, elle s'enfuyait dans la France occidentale, où le roi Charles le Chauve et l'archevêque de Reims Hincmar se constituèrent ses défenseurs ; il s'agissait pour eux d'empêcher Lothaire de rompre une union restée stérile. Le jeune roi laissa quelque temps l'affaire en suspens. Un nouveau concile, réuni à Aix (862), comme les deux précédents, annula l'union de Lothaire et de Thiéberge et autorisa le roi à en contracter une autre. Au lieu de profiter tout de suite de la permission, Lothaire écrivit au pape Nicolas Ier, dont il réclama l'avis. Pourtant, sans attendre la réponse du souverain pontife, il épousa Waldrade en septembre 862.

Mais les difficultés allaient se dresser devant Lothaire et les dangers s'accumuler sur sa tête. Le mariage du jeune roi et de Waldrade accrut encore la tension entre lui et Charles le Chauve. Louis, inquiet, voulut réconcilier son frère et son neveu. Il y réussit dans un congrès tenu à Savonnières, près de Toul, non sans que Charles eût imposé à Lothaire plus d'une humiliation. D'autre part, Nicolas Ier qui, à ce qu'il semble, ignorait le mariage de Lothaire et de Waldrade, se décidait au printemps de 863 à envoyer en Lorraine deux légats, Radoald et Jean, pour juger l'affaire du divorce. Mais les deux Italiens se laissèrent corrompre par Lothaire, et, sans tenir compte des prescriptions du pape, laissèrent le concile qu'ils présidèrent à Metz confirmer l'œuvre des trois conciles d'Aix. Les archevêques

Gunther de Cologne et Thiégaud de Trèves reçurent la mission d'aller communiquer au pape les décisions prises à Metz. Mais Nicolas, homme énergique, défenseur inflexible de la morale et de l'autorité pontificale, n'était pas de ceux que l'on joue ; instruit par Thiéberge elle-même, par Hincmar de Reims et par Charles le Chauve de ce qui s'était passé tant à Aix qu'à Metz, il prit un grand parti : non content de casser les décrets du concile de Metz, il déposa Gunther et Thiégaud et déclara aux évêques lorrains qu'il les excommunierait s'ils ne faisaient une prompte soumission. Plus tard, le pape menacera du même châtiment Lothaire lui-même. Après bien des hésitations et des tergiversations, Lothaire, qui redoutait de voir ses oncles le contraindre par la force à quitter Waldrade, se résigna enfin, en 865, à reprendre Thiéberge des mains d'un nouveau légat pontifical, Arsène. C'est à Gondreville qu'eurent lieu le rapprochement et la réconciliation apparente des deux époux. Le légat s'était fait livrer Waldrade, qu'il devait conduire au pape ; mais elle trouva, chemin faisant, le moyen de tromper la surveillance d'Arsène et de s'enfuir ; Nicolas finit par l'excommunier. Lothaire, qui n'avait nullement renoncé à ses projets, ne tarda pas à reprendre ses intrigues, cherchant par tous les moyens à modifier les dispositions du pape ; mais Nicolas ne se laissa pas fléchir.

Hadrien II, qui remplaça Nicolas à la fin de 867, était beaucoup plus conciliant que son prédécesseur ; il le montra d'abord en levant l'excommunication de Waldrade, puis en promettant à Lothaire, qui était venu le trouver en Italie, qu'un concile international examinerait à nouveau l'affaire du divorce. Lothaire voyait déjà ses rêves réalisés, quand une fièvre maligne le prit en Toscane et mit fin, le 8 août 869, à son existence agitée. Certes, il ne méritait guère l'honneur de donner son nom à l'État qu'il n'avait pas su défendre contre les Normands et auquel il ne laissait même pas un successeur pour le gouverner !

2° *La Lotharingie partagée entre la France
et l'Allemagne (869-879).*

Hugues, fils de Lothaire et de Waldrade, n'était qu'un bâtard, et chose plus grave, qu'un enfant, à la mort de son père ; il ne se trouvait donc, à aucun point de vue, en mesure de succéder à celui-ci. L'héritier légitime de Lothaire, son frère l'empereur Louis II, absorbé par la lutte qu'il soutenait contre les musulmans dans l'Italie méridionale, était hors d'état de défendre ses droits contre ses oncles Louis et Charles, qui avaient pris, quelques années auparavant, dans un traité secret signé à Metz, l'engagement de faire entre eux un partage équitable des Etats de leurs neveux. Mais, à la nouvelle qu'une grave maladie mettait les jours de Louis le Germanique en danger, Charles accourut en Lorraine et se fit couronner roi à Metz, le 9 septembre 869 ; il espérait bien s'emparer de toute la succession de Lothaire. Par malheur pour le roi des Francs occidentaux, Louis se rétablit et prit une attitude si menaçante que force fut à Charles de renoncer à ses projets ambitieux et de consentir au partage de la Lorraine. Le traité de Meerssen (août 870), l'un des plus désastreux qu'aient subis nos contrées, coupait en deux la première Belgique, attribuant Trèves et Metz à Louis, Toul et Verdun à Charles. Par bonheur, cet état de choses n'aura qu'une courte durée.

Charles et Louis vinrent l'un et l'autre visiter leurs nouveaux Etats ; on trouve le premier à Douzy en 871 et en 874, à Gondreville en 872, le second à Metz en 873 et en 875. Vers la fin de 875, Louis tenta vainement, en opérant une diversion dans la France occidentale, de faire revenir son frère d'Italie et de l'empêcher de s'attribuer tout l'héritage de Louis II. En 876, quand le Germanique fut mort, Charles, à son tour, essaya d'enlever à ses neveux la moitié orientale de la Lotharingie ; il ne réussit qu'à se faire battre près d'Andernach par son neveu Louis le Jeune. Enfin, en 879-880, ce même Louis le Jeune, ayant voulu sans aucun droit dépouiller de leurs États ses cousins, Louis III et Carloman, fils de Louis le Bègue, les tuteurs des jeunes princes lui abandonnèrent, pour qu'il se désistât de ses prétentions, la Lotharingie occidentale. L'unité de la Lotharingie se trouvait ainsi rétablie.

3° La Lotharingie unie à la France orientale (879-895).

Cette période est marquée par les incursions des Normands et par les tentatives que fait Hugues, le bâtard de Lothaire II, pour se mettre en possession du royaume de son père. A la même époque (879), un seigneur d'origine lorraine, Boson [1], mari d'Hermengarde, fille de Louis II, se fait couronner roi de Provence.

Les dangers qui menaçaient les descendants de Louis le Germanique et de Charles le Chauve les déterminèrent à se réunir en un congrès, qui se tint à Gondreville dans le courant de 880. Louis III, Carloman, Charles le Gros et les représentants de Louis le Jeune y assistaient. Les deux fils de Louis le Bègue et les généraux de Louis le Jeune marchèrent ensuite contre Hugues et battirent ses troupes, que commandait son beau-frère Thiébaud. Mais la mort de Louis le Jeune, au début de 882, allait porter le trouble et l'anarchie à son comble dans toute la Lorraine.

Hugues donne sa sœur Gisèle en mariage au chef normand Godfrid, installé sur la Meuse à Elsloo; des bandes normandes remontent le Rhin, la Moselle, prennent Trèves, battent près de Remich, sur la Moselle, une armée que commandaient Bertulf, archevêque de Trèves, Wala, évêque de Metz, et le comte Adalard; les Francs furent vaincus, Wala périt dans la lutte.

Charles le Gros, qui de simple roi d'Alémannie devint,

---

1. Après la mort de sa première femme, Charles le Chauve s'était remarié avec Richilde, sœur de Boson.

Pl. IV.

SOULOSSE (Vosges). — Cippes funéraires gallo-romains (Musée d'Épinal).
(Voir p. 48).

GRAND (Vosges). — Bas-relief représentant *Meditrina*, déesse de la pharmacie [?] (Musée d'Épinal).
(Voir p. 57).

par les morts successives de ses frères Carloman et Louis, le seul maître de la France orientale, de la Lotharingie et de l'Italie, qui de plus se fit, en 881, couronner empereur, était un homme médiocre, aussi faible d'esprit que de corps. Il conclut, en 882, avec Godfrid un traité honteux. Trois ans plus tard, il le faisait assassiner dans une entrevue; Hugues, attiré à Gondreville où se trouvait alors l'empereur, fut arrêté et enfermé dans un monastère, après qu'on lui eût crevé les yeux. C'est dans notre pays, à Toul en 885, à Metz en 886, que Charles tint deux grandes assemblées.

Déposé en 887, victime moins peut-être de son incapacité que de l'ambition de son neveu Arnulf, Charles eut ce dernier pour successeur en Allemagne et en Lotharingie. Arnulf deviendra empereur, en 896, quoiqu'il y eût déjà un autre empereur, Lambert, de la maison de Spolète [1]. La grande victoire qu'Arnulf remporta en 891, à Louvain, sur les Normands, mit pour quelque temps fin aux incursions de ces barbares. Mais le pays était troublé à l'intérieur par des luttes de seigneur à seigneur. Ne pouvant résider dans la Lotharingie, Arnulf lui donna, en 895, pour souverain un de ses fils naturels, Zwentibold, fils d'une Morave.

4° La Lotharingie indépendante (895-900).

Le nouveau roi de Lotharingie avait de l'énergie, de l'ambition, mais, maladroit et brutal, il se fit de nombreux ennemis et finit par être abandonné de presque tous les grands, même de ses évêques. En 895, il tente sans succès d'enlever à Charles le Simple une partie de la France occidentale, quoiqu'il fût venu dans ce pays comme allié de son cousin. Rentré en Lorraine, Zwentibold disgracia, en 897, quatre comtes de la région mosellane, Odacer, Etienne, Gérard et Matfrid, puis, l'année suivante, le comte Régnier de Hai-

---

1. La maison de Spolète était originaire du *pagus* de la Blies, dans le diocèse de Metz.

naut. Charles le Simple profita de la révolte de Régnier pour essayer de conquérir la Lotharingie ; l'intervention des évêques rétablit la paix entre les deux cousins. De son côté, Arnulf travaillait à réconcilier Zwentibold avec les comtes mosellans qu'il avait frappés. Mais il mourut en 899, privant son fils d'un appui précieux. Zwentibold, qui avait commis la faute de se brouiller avec l'archevêque de Trèves, Radbod et avec le haut clergé lorrain, se vit, au début de 900, abandonner de ses prélats et de ses comtes, qui reconnurent pour souverain Louis l'Enfant, fils légitime d'Arnulf, déjà roi d'Allemagne. Zwentibold, qui essaya de lutter, périt dans un combat contre les comtes Gérard et Matfrid (900), ne laissant que des filles.

5° *La Lotharingie royaume autonome uni à l'Allemagne, puis à la France (900-923).*

De 900 à 923, d'abord sous l'autorité de Louis l'Enfant, puis sous celle de Charles le Simple, la Lotharingie est un royaume autonome, uni de 900 à 911 à l'Allemagne, de 911 à 923 à la France occidentale. La Lotharingie eut sa chancellerie propre, à la tête de laquelle était placé l'archevêque de Trèves, Radbod. Louis ne fit dans le royaume que de rares apparitions en 900, 902, 904, 906 et 908. Pour consolider son pouvoir en Lotharingie, Louis crut devoir y implanter la famille des Conradins, originaire de la France orientale ; un membre de cette maison, Gebhard, fut nommé duc de Lotharingie ; il ne semble pourtant avoir joué dans le pays qu'un rôle effacé. Quelques seigneurs de la France orientale, les Babenberg, ainsi que les comtes lorrains Gérard et Matfrid, prirent, en 906, les armes contre les Conradins ; mais ceux-ci, forts de l'appui de Louis, triomphèrent de leurs adversaires. Louis vint en Lotharingie, tint à Metz une assemblée qui condamna Gérard et Matfrid, pour crime de haute trahison, à la mort et à la confiscation de leurs biens ; les deux comtes réussirent probablement à trouver un refuge auprès de Charles le Simple. Gebhard périt en 910, dans une bataille contre les Hongrois. Une mort prématurée enleva Louis l'Enfant l'année suivante ; avec lui s'éteignait la descendance de Louis le Germanique.

Les Francs de l'Est lui donnèrent pour successeur Conrad, neveu de Gebhard. Mais ceux de la Lorraine, fidèles à la dynastie nationale, à la famille carolingienne, reconnurent pour souverain Charles le Simple, le plus jeune des fils de Louis le Bègue, déjà roi de la France occidentale. La Lotharingie continua de former un royaume autonome avec un archichancelier particulier, Radbod d'abord, puis Roger. Charles, qui n'est pas le souverain imbécile qu'ont dépeint ses ennemis, sut défendre la Lotharingie contre deux attaques de Conrad. Il semble avoir eu de l'affection pour le pays qui était le berceau de sa famille ; on l'y trouve tous les ans, sauf peut-être en 914 et en 918.

Les personnages influents sous son règne furent les archevêques de Trèves Radbod et Roger, l'évêque de Toul Drogon, apparenté à la dynastie carolingienne, le comte Régnier de Hainaut, le comte Ricuin dans le pays mosellan, enfin Wigeric ou Voiry, qui devint comte du palais.

Après la mort de Régnier (915 ou 916), la Lotharingie fut troublée par les révoltes de Giselbert, fils de Régnier, personnage ambitieux et versatile, par des luttes de seigneur à seigneur, enfin par des invasions hongroises en 917 et en 919. L'intervention du roi d'Allemagne, Henri Ier, en faveur de Giselbert, ne fit qu'augmenter la confusion. Ce sont ensuite des difficultés qui s'élèvent entre le roi et quelques seigneurs français, jaloux de la faveur qu'il accordait au Lorrain Haganon. Pourtant Charles réussit à signer à Bonn, le 7 novembre 921, un traité honorable avec Henri Ier ; il gardait la Lotharingie et obtenait la soumission de Giselbert. Mais celui-ci ne tarda pas à reprendre les armes, appuyé par Ricuin, comte de Verdun, par Otton, fils de Ricuin, et par d'autres seigneurs lorrains. En même temps, la plupart des comtes français abandonnaient définitivement Charles le Simple et se donnaient pour roi Robert, comte de Paris, et frère d'Eudes. Charles, que continuait de soutenir une partie des Lorrains, tint tête à ses nombreux ennemis. A la bataille de Soissons (15 juin 923), Robert fut tué, mais l'arrivée de son fils Hugues et du comte Herbert de Vermandois obligea les Lorrains à la retraite. Bientôt après, les seigneurs français révoltés élisaient roi Raoul, gendre de Robert, et Charles, attiré dans un guet-apens, devenait le prisonnier d'Herbert, qui le retint captif à Péronne jusqu'à sa mort, arrivée en 929.

De 923 à 925, la Lotharingie, privée de son souverain légitime, oscilla entre Raoul et Henri Ier d'Allemagne. L'inconstant Giselbert, après être allé de l'un à l'autre, se rallia finalement à Henri Ier. Le dernier épisode de la lutte semble avoir été le siège et la prise de Metz par Henri Ier ; la ville fut défendue par son évêque Wigeric, qui, bien que partisan de Charles le Simple, avait pourtant reconnu l'usurpateur Raoul. Finalement la Lotharingie se trouvait, en 925, unie pour de longs siècles à l'Allemagne.

CHAPITRE II

LES INSTITUTIONS DE L'ÉPOQUE FRANQUE. — LES ORIGINES DU RÉGIME FÉODAL [1].

D'une façon générale, les Mérovingiens, qui n'avaient point d'idées préconçues, adoptèrent les institutions ro-

---

[1]. Bibliographie. — Sources : voir ci-dessus, p. 93.
Ouvrages généraux : Longnon (A.), *Géographie de la Gaule au VIe siècle*, 1 vol. in-8°, 1878. Du même, *Atlas historique de la France*, 1884-1907. — Spruner (K. von) et Menke (Th.), *Hand-Atlas für die Geschichte des Mittelalters und der neueren Zeit*, 3e éd., 1880. — Waitz (G.), *Deutsche Verfassungsgeschichte*, t. II, 3e éd., t. III et IV, 2e éd., 1882-1885. — Fustel de Coulanges, *Histoire*, etc. *La monarchie franque. Les transformations de la royauté pendant l'époque carolingienne*.

maines; au v° siècle, elles fonctionnaient assez mal, par suite des invasions et de l'affaiblissement du pouvoir impérial ; entre les mains inexpérimentées des barbares, elles achevèrent de se détraquer, de s'altérer, quelquefois même elles disparurent tout à fait. D'ailleurs, de nouveaux organes furent créés, répondant à un ordre de choses nouveau.

Il est vraisemblable, mais l'on n'en peut fournir la preuve, que les institutions locales subirent dans chaque région de la Gaule l'influence de l'élément ethnique qui s'y trouvait en majorité. On sait que la première Belgique possédait une population mélangée de Gallo-Romains et de Germains ; les premiers prédominaient au sud et à l'ouest, les seconds au nord et à l'est. Les idées, les conceptions politiques de ces deux groupes de population devaient, par conséquent, se heurter dans notre pays, puis finalement se pénétrer et réagir les unes sur les autres. D'autre part, la situation de la Mosellane au centre de l'Austrasie et l'élévation de Metz au rang de capitale de ce royaume n'ont-elles pas exercé quelque influence sur les institutions de notre pays ? Nous croyons également que celles-ci ont subi le contrecoup de la dislocation de la monarchie carolingienne, des partages et des troubles dont la région a souffert vers la fin du IX° siècle.

I. — LES CLASSES SOCIALES.

La société franque est hiérarchisée, comme celle de l'empire romain. Au début on n'y trouve pas à proprement

---

L'alleu et le domaine rural. Le bénéfice et le patronat, 4 vol. in-8°, 1883-1892. — GUILHIERMOZ (P.), *Essai sur l'origine de la noblesse en France au moyen âge*, 1 vol. in-8°, 1902.

Ouvrages concernant la région : Aux travaux déjà cités plus haut (p. 94), ajouter : MAXE-WERLY, *Étude sur les... pagi... du Barrois. 1° Le pagus Barrensis, 2° Pagus Odornensis* (Mém. de la Soc. des lettres de Bar-le-Duc, 1re série, t. VI, 1877 ; 3e série, t. VII, 1898). — BONVALOT (Ed.), *Histoire du droit et des institutions de la Lorraine et des Trois-Évêchés*, 1 vol. in-8°, 1895. — DAVILLÉ (L.), *le Pagus Scarponensis* (Annales de l'Est et du Nord, t. II, 1906).

parler de noblesse ; c'est une erreur de croire que les barbares aient formé une caste supérieure à celle des indigènes. Les Francs ne possèdent plus qu'une famille noble, celle des Mérovingiens ; chez les indigènes subsistent encore quelques anciennes familles sénatoriales, mais en très petit nombre, car la première Belgique a plus souffert des invasions que le reste de la Gaule. Toutefois, aux temps mérovingiens, il existe une noblesse de fonctionnaires, dont font partie les hauts dignitaires de la cour, ainsi que les ducs et les comtes qui administrent les provinces. Au début, les Mérovingiens recrutaient leurs agents dans toutes les classes et dans toutes les races, choisissant des serfs ou des affranchis aussi bien que des hommes libres, des Gallo-Romains comme des Francs. Puis, à partir du VII° siècle, il devint de règle que les fonctionnaires appartiendraient à des familles riches ; peu importait du reste que celles-ci fussent d'origine romaine ou barbare. Si Charlemagne tenta de se soustraire à cette obligation, ses successeurs, trop faibles, furent impuissants à réagir contre des habitudes anciennes, que le grand empereur n'avait pas réussi à déraciner ; ce sont les mêmes familles qui donnent à l'Etat ses fonctionnaires, à l'Eglise ses hauts dignitaires. Les charges publiques commencent à devenir héréditaires. Ces dynasties, en possession des terres et des fonctions, tendent à former dès lors une vraie caste nobiliaire.

Nous n'hésitons pas à regarder comme une des conséquences les plus heureuses de l'établissement des barbares l'accroissement du nombre des hommes libres. Beaucoup parmi les Germains étaient libres ; peut-être des colons et des serfs gallo-romains, dont les maîtres avaient été tués ou mis en fuite par les barbares, se trouvèrent-ils affranchis de ce fait. Par malheur, le nombre des hommes libres ne devait pas tarder à diminuer. Les petits propriétaires ne pouvaient, sur le terrain économique, soutenir la concurrence des grands ; ils étaient, en outre, victimes des abus de pouvoir des riches propriétaires et même des comtes ; enfin, le service militaire constituait pour eux une charge des plus lourdes. Les efforts de Charlemagne pour sauver de la ruine cette classe, si intéressante et si utile, des petits propriétaires, n'eurent pas de succès, et après lui le mal ne fit qu'empirer. Au début du x° siècle, il ne restait plus guère dans la région de paysans libres ; la plupart des hommes qui, à cette époque, jouissent de la liberté complète, se rattachent à la noblesse.

Il existe toujours des colons et des affranchis, et le nombre des uns et des autres ne cessera d'augmenter, soit par suite de l'affranchissement d'esclaves ou de serfs, soit en raison de la déchéance d'hommes libres qui ont dû, pour éviter un sort pire, se mettre sous la protection de personnages puissants ou d'établissements ecclésiastiques et payer de leur liberté une sécurité relative. De même qu'il y a des serfs royaux et des serfs d'Eglise, on trouve des affranchis de l'une et de l'autre catégorie ; ils forment comme l'aristocratie de cette classe sociale.

C'est alors que, sous l'influence des idées chrétiennes, l'esclave s'élève au rang de serf. Sans doute, la condition des serfs nous semble encore très dure ; ils ont à subir toutes les exigences du maître et sont trop souvent victimes de sa cruauté : un duc austrasien, Rauching, n'obligeait-il pas, en manière d'amusement, ses serfs à éteindre sur leur cuisse nue des torches enflammées ? Pourtant, les serfs ont cessé d'être des choses, ils sont devenus des personnes humaines, qui reçoivent le baptême, dont l'union est bénie par l'Eglise, quoiqu'ils ne puissent se marier sans l'autorisation de leur maître. Des liens tellement étroits attachent le serf à la terre qu'il cultive qu'on ne peut le vendre sans elle. La classe servile s'accroît par la chute d'hommes libres au rang de serfs, chute le plus souvent forcée, quelquefois cependant volontaire ; d'autre part les affranchissements individuels ou collectifs réduisent le nombre des serfs. Il est intéressant de voir l'abbé de Saint-Mihiel, Smaragde, recommander à Louis le Pieux la suppression de l'esclavage ou du servage :

« Isaïe crie et dit qu'il faut se comporter avec justice et droiture à l'égard des esclaves et leur rendre la liberté.. En vérité, l'homme doit obéir à Dieu et à ses commandements dans la mesure du possible. Et entre autres préceptes salutaires, chacun doit, à cause de la très grande charité de Dieu, affranchir ses esclaves, réfléchissant que c'est non pas la nature, mais une faute qui les a soumis à son autorité ; nous avons été, en effet, créés égaux, mais les uns sont soumis aux autres par suite d'une faute... Donc, très juste et très pieux roi, honore avant toute chose Dieu... soit dans les esclaves qu'il t'a soumis, soit dans les richesses qu'il t'a données, en faisant des premiers des hommes libres et en distribuant des aumônes avec les autres [1]... »

En somme, création d'une caste nobiliaire, diminution ou disparition des hommes libres, transformation en serfs des anciens esclaves, voilà quelques-uns des traits caractéristiques de l'évolution sociale à l'époque franque, surtout vers la fin du ixe siècle et le début du xe.

II. — LE PAYS ET SES DIVISIONS.

La région lorraine a fait partie d'abord de l'Austrasie mérovingienne, puis de la *Francia media* aux temps des premiers Carolingiens, plus tard de la Lotharingie. A-t-elle été comprise dans un duché, en a-t-elle formé un ? Deux diplômes de Charlemagne de 782 et de 783 parlent d'un *ducatus Moslinsis*, le partage de Worms (839) d'un *ducatus Mosellicorum*. Mais comme les premiers Carolingiens ont supprimé partout les duchés, les termes que nous venons de mentionner rappellent très probablement un état de choses disparu, bien plutôt qu'ils ne s'appliquent à des circonscriptions encore existantes. Il y aurait donc eu, à l'époque mérovingienne, un duché qui comprenait tout ou partie de l'ancienne première Belgique, avec Metz pour capitale.

Louis l'Enfant nomma Gebhard, un Conradin, duc de Lotharingie. Régnier ne lui succédera pas, mais il étendra,

---

1. SMARAGDE, *Via regia*, c. xxx (MIGNE, *Patrologie latine*, t. CII, col. 967-968.

semble-t-il, son autorité sur plusieurs *pagi* de la Meuse et de la Sambre, de même que Ricuin gouvernera plusieurs *pagi* de la haute Meuse et de la Moselle.

La cité, qui n'existe plus alors comme circonscription administrative, a fait place au *pagus*. A la différence de ce qui se passa dans le sud et dans l'ouest de la Gaule, les cités du nord et de l'est, en particulier celles de la première Belgique, se morcelèrent en plusieurs *pagi* ; nous ne savons du reste combien il y en eut à l'origine, les documents ne fournissant de données certaines que pour l'époque carolingienne. Seule la cité de Verdun, beaucoup plus petite que les autres, ne forma qu'un seul *pagus*. Nous ignorons d'ailleurs quels rapports existaient entre les *pagi* francs et ceux de l'époque gallo-romaine. Très rarement un *pagus* s'étendait sur les territoires de deux anciennes cités, de deux diocèses ; à cette règle pourtant faisait exception le *p. Scarponensis*, dont la capitale se trouvait dans le diocèse de Metz, tandis que la plus grande partie de son territoire se rattachait à celui de Toul. La partie lotharingienne de l'archidiocèse de Trèves comprenait les *pagi* suivants : le *Maginensis*, le *Trigorius*, le *Bedensis*, le *Saroensis inferior*, le *Methingowe*, l'*Arrelensis*. Les *pagi* messins étaient : le *Mettensis*, le *Nidensis*, le *Blesensis*, le *Saroensis superior*, l'*Albensis*, le *Salinensis*, une partie du *Scarponensis* ; dans le diocèse de Toul, on trouvait le *pagus Calvomontensis*, le *Suentensis*, le *Solocensis*, l'*Odornensis*, le *Barrensis*, le *Bedensis*, le *Tullensis* et le reste du *Scarponensis*. Les *pagi* tiraient leurs noms soit de leur cheflieu (le *Mettensis*, le *Scarponensis*, le *Tullensis*), soit d'une rivière (le *Nidensis*, le *Blesensis*, l'*Odornensis*), soit peut-être d'une production du sol (le *Salinensis*). Il ne faut pas oublier que *pagus* peut désigner dans certains cas, non point une circonscription administrative, mais une région naturelle : c'est le cas du *Moslensis* et du *Wabrensis*.

Pagus finit par avoir un synonyme, *comitatus*, qui, après avoir signifié à l'origine « fonctions de comte », désigna plus tard la circonscription qu'administrait un comte. Pourtant, vers la fin de l'époque carolingienne, le *pagus* ne concorde pas toujours avec le comté ; il y a des *pagi*, tel l'*Odornensis* en 870, qui contiennent deux comtés ; au contraire, il arrive que plusieurs *pagi* aient le même comte ; la fusion entre eux n'est pas encore faite, mais on a l'impression que les divisions territoriales se transforment et que bientôt de nouvelles prendront la place des anciennes, les unes plus petites, les autres plus grandes que ces dernières.

Si les comtes de la première Belgique n'ont pas de vicaire, les *pagi*, au moins ceux où prédomine l'élément germanique, se subdivisent en centaines : c'est le cas, par exemple, du p. *Saroensis*. Le terme de *marca*, surtout employé dans les contrées où l'on trouve les barbares en nombre, a presque toujours le même sens que *villa*.

Les lieux habités sont les villes, qualifiées, suivant leur importance, d'*urbes*, de *civitates* ou d'*oppida*, de *castra*, les *vici* ou bourgades, les grands domaines et les villages, *villæ*, *villaria*, *curtes*, etc.

III. — LE GOUVERNEMENT ET L'ADMINISTRATION.

Eléments romains, éléments germaniques, éléments nouveaux se rencontrent dans les institutions politiques de l'époque mérovingienne. Celles-ci se modifièrent du vi^e au viiie siècle, puis durant la période carolingienne, mais plutôt par la force des choses que sous l'action d'une volonté réfléchie.

1° *La royauté et l'administration centrale.*

La royauté était héréditaire dans la famille des Mérovingiens. Si Pépin le Bref est élu en 751, le principe d'hérédité reprend tout de suite le dessus, et les Carolingiens se succèdent de père en fils. Pourtant, au ixe siècle, il y aura en Lotharingie une série d'élections, les unes régulières, comme celles de 869, de 895, de 911 (il s'agissait en ces trois circonstances de remplacer un souverain mort ou ayant volontairement renoncé à ses droits), les autres illégales, comme celle de 900, faite du vivant de Zwentibold. Remarquons d'ailleurs que tous les princes qui ont été appelés ainsi à gouverner notre pays appartenaient à la famille carolingienne. A la différence des Mérovingiens, Pépin et ses successeurs se firent sacrer ; Lothaire II le fut probablement à Aix-la-Chapelle, Charles le Chauve à Metz, les autres on ne sait où.

Les Mérovingiens, souverains violents et capricieux, n'avaient qu'une idée très vague et de l'Etat et des devoirs qui leur incombaient en tant que rois. Il faut au contraire saluer dans quelques-uns des Carolingiens, surtout dans Charlemagne, de véritables hommes de gouvernement ; ils conçoivent la notion de l'Etat chrétien, ont conscience des obligations qu'ils ont à remplir, se croient responsables de leur conduite devant Dieu.

L'Etat franc n'est point une monarchie constitutionnelle. A aucun moment la masse des hommes libres n'intervient d'une façon régulière dans le gouvernement. Les assemblées de grands ne sont que des assemblées de fonctionnaires, dont le roi prend l'avis sans être tenu de s'y conformer. Toutefois, si la royauté s'affaiblit, comme on le constate durant les minorités, assez fréquentes en Austrasie, comme ce sera encore le cas plus tard en Lotharingie, les grands se trouvent en mesure d'imposer leurs volontés au souverain et de diriger au mieux de leurs intérêts les affaires de l'Etat. Qu'on se rappelle les *optimates* tenant en échec Brunehaut durant la minorité de Childebert II, la chassant de l'Austrasie après la mort de ce prince, appelant Clotaire II en 613, contraignant Clotaire II lui-même, Dagobert, Bathilde à leur donner un roi. Au IXe siècle, les grands de Lothaire II obligent leur souverain à épouser Thiéberge en 855, à la reprendre en 858, à faire, en 864, la paix avec les Normands.

Les assemblées de grands peuvent avoir les objets les plus divers, comme l'élection et la reconnaissance d'un roi (Thionville, 900), la discussion des mesures à prendre pour la défense du royaume (Metz, 886), le jugement de procès entre des grands (Aix-la-Chapelle, 898 ; Herstal, 916 et 919), ou de crimes de haute trahison (Metz, 906).

Comme l'empereur romain, le roi franc a autour de lui de hauts dignitaires qui constituent ce que l'on appelle le palais : ce sont aux temps mérovingiens le maire et le comte du palais, les référendaires, les cubiculaires, etc... ; durant la période carolingienne, le comte du palais, le sénéchal, l'archichapelain, l'archichancelier, le chancelier, les notaires.

2° *L'administration provinciale.*

Les ducs et les comtes représentent le roi dans les provinces. Le duc, qui administrait peut-être la région mosellane à l'époque mérovingienne, avait sous ses ordres plusieurs comtes ; c'était surtout, comme au temps de l'Empire, un chef militaire. Le comte d'un *pagus* concentrait entre ses mains tous les pouvoirs que se partagent aujourd'hui un préfet, un président de tribunal, un receveur des finances et un général. Les Mérovingiens n'étaient donc point restés fidèles à cette séparation des fonctions civiles et des commandements militaires que Dioclétien avait instituée. En raison de l'universalité de leurs attributions, les comtes possédaient une puissance aussi dangereuse pour le pouvoir royal que pour leurs administrés.

A l'origine, les fonctionnaires sont nommés par le roi, qui les choisit comme bon lui semble, les déplace et les destitue. Mais au vii° siècle, on constate une tendance à l'hérédité pour les fonctions de maire du palais en Austrasie, fonctions qu'occupent successivement la famille de Pépin l'Ancien, puis celle de Pépin le Moyen. Peut-être a-t-il alors été décidé que les comtes doivent être pris parmi les grands propriétaires. Les premiers Carolingiens choisissent à peu près comme ils le veulent leurs fonctionnaires, qui sortent pour la plupart de l'école du palais. Cependant les comtes tendent déjà sous Charlemagne à prendre le caractère de vassaux, caractère qui s'accentuera de plus en plus au cours du ix° siècle, de même que s'établira l'usage de confier au fils d'un comte le *pagus* que le père avait administré. Ainsi, sur la Meuse moyenne la famille des Giselbert et des Régnier détient plusieurs *pagi*. Dans l'ancienne première Belgique on a plus de peine à constater la transmission héréditaire des fonctions. Rien ne prouve qu'il y ait eu des liens de famille entre les comtes Etienne (895) et Wigeric ou Voiry (902, 909) du *pagus Bedensis*, entre Irenfrid (880) et Odacer (893) du *p. Blesensis*, entre Adalbert I*er* (841), Leutard (907, 909) et Matfrid (926) du *p. Mettensis*, entre Etienne (895) et Hugues (910) du *p. Calvomontensis*. Mais Matfrid de Metz et Ricuin de Verdun auront respectivement pour successeurs leurs fils Adalbert II et Otton. S'il peut arriver que le fils n'hérite pas des fonctions paternelles, ce sont toujours les mêmes familles, nous le répétons, qui fournissent à l'Etat ses principaux agents, à l'Eglise ses hauts dignitaires.

Les Carolingiens avaient, comme leurs prédécesseurs, le droit de révoquer les fonctionnaires. Mais depuis Louis le Pieux, ces destitutions devinrent de plus en plus rares, parce que les fonctionnaires, se considérant comme propriétaires des charges qu'ils occupaient, se révoltaient contre le souverain qui prétendait les en dépouiller. Pourtant, en 861, Lothaire II disgracia le comte Adalard l'Ancien ; en 869 et en 876, Charles le Chauve enleva leurs dignités et leurs bénéfices à des comtes ou à des vassaux de la Lotharingie qui avaient refusé de le reconnaître pour roi. . Charles le Gros agit de même, en 885, à l'égard des partisans de Hugues, le bâtard de Lothaire II. Nous avons parlé des mesures rigoureuses qu'avait prises Zwentibold en 897 contre les comtes Odacer, Etienne, Gérard et Matfrid, en 898 contre Régnier qui, loin de se soumettre, appela Charles le Simple en Lotharingie. Rappelons encore la condamnation, en 906, par Louis l'Enfant des comtes Gérard et Matfrid. Pour s'être révolté, Giselbert encourut en 918 ou en 919 une peine analogue. Ainsi, jusqu'au bout, les souverains ont conservé dans notre pays le droit de retirer aux fonctionnaires les charges qu'ils leur avaient confiées ; mais semblables mesures de rigueur devaient, pour paraître justes, ne frapper que des rebelles ; il fallait, en outre, que le souverain eût les moyens matériels de faire exécuter la sentence.

Les fonctionnaires ne recevaient pas de traitement. Les comtes avaient la jouissance de terres du domaine royal, qui constituaient un bénéfice ; ils retenaient en outre une part du produit des amendes.

Nous connaissons mal les agents placés sous les ordres des comtes. Il n'y avait pas de vicomte dans la région mosellane ; on n'y trouve que des centeniers.

Charlemagne avait institué les *missi dominici*, sortes d'inspecteurs généraux, qui devaient s'assurer que les agents du roi dans les provinces s'acquittaient avec conscience et probité de leurs fonctions. La désignation des *missi* appartenait au souverain lui-même. Chaque groupe de *missi* comprenait au moins deux personnages, pris l'un parmi les plus hauts dignitaires du palais ou les comtes, l'autre parmi les archevêques, les évêques ou les abbés. La circonscription qu'avait à inspecter un groupe de *missi* comprenait plusieurs *pagi*, quelquefois même correspondait à une province ecclésiastique. Nous ignorons de quelle manière cette institution, qui périclitait déjà sous Louis le Pieux, fonctionna depuis 843 dans la Lotharingie. On voit pourtant Régnier prendre, en 911, le titre de *missus dominicus* dans une charte pour Stavelot.

3° *Les services publics.*

A. — La justice. — La législation.

Sous l'influence des idées germaniques, très différentes de celles dont s'inspirait la Rome impériale, l'organisation judiciaire subit des modifications profondes : composition des tribunaux, procédure, pénalités, tout se transforma.

Le roi, source de toute justice, juge au civil en première instance les causes des hauts fonctionnaires, de certains personnages privilégiés, enfin de tous ceux de ses sujets qui n'ont pu obtenir justice des fonctionnaires provinciaux ; les plaideurs qui se croient mal jugés vont en appel devant lui ; au criminel, les affaires de haute trahison ressortissent à son tribunal.

Quelquefois, surtout à l'époque mérovingienne, le souverain condamne à mort, sans les avoir entendus, des hommes coupables de complot ou de rébellion : ainsi périrent à Metz Rauching et Magnovald sur l'ordre de Childebert II.

« Childebert fit une enquête et, reconnaissant l'exactitude des renseignements [que lui avait envoyés son oncle Gontran sur la conspiration des grands], manda Rauching [l'un des conjurés]. Lorsque Rauching fut arrivé, le roi, avant de le faire introduire en sa présence, ordonna à des serviteurs choisis et munis d'instructions écrites, de partir dans des voitures publiques pour se saisir partout des biens de ce duc ; il commanda ensuite de faire entrer Rauching dans sa chambre. Après s'être entretenu avec lui de choses et d'autres, Childebert le congédia. Comme Rauching s'en allait, deux huissiers le saisirent par les pieds, le renversèrent sur les marches de la porte, de telle sorte que son corps se trouvait à moitié dans la chambre du roi, à moitié en dehors. Alors ceux qui se tenaient prêts à exécuter les ordres qu'ils avaient reçus se jetèrent sur lui, l'épée à la main, et hachèrent sa tête en morceaux si menus qu'on n'aurait pu la distinguer de la cervelle ; Rauching mourut aussitôt. On le dépouilla de ses vêtements, on le jeta par la fenêtre, après quoi il fut inhumé[1]. »

« Voici de quelle façon fut tué Magnovald chez le roi et par son ordre, pour des motifs que l'on ignore. Comme le roi se trouvait dans son palais de Metz et regardait le combat d'une bête sauvage contre une troupe de chiens qui l'assaillaient, il fit venir Magnovald. Celui-ci arriva, ne sachant quel sort lui était réservé, et se mit à rire comme les autres et à regarder la bête. Un homme qui avait reçu les ordres du roi, voyant Magnovald attentif à suivre le spectacle, lui fendit la tête d'un coup de hache. Magnovald tomba mort, fut jeté par la fenêtre du palais, puis enterré par les siens ; tous ceux de ses biens que l'on découvrit furent saisis et confisqués[2]. »

1. Grégoire de Tours, *Hist. eccl. Franc.*, l. IX, c. IX.
2. Id., *ibid.*, l. VIII, c. XXXVI.

Mais d'habitude le souverain procède plus régulièrement, fait comparaître devant lui les parties ou les criminels. Jamais il ne juge seul : avec les grands du palais, des fonctionnaires provinciaux siègent à son tribunal, que préside, à défaut du souverain, le maire ou le comte du palais.

Le comte, délégué du roi, qui lui a conféré une part de son pouvoir districtif, de son *bannus*, est avant tout un juge : les procès, les délits et les crimes de ses administrés sont portés devant son tribunal. Il rend la justice tantôt au chef-lieu du *pagus*, tantôt en certains endroits, toujours les mêmes, où il se transporte pour éviter aux plaideurs des déplacements longs et onéreux. S'il a le droit de faire exécuter séance tenante des criminels pris en flagrant délit, quand il juge régulièrement, il est — comme le roi — entouré d'assesseurs : ce sont, à l'époque mérovingienne, les rachimbourgs ou *boni homines*, pris parmi les hommes libres présents à l'audience. Charlemagne les remplace, en 809, par les scabins (échevins), sortes de juges permanents que désignent les *missi dominici*. En théorie, le principal rôle appartient au comte ou aux rachimbourgs (plus tard aux scabins), suivant que le tribunal doit prononcer une peine afflictive ou une composition pécuniaire. Il semble toutefois que, même dans ce dernier cas, le comte puisse imposer sa volonté à ses assesseurs, devenus de simples instruments qu'il manie à son gré. Nous verrons plus loin que certains hommes échappent à la juridiction des comtes.

A la différence de ce qui se passait dans l'empire romain depuis l'édit de Caracalla, le principe d'une législation unique ne prévalut pas dans la monarchie franque ; ce n'est pas que les indigènes aient été placés vis-à-vis des barbares dans la situation d'un peuple vaincu ; ils possédaient les mêmes droits que les Francs et pouvaient arriver à toutes les fonctions publiques. Cependant l'un des principes du droit public de la période franque est celui de la personnalité des lois. On juge le Gallo-Romain d'après le droit romain, code théodosien (?) ou Bréviaire d'Alaric (?), le Franc Salien d'après la loi salique, le Ripuaire d'après la loi ripuaire, etc. Il faut que les assesseurs du comte appartiennent à la même nationalité que celui qu'ils jugent, ou tout au moins qu'ils connaissent la loi suivant laquelle il vit.

La procédure suivie quand les parties sont de race germanique, peut-être même aussi quand elles appartiennent à la race indigène, est plutôt inspirée des coutumes barbares que des usages romains. Dans les procès civils, on recourra, surtout devant le tribunal du roi, à des pratiques romaines, audition de témoins, production de documents écrits, enquêtes. Pourtant, même en pareille matière, les épreuves judiciaires de l'eau froide ou de l'eau bouillante, le combat judiciaire entre les parties ou entre leurs champions, seront admis sous l'influence des idées germaniques. Un sentiment religieux sincère, mais mal compris, fait croire que Dieu ne manquera pas d'intervenir pour empêcher l'innocence ou le bon droit de succomber. Une autre pratique germanique est celle des cojureurs : l'une des parties en cause, l'accusateur ou l'inculpé, produit non pas de véritables témoins, mais des parents ou des amis, qui attestent son honorabilité ou sa bonne foi.

En matière criminelle, on constate la prédominance des conceptions barbares. A l'origine, l'État n'intervient pas de lui-même ; c'est la victime d'un attentat ou sa famille qui se venge ou qui réclame la punition du coupable. Plus tard, dès la fin de la période mérovingienne et surtout à l'époque des premiers Carolingiens, sous l'influence des idées romaines et chrétiennes, il est enjoint aux fonctionnaires publics d'empêcher les vengeances privées, d'arrêter et de poursuivre d'office les criminels, même sans qu'il y ait eu de plainte déposée par la partie lésée. Ici encore, c'est par les cojureurs, par les épreuves et par le combat judiciaires que l'on essaie d'obtenir la connaissance de la vérité. Il ne semble pas que la torture ait alors été d'un usage normal.

Les pénalités se ressentent des idées barbares. Tandis

que, dans certains cas, la mort attend le voleur, une simple amende, surtout au début, frappe le meurtrier. Comme nous l'avons dit, à l'origine l'Etat n'intervenait pas contre les homicides ou n'agissait qu'à la demande expresse de la partie lésée. On voyait dans le meurtre non point une atteinte à la sécurité publique, atteinte qui méritait un châtiment, mais bien un dommage qui appelait une réparation. Chaque homme avait son prix, son *wergeld*, qui variait avec sa nationalité, avec sa condition sociale. Quand un homme en avait frappé un autre, il devait payer une composition, qui avait à la fois le caractère de dommages et intérêts et d'une amende. Cette composition, réglée sur le *wergeld* de la victime, était plus ou moins élevée suivant la gravité de l'attentat.

A l'époque carolingienne, une autre conception apparaît, celle de l'ordre public troublé, de la loi de Dieu violée, de la nécessité d'un châtiment ; aussi la peine capitale est-elle dans certains cas prononcée contre le meurtrier. La haute trahison était punie de la confiscation des biens et de la mort. Pour notre pays, nous connaissons quelques jugements rendus à l'époque carolingienne par le tribunal royal. C'est devant cette juridiction que comparut, en 858, la reine Thiéberge, accusée d'un crime contre les mœurs ; elle prouva son innocence par l'épreuve judiciaire de l'eau bouillante, dont le champion qu'elle avait choisi sortit victorieux. En 906, à Metz, Louis l'Enfant condamne ou fait condamner pour haute trahison les comtes Gérard et Matfrid.

En définitive, les barbares qui avaient occupé la région mosellane n'y avaient pas, il s'en fallait de beaucoup, amélioré l'organisation du régime judiciaire. Si l'on doit louer l'institution des rachimbourgs et des scabins, par contre la procédure et les pénalités, en particulier le recours aux épreuves et au combat judiciaires, constituaient un recul sur les pratiques de l'époque romaine.

Quant aux membres du clergé, ils n'étaient en général justiciables que des tribunaux ecclésiastiques.

B. — L'armée.

L'empire romain avait défendu ses frontières à l'aide d'une armée permanente. Ni les Mérovingiens ni les Carolingiens ne connurent ce régime, qui pourtant était devenu indispensable le jour où la monarchie franque, agrandie par les conquêtes de Charles Martel, de Pépin et de Charlemagne, embrassait une partie de l'Europe occidentale.

Le service militaire, à l'époque franque, est obligatoire pour tous les hommes libres en état de porter les armes, peut-être même fait-on parfois appel à des non-libres. L'Etat ne donne pas de solde et ne fournit rien aux hommes qu'il convoque pour une expédition : ils doivent donc s'armer, s'équiper, se nourrir à leurs frais. Pour alléger la charge écrasante qu'il faisait peser sur les hommes libres de ses Etats, Charlemagne prit diverses mesures, qui se montrèrent insuffisantes. Les vassaux qui, en retour de la jouissance de terres domaniales ou ecclésiastiques, devaient le service à cheval, étaient en somme des privilégiés.

Aux vi^e et viie siècles, l'infanterie constitue la principale force des armées franques. A partir des réformes de Charles Martel, réformes que les attaques des Arabes avaient imposées, la cavalerie s'organise et devient de plus en plus nombreuse. On peut dire que dans les armées royales elle joue désormais un rôle prépondérant. Ainsi, en 891, c'est avec des troupes exclusivement formées de cavaliers qu'Arnulf vainquit les Normands de Louvain. Toutefois, la masse des hommes libres continue de combattre à pied. Les levées que font les comtes, quand les Scandinaves envahissent le pays, comprennent surtout des fantassins, cohues mal armées, sujettes à des paniques, que les hommes du Nord, aguerris et disciplinés, n'ont pas de peine à mettre en fuite. Qu'on se rappelle la défaite infligée en 882, entre Metz et Trèves, à la petite armée qu'avaient réunie Bertulf, Wala et Adalard.

L'art militaire a donc rétrogradé durant la période

franque; voyons dans ce fait la conséquence naturelle de la disparition des armées permanentes. Stratégie, tactique, fortification, poliorcétique, tout était alors, et pour longtemps, tombé en décadence.

C. — Les finances.

La désorganisation des finances marche de pair avec celle de toutes les institutions politiques, administratives, judiciaires, militaires ; elle l'explique d'ailleurs en partie. Non pas toutefois que les Francs aient prétendu innover. Au début, ils maintinrent le système d'impôts que l'Empire avait institué, mais ils se montrèrent impuissants à en assurer le fonctionnement. Théodebert Ier et surtout Brunehaut firent de vains efforts pour que cet important service marchât de façon régulière.

L'impôt foncier, dont on cessa de tenir à jour les registres, prit peu à peu le caractère d'un impôt personnel, d'une coutume. A l'époque carolingienne, les sujets doivent aux souverains des dons, ils paient la capitation, divers droits, nommés tonlieux, sur les marchandises. N'oublions pas les corvées, auxquelles ils sont astreints pour l'entretien des routes, des ponts, des édifices royaux. Le roi, les *missi dominici* et d'autres agents royaux ont le droit de se faire loger par les habitants et d'exiger de ceux-ci diverses prestations. Enfin, aux produits de ses domaines, source importante de revenus, le roi ajoute une partie des amendes et le bénéfice résultant de la fabrication des monnaies. Des circonstances exceptionnelles amènent le souverain à lever des impôts extraordinaires. Ce fut le cas, par exemple, lors des invasions normandes. En 864, Lothaire, pour décider une bande de pirates normands à quitter ses Etats, leur paya un tribut dont ses sujets lui fournirent le montant : chaque manse dut payer au roi une somme de quatre deniers.

En dehors des comtes, divers agents, *actores, procuratores, telonearii, forestarii*, percevaient les impôts.

L'entretien de la cour, les constructions et, durant la seconde moitié du ix⁰ siècle, les tributs aux Normands constituaient les dépenses principales des souverains, qui ne payaient ni fonctionnaires, ni soldats et qui n'avaient à leur charge aucun service public.

L'époque mérovingienne avait encore connu des monnaies d'or, sous et tiers de sou ; à partir de Charlemagne, il n'y eut plus en circulation que des pièces d'argent ou de cuivre, deniers et oboles. Toutefois, quand il s'agissait de sommes importantes, on acceptait en paiement de l'or en barres.

IV. — Les origines du régime féodal.

A côté des institutions régulières que nous venons d'étudier, il en existe d'autres qui, d'abord privées, prennent ensuite un caractère officiel, puis finissent par étouffer les premières. La société se transforme et, de monarchique qu'elle était, tend à devenir féodale.

Le régime féodal se caractérise par la disparition à peu près complète de la propriété pleine et entière ; alors toute terre a au moins deux maîtres, le nu-propriétaire ou suzerain, l'usufruitier ou vassal. Il s'établit une double hiérarchie de personnes et de terres, personnes et terres nobles, personnes et terres roturières ; les nobles doivent le service militaire, les roturiers des redevances en argent ou en nature. Terres nobles et terres roturières se transmettent héréditairement moyennant certaines formalités. Souveraineté et propriété se confondent dans une certaine mesure. Le roi, haut suzerain, clef de voûte du régime féodal, a des vassaux, mais peu ou point de sujets.

Ce régime existe-t-il au début du x⁰ siècle ? Quand a-t-il commencé à s'organiser ? Disons tout de suite que ce ne sont pas les barbares qui l'ont établi, qu'il n'est point la conséquence directe des invasions du v⁰ siècle. A l'époque mérovingienne, on constate simplement quelques pratiques qui contribueront à l'établissement du régime féodal : c'est la recommandation, qui fait d'un homme le subordonné, le fidèle d'un plus puissant que lui, en d'autres termes d'un patron ; c'est encore la pratique de la précaire ou du bénéfice, par laquelle un grand propriétaire laïc, une église ou une abbaye concède à un homme libre de condition moyenne une terre en usufruit, moyennant une légère redevance ; c'est enfin l'immunité, dont il convient de dire quelques mots. Les terres du domaine royal se trouvaient dans une condition particulière : soustraites à l'autorité des comtes, elles étaient administrées par des agents spéciaux. Ces terres conservaient leur situation privilégiée, alors même que le souverain en faisait don à des églises, à des abbayes, à des particuliers ; les rois finirent par accorder les mêmes avantages à d'autres terres. Eglises, abbayes, riches propriétaires recherchent l'immunité, parce qu'elle affranchit en grande partie leurs domaines du pouvoir des comtes, dont ils redoutent les excès, et les souverains consentent à l'octroyer par défiance à l'égard de leurs fonctionnaires et dans la pensée qu'ils accroissent leur propre puissance en supprimant un intermédiaire. Les fonctionnaires publics, ducs, comtes, etc., voient se réduire, en attendant qu'elle disparaisse, leur autorité judiciaire, militaire et financière sur les habitants des domaines auxquels a été conférée l'immunité. Petit à petit, le grand propriétaire immuniste, laïc ou ecclésiastique, se substitue au comte ; il juge ou fait juger les hommes qui vivent sur ses terres, il lève les impôts qu'il remet au roi ou qu'il garde pour lui, enfin il convoque ses hommes sur l'ordre du souverain et les conduit à l'armée. Le grand propriétaire immuniste se trouve donc investi d'une part de l'autorité publique.

A l'époque mérovingienne, deux abbayes au moins de la région lorraine, Saint-Arnoul et Senones, probablement beaucoup d'autres encore, reçurent l'immunité pour leurs domaines.

Sous les premiers Carolingiens, Pépin, Charlemagne, Louis le Pieux, toutes les églises cathédrales et toutes les abbayes royales de notre pays sont en possession de ce privilège. L'archevêque de Trèves, les évêques de Metz, de Toul et de Verdun, les abbés de Prüm, d'Echternach, de Saint-Maximin, de Saint-Martin, de Saint-Arnoul, de Senones, de Moyenmoutier, d'Etival, de Saint-Mihiel, les abbesses de Saint-Pierre et de Remiremont obtiennent l'immunité ou se la font confirmer pour les biens de leur église ou de leur monastère.

Pourtant Charlemagne, qui n'entend pas laisser amoindrir son autorité, crée les avoués : chaque église ou abbaye pourvue de l'immunité a le sien. L'avoué est un laïc, en général riche et influent, qui a pour mission, non point de défendre l'église ou l'abbaye à laquelle il est attaché, car cette époque ne connaît pas le fléau des guerres privées, mais de la représenter devant le tribunal du comte ou du roi, de juger ses hommes et de les conduire à l'armée. C'est le souverain lui-même ou le *missus dominicus* qui nomme l'avoué. Celui-ci a donc, dans une certaine mesure, le caractère d'un fonctionnaire public.

Alors qu'à l'époque mérovingienne on pouvait devenir le fidèle d'un patron sans recevoir de celui-ci aucune terre, et que d'autre part la concession d'un domaine en bénéfice ne supposait ni n'avait pour conséquence nécessaire la recommandation, au contraire, sous les premiers Carolingiens, les deux pratiques de la recommandation et du bénéfice s'unissent l'une à l'autre. Désormais, tout homme qui se recommande et qui prête serment à un patron, à un seigneur, reçoit de lui en retour la jouissance d'une terre ; réciproquement quiconque veut obtenir une terre en bénéfice, doit tout d'abord se recommander.

On appelle vassal ou fidèle celui qui, en se recommandant, a obtenu un bénéfice; le seigneur est le roi, l'homme puissant, soit laïc, soit ecclésiastique, qui a sous sa dépendance des fidèles. Les guerriers auxquels Charles Martel avait distribué des terres du domaine royal ou des terres d'Eglise étaient devenus ses vassaux. Les fidèles du roi et tous les personnages considérables, ducs, comtes, évêques, abbés ont eux-mêmes des vassaux. On commence, dès cette époque, à considérer les comtes comme des vassaux du roi, parce que les terres du domaine dont ils ont la jouissance constituent une sorte de bénéfice. La vassalité devient ainsi une institution régulière et officielle, du consentement et avec l'approbation des rois ; les Carolingiens croient que ces vassaux, que ces fidèles, qui leur ont prêté un serment spécial, s'acquitteront plus exactement de leurs devoirs que des sujets ordinaires ; ils s'imaginent, en favorisant le développement de la vassalité, consolider leur autorité.

Il en pouvait être ainsi avec un souverain intelligent, actif et énergique comme Charlemagne. Mais déjà sous Louis le Pieux, les troubles, les révoltes qu'amènent les violations de l'acte de 817 affaiblissent la royauté. Ce sera bien pis après 840. Le partage de la monarchie carolingienne, les luttes entre les descendants de Charlemagne, la faiblesse ou l'incapacité de certains souverains, enfin les invasions des Normands précipitent la décadence des institutions monarchiques. Les fonctionnaires se transforment de plus en plus en vassaux et en vassaux insubordonnés, qui transmettent d'habitude dignités et bénéfices à leurs fils ; l'hérédité est non pas une loi, mais un usage dont on ne s'écarte guère. Les fonctionnaires subalternes deviennent les vassaux de leurs supérieurs. Les propriétaires immunistes voient leur indépendance s'accroître, au moins vis-à-vis du souverain, car beaucoup d'entre eux sans doute retombent alors sous l'autorité des comtes et doivent se résigner à n'être plus que leurs fidèles ; l'avoué d'une église ou d'un monastère cesse d'être un représentant du roi pour se transformer en un simple agent, d'ailleurs héréditaire et fort peu soumis, de l'évêque, de l'abbé ou de l'abbesse.

Anciens fonctionnaires, vassaux et propriétaires immunistes exercent les droits régaliens, jugent, lèvent les impôts, le tout à leur profit, vont enfin jusqu'à se faire la guerre.

Cette décomposition de l'Etat se constate tout particulièrement dans la Lorraine, qui souffre de la faiblesse ou de l'éloignement de ses souverains, des querelles des Carolingiens, des invasions normandes ou hongroises. Les tentatives de Hugues, bâtard de Lothaire II, pour se mettre en possession de l'héritage paternel font apparaître au grand jour l'esprit d'indépendance d'une partie des comtes du pays. Cet esprit se manifeste de façon plus éclatante encore durant le règne de Zwentibold, avec les révoltes de Régnier, de Gérard et de Matfrid ; ces deux derniers comtes reprennent encore les armes sous Louis l'Enfant. La fin du règne de Charles le Simple nous montre le pays profondément troublé par Giselbert, auquel se joignent Ricuin, comte de Verdun, et son fils Otton. Impuissance de la royauté, force des grandes familles en possession des comtés, des évêchés, des abbayes et vraiment maîtresses du pays, voilà ce que l'on constate dans la région mosellane au début du xe siècle.

Si le régime féodal n'est pas encore de tout point constitué, le moment semble proche où il aura triomphé. Que de chemin parcouru depuis le jour, pourtant peu éloigné, où la volonté puissante de Charlemagne maintenait les fonctionnaires dans le devoir, protégeait les faibles, et s'efforçait de faire régner à l'intérieur du pays l'ordre, la paix et la justice !

CHAPITRE III

LA VIE MATÉRIELLE. — LA VIE ÉCONOMIQUE [1].

Germains et Belgo-Romains restèrent sans doute quelque temps fidèles à leur genre de vie, à leurs habitudes. Toute-

---

1. Bibliographie. — Ouvrages généraux : GUÉRARD (B.), *le Polyptique de l'abbé Irminon. Prolégomènes*, 1 vol. in-4°, 1844. — HEYD (W.), traduit par RAYNAUD (F.), *Histoire du commerce du Levant au moyen âge*, 2 vol. in-8°, 1885-1886. — PIGEONNEAU (H.), *Histoire du com-*

fois, au fur et à mesure que les deux groupes de population se mélangèrent, ils agirent les uns sur les autres et se firent des emprunts : finalement il se forma une existence nouvelle, où des usages romains voisinaient avec des pratiques germaniques.

I. — La vie matérielle.

L'établissement des Germains dans la région mosellane, où ils trouvaient un climat plus tempéré que celui de leur patrie et surtout un sol plus fertile, mieux cultivé, devait entraîner quelques changements dans leur existence. Ils connurent un bien-être auquel ils n'étaient pas habitués; gros mangeurs, ils avaient de quoi satisfaire leur appétit ; grands buveurs, ils pouvaient, pour étancher leur soif, choisir entre le vin, la bière et la cervoise. Ils en usaient largement, et les auteurs de l'époque mérovingienne nous représentent l'ivrognerie comme l'un des vices les plus répandus ; chez les gens riches, si la cuisine ignorait sans doute les raffinements de l'époque impériale, on servait de gros plats et en grand nombre. A cette époque, ainsi d'ailleurs que durant toute la période médiévale, on consommait beaucoup de poisson ; c'était la conséquence des nombreux jours d'abstinence que prescrivait l'Eglise.

Le vêtement des barbares différait beaucoup de celui des Gallo-Romains. Ils portaient une chemise, un caleçon de lin, une tunique sans manches, un manteau, un pantalon et des souliers ; des lanières de cuir maintenaient les chaussures

merce de la France, t. I., 1885. — Lamprecht (K.), Deutsches Wirthschaftsleben im Mittelalter, 4 vol. in-8º, 1886. — Engel et Serrure, Traité de numismatique du moyen âge, t. I, 1891. — Prou (M.), Catalogue des monnaies de la Bibliothèque nationale. Epoque mérovingienne, Epoque carolingienne, 2 vol. in-8º, 1892 et 1896. — Levasseur (F.), Histoire des classes ouvrières et de l'industrie en France avant 1789, 2 vol. in-8º, 1900-1901. Du même, Histoire du commerce de la France, 1re partie, Avant 1789, 1 vol. in-8º, 1911.— Inama-Sternegg (Th. von.), Deutsche Wirthschaftsgeschichte, 4 vol. in-8º, le premier, 2ᵉ éd., 1909.

et remontaient en se croisant sur le pantalon. Par-dessus la chemise, les femmes mettaient une robe de laine ou de soie et un manteau ; elles tressaient leurs cheveux et les entrelaçaient de rubans de couleur. Les barbares renoncèrent peu à peu aux anneaux, aux colliers et laissèrent aux femmes ces ornements ; n'oublions pas des épingles de formes variées et surtout les fibules, d'un travail souvent curieux.

A l'exception des chefs, les barbares n'avaient ni casque, ni cuirasse. Pourtant, à l'époque carolingienne, des miniatures représentent des guerriers — il est vrai qu'ils font partie de l'entourage du roi — qui ont la tête recouverte d'un casque. La principale arme défensive était le bouclier de bois, recouvert de cuir avec, au centre, une sorte de calotte en fer appelée *umbo*. Comme armes offensives, citons l'épée, dont le fourreau était soutenu par un baudrier souvent richement orné, le scramasax, sorte de long couteau, la lance, l'angon à la pointe barbelée, la francisque qui, contrairement à l'opinion commune, ne possédait qu'un tranchant, d'autres haches, l'arc et les flèches, la fronde, la massue.

C'est par des miniatures, par des descriptions d'auteurs que nous pouvons nous faire quelque idée des demeures de l'époque franque, dont aucune ne nous est parvenue. On y entrait par une cour que bordaient d'un côté la maison d'habitation, de l'autre les étables, les écuries, etc.; des haies ou des palissades formaient clôture sur le chemin ou sur la rue. Les barbares faisaient, surtout à la campagne, un très grand usage du bois pour la construction de leurs maisons. Le mobilier, s'il faut en croire les miniatures qui nous le font connaître, le mobilier n'était qu'une imitation de celui que l'on trouve en usage au temps de l'Empire romain.

Comme distractions, les Gallo-Francs avaient les repas, longs et parfois tumultueux, le jeu d'échecs, la pêche, la chasse, celle-ci permise à tous les hommes libres, plus tard réservée, ou peu s'en faut, aux riches et aux puissants, enfin les combats de bêtes. Grégoire de Tours en mentionne à Metz, sous le règne de Childebert II.

Nous connaissons beaucoup mieux les tombes des barbares que celles des Gallo-Romains. C'est qu'en effet les indigènes se faisaient enterrer près des églises, et comme cet usage s'est continué durant tout le moyen âge et même jusqu'à nos jours, rien n'a subsisté des tombes les plus anciennes, celles-ci ayant cédé la place à d'autres. Durant les premiers temps qui suivirent leur établissement dans la région mosellane, les Germains, non contents de vivre à l'écart des indigènes, avaient leurs nécropoles particulières ; plus tard, quand ils eurent embrassé le christianisme et se furent mêlés aux Gallo-Romains, ils se firent inhumer à côté d'eux. Les cimetières qui avaient reçu tout d'abord les cadavres des barbares, furent donc abandonnés, et c'est ainsi qu'on a pu de nos jours les retrouver intacts. Il y a beaucoup de ces cimetières dans la région mosellane ; ils étaient en général installés sur une colline, à mi-côte. D'habitude, nous l'avons déjà dit, le nombre des tombeaux, sauf à Pompey et à Lavoye, où l'on en a rencontré plusieurs centaines, n'est jamais très considérable. Les barbares ne connaissaient ni l'incinération, ni l'inhumation sous *tumulus*. Parfois ils confiaient simplement le corps à la terre, quelquefois, mais rarement, ils le plaçaient dans un cercueil de bois ; on trouve encore des cadavres entourés de murs en pierres sèches, de murs maçonnés, ou enfin couchés dans des sarcophages de pierre. Presque toujours les barbares gisent étendus sur le dos, la tête à l'ouest, les pieds à l'est. Au début, les hommes se faisaient enterrer avec leurs armes, les femmes avec leurs bijoux, les enfants avec leurs jouets. Mais cette pratique disparut lentement, sous l'influence du christianisme ; la loi civile finit même par l'interdire à l'époque carolingienne. Nous avons ainsi la certitude qu'une tombe est d'autant plus ancienne qu'elle contient un mobilier plus riche.

II. — La vie économique.

Comme précédemment, et plus encore, l'agriculture occupe la grande majorité des habitants du pays. Si la vie économique put se développer durant les périodes calmes, telles que le vi° siècle, une partie du vii°, la fin du viii° et la première moitié du ix°, elle se ralentit ou déclina aux époques d'agitation, de guerres civiles, d'invasions, comme la fin du vii°, le début du viii°, la seconde moitié du ix° et le x°.

1° *L'agriculture.*

Les Germains connaissaient et pratiquaient le régime de la propriété individuelle. Peut-être là où ils s'établirent par groupes et où ils créèrent des villages, les prairies et les bois restèrent-ils la propriété collective de tous les habitants. Les barbares, dont chacun eut son lot de terres, reconstituèrent la petite et la moyenne propriété : c'est là un des meilleurs résultats de leur établissement dans le pays.

Par malheur, la grande propriété, qui n'avait pas disparu, devait, sous l'influence de causes multiples, regagner peu à peu le terrain perdu. Les familles riches, les églises et les abbayes créèrent de vastes domaines, qui devinrent de plus en plus importants. Nous avons déjà dit comment, pour des raisons économiques et par suite de la lourdeur du service militaire, les petits propriétaires, que le pouvoir central protégeait mal, se virent réduits à devenir les clients des riches et des puissants, et, pour ne pas être complètement dépouillés, à sacrifier la propriété de leur domaine, dont ils ne gardèrent plus que la jouissance. Cette évolution, commencée durant la décadence mérovingienne, ralentie par Charlemagne, se poursuivit et s'accéléra durant la seconde moitié du ix° siècle et le début du x°.

Les domaines de la royauté, ceux des églises et des abbayes, ceux enfin des grandes familles représentent alors la grande propriété. De ces trois groupes de terres, c'est celui de l'Église que nous connaissons le mieux, parce que les diplômes, les chartes, les polyptyques qui nous sont parvenus ne concernent que des établissements religieux. Le roi avait des domaines dans tous les *pagi* de la Mosellane, terres arables, forêts, prairies, mines, eaux courantes et stagnantes. Les Mérovingiens avaient naturellement hérité des terres du fisc impérial ; peut-être gardèrent-ils, en outre, pour eux une partie des biens-fonds dont les propriétaires avaient péri lors des invasions. Dans la suite, les confiscations prononcées par les tribunaux contre certains criminels enrichirent le domaine royal. Celui-ci, d'autre part, s'appauvrissait en raison des largesses que les souverains faisaient à leurs fonctionnaires, à leurs fidèles, aux églises et aux abbayes. La nécessité de se montrer généreux s'imposa d'autant plus aux princes du IXe siècle qu'après le traité de Verdun ils n'eurent d'autre souci que de se dépouiller les uns les autres ; il s'agissait pour eux de corrompre les fidèles de leurs frères, neveux ou cousins, tout en retenant les leurs dans le devoir. Cette politique, maladroite autant que malhonnête, eut pour résultat final de ruiner les souverains. Au début du Xe siècle, il restait peu de chose dans la Mosellane de ce domaine royal, qui, au temps de Charlemagne, embrassait encore un territoire très étendu.

Le domaine de l'Eglise, ou plutôt des églises et des abbayes, est celui, nous l'avons dit, que nous connaissons le mieux : chaque église, chaque monastère possédait le sien propre. D'une part il s'accroissait du fait des donations, des échanges, des achats, mais d'un autre côté il subit à diverses époques des pertes sérieuses ; quelques princes, trouvant leurs domaines trop réduits, firent des emprunts forcés à ceux de l'Eglise : ce fut le cas de Charles Martel, de Lothaire Ier et de Lothaire II. Aux époques de troubles ou d'affaiblissement de la royauté, en particulier à la fin du IXe siècle et au début du Xe, les grands usurpent sans scrupules les terres ecclésiastiques, et ces empiétements se prolongeront durant tout le moyen âge.

Chartes et polyptyques nous font connaître les domaines de Prüm, de Gorze, de Saint-Vanne de Verdun et de Saint-Mihiel à la fin de l'époque franque. L'abbaye royale de Prüm avait des biens dans presque toute la Lotharingie et même en dehors du royaume ; les abbayes épiscopales de Gorze et de Saint-Vanne ne s'étendaient guère au delà des limites de la Mosellane.

Quant aux domaines des grandes familles, ils s'accroissaient par des donations royales, par des empiétements sur les terres ecclésiastiques, par la spoliation des petits propriétaires. Des donations de terres à des vassaux, parfois des confiscations prononcées par les rois appauvrissaient les grands propriétaires laïcs.

Les propriétés du roi, des églises, des abbayes, des familles riches ne constituaient pas des blocs d'un seul tenant. Ils se divisaient en domaines, dont chacun comprenait une *villa* entière ou un fragment de *villa*. Plusieurs *villæ* du domaine royal pouvaient être groupées pour constituer un *fiscus*. Peut-être les grands propriétaires laïcs ou ecclésiastiques avaient-ils, eux aussi, des complexes analogues aux *fisci*. Dans chaque *villa* ou fragment de *villa* un peu considérable, l'on distinguait, d'une part les tenures des colons et des serfs, de l'autre la *terra indominicata*, dont le propriétaire se réservait la jouissance directe et qui comprenait, avec sa maison, des bois, des prairies, des terres arables. Chaque tenure ou manse se composait d'une maison et de terres ; son étendue variait avec la nature des cultures et la richesse du sol. Dans la région mosellane, les maisons des tenanciers se groupaient d'habitude en villages ; on ne les voit que rarement disséminées au milieu des terres.

La même administration fonctionne dans les domaines du roi, dans ceux de l'Eglise, dans ceux des grandes familles. A la tête de chacun d'eux se trouve un *judex*, qui joue le double rôle d'administrateur et d'intendant ; au-dessous de cet agent viennent des *villici* ou régisseurs, des *majores*, des *decani*, des *cellerarii*, des *forestarii*. Quant aux avoués qu'a institués Charlemagne auprès des églises et des abbayes immunistes, ils ont un rôle plutôt judiciaire et militaire qu'économique.

Le personnel subalterne comprend des hommes libres de moins en moins nombreux, des colons, des affranchis, des serfs ; la plupart de ces hommes travaillent la terre, bien qu'il y ait aussi parmi eux des ouvriers, maçons, charpentiers, menuisiers, etc. Les cultivateurs doivent au maître des redevances en argent ou en nature, quelquefois en argent et en nature. Ces redevances varient à l'infini, suivant l'étendue de la terre, la fertilité du sol, la nature des cultures. Les tenanciers payaient un véritable fermage, tandis que les redevances des précaristes, beaucoup moins élevées, avaient simplement le caractère d'un tribut qu'exigeait le propriétaire pour affirmer son droit sur la terre. Aux redevances, qui représentaient le loyer des champs qu'ils faisaient valoir, s'ajoutaient pour les colons et surtout pour les serfs des travaux sur la *terra indominicata*. Ils étaient tenus de labourer, d'ensemencer cette partie du domaine dont le propriétaire avait gardé pour lui la possession directe, de faire les récoltes et de les rentrer. Les tenanciers de l'abbaye de Prüm devaient par semaine trois jours de travail au monastère, et l'abbé les employait à d'autres besognes quand les champs n'exigeaient aucuns soins. Comme compensation à ces corvées, les hommes recevaient du propriétaire la nourriture, surtout au moment de la moisson et de la vendange ; de plus, leur maître les autorisait à mener leur bétail paître sur ses prairies ou dans ses bois.

Si, par suite des invasions du IVe et du Ve siècle, l'étendue des terres cultivées avait diminué dans la Mosellane, elle s'accrut à nouveau une fois le calme rétabli et les barbares fixés dans le pays. Agriculteurs en majorité, ils se mirent tout de suite à l'œuvre ; puis les moines eux-mêmes, les colons et les serfs des abbayes défrichèrent de vastes espaces restés incultes ou couverts de bois. La grande propriété laïque s'étendit de la même façon. Mais les troubles de la fin du IXe siècle et du Xe, les invasions normandes et hongroises arrêtèrent les progrès de la culture et la firent même reculer. Faute de chartes de vente,

Pl. V.

LAITRE-SOUS-AMANCE (Meurthe-et-Moselle),
Église (Portail O. XII° siècle).
(Voir p. 279)

Couverture du *Sacramentaire*
de la cathédrale de VERDUN (IX° siècle)
(d'après l'abbé AIMOND, *La cathédrale de Verdun*).

nous n'avons aucune idée de ce que la terre valait à cette époque.

Les cultures alimentaires ou industrielles nous sont mieux connues : céréales, légumes, fruits, plantes médicinales, le pays donnait les mêmes productions qu'aujourd'hui. La vigne avait fait des progrès ; on en avait planté près de Verdun au vi° siècle, et les documents diplomatiques la signalent sur le territoire de nombreux villages de la région.

Sur les procédés de culture, nous savons peu de chose ; une partie des semailles se faisait au printemps, une autre à l'automne. Il se peut que le régime de l'assolement triennal ait alors été en usage, au moins dans les grands domaines. Prairies et forêts restaient d'habitude en la possession directe du grand propriétaire, qui autorisait soit gracieusement, soit moyennant redevance, ses tenanciers à y mener leurs troupeaux.

Les Gallo-Francs élevaient tous les animaux domestiques qu'emploient aujourd'hui nos cultivateurs. D'après un diplôme de Charles le Gros, un cheval était estimé 30 sous d'argent ou 360 deniers ; d'autres documents nous apprennent que la valeur d'un porc variait de 20 à 24 deniers. La basse-cour se composait de poules et d'oies ; quant aux canards, ils semblent avoir été à cette époque des oiseaux de luxe.

Les forêts avaient alors et ont gardé durant tout le moyen âge une importance qu'elles n'ont plus aujourd'hui. Elles fournissaient d'abord du bois de construction et du bois de chauffage. Les tenanciers avaient le droit d'en prendre une certaine quantité pour leur usage personnel. Ils devaient couper et voiturer celui dont le propriétaire avait besoin. Aux animaux domestiques les forêts fournissaient de l'herbe, des glands, des faînes — aux hommes le miel et la cire des abeilles, la chair ou la dépouille des nombreuses bêtes sauvages qu'elles renfermaient. Nous avons déjà dit que les nobles finirent peu à peu par se réserver le droit de chasse, qui d'abord appartenait à tous les hommes libres. Quelques-unes des forêts royales se trouvaient placées dans une situation privilégiée ; défense formelle était faite d'y chasser.

Les fleuves et les grandes rivières ne pouvaient être appropriés, à la différence des ruisseaux et des étangs. Dans les cours d'eau vivaient de nombreux poissons, qui entraient pour une bonne part dans la nourriture des habitants. En général, le droit de pêche appartenait aux riverains. Les grands propriétaires créaient des pêcheries avec vannes et réservoirs. L'abbaye de Prüm et l'église de Toul avaient des pêcheries sur la Moselle, la première à Remich, la seconde à Pierre-la-Treiche, où les chanoines de la cathédrale avaient le droit de pêcher une fois par semaine, les moines de Saint-Evre deux fois.

2° *L'industrie.*

Durant l'époque franque le pays n'a pas de vie industrielle intense. Au début de la période mérovingienne, on trouve encore, comme au temps de l'Empire, des corporations de tisserands dans les villes de Trèves et de Metz. Mais, et cette pratique se constatait déjà sous la domination romaine, diverses industries fonctionnent également sur les grandes propriétés ; elles ne feront que se développer, en vertu du principe d'après lequel tout domaine un peu important doit, dans la mesure du possible, se suffire à lui-même et fournir la matière première nécessaire soit à la construction des maisons, soit à la confection des vêtements, des instruments, des armes, etc. Il s'y trouve des moulins à eau, des fours, des pressoirs, des brasseries ; on tisse de la toile avec le lin et le chanvre, des étoffes avec la laine des moutons.

Nous possédons très peu de renseignements sur l'exploitation des mines de fer et de plomb argentifère de la région, tandis qu'à l'égard des salines ils nous sont parvenus en assez grande abondance. L'Etat ne s'était pas réservé le monopole de ces dernières ; il avait accordé à des églises et à des abbayes des concessions nombreuses. C'est ainsi que Prüm et Gorze extrayaient du sel à Vic, les chanoines de Toul et les moines de Saint-Evre à Moyenvic, Saint-Mihiel, Munster et Murbach à Marsal. Prüm possédait à Vic deux fabriques avec trois chaudières, dont chacune produisait annuellement cent muids. On obtenait le sel en faisant évaporer l'eau salée.

3° *Le commerce.*

Les cours d'eau continuent d'être utilisés pour le transport des marchandises. C'est chargé sur des bateaux que le sel fabriqué à Vic pour l'abbaye de Prüm descend la Moselle de Metz à Schweich ; on le charroie de Vic à Metz et de Schweich au monastère. Les routes de terre, dont nous trouvons de fréquentes mentions dans les diplômes et dans les chartes, sont les anciennes voies romaines, plus ou moins bien entretenues à l'aide de corvées. Nous doutons que de nouveaux chemins aient alors été créés. Il ne faut voir dans les chaussées dites de Brunehaut que des voies romaines, dont la reine d'Austrasie avait ordonné la réfection. Sur les rivières et sur les routes, il existe des péages établis par l'Etat ; mais comtes et grands propriétaires ont une tendance à en créer de nouveaux. Charlemagne essaya de faire disparaître cet abus, qui se développa derechef quand la royauté n'eut plus la force de le réprimer.

Les grandes villes, en particulier Metz et Verdun, servent d'entrepôts commerciaux. Il y a des marchés hebdomadaires, des foires annuelles, surtout auprès des églises et des abbayes, foires qui coïncident avec la fête du saint que ces établissements religieux honorent comme patron. C'est toujours le roi qui concède aux églises et aux monastères le droit d'établir une foire ou un marché ; en même temps le souverain leur permet souvent de créer un atelier monétaire.

Les mesures, les poids, les monnaies de la période mérovingienne sont ceux de l'époque impériale. La livre romaine, l'arpent, le sou d'or continuent d'être en usage. Mais les premiers Carolingiens apportent des changements à l'ancien état de choses, modifient le poids de la livre, suppriment les monnaies d'or, remplacent le sou d'or par celui d'argent, qui n'est qu'une monnaie de compte ; une livre en contient vingt ; chaque sou comprend douze deniers, monnaie effective.

Comme à l'époque romaine, la frappe des monnaies constitue un droit régalien. Les ateliers monétaires, nombreux à l'époque mérovingienne, le sont beaucoup moins sous les Carolingiens. Seul le roi peut en établir lui-même ou accorder l'autorisation d'en créer. Au IXe siècle, les rois abandonnent à des églises ou à des abbayes — non point le droit de battre monnaie — mais les bénéfices que rapporte l'exploitation d'un atelier monétaire. Plus tard, évêques et abbés donneront à ces concessions une extension abusive, feront frapper dans les ateliers, dont la jouissance leur avait été octroyée, des monnaies où leur nom figurera à côté de celui du souverain, en attendant que cette dernière mention disparaisse.

À l'époque franque, le commerce est exercé par des Juifs, par des Syriens et par des indigènes. Il y avait à Verdun, au VIe siècle, des négociants, à propos desquels Grégoire de Tours nous raconte une curieuse anecdote :

« Desideratus, évêque de Verdun, voyant les habitants de cette ville pauvres et sans ressources, plaignait leur sort ; comme (le roi) Thierry l'avait dépouillé de son patrimoine et qu'il n'avait pas de quoi les secourir, il fit dire au roi Théodebert, dont il connaissait la bonté et l'humanité à l'égard de tout le monde : « La renommée de ta bienfaisance s'est répandue dans toute la terre, car ta générosité est si grande que tu fournis assistance même à ceux qui ne te demandent rien. Je t'en prie, si ta piété a quelque argent, prête-le-nous, afin que nous puissions relever les affaires des habitants de notre ville, et lorsque, se livrant au négoce, ils auront fourni caution, comme cela se pratique dans les autres villes, nous te rendrons cet argent avec les intérêts légaux. » Alors le roi, touché de pitié, envoya sept mille sous

d'or à l'évêque, qui les partagea entre les Verdunois. Ceux-ci
purent avec cet argent faire du commerce et s'enrichir ; aussi,
jusqu'à ce jour, ont-ils été considérés. Lorsque Desideratus eut
rapporté au roi les sommes qu'il lui devait, Théodebert répondit :
« Je n'ai plus besoin de cet argent ; il me suffit que les Verdunois
qui étaient dans la misère aient pu, grâce à mes largesses que
tu avais sollicitées, rétablir leurs affaires. » Et en refusant de
reprendre l'argent qu'il leur avait prêté, le roi enrichit les habitants de Verdun [1]. »

Nous sommes fort mal renseignés sur la nature des
échanges ; on peut supposer qu'à cette époque, comme à
d'autres, nos ancêtres exportaient du sel, tandis qu'ils achetaient des épices, des tissus précieux et des objets de luxe.
Grégoire de Tours, qui nous parle des négociants de
Verdun, ne nous dit pas en quoi consistait leur trafic ; mais
au x° siècle, d'après Liutprand, ils faisaient depuis longtemps déjà le commerce des eunuques. Ainsi Verdun
semble avoir été, à l'époque franque, le principal centre
commercial de la région moso-mosellane.

CHAPITRE IV

L'ENSEIGNEMENT, LA LITTÉRATURE ET LES ARTS [2].

A l'époque mérovingienne, la décadence dont souffrit la vie
économique atteignit plus profondément encore la littéra-

1. GRÉGOIRE DE TOURS, *Hist. eccl. Franc.*, l. III, c. XXXIV.
2. Bibliographie. — Sources : Aux sources indiquées plus haut (p. 93),
ajouter FORTUNAT, WANDALBERT de Prüm, SEDULIUS SCOTTUS (*Monumenta
Germaniæ, Auctores antiquissimi*, t. IV, et *Poetæ ævi carolini*, t. II et
III), SMARAGDE (*Patrologie latine* de l'abbé MIGNE, t. CII).
Ouvrages généraux : Enseignement et littérature : EBERT (A.), traduit
par AYMERIC (G.) et CONDAMIN (J.), *Histoire de la littérature du moyen
âge en Occident*, 3 vol. in-8°, 1883-1889. — WATTENBACH (W.) et DÜMMLER (E.), *Deutschlands Geschichtsquellen im Mittelalter*, t. I, 7e éd.,
1 vol. in-8°, 1904. — ROGER (M.), *l'Enseignement des lettres classiques
d'Ausone à Alcuin*, 1 vol. in-8°, 1905.
Beaux-arts : COURAJOD (L.), *Leçons professées à l'école du Louvre*, t. I,

ture et les arts. La renaissance intellectuelle que créa le génie de Charlemagne, sans donner de résultats très originaux, exerça pourtant assez d'influence pour que, malgré les troubles du ix° et du x° siècle, elle ne disparût pas entièrement ; le pays ne retombera pas dans l'engourdissement intellectuel où nous le trouvons plongé au début du viii° siècle.

I. — L'ENSEIGNEMENT, LA LANGUE ET LA LITTÉRATURE.

1° *L'époque mérovingienne.*

A l'époque mérovingienne les études ne cessent de péricliter ; c'est la conséquence de l'établissement des barbares et de l'hostilité de l'Eglise, surtout des moines, à l'égard des lettres profanes. On trouve encore des écoles au palais des rois, auprès des églises et des abbayes ; des clercs ou des moines y apprennent aux enfants la lecture, l'écriture, les éléments de la religion. Quant aux études classiques, elles ont presque disparu. A peine cite-t-on quelques prélats instruits comme l'évêque de Verdun, saint Paul, qui vivait au vii° siècle. Les indigènes ne parlent plus qu'un latin corrompu ; du reste, la langue écrite ne s'altère guère moins, en particulier celle des diplômes et des chartes, qui fourmillent de solécismes et de barbarismes.

On n'écrit plus, exception faite de quelques clercs et de quelques moines qui ont rédigé des vies de saints : la plus intéressante est celle de saint Arnoul, évêque de Metz. Mentionnons pourtant l'Italien Fortunat, qui vécut quelque temps à la cour de Sigebert I*er* et de Brunehaut ; on lit encore avec intérêt l'épithalame qu'il composa en l'honneur du roi d'Austrasie et de la fille d'Athanagilde, le *De Navigio suo*,

1 vol. in-8°, 1899. — ENLART (C.), *Manuel d'archéologie française*, t. I, 1 vol. in-8°, 1902. — MICHEL (A.), *Histoire de l'art*, t. I, *Des débuts de l'art chrétien à la fin de la période romane*, 2 vol. in-8°, 1905.

Ouvrages concernant la région : ROBAS (H.), *Étude sur Smaragde, abbé de Saint-Mihiel* (*Annales de l'Est*, t. XII, 1898).

où il raconte un voyage en bateau sur la Moselle, fait avec
Sigebert de Metz à Coblenz, quelques pièces de vers en l'honneur de hauts dignitaires de la cour. Nous empruntons à
l'un des poèmes adressés au maire du palais Gogon le passage suivant :

« Nuages qui venez, poussés par le souffle du rapide Aqui-
lon..., dites moi où se trouve Gogon qui m'est cher... Se pro-
mène-t-il sur la Moselle, sur cette rivière productrice de vignes,
là où une brise légère tempère le jour brûlant et où le fleuve,
couvert de pampres, adoucit la chaleur de midi de l'ombre de
ses vignes, de la fraîcheur de ses eaux sans cesse renouvelées?
Est-ce la Meuse au doux murmure qui le retient, la Meuse où
vivent la grue, l'oie et le cygne, la Meuse riche d'une triple
richesse (les oiseaux, les poissons, les navires)? Est-ce l'Aisne,
dont les eaux contenues par des rives gazonneuses, arrosent des
pâturages, des prairies, des moissons? Est-ce l'Aire, la Sarre, la
Chiers, l'Escaut, la Somme, la Sauer ou la rivière à laquelle le sel
donne son nom et qui arrive à Metz ? Ou, parcourant les fourrés
et les gorges des forêts, tue-t-il les bêtes sauvages de son épieu ou
les prend-il au filet? La forêt d'Ardenne ou celles des Vosges re-
tentissent-elles du massacre du cerf, de la chèvre, de l'ours et
de l'aurochs tombant sous ses flèches? Frappe-t-il le buffle robuste
entre les cornes? Condamne-t-il à une mort qu'ils ne peuvent
éviter l'ours, l'onagre et le sanglier? Ou, cultivant ses domaines,
laboure-t-il des terrains défrichés par le feu, et le taureau gémit-
il, l'aiguillon au cou, en tirant la charrue¹ ? »

2° *L'époque carolingienne.*

Charlemagne, quoique peu instruit — nous n'avons pas
la certitude qu'il ait jamais su écrire — comprit les inconvénients et les dangers de l'ignorance ; il s'efforça, d'ailleurs
avec succès, de réagir contre la barbarie qui avait fait tant
de progrès depuis les invasions. Aidé de quelques savants
étrangers, tels que l'Anglo-Saxon Alcuin, le Lombard Paul
Diacre, il provoqua une véritable renaissance, dont les effets
se firent sentir longtemps après lui.

---

1. FORTUNAT, *Carmina*, l. VII, c. IV, « ad Gogonem » (*Mon. Germ.,
Auct. antiq.*, t. IV, 1re partie, p. 155).

Charlemagne fonda ou réorganisa l'école du palais, décida que chaque église cathédrale, chaque abbaye aurait la sienne ; parmi les plus célèbres écoles du pays, il faut citer celles de Metz, de Prüm et de Saint-Mihiel. On y enseignait le latin, un peu de sciences, enfin ce que nous appellerions le catéchisme et l'histoire sainte. Il ne semble pas que le grec ait fait partie du programme de ces écoles.

Le style des auteurs du ixe siècle est beaucoup plus correct que celui de leurs devanciers. Une conséquence de cette restauration du latin écrit fut de le séparer nettement de la langue parlée ; celle-ci continua l'évolution, depuis longtemps déjà commencée, qui devait la transformer en roman ; les serments de Strasbourg peuvent nous en donner une idée.

La renaissance carolingienne produisit quelques auteurs, qui tous appartiennent à l'Eglise. Parmi les théologiens et les liturgistes, citons l'abbé de Saint-Mihiel Smaragde, contemporain de Charlemagne et de Louis le Pieux ; on lui doit un mémoire sur la procession du Saint-Esprit, un commentaire de la règle de saint Benoît, écrit après 817, un *Diadema monachorum*, recueil de sentences des saints Pères, un *Liber comitis*, commentaire des épîtres et des évangiles du dimanche. Un prêtre ou un abbé du diocèse de Metz, Amalarius Simposius, a écrit vers l'année 820 un *De ecclesiasticis officiis*, où il explique allégoriquement les usages liturgiques de l'Eglise. Saint Agobard, archevêque de Lyon, vit dans l'ouvrage des erreurs, qu'il releva dans son *Liber contra libros quatuor Amalarii abbatis*, et qu'un concile tenu à Quierzy condamna en 838. Il s'éleva encore une polémique entre Agobard et Amalaire à propos de la psalmodie. Réginon, abbé de Prüm vers la fin du ixe siècle, a composé un *De causis synodalibus et disciplinis ecclesiasticis* ; l'ouvrage est une compilation de canons des conciles, de décrétales des papes, de capitulaires carolingiens, d'extraits des lois romaines, d'écrits des saints Pères et de passages des pénitentiels. Le livre devait servir de manuel aux évêques lorsque ceux-ci faisaient leurs tournées pastorales. Dans le *De harmonica institutione*, le même auteur enseigne comment on doit chanter les psaumes.

Quatre auteurs représentent l'histoire : ce sont dans l'ordre chronologique Paul Diacre, Thégan, Réginon et Berthaire, ces deux derniers à peu près contemporains. L'Italien Paul Diacre qui, en 784, fit un séjour à Metz, écrivit à la demande de l'archevêque de cette ville, Angelrand, des *Gesta episcoporum Mettensium*. Cette chronique, en général très sèche, ne donne de détails que sur trois évêques, Auctor, Arnoul et Chrodedang. Thégan ou Théganbert, chorévêque de Trèves, a composé une *Vita Ludouici imperatoris*, très partiale, d'ailleurs curieuse en raison de l'esprit, fort peu évangélique, dont l'auteur semble animé.

L'abbé de Prüm, Réginon, dont nous avons déjà parlé, a compilé une *Chronique universelle*, dont le second livre est précieux pour l'histoire de la région mosellane à la fin du IXe siècle et au début du Xe. S'il manque de critique, s'il n'a qu'un médiocre souci de la chronologie, si par prudence il n'a pas cru devoir parler de certains faits, on peut en revanche louer son impartialité.

Les *Gesta episcoporum Virdunensium* de Berthaire (Berthier), moine de Saint-Vanne, relatent surtout les acquisitions qu'a faites le domaine de l'église de Verdun et les pertes qu'il a subies, avec quelques détails seulement sur les évêques de la fin du IXe siècle.

La prose didactique nous offre deux ouvrages de l'abbé Smaragde de Saint-Mihiel, le *Commentarius in Donatum* ou *Grammatica major*, et la *Via regia*, écrite pour Louis le Pieux ; l'abbé de Saint-Mihiel expose au prince ses devoirs d'homme et de souverain. Il lui recommande en particulier de travailler à supprimer l'esclavage dans ses Etats[1], et de veiller à ce que les juges ne vendent pas la justice. L'Irlandais Sedulius Scottus, imitateur de Smaragde dans son

---

1. Voir ci-dessus, p. 120.

De rectoribus christianis, expose, probablement pour Lothaire II, les qualités que doit posséder un bon souverain ; on sait que le jeune roi ne profita guère de ces sages conseils.

Les principaux poètes sont Smaragde, Wandalbert, moine de Prüm, auteur d'un martyrologe en vers où il mentionne jour par jour les saints du calendrier, Sedulius Scottus, poète courtisan, qui a célébré dans ses vers, avec un médiocre souci de la vérité, tous ceux dont il attendait quelque faveur, Lothaire I*er*, sa femme Hermengarde, Lothaire II et l'archevêque de Cologne Gunther.

En résumé, peu d'auteurs ; et, parmi ceux que nous avons cités, quelques-uns viennent de l'Italie ou de l'Irlande.

II. — Les beaux-arts.

Pas plus que la littérature, l'art ne présente d'originalité. Aux temps mérovingiens, on continue de suivre les errements de l'époque romaine, sauf en ce qui concerne l'orfèvrerie, qui s'inspire de modèles orientaux.

L'art, comme la littérature, se vit protéger et encourager par Charlemagne. Toutefois, si l'on excepte les arts mineurs, les résultats obtenus furent assez médiocres. Les artistes que Charlemagne et ses successeurs firent travailler ne s'inspirèrent pas seulement des modèles classiques ; ils subirent aussi des influences byzantines, orientales et irlandaises.

L'architecture religieuse copie soit la basilique romaine, soit, à partir de Charlemagne, les églises byzantines de l'Italie ; c'est le cas de l'église d'Aix-la-Chapelle, qui reproduit San-Vitale de Ravenne. Des sculptures, des fresques, des mosaïques décoraient les églises carolingiennes. Par malheur, bien peu de chose subsiste de ces édifices, presque tous démolis pour faire place à des monuments d'un autre style, ou profondément remaniés. Les abbayes, que seules des descriptions nous font connaître, étaient construites sur le même plan que les villas romaines ; l'*atrium* de celles-ci devint le cloître où se promenaient les religieux.

Les arts mineurs, dont nous possédons quelques spécimens, offrent plus d'intérêt. L'orfèvrerie était un des arts que pratiquaient les barbares. La couverture de l'évangéliaire dit de saint Gauzlin, la patène et le calice attribués au même évêque, aujourd'hui conservés dans le trésor de la cathédrale de Nancy, datent peut-être du ix° siècle. Dans le même trésor existe un panneau d'un diptyque en ivoire, qui représente deux scènes de la vie de Notre-Seigneur, en haut la crucifixion, au-dessous la résurrection. Le travail, œuvre d'un artiste franc de la région, dénote une influence byzantine.

La sculpture en pierres fines ou glyptique accuse aussi l'imitation de l'art byzantin. Le musée britannique possède une plaque ronde en cristal de roche, sur laquelle l'auteur a gravé neuf scènes de la vie de Suzanne ; la neuvième, qui occupe le centre, est entourée de l'inscription : *Lotharius rex Francorum fieri jussit*. Au trésor d'Aix-la-Chapelle existe une autre intaille, de forme ovale, qui représente le même Lothaire imberbe : elle décore aujourd'hui une croix-reliquaire.

La miniature accompagne toujours à cette époque les manuscrits destinés aux offices de l'Église, bibles, évangéliaires, sacramentaires, psautiers. On y emploie des encres de différentes couleurs, pourpre, vert, or et argent. Des dessins encadrent les pages du manuscrit, accompagnent la première lettre d'un chapitre, ou même occupent une page entière ; ils illustrent le texte auquel ils sont joints. L'art de la miniature eut une vraie renaissance à l'époque de Charlemagne. Les miniaturistes, clercs ou moines pour la plupart, s'inspirèrent de modèles romains, byzantins, irlandais ou orientaux. Ils se groupent par écoles régionales, qui se distinguent non point par la façon de traiter les figures, mais par l'ornementation. Metz eut une école, d'où sortirent peut-être, à l'époque de Drogon, au ix° siècle, des évangéliaires et un sacramentaire, aujourd'hui à la Bibliothèque Nationale de Paris, intéressant par ses lettres ornées de petites scènes ; on y constate un souci curieux de réalisme dans la façon de traiter les figures. L'école dite rhénane eut son centre à Trèves ; elle produisit, elle aussi, des manuscrits richement décorés, dont le plus beau peut-être, l'évangéliaire d'Ada, se trouve maintenant à Trèves.

Quand Charlemagne voulut réformer la musique religieuse, il dota Metz d'une école de chant, qui resta longtemps florissante. Nous avons déjà cité les ouvrages d'Amalaire et de Réginon consacrés au chant liturgique.

La civilisation intellectuelle n'a eu dans notre pays un peu d'éclat qu'au temps de Charlemagne et de Louis le Pieux. Littérature et arts sont dépourvus d'originalité ; les écrivains imitent les auteurs latins, les artistes copient les œuvres de l'antiquité classique, de Byzance, de l'Orient. Pourtant l'action de Charlemagne n'aura pas été stérile, puisque de la renaissance carolingienne sortira plus tard un art original, l'art roman. Si, au point de vue économique, Verdun a joué dans notre pays le principal rôle, c'est Metz qui semble en avoir été, au moins à l'époque carolingienne, le foyer littéraire et artistique le plus intense.

CHAPITRE V

L'EGLISE ET LES MŒURS A L'ÉPOQUE FRANQUE [1].

Durant la période franque, des liens étroits unissent l'Eglise à l'Etat ; les païens sont forcés d'embrasser le

---

1. Bibliographie. — Sources : Aux sources indiquées plus haut (p. 93) ajouter les Actes des Conciles (*Monumenta Germaniæ historica, Concilia ævi merovingici* et *Concilia ævi carolini* ; LABBE, *Sacrosancta concilia*, t. IV-IX, 1671 ; MANSI, *Sacrorum conciliorum nova et amplissima collectio*, t. VIII-XVIII, 1762-1780). — Parmi les vies de saints, assez nombreuses, citons la *Vita sancti Arnulfi* (*Mon. Germ. hist.*, Script. rerum merovingicarum, t. II).

Ouvrages généraux : HAUCK (A.), *Kirchengeschichte Deutschlands*, t. I christianisme ; de nombreuses abbayes se fondent et la propriété ecclésiastique prend une grande extension ; toutefois, l'évolution de l'Eglise ne suit pas une marche régulière.

Après les invasions, l'Eglise se reconstitue. Charles Martel y porte le trouble et la confusion, mais elle se relève et prospère sous Pépin et sous Charlemagne, pour subir une nouvelle décadence à la fin du ixe siècle et au début du xe.

I. — L'époque mérovingienne.

1° *L'Église séculière.*

La province ecclésiastique de Trèves se reconstitua pendant le vi^e siècle, à supposer qu'elle eût été désorganisée lors des invasions ; peut-être même engloba-t-elle en outre plusieurs diocèses de la rive gauche du Rhin. Nous ne savons comment se subdivisait chacun des diocèses. Chaque ville possédait une paroisse, il en était de même des *vici* ruraux et des *castra* ; sur les grands domaines s'élevaient aussi des églises ou des oratoires. Toutefois, l'église paroissiale jouissait de privilèges refusés à l'église privée; dans la première seule on pouvait conférer le baptême et la communion.

Le personnel ecclésiastique comprenait — outre les

et II. 3e et 4e éd., in-8°, 1904 et 1911. — Lesne (abbé E.), *la Hiérarchie épiscopale en Gaule et en Germanie, depuis la réforme de saint Boniface jusqu'à la mort d'Hincmar*, 1 vol. in-8°, 1905. Du même, *Histoire de la propriété ecclésiastique en France*, t. I et II, in-8°, 1910 et 1922. — Hefele (Mgr), traduit par dom Leclercq, *Histoire des conciles*, t. II-IV, 1908-1911.

Ouvrages concernant la région : Aux travaux de Calmet, des Bénédictins, de l'abbé Martin, de Clouet, ajouter Clouet (abbé), *Histoire ecclésiastique de la province de Trèves*, 2 vol. in-8°, 1844 et 1851. — Pfister (Chr.), *les Légendes de saint Dié et de saint Hidulphe* (Annales de l'Est, t. III, 1889). Du même, *l'Évêque Frothaire de Toul* (Annales de l'Est, t. IV, 1890), et *l'Archevêque Drogon de Metz* (Mélanges Paul Fabre, 1 vol. in-8°, 1902). — Didierlaurent (abbé), *l'Abbaye de Remiremont* (Mémoires de la Société d'archéologie lorraine, t. XVII, 1897). — Müsebeck (E.), *Die Benedictinerabtei Sankt-Arnulf vor Metz in der ersten Hälfte des Mittelalters* (Jahrbuch de Metz, t. XIII, 1901). — Jérôme (abbé), *l'Abbaye de Moyenmoutier*, 1 vol. in-8°, 1902.

évêques — des chorévêques, qui remplissaient les fonctions épiscopales dans les campagnes ; en outre, chaque évêque était assisté d'un archidiacre. La paroisse est administrée par un archiprêtre, l'église privée par un prêtre qui n'a pas les mêmes prérogatives. Au-dessous des prêtres vit tout un personnel de diacres, de sous-diacres, etc.

Les évêques se recrutent surtout dans les grandes familles, gallo-romaines ou franques ; ils sortent du clergé séculier ou sont d'anciens moines ; parfois ils passent directement, comme saint Arnoul, de la vie laïque à l'épiscopat ; les uns appartiennent au diocèse qui leur est confié, les autres viennent d'un diocèse étranger. Comme, à l'époque de Thierry Ier, il y avait pénurie de prêtres en Austrasie, le roi en fit venir d'Auvergne. On peut conclure de ce fait que, dans la première moitié du VIe siècle, le clergé se recrutait surtout — sinon exclusivement — parmi les Gallo-Romains.

D'après les canons de l'Eglise, un évêque doit être élu par le clergé et par le peuple du diocèse qu'il s'agit de pourvoir, avec le concours du métropolitain et des autres évêques de la province. Si parfois, à l'époque mérovingienne, les droits du métropolitain, des évêques, du clergé et du peuple paraissent encore respectés, bien souvent on les voit tenus en échec ou annulés par l'intervention d'autres facteurs, que n'ont pas prévus les canons. Tandis que les empereurs ne semblent pas, au moins en Gaule, s'être occupés du choix des évêques, il en va autrement des successeurs de Clovis. L'Eglise admet que les rois confirment l'élection des évêques, avant que ceux-ci reçoivent la consécration des mains du métropolitain. Mais les Mérovingiens ne se contentent pas de cette prérogative ; désireux de ne laisser monter sur les sièges épiscopaux que des hommes sur lesquels ils puissent compter, ils recommandent aux électeurs le candidat qui a leurs préférences, l'imposent quelquefois, cassent même l'élection régulièrement faite d'une personnalité qui ne leur agrée pas ; ils poussent le mépris des règles canoniques jusqu'à désigner purement et simplement les évêques de leur seule autorité : Thierry Ier contraignit le clergé et le peuple de Trèves à choisir Nicetius pour évêque.

Pour donner satisfaction à un vœu qu'avait exprimé une assemblée de grands et d'évêques tenue en 614, Clotaire II décréta qu'à l'avenir les élections épiscopales seraient libres. Si l'influence des rois diminua, ce furent non point le clergé ni le peuple qui en profitèrent, mais bien quelques familles puissantes, dont on vit les membres occuper tour à tour les sièges de la première Belgique. Saint Arnoul eut pour deuxième successeur un de ses fils Clou (Clodulf) ; plus tard, Basin, son neveu Leoduin et Milon, fils de Leoduin, occupèrent l'un après l'autre le siège de Trèves.

Jusqu'à la fin du VIIIe siècle, l'épiscopat de la première Belgique semble n'avoir compté aucun de ces prélats ignorants et indignes comme il y en eut dans d'autres parties de la Gaule. On y rencontre des hommes instruits, tels saint Paul de Verdun et saint Arnoul de Metz. Le plus remarquable des évêques de cette période est Nicetius, métropolitain de Trèves, un ancien moine. Quoiqu'il dût l'épiscopat à la faveur de Thierry Ier, il fit preuve de la plus grande indépendance vis-à-vis des souverains, auxquels il ne craignit pas de reprocher leur inconduite ou leurs violences. Si Théodebert Ier ne lui sut pas mauvais gré de sa franchise, Clotaire Ier, devenu roi d'Austrasie en 555, l'en punit par l'exil ; il ne rentra dans son diocèse qu'à l'avènement de Sigebert Ier. Saint Arnoul, l'ancêtre des Carolingiens, est le plus célèbre des évêques de Metz. On peut regretter l'opposition qu'il fit à Brunehaut et le vilain rôle qu'il joua en 613, lorsqu'il fit appel à Clotaire II contre sa souveraine ; mais, devenu évêque de Metz, il se montra plein de zèle dans l'accomplissement de ses devoirs, se fit aimer pour sa bienfaisance, puis, renonçant aux grandeurs, alla finir ses jours auprès de son ami Romary dans le monastère d'Habendum (Remiremont). A Toul, citons saint Evre, à Verdun, saint Desideratus, saint Airy, qui s'efforça, mais en vain, de sauver les jours de deux grands austrasiens, Berthefrid et Gontran-Boson, enfin saint Paul, l'un des prélats les plus instruits du vii° siècle.

Quant au clergé inférieur, il recevait son éducation dans les écoles épiscopales et paroissiales ; nous ne pouvons dire ce qu'il valait. Rappelons pourtant que, lors de la disgrâce de saint Nicetius, le clergé de Trèves n'eut pas le courage de le soutenir ni même de lui témoigner de la sympathie. La nomination des prêtres appartenait à l'évêque du diocèse ; toutefois ceux qui desservaient des églises privées étaient désignés par le propriétaire de celles-ci, et l'évêque n'intervenait guère que pour la forme.

Le métropolitain consacre les évêques de sa province ; nous connaissons mal les pouvoirs qu'il exerce à leur égard. Il réunit des conciles provinciaux, il intervient aussi dans la création des abbayes et dans la concession des privilèges qui leur sont accordés. Bien que Saint-Dié appartînt au diocèse de Toul, ce fut du métropolitain de Trèves Numérien que le nouveau monastère reçut la charte qui déterminait ses conditions d'existence. Dans son diocèse, l'évêque ordonne les prêtres, donne la confirmation, fait des tournées pastorales, réunit des synodes, possède sur son clergé une juridiction. Le prêtre, chargé d'administrer une paroisse, baptise et donne la communion.

En outre, le clergé exerce par ses conciles une action collective. Nous ne savons rien des synodes diocésains ni des conciles provinciaux tenus dans le pays à l'époque mérovingienne, mais nous sommes mieux renseignés à l'égard des conciles nationaux austrasiens. C'est le roi qui les convoque et qui en confirme les décisions. Saint Nicetius, Hesperius de Metz et Desideratus de Verdun assistèrent, en 535, au concile d'Auvergne, saint Nicetius, Alosius de Toul et Desideratus, en 549, à celui d'Orléans. Un concile, qui devait, en 590, se réunir à Verdun pour juger le métropolitain de Reims Ægidius, accusé de haute trahison, ne se tint que l'année suivante à Metz ; Ægidius se reconnut coupable, fut déposé par le concile et envoyé en exil à Strasbourg. Modoald de Trèves, Arnoul de Metz et Godon de Verdun prirent part, en 627, à un concile tenu à Reims.

Au vi⁰ et au vii⁰ siècle, le clergé de la première Belgique avait encore à combattre le paganisme, dont les historiens et les hagiographes nous attestent la persistance. Ainsi une statue de Diane se dressait à quelque distance de Montmédy, dans la seconde moitié du vi⁰ siècle : un ermite, originaire de Lombardie, Wulfilaïcus, saint Valfroy, finit par convertir les païens de l'endroit et par les amener à détruire l'idole. Au siècle suivant, une statue d'Apollon s'élevait encore dans le diocèse de Trèves sur une hauteur appelée Keven, plus tard Paulsberg, sur les bords de la Moselle. Saint Paul, le futur évêque de Verdun, qui vivait alors dans le pays en solitaire, réussit — non sans peine — à convertir les habitants et à leur faire précipiter l'idole dans la rivière.

2° *L'Église régulière.*

La première Belgique possédait très peu de monastères à la fin de l'empire romain. Il va s'en créer quelques-uns au cours du vi⁰ siècle, un grand nombre au vii⁰ ; les fondateurs seront des rois, de grands propriétaires, des évêques. Au vi⁰ siècle, on constate l'existence — au diocèse de Trèves — de Saint-Eucaire, de Saint-Maximin et, près d'Ivoy, de Saint-Martin, qui doit sa naissance à Wulfilaïcus. Metz possède à la même époque les Saints-Apôtres, plus tard Saint-Arnoul, et Sainte-Glossinde, Verdun une abbaye dont nous ignorons le nom. Il ne nous est parvenu sur Toul aucun renseignement.

Le vii⁰ siècle devait au contraire voir sortir du sol de nombreuses abbayes. Dans la province de Trèves, cette éclosion est due en grande partie à saint Colomban, moine d'origine irlandaise, intelligent, instruit, énergique, opiniâtre même. Sur plusieurs questions de la discipline ecclésiastique et de la liturgie, sur la vie monacale il avait des idées personnelles, ou plus exactement les idées qui avaient cours dans son pays ; c'est avec une véritable obstination qu'il les défendit contre l'épiscopat franc et contre la royauté mérovingienne, dont il repoussait, la jugeant nuisible, l'intervention dans la vie des abbayes. La règle que rédigea Colomban imposait aux moines la prière, le travail manuel, une obéissance absolue à l'abbé, frappait enfin leurs fautes de châtiments corporels. Saint Colomban ne fonda rien dans l'Austrasie, qu'il ne fit que traverser, mais par ses relations avec quelques-uns des clercs et des grands de ce pays, par son abbaye de Luxeuil, en Bourgogne, qui était contiguë au diocèse de Toul, il exerça une profonde influence sur la province de Trèves. Quelques-uns des fondateurs d'Habendum (Remiremont), Romary en particulier, avaient été moines à Luxeuil. L'influence colombaniste grandit encore durant le viie et le viiie siècle, par suite de l'arrivée dans les diocèses mosellans de nombreux moines irlandais. Il n'y a donc pas lieu de s'étonner que beaucoup d'abbayes de la région aient adopté la règle de saint Colomban.

Parmi les monastères qui s'élevèrent au viie siècle ou au début du viiie, citons au diocèse de Trèves Tholey, qui fut rattaché à l'église de Verdun, Longuyon, Cugnon, Pfalzel, Echternach, fondé par Pépin le Moyen, Metlach, — au diocèse de Metz Saint-Pierre-aux-Nonnains, Eleriacum ou Saint-Nabord, appelé plus tard Saint-Avold, Hornbach, créé par saint Pirmin, Gorze par saint Chrodegang. Si, dans le diocèse de Verdun, nous ne pouvons mentionner que Beaulieu, dû à saint Rouin, et Saint-Mihiel, création du comte Wulfoald, celui de Toul offre une riche floraison de monastères : saint Romary fonde à *Habendum* deux abbayes, l'une d'hommes appelée à disparaître, l'autre de femmes ; Senones dut sa naissance à Gondelbert, qui n'a jamais été archevêque de Sens ; Bonmoutier, d'abord abbaye de femmes, à l'évêque de Toul Bodon-Leudin ; Moyenmoutier à Hidulfe, dans lequel on peut voir un chorévêque de Trèves ; Saint-Dié à Deodatus, qui était peut-être un moine irlandais. Étival, ainsi que les deux abbayes touloises de Saint-Evre et de Saint-Mansuy ont sans doute été fondées au vii⁰ siècle ou au commencement du viii⁰.

Parmi les moines qui peuplaient les abbayes, les uns avaient embrassé librement la vie religieuse, les autres contraints et forcés ; par exemple, quand un grand propriétaire fondait une abbaye, il y faisait entrer quelques-uns de ses colons, de ses affranchis, de ses serfs, qui n'avaient pas à discuter ses ordres. Au début, les moines étaient des laïcs ; ce ne fut que peu à peu qu'on vit des prêtres entrer dans les abbayes ou des moines recevoir les ordres sacrés.

Il y avait plusieurs règles monastiques en vigueur dans la province de Trèves : à Beaulieu, on suivait celle de saint Maurice ; à Remiremont, celle de saint Colomban ; ailleurs celle de saint Benoît de Nursie ; Saint-Dié, Moyenmoutier et Senones avaient adopté une règle mixte, dont saint Colomban et saint Benoît avaient fourni les prescriptions. Ce mélange s'explique par la présence simultanée dans beaucoup d'abbayes de moines irlandais, disciples de saint Colomban ou imbus de ses idées, et de moines gallo-francs, dont les préférences allaient à la règle bénédictine, plus douce que celle du fondateur de Luxeuil. L'une comme l'autre d'ailleurs prescrivait le travail manuel, obligation qui ne devait point paraître pénible à des moines habitués pour la plupart à cultiver la terre. Le recrutement rural des moines, gens rudes et grossiers, sur lesquels des remontrances n'auraient produit aucun effet, peut d'autre part faire comprendre la dureté de la règle colombaniste.

L'abbé devait, d'après les canons, être élu par les moines, l'abbesse par les nonnes. Toutefois, le fondateur d'un monastère se réservait souvent pour lui-même et pour ses descendants le droit — sinon de nommer l'abbé ou l'abbesse — du moins de confirmer son élection. Il en était de même du roi à l'égard des abbayes auxquelles il avait accordé sa protection, son *mundium*. Abbés et abbesses avaient toute autorité sur les moines ou sur les nonnes, veillaient à l'observation de la règle ; enfin ils étaient chargés de l'administration des biens du monastère.

En principe, les moines devaient vivre enfermés dans leur abbaye, s'interdire par conséquent toute action sur la société laïque. Pourtant, saint Colomban, qui jugeait le clergé séculier incapable de remplir sa mission, prêchait lui-même et recommandait à ses moines la prédication.

L'évêque avait autorité sur les abbayes de son diocèse, il consacrait abbés et abbesses, surveillait la vie intérieure des monastères et l'administration de leurs domaines. Toutefois, dès le viie siècle, les prérogatives épiscopales subirent des restrictions. Saint Colomban était nettement hostile à l'intervention des évêques dans la vie des monastères ; d'une part, ceux de son pays vivaient à l'égard de l'épiscopat dans une quasi-indépendance, de l'autre il jugeait les évêques francs trop mondains et d'âme trop peu religieuse pour que leur action fût salutaire. N'oublions pas du reste que, depuis longtemps, on reconnaissait au fondateur d'une abbaye le droit de la placer dans des conditions particulières vis-à-vis de l'évêque diocésain. Bien entendu, quand un prélat créait une abbaye dans son diocèse, il la soumettait étroitement à l'autorité épiscopale. En ce qui concerne quelques-uns des monastères vosgiens, Senones, Remiremont, Saint-Dié, il semble que l'ordinaire n'ait possédé sur eux que des prérogatives restreintes. L'évêque consacrait toujours l'abbé ou l'abbesse, mais il n'avait le droit de pénétrer dans le monastère qu'en certaines circonstances.

Aucune abbaye de la première Belgique ni de la Gaule franque ne se trouvait alors directement soumise à l'autorité du pape ; les bulles pontificales qui placent tel ou tel monastère dans cette situation privilégiée sont des actes faux ou interpolés.

3° *La situation matérielle*.

Le clergé vivait des oblations, de l... ...e encore facultative et du revenu de ses domaines. Une partie des biens que possédaient les églises et les abbayes leur avait été donnée par leurs fondateurs ou par de généreux bienfaiteurs ; pour le reste, elles l'avaient acheté, acquis par échange ou défriché. C'est de cette dernière façon que les monastères vosgiens étendirent leurs domaines. Pour la mise en valeur de leurs terres, si les églises n'avaient que leurs tenanciers, les abbayes disposaient en outre de leurs moines. L'administration temporelle des domaines ecclésiastiques revenait suivant les cas à l'évêque, au prêtre, à l'abbé ou à l'abbesse. Il était interdit à ces dignitaires d'aliéner les biens de leur église ou de leur abbaye, mais ils pouvaient les échanger ; encore devaient-ils solliciter l'autorisation du roi quand il s'agissait de biens d'origine fiscale.

Les revenus du clergé servaient à l'entretien du clergé lui-même, des édifices consacrés au culte, des bâtiments d'exploitation, à la célébration des cérémonies religieuses, enfin au soulagement des misères humaines.

4° *L'Église et la société laïque.*

L'Eglise rend à la société d'importants services ; c'est elle qui enseigne au peuple ses devoirs, qui donne l'instruction, qui pourvoit à l'assistance publique ; il existe alors des hospices à Metz, à Verdun, à Longuyon. Enfin, par le défrichement d'une partie des forêts vosgiennes, par la mise en valeur de terres nombreuses, le clergé joue un rôle économique considérable.

Les évêques, d'autre part, servent de conseillers aux rois, et leur font sanctionner et transformer en capitulaires les canons des conciles. Ils jouent à l'égard des comtes le rôle de surveillants, ce qui provoque des conflits ; peut-être faut-il voir un comte de Verdun dans Sirivald, qui causa tant d'ennuis à Desideratus, évêque de cette ville. Les rois reconnaissent au clergé d'importants privilèges. Ainsi les évêques ne sont justiciables que des conciles, ils ont juridiction sur leur clergé, ils ne paient pas d'impôts. Les rois prennent les églises et les abbayes sous leur protection, leur accordent pour leurs domaines ce privilège de l'immunité dont nous avons parlé plus haut. C'est là l'origine lointaine du temporel des églises de Trèves, de Metz, de Toul et de Verdun. Ainsi l'Eglise et l'Etat se pénètrent réciproquement, mêlent leurs vies l'une à l'autre de la façon la plus étroite ; de cette union, l'Etat retire des avantages moraux, l'Eglise des avantages matériels. Si beaucoup de prélats mènent une vie trop mondaine, la faute en est aux rois qui font arriver leurs créatures à l'épiscopat et qui transforment en fonctionnaires les hauts dignitaires ecclésiastiques.

5° *L'Église franque et la papauté.*

L'Eglise franque est une église autonome qui, tout en reconnaissant la primauté du siège de Rome, n'entretient avec lui que fort peu de rapports. Les papes n'ont presque jamais l'occasion d'intervenir, aucune hérésie n'ayant à cette époque pris naissance en Gaule, et les affaires de discipline ayant, sauf de très rares exceptions, reçu leur solution dans le pays. L'envoi, en 680, d'Adéodat, évêque de Toul, à un concile présidé par le pape Agathon, est l'un des rares exemples des relations qu'entretenait avec Rome la première Belgique. On y joindrait la bulle du pape Jean IV pour Remiremont, si ce document n'était un faux. Saint Grégoire le Grand avait essayé d'amener Brunehaut et ses petits-fils à modifier cette situation, à entreprendre, sous sa direction, la réforme de l'Eglise austrasienne. Ses efforts n'eurent aucun succès ; aussi voit-on s'accentuer durant le vii° siècle la décadence, déjà sensible auparavant, de cette Eglise, qui ne trouvait pas dans la papauté l'appui dont elle aurait eu besoin pour se défendre contre le danger des influences séculières.

6° *L'état moral de la société.*

L'arrivée des barbares dans notre pays ne pouvait avoir pour effet d'y améliorer les mœurs. Violents, cruels, perfides, considérant comme un devoir de venger leurs injures et celles de leurs proches, ils étaient fort mal préparés à recevoir l'Evangile ; leur conversion au christianisme ne les empêcha pas de garder une âme de païens. Si aucune hérésie ne prit naissance dans le pays, si le christianisme finit par y triompher du paganisme, il était, nous le répétons, fort mal compris et non moins mal pratiqué.

Nous ne savons comment vivait la masse de la population, mais les grands du pays se montraient avides, comme ce Gontran-Boson, qui faisait violer par quelques-uns de ses gens une tombe pour en retirer les bijoux qu'elle renfermait :

« Une parente de la femme de Gontran-Boson mourut sans enfant et fut enterrée dans la basilique de Metz avec des bijoux et beaucoup d'or. Quelques jours après, on célébrait la fête de saint Remi, qui tombe le 1ᵉʳ octobre. Comme beaucoup d'habitants, en particulier les grands personnages et le duc étaient sortis de la ville avec l'évêque, des serviteurs de Gontran-Boson arrivèrent dans la basilique, où la cousine de sa femme était inhumée. Ils y entrèrent et, après avoir refermé les portes sur eux, ouvrirent le tombeau et en enlevèrent tous les joyaux qu'ils purent trouver sur le cadavre. Les moines de la basilique, ayant eu vent de la chose, arrivèrent à la porte, mais n'eurent pas la permission d'entrer dans l'église. Alors ils firent prévenir leur évêque et le duc. Cependant les serviteurs de Gontran-Boson montèrent à cheval, et prirent la fuite emportant leur butin avec eux. Mais dans la crainte d'être arrêtés en route et soumis à divers supplices, ils revinrent à la basilique et déposèrent sur l'autel les objets qu'ils avaient pris ; toutefois ils n'osèrent pas se hasarder au dehors et se mirent à crier : C'est Gontran-Boson qui nous a envoyés [1]. »

Nous avons parlé de la cruauté de ce Rauching qui, en manière d'amusement, obligeait ses esclaves à éteindre des torches sur leurs cuisses nues. L'anecdote suivante, que rapporte Grégoire de Tours, montre que les femmes ne le cédaient pas en barbarie aux hommes :

1. Grégoire de Tours, *Hist. eccl. Franc.*, l. VIII, c. xxi.

« Deoteria (femme de Théodebert Ier), voyant que sa fille (née d'un premier mariage) était devenue grande, craignit que le roi ne la désirât et n'en fît sa concubine ; elle la fit monter dans une basterne attelée de bœufs indomptés, qui précipitèrent la jeune fille du haut d'un pont dans la Meuse, où elle rendit l'âme. L'événement arriva dans la cité de Verdun [1]. »

On ne pratiquait pas alors le pardon des injures ; le fils de Desideratus, d'un évêque pourtant, fit périr ce Sirivald, qui avait jadis persécuté son père. Le meurtre de Parthenius, à Trèves, nous donne l'exemple d'une scène de violence affreuse. Les rois, sauf Sigebert Ier, Sigebert III, Dagobert II, mènent une vie scandaleuse, qui trouve sans doute de nombreux imitateurs parmi les grands. Brunehaut tolère, si elle ne les favorise, les débauches de son petit-fils Thierry.

En définitive, la mentalité reste païenne, comme le montrent et le culte, voisin de l'adoration, rendu aux reliques des saints, et la croyance en l'intervention incessante de Dieu, croyance qu'attestent épreuves et combats judiciaires, enfin ces innombrables superstitions dont nous sommes à peine délivrés aujourd'hui. Pourtant, on trouve dans le pays, même parmi les rois et les grands, des hommes désintéressés, charitables, chastes et pratiquant le pardon des injures.

II. — LE PRINCIPAT DE CHARLES MARTEL.

Si Charles Martel a rendu à la société chrétienne un éclatant service en écrasant les Arabes à Poitiers, il a d'autre part encore ajouté au trouble et à la désorganisation de l'Eglise par un certain nombre de mesures qu'inspirait le souci de ses intérêts personnels ou celui de la défense du pays. Il dépouille de sa dignité saint Rigobert, métropolitain de Reims, coupable d'avoir gardé la neutralité entre lui et ses ennemis de Neustrie ; il intronise sur les sièges métropolitains de Trèves et de Reims un de ses compagnons d'armes,

[1]. GRÉGOIRE DE TOURS, op., cit. l. III, c. XXVI.

Milon, qui partage son temps entre la guerre et la chasse ; il laisse le diocèse de Verdun sans évêque durant de longues années.

Enfin, pour se constituer une cavalerie, il distribue à ses guerriers une partie des terres ecclésiastiques. Les mesures de Charles Martel achevèrent de désorganiser l'Eglise : plus de province ecclésiastique de Trèves, plus de conciles, le clergé inférieur et les fidèles sont abandonnés à eux-mêmes, les vices et les superstitions ne cessent de croître.

III. — L'époque carolingienne jusqu'en 840.

1° *La réforme de l'Église franque.*

Par bonheur, cet état de choses déplorable devait prendre fin dans le courant du viii° siècle. Les fils mêmes de Charles Martel, Pépin et Carloman, vont entreprendre, à l'instigation et sur les conseils de l'Anglo-Saxon saint Boniface, la réorganisation et la réforme de l'Eglise franque. Epuration du clergé, rétablissement des circonscriptions ecclésiastiques et des conciles, rattachement de l'Eglise franque à la papauté, voilà ce que voulait saint Boniface. Mais il s'en faut de beaucoup que cette grande œuvre ait été conduite avec la méthode et l'énergie qu'y aurait mises Boniface, s'il avait eu pleine liberté d'action. Des considérations politiques ou autres empêchèrent Carloman et Pépin d'exécuter complètement le programme que l'apôtre de la Germanie leur avait soumis. Ainsi Milon, malgré son indignité, conserva jusqu'à sa mort le siège de Trèves.

Quand saint Boniface eut renoncé à s'occuper de l'œuvre dont il n'avait pu mener à bien l'achèvement, Pépin lui donna pour successeur l'évêque de Metz, saint Chrodegang. Celui-ci, Franc de naissance, ne s'inspirait pas des mêmes principes, et n'avait pas la même envergure que Boniface. Chrodegang reçut, en 754, du pape Etienne II (III) le *pallium* et le titre d'archevêque, qui lui fut personnel et qui ne se transmit pas à tous ses successeurs. L'œuvre réformatrice de ce prélat n'eut qu'une importance limitée; il donna au clergé de son église cathédrale une règle, qui devait plus tard s'étendre à tous les diocèses.

La reconstitution des provinces ecclésiastiques se continua lentement sous Charlemagne. La province de Trèves, réorganisée après celles de Mayence et de Cologne, du reste antérieurement à 811, renaissait avec ses limites primitives. On créa probablement à cette époque de nouvelles paroisses.

2° *L'Église séculière.*

C'est toujours de la même façon que se recrute l'épiscopat; nous savons en particulier que Chrodegang et Angelrand appartenaient à de grandes familles; un de leurs successeurs sur le siège de Metz, Drogon, était fils naturel de Charlemagne. La règle souffre pourtant des exceptions; saint Madalvé, de Verdun, était d'humble origine. Remarquons à ce propos qu'un des biographes de Louis le Pieux, le chorévêque de Trèves Thégan, qui appartenait à une noble famille franque, parle avec un mépris fort peu évangélique des évêques « sortis de la très vile classe des serfs »; il traite Ebbon, né de parents serfs, de cruel, d'impudique, de rustre infâme [1]. Thégan nous offre ainsi l'un des premiers exemples de cette mentalité curieuse, qui se retrouvera parfois chez les prélats nobles du moyen âge et des temps modernes. Parmi les évêques de la période carolingienne, beaucoup sortent de l'école du palais. Si les formes de l'élection sont, en général, observées, le roi continue, comme à l'époque mérovingienne, et plus encore, d'intervenir dans la désignation des prélats. Il y a beaucoup d'évêques dignes de leur haute situation, comme Amalaire et Hetti de Trèves, Chrodegang et Angelrand de Metz, Frothaire de Toul, saint Madalvé de Verdun. Pourtant on rencontre aussi de mauvais prélats, tels Pierre et Héri-

---

1. Thégan, *Vita Hludowici imperatoris*, c. XLIII, XLIV et LVI (*Mon. Germ. hist., Scriptores*, t. II, p. 599 et 602.)

land de Verdun. Quelquefois, sans que du reste on en connaisse les motifs, des diocèses restent longtemps dépourvus de pasteur, celui de Metz après Angelrand, celui de Toul à plusieurs reprises, celui de Verdun après Madalvé.

La réorganisation des provinces ecclésiastiques s'accompagne d'un accroissement ou d'une régularisation des prérogatives des métropolitains ; ceux-ci portent désormais le titre d'archevêque et reçoivent du pape le *pallium*. Les droits dont ils jouissent à l'égard de leurs suffragants sont mieux définis que par le passé.

Le clergé inférieur avait, lui aussi, besoin d'une réforme. La règle qu'avait donnée saint Chrodegang au clergé de sa cathédrale, constitué par lui en chapitre, s'étendit peu à peu à tous les diocèses. Les membres du chapitre, les chanoines, devaient non seulement assister aux offices, mais vivre en commun, sans pourtant être astreints aux mêmes obligations que les moines.

3° *L'Église régulière.*

Le clergé régulier, si éprouvé par les mesures de Charles Martel, ne réclamait pas moins que l'Eglise séculière des mesures réparatrices. Une amélioration de son état moral se produisit déjà sous Charlemagne, mais ce fut Louis le Pieux qui, sur les conseils et avec la collaboration de saint Benoît d'Aniane, travailla le plus efficacement à réformer les monastères. La règle bénédictine remplace alors partout, à Remiremont par exemple, celle de saint Colomban. Pépin le Bref fonda l'abbaye de Prüm ; c'est du règne de Charlemagne que date l'abbaye ou le prieuré de Salone qui, d'abord soumis à Saint-Denis, le fut ensuite à Saint-Mihiel.

La plupart des abbayes continuent d'être, dans une certaine mesure, subordonnées à l'autorité de l'évêque diocésain. D'autre part Senones fut placé par Charlemagne sous le pouvoir temporel des évêques de Metz, tout en continuant d'appartenir au diocèse de Toul.

4° *Réformes diverses.*

L'archevêque Hetti recommence à réunir des conciles dans la province de Trèves. Nous avons déjà parlé du concile qui se tint à Thionville en 835, de la réforme de la liturgie par le clerc messin Amalaire, de la création à Metz d'une école de chant grégorien. L'archevêque de Trèves Amalaire consacra l'église que Louis le Pieux avait fait construire à Hambourg et qui devait, dans la pensée de ce prince, devenir le centre de l'évangélisation des pays scandinaves.

5° *La situation matérielle de l'Église.*

Les églises et les abbayes recouvrèrent une partie des terres dont les avait dépouillées Charles Martel. Quant aux autres biens-fonds ecclésiastiques, ceux des vassaux royaux qui en restèrent détenteurs durent payer la none à l'église ou à l'abbaye propriétaire de ces domaines. La none s'ajoutait pour eux à la dîme que, sur l'ordre de Charlemagne, le clergé préleva désormais sur les récoltes. Des donations nouvelles vinrent accroître le domaine des églises et des abbayes.

De cette époque date le premier exemple dans notre région de la division des biens d'une abbaye en deux parts ou menses, l'une réservée à l'abbé, l'autre à la communauté ; mense abbatiale et mense conventuelle furent alors distinguées l'une de l'autre à Moyenmoutier.

6° *L'Église et la société laïque.*

L'union de l'Eglise et de l'Etat devient plus étroite encore sous les Carolingiens ; c'est peut-être une conséquence du fait que ces rois, à la différence de leurs prédécesseurs, se font sacrer et reçoivent par là un caractère presque sacerdotal. Les rois continuent de jouir, à l'égard du clergé, des mêmes prérogatives que leurs devanciers ; on les voit en outre, avec Charlemagne, s'occuper de questions théologiques, à l'imitation des empereurs byzantins. Peu s'en faut qu'à propos du culte des images un grave conflit ne mette aux prises le pape avec le roi des Francs et avec son clergé qui le suit docilement. Les Carolingiens exigent des évêques et des abbés des dons, des corvées, le service militaire, la présence aux assemblées annuelles. La correspondance de l'évêque de Toul Frothaire est remplie de plaintes au sujet de ces charges, que le prélat semble trouver trop lourdes.

Evêques et abbés continuent de jouer dans l'Etat un grand rôle. Quand Charlemagne institue les *missi dominici*, il a soin de prendre toujours l'un d'eux dans le haut clergé. Les Carolingiens étendent alors ou confirment l'immunité à toutes les églises cathédrales et à la plupart des abbayes de la province. Nous avons dit que Charles institua pour les églises et pour les abbayes immunistes un avoué, sorte de fonctionnaire mi-royal, mi-ecclésiastique.

7° *L'Église franque et la papauté.*

Saint Boniface avait rétabli des rapports réguliers entre la papauté et le clergé franc. Désormais l'archevêque de la province reçoit du souverain pontife le *pallium*, symbole de sa dignité et de ses prérogatives. L'autorité papale, très limitée sous Charlemagne, fit sous Louis le Pieux quelques progrès.

8° *L'état moral de la société.*

Les efforts réunis de Charlemagne, qui se préoccupait d'assurer le salut éternel de ses sujets, et du clergé régénéré eurent, on est en droit de le supposer, d'heureuses conséquences et relevèrent un peu la moralité des habitants du pays.

IV. — LA FIN DE L'ÉPOQUE CAROLINGIENNE (840-925).

Par malheur, tous ces bons résultats allaient être compromis ou même anéantis durant la seconde moitié du ix⁰ siècle et le premier quart du x⁰. Ce sont les mêmes causes, déjà signalées, qui exercent leur action néfaste sur l'Eglise comme sur tous les organismes du pays.

1° L'Église séculière.

Un évêque de Metz, Wala, est encore honoré du *pallium*, attribut des archevêques, par le pape Jean VIII ; mais il doit renoncer à le porter pour éviter un conflit avec son métropolitain Bertulf. C'est toujours dans les grandes familles que se recrutent la plupart des prélats, nous en avons la certitude pour les archevêques Thiégaud et Bertulf de Trèves, pour les évêques Advence, Wala et Robert de Metz, Drogon et Gauzlin de Toul, Dadon et Barnoin de Verdun. Alors réapparaît la tendance à l'hérédité que nous avions déjà remarquée au vii⁰ siècle ; on se succède, non pas de père en fils, mais d'oncle en neveu ; ainsi à Trèves, Thiégaud est le neveu de son prédécesseur Hetti ; à Toul, Arnaud l'est d'Arnoul ; à Verdun, Barnoin de Dadon.

Les rois ont toujours la haute main sur les élections épiscopales, mais il ne leur arrive que rarement de faire des choix heureux ; pour quelques bons évêques comme Arnoul et Gauzlin de Toul, combien de médiocres ou même de mauvais ! L'affaire du divorce de Lothaire II fait apparaître au grand jour l'absence de dignité et de sens moral, la servilité de prélats tels que Thiégaud de Trèves, Advence de Metz et Hatton de Verdun. Ce qui rend les évêques si dociles, c'est la crainte que le roi ne les atteigne dans leur temporel. Le prélat qui fait preuve de quelque indépendance voit son église dépouillée par le souverain d'une partie des abbayes et des domaines qu'elle possède. Lothaire II punit de cette manière Arnoul de Toul, qui avait combattu l'annulation du mariage du jeune roi et de Thiéberge ; plus tard, Arnulf agit avec la même rigueur à l'égard d'Arnaud, neveu et successeur d'Arnoul, coupable d'avoir appelé en Lorraine Rodolphe de Bourgogne et de l'avoir sacré roi.

Le concile tenu à Metz en 893, suivant l'impulsion donnée par l'épiscopat français, supprima les chorévêques. On peut considérer comme une conséquence de cette mesure l'augmentation du nombre des archidiacres, sans qu'au surplus on attribuât à chacun d'eux une circonscription particulière. Ce fut à Metz que se réunit, en 863, sous la présidence des légats Radoald et Jean, le concile qui sanctionna les décisions prises à Aix-la-Chapelle en 860 et en 862 dans l'affaire du divorce ; en 893, un concile provincial, auquel nous avons déjà fait allusion, se tint dans la même ville.

2° *L'Église régulière.*

On crée peu d'abbayes à cette époque : citons dans le diocèse de Trèves Juvigny en 874, et Rettel, antérieurement à 892 ; dans celui de Metz, en 871, Neumünster, qui eut pour fondateur l'évêque diocésain Advence. Les rois installent des abbés laïcs dans plusieurs monastères, les uns royaux comme Saint-Maximin, Echternach, OEren, Saint-Pierre, Moyenmoutier, les autres épiscopaux comme Gorze. L'abbé laïc abandonne à un prieur les devoirs spirituels de sa charge, qu'il ne peut remplir.

Ce régime, qui annonce celui de la commende, eut des résultats désastreux pour la vie morale des monastères ; les guerres civiles, les invasions normandes et hongroises ne firent qu'aggraver le mal. La discipline se relâcha ; même plusieurs abbayes se transformèrent en collégiales, dont les habitants, des clercs séculiers, suivaient une règle moins sévère que celle de saint Benoît.

3° *La situation matérielle de l'Église.*

Les églises et les abbayes eurent également à souffrir dans leur situation matérielle. Lothaire Ier, Lothaire II, peut-être d'autres princes encore, reprenant les errements de Charles Martel, firent subir à l'Église de nouvelles spoliations. Pour s'en excuser, ils alléguèrent la nécessité où ils se trouvaient de faire des largesses à leurs fidèles, et l'appauvrissement du domaine royal. Tantôt ils enlèvent à une église ou à une abbaye quelques-uns de ses domaines, tantôt ils donnent, comme nous l'avons dit, des abbayes entières à l'un de leurs grands. Ces spoliations causèrent plus qu'un dommage matériel aux églises et aux monastères ; elles eurent souvent un contre-coup fâcheux sur leur vie morale.

La création des abbés laïcs eut encore pour conséquence de précipiter la division des biens en deux parts dans beaucoup de monastères. Les moines, redoutant de se voir réduits à la misère par les grands qu'on mettait à leur tête, demandèrent cette séparation des menses que nous avons déjà constatée précédemment à Moyenmoutier. Dans plusieurs églises cathédrales, on suivit cet exemple ; à la mense épiscopale s'opposa dès lors la mense canoniale.

4° *L'Église et la société laïque.*

Comme par le passé, des obligations assez lourdes pèsent sur les évêques, qui se mêlent à la politique et font même la guerre. Rappelons les missions données à Advence par Lothaire II, le rôle de ce prélat, d'Arnoul et d'Hatton en 869, lors du couronnement de Charles le Chauve, celui d'Arnaud en 888, des évêques lorrains en 898 et en 900. Bertulf et Wala essaient, en 882, de repousser les Normands de la Mosellane ; d'autres luttent, les armes à la main, contre les grands laïcs, tel Barnoin de Verdun, adversaire du comte Boson, frère du roi Raoul.

L'Église, en raison de sa décadence, ne rend plus à la société autant de services qu'aux beaux jours de la période carolingienne.

5° *Le rôle de la papauté.*

L'affaiblissement de la royauté, l'apparition des fausses décrétales, l'affaire du divorce de Lothaire II, permettront à

Pl. VI.

Phot. Monum. histor.

SAINT-DIÉ. — Église Notre-Dame
(Nef prise du chœur, XIIe-XIIIe siècles)

(LASTEYRIE, *Arch. Relig. en France, époque Romane*).

(Voir p. 279).

la papauté d'affirmer des prétentions nouvelles. L'énergique et entreprenant Nicolas Ier va s'attribuer un rôle qu'aucun de ses prédécesseurs n'avait joué dans la Gaule franque. L'envoi des légats Radoald, Jean, Arsène, la déposition de Gunther et de Thiégaud, l'excommunication de Waldrade sont des faits d'une extrême importance. On peut saluer dans Nicolas Ier un véritable précurseur de Grégoire VII.

Par contre, Hadrien II, qui n'inspirait pas autant de crainte que son prédécesseur, ne réussit pas à faire triompher les prétentions de Louis II sur le royaume de son frère ; les efforts de ce pontife pour enlever à Bertulf le siège de Trèves n'eurent pas plus de succès.

6° *L'état moral de la société.*

L'état moral de la société laïque se ressent de la décadence générale de l'Eglise et de l'Etat. Les grands se laissent aller à la violence de leurs passions. Ce ne sont que meurtres, révoltes, spoliations, massacres, pillages ; le passage suivant du chroniqueur Réginon en donnera quelque idée :

« A cette époque, plusieurs fauteurs de discordes et de troubles font espérer à Hugues, fils de Lothaire, qu'il pourrait recouvrer le royaume de son père ; tous les ennemis de la justice et de la paix accourent auprès de lui, en sorte qu'en peu de temps une multitude innombrable de brigands reconnut son autorité. Cependant avec eux quelques grands personnages du royaume, séduits par des espérances trompeuses, vont trouver Hugues et deviennent ses hommes ; ce sont les quatre comtes Etienne, Robert, Guibert et Thiébaut, puis Aubry et son frère Etienne ; ils commirent tant de rapines et de violences dans le royaume qu'il n'y avait nulle différence entre eux et les Normands, si ce n'est qu'ils s'abstenaient de massacrer et de brûler. C'est ainsi que le Dieu tout-puissant frappait dans sa colère le royaume de Lothaire, et par des désastres répétés anéantissait complètement ses forces, pour que fussent accomplies la prophétie du très saint pape Nicolas et les malédictions qu'il avait proférées contre cet Etat.

« En ce temps-là, le même Hugues tua le comte Guibert, qui l'avait soutenu et protégé dès son âge le plus tendre. Peu de jours après, il fit mettre à mort traîtreusement Bernier, un noble qui lui était très fidèle ; Hugues avait été captivé par la beauté de la femme de Bernier, qu'il épousa tout de suite après le meurtre de son mari ; cette femme se nommait Fridérade. Avant d'épouser Bernier, elle avait été mariée à Angelrand, un homme puissant, et lui avait donné une fille, que le comte Ricuin prit pour femme par la suite, et à laquelle il fit trancher la tête pour un adultère qu'elle avait commis [1]. »

L'un des anciens partisans de Hugues, Aubry, meurtrier de Meingaud, périt ensuite de la main d'Etienne, qui sera lui-même assassiné un peu plus tard. Le comte de Verdun Ricuin, qui avait fait mourir sa femme, coupable d'adultère, finit ses jours égorgé dans son lit par le comte Boson. Chez les simples particuliers, les mœurs ne valent pas mieux : le concile tenu à Metz, en 893, rappelle un certain nombre de meurtres ou de faits immoraux récemment commis. Ainsi, à la fin du IXe siècle et au début du Xe, on constate un relâchement général, l'oubli ou le mépris de lois divines et humaines ; il semble que la société retourne à la barbarie.

RÉSUMÉ SUR L'ÉPOQUE FRANQUE.

L'époque franque, on le voit par ce rapide exposé, présente les aspects les plus variés. Quel contraste à tous égards entre les règnes d'un Théodebert Ier, d'un Sigebert Ier ou d'un Charlemagne et ceux d'un roi fainéant, d'un Lothaire II ou d'un Zwentibold !

La région mosellane, d'abord comprise dans l'Austrasie mérovingienne, fournit à ce royaume sa capitale Metz ; elle possède à la fois l'indépendance et la sécurité. Les Carolingiens, issus de saint Arnoul, un évêque de Metz, assurent à notre pays une situation privilégiée dans la monarchie franque, qu'ils ont reconstituée et agrandie. Mais le traité de Verdun détruit l'œuvre de Pépin le Moyen, de Charles

---

1. RÉGINON, *Chronicon*, ad annum 883, éd. *in us. schol.* des Mon. Germ., p. 120-121.

Martel, de Pépin le Bref et de Charlemagne ; il dépouille la Mosellane de la prépondérance dont elle jouissait. Soumise depuis 869 à des fluctuations incessantes, ballottée entre la France et l'Allemagne, elle perd enfin l'autonomie et la sécurité. De son glorieux passé, il ne lui reste plus qu'un souvenir.

D'autre part, quel conflit curieux dans le pays de forces, de croyances, de conceptions, les unes généreuses, bienfaisantes, salutaires à la société, les autres égoïstes, mauvaises, pleines de germes de destruction et de mort ! Civilisation romaine, civilisation germanique et civilisation chrétienne se choquent, se combattent, se pénètrent ; aucune d'elles ne remporte un triomphe complet, définitif. Les vieilles institutions impériales se disloquent, s'évanouissent ; quelques-unes pourtant réussissent — tout en se transformant — à prolonger leur existence.

La société franque reste hiérarchisée comme l'était celle de l'Empire, et le nombre des hommes libres, d'abord accru par l'invasion des barbares, se réduit à rien vers le début du xe siècle, en même temps que triomphe le régime de la grande propriété.

Les Germains ont conservé leurs pratiques judiciaires, qui ont évincé les usages romains ; il n'en résulte du reste aucun progrès ; louons cependant la création des rachimbourgs et des scabins.

Quant aux institutions politiques, administratives, militaires et financières de l'Empire, elles n'ont point prévalu, sans d'ailleurs être remplacées par celles des Germains qui n'en avaient pas à proprement parler. Si les barbares ont exercé une action, c'est non point en vertu d'idées arrêtées, réfléchies, mais bien plutôt par maladresse, par ignorance, par impuissance à s'élever jusqu'à la notion d'un Etat qui assure l'ordre à l'intérieur, protège les frontières et se procure les organes nécessaires à l'accomplissement de cette double tâche. Voilà ce qui explique en partie les dislocations successives du royaume mérovingien et de la monarchie car lingienne, la ruine aux vii⁰-viii⁰ siècles, puis aux ix⁰-x⁰, de nstitutions publiques et le triomphe de l'anarchie, la dé 'ence de l'agriculture, de l'industrie et du commerce, celle enfin de la littérature et des arts. Le prodigieux effort tenté par Charlemagne pour réorganiser l'Etat, pour restaurer la vie économique et la vie intellectuelle, ne produisit qu'u partie des résultats désirés.

A bien des égards, l'Eglise a exercé une profonde influence sur la société franque, à laquelle la rattachent des liens très forts, et de qui elle reçoit, en retour d'éminents services, d'importants privilèges. Nous avons montré quels dangers présentaient pour l'Eglise la protection de l'Etat, ainsi que la possession de trop grands domaines. Au surplus, la situation prépondérante de l'Eglise n'a nullement pour conséquence le triomphe de la loi évangélique. Paganisme romain et paganisme germanique, en apparence vaincus, conservent, en réalité, un grand pouvoir sur les cœurs, où ils maintiennent enracinées une foule de croyances et de superstitions. Les efforts de Charlemagne et du clergé de son temps pour améliorer, pour relever l'état moral de la population, ne produisent que des résultats incomplets et peu durables. On pratique extérieurement le culte, mais on ne se met nullement en peine de conformer sa vie aux préceptes du Christ.

Nos ancêtres de l'époque franque, reconnaissons-le, n'ont possédé que des institutions bien imparfaites et n'ont été ni des hommes cultivés, ni des chrétiens accomplis. Mais n'ont-ils pas joui, de 511 à 843, d'une sécurité extérieure complète, bien d'un prix inestimable, dont leurs descendants, toujours menacés d'invasions, de démembrements et de partages, n'ont jamais connu les douceurs? N'ont-ils pas imposé leur domination aux peuples voisins. Neustriens, Aquitains, Germains d'outre-Rhin, Lombards ? N'ont-ils pas collaboré à la grande œuvre civilisatrice de Charlemagne et restauré, en 800, l'Empire d'Occident ? Centre et cœur de la monarchie carolingienne, notre pays ne lui a-t-il pas fourni en grand nombre des comtes, des évêques et des abbés ?

Que le souvenir de leur grandeur passée vive toujours dans la mémoire des habitants de la Mosellane, qu'ils y trouvent la consolation des misères et des humiliations sans nombre apportées à leur pays par les âges suivants [1], qu'ils y cherchent surtout l'espérance en des jours meilleurs ! Qu'ils n'hésitent pas à revendiquer contre ceux qui le réclament sans aucun droit l'héritage de gloire que leur ont légué les grands ancêtres de l'époque franque !

[1]. Si notre pays a, plus que d'autres, souffert de la ruine de l'empire qu'il avait fondé, les contrées du centre et de l'ouest de l'Europe en ont également subi les funestes effets. L'Allemagne devait toujours se ressentir d'avoir été livrée trop tôt à elle-même, avant que nos ancêtres eussent achevé l'œuvre difficile et longue de son éducation. Enfin, n'est-ce pas à la disparition de la monarchie carolingienne qu'il faut, pour une bonne part, attribuer les guerres sans cesse renaissantes qui ont opposé, jusqu'à nos jours, aux progrès de la civilisation les obstacles les plus sérieux ?

TROISIÈME PARTIE

LIVRE UNIQUE

LA PÉRIODE ALLEMANDE (925-1270).

En 925, nous l'avons vu, la région mosellane, comme tout ce qui subsistait de l'ancienne Lotharingie, se trouvait, moitié de gré, moitié de force, soumise à l'autorité d'Henri Ier (l'Oiseleur). La Germanie et l'ancienne Austrasie mérovingienne se trouvaient donc unies à nouveau, mais dans des conditions qui ne rappelaient en rien celles de leur vie commune d'avant 840. Jadis Francs et Gallo-Francs de la Moselle, de la Meuse, de l'Escaut, avaient soumis, après de longues luttes, Alamans, Bavarois, Thuringiens, Saxons et les avaient initiés par des procédés un peu rudes aux bienfaits de la civilisation chrétienne; maintenant ils voyaient leur patrie, déchue de sa grandeur passée, devenir une simple dépendance des contrées d'outre-Rhin et tomber au rang de province frontière ! Certes, à bien des égards, la Lotharingie conservait une grande supériorité sur sa voisine de l'est, qui ne pouvait que gagner au contact d'un pays plus riche et beaucoup plus civilisé qu'elle-même. Toutefois l'Allemagne avait, il faut le reconnaître, l'avantage de posséder encore en grand nombre des hommes libres, et de ne pas connaître cette féodalité à qui les troubles du ixe et du xe siècle avaient permis de naître et de se développer dans les contrées qu'arrosent la Moselle et la Meuse. La royauté allemande, un moment menacée de disparaître, devait, avec la maison de Saxe, retrouver assez de force mat*ri*elle et de prestige pour empêcher le pays de se démembrer et pour lui rendre un peu de cohésion.

La Lotharingie, qui restera durant de longs siècles rattachée politiquement à l'Allemagne, sera comme elle, depuis 962, partie du Saint-Empire romain germanique. Cette situation qui, pour certaines parties du pays, prendra fin dès le début du xiv° siècle, se prolongera pour quelques autres jusqu'au xvii° siècle, et pour le reste jusqu'au xviii°.

Toutefois, les liens qui unissent à l'Allemagne ou à l'Empire les territoires mosellans de ces deux dernières catégories, ne cessent depuis le milieu du xiii° siècle de se desserrer, en attendant qu'ils se dénouent ou qu'on les tranche. Seuls, l'électorat de Trèves et quelques principautés moins importantes restent, jusqu'à la fin, étroitement rattachés au corps germanique.

Du x° au xiii° siècle, c'est-à-dire durant la période où la région lorraine se trouve, dans son ensemble, intimement mêlée à la vie politique de l'Allemagne, celle-ci, bien qu'elle ait connu des moments critiques, n'en est pas moins le plus puissant des Etats de l'Europe, tandis que la France des derniers Carolingiens et des premiers Capétiens reste faible. Au xiii° siècle, les situations respectives des deux pays se modifient. Des luttes intestines, les guerres entre papes et rois des Romains ou empereurs affaiblissent l'Allemagne; le grand interrègne achève de la désorganiser, d'y ruiner le pouvoir central, d'y assurer l'indépendance des princes. Anarchie au dedans, impuissance au dehors, voilà en quelques mots l'état de l'Allemagne à la fin du xiii° siècle. Au contraire, la royauté française se fortifie avec les conquêtes de Philippe-Auguste et de Louis VIII sur le domaine continental des Plantagenets et sur le comté de Toulouse. Les vertus de saint Louis donnent en outre à cette royauté le prestige d'une grande autorité morale; elle se fait respecter et de ses feudataires, et des princes étrangers.

Ces transformations de l'Allemagne et de la France entraîneront de graves conséquences pour la Lorraine. Celle-ci du reste se laisse pénétrer, dès le xii⁰ siècle, par la civilisation française, alors très brillante.

Comme nous le verrons, la Querelle des Investitures acheva de désorganiser la Mosellane ; aussi l'année 1122. qui marque la fin de cette grande lutte, sépare-t-elle en deux phases l'histoire de la région lorraine durant la période allemande.

CHAPITRE PREMIER

HISTOIRE DE LA RÉGION LORRAINE DE 925 A 1122 [1].

L'autorité des rois d'Allemagne ne s'est pas établie dans la région lorraine sans y rencontrer de sérieux obstacles,

---

[1]. Bibliographie. — Sources : les Diplômes des souverains allemands dans les *Monumenta Germaniæ historica*, section des *Diplomata*, t I, II, III. Les Regestes dans Böhmer-Ottenthal, *Die Regesten der sächsischen Kaiser* et dans Stumpf-Brentano (K. Fr.), *Die Reichskanzler*. — Les Chartes dans Calmet, les Bénédictins, Beyer, d'Herbomez, Lesort, Bloch. — Gerbert, *Lettres*, et Flodoard, *Annales* (*Collection de textes*, etc.) ; Richer (de Reims), *Historiæ* (éd. *in usum scholarum*) ; *Gesta Trevirorum*, *Gesta episcoporum Mettensium*, *Gesta episcoporum Tullensium*, *Gestorum episcoporum Virdunensium continuatio*, et *Gesta episcoporum Virdunensium*, de Laurent de Liège (*Monumenta Germaniæ*, Scriptores, t. VIII, II et X, VIII, X) ; *Chronicon Sancti-Michælis* (*Chroniques et chartes de l'abbaye de Saint-Mihiel*, t. VI des *Mettensia*) ; *Libellus de sancti Hildulfi successoribus in Mediano Monasterio* et Richer (de Senones), *Gesta Senoniensis ecclesiæ* (*Mon. Germ., Script.*, t. IV et XXV) ; *Vita Deoderici I, Mettensis episcopi*, de Sigebert de Gembloux, *Vita Adalberonis II, Mett. ep.*, de Constantin, *Vita sancti Gerardi*, de Widric (*Mon. Germ., Script.*, t. IV) ; *Vita sancti Leonis* (*Pontificum romanorum.. vitæ*, de Watterich (J. M.), t Iᵉʳ, 1862) ; *Vita Johannis Gorziensis*, de Jean, abbé de Saint-Arnoul, *Vita beati Ricardi* (*Mon. Germ., Script.*, t. IV et XI).

Ouvrages généraux : Giesebrecht (W. von), *Geschichte der deutschen Kaiserzeit*, t. I-IV, 5ᵉ éd., 3 vol. in 8°, 1881-1890. — Pfister (Chr.), *Etudes sur le règne de Robert le Pieux*, 1 vol. in-8°, 1885. — Manitius, *Deutsche Geschichte unter den sächsischen und salischen Kaisern*, 1 vol. in-8°, 1889. — Lot (F.), *les Derniers Carolingiens*, 1 vol. in-8°, 1891. — Delarc (abbé O.), *Saint Grégoire VII et la réforme de l'Eglise au XIᵉ siècle*, 3 vol. in-8°, 1892. — Martens (W.), *Gregor VII, sein Leben und* intérieurs ou extérieurs. Les Lorrains se rappellent que leur pays a formé jadis un royaume autonome, et ce passé revit d'autant mieux dans leur mémoire qu'au début il en subsiste encore quelques vestiges. Giselbert, puis Godefroy le Barbu tentent de ressusciter l'ancienne indépendance. Ils échouent, parce que le pays est très divisé, et que les grandes familles comtales, animées d'un esprit particulariste accentué, refusent de s'unir aux ducs dans une action commune ; l'individualisme de l'aristocratie, dangereux pour la domination allemande, ne l'était donc pas moins pour l'autonomie du pays. Otton Ier et son frère Brunon, Conrad II, puis Henri III brisèrent les résistances auxquelles ils se heurtèrent, arrêtèrent pour quelque temps la désagrégation de la région lorraine, mirent un terme aux progrès de l'anarchie féodale et firent respecter le pouvoir royal.

Au dehors, l'autorité de l'Allemagne est menacée au Xe siècle par les revendications des Carolingiens français, qui considèrent, non sans raison du reste, la Lorraine comme le patrimoine de leur famille et qui voient dans les souverains saxons des usurpateurs. Aussi Louis d'Outremer

---

Wirken, 2 vol. in-8°, 1895. — BAYET (Ch.), PFISTER (Chr.) et KLEINCLAUSZ (A.), le Christianisme. Les Barbares. Mérovingiens et Carolingiens, et LUCHAIRE (Ach.), les Premiers Capétiens, t. II (1re et 2e partie) de l'Histoire de France de LAVISSE, 1903 et 1901. — HAUCK (A.), Kirchengeschichte Deutschlands, t. III, 3e et 4e éd., 1906.

Ouvrages concernant la région : Aux travaux de CALMET, DIGOT, HUHN, DERICHSWEILER, ajouter : BRIARD (E.) et LEPAGE (H.), Des titres et prétentions des ducs héréditaires de Lorraine (Mém. Soc. Arch. lorr., t. XXXV, 1885.) — WICHMANN (K.), Adalbero I Bischof von Metz (Jahrbuch de Metz, t. III, 1891.) — WITTE (Heinrich), Genealogische Untersuchungen zur Geschichte Lothringens und des Westrich (Jahrbuch de Metz, t. V et VII, 1893 et 1895). — CHATELAIN (abbé V.), le Comté de Metz et la vouerie épiscopale du VIIIe au XIIIe siècle (Jahrbuch de Metz, t. X et XIII, 1898 et 1901). — DANTZER (A.), la Querelle des Investitures dans les évêchés de Metz, Toul et Verdun, de 1075 au concordat de Worms, 1122 (Annales de l'Est, t. XVI, 1902). — VANDERKINDERE (L.), la Formation territoriale des principautés belges au moyen âge, t. II, 1902-1903. — DUPRÉEL (E.), Histoire critique de Godefroy le Barbu, 1 vol. in-8°, 1904. — PARISOT (R.), les Origines de la Haute-Lorraine et sa première maison ducale, 1 vol. in-8°, 1909.

et Lothaire, son fils, feront-ils sur la Lorraine plusieurs tentatives, d'ailleurs infructueuses, car s'ils sont intelligents, actifs, énergiques, leur puissance matérielle est faible, comparée à celle des princes de la maison de Saxe ; ils seront en outre mal secondés par leurs vassaux de France ; enfin, tandis que Louis IV trouve encore l'appui de nombreux évêques ou seigneurs lorrains, il n'en sera plus de même de Lothaire. Quant aux Capétiens, ils n'élèveront pas de prétentions sérieuses sur le pays avant la mort de saint Louis.

De 925 à 959, la région mosellane continue à faire partie de l'ancienne Lotharingie, que gouvernent des ducs nationaux ou étrangers. Jugeant la Lotharingie trop grande, trop difficile à gouverner, Brunon la divise en deux duchés (959) ; celui du sud, Mosellane ou Haute-Lorraine, correspond à l'ancienne première Belgique, à la région lorraine dans sa plus grande extension. Ce duché conserve jusqu'au début du xii° siècle une unité relative, sous l'autorité de ducs qui sont les représentants du souverain et qui gardent quelque pouvoir sur les évêques et sur les comtes de la province. Mais peu à peu, la Mosellane se disloquera, s'émiettera, sous l'action de forces dissolvantes, les unes anciennes, les autres nouvelles, esprit d'insubordination des comtes, accroissement de l'autorité temporelle des évêques, faiblesse des ducs, impuissance ou éloignement des souverains, querelle des Investitures. On peut dire qu'en 1122, quand se termine la première lutte des papes et des empereurs, la Mosellane n'est plus qu'un souvenir. Comtes et évêques, ceux-ci en tant que seigneurs temporels, ne reconnaissent plus l'autorité des ducs de Lorraine, dont ils sont devenus les égaux. Une nouvelle phase commence alors dans l'histoire du pays.

I. — La Lotharingie de 925 a 959.

De 925 à 959, la Lotharingie conserve, nous l'avons dit, quelques vestiges de son ancienne autonomie ; les archevêques de Trèves, Roger et Robert, continuent de contresigner, comme archichanceliers, quelques-uns des diplômes des souverains saxons en faveur des églises et des abbayes du pays. Henri Ier, qui a fait, en 928, de son gendre Giselbert, fils de Régnier, un duc de Lotharingie, lui laisse, surtout dans les affaires extérieures, une grande liberté d'action.

Le duc ne vécut pas longtemps en bonne intelligence avec son beau-frère Otton Ier. Poussé par son autre beau-frère Henri, par Eberhard, duc de Franconie, par d'autres mécontents, par des évêques et par des seigneurs lorrains fidèles à la dynastie carolingienne, il fit appel au fils de Charles le Simple, Louis IV, devenu roi de France en 936. Après quelques hésitations, Louis accueillit, en 939, les offres de Giselbert, de Thierry de Westfrise, d'Otton de Verdun, d'autres encore et tenta de s'emparer de la Lotharingie. L'entreprise échoua, quoique les circonstances fussent très favorables ; plusieurs évêques, y compris Adalbéron Ier de Metz, avaient fini par se déclarer en faveur du Carolingien, tandis qu'une partie de l'Allemagne se révoltait contre son roi. Mais Giselbert et Eberhard de Franconie périrent le même jour, et malgré son mariage avec Gerberge, veuve de Giselbert, Louis se vit réduit à l'impuissance par l'hostilité de Hugues le Grand, duc de France, et du comte Herbert de Vermandois. Dès la fin de 939 ou le début de 940, Otton avait achevé la soumission de la Lotharingie ; Adalbéron Ier, évêque de Metz, fut l'un des derniers à déposer les armes.

Otton, comte de Verdun, fils de Ricuin, à qui le roi d'Allemagne avait confié le duché de Lotharingie, ne garda le pouvoir que quatre années. A sa mort (944), Otton Ier qui se méfiait des comtes lorrains, imposa comme duc au pays Conrad le Roux, un Franc de l'Est, parent du roi Conrad Ier, et pour être bien sûr de sa fidélité, le roi lui donna, en 947, sa fille Liutgarde en mariage. Homme actif, énergique, mais dur et violent, Conrad hérita de l'impopularité que s'étaient attirée autrefois en Lotharingie d'autres membres de sa famille. A l'intérieur, il réprima rigoureusement toute tentative de rébellion.

Le même sentiment de défiance à l'égard des grandes familles indigènes détermina Otton Ier à nommer, en 940, évêque de Verdun un Allemand, Bérenger ; déjà, en 930, Henri Ier avait donné le siège de Trèves à Robert, qui était peut-être allié à sa famille. Les successeurs d'Otton devaient adopter la même politique.

Quand Conrad se fut, de concert avec Liudolf, fils du premier lit d'Otton Ier, révolté contre l'autorité de ce prince, les Lorrains, qui détestaient leur duc, prirent les armes pour le combattre. Aussi Otton put-il enlever la Lotharingie à Conrad pour la donner à son plus jeune frère Brunon, déjà archevêque de Cologne. Prélat intelligent, cultivé, d'une grande piété et d'un réel sens politique, Brunon s'efforça de rétablir le calme et l'ordre dans la Lotharingie. Les soulèvements qu'il eut à réprimer lui prouvèrent que c'était là une tâche malaisée à remplir. Pensant que le gouvernement de la Lotharingie constituait, en raison de l'esprit turbulent de la noblesse, une tâche au-dessus des forces d'un seul homme, il jugea bon en 959, et le projet reçut l'approbation de son frère Otton, de diviser le pays en deux duchés : celui du nord comprit une partie des provinces ecclésiastiques de Cologne et de Reims ; celui du sud, Mosellane ou Haute-Lorraine, correspondit, au moins dans les grandes lignes, à la province ecclésiastique de Trèves, c'est-à-dire à la première Belgique.

Cette mesure, à jamais regrettable, portait un nouveau coup à la malheureuse Lotharingie qui, en perdant son unité, devait abandonner tout espoir de recouvrer un jour son indépendance.

II. — La Mosellane ou Haute-Lorraine de 959 a 1033.

Tout en conservant l'autorité supérieure sur les deux moitiés de la Lotharingie, Brunon se fit seconder par un duc dans chacune d'elles. La Mosellane fut confiée par lui au comte Frédéric de la maison d'Ardenne, fils de Wigeric et de Cunégonde et frère d'Adalbéron I*er*, évêque de Metz. L'attitude des membres de cette famille, lors de la révolte de Conrad, attestait leur fidélité à la maison de Saxe. En outre, Frédéric avait épousé, en 954, Béatrice, fille de Hugues le Grand et d'Avoie ; nièce d'Otton et de Brunon par sa mère, Béatrice devait avoir elle-même et entretenir chez son mari des sentiments hostiles aux Carolingiens. Il n'y avait donc pas lieu de craindre que Frédéric aidât jamais ceux-ci à reprendre la Lorraine. Représentant, lieutenant du souverain, le nouveau duc possédait à ce titre des pouvoirs judiciaires et militaires, avait autorité sur les comtes, les évêques et les abbés de la Mosellane, mais ni les uns ni les autres n'étaient ses vassaux et ils ne lui obéissaient qu'en sa qualité de délégué du roi. Le souverain aurait eu le droit de retirer au duc sa dignité et, quand celui-ci mourut, de ne pas la conférer au fils du défunt. Ni les Saxons ni les Saliens n'usèrent de cette prérogative ; Frédéric eut pour successeur son fils Thierry, et ce dernier son fils Frédéric II. La dignité ducale se transmit donc héréditairement — non en droit — mais en fait, dans la maison d'Ardenne ou plutôt de Bar. Aussi n'y a-t-il pas lieu de distinguer en Lorraine les ducs héréditaires des ducs bénéficiaires.

Frédéric possédait en Haute-Lorraine, à titre d'alleux ou de fiefs, des domaines étendus répartis dans divers *pagi* du diocèse de Metz (*Mettensis, Rosalensis, Salinensis, Scarponensis*), du diocèse de Toul (*Calvomontensis, Suentensis, Solocensis, Odornensis, Barrensis*) et dans le comté de Verdun ; il avait en outre l'avouerie des abbayes Saint-Martin de Metz, Saint-Dié, Moyenmoutier et Saint-Mihiel. C'était presque uniquement dans le sud et dans l'ouest de la Mosellane, en territoire roman, que Frédéric et ses descendants avaient des possessions. Il semble qu'au point de vue des talents politiques ou militaires et des forces matérielles les premiers ducs de Haute-Lorraine aient été peu favorisés ; aussi n'ont-ils exercé d'action profonde ni dans leur duché, ni en Allemagne.

Ils paraissent un peu effacés à côté de quelques-uns des évêques, leurs contemporains. Du reste, ce sera la politique constante des rois saxons d'accroître la puissance de l'épiscopat, aussi bien dans les deux Lorraines qu'en Allemagne, et de faire des prélats leurs principaux auxiliaires. Comme ils n'ont qu'une confiance limitée dans la fidélité des grandes familles indigènes, jadis toutes dévouées aux Carolingiens, c'est de préférence à des clercs originaires de l'Allemagne ou de la Basse-Lorraine qu'ils confient les sièges épiscopaux de la Mosellane ; Thierry, un parent de la maison de Saxe, obtient le siège de Metz ; saint Gérard, puis Berthold, celui de Toul ; Wicfrid et Haimon, celui de Verdun. Mais, d'autre part, les grandes familles s'efforcent d'assurer à leurs cadets les évêchés du pays et parfois ils y réussissent ; par exemple un fils de Frédéric et de Béatrice, Adalbéron, ainsi qu'un autre Adalbéron, fils de Godefroy le Captif, comte de Verdun, deviendront, en 984, l'un évêque de Metz, l'autre de Verdun. Les circonstances, la fidélité des familles auxquelles appartenaient les deux prélats expliquent cette dérogation aux pratiques habituelles des Saxons.

A la même époque, les archevêques de Trèves, les évêques de Metz, de Toul et de Verdun acquièrent les pouvoirs comtaux sur leur ville et sur une partie du comté dont celle-ci était le chef-lieu. Aux possessions, déjà pourvues de l'immunité, que détenaient au nom de leurs Églises les quatre prélats, vient donc s'ajouter un autre domaine, et c'est ainsi que se trouve constitué le temporel des évêques. D'ailleurs, il y a toujours des comtes à Metz, à Toul et à Verdun, mais c'est l'évêque qui les désigne, quoique le souverain se soit réservé le droit de leur conférer le *bannus*, qui leur permet d'exercer leurs fonctions. Les évêques continuent, au point de vue militaire surtout, d'être subordonnés au duc ; mais, en raison de leur origine allemande et de leur pouvoir temporel, ils jouissent en fait à son égard d'une certaine indépendance ; tout dévoués au souverain, ils lui garantissent la tranquillité du pays et tiendraient tête au duc, s'il prenait à celui-ci fantaisie de se révolter : Godefroy le Barbu en fera d'ailleurs l'expérience à ses dépens. En définitive, l'épiscopat reste loyaliste, comme il l'avait été aux époques mérovingienne et carolingienne.

Ce furent des comtes épiscopaux, et non les ducs de la maison de Bar, qui parfois créèrent des difficultés aux évêques. Ceux de Metz et de Toul ne jouèrent qu'un rôle effacé ; à Metz, la charge de comte épiscopal appartint peut-être aux ducs Frédéric et Thierry ; celui-ci, à supposer qu'il l'ait eue, en fut dépouillé par l'évêque Thierry de Luxembourg. Mais à Verdun les prélats eurent affaire à une branche de la maison d'Ardenne, qui possédait le comté avant qu'il fût devenu épiscopal. Cette famille, riche et puissante, fournit en outre à la Basse et à la Haute-Lorraine une série de ducs nommés Godefroy ou Gozelon. Les tentatives des évêques de Verdun pour évincer des comtes qu'ils jugeaient trop redoutables ne réussirent qu'à provoquer de terribles conflits. L'un d'eux coûta la vie à Louis de Chiny, dont l'évêque Rambert avait essayé de faire un comte de Verdun. Lors d'une autre lutte, Godefroy le Barbu prit Verdun et incendia la cathédrale de cette ville.

A l'époque où les évêques recevaient les pouvoirs comtaux, une seigneurie se constituait dans un *pagus* du diocèse de Trèves, le comté, plus tard duché de Luxembourg, dont le fondateur, Sigefroy, était un descendant de Wigeric et de Cunégonde, un parent des Frédéric et des Godefroy.

Un peu après la création de la Haute-Lorraine, Otton Ier partait pour l'Italie, après avoir fait reconnaître son fils Otton II comme roi de Lotharingie à Aix-la-Chapelle. Couronné à Rome, le 2 février 962, par le pape Jean XII, Otton Ier restaurait l'Empire qu'avait fondé Charlemagne ; c'est le Saint-Empire romain germanique, qui comprit d'abord — outre l'Allemagne et la Lotharingie — l'Italie, et plus tard, au xi° siècle, le royaume de Bourgogne. Si au début l'on place indifféremment les deux Lorraines dans l'Empire ou dans l'Allemagne, vers la fin du moyen âge, il est admis que les principautés lotharingiennes de langue romane ne font partie que de l'Empire.

Tandis que les Francs et les Gallo-Francs de l'ancienne Austrasie avaient pu, en raison de leurs origines à la fois gallo-romaines et germaniques, constituer un Etat qui embrassait la Germanie, la Gaule et l'Italie, la tâche de ressusciter et de faire vivre une monarchie formée d'éléments aussi dissemblables dépassait les moyens et les forces des Allemands. L'événement ne le prouva que trop.

La restauration de l'Empire et la possession de l'Italie, bien loin d'apporter aucune force réelle aux souverains allemands, ne feront que leur susciter d'innombrables conflits avec les Italiens et avec les papes; elles causeront finalement la ruine politique de l'Allemagne. Préoccupés d'affermir leur domination toujours chancelante sur l'Italie et sur la papauté, les césars germaniques négligèrent de maintenir l'ordre dans leur ancien royaume et d'en défendre les frontières. Les deux Lorraines eurent particulièrement à souffrir de cet état de choses. A la différence d'Otton Ier, qui avait su imposer à tous le respect de son autorité, ses descendants, très inférieurs à lui en énergie et en talents politiques, se montrèrent incapables d'assurer au pays la tranquillité au dedans et la sécurité au dehors.

En 978, l'année même où meurt Frédéric Ier, laissant un fils mineur Thierry, Lothaire envahit la Lotharingie, mais il ne réussit ni à s'emparer d'Otton II et de Théophano, sa femme, ni à prendre Metz, que défendait l'évêque Thierry. Il ne semble pas, du reste, avoir trouvé d'appui dans la Mosellane, où le loyalisme carolingien avait disparu ou diminué. L'expédition qu'Otton II dirigea contre Lothaire la même année et durant laquelle Godefroy de Verdun se distingua, n'eut pas plus de succès que celle de Lothaire. En 980 les deux adversaires signaient la paix à Margut, sur les bords de la Chiers, et le Carolingien renonçait à ses prétentions sur la Lotharingie.

La mort prématurée d'Otton II en 983, l'avènement de son fils Otton III, un enfant de quatre à cinq ans, les visées ambitieuses d'Henri le Querelleur, ancien duc de Bavière, cousin germain d'Otton II, allaient permettre à Lothaire de reprendre la politique traditionnelle de sa maison. Après avoir commencé par se poser en protecteur d'Otton III, après avoir reçu les serments d'évêques et de comtes lorrains, Lothaire fit volte-face, rechercha l'alliance d'Henri le Querelleur, lui donna même à Brisach un rendez-vous auquel son allié ne vint pas. Ce manque de parole ne découragea pas le Carolingien. Avec l'aide de deux comtes français, Herbert de Troyes et Eudes de Blois et de Chartres, il tenta de conquérir la Mosellane.

Béatrice, veuve de Frédéric, qui gouvernait le duché depuis 978, au nom de son fils Thierry encore mineur, était une femme intelligente et énergique, nullement disposée d'ailleurs à seconder les projets de Lothaire. Fidèle à son cousin Otton III, elle s'entremit avec succès entre les impératrices Adélaïde et Théophano, grand'mère et mère d'Otton III, et Henri le Querelleur, en vue d'amener ce dernier à la soumission ; en récompense de ses services, elle obtint pour son fils Adalbéron d'abord l'évêché de Verdun, puis celui, beaucoup plus important, de Metz.

Cependant Lothaire et ses auxiliaires, les comtes Herbert et Eudes, s'étaient emparés de Verdun. Le duc Thierry, qui sortait alors de l'enfance, le comte Godefroy, d'autres seigneurs lorrains, réussirent à reprendre la ville. Mais Lothaire revint, assiégea une seconde fois la place, qui tomba de nouveau en son pouvoir, ainsi que ses défenseurs, Thierry, Godefroy et plusieurs comtes lorrains. Là pourtant devaient se borner les succès du Carolingien, que ne secondaient ni les évêques ni les seigneurs du pays. Béatrice s'efforça d'obtenir la liberté de son fils et de réconcilier Lothaire avec Otton III.

Les morts successives de Lothaire et de Louis V, l'avènement de Hugues Capet, frère de Béatrice, amenèrent la conclusion de la paix et la restitution de Verdun à la Lorraine. Déjà Thierry avait, grâce à son oncle Hugues, recouvré la liberté. Godefroy sortit aussi de captivité, mais Herbert et Eudes, auxquels Lothaire l'avait remis, ne le relâchèrent qu'après lui avoir imposé de lourds sacrifices. C'est alors que les deux comtes acquirent dans l'ouest de la Haute-Lorraine, en particulier dans le Barrois, l'Ornois, le *Bedensis* et peut-être dans d'autres *pagi*, des villages et des forteresses qui passeront à leurs descendants et qui deviendront une cause de conflit entre ceux-ci et les ducs lorrains.

Quant aux Capétiens, qui n'avaient pas sur les deux Lorraines les mêmes droits que les Carolingiens, ils se contenteront, durant près de trois siècles, de vagues revendications, qui ne méritent pas qu'on s'y arrête.

Le duc Thierry devait éprouver une série de malheurs. Après la mort de son frère Adalbéron II, il avait voulu faire d'un de ses fils, encore enfant, appelé lui aussi Adalbéron, un évêque de Metz ; quoique le projet fût contraire aux canons de l'Eglise, il paraissait devoir réussir. Mais Thierry de Luxembourg, que le duc de Mosellane avait chargé d'administrer le diocèse, écarta son pupille et se fit élire évêque (1005 ou 1006) ; son beau-frère, le roi d'Allemagne Henri II, finit, non sans répugnance, par sanctionner cette usurpation. Deux ans plus tard, le souverain refusa de reconnaître pour archevêque de Trèves un autre frère de Cunégonde, Adalbéron, que le clergé de l'archidiocèse avait élu dans des conditions plus ou moins régulières, et donna le siège à Meingaud. Soutenu par ses frères Thierry de Metz et Henri, duc de Bavière, Adalbéron brava le roi, qui assiégea vainement Trèves en 1008, Metz en 1009 et en 1012. Henri II, impuissant à chasser Adalbéron de Trèves, ne réussit pas davantage à faire mettre en liberté son fidèle vassal, le duc Thierry, qui en 1011 était tombé au pouvoir des frères de Cunégonde. Pour sortir de captivité, Thierry dut sans doute renoncer au comté de Metz, que l'évêque donna à l'un de ses beaux-frères, Gérard, d'une maison alsacienne apparentée à celle des anciens comtes messins.

La faiblesse du pouvoir ducal, que révélait déjà cet épisode, éclate encore au grand jour dans la lutte que Thierry et son fils Frédéric II, qui lui avait été associé avant 1019, soutinrent contre Eudes II, comte de Blois et de Chartres depuis 1004, de Meaux et de Troyes depuis 1020-1023. Comme héritier de son père Eudes Ier et de son cousin Etienne, fils d'Herbert le Jeune, Eudes II possédait dans la Mosellane les villages et les forteresses que Godefroy de Verdun et peut-être d'autres seigneurs lorrains avaient dû céder aux deux comtes français pour recouvrer leur liberté. Les guerres qui éclatèrent à propos de ces domaines lorrains d'Eudes II n'aboutirent à aucun résultat. En 1023, les deux parties invoquèrent l'arbitrage de l'empereur Henri II, qui eut à Ivoy (Carignan) une entrevue avec le roi de France, Robert le Pieux. L'empereur réconcilia pour quelque temps les ducs lorrains avec leur ennemi.

Un an après, Henri II mourait : c'était le dernier souverain de la maison de Saxe. Thierry et Frédéric II vont essayer alors de donner à l'Allemagne un roi en la personne de Conrad le Jeune, un Franc de l'Est, fils de Conrad, duc de Carinthie, et de Mathide de Souabe, remariée avant 1024 à Frédéric II. Quoiqu'en la circonstance ils eussent obtenu l'appui de leur cousin Gozelon, duc de Basse-Lorraine, et de la plupart des évêques de la région, ils subirent un échec, auquel la question de la réforme ecclésiastique ne fut peut-être pas étrangère. L'archevêque de Mayence, ainsi que les évêques, les ducs et les comtes de l'Allemagne, hostiles aux idées clunisiennes, que représentaient les Lorrains, préférèrent à Conrad le Jeune son cousin germain et homonyme, Conrad l'Ancien, qui fut élu à Camba, sur les bords du Rhin, le 4 septembre 1024. Les ducs lorrains essayèrent quelque temps de ne pas reconnaître le nouveau roi ; mais ni Robert le Pieux, ni le comte Eudes II, dont ils avaient demandé l'appui, ne les secoururent;

force fut donc à Gozelon, à Thierry et à Frédéric de faire leur soumission en 1025-1026. Frédéric et son beau-fils tentèrent, mais sans résultat appréciable, de reprendre plus tard une attitude hostile à l'égard de Conrad II. Celui-ci, prince énergique, raffermit l'autorité royale, qui sous le règne d'Henri III, fils de Conrad, atteindra son apogée.

Frédéric II devait mourir en 1033, ne laissant que des filles encore très jeunes, Béatrice et Sophie. Comme la dignité ducale ne pouvait alors être confiée à des femmes, et que ni Béatrice ni Sophie n'étaient mariées, Conrad II donna la Mosellane à son ancien adversaire Gozelon, déjà duc de Basse-Lorraine. Mais Béatrice et Sophie héritèrent des domaines allodiaux de leur père. Béatrice épousa le margrave de Toscane, Boniface, et fut mère de la célèbre Mathilde, qui joua un si grand rôle dans la Querelle des Investitures. Sophie, mariée au comte Louis de Montbéliard-Mousson, eut pour fils Thierry, tige de la seconde maison de Bar.

Comme ducs de Mosellane, Frédéric Ier, son fils et son petit-fils n'ont joué qu'un rôle effacé : Thierry et Frédéric II ont échoué la seule fois qu'ils aient tenté de se mettre au premier plan, en donnant un roi à l'Allemagne. Accordons-leur cependant le mérite d'avoir constitué le comté féodal de Bar qui, du XIe au XVe siècle, sera l'une des plus importantes seigneuries laïques de la région lorraine.

Comme nous l'avons dit, ces ducs pâlissent à côté d'un Poppon de Trèves qui, plus heureux que son prédécesseur Meingaud, contraignit à la soumission Adalbéron de Luxembourg, d'un Thierry Ier et d'un Thierry II de Metz, d'un saint Gérard et d'un Brunon de Toul, le futur pape saint Léon IX. A Verdun, le personnage le plus considérable au début du XIe siècle est l'abbé de Saint-Vanne, le bienheureux Richard, qui, tant par lui-même que par ses disciples, propagea la réforme clunisienne en Lorraine, en France et jusqu'en Allemagne.

III. — LA HAUTE-LORRAINE DE 1033 A 1047.

La maison de Verdun avait donc obtenu, en 1033, la Mosellane. Fait de la plus grande importance, Haute et Basse-Lorraine se trouvaient, après trois quarts de siècle de séparation, réunies à nouveau sous l'autorité d'un seul duc, et ce personnage, Gozelon, était un politique et un homme de guerre. Un des grands événements militaires du xi° siècle devait marquer la réunion si heureuse, si pleine de promesses, des deux Lorraines. Après la mort du dernier roi de Bourgogne, Rodolphe III (1032), Conrad II et le comte Eudes II se disputèrent la succession du souverain défunt. A plusieurs reprises le comte de Troyes envahit et dévasta la Mosellane. Enfin, en 1037, atteint près de Bar-le-Duc par une armée que commandaient Gozelon et son fils Godefroy le Barbu, armée dont faisaient partie des contingents messins et liégeois, Eudes fut vaincu et tué. La bataille de Bar a presque autant d'importance que celle qui se livra sous les murs de Nancy en 1477 ; au surplus, on peut trouver plus d'un trait de ressemblance entre Eudes et Charles le Téméraire. Grâce à cette victoire, la Haute-Lorraine sera pour longtemps à l'abri des invasions venues de l'ouest. Par malheur, il semble que les comtes de Champagne aient conservé les domaines qu'Eudes, leur ancêtre, détenait dans la Mosellane.

Gozelon, mort en 1044, eut pour successeur dans la Haute-Lorraine son fils aîné Godefroy le Barbu, que Conrad lui avait associé en 1039 environ. Par ses défauts, comme par ses qualités, Godefroy est l'une des personnalités les plus curieuses, les plus vivantes du xi° siècle ; à une belle prestance il joignait une grande facilité de parole, de la bravoure, de l'activité ; mais on doit constater que l'ambition de Godefroy n'a jamais connu les scrupules et que, pour la satisfaire, il n'a pas reculé devant les pires violences.

Désireux de gouverner, ainsi que son père, les deux duchés, il se vit refuser la Basse-Lorraine par Henri III, qui craignait de concentrer une trop grande puissance entre les mains d'un homme audacieux et entreprenant. Irrité, le duc en appela aux armes, aidé par les comtes Thierry IV de Westfrise et Baudouin V de Flandre, peut-être aussi par le roi de France Henri Iᵉʳ. En revanche, l'épiscopat lorrain et, semble-t-il, beaucoup de comtes demeurèrent fidèles à Henri III. Le souverain retira, rendit, puis enleva de nouveau à Godefroy la Mosellane, qu'il finit par donner, en 1047, au comte Adalbert, de la maison d'Alsace. Il ne servit de rien à Godefroy de prendre Verdun en 1047, de battre et de tuer son successeur Adalbert l'année suivante. En fin de compte, force lui fut de se soumettre, de renoncer à la Mosellane comme à la Basse-Lorraine.

Plus tard, il devait se refaire une situation en Italie, où il épousa malgré Henri III sa cousine Béatrice, veuve de Boniface de Toscane. La mort d'Henri, en 1056, permit à Godefroy de jouer dans les affaires de l'Allemagne et de l'Italie un rôle de premier plan durant la minorité d'Henri IV. Même en 1065, il obtint la Basse-Lorraine, que vingt ans auparavant il avait en vain réclamée. Ce duché, ainsi que le comté de Verdun, passeront, quand il mourra en 1069, à son fils Godefroy le Bossu.

Ce fut un vrai malheur pour les deux Lorraines de n'être pas restées unies sous l'autorité d'hommes puissants et actifs comme l'étaient les comtes de Verdun. Sans contredit, les Gozelon et les Godefroy sont, à tous égards, très supérieurs à leurs devanciers et à leurs successeurs. Ils auraient pu, grâce à leurs talents, grâce à la force matérielle dont ils disposaient, préserver la Lotharingie de l'émiettement qui va s'accentuer après eux et lui permettre de jouer un rôle digne de son glorieux passé.

IV. — La Haute-Lorraine de 1047 a 1076.

A la maison de Verdun succéda, en 1047, la maison dite d'Alsace, qui gardera la Haute-Lorraine durant près de sept cents ans. Originaire de l'Alsace, mais apparentée à l'ancienne maison des comtes royaux de Metz, comme semblent le prouver les noms de Gérard et d'Adalbert, communs aux deux familles, la nouvelle dynastie avait des domaines étendus dans la Mosellane : une partie du Saintois, du Chaumontois, du p. *Nidensis* et du p. *Saroensis* lui appartenait; peut-être au début possédait-elle le comté épiscopal de Metz, qu'elle ne gardera pas.

Adalbert d'Alsace, mort en 1048, eut pour successeur son frère ou neveu Gérard, que l'on appelle d'habitude le premier duc héréditaire de Lorraine. Rien de plus arbitraire, nous le répétons, que cette distinction, inventée par dom Calmet, entre les ducs bénéficiaires et les ducs héréditaires. En réalité, Gérard a reçu le duché de Mosellane aux mêmes conditions que ses devanciers. L'hérédité de fait dont avaient joui les maisons de Bar et de Verdun s'établira dans celle d'Alsace, sans que ni Henri III ni aucun de ses successeurs aient pris à cet égard de dispositions particulières.

Comme leurs prédécesseurs de la maison de Bar, et pour les mêmes raisons, insuffisance de puissance et de talents politiques ou militaires, les premiers ducs de la maison d'Alsace ne joueront en Allemagne qu'un rôle effacé. A l'intérieur de leur duché, ils ne réussiront ni à conjurer la dislocation de la Mosellane, ni à retenir les comtes sous leur autorité, ni même à se faire toujours obéir des vassaux de leurs domaines. Aussi le pouvoir ducal va-t-il en s'affaiblissant; le temps approche où il ne s'exercera plus que dans les domaines propres de la maison d'Alsace.

Le mari de Sophie, Louis de Montbéliard, avait sans doute vu d'un mauvais œil Henri III conférer successivement aux comtes Adalbert et Gérard la dignité ducale de Haute-Lorraine, à laquelle il pouvait prétendre du chef de sa femme. Aussi, à la mort de Gérard (1070), revendiqua-t-il le pouvoir ducal, non pour lui-même, il est vrai, mais pour son fils Thierry, héritier des droits de son grand-père maternel Frédéric II. D'après Jean de Bayon, chroniqueur du xive siècle, dont le témoignage nous semble quelque peu suspect, l'ancienne chevalerie lorraine, formée des principaux vassaux du domaine ducal, aurait attribué la Lorraine au fils de Gérard d'Alsace. Très probablement, c'est Henri IV qui a jugé le litige et décidé en dernier ressort à qui des deux compétiteurs serait échue la Mosellane. Les comtes de Bar, privés de la dignité ducale, se soustrairont en revanche à l'autorité de ceux qui la détiennent et deviendront plus tard pour la maison d'Alsace des ennemis dangereux.

Thierry d'Alsace, sorti victorieux du conflit qu'avait soulevé le fils de Louis et de Sophie, fut moins heureux avec un autre adversaire, son propre frère Gérard, qu'il apaisa en lui cédant le Saintois. Gérard construisit la forteresse de Vaudémont, dont il fit sa capitale ; le nouveau comté, d'abord fief du duché de Lorraine, le devint, en 1206, du comté de Bar. C'était un nouveau morcellement de la Haute-Lorraine et un affaiblissement pour la maison ducale.

A la même époque, l'autorité royale déclinait en Allemagne. Bien des causes y avaient contribué : la longue minorité d'Henri IV, les compétitions des grands, les fautes d'Henri lui-même, le mécontentement des Saxons, impatients d'obéir à un souverain de race franque. Au cours des luttes qu'Henri dut soutenir contre les Saxons rebelles, il trouva deux auxiliaires précieux dans les ducs des deux Lorraines, Godefroy le Bossu et Thierry II. Le premier disparut au début de 1076, au moment où éclatait la grande Querelle des Investitures, qui allait durant un demi-siècle bouleverser l'Allemagne, la Lorraine et l'Italie.

V. — La Querelle des Investitures (1076-1122).

L'Eglise souffrait alors dans l'Empire, mais en Lorraine moins qu'en Allemagne, des plus graves abus. Beaucoup de clercs étaient ignorants, se mariaient ou prenaient des concubines ; trop souvent les rois, les seigneurs ou les évêques eux-mêmes pratiquaient la simonie en vendant les dignités ecclésiastiques. Ces abus découlaient de l'union trop étroite de l'Eglise et de l'Etat et de la trop grande richesse du clergé. Les rois avaient accru les privilèges et la puissance politique des évêques, dont beaucoup avaient reçu l'autorité comtale. Toutefois, cette générosité n'était nullement désintéressée ; les prélats, véritables fonctionnaires ou vassaux des rois, se voyaient astreints à de nombreuses obligations, en particulier au service militaire. Pour être sûrs de leur fidélité, les souverains intervenaient dans leur désignation, comme l'avaient fait avant eux Mérovingiens et Carolingiens ; les évêques, dont beaucoup sortaient de la chancellerie royale, n'étaient que les créatures des rois. Plus d'une fois Conrad II et Henri IV ne respectèrent pas les formes de l'élection et en vinrent même jusqu'à vendre les évêchés. Ce n'était pas tout. Les évêques, véritables vassaux, devaient recevoir du roi, au moyen d'un sceptre, l'investiture des droits régaliens qu'ils possédaient ; mais par suite d'une confusion regrettable, les souverains avaient pris l'habitude de remettre aux prélats, au lieu et place du sceptre, la crosse et l'anneau, comme s'ils leur conféraient l'autorité spirituelle en même temps que les pouvoirs temporels. Ainsi s'affirmait de façon éclatante la dépendance étroite de l'Eglise allemande vis-à-vis de l'Etat. On devine quelles conséquences désastreuses entraînait cette subordination, quand le prince était, comme Henri IV, un homme léger, peu scrupuleux et de moralité médiocre : des évêques ignorants, simoniaques, débauchés, un clergé inférieur mauvais, lui aussi, et les fidèles, au lieu d'être gardés et dirigés par leurs pasteurs, ne recevant d'eux que de déplorables exemples !

Une réforme profonde s'imposait. Déjà au x⁰ siècle la discipline avait été restaurée dans de nombreux monastères lorrains. Au xi⁰ siècle, les idées clunisiennes se répandirent, grâce aux efforts du bienheureux Richard de Saint-Vanne et de quelques évêques. L'un d'eux, Brunon de Toul, devenu le pape Léon IX, inaugura la série des pontifes réformateurs, que continueront Nicolas II, Alexandre II et surtout Grégoire VII ; ce dernier, sous le nom d'Hildebrand, avait conseillé et inspiré Léon IX et ses successeurs.

Rendre à l'Eglise son indépendance, extirper les abus, simonie, concubinat et mariage des prêtres, supprimer non seulement l'investiture par la crosse et par l'anneau, mais toute espèce d'investiture et même toute intervention du pouvoir séculier dans la désignation des évêques, voilà ce que se proposaient de faire les réformateurs les plus intransigeants.

Il y avait dans ce programme, on ne peut le nier, un excès et une injustice. Si Grégoire VII et son parti avaient raison de vouloir affranchir l'Eglise, ils ne devaient pourtant pas oublier que l'Etat avait accordé aux évêques domaines et droits régaliens, et qu'on lui causerait un grave préjudice en le privant de toute action sur eux, en rompant tous les liens qui les unissaient à lui. L'équité demandait que l'Eglise adoptât l'une des deux solutions suivantes : ou bien les évêques resteraient en possession des droits régaliens, mais à la condition d'être en matière temporelle subordonnés au souverain, ou bien ils s'affranchiraient de toute sujétion à l'égard de l'Etat, mais dans ce cas, ils lui restitueraient la part d'autorité publique qu'il leur avait conférée. Cette dernière solution, de beaucoup la meilleure, eût soustrait l'Eglise à la tutelle du pouvoir séculier, eût diminué son attachement aux biens temporels et l'eût préservée de l'invasion des ambitieux et des cupides. Pourquoi Grégoire VII n'a-t-il pas envisagé, n'a-t-il pas préconisé cette solution, que Pascal II entreverra en 1111, mais qu'il n'aura pas la force d'imposer à l'épiscopat allemand, imprégné de l'esprit du monde, avide de richesses et de pouvoir ? La prétention qu'élevait l'Eglise de ne laisser à l'Etat aucune autorité sur les évêques, tout en conservant à ceux-ci la jouissance des droits régaliens, rendait inévitable la lutte entre les deux puissances ; l'on comprend que les rois, menacés de perdre, avec leurs moyens d'action sur l'épiscopat, l'appui qu'il leur avait fourni jusqu'alors, ne se soient pas laissé dépouiller sans résistance.

Le conflit, préparé depuis longtemps, commence en 1076 pour durer jusqu'en 1122, avec des alternatives de succès et de revers. Cette terrible lutte n'épargna pas la Lorraine. Tandis qu'en Allemagne elle servit de prétexte aux Saxons et aux grands pour affaiblir la royauté, elle garda mieux son caractère religieux en Lorraine, où le parti réformiste comptait de nombreux adhérents dans le clergé et dans la société laïque ; la Lorraine n'avait-elle pas donné naissance, dès le xe siècle, à une réforme monastique, et le mouvement clunisien ne s'y était-il pas développé au xie siècle ? Pourtant des évêques, des moines et des seigneurs, à commencer par le duc, défendaient en Lorraine la cause impérialiste.

On ne peut évaluer avec précision les forces des deux partis dans notre pays ; les unes comme les autres ont dû, sous l'influence de causes multiples, beaucoup varier au cours du demi-siècle qu'a duré la Querelle des Investitures.

En Lorraine, le résultat de la lutte n'a pas dépendu seulement du nombre et de l'influence des acteurs locaux, il se trouvait naturellement subordonné aux événements dont l'Empire était le théâtre. De plus, le conflit ne présente peut-être pas les mêmes caractères et ne se déroule pas avec les mêmes phases dans les quatre diocèses de la Mosellane. Nous les connaissons assez bien pour celui de Verdun, tandis qu'à l'égard des autres les renseignements nous sont arrivés en moins grand nombre.

Si nous considérons les grandes familles, nous voyons la maison d'Alsace, au moins avec Thierry II, se déclarer nettement pour Henri IV. A deux reprises, le duc s'empara de Metz pour en chasser un évêque réformiste ; toutefois il ne conserva pas cette ville en son pouvoir. Thierry se prononça pour Henri V, quand ce prince, à l'instigation de l'Eglise, prit les armes contre son père ; il semble lui être resté fidèle, même après que l'empereur se fut, quelques années plus tard, brouillé avec Pascal II. Au lieu de soutenir son frère utérin Lothaire de Supplimbourg, duc de Saxe, l'un des chefs du parti réformiste en Allemagne, Simon Iᵉʳ paraît avoir pris le parti de Henri V ; du moins est-il auprès de l'empereur, quand celui ci fait à Worms en 1122 sa paix avec l'Eglise. On trouve la maison de Bar dans le camp pontifical où l'attiraient ses convictions, des raisons de famille et ses intérêts : le comte Thierry, fils et successeur de Sophie, avait épousé Ermentrude, sœur de l'archevêque de Vienne Guy, le futur Calixte II. Enfin l'attitude de la maison d'Alsace, qui combattait dans le camp impérialiste, peut expliquer, dans une certaine mesure, celle des comtes de Bar, rivaux des ducs lorrains. Pourtant, à Saint-Mihiel, Renaud le Borgne investis l'abbé par la crosse et par l'anneau, et l'on eut quelque peine à obtenir de lui qu'il renonçât à cette pratique. Tandis que les chefs de la maison de Luxembourg, les comtes Henri III et Guillaume, marchent avec Henri IV et Henri V, on trouve les cadets dans le parti adverse : Hermann sera l'un des antirois opposés à Henri IV, et Rodolphe, abbé de Saint-Vanne, se signalera par son zèle réformiste.

Les archevêques de Trèves contemporains de la lutte tiennent en général pour l'empereur. Si Udon se montra hésitant, Egilbert fut franchement impérialiste ; Brunon, qui travailla à la réconciliation de l'Eglise et de l'Etat, défendit les intérêts d'Henri V.

A Metz, au contraire, l'évêque Hermann se ressaisit après un moment de faiblesse, et se prononça nettement pour Grégoire VII, qui fit de lui son mandataire dans la province de Trèves. La fidélité d'Hermann au parti réformiste lui attira l'hostilité d'Henri IV et de Thierry II, qui le chassèrent de sa ville épiscopale. Toutefois, les évêques schismatiques Brunon et Walon, que le roi essaya d'opposer à Hermann, ne purent se maintenir à Metz. L'orthodoxe Poppon, successeur d'Hermann, passa, lui aussi, par bien des tribulations. Adalbéron IV, candidat du parti impérialiste, réussit après la mort de Poppon à s'installer sur le siège de Metz, malgré les efforts de l'archidiacre Albéron de Montreuil. Si l'abbé Théotger, un réformiste, rencontra de la part de la population messine une vive résistance qu'il ne put vaincre, Étienne de Bar, neveu du pape Calixte II, fut plus heureux dans ses efforts pour prendre possession du siège de saint Clément.

A Toul, Pibon, un ancien notaire de la chancellerie royale, homme pusillanime, fit ce qu'il put pour éviter de se compromettre ; il se rendit en Terre Sainte et, à son retour, ne cessa d'osciller entre les deux partis. Après lui, l'orthodoxe Ricuin de Commercy eut pour antagoniste le schismatique Conrad de Schwarzembourg, qui finit par abandonner la partie.

Si Hermann de Metz est dans l'épiscopat lorrain le principal représentant du parti grégorien, à lui s'oppose dans l'autre camp Thierry, le grand évêque de Verdun. C'était un homme intelligent, énergique, bon administrateur ; au début, il se montra préoccupé de concilier ses devoirs d'évêque soumis au pape et de vassal du souverain allemand et il s'efforça de rapprocher les deux adversaires. Pourtant, quand il lui fallut prendre parti, c'est pour Henri IV qu'il se prononça. Serviteur fidèle du roi, il écrivit ou inspira un libelle contre Grégoire VII (1080), fit élire et sacrer archevêque de Trèves Egilbert, un schismatique, persécuta dans sa ville épiscopale les partisans de l'orthodoxie, Rodolphe, abbé de Saint-Vanne, et ses moines, qui durent quitter Verdun pour se réfugier à Flavigny-sur-Ozerain, dans le duché français de Bourgogne.

Enfin, sur son lit de mort, il fit sa paix avec l'Église et avec les moines de Saint-Vanne. Laurent de Liége nous a laissé le récit émouvant des derniers moments du vieux prélat :

« Cependant l'évêque, accablé par la vieillesse et par une excessive lourdeur du corps, approchait de son dernier jour : comme il n'y avait personne pour le réconcilier avec le siège apostolique, l'abbé Rodolphe lui envoya dans ce but deux de ses moines, Gérard, jadis archidiacre, et Gerbert, depuis abbé de Saint-Maurice. Quand ils furent arrivés auprès de son lit, Thierry les salua par signes, parce qu'il ne pouvait déjà plus parler ; il leur demanda et obtint d'eux sa réconciliation. Ils lui rappelèrent, article par article, les offenses qu'il avait commises envers le siège apostolique. A l'énoncé de chacune d'elles, les yeux suppliants de l'évêque, ses mains dont il se frappait la poitrine, indiquaient que — tel un pénitent — il avouait ses péchés et en demandait le pardon. Mais quand ils lui dirent : « Reconnais ta faute à l'égard des moines de Saint-Vanne, que tu as expulsés », alors de ses deux poings il se frappa la poitrine de coups plus répétés, gémit plus haut, soupira plus profondément, en sorte que tous les assistants fondirent en larmes. Il reçut l'absolution de Gérard et de Gerbert et rendit l'âme peu de temps après[1]. »

Richer, successeur de Thierry, orthodoxe d'inclination, qui rappela Rodolphe et ses religieux, dut pourtant donner des gages au parti adverse pour se maintenir à Verdun. Au contraire, avec le schismatique Richard de Grandpré, les persécutions reprirent contre l'abbaye de Saint-Vanne, qui avait alors Laurent à sa tête. Richard mourut en Italie, sans avoir pu se réconcilier avec la papauté. En 1117, après une vacance de trois années, les Verdunois se virent imposer par Henri V un évêque d'origine anglaise, Henri de Winchester qui, bien qu'ayant fait sa soumission au pape, ne réussit pas à désarmer l'hostilité du clergé et de la population de sa ville épiscopale.

A Verdun, la lutte religieuse se compliqua de démêlés politiques relatifs au comté. Déjà les évêques Rambert et Thierry avaient été, durant la première moitié du xie siècle, en conflit avec Gozelon et Godefroy le Barbu. Après que l'évêque Richer se fut fait céder le comté de Verdun par Godefroy de Bouillon, lors du départ de ce prince pour la première croisade, il confia les fonctions de comte ou

---

[1]. LAURENT DE LIÈGE, Gesta ep. Vird., c. ix (Mon. Germ., Script., t. X, p. 495).

d'avoué à Thierry de Bar. Renaud, fils et successeur de Thierry, combattit le schismatique Richard de Grandpré, qui donna le comté ou l'avouerie au comte Guillaume de Luxembourg. Comme Renaud ne voulait pas se soumettre à la décision de l'évêque, Henri V vint l'attaquer en 1113, le fit prisonnier, et le menaça même du dernier supplice, quand il eut vainement assiégé Mousson. Sauvé par l'intervention des seigneurs de l'entourage de l'empereur, Renaud fut obligé de rendre enfin à celui-ci l'hommage qu'il lui devait pour le comté de Bar. Plus tard Renaud prit parti pour Henri de Winchester dans les luttes que cet évêque soutint contre les Verdunois.

Saint-Mihiel fut également troublé par la Querelle des Investitures ; les moines, partisans des réformes, eurent à se défendre contre l'évêque Thierry, plus tard contre Renaud lui-même, qui s'obstinait à revendiquer le droit d'investir l'abbé par la crosse et par l'anneau.

La Querelle des Investitures est contemporaine de l'un des plus grands événements du moyen âge, la première croisade, dont Urbain II avait pris l'initiative. L'un des chefs de l'expédition, Godefroy de Bouillon, duc de Basse-Lorraine, était en même temps comte de Verdun. Ni la maison d'Alsace ni celle de Luxembourg, hostiles à la papauté, ne participèrent à la croisade. Louis, de la maison de Bar-Montbéliard, le comte de Toul, Renaud ou Renard, et son frère Pierre, enfin quelques seigneurs, voilà, en dehors de Godefroy, le contingent assez maigre que fournit la Mosellane à l'armée chrétienne qui délivra, pour moins d'un siècle, Jérusalem de la domination musulmane.

Au moment où la première lutte de l'Eglise et de l'Empire allait se terminer, c'était le parti pontifical qui triomphait dans la Mosellane, avec les évêques Etienne de Metz, Ricuin de Toul et Henri de Verdun, rallié par intérêt à la papauté. Le concordat de Worms, qui mit fin en 1122 à la querelle, décidait, à l'égard de l'Allemagne et sans aucun doute aussi de la Lorraine, que désormais les élections épiscopales se feraient librement, mais en présence du souverain, et que le nouvel élu recevrait de ses mains, avant d'être consacré, l'investiture des régales par le sceptre. C'était là une cote mal taillée. L'Eglise de Lorraine ne devait, nous le répétons, retirer au point de vue spirituel aucun fruit de la demi-victoire qu'elle avait remportée.

La querelle avait d'autre part achevé de briser l'unité de la Mosellane ; celle-ci, comme l'ancienne Lotharingie, comme l'ancienne Austrasie, n'était plus qu'un souvenir. Désormais les évêques et les comtes sont les uns et les autres indépendants des ducs, se considèrent comme leurs égaux et ne craignent pas d'entrer en lutte avec eux. Le duc n'a plus d'autorité que sur ses domaines propres, qui constituent dorénavant à eux seuls le duché de Lorraine. Ce duché féodal n'a plus ni la même étendue, ni le même caractère que la Mosellane.

D'ailleurs, la transformation dont nous parlons s'est faite lentement, sans secousses, et, pour ainsi dire, à l'insu des contemporains.

Si, politiquement, le duché de Lorraine se trouve réduit aux domaines de la maison d'Alsace, le terme de Lorraine, au sens géographique, continuera longtemps encore de s'appliquer aux territoires de la Mosellane, surtout à ceux qui formaient les diocèses de Metz, de Toul et de Verdun. Il importe donc de ne pas confondre le petit duché féodal avec la région géographique du même nom, et de ne pas oublier que le mot Lorraine a, depuis le XIIe siècle, deux acceptions très différentes.

Enfin, si les évêques cessent d'être subordonnés aux ducs, ils sortent d'autre part affaiblis de la Querelle des Investitures ; leurs vassaux ont pris des habitudes d'indépendance et les bourgeois de leurs villes épiscopales essaient de se soustraire à leur autorité, comme ce fut le cas à Metz, peut-être aussi à Verdun.

Ainsi, dislocation définitive de la Mosellane, affaiblissement de l'autorité ducale et du pouvoir temporel des évêques,

Pl. VII.

DUGNY (Meuse). — Ancienne église (clocher « hourdé » du xiie siècle)
(ENLART, Manuel d'Archéologie française).

voilà quelles conséquences avait entraînées pour notre pays la longue lutte qui l'avait durant près de cinquante ans si profondément troublé.

CHAPITRE II

LA RÉGION LORRAINE DE 1122 A 1270 [1].

La Mosellane est donc désormais morcelée, et celle des principautés qui continue de porter le nom de Lorraine ne représente qu'une partie de l'ancien duché : elle comprend

---

1. Bibliographie. — Sources : les actes législatifs des souverains allemands dans les *Constitutiones et acta publica imperatorum et regum* (*Mon. Germ., Leges, sectio IV*a), t. I et II, 1893-1896. — Les diplômes dans STUMPF-BRENTANO, *op. cit.* et dans HUILLARD-BRÉHOLLES (J.-L.-A.), *Historia diplomatica Frederici secundi*, 12 vol. in-4°, 1852-1861. Les regestes des diplômes dans BÖHMER-FICKER-WINKELMANN, *Die Regesten des Kaiserreichs der späteren staufischen Periode*, 1881-1884. — Les chartes dans les ouvrages cités plus haut (p. 184), dans LE MERCIER DE MORIÈRE (L.), *Catalogue des actes de Mathieu II*, 1 vol. in-8°, 1893, LESORT (A.), *Chartes du Clermontois*, 1 vol. in-8°, 1904, DUVERNOY (E.), *Catalogue des actes des ducs de Lorraine de 1048 à 1139* (*Mém. Soc. arch. lorr.*, t. LXII, 1912) et *Le duc de Lorraine Mathieu Ier*, 1 vol. in-8°, 1904.

Ouvrages généraux : GIESEBRECHT, *op. cit.*, IV (2e éd.), V et VI, 1877-1895. — JASTROW (J.) et WINTER (G.), *Deutsche Geschichte im Zeitalter der Hohenstaufen*, 2 vol. in-8°, 1893-1901. — LUCHAIRE (Ach.), *Louis VII, Philippe-Auguste, Louis VIII*, et LANGLOIS (Ch.-V.), *Saint Louis, Philippe le Bel et les derniers Capétiens directs*, t. III (1re et 2e partie) de l'*Histoire de France* de LAVISSE, 1901. — LUCHAIRE (Ach.), *Innocent III, la papauté et l'Empire*, 1 vol in-16, 1906.

Ouvrages concernant la région : Aux travaux déjà cités de M. l'abbé CHATELAIN (p. 185) et de MM. DUVERNOY et LE MERCIER DE MORIÈRE (v. ci-dessus), ajouter : KLIPFFEL (H.), *Metz cité épiscopale et impériale*, 1 vol. in-8°, 1867. — MARTIMPREY (Ed. de), *Les Sires et comtes de Blâmont* (*Mém. Soc. arch. lorr.*, t. XL et XLI, 1890 et 1891). — PANGE (M. de), *Ferri de Bitche* (*Mém. Soc. arch. lorr.*, t. XLII, 1892). — VOIGT (G.), *Bischof Bertram von Metz* (*Jahrbuch de Metz*, t. IV et V, 1892 et 1893). — JEHET (abbé), *les Comtes et les ducs de Bar. Thiébaut Ier* (*Mém. Soc. des Lettres de Bar-le-Duc*, 3e série, t. IX, 1900). — PANGE (J. de), *Introduction au catalogue des actes de Ferri III*, 1 vol. in-8°, 1905. — RUPERTI (Fr.), *Bischof Stephan von Metz* (*Jahrbuch de Metz*, t. XXII, 1910).

des territoires allemands et des territoires romans, s'étend sur les diocèses de Trèves, de Metz et de Toul, mais, et c est là un fait d'une importance capitale, ce duché féodal de Lorraine ne possède aucune des villes épiscopales du pays ; il a, pour son malheur, le caractère d'un Etat rural, qu'il gardera longtemps encore. Combien ses destinées n'eussent-elles pas été différentes si Metz en avait été la capitale, comme elle l'avait été de l'Austrasie mérovingienne ! Les ducs, plus puissants, mieux armés pour faire régner dans le pays l'ordre et la sécurité, pour en reconstituer l'unité territoriale, la noblesse moins prépondérante, tenue en échec par une bourgeoisie riche et influente, le caractère des institutions moins aristocratique, la vie économique et la vie intellectuelle plus intenses, voilà quelques-unes des conséquences qu'aurait entraînées pour la Lorraine la possession de Metz [1]. Les ducs lorrains essayeront — sinon de refaire l'unité complète de la Mosellane — du moins d'étendre leur autorité sur toutes les seigneuries ecclésiastiques et laïques des diocèses de Metz, de Toul et de Verdun ; mais, trop faibles pour accomplir cette grande œuvre, ils n'arriveront qu'à des résultats incomplets. Ajoutons qu'un sort analogue attendait la Basse-Lorraine et les duchés allemands ; partout on y constate la séparation des principautés laïques d'avec les villes épiscopales. Même phénomène en France pour le duché de Bourgogne et pour le comté de Flandre. Il est vrai que les comtes de Flandre trouvèrent dans les villes industrielles de Gand, de Bruges et d'Ypres l'équivalent — et au delà — de Tournai et de Thérouanne qu'ils ne possédaient pas.

Les ducs de Lorraine, les comtes de Bar ou de Luxembourg cessent d'être les représentants du souverain pour devenir simplement ses vassaux, ses feudataires, qui re-

---

[1] Les auteurs de la geste des *Loherains* et celui du roman de *Galeran* ne se contentent pas de donner Metz pour capitale à la Lorraine ; ils attribuent à celle-ci l'étendue qu'elle avait avant d'être partagée par Brunon en deux duchés.

çoivent de lui en fief non plus seulement les droits régaliens, mais ces droits avec la terre elle-même à laquelle ils sont étroitement unis. Le roi des Romains ou l'empereur confère toujours aux uns et aux autres l'investiture de leur duché ou de leur comté en échange de la foi et de l'hommage; mais ce n'est guère là qu'une formalité. L'hérédité est devenue en fait la règle pour la transmission du pouvoir dans les principautés laïques.

Quant aux grandes seigneuries ecclésiastiques, elles vont durant cette période s'affaiblir et se démembrer; à l'intérieur, bourgeois des villes et vassaux nobles cherchent à se rendre indépendants; au dehors, ducs de Lorraine, comtes de Bar ou de Luxembourg s'agrandissent aux dépens du temporel des évêques et des abbés.

Si, jusqu'à la fin du xii° siècle, l'influence politique de l'Allemagne reste prépondérante dans la vallée de la Moselle, elle baisse au xiii°, tandis que grandit celle de la France; c'est la conséquence de l'affaiblissement de la royauté allemande, de la force croissante de la monarchie capétienne, et des progrès de la civilisation française.

I. — La région lorraine de 1122 a 1152 [1].

De 1122 à 1152 le pouvoir central reste faible en Allemagne. La médiocrité de Lothaire III et de Conrad III, les luttes du premier de ces deux souverains avec les Hohenstaufen, du second avec les Guelfes, empêchent la royauté de recouvrer la puissance que lui a fait perdre la Querelle des Investitures. Hors d'état de maintenir l'ordre en Allemagne et en Lorraine, elle laisse ces deux contrées plongées dans l'anarchie.

La région lorraine est troublée par l'ambition des ducs et

---

1. Dans chacune des sections de ce chapitre nous exposons successivement la situation intérieure des principautés de la Mosellane, ainsi que leurs rapports entre elles, puis leurs relations avec l'Allemagne et avec la France.

des comtes qui, préoccupés de s'agrandir aux dépens de l'Eglise, ne respectent même pas les domaines des abbayes dont ils ont l'avouerie. Simon Ier et peut-être son père Thierry avaient usurpé des terres appartenant à l'Eglise de Metz ; l'évêque Etienne de Bar obligea Simon à rendre ce qu'il détenait injustement. Simon Ier et Mathieu Ier se montrèrent les persécuteurs et les spoliateurs des abbayes de Remiremont et de Saint-Dié, dont ils étaient pourtant les avoués. L'intervention de l'archevêque de Trèves Albéron de Montreuil, en 1132, obligea Simon Ier à promettre une restitution et une réparation. Nous avons encore les plaintes élevées par les moines de Saint-Mihiel contre leur avoué, Renaud le Borgne, comte de Bar. Celui-ci, comte épiscopal ou avoué de Verdun, n'était pas moins craint, ni moins détesté des évêques, du clergé et des bourgeois de cette ville, où il avait fait élever une tour pour mieux assurer sa domination. Albéron de Chiny s'entendit avec les Verdunois et, profitant, en 1140, d'une circonstance favorable, s'empara de la tour, qu'il fit détruire de fond en comble. Renaud, malgré tous ses efforts, ne put rentrer en possession de Verdun, qui fut perdu pour lui et pour ses descendants. Mais, en dédommagement, Renaud reçut en fief de l'évêque Albéron le Clermontois, qui restera au pouvoir de ses successeurs, puis des ducs de Lorraine-Bar jusqu'au XVIIe siècle. Le Luxembourg, à la mort de Conrad II, le dernier descendant mâle de Sigefroy, passait au comte de Namur, Henri l'Aveugle (1136).

Les archevêques de Trèves, les évêques de Metz, de Toul et de Verdun, qui sont maintenant beaucoup plus des seigneurs temporels que des gens d'Eglise, se défendent contre les usurpations des princes laïcs aussi bien par l'excommunication, dont ils usent et abusent, que par les armes. Quelques-uns d'entre eux, comme Albéron de Montreuil, Etienne de Bar, Albéron de Chiny, surent, par l'énergie qu'ils déployèrent, se faire respecter de leurs voisins.

Ducs, comtes et prélats se mêlent aux affaires de l'Allemagne, quelques-uns même y jouent un rôle important, tel

Albéron de Montreuil qui, d'abord l'un des conseillers influents de Lothaire III, changea de parti et assura en 1139 l'élection de Conrad III, un Hohenstaufen. Les ducs lorrains sont des personnages beaucoup plus effacés. On peut supposer que Simon Ier, frère utérin de Lothaire de Supplimbourg, contribua à le faire élire roi des Romains et le soutint contre les Hohenstaufen. Lui-même ou son fils devaient, comme Albéron de Montreuil, passer dans le camp ennemi : Mathieu Ier épousa, en effet, Berthe, nièce de Conrad III et sœur de Frédéric Barberousse. Simon Ier, Mathieu Ier, Renaud de Bar et les évêques assistent aux diètes que réunissent Lothaire et Conrad.

Les premiers rapports des princes de la région avec la France datent de la deuxième croisade. Louis VII, qui prit la voie de terre pour se rendre en Orient, traversa le Verdunois et le pays messin. Le comte de Bar, Renaud, et son frère l'évêque de Metz, Etienne, se joignirent au roi de France. Etienne remplit à plusieurs reprises les fonctions d'interprète entre Conrad et Louis ; c'est donc qu'il connaissait l'allemand et le roman.

II. — LA RÉGION LORRAINE DE 1152 A 1197.

De 1152 à 1197, la royauté allemande se relève et retrouve, avec Frédéric Barberousse et Henri VI, la force et le prestige qu'elle avait possédés aux temps d'Otton Ier ou d'Henri III.

Le grand conflit de Frédéric et d'Alexandre III ne trouble pas la Lorraine et permet de constater combien l'autorité de l'empereur était respectée au nord des Alpes. Seulement, les affaires de l'Italie et de l'Allemagne détournent de la Lorraine l'attention de Frédéric et de son fils, qui n'y font que de rares apparitions.

Ce sont toujours des conflits de seigneur à seigneur que nous constatons dans le pays, ou des luttes à l'intérieur d'une principauté, des usurpations de terres d'Église, des tentatives de la bourgeoisie pour s'émanciper. Remiremont et Saint-Dié restent en butte aux convoitises des ducs lorrains Mathieu I*er* et Simon II qui, malgré les excommunications, reviennent toujours à la charge. Le duché de Lorraine est, à la mort de Mathieu I*er*, gravement troublé par l'ambition de Ferry, fils cadet du duc défunt, qui dispute à son aîné Simon II, personnage effacé, la possession de la Lorraine. Le traité de Ribémont (1179) démembre le duché, en assurant à Ferry la possession des territoires lorrains de langue allemande avec Bitche pour capitale.

Le Barrois évoluait vers la Champagne et vers la France. Renaud II, en épousant Agnès, sœur du comte Henri le Libéral et d'Adèle, troisième femme de Louis VII, devenait le proche parent des comtes champenois et des Capétiens. La guerre de Renaud II contre les Messins amena, en 1153, l'intervention de saint Bernard, qui obligea les belligérants à conclure la paix. Henri I*er*, fils aîné et successeur de Renaud II, mourut en 1190, sous les murs de Saint-Jean-d'Acre, sans avoir été marié. Son frère Thiébaut, d'abord seigneur de Briey, ne se maria pas moins de trois fois : la dernière union qu'il contracta avec Ermesinde de Luxembourg, fille et héritière du comte Henri l'Aveugle, avait une grande importance politique. A la suite d'une longue lutte contre Baudoin VI (IX), comte de Hainaut et de Flandre, et son frère Philippe, Thiébaut obligea, en 1199, ses adversaires à lui reconnaître la possession du Luxembourg et d'une petite partie du Namurois. Alors que la Lorraine se démembrait, l'union du Barrois et Luxembourg faisait de Thiébaut, homme actif et entreprenant, le premier des seigneurs laïcs de la région lorraine.

Les prélats de la province de Trèves ont à se défendre contre les usurpations de leurs voisins, mais surtout contre les révoltes de leurs villes épiscopales. Enrichies par l'industrie et par le commerce, encouragées par les exemples qui leur viennent du nord de la France, elles veulent s'affranchir de la domination temporelle des évêques et s'ériger en communes. Les origines du mouvement, nous l'avons dit, remontent à la Querelle des Investitures. A Trèves, sous le pontificat d'Hillin, deux tentatives des bourgeois pour constituer une commune sont réprimées par Frédéric I*er*, mais les Trévirois n'en restent pas moins groupés, et la lutte entre Folmar et Rodolphe pour la possession du siège de Trèves, la persécution de Folmar par l'empereur ne peuvent qu'affaiblir le pouvoir archiépiscopal et favoriser les progrès de la bourgeoisie. Les Messins, après une première tentative sous Theotger (1118-1120), avaient dû plier devant l'énergique Etienne de Bar ; mais la faiblesse de ses successeurs permit aux bourgeois de regagner le terrain perdu. L'ordonnance, par laquelle l'évêque Bertram règle en 1180 la nomination du maître-échevin, marque moins une restauration de l'autorité épiscopale, qu'une tentative en vue de diminuer l'influence des paraiges, c'est-à-dire de la haute bourgeoisie. Si les documents ne mentionnent à Toul aucun conflit, Pierre de Brixey, dans un acte de 1177, parle des *cives* de sa ville épiscopale, ce qui semble indiquer que les Toulois sont déjà organisés, qu'ils forment un groupement, avec lequel le prélat doit compter. En 1156, Albert de Mercy avait obtenu de Frédéric Barberousse un diplôme confirmant aux évêques les pouvoirs comtaux sur leur ville ; mais les successeurs d'Albert, prélats médiocres et dont l'épiscopat fut de courte durée, ne purent empêcher les bourgeois de se grouper, d'obtenir certains avantages. En 1195, Henri VI accorde aux Verdunois une charte qui leur reconnaît une personnalité ; ils entrent à cette époque en lutte avec leur évêque, Albert de Hierges.

En 1182, l'archevêque de Reims, Guillaume de Champagne, avait octroyé aux habitants de Beaumont-en-Argonne une charte qui, tout en étant très libérale, ne faisait pas de Beaumont une commune. Elle servira de modèle à de nombreux actes, par lesquels princes ecclésiastiques et seigneurs laïcs de la région lorraine accorderont à des bourgs ou à des villages de leur dépendance des franchises plus ou moins étendues.

Mathieu Ier, beau-frère de Barberousse, se montra son allié fidèle, assista aux diètes que l'empereur réunit en Allemagne, le soutint dans sa lutte contre Alexandre III, mais rien ne prouve qu'il ait pris part à ses expéditions en Italie. Désireux d'accroître son influence en dehors de l'Empire, Barberousse fit épouser au duc de Bourgogne Hugues III sa nièce Alix, fille de Mathieu Ier. Simon II se mêla moins que son père aux affaires allemandes. A l'encontre de leurs voisins de Lorraine, les comtes de Bar se désintéressent un peu de ce qui se passe en Allemagne ; ils semblent s'être prononcés en faveur d'Alexandre III.

Sous Frédéric Barberousse, la lutte recommence entre l'Empire et l'Eglise. Un premier conflit, plus politique que religieux, mit aux prises Frédéric et Alexandre III, en qui l'empereur voyait un adversaire de sa politique. Si Frédéric ne réussit pas à triompher du pape, en Allemagne il resta le maître, malgré les sympathies secrètes d'une partie du clergé pour Alexandre, et le pays ne fut pas, comme au temps d'Henri IV, déchiré par la guerre civile. Non seulement le duc Mathieu Ier, mais la plupart des évêques se prononcèrent pour les antipapes que Frédéric opposa successivement au pontife légitime. Pourtant il se peut qu'à Metz Etienne de Bar ait reconnu Alexandre avant de mourir. Les évêques qui occupèrent alors les sièges de la province, ceux de Metz et de Verdun en particulier, évitèrent de se faire consacrer, ne voulant s'adresser ni à un orthodoxe, par crainte de l'empereur, ni à un partisan des antipapes, pour ne pas encourir l'excommunication d'Alexandre. Mathieu Ier avait profité des circonstances pour faire monter en 1173 un de ses fils, Thierry, sur le siège de Metz ; mais le jeune prélat, qui n'avait pas été consacré, fut déposé par Alexandre III (1179), après la réconciliation, en 1177, du pape et de l'empereur.

Le deuxième conflit, plus religieux que politique, eut pour théâtre la province même de Trèves. En 1183, après la mort de l'archevêque Arnold, les chanoines de Trèves se partagèrent entre deux concurrents, Folmar et Rodolphe, ce dernier soutenu par l'empereur. L'affaire, portée au tribunal du pape, traîna d'abord en longueur ; enfin Urbain III, mal disposé pour Frédéric, consacra lui-même Folmar en 1186 ; c'était un défi à l'empereur. Il s'agissait pour Folmar d'aller occuper son siège, ce qui n'était pas chose facile, vu l'hostilité de Frédéric. L'archevêque pénétra bien dans sa province, mais sans aller plus loin que Metz, où l'évêque Bertram l'accueillit. Puis, comme il ne s'y trouvait pas encore en sûreté, Folmar se rendit en territoire français, à Mouzon, d'où il convoqua en 1187 ses suffragants à un concile. Les évêques de Toul et de Verdun, Pierre de Brixey et Henri de Castres, ne s'étant pas présentés, l'archevêque les frappa d'excommunication, déposa même Henri, qui se soumit à la sentence. Pour punir Bertram, qui s'était rendu à Mouzon, d'avoir obéi à son métropolitain, Frédéric le fit chasser de Metz ; le prélat chercha un refuge à Cologne, où il resta trois ans en exil. Cependant la prise de Jérusalem par Saladin avait rapproché le pape de l'empereur. Clément III déposa Folmar en 1189 ; la même année eut lieu une nouvelle élection, qui porta Jean sur le siège de Trèves ; le pape leva l'excommunication de Pierre de Brixey, et Henri VI permit à Bertram de revenir à Metz.

Tandis que les ducs lorrains semblent n'avoir entretenu que peu de rapports avec la France, les comtes de Bar, parents des comtes champenois et des Capétiens, s'occupent des affaires de leurs voisins de l'ouest. Henri Ier assiste, en 1179, au couronnement de Philippe-Auguste ; on le trouve plus tard uni à ses oncles de Champagne contre le roi. Enfin, avec Henri II de Champagne il partit pour la troisième croisade.

C'est durant cette période que l'Allemagne et la France, qui depuis l'avènement des Capétiens n'avaient eu entre elles que peu de rapports, se rapprochent l'une de l'autre. Frédéric Barberousse, qui cherchait à étendre — sinon son autorité — du moins son influence sur les royaumes occidentaux, essaya, lors de sa lutte avec Alexandre III, d'amener Louis VII et Henri II à reconnaître l'antipape Victor IV. Mais l'entrevue, qui devait réunir en 1162, à Saint-Jean-de-Losne, l'empereur et le roi de France, n'aboutit pas. Le seul résultat des engagements qu'Henri le Libéral, chargé de négocier un accord entre les deux souverains, avait pris à la légère vis-à-vis de l'empereur, fut de l'obliger à se reconnaître le vassal du Hohenstaufen pour quelques-uns de ses fiefs. En 1171, Frédéric et Louis s'entendirent à Vaucouleurs sur les mesures à prendre contre les cottereaux qui désolaient les deux royaumes. Après qu'une rupture eut failli éclater entre l'empereur et Philippe-Auguste, les deux princes, non contents de se réconcilier, conclurent une alliance contre leurs communs adversaires : le chef de la maison guelfe, Henri le Lion, brouillé avec Frédéric, n'avait-il pas pour beau-père Henri II d'Angleterre, le principal ennemi du Capétien ? Ce fut en 1187 que les souverains de l'Allemagne et de la France signèrent un traité ; la même année ils se rencontrèrent à la frontière de leurs Etats, entre Ivoy et Mouzon ; Philippe prit l'engagement de chasser Folmar de son royaume. L'alliance alors conclue persistera, malgré des refroidissements et presque des ruptures, jusqu'à l'extinction de la maison de Souabe, alors même que les raisons qui l'avaient fait naître n'existaient plus.

Les ducs de Lorraine, parents des souverains allemands, et les comtes de Bar, alliés à la maison de France, ont-ils travaillé à rapprocher les Hohenstaufen des Capétiens ? On peut le supposer, quoique aucun document n'en témoigne.

Henri VI est le dernier des souverains allemands du moyen âge qui, malgré l'opposition du parti guelfe, ait encore exercé une autorité réelle, effective. Après sa mort prématurée, le pouvoir royal décline petit à petit en Allemagne, tandis qu'en France il ne cesse de se fortifier.

III. — La région lorraine de 1197 a 1220.

De 1197 à 1220, la lutte entre le Guelfe Otton IV d'une part, les Hohenstaufen Philippe et Frédéric II de l'autre, domine l'histoire de l'Allemagne.

Pourtant, ce sont plutôt des événements intérieurs qui troublent la région lorraine. Simon II soutint contre son frère une nouvelle guerre, d'où il sortit vainqueur. Ce fut non Ferry de Bitche, mais son fils aîné, appelé lui aussi Ferry, qui devint duc de Lorraine à la mort de Simon. Agnès, fille du comte de Bar Thiébaut Ier, et femme de Ferry II, apporta en dot à son mari Amance et d'autres terres; mais quand il devint duc de Lorraine, Ferry dut céder à son beau-père, en vertu de conventions antérieures, la suzeraineté du comté de Vaudémont (1206). Les liens étroits qui unissaient Ferry II et Thiébaut Ier ne les empêchèrent pas de se faire la guerre en 1207 pour des raisons mal connues. C'est alors que commencent vraiment les luttes entre la maison de Lorraine et celle de Bar, luttes qui pendant plus de deux cents ans désoleront les deux principautés.

Thiébaut reçut l'appui de Philippe-Auguste, Ferry celui de Philippe de Souabe ; battu et fait prisonnier, le duc de Lorraine se vit, en 1208, contraint de subir les conditions de son beau-père. Le mariage de Thiébaut Ier, fils de Ferry II, avec Gertrude de Dachsbourg, semblait plein des plus brillantes promesses, car Gertrude était l'unique héritière de son père le comte Albert ; dans cette riche succession figurait la dignité de comte épiscopal ou de voué de Metz. Mais le malheur voulut que Gertrude n'eut point d'enfant. La stérilité de sa femme ne fut pas la seule infortune qui frappât le duc de Lorraine. Par une série de maladresses, il se mit à dos le comte de Champagne Thibaud IV et sa mère, Henri II, comte de Bar, enfin le roi des Romains Frédéric II. Abandonné de ses alliés et assiégé dans Amance par Frédéric et par ses autres ennemis, Thiébaut Ier dut capituler et subir les conditions des vainqueurs ; Thibaud IV ou plutôt sa mère obligea le duc à se reconnaître le vassal de la Champagne. C'est donc pour le duché de Lorraine un règne désastreux que celui de Thiébaut Ier.

Son oncle et homonyme, le comte de Bar, avait au contraire terminé à son avantage les luttes qu'il avait soutenues contre ses voisins et ses parents. Toutefois, si la suzeraineté du comté de Vaudémont resta dans sa maison, le comté de Luxembourg passa en d'autres mains à la mort de Thiébaut Ier (1214). Sa dernière femme Ermesinde apporta le Luxembourg, dont elle était comtesse, au duc de Limbourg, Waleran, déjà veuf lui-même ; un fils né de cette union sera la tige de la deuxième, ou de la troisième maison de Luxembourg. Le second mariage d'Ermesinde valut au Luxembourg la possession du marquisat d'Arlon, que la maison de Limbourg avait acquis au début du XIIe siècle.

Pas plus que le duché de Lorraine, les seigneuries ecclésiastiques ne connaissent la tranquillité. C'est en particulier le cas des évêchés de Metz et de Verdun, où les prélats sont en lutte avec leurs bourgeois. Bertram de Metz arrive, en 1209, à triompher de ceux-ci, mais à Verdun Albert de Hierges périt en assiégeant sa ville épiscopale révoltée (1208).

Si les Toulois se tiennent plus tranquilles que leurs voisins, l'évêque Mathieu de Lorraine, frère de Ferry II, déshonore le siège de saint Gauzlin, de saint Gérard, de saint Léon IX, par le scandale de sa vie privée. Déposé en 1209, il se retire dans les Vosges, où il est prévôt de la collégiale de Saint-Dié, avec l'espoir de tirer un jour vengeance de son successeur, Renaud de Senlis. L'occasion s'offre à lui en 1217, lors d'une tournée pastorale que faisait Renaud dans les Vosges :

« Et lorsque l'évêque Renaud fut arrivé avec ses gens en ce lieu [entre la Bourgonce et Autrey], ils [les satellites de Mathieu de Lorraine] s'élancèrent de leur embuscade, renversèrent de cheval l'abbé de Saint-Mansuy, homme honorable, le dépouillèrent, et après l'avoir accablé de coups le laissèrent sur la route ;

ils dépouillèrent de même les autres compagnons de Renaud, en blessèrent quelques-uns et arrivèrent à l'évêque qu'ils dépouillèrent lui aussi, et qu'ils traitèrent de façon indigne. Enfin un d'entre eux, un jeune homme du nom de Jean, serf de la fille du prévôt Mathieu (elle-même, à ce que l'on rapporte, avait prescrit à ce serf de quelle façon il devait en user avec l'évêque s'il le joignait, lui recommandant, s'il voulait obtenir ses bonnes grâces, de se conduire en homme ; c'est ce qu'il fit), saisit un couteau qu'il portait sur lui, en frappa l'évêque en trois endroits, à la poitrine et deux fois dans le dos et le laissa mort sur le chemin. Ils le dépouillèrent, ainsi que tous les gens de sa suite, puis (chose triste à dire) abandonnèrent son cadavre nu sur la route. En revenant d'accomplir cet horrible forfait, ils rencontrèrent leur maître, le prévôt à cheval, tenant à la main une arbalète. Il leur demanda ce qu'ils avaient fait, et ils le conduisirent à l'endroit où l'évêque gisait nu et mort ; quand il y fut arrivé, il regarda quelque temps Renaud pour voir s'il restait encore en lui quelque chaleur vitale : s'apercevant qu'il n'y en avait plus trace, il tourna bride et s'en alla avec ses satellites dans la montagne [1]. »

Mais Mathieu devait peu de temps après expier son crime, frappé de la main même de son neveu, le duc Thiébaut Ier :

« A la Pentecôte suivante, Mathieu, apprenant que son neveu, le duc Thiébaut Ier de Lorraine, avait décidé de venir célébrer cette fête à Saint-Dié avec une suite nombreuse de chevaliers, ne vint pas publiquement, parce qu'il ne se fiait pas à son neveu ; il avait appris en effet que les parents de l'évêque Renaud disaient que le prélat avait été tué du consentement du duc, ce dont le duc s'affligeait fort. Pour ce motif, le prévôt Mathieu n'osait paraître devant son neveu... Le jour de la Pentecôte, il se rendit secrètement à Saint-Dié, se montra à quelques personnes sûres et leur demanda s'il pourrait se présenter à son parent le duc de Lorraine pour implorer son pardon ; il apprit que non et que, comme les amis de Renaud imputaient sa mort au duc, celui-ci en voulait à la vie de Mathieu. Ce qu'entendant le prévôt s'éloigna et retourna dans la montagne, où il résidait d'habitude. Le duc Thiébaut, après

---

1. RICHER DE SENONES, *Gesta Senoniensis ecclesiæ*, l. III, c. III (*Mon. Germ., Script.*, t. XXV, p. 286-287).

avoir passé à Saint-Dié la fête de la Pentecôte, s'en alla le surlendemain ; il prit avec lui un noble chevalier, Simon de Joinville ; tous deux montèrent à cheval et, en se dirigeant par Boulmont vers Nompatelize, arrivèrent au bord d'un ruisseau qui coulait là. A ce moment, apparut le prévôt Mathieu, qui venait à leur rencontre. A sa vue, le duc Thiébaut, transporté de colère, dit au chevalier qui chevauchait avec lui : « Si vous m'aimez, percez ce misérable de la lance que vous tenez. — A Dieu ne plaise, répondit Simon, que je tue un homme d'un si haut rang. » A ces mots, le duc lui arracha des mains sa lance et s'élança sur le prévôt. Mathieu, voyant venir à lui son neveu enflammé de colère, s'agenouilla et implora la miséricorde de Thiébaut. Mais le duc, fermant son cœur aux prières de Mathieu, abaissa sa lance, en traversa la poitrine de son oncle le prévôt et le tua ; cela fait, il s'en alla [1]. »

Ducs, comtes et prélats intervinrent dans la lutte entre Guelfes et Hohenstaufen, lutte qui pendant vingt ans, de 1198 à 1218, agita l'Allemagne. En général, les uns et les autres prirent le parti des Hohenstaufen et soutinrent successivement Philippe de Souabe puis Frédéric II.

Ainsi, le duc Simon II et son frère Ferry signèrent en 1199, avec d'autres princes allemands du parti souabe, une lettre adressée au pape Innocent III, qui prétendait se faire l'arbitre du conflit entre Otton IV et Philippe. Lorsque le pape, jetant enfin le masque, se fut ouvertement déclaré pour Otton (1201), il se dépensa en vains efforts pour amener les évêques à son candidat. N'ayant pas réussi, il essaya — avec aussi peu de succès — de faire descendre de son siège Bertram, évêque de Metz. Quant à Thiébaut I*, comte de Bar, il change de parti ; en 1199, il penche pour Otton IV et pour Richard Cœur de Lion, oncle et protecteur d'Otton ; en 1208, au contraire, après la mort de Philippe de Souabe, le comte de Bar semble avoir été un des agents de Philippe-Auguste qui, ne voulant à aucun prix qu'Otton, le neveu de Jean sans Terre, restât maître de l'Allemagne, s'efforçait de lui opposer un nouveau concur-

1. RICHER, op. cit., l. III, c. IV (ibid., p. 288).

rent. Thiébaut finit sans doute, comme les autres seigneurs laïcs et comme les prélats de la Mosellane, par se rallier à Otton IV.

Lorsque Innocent III, brouillé avec son ancien protégé, eut, de concert avec le roi de France, suscité contre le Guelfe le jeune roi de Sicile, Frédéric, fils d'Henri VI, les princes de la Mosellane revinrent au parti souabe. On vit en particulier Ferry II se remuer en Alsace pour Frédéric, l'accompagner à Toul, probablement aussi à Vaucouleurs, où une entrevue réunit le Hohenstaufen et Louis, fils de Philippe-Auguste (1212). Thiébaut I*er*, fils de Ferry II, n'abandonna pas, comme on l'a cru longtemps, le parti franco-souabe pour se rallier à Otton IV. Thiébaut de Bar avait été sollicité par Renaud de Boulogne, son cousin, d'entrer dans la grande coalition dont Jean sans Terre et Otton IV étaient les principaux membres. Mais Thiébaut mourut bientôt après, et son fils Henri I*er* resta fidèle au parti franco-souabe ; on le trouve à Bouvines, seul des princes d'Empire favorables à Frédéric II, dans l'armée de Philippe-Auguste. En ce qui concerne les prélats, l'évêque de Metz Conrad de Scharfenberg, d'abord chancelier d'Otton, l'abandonna pour se rallier à Frédéric, qui le maintint dans ses fonctions.

Seuls les comtes de Bar interviennent dans les affaires de la France. Thiébaut I*er* aida en 1203-1204 Philippe-Auguste à conquérir la Normandie. S'il refusa de prendre le commandement de la quatrième croisade, en 1211 lui-même et son fils Henri allèrent combattre les Albigeois.

IV. — La région lorraine de 1220 à 1270.

La mort d'Otton IV rendit à l'Allemagne un peu de tranquillité, mais sans que le pouvoir royal en retirât aucun profit, Frédéric II ayant, en 1220, quitté le pays pour regagner l'Italie, d'où il ne reviendra au nord des Alpes qu'en 1235-1236. Faisant, à ce qu'il semble, bon marché de son autorité en Allemagne, il prodigue aux princes de ce pays, surtout aux évêques, les concessions de droits et de privilèges, soutient les prélats contre les bourgeois de leurs villes. Les fautes du roi des Romains Henri (VII), fils de l'empereur, les luttes de Frédéric contre les papes, la formation d'un parti pontifical, qui oppose des antirois aux Hohenstaufen, l'extinction de la maison de Souabe et le long interrègne achèveront de ruiner la force matérielle et le prestige de la royauté allemande.

Aussi les princes peuvent-ils se faire la guerre, sans que roi des Romains ou empereur interviennent pour rétablir l'ordre. Gertrude de Dachsbourg fut, de son vivant et après sa mort, une cause de troubles graves pour la région lorraine. Veuve de Thiébaut Ier, elle se remarie au comte Thibaud IV de Champagne ; Mathieu II, frère et successeur de Thiébaut Ier, se voit obligé non seulement de consentir à cette union, mais d'abandonner Nancy en douaire à Gertrude et de se reconnaître vassal du comte de Champagne pour Neufchâteau. En 1222, Gertrude se sépare de Thibaud IV pour épouser en troisièmes noces un comte de Linange. Thibaud IV, qui prétendait retenir une partie des fiefs de Gertrude, et son allié le comte de Bar Henri II envahissent le pays messin et le ravagent. La mort de Gertrude, en 1225, provoqua une nouvelle guerre, qui se prolongea durant plusieurs années. Finalement, la succession de Gertrude fut partagée ; le comte de Linange garda le comté de Dachsbourg, l'évêque de Metz le comté de sa ville et différents fiefs qui relevaient de son évêché. Aucune parcelle de ce riche héritage n'échut à Mathieu II. Les guerres que ce duc et son fils Ferry III soutinrent contre leurs voisins, comtes de Bar, bourgeois ou évêques de Metz, ne leur rapportèrent que peu de bénéfice : pourtant tous deux firent, au moyen d'échanges, des acquisitions précieuses. On les trouve encore en conflit avec l'abbaye de Remiremont.

Le comté de Bar s'agrandit et se fortifie sous les règnes d'Henri II et de son fils Thiébaut II, qui sont des hommes de guerre entreprenants et d'habiles politiques. Mais un mariage fait entrer la seigneurie de Ligny dans une branche cadette de la maison de Luxembourg. Ce dernier comté, séparé du Limbourg après la mort de Waleran, garde pourtant le marquisat d'Arlon.

Les villes épiscopales continuent de lutter pour leur émancipation. Pris entre leurs bourgeois, leurs vassaux nobles et les princes laïcs leurs voisins, les évêques voient leur autorité s'amoindrir, leurs domaines se réduire, et pour comble de malheur, ils s'endettent de plus en plus. La guerre dite des Amis (1231-1234) se termine par la défaite de Jean d'Apremont, que les Messins obligent à subir leurs conditions ; aucun de ses successeurs ne parvint à regagner le terrain perdu.

A Toul, les bourgeois se soulèvent à plusieurs reprises, d'abord contre Roger de Marcey (1243), puis contre Gilles de Sorcy (1255) ; pour être plus forts, Toulois et Messins concluent, en 1250 et en 1255, une alliance contre leurs évêques. Même quand les bourgeois de Toul ont le dessous, ils réussissent à obtenir des concessions (1240-1256). A Verdun, la lutte est aussi vive : la brièveté de l'épiscopat de plusieurs prélats, ou les contestations dont l'élection de quelques autres est l'objet, affaiblissent l'autorité épiscopale. L'intervention du pouvoir central en 1227 ne fait qu'ajouter à la confusion ; les régents qui gouvernent au nom d'Henri (VII), après avoir accordé en 1227 aux Verdunois d'importants privilèges, les retirent un peu plus tard sur les réclamations de l'évêque Raoul de Thourotte, qui prouva qu'ils étaient contraires à ses propres droits. Raoul dut assiéger sa ville épiscopale pour en reprendre possession. En 1236, il engagea la vicomté aux bourgeois, Guy de Mello la réengagea en 1248. Jacques Pantaléon de Troyes régla les droits des bourgeois (1254), et Robert de Milan leur accorda peut-être la première charte de paix.

En définitive, malgré les diplômes de Frédéric II, qui avait essayé d'arrêter l'émancipation des villes et de maintenir l'autorité des évêques, les bourgeois des cités lorraines avaient conquis une série de libertés, et si les prélats, surtout à Verdun et à Toul, conservaient encore des prérogatives importantes, à Metz il ne leur restait plus qu'une ombre de pouvoir.

Les ducs de Lorraine et les comtes s'occupent des seigneuries ecclésiastiques soit pour combattre les évêques, soit pour s'interposer entre ceux-ci et leurs bourgeois, comme le fait Thiébaut II de Bar, qui vise à reprendre dans Verdun la situation qu'ont eue ses ancêtres, soit pour faire monter des membres de leurs familles sur les sièges épiscopaux ; ainsi, en 1239, Jacques, frère de Mathieu II, devint évêque de Metz.

Si les villes épiscopales s'émancipent par la force, bourgs et villages reçoivent de leurs seigneurs, que ceux-ci soient des ecclésiastiques ou des laïcs, des chartes imitées — pour la plupart — de celle de Beaumont.

Ducs, comtes et prélats prennent toujours une part plus ou moins active aux affaires de l'Empire. Les ducs Mathieu II et Ferry III sont, comme leurs ancêtres, les serviteurs dévoués de leurs parents, les princes de la maison de Souabe. Mathieu assiste souvent aux diètes ; en 1235, il va au-devant de Frédéric II, que rappelle en Allemagne la révolte de son fils Henri. Lors de la lutte de Frédéric contre Grégoire IX et Innocent IV, seigneurs laïcs et prélats tiennent au début le parti de l'empereur ; en 1240, le duc de Lorraine et d'autres princes lotharingiens offrent à Grégoire IX leur médiation. Après la nouvelle excommunication et la déposition de Frédéric II par le concile œcuménique de Lyon (1245), ni Mathieu II ni les villes ne suivent l'exemple des prélats, qui se détachent de l'empereur. Enfin, en 1247, l'évêque de Metz, Jacques de Lorraine, décida le duc, son frère, à rompre avec le parti impérial ; au surplus, Mathieu semble n'avoir rien tenté en faveur des antirois Henri Raspe et Guillaume de Hollande. En 1257, quand les électeurs allemands se furent partagés entre Richard de Cornouailles et Alphonse X de Castille, ce fut pour ce dernier, petit-fils, par sa mère, de Philippe de Souabe, que se prononça Ferry III, toujours fidèle à la maison des Hohenstaufen. Même en 1259 on voit le duc se rendre à Tolède, auprès d'Alphonse, et recevoir de lui l'investiture du duché de Lorraine et des autres fiefs impériaux qu'il détenait.

L'attitude des comtes de Bar est moins bien connue ; pourtant Henri II assista en 1235 à une diète que tint Frédéric II à Mayence.

Si ducs de Lorraine et comtes de Bar continuent de s'intéresser, les seconds beaucoup moins que les premiers, aux affaires de l'Empire, la France les attire de plus en plus. Sans parler des liens de famille ou de vassalité qui rattachent aux Capétiens ou aux comtes de Champagne les dynastes lotharingiens, ces derniers subissent l'influence qu'exercent la prospérité économique et l'essor intellectuel de la France. Mathieu II est vassal du comte de Champagne pour Neufchâteau, Ferry III le deviendra, sans que l'on en connaisse la date ni les motifs, pour Châtenois, Montfort et Frouard ; ces droits de suzeraineté sur une partie de la Lorraine passeront aux rois de France, qui les garderont jusqu'en 1465. Le mariage de Ferry III avec Marguerite de Champagne, fille de Thibaud IV, ne fait que renforcer l'influence champenoise. Comme vassaux des comtes de Champagne, Mathieu II et Ferry III secourent le premier Thibaud IV en 1229-1230, le second Thibaud V en 1265-1267. A l'intérieur de leur duché, Mathieu et Ferry subissent aussi l'ascendant des comtes de Champagne ; ceux-ci les engagent ou les forcent à doter de franchises quelques-unes de leurs villes ou bourgades, Neufchâteau, Nancy, Frouard, et se portent garants des engagements pris, se réservant ainsi le droit d'intervenir dans les affaires intérieures de la Lorraine.

Les comtes de Bar, parents et vassaux des comtes de Champagne, ne remplissent pas toujours les obligations auxquelles ils sont tenus à leur égard. Henri II combattit en 1229-1230 Thibaud IV, et Thiébaut II fut, en 1265-1267, l'adversaire de Thibaud V. Dans ces deux circonstances, on le remarquera, les comtes de Bar s'étaient prononcés pour le parti opposé à celui que défendaient les ducs lorrains. Pourtant, Henri II partit avec Thibaud IV pour la Terre Sainte ; il périt en 1240, près de Gaza, dans un combat contre les musulmans.

Respectueux des droits de ses voisins, saint Louis ne profita pas de l'affaiblissement de l'Allemagne pour s'agrandir à ses dépens. Mais la confiance qu'il inspirait le fit prendre ou accepter comme arbitre par les seigneurs de la région lorraine ; il intervint comme médiateur entre les comtes de Bar et de Champagne, entre Mathieu II et le comte de Bar, entre celui-ci et son frère Renaud. L'autorité et le prestige des Capétiens s'accroissaient dans la région lorraine, alors que sombrait dans l'impuissance la royauté allemande.

CHAPITRE III

LES INSTITUTIONS DE L'ÉPOQUE ALLEMANDE [1]

En 925, la Lotharingie différait profondément de l'Allemagne par son organisation sociale et par ses institutions.

---

[1]. Bibliographie. — Sources : voir ci-dessus (p. 184).
Ouvrages généraux : WAITZ (G.), *Deutsche Verfassungsgeschichte*, t. V et VI, 2ᵉ éd., 1893 et 1895 ; t. VII et t. VIII, 1876 et 1878. — BLONDEL (G.), *Etude sur la politique de l'empereur Frédéric II en Allemagne*, 1 vol. in-8°, 1892. — SCHROEDER (R.), *Lehrbuch der deutschen Rechtsgeschichte*, 1 vol. in-8°, 5ᵉ éd., 1907.
Ouvrages concernant la région : Aux livres de BONVALOT et de l'abbé CHATELAIN cités plus haut (p. 117 et 185), ajouter GUYOT (Ch.), *Les Villes neuves en Lorraine* (*Mém. Soc. arch. lorr.*, t. XXXIII, 1883). — BONVALOT (Ed.), *le Tiers Etat d'après la charte de Beaumont*, 1 vol. in-8°, 1884. — LABANDE (H.), *Introduction à l'inventaire sommaire des archives communales*

L'Allemagne avait l'avantage de posséder encore beaucoup d'hommes libres, la féodalité n'y avait fait que peu de progrès, enfin la royauté, gravement compromise au début du xe siècle, allait retrouver avec Henri Ier et Otton le Grand sa force et son prestige. La Lotharingie ressentira d'abord les bons effets de cette restauration du pouvoir royal, mais quand celui-ci finira, sous l'influence de causes multiples, par tomber dans l'impuissance, la féodalité, non contente de reprendre et d'achever son évolution en Lorraine, se développera de l'autre côté du Rhin.

Il se constitue, durant la période germanique, une caste noble ; si le nombre des hommes libres se réduit encore au xe siècle, il ne tarde pas à s'accroître par la suite ; le xiie et le xiiie siècle voient de nombreux serfs acquérir la liberté.

Les rapports du souverain allemand avec les ducs et les comtes ou des ducs avec les comtes ont subi de 925 à 1270 des modifications assez profondes ; il en est de même de la nature et de l'étendue de l'autorité des seigneurs, surtout des seigneurs ecclésiastiques ; on voit se transformer également la condition et les droits des villes épiscopales, ainsi que d'un certain nombre de bourgs et de villages.

I. — Les classes sociales.

La société tend à se hiérarchiser de plus en plus. La noblesse, qui s'organise durant ces quatre siècles, arrive à former une caste fermée. Elle comprend tout d'abord les anciens fonctionnaires et les anciens vassaux royaux, les grands propriétaires immunistes et, d'une façon générale, les hommes libres qui avaient le moyen de servir à cheval, enfin des aventuriers heureux. Plus tard des non-libres, les *ministeriales*, finiront par entrer dans la noblesse ; ce sera la conséquence des fonctions qu'ils remplissent auprès

de Verdun antérieures à 1790, 1 vol. in-4°, 1891. — Duvernoy (E.), *les Etats généraux des duchés de Lorraine et de Bar jusqu'à la majorité de Charles III*, 1 vol. in-8°, 1904.

des évêques, des abbés, des ducs ou des comtes, des fiefs qu'ils détiennent, enfin du service à cheval qu'ils fournissent.

Il ne semble pas que, dans la région lorraine, il y ait au xiii* siècle une hiérarchie bien établie. On peut cependant ranger les nobles en deux classes, dont la première comprendrait ceux qu'on appellera plus tard les princes : ce sont les ducs, les comtes et les prélats, qui relèvent directement de l'Empire et qui ont la jouissance pleine et entière des droits régaliens ; le second groupe serait formé des vassaux des princes, des arrière-vassaux, qui ne possèdent qu'une partie de ces droits. Les vassaux des ducs lorrains constitueront le corps de l'ancienne chevalerie.

Le noble est de droit chevalier (*miles*), ou plutôt il le devient quand il atteint sa majorité à la suite de l'adoubement, cérémonie tout d'abord purement laïque et militaire, par laquelle un parent, un ami, ou le suzerain du jeune noble lui remet ses armes. Plus tard, l'Eglise interviendra pour entourer cette prise d'armes de tout un ensemble de rites religieux ; elle exigera enfin du futur chevalier l'engagement de pratiquer certaines vertus. Un tournoi est d'habitude célébré en l'honneur du nouveau chevalier. En ce qui concerne la région mosellane, nous n'avons pas de témoignages historiques sur l'évolution de la chevalerie. Le poème de *Garin* nous offre l'exemple des deux façons de procéder : aucune cérémonie religieuse n'accompagne l'adoubement très simple de Garin, de Bègue, de Fromont et de Guillaume de Monclin, tandis que Girbert, fils de Garin et Fromondin, fils de Fromont, passent une nuit en prières dans une église, et entendent la messe, le premier après qu'il a été armé chevalier, le second avant de l'avoir été.

Le nombre des hommes libres s'était, sous l'influence de causes politiques ou économiques, réduit à rien dans les campagnes vers la fin de l'époque carolingienne. Il en allait autrement dans les villes épiscopales, dont les habitants furent, tout au moins pour la plupart, les sujets et non les serfs des prélats, même après que ceux-ci eurent acquis les pouvoirs comtaux. Des affranchissements, les uns individuels, les autres collectifs, ne cessèrent d'accroître, à partir du xie siècle, le nombre des hommes libres. Au xiiie siècle, tous les habitants des cités épiscopales et d'un certain nombre de villages étaient de condition libre. Mais, bien entendu, un membre des paraiges messins avait une situation de beaucoup supérieure à celle d'un paysan affranchi, d'un vilain.

Il existe encore des demi-libres, colons, hôtes, affranchis, au début de notre période, mais ils diminuent et même ils finiront par disparaître.

Les serfs constituent au xe siècle la totalité de la population des campagnes ; les uns sont nés dans cette condition, d'autres y sont tombés soit par un mariage avec une serve, soit enfin de leur pleine volonté. Au début, des charges très lourdes pèsent sur eux : capitation, mainmorte, formariage, taille arbitraire, etc. Plus tard, les serfs, grâce aux affranchissements, diminuent en nombre, et ceux qui restent dans cette condition voient leur situation s'améliorer, leurs obligations se réduire et se préciser. Mais, tant que n'auront pas pris fin les guerres féodales, la population, libre ou serve, des campagnes aura cruellement à en souffrir.

II. — LES DIVISIONS DU PAYS.

Nous avons vu quels territoires comprenait la Haute-Lorraine ou Mosellane, créée en 959. Elle se partageait en *pagi* ou *comitatus*. Mais ces anciennes divisions territoriales se disloquent déjà et d'autres circonscriptions se forment, qui deviendront bientôt des seigneuries laïques ou ecclésiastiques ; quelques-unes de ces dernières, les futures principautés épiscopales, comprennent, depuis le xe siècle, outre les anciens domaines immunistes d'une église cathédrale, la ville épiscopale et le territoire qui en dépend ; quant aux seigneuries laïques, elles se composent des domaines d'une puissante famille, accrus par des mariages et par des usurpations de terres ecclésiastiques.

Au xiie siècle, nous l'avons dit, la Mosellane n'existe plus ; elle s'est morcelée en de nombreuses principautés ecclésiastiques ou laïques, dont les plus importantes sont l'archevêché de Trèves, les évêchés de Metz, de Toul et de Verdun, le duché féodal de Lorraine, les comtés de Bar, de Luxembourg, de Vaudémont, de Saarwerden, de Sarrebrück, de Deux-Ponts et de Salm. A l'exception du Luxembourg, qui forme un tout à peu près homogène, ces seigneuries sont faites de pièces et de morceaux, s'enchevêtrent les unes dans les autres, ce qui fera naître des conflits sans fin. Ainsi, le duché féodal de Lorraine comprenait des morceaux plus ou moins grands des circonscriptions modernes suivantes : Vosges, Meurthe-et-Moselle, Lorraine annexée, Province rhénane ; les territoires dont se composait le comté de Bar se trouvaient répartis entre les départements actuels de la Haute-Marne, des Vosges, de la Meuse et de la Meurthe-et-Moselle. Au xiie et surtout au xiiie siècle, commence le démembrement des seigneuries épiscopales ; les bourgeois et quelques-uns des vassaux nobles s'affranchissent plus ou moins complètement de l'autorité de l'évêque ; les ducs de Lorraine, les comtes de Bar, d'autres puissants seigneurs dépouillent les églises et les abbayes, même et surtout celles dont ils sont les avoués.

Chaque principauté comprend des fiefs et un domaine non inféodé, dont le prince s'est réservé la possession directe. On ne sait quand, xie ou xiie siècle, furent créées les prévôtés et les châtellenies, qui dans bien des cas se confondent. Le duché féodal de Lorraine comprendra un jour trois bailliages, ceux de Nancy, de Mirecourt et de Vaudrevange, mais cette division date au plus tôt de Ferry III, peut-être même est-elle postérieure à ce prince.

La Mosellane n'avait point de capitale. Les seigneuries eurent au xiie siècle la leur : ce fut la résidence du prince, Nancy pour le duché féodal de Lorraine, Bar pour le Barrois, Luxembourg pour le comté de ce nom, Trèves, Metz, Toul et Verdun pour les seigneuries épiscopales.

III. — Les institutions.

1° *Les institutions centrales.*

En Allemagne, la royauté était élective en principe, mais en fait beaucoup de souverains eurent pour successeur leur fils, qu'ils avaient eu la précaution de faire élire de leur vivant. L'extinction successive des maisons de Saxe, de Franconie et de Souabe et le grand interrègne finirent par faire triompher le principe électif. Non contents de désigner le souverain, ducs, comtes et prélats prétendent avoir le droit de le déposer et de le remplacer par un autre, comme ils le tentèrent durant les luttes du Sacerdoce et de l'Empire, aux temps d'Henri IV et de Frédéric II. Le nombre des électeurs, d'abord illimité, finit par se réduire, au xiiie siècle, à quelques princes ; dans la région lorraine, seul l'archevêque de Trèves fera partie de ce petit groupe de privilégiés ; aussi restera-t-il beaucoup plus étroitement uni à l'Allemagne que les autres seigneurs laïcs et ecclésiastiques de l'ancienne Mosellane. La royauté allemande a les mêmes attributions, les mêmes droits que la royauté franque ; à l'exemple de celle-ci, jamais elle n'agit sans avoir pris conseil des grands qui l'entourent ; ces assemblées deviendront plus tard les diètes.

2° *Les ducs, les comtes et les prélats*[1].

A. — Caractères des dignités de duc et de comte.

Les souverains allemands du xe siècle et de la première moitié du xie furent assez forts pour arrêter dans la Mosellane les progrès de la féodalité et pour y faire respecter leur autorité. Aussi, à cette époque, ducs et comtes, ducs surtout, ont-ils à la fois le caractère de fonctionnaires et de

---

1. Chacune des subdivisions de cette section comprend deux parties, consacrées l'une aux xe et xie siècles, l'autre au xiie et au xiiie.

vassaux du roi. Celui-ci leur confère, avec le *bannus*, l'ensemble des pouvoirs judiciaires et militaires qu'ils exerceront en son nom sur une circonscription déterminée. Mais cette délégation se fait désormais avec les formes féodales de l'hommage et de l'investiture. Les comtes, bien que subordonnés au duc, ne sont pas ses vassaux; ils tiennent leur *bannus* — non point de lui — mais du roi. Quant à l'évêque, il n'exerce pas lui-même les pouvoirs comtaux qu'il a reçus; ils sont délégués à un laïc, que désigne l'évêque, mais qui reçoit, lui aussi, du souverain son *bannus*.

Au XIIe et au XIIIe siècle, comtes et ducs ont perdu le caractère de fonctionnaires et de représentants du roi pour ne garder que celui de vassaux. Le régime féodal est alors définitivement constitué, sans qu'il y ait d'ailleurs de hiérarchie organisée. Evêques et comtes étaient déjà auparavant les vassaux directs du souverain allemand; désormais, affranchis de toute subordination à l'égard des ducs, ils deviennent leurs égaux et jouissent des mêmes prérogatives qu'eux. Tandis que, précédemment, ducs et comtes ne recevaient en fief que les droits régaliens, il semble que, peu à peu, la terre se joigne à ces droits, pour former un ensemble qui constitue le fief. Un autre changement va se produire à cette époque dans les principautés épiscopales, nous voulons parler de la disparition des comtes : à Verdun l'événement date du milieu du XIIe siècle, à Metz de 1220, à Toul de 1261. Eglises et abbayes arrivent aussi, mais pas toujours, à se débarrasser de leurs avoués qui, le plus souvent, n'avaient été pour elles que des oppresseurs.

B. — Transmission des pouvoirs de duc et de comte.

Au début, le duc est nommé par le roi ; toutefois, si en 959 Frédéric doit la dignité ducale à Otton Ier et à son frère Brunon, il semble, d'après une charte du nouveau duc de cette même année, que les *Franci*, c'est-à-dire les comtes, les vassaux royaux, en un mot les membres de l'aristocratie du pays aient concouru à cette nomination d'une façon que nous ne pouvons déterminer. Mais, dès cette époque, se manifeste, comme nous l'avons déjà dit, la tendance à l'hérédité ; dans les maisons de Bar, de Verdun et d'Alsace, on se succède de père en fils. Gérard d'Alsace a du reste, nous le répétons, reçu le duché aux mêmes conditions que ses devanciers ; ni Henri III ni Henri IV ne lui ont octroyé le duché de Lorraine à titre de fief héréditaire. C'est donc une hérédité de fait qui s'établit successivement dans trois maisons ducales ; le fils ne succède au père qu'avec l'agrément et le consentement du souverain, qui pourrait le refuser. Ajoutons que le roi a toujours la faculté de retirer à un duc les pouvoirs qu'il lui a confiés, après l'avoir fait juger par sa *curia* ; c'est ce qui arriva pour Godefroy le Barbu, coupable de rébellion. Enfin les femmes ne possèdent pas encore le privilège d'exercer les fonctions ducales.

En droit, la situation des comtes vis-à-vis des rois est la même que celle des ducs ; pourtant, l'hérédité est plus entrée dans les usages en ce qui concerne les comtes, elle s'étend aux femmes, comme le prouve l'exemple des filles de Frédéric II, Béatrice et Sophie, qui héritèrent des comtés de leur père, mais non de la dignité ducale qu'il avait possédée. Les comtes épiscopaux se succèdent également de père en fils.

Depuis le XII° siècle, le principe de l'hérédité, même en ligne collatérale, a définitivement triomphé, aussi bien dans la maison ducale que dans les familles comtales ou simplement seigneuriales. Ainsi, à Simon II succède son neveu Ferry, à Thiébaut Ier son frère Mathieu II, au comte Henri Ier de Bar son frère Thiébaut Ier. On voit Simon II et son frère Ferry de Bitche conclure, en 1179, des arrangements relatifs au duché de Lorraine, sans en demander la ratification à Frédéric Barberousse. L'hérédité en ligne féminine est admise, même pour le duché, à la fin du XII° siècle ou au début du XIII° ; ainsi Eudes III, duc de Bourgogne, renonce, en 1203, à ses droits éventuels sur la Lorraine, droits qu'il ne pouvait tenir que de sa mère Alix, fille de Mathieu Ier. Dans le Luxembourg, Henri l'Aveugle, fils d'Ermesinde, devient comte de Luxembourg, à la mort de Conrad II ; une autre Ermesinde, fille d'Henri, hérite du comté, qu'elle porte successivement à ses deux maris, Thiébaut Ier de Bar et Waleran II de Limbourg. Toutefois, l'héritier, quel qu'il soit, d'un duc ou d'un comte, ne recueille la succession de son parent défunt qu'à la condition de prêter foi et hommage au souverain allemand, de recevoir de lui l'investiture, en un mot de se plier aux règles du régime féodal.

A côté de cette intervention obligatoire du roi ou de l'empereur, y en a-t-il une autre de la noblesse, des vassaux ducaux ou comtaux, quelque chose d'analogue à ce qui s'est passé en 959 ? En particulier, dans le duché de Lorraine, les vassaux directs des ducs, ceux que l'on appellera plus tard les gentilshommes de l'ancienne chevalerie, ont-ils joué un rôle ? Nous n'avons qu'une médiocre confiance dans Jean de Bayon, un auteur du xive siècle, qui leur fait adjuger en 1070 le duché à Thierry d'Alsace.

Du moment que les fiefs deviennent héréditaires, les duchés, comtés, etc., peuvent être partagés, démembrés, comme ce fut le cas en 1070 et en 1179 pour le duché de Lorraine, la première fois lorsque Gérard reçut de son frère Thierry II le comté de Vaudémont, et la seconde quand Simon II abandonna à son frère Ferry les domaines allemands de sa famille. Gérard et Ferry durent se reconnaître, l'un comme l'autre, les vassaux de leurs frères. Des deux fils du comte de Bar Renaud II, l'aîné, Henri Ier, eut le comté, le cadet, Thiébaut, la seigneurie de Briey ; plus tard, Henri II de Bar donna la seigneurie de Ligny en dot à sa fille Marguerite, lorsqu'elle épousa Henri le Blond, comte de Luxembourg.

Dans les seigneuries ecclésiastiques, tant qu'il y eut des comtes et des avoués, c'est de la même façon que se fit pour eux la transmission des pouvoirs. Quant aux évêques et aux abbés, nous verrons plus loin dans quelles conditions ils étaient nommés.

C. — La hiérarchie féodale. Obligations des suzerains et des vassaux.

Ducs, comtes, évêques et abbés ont des vassaux, qui sont eux-mêmes suzerains d'autres vassaux. D'ailleurs le système féodal, très complexe, présente bien des particularités curieuses, bizarres même. Ainsi le duc peut être, pour un fief, vassal d'un comte, d'un évêque, d'un abbé ; inversement un seigneur, indépendant du duc pour sa seigneurie, sera son vassal pour un fief, plus tard même pour une simple pension. Il arrive qu'un seigneur détienne plusieurs fiefs qui relèvent de suzerains différents. De plus rien n'empêche le duc et les comtes d'être les vassaux de princes étrangers ; le duc de Lorraine et le comte de Bar ont, au XIIIe siècle, pour suzerains les comtes de Champagne. De même on trouve des seigneurs étrangers vassaux, pour des fiefs situés dans la région lorraine, du duc, de l'un des comtes, ou du souverain allemand ; c'était le cas, à la fin du XIIe siècle, du comte de Champagne. On voit dans quel embarras se trouvait un seigneur qui dépendait de deux suzerains quand ces derniers se faisaient la guerre. Il est vrai que les suzerains n'avaient pas sur un vassal qui leur était commun les mêmes droits ; l'un d'entre eux devait être servi le premier, un autre venait au deuxième rang, un autre au troisième et ainsi de suite. Pour ajouter encore aux complications du régime féodal, il n'est pas rare qu'une localité dépende de plusieurs seigneurs ; tantôt c'est le territoire lui-même qu'ils se partagent entre eux, tantôt ce sont les redevances et les droits.

Le vassal prête à son suzerain foi et hommage, lui délivre son aveu et dénombrement, sorte d'inventaire du fief, et reçoit de lui l'investiture. A l'époque dont nous nous occupons, celle-ci se fait par l'octroi d'une bannière au vassal ; il y en a autant que de fiefs.

On connaît les obligations du suzerain, qui doit protéger son vassal et lui faire justice, et celles du vassal, astreint au service militaire, au service de cour, qui comprend le conseil et l'assistance au tribunal, enfin à diverses redevances ou aides en des cas déterminés. Mais en Lorraine, comme ailleurs, il s'en fallait de beaucoup que de part et d'autre on remplît ses devoirs avec exactitude et loyauté.

D. — Titres et insignes des ducs et des comtes.

Quels sont les titres des ducs et des comtes? Tout d'abord les ducs de Lorraine s'intitulent soit *dux*, soit *dux Lothariensium*; au xii° siècle, *dux Lotharingorum* alterne avec *dux Lotharingiæ*; au xiii°, cette dernière appellation prédomine. Au titre de *dux* s'ajoute, depuis Thierry II, celui de *marchio*, sans que l'on puisse donner de l'origine et du sens de ce terme une explication certaine. Dans les actes en langue française la suscription est ainsi libellée : *dux* (*dus*) *de Loherreigne* (*Lorreigne*) *et marchis*. Les comtes de Bar s'intitulent d'abord *comes*, puis *comes Montionis* (*et Barri*), plus tard *comes Barri* (*Ducis*), enfin dans les documents français *cuens de Bar*. En ce qui concerne les comtes de Luxembourg, nous les voyons se qualifier successivement de *comes*, de *comes Lucelemburg*, de *Namurcensis et Lucelburgensis comes*, de *comes Luceburgensis et Rupensis, marchio Arlunensis*, et, en français, de *cuens de Lucembourg, de la Roche et marchis d'Erlon*. Quant aux insignes des ducs, des comtes, nous ne les connaissons pas pour cette époque, non plus que leur costume d'apparat. Les sceaux les représentent armés de pied en cap, mais il est évident qu'ils n'endossaient pas toujours la cuirasse ni le heaume.

E. — Droits et prérogatives des ducs et des comtes.

Aux x° et xi° siècles, ducs et comtes possèdent, en tant que délégués du souverain, des attributions de même nature, judiciaires et militaires, le duc ayant naturellement des droits plus étendus sous le double rapport du territoire et de la compétence. Comme nous l'avons dit, en cas de guerre, le duc commande les forces militaires de la province; comtes royaux et comtes épiscopaux doivent lui amener leurs contingents. Seuls les évêques ont alors un droit, encore incomplet, de battre monnaie.

Au XII° et au XIII° siècle, les prérogatives des ducs, des comtes, des évêques sont plus étendues qu'à l'époque précédente. Barons laïcs et prélats possèdent, tous ou presque tous, les droits régaliens. Ils rendent la justice, lèvent des troupes et battent monnaie. Ces prérogatives, ils les exercent en leur nom et à leur profit, sauf quand le roi les convoque pour une expédition militaire ; aussi les guerres féodales, encore assez rares au XI° siècle en Lorraine, deviennent-elles fréquentes à partir du XII° ; c'est un des plus grands fléaux de cette période.

F. — Assemblées convoquées par les ducs.

Le duc convoquait-il à des assemblées les évêques et les comtes de la Mosellane au X° et au XI° siècle? On ne peut l'affirmer. Pourtant, en certaines circonstances, quand, par exemple, le duc siège à son tribunal, quelques-uns des prélats et des comtes de la province se trouvent auprès de lui. A partir du XII° siècle, dans chaque seigneurie, le duc ou le comte a, tout comme le souverain, une *curia* formée de ses vassaux. Ceux-ci lui doivent, comme nous l'avons dit, le conseil et la justice. Dans le duché féodal de Lorraine, l'ensemble des vassaux nobles forme le corps de l'ancienne chevalerie, qui jouira plus tard de prérogatives importantes, mais qui ne les avait probablement pas encore au XII°, ni au XIII° siècle. Ce sont des documents postérieurs, ou très suspects, qui nous montrent la chevalerie jouant à cette époque un rôle considérable. Il ne semble pas qu'il se soit tenu alors d'États généraux.

G. — Auxiliaires des ducs et des comtes.

Sur l'entourage et sur les fonctionnaires des ducs et des comtes au X° et au XI° siècle, nous ne savons à peu près rien. Au XII° et au XIII°, ducs de Lorraine, archevêques de Trèves, évêques de Metz avaient leurs grands officiers, sénéchal, chambrier, échanson, maréchal ; les autres seigneurs, sans aucun doute, possédaient le même personnel. Tandis qu'auprès des prélats on trouve un chancelier, il n'en va pas de même dans le duché de Lorraine, ni dans les comtés. Et pourtant, dès le XII° siècle, les comtes de Champagne avaient un chancelier.

Chaque principauté possède ses fonctionnaires, dont le nombre et l'importance vont croissant ; ils sont placés à la tête des terres ducales, comtales ou épiscopales qui n'ont pas été inféodées et qui constituent le domaine direct du seigneur. Un maire, un doyen et d'autres agents administrent les bourgs et les villages ; au-dessus d'eux on trouve les prévôts, à la fois fonctionnaires, vassaux et fermiers ; enfin il se peut que le duché de Lorraine ait eu vers la fin du XIII° siècle des baillis, qui sont de véritables fonctionnaires. Maires, prévôts et baillis jouissent d'attributions multiples, comme jadis les comtes francs. Le seigneur, qui les nomme, peut les déplacer et les destituer.

3° *Les services publics*.

A. — La législation. La justice.

Au début de notre période, les anciennes lois barbares restent en vigueur ; une charte de 957 mentionne la loi salique ; les capitulaires doivent encore faire autorité. Puis, peu à peu, la loi, de personnelle qu'elle était, deviendra territoriale. Il se formera dans chaque seigneurie un droit coutumier, mélange de droit barbare, de législation carolingienne, de droit canonique, d'usages locaux ; les droits coutumiers, qui à l'origine se ressemblaient beaucoup, arriveront avec le temps à différer assez profondément les uns des autres.

A l'époque où le duc est un délégué du souverain, il connaît des causes royales, comme l'atteste une charte judiciaire de Frédéric Ier de 966, c'est-à-dire des causes où l'on trouve comme parties des évêques, des abbés ou des comtes. Ainsi en 959 et en 966, Frédéric juge des procès où sont impliquées :

Pl. VIII.

LA CROIX-AUX-MINES (Vosges). — Mines d'argent, transport des bois
(d'après l'*Album* de Heinrich Gross [XVIe siècle],
reproduit par les soins de M. Ch. Sadoul).

(Voir p. 443-444).

LA CROIX-AUX-MINES (Vosges). — Lavage et triage du minerai
(même provenance).

Voir p. 443-444.

la première fois, l'abbaye de Gorze ; la seconde, celle de Bouxières-aux-Dames. En 1073, un procès entre Bouxières et Saint-Arnoul est porté devant le duc Thierry II ; à une date inconnue, l'abbaye de Chaumousey demandera justice au même duc contre un seigneur qui avait usurpé quelques-unes de ses terres. Pas plus que le roi, ni le duc ni le comte ne jugent seuls ; le duc s'entoure d'assesseurs pris parmi les prélats et les comtes de la province ; des échevins assistent le comte. Ainsi, en 959, Frédéric a auprès de lui trois comtes et un abbé ; en 966, trois comtes et Wicfrid, évêque de Verdun ; en 1073, à côté de Thierry II, siègent les évêques Hermann de Metz et Pibon de Toul, ainsi qu'un abbé.

Plus tard, maires, prévôts, baillis ont leur tribunal, jugent au civil et au criminel, toujours avec le concours d'assesseurs. Au-dessus, dans chaque principauté, le seigneur a son tribunal où siègent ses vassaux ; ce n'est pas à proprement parler un tribunal d'appel. A lui sont réservées les causes où le suzerain est partie, celles des vassaux nobles et en général tous les différends qui ont trait aux obligations féodales. Le duché de Lorraine a possédé un tribunal particulier, celui des assises, dont les juges étaient les membres de l'ancienne chevalerie, mais rien ne prouve que les assises aient fonctionné au XIIe ni au XIIIe siècle. On a supposé, non sans vraisemblance, qu'elles dérivaient du tribunal ducal.

La procédure n'a guère varié au cours des quatre siècles de la période germanique ; elle est restée imprégnée d'usages barbares ; si, pour les causes civiles, on recourt parfois aux documents écrits et aux témoignages, c'est par les serments, par les épreuves et par le combat judiciaire que le plus souvent on cherche, dans les procès ordinaires comme dans les affaires criminelles, à découvrir la vérité et à faire triompher le bon droit.

Amendes, confiscations, châtiments corporels, mort par décapitation, strangulation ou noyade, voilà toujours les châtiments qui attendent les coupables. Le taux des amendes, d'abord laissé à l'arbitraire des juges, est en général fixé, durant le xii° ou le xiii° siècle, au moins dans les localités qui reçoivent de leur seigneur une charte de franchises. Cette question des amendes a pour les seigneurs une grande importance ; c'est pour avoir la faculté d'en infliger et d'en percevoir qu'ils tiennent au droit de justice, considéré comme une prérogative profitable et lucrative.

B. — L'armée.

Ni l'Allemagne elle-même ni plus tard les principautés ne possèdent d'armée permanente.

Aux x°-xi° siècles, les ducs, les comtes, les évêques et les abbés, en tant que seigneurs temporels, doivent au souverain le service militaire, c'est-à-dire qu'ils sont tenus de lui amener, quand il les convoque, leurs contingents d'hommes armés. Ainsi, en 980, Otton II appelle à lui en Italie les troupes des évêques de Toul et de Verdun. En 1026 Brunon de Dachsbourg est chargé par son évêque d'amener à Conrad II, alors en Italie, le contingent toulois. Evêques et comtes doivent, en outre, répondre à la convocation que leur adresse le duc, quand la province est attaquée ; en 1037, Thierry II de Metz envoie son contingent, sous les ordres du comte Gérard, au duc Gozelon qui marche contre Eudes II de Chartres et de Blois. Le duc et le comte, l'évêque et l'abbé ne peuvent lever de troupes que sur l'ordre du souverain ou pour son service. L'effectif de ces contingents varie naturellement avec l'importance des domaines du comte, de l'évêque ou de l'abbé. Ils sont formés de vassaux nobles et de *ministeriales* à cheval, d'hommes libres et peut-être de non-libres à pied. Toutefois il est permis de supposer qu'en cas d'expéditions lointaines, on n'appelle que des hommes montés. En 1075, c'est une troupe de cavalerie que Thierry II amène au roi Henri IV pour combattre les Saxons révoltés. Les habitants de la Mosellane avaient, en Allemagne tout au moins, la réputation d'être de bons cavaliers.

Quand un ennemi extérieur attaque le pays, il est possible que le duc ait le droit de proclamer la levée en masse.

De même les habitants d'une ville assiégée, capables de porter les armes, doivent probablement participer à la défense de la place; ce fut le cas à Verdun en 985, à Trèves en 1008, à Metz en 939, en 1009, en 1012. La défense avait alors un avantage marqué sur l'attaque, qui ne disposait que de moyens insuffisants. Pourtant Lothaire et les Verdunois se servirent en 985 de machines de guerre. C'est en recourant à la ruse que Conrad pénètre dans Metz en 953, que le duc Thierry Ier et le comte Godefroy reprennent Verdun en 985, que Godefroy le Barbu s'empare de la même ville en 1047. Il y a cependant des sièges qui réussissent : Metz tombe au pouvoir d'Otton Ier en 939-940, de Conrad le Roux en 953, de Thierry II duc de Lorraine en 1077; Verdun est prise trois fois en 985 et de nouveau en 1047. Par contre Trèves en 1008, Metz en 1009 et en 1012 résistent victorieusement aux attaques d'Henri II.

Au XIIe et au XIIIe siècle, ducs, comtes, évêques, abbés ne se contentent pas de fournir leurs contingents militaires au roi des Romains ou à l'empereur; ils lèvent des troupes pour leur compte et font la guerre à leurs voisins. L'armée de chaque prince a un caractère purement féodal ; les vassaux nobles doivent le service à leur suzerain, les roturiers à leur seigneur. Le service militaire, d'abord indéterminé dans le temps et dans l'espace, finit par être nettement limité à ce double point de vue pour les vassaux et même pour les roturiers ; le principe du rachat sera bientôt admis. Les troupes soldées apparaissent dès le XIIe siècle.

L'art de la fortification et celui de la poliorcétique font quelques progrès ; c'est une conséquence des croisades, qui ont mis les occidentaux en contact avec les Arabes, plus savants qu'eux en ces matières.

Comme les hommes qui composent les armées de cette époque ne reçoivent pas de solde, ils vivent aux dépens des pays qu'ils traversent, même dans les domaines de leur souverain, et prennent de force tout ce dont ils ont besoin. Une fois sur le territoire de l'adversaire, ils ne connaissent plus aucune retenue ; non seulement les villes prises d'assaut, mais les villages sans défense se voient livrés au pillage ; or, argent, objets précieux, meubles, troupeaux, provisions, les envahisseurs enlèvent tout ce qui peut s'emporter. Une fois leur butin en sûreté, ils mettent le feu aux maisons. Souvent la population mâle est massacrée, tandis que les femmes et les filles subissent les derniers outrages. Aussi les malheureux paysans, exposés aux horreurs de guerres sans cesse renouvelées, vivent-ils dans des inquiétudes perpétuelles. Parfois, réduits au dernier degré de la misère, ils abandonnent le pays. En 1009, l'armée d'Henri II fit subir aux campagnes voisines de Metz de tels ravages que huit cents serfs, dépendant de la cathédrale Saint-Etienne, durent émigrer pour ne pas mourir de faim. En 1047, à la suite de l'incendie de Verdun par Godefroy le Barbu, beaucoup d'habitants et de membres du clergé quittèrent la ville et se dispersèrent ; vingt-quatre des chanoines de la cathédrale se retirèrent, paraît-il, jusqu'en Hongrie, d'où ils ne revinrent jamais.

C. — Les finances.

A défaut d'impôts réguliers, le roi perçoit les dons que lui apportent ses vassaux. Il ne lui reste dans le pays que bien peu de terres. On ignore s'il avait conservé quelques droits sur les mines et sur les salines.

Quant aux ducs, comtes, évêques et abbés, ils vivent surtout des produits domaniaux, que perçoivent les prévôts à partir du moment où ils sont créés, des amendes, des tonlieux et des péages. Les ducs de Lorraine, quelques évêques ou abbés, ajoutent à ce revenu le produit des salines et des mines, celui des dîmes inféodées, enfin, surtout au xiiie siècle, l'argent d'emprunts consentis par des bourgeois de Metz, des Juifs ou des Lombards. Au xiiie siècle, les ducs de Lorraine, comme les évêques de Metz, sont fortement endettés.

4° *Les villes épiscopales.*

Trèves, Metz, Toul et Verdun, ainsi que Neufchâteau dans le duché de Lorraine, ont réussi en grande partie à s'affranchir de l'autorité épiscopale ou ducale et à constituer de véritables communes. Le pouvoir du seigneur, évêque ou duc, subsiste, mais très amoindri, et dans les villes épiscopales il s'affaiblira davantage encore par la suite.

L'affranchissement de Metz, de Toul et de Verdun s'explique par des causes multiples : disparition des comtes épiscopaux, à Verdun au milieu du xii° siècle, à Metz en 1220, à Toul en 1261, accroissement en nombre et en richesse des bourgeois, affaiblissement des évêques, aux prises avec des ennemis intérieurs et extérieurs, décadence de la royauté allemande qui, après avoir — sinon créé — du moins accru la puissance politique des prélats et l'avoir longtemps protégée, finit par se trouver hors d'état de la défendre, voilà, brièvement résumées, les causes pour lesquelles, depuis le xii° siècle ou le xiii°, Metz, Toul et Verdun conquièrent des libertés de plus en plus grandes. La ville de Neufchâteau, pour laquelle les ducs de Lorraine relevaient, depuis le xiii° siècle, des comtes de Champagne, dut à ceux-ci de recevoir des privilèges comme aucune autre ville des principautés laïques n'en posséda jamais.

A la tête de chacune des trois cités de Metz, de Toul et de Verdun se trouvent des magistrats et des conseils, dont les uns remontent à l'époque carolingienne, tandis que les autres datent du xii° ou du xiii° siècle. La désignation de ces dignitaires et de ces corps a beau appartenir encore à l'évêque, ils n'en agissent pas moins avec une grande liberté dans leurs rapports avec lui. Magistrats et conseils sont en possession d'attributions politiques, judiciaires, militaires et financières. Ils rédigent des ordonnances, rendent la justice, lèvent des impôts, des troupes, font la guerre à leurs voisins, parfois même à leur suzerain ; les villes ont leur sceau, et bientôt l'une d'entre elles frappera monnaie. Nous exposerons du reste avec plus de détail, en étudiant l'époque suivante, les institutions des cités épiscopales, quand elles auront atteint leur entier développement.

5° *Les villes et les villages à la loi de Beaumont.*

Moins favorisés, les villes et les villages mis à la loi de Beaumont ne sont pas des communes proprement dites, ne possèdent pas de pouvoirs politiques, pas de sceau, pas d'armée. Leurs magistrats sont, en général, désignés par le seigneur, bien que parfois les bourgeois interviennent dans leur nomination. Ces magistrats ont des attributions de police, jugent au civil et peuvent lever des taxes. En outre, les bourgeois des villes affranchies ne peuvent être frappés par le seigneur de taxes ni d'amendes arbitraires ; le taux des unes et des autres est fixé par la charte. D'autres avantages relatifs à la propriété, aux déplacements sont assurés aux bourgeois. Les villes et les bourgades mises à la loi de Beaumont se trouvent donc, à l'égard de celles que régit le droit commun, dans une situation privilégiée.

La plupart de ces localités affranchies, de ces *villes neuves*, comme on les appela, furent créées au XIII° siècle par un ou par deux seigneurs, dont l'un pouvait être le vassal de l'autre.

Les comtes de Bar, les comtes de Luxembourg, les ducs de Lorraine et les évêques, ces derniers du reste avec plus de parcimonie, accorderont à des villes ou à des villages de leurs domaines des chartes imitées de la loi de Beaumont. Citons en particulier La Neuveville devant Nancy, Frouard, Arches, Châtenois, Bruyères, Amance, Saint-Nicolas-du-Port, Nancy dans le duché de Lorraine, Stenay, Varennes-en-Argonne, Clermont-en-Argonne, Briey, Longuyon, Souilly, Sancy dans le comté de Bar, Avioth et Montmédy dans le comté de Chiny, Marville et Arrancy dans le comté de Luxembourg, Charny, Samogneux, Ville-en-Woëvre dans l'évêché de Verdun.

CHAPITRE IV

LA VIE MATÉRIELLE, LES DISTRACTIONS ET LA VIE ÉCONOMIQUE DU Xe AU XIIIe SIÈCLE [1]

I. — LA VIE MATÉRIELLE. LES DISTRACTIONS.

Peu de changements à signaler dans la vie matérielle de nos ancêtres. L'observation du maigre leur impose toujours la consommation d'une grande quantité de poissons d'eau douce et de poissons de mer, de harengs en particulier. Un document du xe ou du xie siècle, provenant de Saint-Vanne de Verdun, nous fait connaître le menu substantiel d'un repas servi aux moines de cette abbaye : une sorte de tourte aux œufs et aux anguilles, un pâté de viande assaisonné de

---

1. Bibliographie. — Ouvrages généraux : Aux livres d'ENGEL et SERRURE, de LAMPRECHT (K.) et d'INAMA-STERNEGG (K. von), cités plus haut (p. 138), ajouter : SCHULTE (A.), *Geschichte des mittelalterlichen Handels und Verkehrs zwischen Westdeustchand und Italien*, 2 vol. in-8°, 1900.
Ouvrages concernant la région : Au travail déjà mentionné de GUYOT(Ch.) (p. 228), ajouter : SAULCY (F. de), *Recherches sur les monnaies des évêques de Metz et Supplément aux recherches* (*Mém. Ac. roy. de Metz*, t. XIII et XV, 1832-1833, et 1834-1835). Du même : *Recherches sur les monnaies des ducs héréditaires de Lorraine*, 1 vol. in-4°, 1841. Du même : *Recherches sur les monnaies des comtes et ducs de Bar*, 1 vol. in-4°, 1843.— ROBERT (P.-Ch.), *Recherches sur les monnaies des évêques de Toul*, 1 vol. in-4°, 1844. Du même : *Monnaies et jetons des évêques de Verdun et Monnaies, médailles et jetons des évêques de Metz* (*Annuaire de la Société française de numismatique*, t. IX et XI, 1885 et 1887). — MOSSIER (A.), *Mémoire sur les monnaies des ducs bénéficiaires de Lorraine*, 1 vol. in-4°, 1862. — MAXE-WERLY (L.), *Recherches historiques sur les monnayeurs et les ateliers monétaires du Barrois*, 1 vol. in-4°, 1874. Du même : *Numismatique de Remiremont et de Saint-Dié* (*Mém. Soc. arch. lorr.*, t. XXIX, 1879). — GABRIEL(abbé), *les Campagnes dans le Verdunois au XIe siècle* (*Mém. Soc. des lettres de Bar-le-Duc*, 2e série, t. I, 1882). — GUYOT (Ch.), *les Forêts lorraines jusqu'en 1789*, 1 vol. in-8°, 1886. Du même : *De la situation des campagnes en Lorraine sous le règne de Mathieu II* (*Mém. Soc. arch. lorr.*, t. XLV, 1895).—MŒSEBECK (E.), *Zoll und Markt in Metz in der ersten Hälfte des Mittelalters* (*Jahrbuch de Metz*, t. XV, 1903). — BOYÉ (P.), *les Abeilles, le miel et la cire en Lorraine* (*Mém. Soc. arch. lorr.*, t. LVI, 1906).

poivre, du poisson, un ragoût de viandes, du gras-double assaisonné de poivre, du porc gras et, comme boisson, du vin épicé. On remarquera l'absence de légumes et de fruits.

Nos ancêtres appréciaient le vin, on doit même reconnaître qu'ils l'aimaient trop et qu'ils manquaient parfois de mesure. Nous en trouvons la preuve dans certaine aventure tragique dont quelques-uns d'entre eux furent un jour les victimes en Alsace. Sous le règne de Thiébaut Ier, une troupe de soldats lorrains s'était emparée sans coup férir de Rosheim, dont la population avait cherché un refuge dans l'église ; voici, d'après Richer, ce qui se passa ensuite :

« Voyant qu'il n'y avait personne pour leur résister, ils (les Lorrains) entrèrent dans les caves et y trouvant beaucoup de vin, s'assirent, mangèrent et burent autant qu'ils voulurent. Comme ils ont l'habitude de le faire quand ils trouvent du vin en abondance, ces paysans, qui n'en ont que rarement chez eux, se grisèrent et, se couchant sur le plancher des caves, y restèrent étendus ivres-morts... » Les habitants sortent alors de l'église et se jettent sur les Lorrains : « Comme ceux-ci, à cause de l'ivresse où ils étaient plongés, ne pouvaient même pas se tenir debout, ils essayaient en vain de prendre leurs armes et n'en avaient pas la force : les uns, voulant fuir, tombaient par terre ; d'autres, s'efforçant de crier merci, balbutiaient mais ne pouvaient prononcer aucune parole... Incapables de se défendre, ils furent massacrés [1]. »

Le costume tant masculin que féminin se modifie, mais avec quelque lenteur. Peut-être les croisades amenèrent-elles l'adoption de nouvelles modes. C'est durant cette période qu'apparaissent pour les deux sexes la cotte et le surcot ou surcotte. Si les femmes continuent à porter des nattes, le chignon se montre dès le XIIIe siècle.

Voici, à titre d'exemple, la description que donne Herbert de la toilette que portait la seconde femme de Dolo-

---

[1]. RICHER DE SENONES, *Gesta Senoniensis ecclesiæ*, l. III, c. XXI et XXII (*Mon. Germ., Script.*, t. XXV, p. 298).

pathos, quand elle essaya de faire parler Luscinien, son beau-fils :

« Elle était vêtue d'une chemise étroitement cousue, large aux bras et aux pans, fine, blanche et plissée à petits plis. Elle portait une pelisse légère et sans manche... une cotte de soie vermeille, un manteau de drap de Frise, doublé de dos d'hermines, fines, blanches et nettes; ce manteau avait des attaches et des glands; des fleurs et des oiseaux y étaient dessinés ; on voyait sur ce manteau tant de couleurs que personne n'aurait su en dire le nombre; elles étaient agencées avec un tel art qu'on n'aurait jamais pu en faire un pareil... Ses cheveux reluisaient plus que le fil d'or avec lequel ils avaient été tressés... Sur sa tête elle avait posé un cercle d'or orné de pierres précieuses et chères, avec des fleurs de plusieurs sortes [1]. »

Le cavalier a comme armes défensives d'abord la broigne ou cuirasse d'écailles, plus tard, vers le XIIe siècle, le haubert ou cotte de mailles avec chausses de mailles; le casque, d'abord conique et muni d'un nasal, se transforme et devient, aux XIIe-XIIIe siècles, le heaume cylindrique avec des fentes permettant de voir et de respirer, enfin un bouclier de forme triangulaire ou écu. Les armes offensives du cavalier sont la lance munie d'un fanion, l'épée, la hache d'armes. Le fantassin du XIIe ou du XIIIe siècle, le sergent se protège à l'aide d'une cotte appelée haubergeon et d'un casque non fermé ; son armement se compose d'une pique, guisane ou hallebarde et d'une hache. On trouve enfin dans les troupes de cette époque des archers et des arbalétriers.

Les demeures, que nous connaissons assez mal, sont en général, sauf peut-être celles des riches bourgeois des villes épiscopales, assez peu confortables. Les châteaux, construits surtout en vue de la défense, ont des murs très épais avec peu d'ouvertures ; les chambres, vastes, mais sombres et humides, sont chauffées l'hiver à l'aide de grandes cheminées où l'on brûle d'énormes pièces de bois. Peu de meubles:

[1]. HERBERT, *Li romans de Dolopathos*, vers 3872-3905, p. 134, 135.

des lits, des bahuts, des coffres, quelques sièges. La cabane du paysan doit être en bois, en torchis : pas de plancher et un mobilier des plus misérables, voilà ce que trouve dans une pauvre maison près de Toul l'héroïne de l'*Escoufle*, un roman du xiiie siècle. Les demeures des riches bourgeois, qui parfois étaient fortifiées, présentaient sans doute plus d'élégance et de confort que celles des seigneurs. Sous l'influence des croisades des améliorations furent introduites dans l'aménagement des châteaux et des maisons bourgeoises.

Les nobles, quand ils ne font pas la guerre, s'en donnent l'illusion dans des tournois que l'Eglise, malgré des défenses réitérées, ne réussit pas à faire disparaître ; le sang coule dans ces combats simulés. Les deux jeunes fils du comte Albert de Dabo, voulant, au retour d'un tournoi, imiter ce qu'ils ont vu, se blessent mortellement, et leur sœur Gertrude devient ainsi l'unique héritière de son père.

Deux œuvres d'imagination, l'une du xiie siècle, l'autre du xiiie, nous décrivent des tournois : celui par lequel Fromont, dans le poème de *Garin le Loherain*, célèbre la chevalerie de son fils Fromondin, ne se distingue pas d'une bataille rangée ; au contraire, et ceci prouve l'adoucissement des mœurs, on ne se tue pas au tournoi que, d'après le roman de *Galeran*, le duc Helymans de Lorraine donne dans Metz, sa capitale.

Les nobles pratiquent aussi la chasse à courre et au vol. Comme distractions communes à toutes les classes de la société, mentionnons le jeu d'échecs, les chants des jongleurs, les tours des acrobates, les danses ; d'après le *Roman de la Rose*, les danses lorraines jouissaient d'une grande réputation au xiiie siècle.

Veut-on savoir quel aspect présentait une grande ville au moment où un tournoi allait y être célébré, qu'on lise la description que donne de Metz M. Ch.-V. Langlois d'après le roman de *Galeran*.

« Galeran arrive à Metz, en Lorraine, où le maître de la Lorraine, du Brabant, des Ardennes, de la Hollande et de la Bourgogne jusqu'à Lausanne, le duc Helymans, tient sa cour. Les rues de la ville, jonchées de menthe, de jonc et de glaïeul, sont pleines de destriers, de chevaliers, de valets qui portent des présents aux pucelles et aux dames, de damoiseaux qui « font gorge » à leurs oiseaux. Aux fenêtres, des bannières et des écus coloriés. Les murs sont tendus d'étoffes. Le marché est très animé : venaison, volaille, poisson (que l'on vend à l'ombre), cire, épices (poivre et cumin). Voici maintenant les changeurs, qui « ont leur monnaie devant eux » et qui braillent en discutant :

> L'un change, l'autre conte, un autre refuse.
> L'un dit « c'est vrai », l'autre « c'est un mensonge ».

Ils « changent », mais ils tiennent aussi des pierres précieuses, des images d'or et d'argent, et de la vaisselle de luxe. Innombrables sont, aux carrefours, les montreurs de lions, de léopards, d'ours et de sangliers, les vielleurs, les chanteurs, les acrobates, les faiseurs de tours :

> Là vous entendriez cors et trompettes
> Et par les cuisines les couteaux,
> Avec lesquels les cuisiniers coupent les viandes.
> Il y a grand bruit des mortiers
> Et des cloches des églises,
> Que l'on sonne toutes à la fois dans la ville.

A l'hôtel que Galeran a choisi, l'hôte et l'hôtesse, qui savent très bien mettre en sûreté ce qu'on leur confie et accommoder les chevaux, l'introduisent, lui et sa suite, dans une grande salle tendue de draps et jonchée d'herbe fraîche. Il distribue des robes à ses compagnons. Il va entendre la messe. Puis l'heure du dîner sonne, et l'on entend de tous côtés « crier l'eau » pour les ablutions [1]. »

A cette époque on enterre les corps dans des cimetières placés presque toujours près des églises ; les grands personnages sont quelquefois inhumés dans les églises elles-mêmes ; une dalle gravée en creux ou un monument que

---

[1]. LANGLOIS (Ch.-V.), la Société française au XIIIe siècle d'après dix romans d'aventures, p. 14-16.

surmonte l'effigie, en grandeur naturelle, du défunt, recouvre les restes mortels du seigneur ou du prélat.

II. — La vie économique.

Si les guerres féodales des xii⁰ et xiii⁰ siècles entravent le développement de la vie économique, les affranchissements individuels et collectifs, les libertés conquises ou obtenues par les villes épiscopales et par nombre de bourgs et de villages, les croisades enfin favorisent les progrès de l'industrie et du commerce.

1° *L'agriculture.*

C'est toujours le régime de la grande propriété qui prédomine. Cependant les affranchissements de serfs et la liberté politique conquise par les villes épiscopales ont pour effet de reconstituer, à partir du xii⁰ siècle, la petite et la moyenne propriété. Toutefois, tandis que la propriété du bourgeois d'une grande cité est pleine et entière, celle du simple paysan reste imparfaite, car elle est toujours soumise à des redevances, que le vilain, même libre, continue de payer au seigneur.

Si la royauté allemande possède encore quelques domaines dans la Mosellane au x⁰ ou au xi⁰ siècle, elle n'en a plus, semble-t-il, au siècle suivant. La grande propriété ecclésiastique, très éprouvée par les malheurs de toutes sortes qui avaient accablé le pays à la fin de la période franque, se reconstitue peu à peu durant le x⁰ siècle ; mais elle reste en butte aux usurpations des avoués, et d'une façon générale, des seigneurs laïcs. D'autre part, les donations se font rares pour les anciennes abbayes. Mais au xii⁰ siècle, les cisterciens et les prémontrés élèvent de nouveaux monastères, et quelques-uns de ces établissements religieux reçoivent de riches dotations des seigneurs qui ont participé à leur fondation. Diplômes, chartes, bulles pontificales nous permettent de connaître l'étendue des domaines ecclésiastiques ; les plus riches abbayes bénédictines de la région étaient Prüm et Saint-Maximin dans l'archidiocèse de Trèves, Gorze et Saint-Arnoul dans le diocèse de Metz, Moyenmoutier, Senones et Remiremont dans celui de Toul, Saint-Vanne et Saint-Mihiel dans celui de Verdun. La grande propriété laïque, sur laquelle nous possédons moins de renseignements, s'accroît par des donations, par des mariages, par des usurpations de terres d'Eglise.

L'organisation de la grande propriété et son exploitation restent d'abord telles que nous les avons décrites à l'époque précédente. On peut remarquer que les grandes abbayes établissent des prieurés sur leurs domaines éloignés. C'est ainsi que Saint-Arnoul crée le prieuré de Lay-Saint-Christophe et Saint-Mihiel celui de Haréville. A l'origine, les prévôtés ducales seront surtout des circonscriptions d'exploitation rurale. Les cisterciens, au XIIe siècle, portent d'une manière toute spéciale leur attention sur la mise en valeur de leurs domaines.

Les terres sont toujours cultivées par un personnel formé, surtout au début, de demi-libres et de serfs ; plus tard, les affranchissements font réapparaître la classe des cultivateurs libres. Pour diriger les tenanciers, nous trouvons le *villicus*, le *major*, le *decanus*, à la fois régisseurs et juges, et, dans le duché, le prévôt. Les paysans continuent d'être astreints à des redevances en argent ou en nature et à des corvées. Les vilains affranchis se voient déchargés de quelques-unes des obligations qui pesaient auparavant sur eux ; celles qui subsistent sont allégées ou tout au moins fixées. Les paysans ont avantage à s'acquitter en argent, car la valeur de ce métal ne cessera de diminuer. En retour des corvées que l'on exige d'eux, serfs ou paysans libres ont la jouissance limitée des forêts et des prairies du seigneur.

Les invasions normandes et hongroises avaient réduit l'étendue des terres cultivées. La création de monastères et de prieurés, en particulier la fondation d'abbayes cisterciennes, amena de nouveaux défrichements, non plus dans les forêts vosgiennes, mais à l'intérieur du pays. Ainsi les moines de Clairlieu, près de Nancy, mirent en culture quelques hectares pris sur la forêt de Haye.

La vigne fait peut-être des progrès à cette époque ; du moins la trouve-t-on dans les hautes vallées de la Moselle et de la Meurthe, sur le territoire de localités d'où elle a depuis longtemps disparu. Le roman de l'*Escoufle* mentionne le vignoble toulois.

C'est à cette époque, xiie ou xiiie siècle, que l'on constate pour la première fois d'une façon certaine le régime de l'assolement triennal pour la culture des terres : le territoire d'un domaine ou d'un village est partagé en trois soles ou saisons ; chacune d'elles reçoit successivement du blé, puis une autre plante et se repose enfin la troisième année. Ce mode de culture, que l'on pratiquait peut-être depuis longtemps, devait rester en vigueur jusqu'à nos jours. Les guerres féodales avec les massacres, les pillages et les incendies qui les accompagnent, rendent impossibles les progrès de l'agriculture.

En général, les nobles seuls chassaient le gibier, abondant alors et très varié ; dans quelques localités privilégiées, les roturiers libres avaient le droit de tuer le menu gibier. Comme la pêche intéressait moins les nobles, elle était permise aux vilains, avec quelques restrictions toutefois : ils devaient ne prendre du poisson que pour leur consommation personnelle et ne pas se servir de certains engins.

2° *L'industrie.*

Beaucoup d'industries ont, comme à l'époque carolingienne, un caractère domanial. Le seigneur fait transformer par ses serfs les produits de ses terres en vêtements, en outils, etc. De plus, il a un moulin, un four et un pressoir où les tenanciers, vilains libres aussi bien que serfs, sont obligés de faire moudre leur farine, cuire leur pain et presser leur raisin. Peu à peu certaines industries se développent dans les villes, les industries textiles de la laine et de la toile en particulier. Metz, Toul, Verdun et Neufchâteau sont les centres principaux de la fabrication des draperies. Les serfs et les demi-libres, qui travaillaient pour le compte du seigneur, se groupaient-ils par métier ? On ne le sait. Quant aux artisans des villes épiscopales, ils constituaient au XIIIe siècle des corporations : un document de 1237 fait mention de celles de Metz ; à Toul, la corporation des drapiers existait en 1243, celle des pelletiers en 1265 ; à Verdun nous trouvons, en 1267, celle des drapiers. Les plus importantes de ces corporations semblent avoir été celles des drapiers. Seule des villes du duché de Lorraine, Neufchâteau pouvait avoir alors des corporations. Il existait des drapiers à Saint-Mihiel sous le règne de Thiébaut II, mais rien ne prouve qu'ils aient formé dès cette époque un groupement corporatif.

Les industries minières prennent quelque développement. On n'a aucune preuve que leur exploitation constitue alors un droit régalien. Ce sont les seigneurs laïcs ou ecclésiastiques qui entreprennent l'extraction des produits du sous-sol. Outre Vic, Moyenvic et Marsal, Dieuze et Rosières sont les principaux centres de la fabrication du sel. Voici ce que dit Gautier de Metz de l'industrie du sel dans notre pays :

« En Lorraine, près de la cité de Metz [1], sourd sans cesse une eau que l'on cuit dans de grands poêles et qui devient du sel beau et blanc. Cette eau dont je parle fournit de sel tout le pays et jaillit en un puits près de l'endroit qu'on appelle le puits de Vic. En cette contrée il y a des fontaines, qui sont tellement chaudes qu'on s'y brûle ; et au même endroit jaillissent d'autres fontaines froides comme glace. Là les bains sont tempérés d'un mélange d'eau chaude et d'eau froide. Ceux qui se baignent dans ces bains voient leur peau devenir belle et saine. Il y a aussi une fontaine noire, que beaucoup de gens

---

1. On remarquera que le Messin Gautier place en Lorraine sa ville natale.

tiennent pour saine et dont ils prennent l'eau pour boisson ; elle les purge aussi bien qu'une forte médecine [1]. »

Au xiii⁰ siècle les documents commencent à mentionner l'extraction et le traitement du minerai de fer. En 1240, Philippe, sire de Florange, accorde aux cisterciens de Villers-Bettnach l'autorisation de rechercher le fer sur ses terres. En 1260, Thierry, seigneur de Hayange, concède au comte de Bar, Thiébaut II, le droit d'exploiter les mines de Hayange dans la vallée de la Fentsch. Peut-être les forges de Moyeuvre, de Neufchef et de Ranguevaux datent-elles de cette époque. Enfin, en 1250, le comte Henri de Salm entreprend l'exploitation des mines de Framont, près du Donon. Mais l'abbé de Senones à qui, bien qu'il fût propriétaire du terrain, Henri n'avait pas demandé d'autorisation, protesta auprès de Jacques de Lorraine, évêque de Metz, qui obligea le comte de renoncer à son projet. Henri revint à la charge après la mort de Jacques, mais sur une nouvelle plainte de l'abbé, l'exploitation cessa encore une fois. Elle finit pourtant par marcher, lorsqu'une entente fut intervenue entre le comte et l'abbé.

C'est au x⁰ siècle que, pour la première fois, des documents parlent de l'exploitation, peut-être bien antérieure à cette date, des mines de plomb argentifère des Vosges. Celles-ci, après avoir été à l'origine partagées entre le duc, l'évêque de Toul et la collégiale de Saint-Dié, finirent par n'avoir plus d'autre propriétaire que le duc.

3° *Le commerce.*

Les trop nombreux péages établis sur les routes et l'insécurité dont souffre le pays restent les plus grands obstacles à l'activité des échanges. Sans parler de la guerre, le brigandage désole la Lorraine. La vie de Jean de Gorze en

---

[1]. Nous empruntons ce passage de l'*Image du monde* à LANGLOIS (Ch.-V.), *la Connaissance de la nature et du monde au Moyen Age*, p. 95-96.

apporte un témoignage précieux pour le x⁰ siècle ; lorsque Jean se rend à Vitry, auprès du comte Boson, il suit une route infestée de voleurs. En revenant, il passe dans une localité où se tenait le marché ; arrive une bande de malfaiteurs, qui fait main basse sur les denrées exposées. Et l'homme que la comtesse, femme de Boson, a donné pour guide à Jean, avoue à celui-ci que, depuis trois mois, il n'a vécu que de rapines. Par contre, les croisades, les affranchissements, la liberté des villes épiscopales favorisent le commerce.

Les voies de communication, toujours les mêmes, laissent à désirer sous le double rapport de l'entretien et de la sécurité. Le duc de Lorraine possède le droit de haut-conduit, en ce qui concerne les routes de terre et d'eau, non seulement dans son duché, mais dans la région entre Rhin et Meuse. Ce droit constitue un fief, dont Alphonse X investit en 1259 Ferry III par une bannière spéciale ; c'était là un souvenir des prérogatives dont avaient joui les ducs de Mosellane du x⁰ et du xi⁰ siècle. Le duc est donc tenu d'assurer la sécurité des routes, de fournir une lettre de sauf-conduit, sinon une escorte, aux marchands étrangers. Bien entendu ceux-ci lui paient en retour une redevance. Le duc est d'ailleurs responsable des dommages que subissent les négociants sur ses terres. Ainsi, en 1251, Thibaud IV de Champagne demande au duc Mathieu II de faire restituer à des marchands allemands, que des brigands ont détroussés en Lorraine, ce qui leur a été enlevé ou de leur payer une indemnité.

Le droit d'établir des foires et des marchés appartient tout d'abord aux rois, qui s'en dessaisissent au profit d'églises ou d'abbayes ; tantôt ils accordent à l'une d'elles l'autorisation de créer un marché ou une foire et de percevoir les taxes dues par les marchands, tantôt ils abandonnent seulement les redevances d'un marché déjà existant. Plus tard, au xii⁰ et au xiii⁰ siècle, ducs, comtes, évêques ou abbés instituent de leur seule autorité foires et marchés. La foire coïncide habituellement avec la fête du saint, patron de l'église ou de l'abbaye. Metz ne possédait pas moins de cinq foires, à un moment donné : celles de Saint-Clément en mai, de Saint-Etienne le 1ᵉʳ août, de Notre-Dame le 15 août, de Saint-Arnoul le 16 août et le 11 octobre. Quant aux marchés de Metz, ils avaient de l'importance, s'il faut en croire le poème de *Garin le Loherain*.

L'affaiblissement de la royauté et le morcellement de la Mosellane amenèrent, entre autres conséquences fâcheuses, la disparition progressive de l'unité des poids, des mesures et des monnaies ; chaque seigneurie eut les siens, ce qui, bien entendu, ne contribua pas à faciliter les transactions commerciales.

Le droit de battre monnaie, d'abord régalien, finit par devenir seigneurial. Nous avons déjà dit que les rois avaient abandonné à des églises ou à des abbayes le bénéfice que procurait un atelier monétaire ; ils leur octroyèrent ensuite l'autorisation d'établir un atelier, dont les produits seraient perçus par les concessionnaires. Au reste, dans un cas comme dans l'autre, l'atelier frappait toujours des monnaies à l'effigie du souverain. Evêques et abbés vont accroître peu à peu leurs droits durant le xᵉ et le xıᵉ siècle ; ils ajoutent d'abord leur nom et leur effigie à ceux du roi ou de l'empereur, puis ils finissent par faire complètement disparaître tout ce qui rappelle le souverain régnant. Pour ce qui est des ducs et des comtes, ils battront monnaie beaucoup plus tard que les prélats. Jusqu'au xııᵉ siècle, les ducs lorrains n'émettent de monnaie que comme avoués des abbayes de Saint-Dié et de Remiremont ; les premières monnaies ducales connues datent de Mathieu Iᵉʳ. Un peu plus tard, Henri l'Aveugle, comte de Luxembourg, faisait frapper des deniers ; les comtes de Bar et de Vaudémont ne suivirent qu'au xıııᵉ siècle l'exemple de leurs voisins. Il existe une monnaie de compte, la livre ou le marc. Les espèces en circulation sont des deniers et des oboles d'argent ou des mailles de billon. On voit figurer sur les monnaies épiscopales soit l'église cathédrale, soit le saint, patron de l'église, soit enfin le prélat régnant vu en buste et de profil, ou debout et de face. Les monnaies des ducs lorrains les représentent à pied ou à cheval et, dans ce dernier cas, armés et équipés comme on les voit sur leurs sceaux ; c'est là un type particulier à la région lorraine. On remarque que le poids et la quantité d'argent fin des pièces épiscopales ou ducales vont en s'affaiblissant. Les monnaies des principautés de la Basse-Lorraine, de l'Allemagne et de la France, en particulier celles de la Champagne, ont également cours dans le pays.

C'est naturellement dans les cités épiscopales et à Neufchâteau que le commerce avait le plus d'activité ; il s'y développa surtout au xii° et au xiii° siècle, à la faveur de la liberté plus grande que ces villes avaient conquise. Si Verdun, au x° siècle, était encore le principal centre commercial de la région — ses négociants faisaient alors au loin le trafic des eunuques — au xiii°, c'est, à ce qu'il semble, Metz qui occupe le premier rang.

Les commerçants indigènes, comme les artisans, se groupent en corporations dans les villes épiscopales. Le commerce de l'argent est exercé par des bourgeois, par des Lombards ou par des Juifs. Metz, en particulier, a déjà des changeurs indigènes sous l'épiscopat de Bertram. Les Juifs n'ont qu'une situation précaire, pire encore à certains égards que celle des serfs. On a besoin d'eux, mais on les déteste, et cette animosité augmente à partir des croisades ; la population se porte contre eux à des violences, et d'un autre côté ils sont exposés à des mesures de rigueur de la part des seigneurs de qui ils dépendent ; ceux-ci, après leur avoir accordé une protection intéressée, n'hésitent pas ensuite à confisquer leurs biens et à les expulser, quitte à les rappeler quelque temps après.

Nous savons par un tarif messin de 1227 quels étaient les principaux objets qui entraient dans cette ville : de l'huile, du vin, du poisson de mer, des toiles, des draps de Flandre du verre, des fers de Cologne et de l'Ardenne, du plomb, du cuivre, de l'étain. On devait aussi faire venir de l'étranger des épices, des soieries, des fourrures, etc.

Divers documents nous apprennent que des draperies de fabrication messine étaient, vers l'an 1200, transportées soit à Marseille, soit de l'autre côté du Rhin. On voit des marchands de Metz descendre le Danube jusqu'à Vienne. Les foires de Champagne, si florissantes au XII° et au XIII° siècle, attiraient également les négociants des villes épiscopales et de Neufchâteau ; la chanson de *Hervis* nous en fournit un témoignage pour ceux de Metz. Nous ignorons par contre si beaucoup de commerçants étrangers venaient aux foires de la région lorraine.

CHAPITRE V

L'ENSEIGNEMENT, LA LITTÉRATURE ET LES ARTS [1]

L'instruction, une instruction à plus d'un égard très incomplète, continue d'être donnée, dans les écoles épiscopales

---

[1]. Bibliographie. — Editions : 1° Auteurs latins : *Ecbasis captivi*, publié par Voigt (E.), 1 vol. in-8°, 1875. — *Le concile de Remiremont*, publié par Waitz (G.) dans la *Zeitschrift für deutsches Altertum*, t. VII. — Hugues Metel, *Epistolæ* (Sacræ antiquitatis monumenta, de Hugo, t. II, 1731). — Jean, abbé de Haute-Seille, *Dolopathos*, publié par Œsterley (H.), 1 vol. in-8°, 1873.

2° Auteurs français : *li Romans de Garin le Loherain*, publié par Paris (P.), 2 vol. in-8°, 1833 et 1835. — *La mort de Garin le Loherain*, publié par Edelestand du Méril, 1 vol. in-8°, 1846. — *Garin le Loherain*, chanson de Gestes mise en nouveau langage par Paris (P.), 1 vol. in-12, s. d. — *Hervis von Metz*, publié par Stengel (E.), 1 vol. in-8°, 1903. — Herbert, *li Romans de Dolopathos*, publié par Brunet (Ch.) et Montaiglon (A. de), 1 vol. in-16, 1856. — *Les chansons de C. lin Muset*, publiées par Bédier (J.), 1 vol. in-8°, 1912.

Ouvrages généraux : 1° Enseignement : Maitre (L.), *les Ecoles épiscopales et monastiques de l'Occident depuis Charlemagne jusqu'à Philippe-Auguste*, 1 vol. in-8°, 1866.

et monastiques, à de nombreux élèves par des maîtres, les uns indigènes, les autres étrangers, dont bien peu ont connu la célébrité. Des quelques œuvres latines ou romanes qu'a vues naître la région lorraine, une seule est vraiment remarquable ; il convient d'ajouter que plusieurs des autres ont pour auteurs des Bourguignons ou des Liégeois. Quant à l'art qui n'est point, quoi qu'on en ait dit, une imitation de l'art germanique, nous ne pouvons nous en faire qu'une idée imparfaite, la plupart des édifices romans de notre pays ayant au moyen âge ou dans les temps modernes fait place à des monuments d'un autre style. Enseignement, littérature et arts sont également soumis à l'influence prépondérante de l'Eglise ; elle seule dirige les diverses manifestations de la vie intellectuelle. Professeurs, écrivains et même beaucoup d'artistes sont des clercs ou des moines.

2° Littérature : Aux livres déjà mentionnés d'EBERT, de WATTENBACH, etc., ajouter PETIT DE JULLEVILLE (L.), *Histoire de la langue et de la littérature françaises*, t. I et II, in-8°, 1896. — SUCHIER (H.), *Geschichte der französischen Litteratur*, 1 vol. in-8°, 1900. — GRŒBER (G.), *Grundriss der romanischen Philologie*, t. II, 4° partie, 1 vol. in-8°, 1902. — PARIS (G.), *la Littérature française au moyen âge*, 3° édit., 1 vol. in-12, 1905. Du même, *Esquisse historique de la littérature française au moyen âge*, 1 vol. in-12, 1907.

3° Beaux-Arts : Aux ouvrages de COURAJOD, ENLART, MICHEL, ajouter LASTEYRIE (R. de), *L'architecture religieuse en France : l'époque romane*, 1 vol. gr. in-8°, 1912. — MALE (L.), *l'Art religieux du XIII° siècle en France*, 3° édit., 1 vol. in-4°, 1910.

Ouvrages concernant la Lorraine : 1° Enseignement : GUILLAUME (abbé P.-E.), *les Ecoles épiscopales de Toul* (Mém. Soc. arch. lorr., t. XIX, 1869).

2° Littérature : PUYMAIGRE (Ch. de), *Poètes et romanciers de la Lorraine*, 1 vol. in-12, 1848. — MATHIEU (abbé D.), *Un romancier lorrain au XII° siècle* (Mém. Ac. Stanislas, t. CXXXIII, 1882). — MARTIN (abbé E.), *Etat d'âme d'un religieux toulois au XII° siècle*, 1 br. in-8°, 1895.

3° Beaux-Arts : MÉNARD (R.), *l'Art en Alsace-Lorraine*, 1 vol. in-4°, 1876. — KRAUS (Fr. X.), *Kunst und Altertum im Elsass-Lothringen*, t. III, in-8°, 1889. — LARGUILLON (commandant), *Note sur le tombeau prétendu de Henri I*er*, sire de Blâmont* (Mém. Soc. arch. lorr., t. XLVII, 1897). — PROST (A.), *la Cathédrale de Metz*, 1 vol. in-8°, 1885. — AIMOND (abbé Ch.), *la Cathédrale de Verdun*, 1 vol. in-4°, 1909. — DURAND (G.), *Eglises romanes des Vosges*, 1 vol. in-4°, 1913.

I. — L'ENSEIGNEMENT.

L'Etat, qui continue de rester étranger à l'enseignement, laisse à l'Eglise le soin de le répandre, de fournir à la fois les maîtres, les locaux et le matériel.

Les écoles, ressuscitées ou nées sous l'impulsion de Charlemagne, disparues ou tombées en décadence à la fin du ix° siècle ou au commencement du x°, se relèvent ensuite en même temps que l'Eglise elle-même, grâce aux efforts heureux d'évêques et de moines lorrains de la période ottonienne. Mais la Querelle des Investitures sera peu favorable à la prospérité des écoles de la région qui, une fois la tourmente passée, ne retrouveront plus leur ancienne splendeur.

Nous ne savons rien des petites écoles que dirigeait le clergé paroissial des villes et des villages. Beaucoup de prêtres dans les campagnes étaient incapables, vu leur ignorance, d'instruire les enfants. Nous avons plus de renseignements sur les écoles épiscopales de Trèves, de Metz, de Toul et de Verdun, et sur les écoles adjointes aux monastères importants de la région. Citons parmi les plus réputées l'école épiscopale de Toul, qui eut au xi° siècle un maître renommé, Eudes, et qui compta pour élèves Hugues Metel et Albéron de Montreuil, les écoles de Saint-Mathias, de Saint-Maximin, de Prüm et d'Echternach, de Gorze, de Saint-Arnoul et de Saint-Vincent, de Saint-Evre, de Moyenmoutier et de Senones, de Saint-Vanne et de Saint-Mihiel. C'est à l'abbaye de Saint-Vincent que professa le célèbre Sigebert de Gembloux.

A la tête de chacune de ces écoles se trouvait un écolâtre, chanoine de la cathédrale ou moine. C'est dans le clergé séculier ou régulier que se recrutaient les maîtres ; la grande majorité de leurs auditeurs se composait de futurs clercs et de futurs moines, qui appartenaient à toutes les classes de la société ; on comptait aussi parmi eux des jeunes gens qui ne se destinaient pas à l'Eglise, surtout des bourgeois. Non seulement les paysans, mais la plupart des nobles, quand ils devaient vivre dans le monde, n'allaient pas à l'école et n'apprenaient ni la lecture, ni l'écriture.

L'enseignement était presque toujours gratuit. A cette époque où l'on ignorait nos divisions actuelles en écoles primaires, collèges ou lycées, universités, les écoles épiscopales et monastiques distribuaient les trois enseignements, primaire, secondaire et supérieur. Les plus jeunes élèves apprenaient à lire et à écrire, ceux qui poursuivaient leurs études recevaient avec le *trivium* (grammaire, rhétorique, dialectique) et le *quadrivium* (arithmétique, géométrie, astronomie, musique), un enseignement à la fois secondaire et supérieur. Enfin, la théologie et le droit représentaient le haut enseignement. L'école épiscopale de Toul offre cette particularité que le droit commença d'y être professé dès le xie siècle. L'enseignement ne se donnait qu'en latin. En ce qui concerne les études littéraires, les élèves commentaient des écrivains latins, en particulier des grammairiens, apprenaient par cœur des morceaux extraits de ces auteurs ou des explications du maître, faisaient des devoirs. Les quatre règles en arithmétique et la géométrie plane constituaient à elles seules le programme scientifique des écoles épiscopales ou monastiques. A tous les points de vue, cet enseignement laissait à désirer. Pas de grec, aucune langue vivante, pas même la langue nationale, pas d'histoire, pas de géographie, des méthodes défectueuses, des exercices conventionnels, qui développaient la mémoire, mais non le jugement, ni la réflexion, ni l'esprit d'observation, qui, par conséquent, ne formaient pas de bons esprits, voilà en quelques mots les lacunes et les défauts de cet enseignement.

Maîtres et élèves avaient besoin de livres, c'est-à-dire de manuscrits. Les églises et les monastères avaient leurs bibliothèques, dont l'importance alla sans cesse croissant. Nous connaissons le catalogue des manuscrits que possédait, à la fin du xie siècle ou au début du xiie, l'abbaye touloise de Saint-Evre. Les ouvrages de théologie tenaient naturellement la plus grande place dans cette bibliothèque ; mais il s'y trouvait aussi des historiens et des poètes latins.

II. — Les langues et la littérature.

1° *Les langues.*

C'est, nous l'avons dit, en latin que professent les maîtres. D'ailleurs, du x° au xii° siècle, l'Eglise, la littérature sérieuse et même la littérature légère, enfin les chancelleries ne connaissent que la langue latine. Dans le courant du xii° siècle, elle commence à être dépossédée de son monopole par les langues vulgaires ; pour la région lorraine, nous n'avons de renseignements que sur le roman, qui devient au xii° siècle une langue littéraire ; les chancelleries l'emploient depuis le début du xiii° siècle, d'abord concurremment avec le latin, puis presque seul un peu plus tard.

2° *La littérature latine.*

La littérature de langue latine ne se distingue ni par le nombre, ni par la qualité des œuvres. Encore quelques-uns des meilleurs écrivains que nous avons à citer ne sont-ils même pas des indigènes.

A. — La prose.

Les clercs et les moines lorrains, c'est là un trait du caractère positif de notre race, avaient, semble-t-il, peu de goût pour les spéculations théologiques ou philosophiques. Quand nous aurons cité le *Libellus de Antichristo* du Bourguignon Adson qui, avant d'être abbé de Montier-en-Der, passa plusieurs années à Saint-Evre, quelques lettres de Hugues Metel, quelques libelles qui se rattachent à la Querelle des Investitures, et dont l'un a été écrit ou inspiré par l'évêque Thierry de Verdun, nous aurons épuisé la liste des travaux qui se rapportent aux questions religieuses.

L'histoire a davantage intéressé le clergé de notre pays. Un moine de Saint-Maximin a continué la chronique de Réginon ; Hugues de Flavigny, qui fut pendant quelque temps moine à Saint-Vanne de Verdun, a écrit une chronique intéressante, mais trop partiale, l'auteur, d'abord grégorien, ayant ensuite passé dans le camp impérialiste. Les églises épiscopales et les abbayes ont leurs chroniques, les unes sèches, les autres détaillées, les unes sérieuses, les autres pleines de fables. Citons parmi elles les *Gesta Treverorum* et en particulier les *Gesta Alberonis*, de Baudry de Liége, les *Gesta episcoporum Virdunensium*, œuvre d'un autre Liégeois, Laurent, moine de Saint-Laurent (chronique très intéressante pour l'histoire de la Querelle des Investitures à Verdun), le *Libellus de sancti Hildulfi successoribus in Mediano monasterio*, du moine bourguignon (?) Humbert, devenu plus tard cardinal ; les *Gesta Senoniensis ecclesiæ*, du moine Richer de Senones, œuvre sans chronologie ni critique, mais remplie d'anecdotes curieuses sur le xiii° siècle ; les *Primordia calmosiacensia*, de l'abbé Séhére, fondateur de Chaumousey ; enfin le *Chronicon sancti Michaelis*. Mentionnons aussi quelques biographies d'évêques, comme celle de Thierry I°', évêque de Metz, par Sigebert de Gembloux ; de son successeur Adalbéron, par Constantin, abbé de Saint-Symphorien de Metz ; de saint Gérard, évêque de Toul, par Widric, abbé de Saint-Evre, ou d'abbés comme la *Vita Johannis Gorziensis*, par Jean de Saint-Arnoul, document du plus haut intérêt, par malheur inachevé, et la *Vita Richardi abbatis*, d'un moine de Saint-Vanne.

L'hagiographie n'a pas été non plus négligée. Nous avons en grand nombre des vies de saints de la province de Trèves, des miracles et des translations de reliques, œuvres d'inégale valeur, où il est souvent difficile de démêler la vérité de la légende, mais qui n'en contiennent pas moins de curieux détails sur la géographie historique, ainsi que sur les mœurs de l'époque à laquelle elles ont été compilées.

La littérature légère est représentée en prose par le *Roman* de *Dolopathos*, écrit à la fin du xiie siècle ou au début du xiiie par Jean, abbé de Haute-Seille, qui dédia le livre à Bertram, évêque de Metz. Cette histoire, dont Jean n'a nullement inventé le fonds, est un conte venu de l'Orient et rapporté en Lorraine par un croisé ; elle nous retrace les mésaventures du jeune prince Luscinien, que sa marâtre avait faussement accusé d'avoir voulu la séduire. Dolopathos, père du jeune prince, le condamne au dernier supplice, et Luscinien va périr, quand par bonheur pour lui interviennent successivement sept sages et le poète Virgile, son ancien précepteur, qui racontent une série d'histoires, quelques-unes assez curieuses. Dolopathos se laisse fléchir, fait grâce de la vie à Luscinien, et mis au courant de la vérité, envoie sa femme à la mort. Jean de Haute-Seille, en ajoutant des réflexions de son cru, a donné une teinte chrétienne à un conte des mille et une nuits.

B. — La poésie.

Deux œuvres poétiques de cette période méritent seules d'être citées, l'*Ecbasis Captivi* et le *Concile de Remiremont*. L'*Ecbasis* est une épopée animale — et l'une des premières en date — écrite au xe siècle en vers léonins par un moine de Saint-Evre, originaire des Vosges. Un jeune veau, qui veut vivre libre loin du troupeau, tombe au pouvoir du loup ; celui-ci le mangerait, si l'intervention de ses serviteurs, la loutre et le hérisson, ne donnait au taureau et au chien du troupeau, ainsi qu'au troupeau lui-même, avertis et guidés par le renard, de venir assiéger le ravisseur ; le veau s'échappe et le loup est mis à mort. L'*Ecbasis* est un poème allégorique ; le veau représente l'auteur lui-même qui, mécontent de la réforme opérée dans l'abbaye de Saint-Evre, la quitte, mais tombe dans les griffes du démon, d'où son abbé et ses anciens frères, les moines de Saint-Evre, réussissent à le retirer. Sans aucun doute, l'*Ecbasis* contient des allusions à des faits réels, que nous ne pouvons plus saisir. L'auteur connaissait bien Horace, qu'il a souvent imité.

Plus curieux encore est le poème que l'on appelle aujourd'hui *Concile de Remiremont* ou *Concile d'amour*. Inutile de feuilleter Labbe ou Mansi pour trouver les actes de ce concile, on les y chercherait en vain. Ce ne sont point des évêques ni des abbés qui ont pris part à ce concile, et l'on n'y a discuté aucune question de dogme ou de discipline. Les pères du concile de Remiremont sont en réalité des mères, religieuses ou chanoinesses du lieu, et l'amour profane a fait l'objet de leurs entretiens. On sait qu'il y a quelques années on se plaisait à opposer l'intellectuel à l'homme d'action. Le concile de Remiremont aborde déjà cette question délicate, il l'étudie à un point de vue très spécial, en recherchant qui, d'un homme d'Eglise ou d'un chevalier, les religieuses doivent prendre pour amant. Quelques chanoinesses plaident pour le chevalier, d'autres, plus nombreuses, pour le clerc ; finalement c'est à ces dernières que l'assemblée donne gain de cause. L'auteur de ce badinage n'a pas voulu se faire connaître, moins par modestie que par prudence. Au reste, on se tromperait grandement si l'on voyait en lui un ennemi de l'Eglise, un anticlérical ; à n'en pas douter, il appartenait au clergé : la langue qu'il emploie et la préférence qu'il manifeste pour les gens d'Eglise nous en fournissent les preuves. Un laïc aurait écrit en langue romane, et c'est au chevalier qu'il n'eût pas manqué de donner l'avantage.

3° *La littérature romane.*

Le morcellement du pays et la séparation des villes d'avec les principautés laïques expliquent, à notre avis, la pauvreté relative de la littérature romane. Si Metz avait été la résidence des ducs lorrains, elle serait devenue un foyer littéraire qui eût rayonné sur tout le pays.

A. — La prose.

En prose nous ne pouvons mentionner que des chartes

et quelques fragments d'une traduction de la Bible à l'usage des Vaudois du pays messin.

B. — La poésie.

Si, comme semblent l'indiquer la langue de ce poème et le beau rôle donné à la famille lorraine des ducs de Metz, la chanson de geste des *Loherains* a vraiment pour auteur un de nos compatriotes, c'est sans contredit l'œuvre la plus importante qu'ait produite notre pays durant tout le moyen âge. Les érudits croient aujourd'hui que Jean de Flagy n'a pas écrit, comme on l'a cru longtemps, le poème de *Garin le Loherain* ; il faudrait voir en lui non un poète, mais un copiste, à qui l'on devrait simplement un des manuscrits qui nous font connaître *Garin*. Les romanistes distinguent dans cette geste, longue d'environ 120.000 vers, trois parties, les poèmes de *Garin* et de *Girbert*, composés au xii® siècle, celui d'*Hervis* qui appartient au xiii®, enfin celui d'*Yon*, de date encore plus récente. Bien qu'Hervis soit le père de Garin, le poème qui le concerne est postérieur à celui dont son fils est le héros [1].

La geste des *Loherains* nous montre les descendants de Hervis, duc de Metz, Garin, Bègue, Girbert, etc., aux prises avec ceux du Bordelais Hardré, Fromont, Guillaume de Monclin, Fromondin, etc. Durant plusieurs générations les querelles de ces deux puissantes familles troublent et ensanglantent toute la monarchie franque.

Garin, le plus ancien et le plus original des poèmes de la geste des *Loherains*, chante les débuts de cette lutte séculaire, qui commence avec Garin et Fromont. L'œuvre a de la vie, de la couleur ; chacun des personnages a sa physionomie propre, son caractère particulier. Le poète décrit avec beaucoup de force quelques-unes des passions

---

[1]. Pour l'analyse et l'appréciation de la geste des *Loherains* nous devons beaucoup à un cours professé durant l'hiver 1913-1914 par noltre distingué collègue, M. Ch. Bruneau, maître de conférences de langue et de littérature romane à l'Université de Nancy.

humaines, l'honneur, la fidélité, l'amitié, l'amour paternel.
Si les récits de batailles ont du mouvement, leur répétition
trop fréquente finit par engendrer la monotonie.

Très rudes sont les mœurs que nous dépeint le poète. Les
héros se jettent à la face les plus grossières injures, puis en
viennent très vite aux coups ; des banquets, des fêtes se
terminent par de véritables batailles. Les personnages de
Garin, fort peu sentimentaux, ne partent jamais en guerre
pour gagner le cœur d'une dame ; en général ils respectent
la femme et se montrent maris fidèles ; pourtant, en un
moment de mauvaise humeur, le roi Pépin frappe au visage
sa femme Blanchefleur. Cette absence de délicatesse se
remarque encore dans la façon dont on console ceux qui
pleurent un père, un mari, un fils : qu'ils ne se consument
pas en regrets, leur dit un parent ou un ami, à quoi bon ?
c'est du temps perdu.

Les héros de *Garin* sont religieux, mais nullement dévots ;
ils connaissent d'ailleurs fort mal l'Evangile, ignorent
surtout le pardon des injures ; la geste des *Loherains*, nous
le disions plus haut, raconte les vengeances que tirent les
uns des autres les descendants d'Hervis et ceux d'Hardré. Si
grande est leur inconscience qu'il leur arrive de demander
à Dieu de les assister dans l'assouvissement de leurs rancunes ! Une fois la guerre commencée, ils pillent, brûlent,
massacrent sans le moindre scrupule.

Voyons-les à l'œuvre. Le château de Naisil, fief lorrain,
a pour détenteur le comte Bernard, un Bordelais qui, appelé
à choisir entre ses devoirs de vassal et ses obligations fami-
liales, ne manque jamais de donner la préférence à celles-ci ;
Bernard est d'ailleurs le type du baron sans foi, sans honneur, toujours prêt à violer sa parole et à se jeter sur les
terres de ses ennemis, bref, un vrai brigand féodal. Aussi,
quand Garin s'est emparé de Naisil,

« Il ne veut pas s'en aller tant qu'il n'a pas fait jeter bas les
murs du château. Lorsqu'il les eut renversés, il y fait mettre le

feu ; les salles brûlent et la flamme en jaillit ; le château
réduit en cendres ».

Quant aux défenseurs, nous apprenons un peu plus l[oin]

« qu'ils furent pris par force, maltraités et écorchés tout vifs [»].

Puis les Lorrains marchent sur Verdun, ville lorrai[ne]
mais dont l'évêque Lancelin appartient, comme Bernard[,]
la famille des Bordelais. Une fois entrés sur ses ter[res]

« Ils mettent le feu à Samogneux, après s'en être empa[rés,]
brûlent les villes et gâtent le pays. Les pauvres gens ne sava[ient]
où fuir et demandaient à Dieu qu'il eût pitié d'eux ».

Enfin après une victoire sous les murs de Verdun, Ga[rin]
réussit à pénétrer dans cette ville :

« Les Lorrains s'élancent pour détruire le bourg. Vous
auriez vus briser mainte chambre, effondrer et percer mai[nte]
huche ; ils trouvent des robes, de l'argent, de l'or pur. Gra[nd]
fut le butin que les Lorrains ont gagné ce jour-là. Ils f[ont]
charger sur des voitures tout ce qu'ils prennent. Garin ordon[ne]
de bouter le feu à la ville. Là vous auriez vu allumer tant [de]
salles, brûler tant de moutiers, se renverser et tomber tant [de]
crucifix ! Les enfants brûlent, parce qu'on ne peut les retirer [de]
ces moutiers, où on les avait fait porter. Là vous auriez enten[dre]
tant de dames pleurer et tant de bourgeois regretter le[urs]
enfants. Alors la poussière commence à s'élever ; il n'y a hom[me]
sous le ciel qui puisse l'endurer ². »

Pourtant on ne peut refuser aux Lorrains de la loyau[té,]
le respect de la parole donnée, du désintéressement, [des]
sentiments familiaux très profonds. Ils sont même capab[les]
de remords. Un peu avant de périr en trahison,

« Garin se repent et déclare qu'il est un misérable, il ple[ure]
ses péchés matin et soir, regrette d'avoir tué et pris t[ant]
d'hommes. Par saints abbés, par prêtres bénis, il demande

---

1. *La mort de Garin le Loherain*, vers 3070-3074 et 3158-3159, p. [148]
et 149.
2. *Ibid.*, vers 3602-3619, p. 168-169.

marquis Fromont une trêve, il promet de reconstruire Monclin, tel qu'il était le jour où il le fit renverser ¹ ».

Il tient sa parole et demande à Fromont, à Guillaume de Monclin une entrevue. On se réunit au val Gelin, où s'élevait une chapelle desservie par un ermite, et voici comment parle Garin à ses anciens ennemis :

« Entendez-moi, francs chevaliers gentils, sire Guillaume damoiseau de Monclin, vous êtes mon homme, puisque vous tenez de moi un fief, vous êtes mon compère et mon riche ami ; pour mes péchés, beau sire, j'ai pris la croix pour aller combattre les Sarrasins. Si jamais je vous ai fait quelque tort, je vous en demande pardon pour l'amour de Dieu. Mon fils Girbert restera ici ; s'il se trouve dans l'embarras, comme il est encore jeune, venez-lui en aide, sire, vous agiriez gentiment. Si Dieu m'accorde la grâce de revenir, je ferai vos volontés et vos plaisirs ². »

On ne se montre pas plus conciliant. Par malheur, si les Bordelais ont, comme leurs adversaires, le sentiment de la solidarité familiale, ils manquent de loyauté ; l'un d'eux, Guillaume de Monclin, celui-là même dont le duc a relevé le château, provoque à dessein une querelle, d'où sort une mêlée générale entre Lorrains et Bordelais. Le combat tourne à l'avantage de ces derniers, plus nombreux et mieux armés que leurs adversaires, qui sont venus sans haubert à l'entrevue. Garin renvoie à Metz son fils et ses neveux, dont il veut sauver la vie. Il a, quant à lui, fait le sacrifice de la sienne.

« Le Loherain Garin s'en va vers la chapelle que fit l'ermite ; il marche l'épée tirée, l'écu mis en avant, tout à pied, défendant son parti. Le duc entre en courant dans le moutier : il va offrir son écu sur l'autel et réclame l'assistance de Dieu qui ne mentit jamais : « J'ai péché envers vous, Seigneur, cela me cause du chagrin ; de même que vous pardonnâtes vraiment à Longis le coup mortel dont il vous avait frappé, de même

1. *La mort de Garin le Loherain*, vers 4605-4611, p. 213.
2. *Ibid.*, vers 4639-4651, p. 214-215.

gardez-moi de mort et de péril. Si je l'avais pu, je serais allé vous servir en juste croisade contre les Sarrasins. » Mais voici là-dessus l'évêque Lancelin, avec lui Guillaume l'orgueilleux de Monclin, le comte Fromont et son fils Fromondin. Ils font remplir le moutier des gens de leur parage. Le comte Guillaume frappe son compère, lui donne un grand coup de l'épieu poitevin, dont il lui enfonce tout le fer dans le corps, il lui brise deux des côtes du milieu ; le coup fut violent ; Garin tombe à terre. Le Loherain s'est relevé sur ses pieds et tire l'épée dès qu'il a senti la mort ; il frappe de terribles et merveilleux coups ; que de blessés, que de tués ! Le baron en a mis à mal plus de quatorze. Enfin l'évêque Lancelin le frappe, ainsi que le vieux Fromont et son fils Fromondin ; ils ont fait mourir le duc, que Dieu lui fasse merci ! Garin gît parmi ceux qu'il a tués comme un chêne au milieu de petits arbres ! ... »

Pouvons-nous considérer les barons que nous font connaître les documents historiques comme les prototypes des personnages du poème de *Garin* ? On peut signaler plus d'un trait de ressemblance entre les uns et les autres, l'esprit vindicatif, la cruauté par exemple ; mais la générosité, le sentiment de solidarité qui tient si étroitement unis entre eux les descendants d'Hervis ou ceux d'Hardré, nous ne les retrouvons pas ou nous ne les retrouvons que très affaiblis chez les féodaux lorrains du XIIe et du XIIIe siècle. En définitive, Garin et les membres de sa famille valent — au point de vue moral — les ducs et les comtes que nous voyons évoluer dans l'histoire ; on peut même prétendre qu'ils leur sont quelque peu supérieurs.

La condition de la femme, dans le poème qui ne fait que suivre la réalité, nous apparaît comme très dépendante ; un père dispose de ses filles, un frère de ses sœurs sans les consulter. Epouses fidèles, tendres mères, les femmes ne jouent dans *Garin* qu'un rôle effacé. Seule la reine Blanchefleur se mêle de façon active à la politique, le plus souvent pour aider Garin qu'elle aurait voulu épouser, et à qui, au fond du cœur, elle garde toujours une véritable

1. *La mort de Garin le Loherain*, vers 4729-4753, p. 218-219.

Pl. IX.

MUNSTER (Lorraine). — Église, ensemble N.-O.
(XIIIe-XVe siècles, restaurée au XIXe siècles)
(d'après l'*Album* de Wioland).

(Voir p 470).

SCHORBACH (Lorraine). — Ossuaire roman du XIIe siècle
(même provenance).

tendresse. Ne demandez pas non plus aux femmes de pratiquer le pardon des offenses. Dans *Girbert*, Ludie, sœur de Fromondin, et femme du Lorrain Hernaud, fait assassiner par ses fils Girbert, son beau-frère, meurtrier de Fromondin.

Quelques-uns des prélats et des religieux du poème ne réalisent pas, il s'en faut de beaucoup, l'idéal de l'homme d'Eglise vertueux et saint. Que penser de cet archevêque de Reims qui fait attester à deux moines par un faux serment la parenté de Garin et de Blanchefleur, dont il veut empêcher le mariage ? De Lancelin, évêque et comte de Verdun, guerrier, chasseur et l'un des meurtriers de Garin ? De Lietris, abbé de Saint-Amand, qui ne parle de rien moins que de troquer le froc contre le haubert, pour venger l'assassinat de son oncle Bègue ? Qu'on ne se hâte pas de crier à l'invraisemblance. L'époque franque et l'époque germanique ne nous offrent-elles pas de nombreux exemples de gens d'Eglise batailleurs, débauchés, ne reculant ni devant un faux, ni même devant un assassinat ?

Si le merveilleux, qui joue un rôle important dans beaucoup de chansons de geste, est tout à fait absent de ce poème, on y trouve par contre un élément comique représenté par Rigaud, fils du vilain Hervis et cousin par les femmes des ducs lorrains. En particulier les passages où le poète décrit la chevalerie de Rigaud sont assez amusants : Rigaud commence par refuser de prendre le bain qu'on impose à tout chevalier avant de l'armer ; il coupe le bord du manteau d'hermine qu'il trouve trop long ; peu s'en faut qu'il ne tire son épée contre son cousin Bègue de Belin qui, en l'adoubant, lui a donné la colée un peu rudement.

Quels éléments l'histoire a-t-elle fournis à l'auteur de *Garin*? Peu de chose en somme. L'action se passe au temps de Charles Martel et de son fils Pépin ; mais celui-ci ressemble beaucoup plus à un roi du xe siècle, incapable de se faire obéir de ses vassaux, qu'au père de Charlemagne. Tandis que certains personnages, certains faits nous font remonter au v⁰ siècle, d'autres nous ramènent à la fin de l'époque carolingienne ou même à la période capétienne ; en ce qui concerne les mœurs et les relations féodales, elles rappellent en général celles du xi⁰ et du xii⁰ siècle.

Pour en venir à la région qui nous intéresse, la Lorraine de la geste des *Loherains* est le grand duché de ce nom, constitué comme il l'était au temps de Giselbert, d'Otton et de Conrad le Roux. Mais il n'y a aucun duc lorrain, ni avant ni après 959, qui se soit appelé Hervis ou Garin. Girbert, fils de Garin, porte un nom qui se rapproche de celui de Giselbert, sans que du reste l'on remarque aucun trait de ressemblance entre les deux personnages. On peut dans Thierry d'Aussay reconnaître le fils ou le petit-fils de Gérard d'Alsace ; un comte de Toul appelé Renaud apparaît dans les documents historiques ; Bernard de Naisil s'identifie peut-être avec un comte du même nom, qui en 870 administrait un des deux comtés du *pagus Odornensis*.

Quant aux événements que raconte le poème, ils ont peu de rapport avec ceux dont l'histoire fait mention à propos de la Lorraine. Rien par exemple qui rappelle les révoltes de Giselbert ou de Godefroy le Barbu, ni les luttes contre le comte Eudes II, ni la Querelle des Investitures, qui avaient pourtant si profondément troublé le pays. Pourtant, le siège et la prise de Verdun par Garin font, à plus d'un égard, penser aux luttes de Gozelon et de son fils Godefroy contre deux des évêques de cette ville, Rambert et Thierry. *Garin* nous montre aussi une Lorraine féodale telle qu'elle n'a existé à aucune époque. Si, par exemple, le duc lorrain avait aux x⁰ et xi⁰ siècles autorité sur les comtes du pays, ceux-ci n'étaient pas ses vassaux, comme ils le sont dans *Garin*. Le poète fait de l'évêque de Verdun Lancelin un comte de sa ville épiscopale, mais c'est la seule allusion au pouvoir temporel des évêques. Il ne semble pas non plus que, dans la réalité, aucun duc lorrain ait eu Metz pour résidence comme Hervis ou Garin. C'est donc, au point de vue historique, une Lorraine imaginaire que met sous nos yeux la geste des *Loherains*.

En revanche le poème de *Garin* présente un intérêt particulier au point de vue géographique ; on voit, à l'exactitude des descriptions, qu'il a été écrit par un homme qui connaissait fort bien la Lorraine, et, d'une façon plus générale, toute la Gaule franque. L'auteur semble également être très au courant de tout ce qui a trait aux relations féodales et à la guerre, telles qu'elles se pratiquaient de son temps.

Jusqu'ici nous n'avons parlé que des poèmes de *Garin* et de *Girbert* ; celui d'*Hervis* nous introduit dans un monde assez différent par les mœurs de celui que dépeint le poète de *Garin*. L'importance du rôle de la femme, la place faite à l'amour parmi les mobiles qui font agir les personnages, révèlent tout de suite l'influence de la littérature courtoise française.

L'auteur de ce poème donne aussi des descriptions très intéressantes des foires de Champagne. De plus, tandis que, dans *Garin*, les bourgeois ne jouaient qu'un rôle très effacé, *Hervis* au contraire nous les représente comme des personnages de quelque importance ; c'est que les habitants des cités épiscopales, ceux de Metz en particulier, sont au xiii° siècle, date de la composition d'*Hervis*, devenus les maîtres de leur ville.

Un Messin nommé Gautier ou Gossuin a écrit une *Image du monde* qui, sous sa forme primitive, comptait sept mille vers de huit syllabes, et deux ans plus tard, en 1247, il en donnait une nouvelle édition, qui ne comprenait pas moins de onze mille vers. C'est une encyclopédie cosmographique, géographique et astronomique ; la partie consacrée à la géographie est de beaucoup la plus intéressante, malgré les fables qu'elle contient. L'œuvre n'a d'ailleurs qu'une médiocre valeur littéraire. Notons que Gautier place en Lorraine Metz, sa ville natale.

Nous n'avons pas la preuve que le *Roman du Renard* soit d'origine lorraine, mais le fait ne présente rien d'invraisemblable, surtout si l'on songe à l'*Ecbasis captivi*, dont nous parlions plus haut.

Un Lorrain du nom de Herbert traduisit, non sans talent, en treize mille vers, le *Dolopathos* de Jean de Haute-Seille.

Peut-être est-ce Agnès de Champagne, femme de Renaud II, qui introduisit la poésie courtoise dans le Barrois, et qui la fit aimer à ses fils, les comtes Henri Ier et Thiébaut Ier. Agnès de Bar, femme de Ferry II, apporta ces goûts littéraires en Lorraine et les transmit à son fils Thiébaut Ier. Comme poètes courtois dont nous possédons encore des œuvres on peut citer Gautier d'Espinau ou d'Epinal [1] et le comte de Bar Thiébaut II. Gautier, qui eut pour protecteurs le comte de Flandre Philippe d'Alsace et le comte Henri Ier de Bar, a célébré une noble dame champenoise. On a de lui environ vingt chansons, où l'on relève des comparaisons heureuses et quelque connaissance de l'astronomie. Le comte Thiébaut II, fait prisonnier à la bataille de Westcappel, écrivit durant sa captivité, qui semble avoir été de longue durée, un poème en trente-cinq vers de dix syllabes répartis en cinq couplets, adressés à cinq personnages différents. Colin Muset, dont l'origine lorraine n'est d'ailleurs que probable, a célébré dans ses chansons le plaisir qu'il éprouvait à regarder une jolie fille, à danser, à faire un bon repas.

Dans certaines provinces françaises il existe, dès le xiie ou le xiiie siècle, des chansons de mai. Les trimazos de la Lorraine, sous leur forme actuelle, datent d'une époque beaucoup plus récente ; nous ne pouvons affirmer qu'on en ait composé durant la période qui nous occupe.

III. — LES BEAUX-ARTS.

Comme l'enseignement, comme la littérature, l'art se trouve alors sous la direction et sous l'influence de l'Eglise.

---

1. Ne doit-on pas identifier le poète avec l'un des Gautier que l'on trouve au xiie et au xiiie siècle dans la famille des voués d'Epinal?

Seuls les monuments de l'art religieux ont pour la région lorraine de l'importance et de l'intérêt. Ceci est vrai en particulier de l'architecture, les maisons ayant disparu et les châteaux n'étant plus représentés que par des ruines informes.

1° *L'architecture.*

Cette période voit se développer un art nouveau, l'art roman, qui dérive de l'art carolingien. Comme la région lorraine était alors politiquement rattachée à l'Allemagne, beaucoup d'érudits ont admis que son architecture avait subi l'influence germanique. Il ne reste pas dans notre pays assez d'édifices religieux des débuts de l'époque romane pour que l'on puisse démontrer la fausseté de cette opinion, mais on a le droit de dire qu'elle pèche contre la vraisemblance. N'est-ce pas en Lorraine qu'a pris naissance l'art carolingien ? La Lorraine, malgré sa décadence aux ixe et xe siècles, ne possède-t-elle pas une civilisation très supérieure à celle de l'Allemagne ? Il y a donc tout lieu de supposer que l'art roman de la Lorraine dérive, par une évolution naturelle, de l'art carolingien, et que l'Allemagne, au lieu d'avoir servi de maîtresse à la Lorraine, a été simplement son élève. Tout au plus admettrions-nous un développement parallèle de l'art roman en Lorraine et en Allemagne. D'ailleurs, au xiie siècle, des différences notables dans le plan, la construction et la décoration distinguent les églises romanes des deux pays. Quant à la France, elle n'exerce, jusqu'à la fin du xiie siècle, aucune influence en architecture sur notre pays.

En Lorraine, la voûte en berceau et la voûte d'arête, qui caractérisent l'architecture romane, n'apparaissent qu'au xiie siècle et pour recouvrir les nefs latérales des églises et les absides. La grande nef, d'abord plafonnée en bois, recevra seulement au milieu ou dans la seconde moitié du xiie siècle soit une voûte d'arêtes, soit une voûte sur croisée d'ogives. Les petites églises ne possèdent qu'une seule nef, les moyennes et les grandes en ont trois, que coupe perpendiculairement le transept et que terminent des absides demi-circulaires. On trouve dans quelques grandes églises, dans celle de Verdun par exemple, jusqu'à six absides, les trois nefs en ayant une à leurs deux extrémités. Il n'y a jamais de déambulatoire autour de l'abside. Les voûtes sont soutenues non par des colonnes, mais par des piliers rectangulaires ou par des pilastres de dimensions différentes, que terminent à leur partie supérieure des chapiteaux cubiques, pyramidaux ou sphériques. Les fenêtres, souvent accouplées, sont en général rares, petites, peu ou point décorées ; les portes, de formes diverses, ont parfois un tympan. Peu d'églises lorraines ont reçu des façades monumentales. Les contreforts extérieurs n'offrent qu'une saillie très faible. Le plus souvent une tour unique s'élève au-dessus de la croisée du transept ou de la façade occidentale. L'église de Verdun possédait quatre tours, deux à chacune de ses extrémités. En Lorraine, les tours affectent presque toujours la forme carrée.

La décoration, souvent originale, se distingue par une grande sobriété, qui peut s'expliquer par le caractère de la population lorraine ; les plantes et les animaux, presque jamais l'homme, ont fourni aux artistes lorrains de cette époque des motifs de décoration. Au début, les architectes de notre pays ne connaissaient que l'arc en plein cintre ; l'arc brisé apparaît seulement au xiie siècle.

Durant ce même siècle on construit quelques absides polygonales, comme celle de Blanzey ; on donne aux contreforts une saillie plus prononcée ; la décoration des chapiteaux et des portails se fait plus variée, plus riche.

Au xiiie siècle, alors que l'influence de la France, en particulier celle de la Champagne, commence à rayonner au dehors, les architectes lorrains font des emprunts à l'art gothique, qui s'épanouit dans le royaume capétien, mais traditionalistes comme ils le sont, ils continuent, pendant quelques année encore, d'élever des églises romanes.

Enfin, vers le milieu du xiiie siècle apparaissent de véritables églises gothiques, dont nous parlerons en étudiant l'art de la première période d'influence française.

Dans les églises qui appartiennent à l'époque de transition, des pilastres, formés de faisceaux de colonnettes, supportent les voûtes ; les fenêtres, plus grandes, sont séparées en deux par un meneau ; l'arc brisé, l'arc en tiers-point, remplace peu à peu l'arc en plein cintre. Nous n'en disons pas davantage, renvoyant à l'époque suivante l'étude de l'art gothique en Lorraine.

Les cathédrales, ainsi que les abbatiales des anciens monastères bénédictins, avaient toutes été rebâties en style roman ; c'est d'après le même style qu'au XII° siècle cisterciens et prémontrés construisirent les églises de leurs abbayes. Par malheur, il reste peu de chose de cette floraison artistique ; à Metz, à Toul et dans de nombreux monastères, des édifices gothiques se sont substitués aux églises romanes ; ailleurs celles-ci, détruites durant la guerre de Trente Ans, ont fait place, au XVIII° siècle, à des monuments de style rococo. Parmi les anciennes églises qui subsistent encore, plusieurs offrent un mélange de roman et de gothique comme la cathédrale de Trèves, la cathédrale et Notre-Dame de Saint-Dié, Saint-Maurice d'Epinal, les églises de Longuyon et de Laitre-sous-Amance ; c'est le rococo qui se trouve juxtaposé au roman dans la cathédrale de Verdun, commencée au XII° siècle par l'évêque Albéron de Chiny, rebâtie et défigurée au XVIII°, à la suite d'un incendie. Bien peu d'églises se présentent sous leur aspect primitif ou très légèrement modifiées, comme Laach dans le diocèse de Trèves, Olley, Mont-devant-Sassey, Marlanges, Marsal, Champ-le-Duc et Relanges.

2° *La sculpture et la peinture.*

La sculpture et la peinture, alors étroitement subordonnées à l'architecture, concourent à la décoration des édifices consacrés au culte. La sculpture funéraire est plus indépendante et l'on en possède quelques spécimens du XII° siècle, très frustes, très barbares, comme le tombeau de Gérard de Vaudémont et de Hedwige de Dachsbourg, aujourd'hui dans l'église des Cordeliers de Nancy. Le monument d'un sire de Blâmont et de sa femme, conservé au Musée lorrain, œuvre du xiiie siècle, dénote, malgré quelque rudesse, un art plus avancé, une technique plus sûre d'elle-même.

Enfin, la décoration des églises comportait des fresques peintes sur les murs et des vitraux en couleur aux fenêtres ; par malheur, il n'en subsiste que bien peu de chose aujourd'hui.

3° *Les arts mineurs.*

La miniature est en décadence, sauf à Trèves et à Echternach, où l'on continue, durant le xe et le xie siècle, d'enluminer des manuscrits, remarquables moins par le dessin que par le coloris.

Des orfèvres indigènes exécutent pour les églises ou pour les abbayes du pays des autels, des reliquaires, des châsses. On doit à un Messin nommé Gobert la châsse, aujourd'hui perdue, de saint Mansuy, à Nicolas de Verdun, artiste qui vivait à la fin du xiie siècle, plusieurs œuvres, dont un retable que l'on admire aujourd'hui à Klosterneuburg en Autriche. C'est de la Lorraine que Suger fit venir des orfèvres qui travaillèrent à Saint-Denis. L'orfèvrerie lorraine a des caractères qui la rapprochent de l'orfèvrerie allemande, ce qui ne veut nullement dire qu'elle s'inspire de cette dernière. Dans la région lorraine, l'orfèvrerie a eu, comme l'architecture, un développement autonome et semble n'avoir subi, avant le xiiie siècle, aucune influence étrangère.

Nous ne savons rien des autres arts mineurs.

CHAPITRE VI

L'ÉGLISE ET LES MŒURS DANS LA RÉGION LORRAINE DU Xe AU XIIIe SIÈCLE [1].

L'Eglise lorraine renaît du xe au xie siècle, mais la Querelle des Investitures lui porte un coup dont elle ne se relève pas, malgré la création au xiie et au xiiie siècle d'ordres nouveaux. Alourdie par ses richesses et par sa puissance, privée, ou peu s'en faut, de la protection que lui avait jusqu'alors accordée l'Etat, elle n'a plus l'activité, l'autorité morale, ni la sécurité dont elle aurait besoin pour remplir sa mission. On la voit recourir à des armes spirituelles pour défendre ses domaines, à des armes temporelles pour maintenir les fidèles dans l'obéissance.

I. — L'Église lorraine de 925 à 1076.

Le xe et le xie siècle sont une période de prospérité relative pour l'Eglise lorraine, et cela malgré des conditions défavorables, accroissement de richesses et de puissance, ingérence du pouvoir royal dans les affaires religieuses. L'E-

---

1. Bibliographie. — Sources : Actes des conciles dans LABBE ou dans MANSI. — Bulles des papes dans divers recueils, Regestes dans JAFFÉ, *Regesta pontificum romanorum ab condita ecclesia ad annum..... 1198*, 2e éd., 2 vol. in-4°, 1885-1888, et dans POTTHAST (A.), *Regesta pontificum romanorum*, 1198-1304, 2 vol. in-4°, 1874-1875.
Ouvrages généraux : HAUCK (A.), *op. cit.*, t. III, 3e et 4e éd., et IV, 1906 et 1903. — LUCHAIRE (Ach.), *Innocent III, la papauté et l'Empire*, 1 vol. in-16, 1906. — HEFELE (Mgr), traduction DELARC (abbé), t. VIII-XI, 1872-1876, et traduction LECLERCQ (dom H.), t. IV-V, 1911-1913.
Ouvrages concernant la Lorraine : Aux travaux cités plus haut (p. 157, 185 et 209) ajouter : HUGO (Ch.-L.), *Sacræ antiquitatis monumenta*, 2 vol. in-f°, 1725-1731. — LEPAGE (H.), *l'Abbaye de Clairlieu* (*Bulletin Soc. arch. lorr.*, t. V, 1855). — BOUTEILLER (E. de), *Notice sur les monastères de l'ordre de Saint-François à Metz* (*Mém. Acad. Metz*, t. XLIX, 1869). — CHATTON (abbé), *l'Abbaye de Saint-Sauveur Domèvre*, 1 vol. in-8°, 1897.

glise pourtant retire quelques avantages de son union avec l'Etat ; quand les souverains ont le souci de ses intérêts matériels et spirituels, ils la protègent contre les usurpations des seigneurs laïcs et choisissent en général de bons évêques. Serviteurs dévoués et fidèles de l'Etat, les prélats s'efforcent en outre de relever le niveau moral de leur clergé, de restaurer la discipline dans les monastères.

1° *L'Église séculière*.

C'est à cette époque que se constituent les archidiaconés ; chacun d'eux se divise en archiprêtrés ou en doyennés, qui comprennent eux-mêmes un certain nombre de paroisses. On trouve quatre archidiaconés et vingt doyennés dans la partie cisrhénane de l'archidiocèse de Trèves ; le diocèse de Metz comprend quatre archidiaconés et vingt archiprêtrés, celui de Toul six archidiaconés et vingt-trois doyennés, enfin celui de Verdun quatre archidiaconés et neuf doyennés.

Comme auparavant le haut clergé se recrute dans la noblesse ; pour cette époque on ne peut citer aucun prélat d'origine roturière. Les évêques sortent du clergé séculier ou des abbayes ; la plupart d'entre eux viennent d'un diocèse étranger, les souverains allemands préférant donner les sièges épiscopaux de la Lorraine à des Allemands, qui sont passés par la chapelle royale ou par la chancellerie.

L'action des rois ou des empereurs reste toujours prépondérante, comme à l'époque franque ; que l'on observe ou que l'on viole les règles de l'élection, seuls arrivent à l'épiscopat des clercs agréables au souverain. D'ailleurs, les gens d'Eglise ne songent pas à faire de l'opposition. Si le clergé et le peuple de Trèves élisent en 1008 un des beaux-frères d'Henri II, Adalbéron de Luxembourg, c'est dans la croyance qu'ils choisissent un candidat agréable au roi.

Nous avons déjà dit comment le caractère à la fois temporel et spirituel des fonctions épiscopales avait amené les souverains à investir les prélats de leurs droits régaliens non pas seulement par le sceptre, mais par la crosse et par l'anneau.

Les rois font d'ailleurs en général de bons choix ; on ne pourrait citer à cette époque en Lorraine aucun prélat indigne. Tout au contraire, Poppon de Trèves, les trois Adalbéron et Thierry Ier à Metz, saint Gérard, Brunon (saint Léon IX) et Udon à Toul, Bérenger, Haymon et Thierry à Verdun sont des évêques remarquables à plus d'un égard.

Si nous ne savons rien du clergé paroissial, on rencontre parmi les dignitaires des chapitres des hommes intelligents, instruits, tels que Warinbert, Bernacer, Salacho, Rading à Metz, Ermenfroy à Verdun.

Les évêques lorrains assistent à des conciles nationaux allemands. Aucun renseignement ne nous est parvenu sur les conciles de la province de Trèves ; par contre, les documents nous montrent les évêques, en particulier ceux de Toul, réunissant régulièrement des synodes dans leurs diocèses.

2° *L'Église régulière.*

On a déjà vu qu'à la fin de la période franque beaucoup d'abbayes avaient été ruinées et dépeuplées soit par les Normands ou par les Hongrois, soit par les laïcs que les rois leur avaient imposés comme abbés ; les moines n'y observaient plus la règle. D'autres monastères avaient été transformés en collégiales de clercs séculiers.

Par bonheur, cette situation déplorable allait s'améliorer au xe siècle sous l'action combinée d'évêques, de membres du clergé séculier, de moines, de pieux solitaires, et même de quelques-unes des grandes familles du pays. Ce mouvement de réforme est né en Lorraine, et si les hommes qui en prennent l'initiative connaissent l'œuvre de Cluny, ils n'en sont pas les copistes. D'autre part, les évêques, principaux promoteurs de la réforme, auront soin de maintenir leur autorité sur les monastères.

C'est à Metz que le mouvement prit naissance avec l'évéque Adalbéron Ier, de la maison d'Ardenne, homme intelligent et énergique, qui offre, comme beaucoup de ses collègues, un curieux mélange de sentiments religieux et de préoccupations politiques. L'évêque trouva des collaborateurs dans le clergé séculier et parmi les moines. Le plus important, celui dont la figure est ou paraît la plus originale, parce que l'on a sur lui plus de renseignements que sur les autres, est Jean de Vandières, le futur abbé de Gorze. Jean, né à Vandières de parents libres, est à certains égards une physionomie bien lorraine ; à des tendances ascétiques il joint une grande activité, un réel sens pratique, le goût de l'ordre et de l'économie. Son influence se fit sentir à Gorze même et en dehors de cette abbaye. Celle-ci allait devenir un centre, d'où le mouvement rayonna non seulement dans le diocèse de Metz, mais dans ceux de Trèves, de Toul et de Verdun.

D'autres monastères du diocèse de Metz, Saint-Arnoul, Saint-Félix, Longeville, Hornbach, furent réformés durant l'épiscopat d'Adalbéron Ier, dont les successeurs, Thierry Ier et Adalbéron II, continuèrent l'œuvre.

A Toul, saint Gauzlin réforma Saint-Evre en 934 ; la discipline fut restaurée plus tard à Saint-Mansuy, à Senones, à Moyenmoutier, à Saint-Dié, à Etival ; en ce qui concerne les abbayes vosgiennes, l'action du duc Frédéric se combine avec celle de l'évêque. Quelques années avant sa mort, le duc Giselbert, abbé laïc de Saint-Maximin, avait entrepris la réforme de ce monastère. En 951, Bérenger, évêque de Verdun, faisait de même à Saint-Vanne, où il plaça comme abbé le moine Humbert de Saint-Evre. On voit, dans le diplôme d'Otton Ier pour Saint-Vanne, l'archevêque Robert de Trèves, les évêques Adalbéron et Gauzlin intervenir en faveur de leur collègue Bérenger, qui avait sollicité du roi la confirmation des domaines de l'abbaye verdunoise, preuve intéressante de l'accord qui régnait alors sur la question de la réforme entre les prélats de la province.

La restauration de la règle eut pour effet de ramener

dans les abbayes lorraines une population nombreuse ; on y vit entrer des hommes qui appartenaient aux plus grandes familles, comme Frédéric, comte de Verdun, qui se fit moine à Saint-Vanne. Il y remplit, malgré son illustre naissance, à la grande indignation de son frère Gozelon, les fonctions les plus modestes et s'acquitta des besognes les plus humbles.

En même temps que la règle bénédictine et la vie religieuse étaient restaurées dans les monastères lorrains, leur temporel se reconstituait petit à petit. Les évêques avaient d'ailleurs soin de maintenir leurs anciennes prérogatives à l'égard des abbayes épiscopales, en ce qui concerne la nomination de l'abbé, ainsi que la surveillance de la vie religieuse et de l'administration du temporel.

De la Lorraine le mouvement se propagea en Allemagne, mais sans y avoir la même intensité, ni la même popularité. Ce fut l'abbaye tréviroise de Saint-Maximin qui se chargea de répandre la réforme, avec l'appui des rois et de quelques évêques, malgré une résistance assez vive de la part des moines.

On ne se contente pas de réformer les anciens monastères, on en crée de nouveaux, et ceci est une nouvelle preuve de la vitalité du sentiment religieux en Lorraine. A Metz, Thierry Ier fonde Saint-Vincent, Adalbéron II Saint-Symphorien et Sainte-Marie ; il ressuscite en outre Neumünster. Le comte Sigeric fonde à Vergaville une abbaye de femmes en 966. Dans le diocèse de Toul, on doit à saint Gauzlin l'abbaye de femmes de Bouxières-aux-Dames, à saint Gérard celle de Saint-Gengoult dans sa ville épiscopale ; Saint-Goery d'Epinal est une création des évêques de Metz Thierry Ier et Adalbéron II. A Verdun Saint-Paul doit sa naissance à l'évêque Wicfrid, Saint-Maur à Haymon.

Dans la première moitié du xie siècle, les monastères lorrains, où d'ailleurs la discipline ne s'était pas relâchée, adoptèrent les usages particuliers à Cluny et se pénétrèrent de l'esprit de la célèbre abbaye bourguignonne, qui travaillait depuis près d'un siècle à rétablir la discipline dans les monastères français. Les abbayes réformées, sur lesquelles l'abbé de Cluny exerçait une surveillance active, constituaient, sous son autorité supérieure, une vaste congrégation. Les Clunisiens se montraient hostiles à l'ingérence des évêques, trop mondains à leur gré, dans la vie des monastères ; ils voulaient réformer l'Église entière et accroître la puissance du pape.

La réforme clunisienne fut introduite et propagée en Lorraine par Guillaume, abbé de Saint-Bénigne de Dijon, et par Richard, abbé de Saint-Vanne. Le premier, Italien ardent et rigide, réforma d'après les idées de Cluny Saint-Arnoul d'abord, à la demande d'Adalbéron II, puis Gorze, que lui confia Thierry II. Richard, né aux confins de la Champagne et de la Lorraine, rappelle par plus d'un trait Jean de Gorze, dont il avait l'activité, la persévérance et le sens pratique. D'abord clerc de l'Église de Reims, il entre ensuite à Saint-Vanne, puis à Cluny, d'où il retourne bientôt à Saint-Vanne. Ce dernier monastère, dont il devint abbé, lui dut une grande prospérité matérielle, intellectuelle et morale. Non content de réformer Beaulieu, Saint-Maur et Saint-Mihiel au diocèse de Verdun, Saint-Vincent dans celui de Metz, Richard étendit son influence sur la Basse-Lorraine et le nord de la France. Les abbayes qu'il avait réformées constituèrent une association, mais non une congrégation véritable. Un disciple de Richard, Poppon, abbé de Stavelot, fit pénétrer, non sans peine, l'esprit de Cluny dans l'Allemagne proprement dite.

Comme Cluny voulait assurer l'indépendance des monastères vis-à-vis des évêques, ceux-ci lui étaient peu favorables. Pourtant, s'il se produisit quelques conflits entre Richard et deux prélats verdunois, Haymon et Richard, d'une façon générale, la bonne harmonie régna entre l'épiscopat et les abbayes lorraines. Certains prélats même étaient pénétrés de l'esprit de Cluny, comme Brunon de Toul qui, devenu le pape Léon IX, ne manqua pas de le transporter à Rome. L'abbaye de Remiremont et le chapitre de Saint-Dié s'affranchissent alors de l'autorité de l'évêque diocésain.

De cette période datent les monastères de Bouzonville au diocèse de Metz, de Saint-Airy et de la Madeleine dans celui de Verdun.

On trouve au xie siècle de nombreux prêtres parmi les moines. La désignation des abbés et des abbesses est en général le résultat d'une élection régulière ; pourtant, dans bien des cas, les moines ou les religieuses ont à tenir compte des prières ou des ordres de l'évêque du diocèse, du souverain ou même de l'avoué du monastère.

Quoiqu'en principe éloignés du monde, les moines, qui exercent le ministère paroissial dans quelques-unes des églises de leurs domaines, se trouvent ainsi en contact avec la population laïque.

3° *Situation matérielle de l'Église. L'Église et la société laïque.*

Eglises et abbayes possèdent de vastes domaines, sur lesquels vit une population nombreuse de colons et de serfs. Le temporel des établissements religieux avait reçu des souverains francs divers privilèges, en particulier celui de l'immunité. Nous avons vu que Charlemagne avait institué auprès de chaque église ou abbaye immuniste un avoué laïc, chargé de la représenter devant les tribunaux séculiers et de juger les causes de ses hommes. Au xe siècle, l'institution de l'avouerie se transforme. L'avoué ou voué a désormais pour mission principale de défendre l'église ou l'abbaye à laquelle il est attaché contre les ennemis qui la menacent ; il commande les contingents militaires qu'elle doit fournir à l'armée royale ; il exerce, surtout au criminel, une juridiction sur les hommes qui dépendent d'elle. En récompense des services qu'elle reçoit de lui, l'église ou l'abbaye concède à son avoué des terres en fief et lui abandonne une partie du produit des amendes. Quand elle possède un temporel très étendu, son avoué principal [1] est secondé par des sous-voués dont chacun est chargé d'un domaine particulier. Seulement cette institution de l'avouerie seigneuriale ne tarde pas à dégénérer, en Lorraine comme ailleurs. Non contents de rendre leurs fonctions héréditaires, les avoués se montrent beaucoup plus soucieux de s'approprier les domaines de la seigneurie ecclésiastique ou d'en exploiter les hommes que de remplir la mission dont elle les a chargés. On peut dire qu'un établissement religieux n'a bien souvent pas de pire ennemi que son avoué, contre lequel il appelle à son aide le pape ou l'évêque, l'empereur ou le roi. Les ducs lorrains de la maison de Bar, avoués de Saint-Mihiel, s'agrandirent aux dépens de ce monastère. Leurs successeurs de la maison d'Alsace ne se montrèrent pas plus scrupuleux à l'égard de Remiremont et de Saint-Dié, dont ils possédaient l'avouerie. Ce qui, du reste, n'empêchait pas ces mêmes ducs de réprimer à l'occasion les violences des sous-voués. Dès le xie siècle, des règlements d'avouerie, promulgués par une autorité supérieure, ecclésiastique ou séculière, déterminèrent avec précision les droits des avoués. Citons entre autres celui de Godefroy le Barbu pour les abbayes verdunoises (1069 [?]).

Le clergé continue d'employer une bonne part de ses revenus à la construction et à l'entretien des monuments consacrés au culte, à l'instruction, à l'assistance publique. Adalbéron Ier fonde à Metz un hospice, saint Gérard la Maison-Dieu de Toul (994).

Par malheur, cette richesse attire dans l'Eglise des gens sans vocation, elle favorise le relâchement de la discipline, le luxe et la corruption. Pourtant, le clergé lorrain souffre, moins que d'autres, de la simonie et du nicolaïsme. Enfin, en possession de la puissance et de toutes sortes d'avantages, le haut clergé se trouve amené par intérêt à trou-

---

[1]. A Metz, à Toul et à Verdun les fonctions de voué de l'église cathédrale se confondirent tôt ou tard avec celles de comte épiscopal.

ver bon un ordre de choses que rien ne recommande, à tolérer des abus qu'il aurait dû condamner comme contraires à l'esprit de l'Évangile, à combattre les efforts des classes inférieures pour améliorer leur situation.

Nous n'avons pas à revenir sur les liens qui unissent l'Église à l'État, sur les services nombreux qu'elle lui rend, sur les avantages de toutes sortes qu'elle en obtient, sur les inconvénients, au point de vue moral, qui résultent pour elle de cette union trop intime.

4° *L'Église lorraine et la papauté.*

Si, jusqu'à saint Léon IX, l'Église lorraine n'entretient que peu de rapports avec la papauté, le fait s'explique par l'absence d'hérésies, par la médiocrité et même par l'indignité des papes, enfin par la puissance des rois. Quelques bulles accordant ou confirmant des privilèges et des domaines, voilà, en dehors de l'envoi du pallium aux archevêques de Trèves, les seuls témoignages de l'action pontificale dans notre pays.

La situation allait changer, lorsque, après avoir successivement fait monter dans la chaire de saint Pierre Clément II et Damase II, Henri III donna la tiare à Brunon de Toul, qui prit le nom de Léon IX (1048). Dès lors la papauté va entreprendre la grande œuvre de la réforme de l'Église. Léon emmenait avec lui à Rome un certain nombre de Lorrains : Frédéric (le futur pape Étienne IX), Udon, Humbert [1], Hugues le Blanc ; ces deux derniers seront bientôt nommés cardinaux. Inspiré par Hildebrand, qui sera le conseiller de tous ses successeurs, jusqu'à ce qu'il devienne le pape Grégoire VII, saint Léon IX parcourt l'Allemagne, l'Italie, la France, réunit des conciles, s'attaque à la simonie, à la vie relâchée du clergé. Par son activité, par ses vertus, il regagne à la papauté la confiance et l'estime qu'elle

---

1. Humbert était peut-être né en Bourgogne, mais il avait longtemps vécu dans l'abbaye de Moyenmoutier.

avait perdues. Ses successeurs iront plus loin que lui, ils voudront affranchir la papauté et l'Eglise de toute influence, de toute domination séculière ; plus d'investiture, plus d'intervention des rois dans la nomination des évêques. La tâche des papes réformateurs se trouva facilitée par la mort prématurée d'Henri III, par les troubles qui désolèrent l'Allemagne durant la régence, enfin par les fautes d'Henri IV.

5° *L'état moral de la société.*

La violence régnait en maîtresse dans la Lorraine durant la première moitié du x⁰ siècle. Le passage suivant de la *Vie de Jean de Gorze* donnera une idée de ce qu'un personnage puissant se croyait permis à l'égard d'un membre du clergé :

« Quel est, dit Boson [1] à Jean, le coquin qui t'a amené ici ? Que sont devenus les postes de mes gens pour que tu aies pu passer ? — De quelque façon que je sois arrivé, me voilà ici et je viens de la part des serviteurs de Dieu vous demander et vous prier de leur rendre, pour l'amour de Dieu et le respect dû à ses saints, les biens que vous leur avez enlevés. » Boson demande quels sont ces biens et, l'ayant appris, refuse absolument de les rendre ; il ordonne à Jean de déguerpir au plus vite : « Je puis, répond Jean de Gorze, être chassé ; il y a beaucoup d'autres de nos moines, et de plus puissants, qui ne cesseront pas de se succéder et, tant que vous vivrez, leurs cris ne vous laisseront pas de repos. — Qu'ai-je à me soucier de leurs cris ? — Ils réclameront sans se lasser. — A qui, je te le demande ? Est-ce à je ne sais quel roi ? Est-ce à ton duc Giselbert ? Je ne le prise pas plus que le dernier de mes serfs. Je fais aussi peu de cas de ton évêque Adalbéron, que j'avais résolu d'aider en toute circonstance autant qu'il était en mon pouvoir ; c'est à cause de lui que j'ai tiré vengeance de son beau-père Richizon (Ricuin) ; mais, puisqu'il m'a lâché pour se rallier à Giselbert, il verra quel profit il retirera de sa défection. » Alors Jean : « Nous réclamerons à Dieu, qui nous accueillera aussi bien que vous. » Boson, toujours plus irrité : « Tu n'emmèneras d'ici, dit-il, ni un cheval, ni une bête de somme. — Libre à vous,

---

[1]. Il s'agit du comte Boson, frère du roi de France Raoul.

et puisque je n'ai pas d'autre parti à prendre, je m'en irai ; d'ailleurs vous ne détournerez pas pour cela les autres de venir. »
A ces mots Boson, de plus en plus en colère : « C'est, dit-il, dans tes propres membres que je te châtierai aussi. — Il vous est facile de le faire, pour moi ce n'est qu'un faible châtiment, dont je ne me plaindrai guère. Si vous me privez de mes yeux, vous me délivrerez de préoccupations et d'épreuves pénibles, puisque je pourrai désormais, tranquillement assis, apporter plus d'attention au chant des psaumes et à la récitation des prières. » Et comme Boson le menaçait de lui faire couper un certain membre : « Vous m'affranchirez, dit Jean, d'un très grand souci [1]. »

On admirera le calme et le sang-froid avec lequel Jean accueille les menaces du terrible comte.

Le relèvement de l'Eglise au xe et au xie siècle eut-il des conséquences heureuses pour la société laïque ? Les mœurs devinrent-elles plus douces et plus pures ? Il ne le semble pas. Du moins les auteurs de l'époque nous racontent de nombreux traits de cupidité, de cruauté, de débauche. Les hommes les plus violents sont pourtant accessibles au remords, surtout à la crainte des châtiments éternels. Pour obtenir le pardon de leurs crimes, ils se soumettent aux pénitences les plus dures et les plus humiliantes. Godefroy le Barbu, lorsqu'il avait pris Verdun en 1047, avait mis le feu à la ville ; la cathédrale, malgré le duc, avait été consumée par les flammes. Godefroy fit quelques années plus tard une pénitence publique, dont Laurent de Liége nous a laissé le récit :

« Presque nu et déchaussé, le duc se traîna, en rampant sur ses genoux et sur ses bras, depuis le haut de la ville jusqu'au grand autel de l'église qu'il avait incendiée [2]. »

En outre, Godefroy restitua à la cathédrale les domaines qu'il avait usurpés et la dédommagea, par des donations, des pertes qu'il lui avait fait subir.

1. JEAN DE SAINT-ARNOUL, *Vita Johannis Gorziensis*, c. 105 (*Mon. Germ. Script.*, t. IV, p. 367).
2. LAURENT DE LIÉGE, *Gesta episcoporum Virdunensium*, c. 11 (*Mon. Germ. Script.*, t. X, p. 492).

La foi toujours très vive et le repentir entraînent soit à Saint-Jacques-de-Galice, soit à Rome, soit en Terre sainte de nombreux Lorrains. Richard de Saint-Vanne, plus tard l'évêque Rambert, vont à Jérusalem ; Rambert mourut en revenant de son pèlerinage, sans avoir revu sa ville épiscopale.

II. — La Querelle des Investitures (1076-1122).

Nous avons, en parlant de l'histoire politique, étudié les causes et raconté les phases de la Querelle des Investitures. Un conflit était, comme nous l'avons dit, inévitable entre l'Eglise et l'Etat, du moment que la première prétendait conserver les droits régaliens qu'elle avait reçus des rois, sans permettre à ceux-ci d'intervenir dans la nomination des prélats.

La Querelle des Investitures, où se distinguèrent, du côté des réformistes, à Metz les évêques Hermann et Poppon ainsi que l'archidiacre Albéron de Montreuil, à Verdun les moines de Saint-Vanne, et dans le parti adverse les évêques de Verdun Thierry et Richard de Grandpré, troubla le pays durant un demi-siècle.

Le concordat de Worms, qui la termina, réduisait, sans la supprimer, l'intervention des rois dans la désignation des prélats ; comme d'ailleurs il laissait à l'Eglise ses richesses et sa puissance temporelle, il ne l'affranchissait pas des préoccupations matérielles, de l'ambition ni de la cupidité. En somme, l'Eglise ne recouvrait ni sa liberté d'action, ni son autorité morale. Eglises et abbayes lorraines avaient eu beaucoup à souffrir matériellement et moralement de cette guerre d'un demi-siècle, et quelques-unes des ruines qu'elle avait accumulées ne devaient jamais se relever.

Il y eut pourtant quelques abbayes créées au cours de cette malheureuse époque ; citons en particulier Laach et l'Ait-Münster de Luxembourg dans l'archidiocèse de Trèves,

Saint-Pierrémont et le prieuré d'Insming dans le diocèse de Metz, Chaumousey et Saint-Léon de Toul dans le diocèse dont cette dernière ville était le chef-lieu.

III. — L'Église lorraine de 1122 à 1270.

Si la situation s'améliore un peu, une fois la lutte terminée, elle ne redeviendra pas aussi florissante qu'elle l'avait été durant la première moitié du xi° siècle. Que nous considérions l'épiscopat ou les abbayes, nous arrivons aux mêmes conclusions.

1° *L'Église séculière.*

Au x° et au xi° siècle, les évêques sont à la fois des hommes d'Eglise, de grands propriétaires, des fonctionnaires et des vassaux du souverain allemand. Depuis le xii° siècle, s'ils restent des dignitaires ecclésiastiques, ils cessent d'être des fonctionnaires pour devenir des princes temporels, vassaux du roi ou de l'empereur, mais jouissant à son égard d'une liberté de plus en plus grande. D'autre part, tandis que précédemment les évêques, appuyés par l'autorité du souverain, n'avaient rien à redouter des seigneurs laïcs, sauf dans des périodes de crise comme la révolte de Godefroy le Barbu, au xii° siècle cette protection se fait beaucoup moins sentir; au xiii° elle ne s'exerce plus de façon effective; si les évêques sont affranchis en grande partie du pouvoir royal, par contre ils ne peuvent plus recourir à lui et leur vie devient une lutte incessante soit contre leurs voisins, soit contre leurs bourgeois ou leurs vassaux. Aussi, le caractère de princes temporels efface-t-il peu à peu chez les prélats celui de dignitaires ecclésiastiques.

C'est en général dans les familles nobles que se recrute l'épiscopat, et surtout dans celles du pays. Pourtant, à deux reprises des prélats d'origine allemande, le Saxon Berthold (Bertram) et le Franconien Conrad de Scharfenberg montèrent sur le siège de Metz; Conrad était déjà évêque de Spire. Au xiii° siècle apparaîtront à Toul et à Verdun des prélats de nationalité française. Nous trouvons alors à la tête du dernier de ces diocèses deux roturiers, Jacques Pantaléon de Troyes et Robert de Milan.

Les évêques sont élus d'abord par les chanoines et par les abbés, plus tard par les seuls chanoines. De 1125 à 1152, l'action du roi ou de l'empereur va en se réduisant de plus en plus. Le concordat de Worms avait décidé que l'élection des évêques se ferait librement, mais en présence du souverain. Albéron de Chiny, évêque de Verdun, est le seul prélat de qui l'on puisse dire avec certitude que son élection eut lieu dans ces conditions (1131). L'année suivante, lorsque le clergé de Trèves se partagea entre deux concurrents, ce fut non Lothaire III, comme l'avait décidé le concordat de Worms, mais Innocent II qui trancha le différend; le pape se prononça en faveur du candidat qui avait eu le moins de voix, Albéron de Montreuil, archidiacre de l'Eglise de Metz. Lothaire, après avoir protesté, finit par reconnaître Albéron et par l'investir des régales. Avec Frédéric Barberousse, le pouvoir royal reprend ses droits. A la suite d'un désaccord survenu dans le chapitre de Metz, l'empereur, de sa seule autorité, nomma le clerc saxon Berthold, un moment archevêque de Hambourg; le nouvel évêque prit le nom de Bertram (1179 ou 1180). A Trèves, Frédéric empêcha Folmar, consacré en 1186 par le pape Urbain III, de prendre possession de son siège, et il finit par obtenir, trois ans plus tard, d'un autre pape, Clément III, la déposition de ce prélat. Au xiii° siècle nous ne voyons que Conrad de Scharfenberg qui ait été élu (1212) grâce à l'appui d'un souverain allemand, Frédéric II.

Mais, et l'Eglise n'y gagne rien, à l'intervention des rois succède celle des grandes familles du pays, maisons de Lorraine, de Vaudémont, de Bar, de Luxembourg. On verra sur le siège de Metz au xii° siècle Etienne de Bar, puis son neveu Thierry III, Thierry IV de Lorraine, fils de

Mathieu Iᵉʳ, au xɪɪɪᵉ, Jacques de Lorraine, frère de Mathieu II ; sur celui de Toul Henri de Lorraine, Eudes de Vaudémont, Mathieu de Lorraine ; sur celui de Verdun, Albéron de Chiny.

L'influence française se fait sentir au xɪɪɪᵉ siècle à Toul, où Renaud de Senlis succède à Mathieu de Lorraine, et à Verdun, où Raoul de Thourotte, Guy de Trainel, Guy de Mello et Jacques Pantaléon de Troyes, qui devint le pape Urbain IV, occupent successivement le siège de cette ville.

Toutefois, la désignation de quelques-uns de ces prélats d'origine française est due moins à l'action de la France elle-même qu'à celle de la papauté, qui devient alors prépondérante et sur laquelle nous reviendrons plus loin.

Il faut le reconnaître, ces prélats du xɪɪᵉ et du xɪɪɪᵉ siècle ne valent pas ceux des deux siècles précédents ; l'Eglise n'a mis aucun d'eux au rang des saints. Quelques évêques se montrent bons administrateurs comme Etienne de Bar, Bertram, Albéron de Chiny. Par contre, Mathieu de Lorraine déshonore par ses débauches le siège de saint Mansuy [1].

Les chanoines, qui se recrutent surtout dans les familles nobles, ont renoncé à l'existence en commun, et leur vie se relâche. On ne sait rien sur le clergé des campagnes qui, selon toute vraisemblance, laisse toujours beaucoup à désirer sous le double rapport de l'instruction et de la moralité.

L'évêque avait dans son diocèse une juridiction spirituelle, différente de celle qu'il possédait à titre de prince temporel. Née à l'époque franque, elle s'était développée au cours des siècles suivants. L'archidiacre avait tout d'abord été chargé de l'exercer au nom de l'évêque. Mais, quand il y eut plusieurs archidiacres par diocèse, qu'une circonscription distincte eut été attribuée à chacun d'eux et qu'ils furent devenus inamovibles, ils réussirent à s'arroger une juridiction qui leur était propre. Aussi l'évêque qui, en raison de leurs

---

[1]. Voir ci-dessus, p. 022-222.

empiétements, se trouvait souvent en conflit avec eux, finit-il par prendre le parti de confier le soin de rendre en son nom la justice à un dignitaire qui dépendit étroitement de lui. Le nouveau juge épiscopal fut l'official, que l'on voit apparaître au xiiie siècle, d'abord dans le diocèse de Trèves, puis dans ceux de Metz, de Toul et de Verdun. L'évêque, qui choisissait l'official parmi les licenciés ou les docteurs en droit canon, pouvait le révoquer à son gré. Au-dessous de l'official, un promoteur chargé des fonctions de ministère public, des assesseurs, désignés en général par les parties elles-mêmes, des notaires, divers autres officiers, presque tous prêtres, composaient ou assistaient le tribunal de l'évêque. L'official possédait une juridiction très étendue ; à lui ressortissaient les causes des clercs, des veuves, des orphelins, des croisés, des officiers laïcs de l'Eglise, celles qui concernaient la foi, les vœux, les serments, les dîmes, la collation des cures, les élections aux bénéfices ecclésiastiques, les mariages, l'usure, le blasphème, la sorcellerie, etc. De l'officialité de l'évêque on pouvait appeler soit à celle de l'archevêque de Trèves, soit aux tribunaux romains.

Les archidiacres ainsi que les chapitres usurpèrent le droit de nommer un official, dont la compétence d'ailleurs était à tous égards très réduite. Bien entendu, des conflits de juridiction mettaient aux prises l'official de l'évêque soit avec ceux des archidiacres ou des chapitres, soit avec les tribunaux séculiers, soit enfin avec l'Inquisition romaine.

Les tribunaux de l'Inquisition, qu'avait créés le pape Grégoire IX, et qui se constituèrent dès le milieu du xiiie siècle, dans les diocèses de la province de Trèves, devaient rechercher par des moyens variés et punir le crime d'hérésie. Comme tous les juges d'Eglise, l'inquisiteur ne pouvait frapper les coupables que de châtiments spirituels ou d'emprisonnement ; s'il les estimait dignes de mort, il les remettait au juge séculier, qui seul avait le droit de prononcer contre eux la peine capitale. En général, le juge séculier envoyait les hérétiques au bûcher. On doit déplorer cet emploi de la force, si peu conforme à l'esprit de l'Evangile, contre des égarés qu'il aurait fallu chercher à ramener par la douceur ou se contenter d'exclure de l'Eglise. Il y eut tantôt un seul inquisiteur pour les trois diocèses de Metz, de Toul et de Verdun, tantôt un pour chacun d'eux. Ces fonctions furent presque toujours exercées par les dominicains.

L'antipape Victor IV réunit à Trèves, en 1162, un concile national allemand. Les documents signalent des conciles de la province de Trèves tenus à Toul en 1127 et en 1147, à Dieulouard en 1140, à Trèves en 1227 et en 1238. Les synodes diocésains continuent de se réunir. Celui de Toul en 1192 et le concile provincial de Trèves en 1238 s'occupèrent de discipline ecclésiastique et d'hérésies.

Les doctrines des Cathares ou plutôt des Vaudois, disciples de Pierre Valdo, qui voulaient ramener l'Eglise à sa simplicité primitive, se répandirent dans la province de Trèves. D'abord signalées à Toul, où un synode les condamne en 1192, on les retrouve ensuite à Metz, où l'évêque Bertram s'en préoccupe, demande l'avis du pape Innocent III ; celui-ci, tout en recommandant à Bertram de se montrer vigilant, ne pousse pas aux mesures de rigueur ; même il ne condamne pas formellement l'emploi de la traduction française que ces Vaudois avaient faite de la Bible. Puis les Vaudois sont signalés à Trèves. Leurs erreurs, qui ne semblent pas avoir gagné de nombreux adhérents dans la région lorraine, disparurent peu à peu durant la première moitié du xiii° siècle.

2° *L'Église régulière.*

A. — Les ordres anciens.

Une double décadence frappe l'une après l'autre les anciennes abbayes bénédictines : la ferveur religieuse diminue, la discipline se relâche, les études périclitent ; on voit les abbayes bénédictines de Remiremont, d'Epinal, de Poussay et de Bouxières se transformer en chapitres de chanoinesses, où ne sont admises que les filles de la noblesse ; ces dames ne donnent pas toujours l'exemple des vertus évangéliques. D'autre part la situation matérielle des monastères laisse à désirer, car ils sont en butte aux usurpations de leurs avoués et de leurs voisins, se trouvent dans l'obligation de contracter des emprunts, d'engager ou de vendre une partie de leurs domaines. Quelques-uns pourtant restent riches et puissants.

B. — Les ordres nouveaux.

Des ordres nouveaux, nés en dehors de la Lorraine, cisterciens et prémontrés au xii° siècle, franciscains et dominicains au xiii°, établiront dans notre pays des couvents, mais ils ne tenteront rien pour réformer les anciens monastères.

L'ordre de Cîteaux, créé par un Bourguignon, saint Robert de Molesmes, n'est au fond qu'une congrégation réformée de l'ordre bénédictin. Son plus illustre représentant et propagateur fut un autre Bourguignon, saint Bernard, fondateur et abbé de Clairvaux, l'un des plus grands hommes du xii° siècle, celui qui a peut-être exercé l'action la plus profonde sur ses contemporains. Le rôle économique des cisterciens a eu de l'importance ; ils ont défriché des bois, des terres incultes, et les ont mis en valeur de façon méthodique. Parmi les principales abbayes cisterciennes de la région Lorraine, citons Orval et Himmenrode au diocèse de Trèves, Freistroff, Villers-Bettnach et Stürzelbronn dans celui de Metz, Haute-Seille, Beaupré, l'Isle-en-Barrois et Clairlieu dans celui de Toul, La Chalade et Châtillon dans celui de Verdun.

Les prémontrés sont des chanoines réguliers qui se vouent au ministère paroissial ; leur fondateur, saint Norbert né à Xanten, en Basse-Lorraine, créa son premier couvent, celui de Prémontré, dans le diocèse français de Laon. Les abbayes de Wadgassen au diocèse de Trèves, de Sainte-Croix, de Justemont et de Salival dans celui de Metz, de Jandeures, de Sainte-Marie-aux-Bois, de Flabémont, de Riéval et de Mureau dans celui de Toul, de Saint-Paul, de Belval et de l'Etanche dans celui de Verdun, appartenaient à l'ordre de Prémontré.

Le XIIe siècle vit aussi la création d'ordres militaires chargés de défendre la Terre sainte. Les templiers s'établirent dans notre pays à Metz, à Cattenom, à Libdau, à Norroy, à Virecourt, à Doncourt, à Marbotte. Tandis que les maisons des templiers situées en Lorraine formaient une province, celles du Barrois faisaient partie de la province de Champagne.

Quant aux maisons des I ospitaliers ou chevaliers de Saint-Jean, elles se rattachaient au grand-prieuré de Champagne. Citons celles de Saint-Jean du Vieil-Aître, aux portes de Nancy et de Cuite-Fève près de Rosières-aux-Salines.

L'ordre teutonique possédait à Metz une maison dans la rue et près de la porte qui, pour cette raison, se sont appelées depuis rue et porte des Allemands.

Au XIIIe siècle, deux ordres nouveaux se fondent, ceux des franciscains et des dominicains. L'Italien saint François d'Assise et l'Espagnol saint Dominique se rendirent compte des effets désastreux qu'entraînaient pour l'Eglise ses richesses et sa puissance : un clergé de mœurs relâchées, ignorant, cupide, ambitieux, incapable de gagner ou de conserver l'affection et le respect des populations, celles-ci privées de direction, accueillant avec faveur les fauteurs d'hérésies. Aussi tous deux résolurent-ils d'imposer à leurs disciples, non plus seulement la pauvreté individuelle, mais la pauvreté collective. Plus de droits régaliens, plus de fiefs, plus de propriétés ; les moines devront ne posséder que leurs couvents et leurs églises, vivre du travail de leurs mains et des aumônes que leur feront les fidèles. La prédication et l'enseignement, telles étaient les deux tâches proposées à leur activité ; ils se distinguent à cet égard des bénédictins, voués à la vie du cloître. Les franciscains furent surtout un ordre populaire, les dominicains un ordre savant. Tandis que de fâcheuses dissensions troublèrent de bonne heure les franciscains qui, ne s'accordant pas sur l'interprétation de la règle, se divisèrent en conventuels et en observants, les dominicains ne connurent que plus tard des déchirements intérieurs.

Metz, qui avait fourni à saint Dominique un de ses premiers compagnons, eut un couvent de frères prêcheurs dès l'année 1221. On trouve ensuite les dominicains à Trèves en 1233, à Toul en 1250. C'est également à Metz que s'établirent tout d'abord les franciscains en 1228 ; on constate leur présence à Trèves peu de temps après.

Les vertus des premiers disciples de saint François et de saint Dominique leur gagnèrent les sympathies de la population séculière, qui n'avait à redouter d'eux ni oppression ni exactions. Ils purent exercer une action salutaire sur elle, mais seulement dans les villes, car ils ne créèrent point de couvents à la campagne. Par malheur l'autorité qu'ils acquirent sur la population leur attira la jalousie du clergé paroissial, qui voyait en eux des concurrents. L'épiscopat leur manifesta aussi de l'hostilité, en raison des privilèges pontificaux qui leur assuraient à son égard une grande indépendance. Aussi, à diverses reprises, y eut-il des conflits entre prélats et moines mendiants. Les deux ordres, en particulier celui des franciscains, ne devaient pas tarder à tomber en décadence.

3° *Situation matérielle de l'Église.* — *L'Église et les princes.*

Inutile de revenir sur la situation matérielle des deux clergés. Ajoutons seulement que le souci des intérêts temporels qui, beaucoup plus que le désir de faire leur salut, hante clercs, moines ou religieuses, émousse leur sens moral ; oublieux du précepte du décalogue : « Tu ne tromperas point », ils n'hésitent pas à fabriquer de faux documents pour s'assurer la possession d'un domaine, d'un avantage auquel ils n'ont pas droit ou qui leur est contesté.

La lutte qui continue avec des succès variés entre les églises et les abbayes d'une part, leurs avoués de l'autre, provoque, sous différentes formes, l'intervention des papes, des conciles, des rois et des empereurs. Tantôt l'excommunication frappe les avoués oppresseurs des abbayes qu'ils devraient protéger, tantôt un règlement minutieux essaie, en fixant leurs droits, de prévenir leurs exactions et leurs violences. L'on recourt parfois à un moyen plus efficace, la suppression complète des avoueries. Quelques seigneurs renoncent à leurs droits d'avoué, les uns à prix d'argent, les autres sans exiger de compensation pécuniaire. Il arrive enfin que l'avouerie s'éteint avec la famille qui la détenait. D'une façon ou d'une autre les évêques de Metz, de Toul et de Verdun. réussirent, le dernier au XII° siècle, les deux autres au siècle suivant, à supprimer les comtes-voués de leurs églises. Par contre, d'importantes abbayes, moins heureuses, Remiremont, Saint-Dié, Senones, gardèrent leur avoué, duc de Lorraine pour les deux premières, comte de Salm pour la dernière; ni les bulles des papes, ni les diplômes des rois des Romains ou des empereurs, ni les règlements d'avouerie n'eurent le pouvoir de réprimer les usurpations, renouvelées sans cesse, de ces puissants barons sur les domaines de leurs protégées.

Si les fidèles continuent de payer la dîme, trop souvent le curé de la paroisse n'en bénéficie pas ; ce sont des abbayes ou même des seigneurs laïcs qui en perçoivent la plus grosse part. D'ailleurs, cet état de choses, déjà ancien, remonte à l'époque franque. Très fréquemment aussi l'on trouve plusieurs décimateurs pour une même paroisse.

Nous avons déjà parlé des rapports des évêques et des anciennes abbayes avec les rois et avec les princes de la région, qui s'efforcent ou de faire monter des cadets de leur famille sur les sièges épiscopaux, ou de s'agrandir aux dépens de l'Eglise.

4° *L'Église lorraine et la papauté.*

Une autre action, celle de la papauté, qui commence à se faire sentir dès la Querelle des Investitures, grandit au xiie siècle sous Lothaire III et Conrad III, recule au temps de Barberousse et de son fils, et devient enfin, grâce au pape Innocent III, prépondérante dans l'Église. Celle-ci perd son caractère de république aristocratique pour se transformer en monarchie.

Les papes interviennent dans la nomination des évêques, si les chapitres se divisent ou s'il s'agit de remplacer des prélats morts en cour de Rome ; ils autorisent la translation des évêques d'un siège à un autre et déposent les é..ques indignes.

En outre, la juridiction pontificale s'étend sur le clergé inférieur et sur les laïcs comme sur les hauts dignitaires ecclésiastiques. La cour de Rome ne connaît pas seulement des procès déjà jugés par une juridiction inférieure ; on lui soumet en première instance une foule de causes, qui auraient dû être portées d'abord devant l'évêque du diocèse auquel appartiennent les plaideurs. Cette extension de la juridiction pontificale engendre de multiples inconvénients : les papes emploient une grande partie de leur temps à juger ; ils s'entourent d'un personnel nombreux et, comme il faut l'entretenir, ils s'ingénient à se procurer des ressources ; c'est le clergé qui les fournit, non sans protester. L'accroissement des pouvoirs judiciaires de la papauté porte une grave atteinte à l'autorité des archevêques et des évêques ; elle est enfin préjudiciable aux plaideurs, qui attendent longtemps la sentence et qui risquent d'être jugés au petit bonheur. Ainsi, la transformation qui s'opère dans la constitution de l'Église, devenue monarchique d'aristocratique qu'elle était auparavant, entraîne presque autant d'inconvénients que d'avantages.

5° *L'état moral de la société.*

Si, dans son ensemble, l'Eglise est en décadence, si son autorité morale s'affaiblit, si les études périclitent, y a-t-il amélioration dans l'état de la société laïque? On n'oserait l'affirmer ; les mœurs restent violentes et relâchées dans toutes les classes de la société.

Considérons le baron féodal, que nous connaissons assez bien, car c'est de lui que s'occupent de préférence les chroniques et les œuvres d'imagination. C'est un personnage à l'âme peu compliquée, aux sentiments très simples, un homme de premier mouvement, un impulsif capable des pires violences quand la colère l'aveugle. Ne demandez pas aux barons que l'histoire nous montre en action les sentiments élevés, délicats et généreux que prêtent parfois à leurs héros les œuvres de la littérature courtoise. Nos féodaux, nullement idéalistes, ni sentimentaux, très positifs au contraire, ne rêvent que d'agrandir leurs domaines. L'espoir de plaire à une dame, de conquérir son cœur, n'inspire jamais leurs actions. L'intérêt — et non l'amour — dicte au baron son choix quand il se marie, et ce que l'intérêt a fait, l'intérêt peut le défaire ; on connaît plus d'un exemple, à cette époque, d'union rompue sans autre raison que le désir d'en conclure une autre plus avantageuse. Ainsi le comte de Bar Thiébaut Ier se sépare de sa seconde femme, Isabelle, pour épouser Ermesinde, héritière du Luxembourg. Dans la classe aristocratique maris et femmes ne donnent pas toujours l'exemple de la fidélité conjugale. Adélaïde, femme de Simon Ier, et Gertrude de Dachsbourg, femme de Thiébaut Ier, passèrent en leur temps pour des épouses au moins légères.

De même que des maris inconstants ou brutaux, on rencontre des pères, des fils et des frères dénaturés. L'intérêt divise fréquemment les membres d'une famille et les arme les uns contre les autres ; nous en avons cité plusieurs exemples.

Le régime féodal a pour base la foi jurée ; ici encore intervient l'intérêt pour faire oublier aux barons leurs serments. Avec cela, les féodaux se montrent très susceptibles ; il suffit d'un mot, d'un geste, pour qu'ils se croient offensés et dégagés de leur parole ; pas plus que les anciens Germains, ils ne pratiquent le pardon des injures. Pour satisfaire leurs rancunes ou leur cupidité, rien ne leur coûte, rien ne les arrête ; les voilà partis en campagne, et pour eux la guerre consiste à piller, à brûler, à massacrer. On voit combien les barons, chrétiens pourtant, pratiquent mal les préceptes évangéliques.

Reconnaissons toutefois qu'ils sont capables à l'occasion de générosité, de loyauté, de repentir. Pour se faire pardonner leurs fautes, ils iront en pèlerinage, enrichiront les églises et les abbayes et croiront avec ces largesses avoir obtenu la rémission de leurs péchés ; d'ailleurs, ils ne songent guère à s'amender, à s'améliorer. A la fin du xe siècle, au début du xie, en des temps de ferveur religieuse, on voit pourtant des barons, comme le comte de Verdun, Frédéric, quitter le monde pour aller s'enfermer dans un monastère où ils finiront leur vie dans les austérités de la pénitence. Le xiie et le xiiie siècle nous offrent beaucoup moins d'exemples de ces vocations religieuses. D'habitude, les féodaux n'entrent dans l'Eglise que pour en revêtir les plus hautes dignités.

Si nous connaissions mieux les classes inférieures, nous aurions probablement à constater que très misérables, ignorantes, mal dirigées par des pasteurs peu instruits et souvent de mœurs relâchées, elles vivaient livrées à leurs instincts et à leurs passions, sans souci des préceptes évangéliques.

L'Eglise dans ses conciles condamne en bloc les violences, les atteintes de toute nature à la loi morale. Mais dans la pratique, il lui arrive de fermer les yeux sur bien des irrégularités. On ne voit pas qu'elle ait protesté contre les séparations, ni contre les unions, aussi irrégulières les unes que

Pl. X.

TOUL. — Cathédrale (façade O. xv⁰ siècle).
(Voir p. 470).

METZ. — Cathédrale (ensemble S.-O. xii⁰-xv⁰ siècles).
(Voir p. 470).

les autres, dont Thiébaut de Bar et Gertrude de Dachsbourg nous offrent des exemples typiques. Dans d'autres cas, il faut le reconnaître, les admonestations, les excommunications même ne produisent aucun effet.

Constatons pourtant dans la société laïque un effort en vue de soulager les misères publiques. Parmi les nouveaux hôpitaux créés au xii° et au xiii° siècle, plusieurs ont pour fondateurs soit des bourgeois, soit des communautés urbaines ; dans ce dernier cas l'administration peut avoir, comme à Saint-Nicolas de Metz, un caractère nettement laïc. C'est alors aussi que naissent les maladreries destinées à recueillir les lépreux, dont le nombre augmente depuis les croisades. Le lépreux, mort au monde, est interné dans des maisons spéciales à la suite d'une cérémonie qui rappelle l'office des morts.

RÉSUMÉ SUR LA PÉRIODE ALLEMANDE.

La période germanique voit s'accentuer la décadence politique de la région lorraine, commencée dès la fin du ix° siècle. Non seulement le pays a perdu son autonomie, mais il se rapetisse, se réduit : si l'énergie de quelques-uns des souverains allemands paralyse les forces dissolvantes dont l'action s'était déjà fait sentir auparavant, diverses mesures qu'ils prennent, la division de la Lotharingie en deux duchés et l'attribution aux évêques des pouvoirs comtaux affaiblissent le pays et en accélèrent le morcellement. D'autres facteurs interviennent dans le même sens et contribuent au triomphe de la féodalité : c'est l'éloignement et l'impuissance des rois, la faiblesse matérielle des ducs, enfin la Querelle des Investitures. Au xii° siècle, le duché féodal qui garde le nom de Lorraine représente une petite partie seulement de la Haute-Lorraine, réduite à n'être plus qu'une expression géographique. Si cette Lorraine amoindrie comprend à la fois des territoires romans et des territoires germaniques, elle a le malheur de ne posséder aucune des villes épiscopales ; c'est une cause de faiblesse pour elle et pour le pouvoir ducal, qui ne peut faire contrepoids à la noblesse, en s'appuyant sur une bourgeoisie nombreuse et riche.

Le duc de Lorraine n'a plus désormais d'autorité sur les comtes ni sur les évêques de l'ancienne Mosellane, devenus ses égaux. Même l'un de ces comtes, celui de Bar, paraît au XIII° siècle posséder une puissance plus grande que son voisin de Lorraine, et l'on pourrait le croire appelé à jouer le premier rôle dans le pays. Quant aux cités de Metz, de Toul et de Verdun, d'abord gouvernées par leurs évêques, elles s'affranchissent en grande partie de leur autorité au XII° et au XIII° siècle et constituent des républiques municipales.

Les ducs et les comtes, surtout les ducs, d'abord fonctionnaires et vassaux des souverains, ne sont plus après la Querelle des Investitures que des vassaux qui, tout en restant soumis à la suzeraineté des rois des Romains ou des empereurs, échappent à leur action, surtout au XIII° siècle. Transformés en princes territoriaux, ils exercent à leur profit les droits régaliens, mettent leur effigie sur les monnaies qu'ils frappent et font la guerre à leurs voisins.

Après avoir continué de se réduire, le nombre des hommes libres augmente par le fait d'affranchissements individuels ou collectifs. Les institutions prennent un caractère de plus en plus féodal et aristocratique. Toute terre dépend d'une autre ; le possesseur de la terre sujette est le vassal du possesseur de la terre dominante ; la hiérarchie des personnes et des terres s'organise, la première dépendant de la seconde ; la souveraineté se joint pour les nobles à la propriété.

Les inégalités se retrouvent dans les républiques municipales, où le pouvoir se concentre de plus en plus dans les mains d'un patriciat bourgeois. Par contre, dans les villes affranchies à la loi de Beaumont, où l'autorité du seigneur est restée plus forte que dans les cités épiscopales, on constate peut-être moins de différences entre les groupes sociaux de la population roturière.

La division du pays en principautés indépendantes les unes des autres, les guerres féodales qui sont la conséquence de cette division et de l'impuissance des rois nuisent à la vie économique du pays, surtout à l'agriculture et au commerce. L'enseignement, qui avait refleuri au x⁰ et au xi⁰ siècle, tombe en décadence au xii⁰ ; à aucun moment, la littérature n'est prospère. Si un art roman original, dérivé de l'art carolingien, se développe dans le pays au xi⁰ et au xii⁰ siècle, au siècle suivant il est remplacé par l'art gothique, originaire de la France.

L'Église est régénérée au x⁰ et au xi⁰ siècle par une réforme indigène, que renforce plus tard l'esprit de Cluny : elle compte alors des saints et des savants. Mais la Querelle des Investitures la désorganise ; quand la lutte a pris fin, les évêques ne sont plus guère que des princes temporels, aussi préoccupés de défendre leurs domaines et leur pouvoir que peu soucieux de diriger leur clergé et leurs fidèles. Les anciennes abbayes s'appauvrissent, la discipline s'y relâche et les ordres nouveaux, cisterciens, prémontrés, franciscains et dominicains, ne parviennent pas à combattre le mal. L'intervention de la papauté, dont la puissance devient prépondérante au xiii⁰ siècle, n'a pas toujours de bons effets pour le recrutement de l'épiscopat ; elle porte en outre une grave atteinte aux droits des métropolitains ou des évêques.

Peut-être les mœurs deviennent-elles moins grossières, moins brutales, mais elles laissent encore beaucoup à désirer ; quoique la foi reste vive, il s'en faut que les gens du xiii⁰ siècle soient de parfaits chrétiens.

Quelle a été l'influence de l'Allemagne sur la région lorraine durant ces trois siècles et demi ? Si nous ne l'avons constatée ni en littérature ni en art, nous devons reconnaître qu'elle s'est fait sentir dans le domaine de la politique et dans celui de la religion. La division de la Lotharingie en deux duchés et l'attribution des pouvoirs comtaux

aux évêques, l'éloignement ou la faiblesse des souverains allemands, enfin leurs luttes avec la papauté, ont causé à la région lorraine les plus graves préjudices.

Alors commencent les guerres seigneuriales, stériles, désastreuses pour le pays, pour sa puissance, pour son développement économique, pour sa civilisation, guerres qui feront perdre à la Mosellane tout moyen d'agir au dehors, qui provoqueront au contraire les interventions étrangères. Les habitants des principautés lotharingiennes oublieront, au cours de ces luttes fratricides, leur commune origine et leur commun passé. Des haines vivaces, persistantes, à peine oubliées aujourd'hui, animent désormais les uns contre les autres Lorrains, Messins et Barrois. Avec la féodalisation de l'Eglise, voilà — pour la région lorraine — quelques-uns des résultats néfastes de son union avec l'Allemagne en 925. Ajoutons, pour être juste, que les duchés allemands, aussi peu favorisés que la Lorraine, ont connu les mêmes vicissitudes et subi le même sort.

La Lorraine elle-même a exercé une action sur l'Allemagne, qui, au point de vue religieux, économique, littéraire et artistique, ne pouvait que profiter de son union avec un pays plus avancé qu'elle en civilisation. L'Allemagne a également, mais ceci ne constituait pas un gain pour elle, emprunté à la Lorraine les institutions féodales qui avaient pris naissance, dès la fin du ixe siècle ou le début du xe, dans la Mosellane, et dont l'énergie des Saxons et des premiers Saliens avait réussi à contenir les progrès.

QUATRIÈME PARTIE

LES PROGRÈS DE LA FRANCE (1270-1812)

Depuis le xiii° siècle jusqu'au début du xix°, l'influence de la France, malgré des arrêts et des reculs de courte durée, ne cessera de croître dans la région lorraine. La France commence par établir sa suzeraineté sur quelques territoires, puis elle en annexe d'autres, si bien que, de progrès en progrès, elle finit par atteindre le Rhin et même par le dépasser au temps de Napoléon Ier. Ses diplomates, ses magistrats, ses généraux ne sont pas seuls à travailler pour elle ; son clergé, ses artistes, ses commerçants, ne lui rendent guère moins de services. Le gouvernement français varie ses moyens d'action avec les époques, avec les circonstances, ainsi qu'avec les différentes principautés entre lesquelles s'est morcelée la région lorraine.

Au point de vue politique, cette influence de la France s'explique d'abord par la faiblesse des rois des Romains ou des empereurs, que les électeurs allemands ont soin de choisir, au moins jusqu'au milieu du xv° siècle, tantôt dans une famille, tantôt dans une autre ; ces souverains n'ont ni fonctionnaires, ni armée, ni revenus ; ils sont tenus en échec par les princes de l'Empire, dont la puissance s'accroîtra encore à la suite de la Réforme et de la guerre de Trente Ans. Les diètes, ces assemblées qui réunissent les représentants des États allemands, refusent le plus souvent aux souverains les hommes et l'argent qu'ils leur réclament. Les rois des Romains ou les empereurs ne retirent une force effective que de leurs États héréditaires ; mais ceux-ci sont de médiocre étendue, situés aux extrémités de l'Empire, habités par une population non allemande, exposés en outre aux attaques d'ennemis redoutables. Rois des Romains ou empereurs, incapables d'obliger les princes lotharingiens à vivre en paix les uns avec les autres, n'ont pas davantage la force de les protéger contre l'ennemi extérieur.

Les petits Etats de la Mosellane sont d'autre part trop faibles et trop divisés pour assurer eux-mêmes leur propre défense. Bien loin qu'ils songent à s'entr'aider, on les voit toujours prêts à invoquer contre leurs adversaires, au cours de leurs incessantes querelles, le secours des Capétiens, des Valois ou des Bourbons.

Ces princes d'ailleurs n'ont pas besoin, pour intervenir, qu'on le leur demande, ils en ont le désir et les moyens. Autant le roi des Romains est faible, autant le souverain français a de puissance. Les descendants de Hugues Capet ont fini par rendre la couronne héréditaire dans leur maison ; ils possèdent des domaines étendus ; le Parlement de Paris et les fonctionnaires provinciaux, baillis, prévôts, sergents, les servent avec autant de zèle que d'activité ; ils ont une armée nombreuse, des revenus abondants ; à la force matérielle le roi de France joint le prestige moral ; des publicistes défendent ses prétentions et s'appliquent à en faire valoir le bien-fondé. Au dehors, il dispose de moyens d'action variés, droits de garde, droits de suzeraineté, alliances, arbitrages, médiations soit entre les Etats de la région lorraine, soit entre les partis qui s'y disputent le pouvoir ; il sait, en tenant compte des circonstances, tirer habilement parti tantôt des uns, tantôt des autres.

N'oublions pas que, par sa prospérité matérielle, par le développement de sa littérature et de ses arts, par la cour brillante de ses rois, par l'université de Paris, la France ne cessera d'attirer à elle les princes lotharingiens et leurs sujets. A aucun de ces points de vue l'Allemagne ne pourra lutter avec avantage contre la France.

Pourtant, l'influence française ne se fera pas sentir avec la même force dans toutes les parties de la région lorraine :

le Barrois, Toul et Verdun y seront plus soumis que la Lorraine, que Metz, surtout que l'électorat de Trèves.

L'histoire des progrès de cette influence peut se diviser en deux périodes, séparées l'une de l'autre par l'occupation, en 1552, de Metz, de Toul et de Verdun. Jusqu'à cette date, le roi de France n'avait dans la région lorraine que des droits de suzerain et de gardien. Depuis 1552 il s'installe au cœur du pays et, maître des grandes villes, il peut travailler à faire la conquête des principautés laïques ou ecclésiastiques de l'ancienne Mosellane. En 1648, la France obtient de l'Empire la cession définitive de Metz, de Toul, de Verdun et du temporel des évêques de ces trois villes ; en 1735-1738 (1766), elle acquiert les duchés de Lorraine et de Bar. En 1797 la République, fidèle en cela aux traditions de l'ancienne monarchie, se fait céder le reste de la région lorraine, et cette annexion est confirmée en 1801. La fin du règne de Napoléon Ier marquera au contraire le début d'une période de recul pour l'influence politique de la France et d'amoindrissement pour son étendue territoriale.

Comme nous le disions plus haut, rois des Romains et empereurs se montrèrent impuissants à protéger la région lorraine contre l'ambition des rois de France, à prévenir ou à terminer les querelles qui surgissaient à chaque instant entre duchés, comtés, évêchés et villes libres, à s'opposer enfin aux modifications territoriales qui résultaient de ces luttes. Reconnaissons pourtant, l'équité le veut, que les souverains de l'Empire n'interviennent presque jamais dans les affaires intérieures de nos principautés ou de nos républiques municipales, qui peuvent se gouverner et se développer avec une pleine liberté. Qu'il s'agisse de la langue ou des institutions, ni les unes ni les autres n'ont à subir d'ingérence tracassière de la part de l'Empire. Il n'en ira pas de même sous d'autres dominations, moins respectueuses de nos usages ou de nos libertés.

LIVRE PREMIER

PREMIÈRE PÉRIODE D'INFLUENCE FRANÇAISE (1270-1552)

Les derniers Capétiens directs, non contents d'intervenir dans les affaires des principautés lotharingiennes, deviennent suzerains d'une moitié du Barrois, gardiens de Toul et de Verdun ; ces avantages, les Valois les conserveront malgré les désastres de la guerre de Cent Ans, malgré les Luxembourgs qui s'efforcent de contrecarrer les progrès de la France, malgré la maison de Bourgogne qui cherche à reconstituer le royaume de Lothaire II, malgré les Habsbourgs enfin, qui reprennent à leur compte la politique de leurs devanciers.

La lutte que François Ier et son fils entreprendront au xvie siècle contre la maison d'Autriche, paralysée par la Réforme, permettra en 1552 à Henri II d'occuper Metz, Toul et Verdun, d'enlever en Lorraine la régence à Christine de Danemark, d'emmener et de faire élever en France le jeune duc Charles III et par conséquent de soustraire pour quelque temps les duchés à toute influence allemande ou espagnole.

Les trois siècles qui s'écoulent de 1270 à 1552 se divisent naturellement en deux périodes, séparées l'une de l'autre par la date de 1431, année de la mort de Charles II. Ce duc de Lorraine a pour successeur sa fille Isabelle et son gendre René Ier d'Anjou, duc de Bar; les deux principautés si longtemps ennemies se trouvent donc unies, et ce fait semble présager la reconstitution, dans un avenir plus ou moins rapproché, de l'ancienne Mosellane. Les événements de 1552 ne permirent pas à ces espérances de se réaliser.

CHAPITRE PREMIER

LA RÉGION LORRAINE DE 1270 A 1431 [1].

Au cours des cent soixante années qui séparent la mort de saint Louis de celle de Charles II, la région lorraine est

[1] Bibliographie. — Sources : Aux *Constitutiones* (p. 209), t. III-V et VIII, ajouter pour les sources diplomatiques : *Deutsche Reichstags-Akten*, ancienne série, 13 vol. in-4°, 1867 et suiv. ; REDLICH (O.), *Die Regesten des Kaiserreichs unter Rudolf, Adolf, Albrecht I und Heinrich VII*, 1re livraison, 1898 ; HUBER (A.), *Die Regesten des Kaiserreichs unter Karl IV*, 1 vol. in-4°, 1877-1889 ; ALTMANN (W.), *Die Urkunden K. Sigmunds*, 2 vol. in-4°, 1896-1900 ; KERN (Fr.), *Acta Imperii Angliæ et Franciæ ab anno 1267 ad annum 1313*, 1 vol. in-8°, 1911 ; VALOIS (N.), *Notices sur les actes en langue vulgaire du XIIIe siècle, contenus dans la collection de Lorraine*, 1 vol. in-4°, 1878 ; SAUERLAND (H. V.), *Vatikanische Urkunden und Regesten zur Geschichte Lothringens*, 2 vol. in-8°, 1901-1905 (*Quellen zur lothringischen Geschichte*) ; WICHMANN (K.), *Die Metzer Bannrollen des dreizehnten Jahrhunderts*, 2 vol. in-8°, 1908 et 1910 (*Quellen zur lothringischen Geschichte*) ; MARICHAL (P.), *Cartulaire de l'évêché de Metz*, 2 vol. in-8°, 1903-1908 (*Mettensia*). — Pour les sources narratives : HUGUENIN (J.-F.), *les Chroniques de la ville de Metz*, 1 vol. in-8°, 1838 ; DEX ou D'AIX (J.), *la Chronique [messine] des empereurs et rois de la maison de Luxembourg*, 1 vol. in-8°, 1906 (*Quellen zur lothringischen Geschichte*) ; DOYEN DE SAINT-THIÉBAUT, *Chronique* (CALMET, *Histoire de Lorraine*, 1re éd., t. II, pr.).

Ouvrages généraux : BOUTARIC (E.), *la France sous Philippe le Bel*, 1 vol. in-8°, 1861. — LEROUX (A.), *Recherches critiques sur les relations politiques de la France avec l'Allemagne, de 1292 à 1378, et Nouvelles recherches critiques... de 1378 à 1461*, 2 vol. in-8°, 1882 et 1892. — LINDNER (Th.), *Deutsche Geschichte unter den Habsburgern und den Luxemburgern*, 2 vol. in-8°, 1888, 1893. — LANGLOIS (Ch.-V.), *Saint Louis, Philippe le Bel, les derniers Capétiens directs* ; COVILLE (A.), *les Premiers Valois et la guerre de Cent Ans* ; PETIT-DUTAILLIS (Ch.), *Charles VII, Louis XI et les premières années de Charles VIII*, 3 vol. in-8°, 1901 et 1902 (*Histoire de France* de LAVISSE, t. III, 2e partie et t. IV). — KERN (Fr.), *Die Anfänge der französischen Ausdehnungspolitik bis zum Jahr 1308*, 1 vol. in-8°, 1910.

Ouvrages concernant la région lorraine : Aux travaux signalés plus haut (p. 185 et 209) ajouter : SERVAIS (V.), *Annales du Barrois de 1352 à 1411*, 2 vol. in-8°, 1865-1867. — SAUERLAND (H.-V.), *Geschichte des Metzer Bistums während des XIV Jahrhunderts* (*Jahrbuch* de Metz, t. VI et VII, 1894 et 1895). — GÉANT (R.), *Etude sur le règne de Charles II, duc de Lorraine*, et DARTZER (E.), *les Relations des ducs de Lorraine avec la France jusqu'à la mort de Charles II* (*Annales de l'Est*, t. XVI, 1902). —

profondément troublée par des discordes intestines et par des guerres. Des luttes sans cesse renaissantes mettent aux prises soit les ducs lorrains et l'ancienne chevalerie, soit les évêques d'une part, leurs vassaux nobles et les habitants de leurs villes épiscopales de l'autre, soit les riches bourgeois et les gens des métiers ; les ducs de Lorraine, les comtes de Bar, ceux de Vaudémont et de Luxembourg se font entre eux la guerre ; les uns comme les autres prennent les armes contre les républiques municipales, ou contre les princes ecclésiastiques ; ils s'agrandissent petit à petit aux dépens de ces derniers. Les bourgeois des cités épiscopales, qui d'habitude se tirent à leur honneur des luttes où ils se trouvent engagés, savent aussi profiter de celles que soutiennent leurs seigneurs, les prélats, contre les princes laïcs ; c'est tout au moins le cas des Messins, dont la puissance grandit de plus en plus. Quant aux évêques, ils voient diminuer leur autorité temporelle et leurs domaines. Les ducs lorrains, à qui revenait le soin de reconstituer la Mosellane, se montrent inférieurs à cette tâche, qu'ils entrevoient à peine. Quelques-uns, comme Raoul et Jean, ceux qu'on a surnommés les ducs paladins, s'éparpillent au dehors dans des expéditions stériles pour leur pays ; ils ne retirent que peu ou point de profit de leurs luttes avec les

---

Boy (F.), *Die Stellung des Herzogtums Lothringen zwischen Deutschland und Frankreich während der Regierung Herzog Johanns I (1346-1390)* (Dissertation de Halle, 1914). — Aimond (abbé Ch.), *les Relations de la France et du Verdunois de 1270 à 1552*, 1 vol. in-8°, 1910.—Girod (E.), *Charles II duc de Lorraine (1390-1431). Ses relations politiques avec la France et l'Empire de 1390 au 24 octobre 1420* (Ecole nationale des chartes. Positions des thèses, 1912).

Sources et ouvrages concernant Jeanne d'Arc : Quicherat (J.), *Procès de condamnation et de réhabilitation de Jeanne d'Arc*, 5 vol. in-8°, 1841-1849. Du même, *Aperçus nouveaux sur l'histoire de Jeanne d'Arc*, 1 br. in-8°, 1850. — Wallon (H.), *Jeanne d'Arc*, 3° éd., 2 vol. in-12, 1875. — Luce (S.), *Jeanne d'Arc à Domremy*, 1 vol. in-8°, 1886. — Sepet (M.), *Jeanne d'Arc*, 1 vol. in-8°, 1896. — Petit-Dutaillis (Ch.), *Une question de frontière au XV° siècle. Le pays d'origine de Jeanne d'Arc à propos de quelques ouvrages récents* (le Moyen Age, t. X, 1897). — Hanotaux (G.), *Jeanne d'Arc*, 1 vol. in-8°, 1911.

comtes ou ducs de Bar, avec les évêques et les bourgeois de Metz. Les comtes de Bar, qui au xiiie siècle occupent le premier rang parmi les dynastes du pays, sortent affaiblis — matériellement et moralement — de leur conflit avec la France; il leur est désormais impossible de jouer le premier rôle auquel ils semblaient un moment destinés. Un comte de Luxembourg devient en 1308 roi des Romains, mais sa dynastie est bientôt après, avec Jean l'Aveugle, transplantée en Bohême, et bien que la maison de Luxembourg fournisse encore trois souverains à l'Allemagne, il n'en résultera pas d'avantages sérieux pour la région lorraine.

Tandis que les archevêques de Trèves, électeurs des rois des Romains, les comtes de Luxembourg et les ducs de Lorraine interviennent — surtout les premiers — dans les affaires de l'Allemagne, les autres princes, indifférents ou trop faibles, s'en désintéressent. A ce propos, nous pouvons dire qu'on a manqué de clairvoyance en enlevant aux dynastes et aux évêques de la région frontière le droit de participer à l'élection du roi des Romains; leur conserver cette prérogative, c'était les rattacher au Saint-Empire, les empêcher de rester étrangers à ses affaires; pour avoir commis la faute de les en dépouiller, on les a rejetés vers la France, toute prête à les faire entrer dans sa sphère d'influence.

Durant la période qui s'étend de la mort de saint Louis à celle de Charles II, une date présente un intérêt particulier, celle de 1346, qui marque le commencement des désastres de la France et l'arrêt de ses progrès dans la région lorraine; l'Empire, au contraire, regagne alors quelque influence.

I. — La région lorraine de 1270 à 1346.

1° *Histoire intérieure des principautés lorraines.*

A l'intérieur, les principautés sont agitées. Thiébaut II et Ferry IV ont à soutenir contre l'ancienne chevalerie des luttes heureuses, mais la minorité de Raoul et ses absences fréquentes favorisent la noblesse, qui regagne sur le pouvoir ducal le terrain qu'elle avait perdu. D'autre part, Thiébaut II est en conflit avec ses bourgeois de Neufchâteau. Le Barrois ignore ces luttes intestines.

Quant aux prélats, ils ont à se défendre sans cesse contre les entreprises de leurs vassaux et surtout de leurs bourgeois. Ces derniers sont eux-mêmes en proie à des luttes intestines. A Trèves, si Diether se voit obligé de faire des concessions aux habitants de sa ville archiépiscopale, Baudouin de Luxembourg, son successeur, restaure son autorité.

A Metz, le patriciat bourgeois, c'est-à-dire les paraiges, sont en lutte avec les gens de métier, dont ils bannissent les chefs et dont ils brûlent les bannières (1283), avec leurs évêques Renaud de Bar et Henri Dauphin, dont ils réduisent peu à peu l'autorité. Adhémar de Monteil, plus pacifique et plus prudent, entretient avec eux de bons rapports. Les artisans, qui ne se tiennent pas pour battus, profitent, en 1326, de l'établissement de nouveaux impôts par le gouvernement des paraiges, pour tenter une révolution éphémère. L'année suivante, les paraiges reprennent le pouvoir. En 1336, le patriciat messin porte un nouveau coup à ses adversaires, en supprimant la charge de grand-maître des métiers.

A Toul, les conflits que l'on constate mettent aux prises non point patriciens et gens de métier, mais évêques et chanoines d'une part, bourgeois de l'autre. Ainsi le franciscain Conrad de Tübingen ou Conrad Probus (1279-1295) soutient contre les Toulois une longue lutte, qui ne prend fin qu'en 1285. En 1306, l'évêque Otton de Granson accorde à ses bourgeois une charte qui règle leurs droits, ce qui n'empêche pas qu'en 1339 et en 1342 des conflits surgissent encore entre bourgeois et chanoines, ceux-ci refusant de payer les impôts établis par le gouvernement municipal. En 1349, le tribunal de la Rote, devant lequel le chapitre avait porté le différend, condamnait les bourgeois.

A Verdun, après une guerre entre deux lignages, l'évêque

Henri de Granson rétablissait la concorde par la charte de paix de 1286. Neuf ans plus tard, les bourgeois se soulevaient contre leur évêque, Jacques de Revigny, qu'ils accusaient de se montrer trop favorable à la France. La première moitié du xiv° siècle n'est pas moins agitée ; ce sont en 1316 deux lignages qui guerroient encore l'un contre l'autre ; c'est l'évêque Henri a Apremont qui entre en lutte avec les bourgeois, en 1315, en 1329, en 1334-1336 ; enfin il se produit des mouvements démocratiques, dirigés à la fois, semble-t-il, contre le pouvoir épiscopal et contre les lignages, comme ce fut le cas en 1331 et en 1341.

2° *Luttes des principautés lorraines les unes contre les autres.*

Déchirées par des querelles intestines, les principautés sont constamment en guerre les unes avec les autres ; les ducs de Lorraine ont pour adversaires habituels les comtes de Bar, les évêques de Metz ou ceux de Toul. Ferry III combat les évêques et les bourgeois de Metz, il soutient Conrad Probus contre les Toulois. On le voit reprendre la lutte contre le chapitre de Saint-Dié, puis contre l'abbaye de Remiremont, avec laquelle il finit par signer en 1295 le traité de l'*Echappenoise*, qui lui assurait de sérieux avantages. Le comte de Bar Thiébaut II en 1283 et son fils Henri III en 1294 concluent avec les bourgeois de Verdun des traités qui mettent cette ville sous leur protection. Henri VI de Luxembourg, qui revendique le Limbourg, périt, en 1288, à la bataille de Worringen ; son fils Henri VII se fait, en 1294, reconnaître comme protecteur par les Verdunois ; en 1301, il lutte contre Trèves.

Quelques années plus tard, le duc Thiébaut II voit se former contre lui une ligue où entrent Edouard Ier comte de Bar, et son oncle Renaud, évêque de Metz. Mais le duc remporte près de Frouard (1313) une victoire complète sur ses adversaires, et fait Edouard prisonnier. Celui-ci, qui suivait avec attention les événements de Verdun, entre en lutte en 1322, à propos de cette ville, avec Jean de Bohême, comte de Luxembourg.

L'événement militaire le plus important de cette époque fut la guerre des quatre seigneurs contre Metz (1324). L'archevêque de Trèves Baudouin, son neveu Jean, roi de Bohême et comte de Luxembourg, le duc Ferry IV et le comte Edouard Ier de Bar se coalisèrent contre la république messine ; ils étaient jaloux de sa prospérité et voulaient s'acquitter, sans bourse délier, des dettes qu'ils avaient contractées envers des bourgeois de Metz. Après deux années de guerre, de massacres, de pillages, d'incendies, les quatre princes, voyant que leurs efforts restaient stériles, se décidèrent à conclure la paix avec les Messins, dont la résistance victorieuse accrut l'importance et le prestige. A propos du nom de « paix des Harengs » donné au traité qui termina la lutte, les chroniqueurs messins rapportent l'anecdote suivante :

« A la dicte journée qui se tenoit au Pont à Mousson, qui estoit à l'entrée du caresme, ceux de Mets avoient fait ameneir leurs prouveances, especialement des hairangs fraisches, et en avoient fait préparer pour leur disné. Et eulx assis à table, les seigneurs médiateurs qui menoient l'affaire pour accorder les parties et qui avoient mis et accordé celte journée, les vinrent veoir. Et quand ils vindrent devant les tables de ceulx de Mets, ils trouvèrent que ceulx de Mets avoient des hairangs fraisches devant eulx sur la table : si dirent : « Il apert bien que vous paiés votre hoste, que vous avez des hairangs, et nous n'en pouvons nulz avoir. » Ceux de Mets leur répondirent : « Nous ne les avons mie de ceste ville, car nous les avons amenés de Mets avec nous. » Et lesdits seigneurs médiateurs leur dirent : « Coment se puelt-il faire que vous ayés hairangs à Mets pour les chemins qui vous sont cloz, et ilz ne sont mie cloz pour nous, et nous n'en pouvons nulz avoir ? » Ceulx de Mets leur répondirent : « Vous cuidez tenir les chemins et le pays cloz pour nous ; mais nous les tenons cloz pour vous. — Il s'y appaire [cela se voit], se dirent lesdits médiateurs ; car, par Dieu qui le jureroit à nos seigneurs, ilz ne le croyroient mie. Nous vous prions que nous en ayons demi-douzenne pour les porteir et monstreir à nos seigneurs. »

Et ceulx de Mets répondirent : « Vous n'en averez jay demi-douzenne ; mais nous vous en ferons porter ung cent après vous, pour présenter à vos seigneurs ; car nous en avons largement. » Et ainsy firent-ilz [1]. »

Mentionnons encore les luttes de Ferry IV avec Amédée de Genève, évêque de Toul, d'Henri IV, comte de Bar, avec les Verdunois, de Raoul avec Adhémar de Monteil, évêque de Metz, à propos de la construction de Château-Salins par Isabelle d'Autriche, mère de Raoul.

3° *Les principautés lorraines et l'Empire.*

Un événement qui semblait devoir entraîner pour la région mosellane les plus heureuses conséquences fut l'élection comme roi des Romains, en 1308, du comte de Luxembourg Henri VII ; un petit-fils et deux arrière-petits-fils d'Henri, Charles, Wenceslas et Sigismond occuperont après lui le trône d'Allemagne. Ces princes allaient-ils chercher à se fortifier dans leur pays d'origine, à reconstituer l'unité de la Haute-Lorraine ? Quelques-uns des Luxembourgs tentèrent en effet de s'agrandir dans la Lotharingie, mais ils ne se donnèrent pas tout entiers à cette tâche ; ce fut du côté de la Bohême et de la Hongrie qu'ils portèrent surtout leur attention et leurs efforts.

De tous les princes de la région, ce sont, après les archevêques de Trèves, les ducs lorrains qui s'occupent avec le plus d'activité des affaires de l'Empire. Ferry III reconnut Rodolphe de Habsbourg, puis Adolphe. Pourtant il se prononça pour Albert de Habsbourg, quand celui-ci eut été élu par quelques princes allemands, mécontents d'Adolphe ; même son fils Thiébaut et des troupes lorraines prirent part à la bataille de Gœllheim, où Albert battit et tua son concurrent, en 1298. Il est possible que Thiébaut II ait accompagné Henri VII jusqu'en Lombardie. En 1314, après la

---

[1]. HUGUENIN (J.-F.), *les Chroniques de la ville de Metz*, p. 61, col. 1.

mort prématurée d'Henri, lorsque les princes allemands se partagèrent entre Louis, duc de Bavière, et Frédéric le Bel, duc d'Autriche, tandis que Baudouin de Luxembourg, son neveu Jean et le comte de Bar, Edouard Ier, se prononçaient pour Louis, Ferry IV se rangeait au parti de Frédéric, dont il avait épousé la sœur Isabelle. Fait prisonnier comme Frédéric à la bataille de Mühldorf (1322), il ne sortit de captivité qu'en 1324. Plus tard, les princes lorrains se désintéressèrent de la lutte que Louis de Bavière soutint contre la papauté.

4° Les principautés lorraines et la France.

Les Capétiens et les Valois profitent de la faiblesse des rois des Romains et des empereurs pour empiéter sur leurs droits : faire en leur lieu et place la police de la région lorraine, y jouer le rôle d'arbitres, enfin y établir leur suzeraineté, voilà ce qu'entreprennent avec succès les rois de France. Déjà Philippe le Hardi avait pris sous sa protection l'abbaye de Montfaucon, au grand mécontentement du comte de Bar Thiébaut II.

Mais c'est Philippe le Bel qui se montre le plus actif et le plus audacieux. Marié à Jeanne, héritière du comté de Champagne, il entre en contact direct avec la région lorraine où il interviendra sans cesse ; tous les moyens lui seront bons, car il ne s'embarrasse pas des scrupules qui arrêtaient son grand-père. Il fait légitimer ses prétentions par des écrivains ; ceux-ci mettent en avant d'abord la théorie des quatre cours d'eau, Escaut, Meuse, Saône et Rhône, qui constituent d'après eux les frontières naturelles de la France ; plus tard, ils reculent celles-ci jusqu'au Rhin, limite de l'ancienne Gaule. Les porte-paroles du Capétien font valoir aussi que ce prince, héritier des Carolingiens, doit posséder la plus grande partie des territoires dont ses prédécesseurs avaient été les maîtres. Bien secondé par son Parlement et par ses agents provinciaux, Philippe trouve enfin, avant et surtout après Boniface VIII, une auxiliaire précieuse dans la papauté. Nous étonnerons-nous que, dans ces conditions, il ait obligé quelques-uns des princes et quelques-unes des villes de la région lorraine soit à reconnaître sa suzeraineté, soit à le prendre comme gardien, soit à devenir ses alliés ?

Plusieurs rois des Romains, Rodolphe, Adolphe et Henri VII, certains dynastes comme les comtes de Bar Thiébaut II et Henri III, enfin des membres du clergé et de la bourgeoisie de Verdun se rendaient compte des dangers que faisait courir au pays la politique de Philippe le Bel. Mais trop faibles, mal soutenus, combattus même par quelques-uns des princes de la région lorraine, ils ne purent faire obstacle aux progrès du Capétien.

La première affaire où se manifesta l'influence française fut celle des décimes. Plusieurs papes avaient autorisé qu'on en levât dans quelques diocèses de l'Empire, pour couvrir les dépenses des croisades de saint Louis. Mais en 1284, le pape Martin IV décida que les diocèses de Cambrai, de Liège, de Metz, de Toul et de Verdun contribueraient aux frais de la campagne de Philippe le Hardi contre l'Aragon. En 1288, le même fait se reproduisit au profit de Philippe le Bel. Le clergé des diocèses ainsi taxés adressa au roi des Romains Rodolphe des plaintes très justifiées ; Rodolphe eut beau les transmettre aux papes en les appuyant, ses observations demeurèrent sans effet.

Bien plus grave fut l'affaire de Beaulieu-en-Argonne, abbaye située dans le Verdunois, par conséquent dans l'Empire. Mécontente de son protecteur, le comte de Bar Thiébaut II, elle se mit, en 1285, sous la garde de Philippe le Bel. La colère qu'en ressentit le comte le porta aux plus regrettables violences contre les sujets de l'abbaye. Cité, sur la plainte de l'abbé, devant le Parlement de Paris, Thiébaut refusa de comparaître ; à ses yeux, une cour de justice française n'avait pas le droit de connaître d'une affaire dont les parties relevaient l'une comme l'autre de l'Empire.

Il sentit d'ailleurs le besoin de justifier son attitude et de se procurer des alliés. Ses vassaux, qu'il réunit en 1288, déclarent Beaulieu terre d'Empire ; il s'adresse en outre au chapitre de Verdun, qui accueille favorablement sa requête ; lui et les chanoines saisissent de l'affaire Rodolphe de Habsbourg, et le roi des Romains envoie deux seigneurs alsaciens et un archidiacre de Liége, Anselme de Parroy, un Lorrain probablement, faire une enquête sur le tracé de la frontière qui séparait l'Empire de la France à l'ouest de Verdun. Les commissaires de Rodolphe entendirent de nombreux témoins, qui s'accordèrent à dire que la Biesme avait de tout temps servi de limite entre l'Empire et la France et que Beaulieu se trouvait dans l'Empire. A la suite du rapport qu'il reçut de ses commissaires, Rodolphe fit rédiger un protocole et adresser des réclamations à Philippe. Au même moment, Ferry III se plaignait au roi des Romains que le chapitre de Toul, qui s'était en 1286 mis sous sa protection, eût, en 1289, sollicité celle du roi de France. Réclamations vaines ! Philippe maintint dans sa garde Beaulieu et le chapitre de Toul. En 1290, le Parlement de Paris prononça contre Thiébaut II de Bar, à propos de Beaulieu, une sentence que le roi cassa l'année suivante, mais qu'il remit en vigueur en 1293 : dans l'un et l'autre cas, c'étaient des considérations politiques qui lui avaient dicté sa conduite.

En 1293, une guerre semblait imminente entre la France et l'Empire. Deux ans auparavant, Rodolphe de Habsbourg et Thiébaut II étaient morts. Leurs successeurs Adolphe de Nassau et Henri III semblaient décidés à ne plus se contenter de récriminations stériles et à imposer par la force à Philippe le Bel le respect des droits de ses voisins. Les circonstances semblèrent favorables pour engager la lutte quand, en 1293, les rois de France et d'Angleterre se furent brouillés. En 1294, Henri III de Bar épousa Eléonore, fille d'Edouard Ier, et Adolphe conclut avec le Plantagenet un traité d'alliance ; il envoya la même année une lettre de défi au roi de France. Mais la suite ne répondit pas à ces débuts pleins de promesses. Le souverain anglais, en difficulté avec son Parlement, fut retenu dans son royaume jusqu'en 1297. Adolphe, sans troupes et sans argent, se laissa acheter par un agent de Philippe et resta dans l'inaction. Bien qu'il eût invité les princes lotharingiens à seconder le comte de Bar, aucun d'eux ne bougea. Peut-être même le duc de Lorraine poussa-t-il la méconnaissance de ses intérêts jusqu'à envoyer un contingent militaire au roi de France. Toujours est-il que le comte de Bar, abandonné de tous, fut battu, en 1297, par le connétable de France Gaucher de Châtillon. On a dit à tort qu'Henri avait été fait prisonnier.

Le vainqueur et successeur d'Adolphe, Albert d'Autriche fils de Rodolphe, allait au contraire faire la paix avec Philippe le Bel et payer fort cher l'appui du Capétien contre les ennemis qu'il comptait en Allemagne. A l'entrevue de Quatrevaux, près de Vaucouleurs (1299), les deux souverains conclurent un traité qui contenait des stipulations matrimoniales et territoriales. Il est très probable, presque certain même, qu'Albert abandonna ses droits de suzeraineté sur la partie du Barrois située à l'ouest de la Meuse. Y eut-il des bornes de cuivre placées dans ce cours d'eau pour marquer la nouvelle frontière ? On l'a prétendu plus tard, mais le fait reste douteux.

Cette convention laissait entrevoir au comte de Bar le sort qui l'attendait. Abandonné d'Albert, de son propre beau-père et du pape Boniface VIII, le malheureux Henri III dut en 1301 subir les conditions rigoureuses de son vainqueur et signer le traité de Bruges, par lequel il se reconnaissait le vassal du Capétien, pour les terres qu'il possédait en alleu sur la rive gauche de la Meuse. La suzeraineté des rois de France sur une moitié du Barrois se précisera et s'aggravera avec le temps, véritable boulet que les comtes, puis ducs de Bar, traîneront au pied. On appellera plus tard Barrois mouvant les territoires qui relèvent de la France, Barrois non mouvant ceux qui font partie de l'Empire. Le comte de Bar, contraint en outre de se croiser, mourut en Italie au mois de septembre 1302. Il est possible que Philippe le Bel ait organisé la régence, rendue nécessaire par la minorité d'Edouard, fils du comte défunt.

Tandis que Thiébaut II et Henri III avaient défendu les droits de l'Empire et contrecarré les entreprises de Philippe le Bel, leurs descendants se montreront, jusqu'à la fin de la dynastie barroise, les vassaux dévoués des Capétiens et des Valois.

Le duc de Lorraine avait, lui aussi, pour suzerain Philippe le Bel, depuis que ce roi avait épousé l'héritière du comté de Champagne. Mais pour se dégager de cette vassalité qui lui pesait, Ferry céda les fiefs qui relevaient de la Champagne à son fils Thiébaut, sire de Rumigny, qui en 1300 rendit hommage à Philippe. En 1302, Thiébaut combattit à Cassel dans les rangs de l'armée française. La même année son père assista aux États généraux que réunit le roi de France et signa la lettre des barons à Boniface VIII. Quelques années plus tard, Philippe le Bel et son fils Louis le Hutin soutinrent les bourgeois de Neufchâteau contre les ducs Thiébaut II et Ferry IV ; ce dernier finit par abandonner cette ville en douaire à sa mère, remariée au connétable de France, Gaucher de Chatillon (1314).

Philippe se faisait reconnaître en 1300 comme gardien par les bourgeois de Toul, qui, sans cesse en lutte avec leurs évêques, espéraient trouver un allié dans le roi de France. A Verdun, le Parlement de Paris et les baillis faisaient également sentir à différentes reprises la puissance de la dynastie capétienne.

La royauté française allait avoir une auxiliaire de sa politique dans la papauté depuis l'élection, en 1305, de Clément V. Les pontifes d'Avignon seront, plus encore que leurs prédécesseurs, les agents des Capétiens d'abord, des Valois ensuite, et ne laisseront monter sur les sièges de Metz, de Toul et de Verdun que des prélats français ou favorables à la France.

Les fils de Philippe le Bel et Philippe VI sauront garder les avantages obtenus et consolider leur situation dans la région lorraine. Philippe VI intervient dans un conflit entre Ferry IV et l'évêque de Toul, ce qui n'empêche pas le duc d'aller combattre les Flamands à Cassel, où il fut grièvement blessé (1328). Son fils Raoul, le premier des ducs paladins, est un serviteur dévoué de Philippe VI, dont il avait épousé la nièce, Marie de Blois. Il combat les Anglais en 1340, et en 1346 il trouvera une mort glorieuse à Crécy.

Les comtes de Bar, devenus vassaux des rois de France, remplissent leurs devoirs avec ponctualité. En 1328, on trouve Edouard Ier à Cassel; en 1340, Henri IV fournit à Philippe VI un contingent militaire. Jean de Luxembourg, roi de Bohême, entretient, lui aussi, de bonnes relations avec les Valois, et il se fait, comme Raoul, tuer à Crécy

Si la ville de Metz échappe à l'influence française, son évêque Adhémar de Monteil s'allie en 1338 avec Philippe VI. A Toul, le roi de France amène en 1342 l'évêque Thomas de Bourlémont à signer un traité de pariage, qui faisait du Valois le coseigneur du prélat à l'égard du temporel de l'évêché; mais sur les protestations du chapitre, des bourgeois et même du duc Raoul de Lorraine, le pape Clément VI annula le traité. C'est à Verdun que l'action française se fait le plus sentir : la ville se met sous la protection du roi de France en 1315, en 1318, en 1327 ; l'évêque Henri d'Apremont suit en 1331 et en 1337 l'exemple de ses bourgeois. En 1318, Philippe V oblige ce prélat à venir à Paris justifier sa conduite ; c'est à Mantes, et par la médiation de Charles IV, qu'en 1323 l'évêque de Verdun, le comte de Bar Edouard Ier et le comte Jean de Luxembourg signent un traité de paix. En 1332 et en 1334, Philippe VI intervient entre Henri d'Apremont et les Verdunois. On comprend qu'en 1340 l'évêque ait envoyé un contingent militaire au roi de France. Bon gré mal gré une partie des princes et des villes de la région lorraine se trouvait entraînée dans l'orbite de la France. Seuls l'archevêque de

Trèves et la république de Metz maintenaient leur indépendance.

II. — LA RÉGION LORRAINE DE 1346 A 1431.

De 1346 à 1431 la région lorraine est troublée, comme précédemment, par des luttes intestines, par des guerres de principauté à principauté ; elle subit à diverses reprises le contre-coup de la terrible guerre de Cent Ans. La France affaiblie intervient plus rarement dans les luttes féodales, son influence recule même à certains moments sous l'action combinée des victoires anglaises et des efforts que font les souverains allemands de la maison de Luxembourg, Charles IV et Sigismond, pour rétablir dans la région lorraine l'autorité de l'Empire.

1° *Histoire intérieure des principautés lorraines.*

Au début de cette phase nous trouvons trois minorités, trois régences dans la Lorraine, le Barrois et le Luxembourg. Marie de Blois, veuve de Raoul, eut des difficultés avec la noblesse, qui lui imposa un corégent en la personne du comte Eberhard de Wurtemberg ; celui-ci délégua ses pouvoirs à Brocard, sire de Fénétrange. Le duc Jean de Lorraine, devenu majeur, sortit souvent de ses Etats. S'il semble avoir vécu en bonne intelligence avec ses nobles, il eut en 1388, avec les bourgeois de Neufchâteau, des difficultés qui provoquèrent l'intervention de la France. Son fils Charles II, prince plus réaliste, plus soucieux de ses intérêts, montra qu'il entendait se faire obéir et sut mater l'ancienne chevalerie. Mal disposé pour la France, dont il redoutait l'ambition, il avait en 1409, dans un premier testament, interdit à sa fille d'épouser jamais un prince français.

Pourtant, quand le cardinal Louis, devenu en 1415 duc de Bar par la mort de son frère Edouard III, eut pris pour héritier son petit-neveu René d'Anjou, le duc de Lorraine se rendit compte des avantages que présenterait pour sa dynastie et pour le pays le mariage de sa fille aînée avec René. Les négociations ouvertes entre Charles et Louis aboutirent au traité de 1419, qui décidait l'union des deux jeunes gens et la cession du Barrois à René par son grand-oncle. Lorsque le mariage eut été célébré, en octobre 1420, René devint duc de Bar. Toutefois Charles II gouverna le duché au nom du jeune prince, qui était encore mineur ; celui-ci resta, même après avoir atteint sa majorité, soumis en fait à l'autorité de son beau-père. L'union des deux principaux États féodaux de la région lorraine, si longtemps ennemis, était un événement de la première importance, qui semblait présager la reconstitution future de l'ancienne Mosellane.

Le Barrois avait connu successivement les difficultés de deux régences, durant les minorités d'Edouard II (1344-1352) et de son frère Robert (1352-1411). Yolande de Flandre, dame de Cassel, veuve d'Henri IV, exerça le pouvoir au nom de ses fils, mais son caractère violent et hautain lui faisait beaucoup d'ennemis ; l'un d'eux, Henri, sire de Pierrefort, d'une branche cadette de la maison de Bar, lui disputa la régence, à l'avènement de Robert. On réunit les Etats généraux, qui attribuèrent le pouvoir à Jeanne de Bar, fille d'Henri III, comtesse des Garennes ou de Warren. Mais Jeanne eut à se défendre contre Yolande, qui n'entendait pas qu'on lui enlevât ainsi l'autorité souveraine. Pour mettre fin à ces contestations, les Etats, réunis de nouveau en 1354, déclarèrent majeur le jeune comte ; en fait, le Barrois fut durant plusieurs années gouverné par Yolande, toute-puissante sur l'esprit de son fils ; elle en profita pour chercher à tirer vengeance de ses ennemis, en particulier d'Henri de Bar-Pierrefort. S'étant brouillée en 1371 avec son fils, elle n'hésita pas, bien qu'il eût alors vingt-neuf ans, à le faire enfermer ; il fallut l'intervention du roi de France pour que Robert recouvrât sa liberté. Robert, qui en 1354 avait pris le titre de duc dans des conditions que l'on ne connaît pas, eut un règne long et prospère. Son pouvoir semble avoir été solidement assis et, si l'on excepte une révolte à Pont-à-Mousson, il vit son autorité respectée. La noblesse du Barrois ne montrait pas l'esprit d'indépendance qui animait l'ancienne chevalerie lorraine. Des nombreux enfants que Marie de France, sœur de Charles V, avait donnés à Robert, l'aîné, Henri, périt à Nicopolis en 1396. Ce fut non pas le fils d'Henri, mais un des frères cadets de ce prince, Edouard, qui en 1411 devint duc de Bar.

Edouard, ainsi que son frère Jean et son neveu Robert ayant été tués à la bataille d'Azincourt (1415), Louis, cardinal et évêque de Châlons, le seul représentant mâle encore en vie de la maison de Bar, revendiqua le duché et en prit possession. Ses sœurs, en particulier la reine d'Aragon Yolande, prétendirent que, vu sa qualité d'homme d'Eglise, Louis était inhabile à recueillir la succession d'Edouard III; finalement, pour tout arranger, le cardinal-duc choisit pour héritier un petit-fils de la reine d'Aragon, René, fils de Louis II d'Anjou et d'Yolande d'Aragon. Nous avons parlé plus haut du mariage de René et d'Isabelle de Lorraine.

La première maison de Vaudémont, issue de Gérard, fils de Gérard d'Alsace, s'éteignit en 1346 (?) avec Henri IV, qui eut pour successeur son neveu Henri, sire de Joinville, fils d'Anseau de Joinville et de Marguerite de Vaudémont. La fille aînée d'Henri V, appelée Marguerite elle aussi, hérita du comté de Vaudémont. Elle épousa successivement Jean de Bourgogne, puis Pierre de Genève, de qui elle n'eut pas de postérité, enfin en troisièmes noces (1393) le frère de Charles II, Ferry de Lorraine, sire de Rumigny, à qui elle donna de nombreux enfants. C'est ainsi que le comté de Vaudémont revint à la maison de Lorraine, tout en continuant de former jusqu'en 1473 une principauté distincte.

Le Luxembourg qui, à la mort de Jean de Bohême, avait eu pour souverain Wenceslas, fils cadet du prince défunt, fut gouverné par la mère du jeune comte encore mineur;

en 1354, Charles IV érigea cette principauté en duché. Quand Wenceslas mourut en 1383, sans laisser de postérité, le duché échut à son neveu, le roi des Romains Wenceslas, qui l'engagea successivement à Josse de Moravie et à Louis, duc d'Orléans ; puis le Luxembourg fut donné en dot à Elisabeth de Görlitz, femme d'Antoine, duc de Brabant, qui en garda la possession, au moins nominale, jusqu'à sa mort.

Durant la seconde moitié du xive siècle, les dynasties de Sarrebrück et de Deux-Ponts s'éteignirent l'une et l'autre. Les domaines de la première échurent à des princes de la famille de Nassau, ceux de la seconde en partie à des Hanau, en partie à des Wittelsbach de la branche palatine, qui finirent au xve siècle par réunir sous leur autorité tout l'héritage de l'ancienne maison de Castres.

Les seigneuries épiscopales nous offrent toujours le spectacle des mêmes conflits. A Trèves, on voit Charles IV soutenir Cunon de Falkenstein contre les bourgeois, rendre en 1364 une sentence favorable aux droits du prélat et confirmer solennellement ceux-ci en 1376. Moins heureux, les suffragants de Trèves ne trouvent aucun appui chez le souverain allemand ; il est vrai qu'ils ne comptent point parmi les électeurs du roi des Romains.

Si, à Metz, Thierry Bayer de Boppart lutte encore contre ses bourgeois de 1373 à 1376, les évêques qui lui succéderont ne l'imiteront pas. Les gens des métiers montreront plus de ténacité : le patriciat bourgeois eut, il est vrai, facilement raison de la conspiration des frères Huguignon en 1347, du complot des bouchers en 1356 ; en 1382, il abolit les confréries. Mais en 1405 il est renversé par une révolution, qui met le pouvoir aux mains des gens de métier. Ceux-ci ne surent pas le conserver et, dès l'année suivante, les paraiges, redevenus les maîtres de la ville, proscrivaient ou envoyaient au supplice les chefs du mouvement populaire. Une dernière conspiration, provoquée par les prédications d'un cordelier observant, celle de Jean de Tollos, fut assez facilement réprimée. Désormais personne ne disputera plus aux paraiges le gouvernement de la république messine.

Toul ne connaît pas les luttes de la riche bourgeoisie avec les gens des métiers. Mais à diverses reprises, des conflits mettent aux prises l'évêque ou les chanoines avec les bourgeois. En 1354, au début de l'épiscopat de Bertrand de La Tour d'Auvergne, un accord intervint qui rétablissait celui de 1340. De 1367 à 1371, Jean de Heu, le chapitre et les bourgeois eurent entre eux des démêlés ; la paix ne fut rétablie qu'en 1372, après une intervention du pape Grégoire XI, par Jean de Neuchâtel, successeur de Jean de Heu. En 1405, l'évêque Henri de Ville conclut un nouvel accord avec les bourgeois.

La ville de Verdun est troublée, comme celle de Metz, au xive siècle. Les gens de métier, écartés du pouvoir par les bourgeois des lignages, restaient mécontents. L'évêque Hugues de Bar-Pierrefort, bien disposé pour eux, malgré ses origines aristocratiques, leur avait accordé, en 1354, des concessions que Charles IV annula en 1357. L'évêque pourtant fit aux gens de métier de nouvelles promesses, que la mort l'empêcha de tenir. Les lignages étaient désormais les maîtres de la situation ; ils eurent soin de faire confirmer leurs privilèges politiques par les traités de garde qu'ils conclurent en 1363 avec les ducs de Bar et de Luxembourg. Il n'y aura plus à l'avenir de luttes qu'entre évêques et bourgeois ; ceux-ci protestèrent contre le traité de pariage conclu par leur évêque, Liébaud de Cusance, avec Charles VI, et finirent par en obtenir l'annulation. Ce fut le successeur de Liébaud, Jean de Sarrebrück, qui le premier prit le titre de comte de Verdun.

2° *Luttes des principautés lorraines les unes contre les autres.*

De nombreuses calamités affligent alors la région lorraine. La terrible peste de 1349 y fit, comme dans toute l'Europe, des milliers de victimes.

Des guerres éclatent entre ducs de Lorraine, évêques de Metz, comtes ou ducs de Bar, entre ceux-ci et les bourgeois de Verdun. A partir de 1360 les grandes compagnies, venues de France, soit de leur propre mouvement, soit à l'appel de seigneurs lorrains, envahissent le pays ; on cherche à les en chasser ou l'on achète leur retraite. Mais d'autres reviennent, et le pays est affreusement ravagé en 1362 et en 1364. Charles IV avait, en 1354, promulgué une paix générale et invité tous les princes à la respecter. En 1361 un traité de *landfried* fut conclu entre les principaux seigneurs du pays, ducs de Lorraine, de Bar, de Luxembourg, etc., pour le maintien de la paix. Elle fut pourtant troublée quelques années plus tard par une lutte entre le duc Robert et les Messins ; Robert, fait prisonnier en 1368, ne recouvra sa liberté que deux ans plus tard, en promettant de payer une énorme rançon. Un des plus turbulents seigneurs de la région était Pierre de Bar, sire de Pierrefort, toujours en guerre avec ses voisins. A la fin, une coalition se forma contre lui, et Pierre, assiégé dans un de ses châteaux, y fut tué en 1380.

Au début du xve siècle, les entreprises de Louis, duc d'Orléans, frère de Charles VI, sur notre pays, allaient y jeter le trouble. Louis, adversaire de la maison de Bourgogne, déjà maîtresse d'une partie des Pays-Bas, voulut, pour la mieux combattre, s'installer dans la région lorraine. Il se fit céder par Josse de Moravie la gagère du Luxembourg et, une fois en possession de ce duché, essaya d'amener à son alliance ou de soumettre à son autorité les seigneurs et les villes du pays. Appuyé par la maison de Bar, il se heurta à l'opposition de Metz et de Charles II. Celui-ci remporta près de Champigneulles, en 1407, une grande victoire sur l'armée, formée de contingents barrois et luxembourgeois, que le duc d'Orléans avait envoyée contre lui. L'assassinat de Louis la même année mit fin à ses entreprises, que son fils n'essaya pas de continuer.

Si le mariage de René d'Anjou et d'Isabelle met fin aux

conflits séculaires de la Lorraine et du Barrois, ceux des deux duchés avec la ville de Metz vont au contraire redoubler d'intensité durant le xv⁰ siècle. La conquête de Metz devient alors le but que visent les princes lorrains, qui semblent ne pas s'être rendu compte que pareille entreprise dépassait de beaucoup leurs forces. L'un des plus fâcheux résultats de ces tentatives malheureuses sera de créer entre Lorrains et Messins une animosité qui a persisté jusqu'à nos jours. La guerre de la *hottée de pommes*, ainsi l'appela-t-on du prétexte futile qui l'avait fait naître, commencée par Charles II en 1427, se prolongea durant près de trois années pour le malheur des paysans du pays messin et des duchés.

3° *Les principautés lorraines et l'Empire.*

L'année même de Crécy, les électeurs, mécontents de Louis de Bavière, nommaient roi le fils aîné de Jean de Bohême, Charles, que toute l'Allemagne reconnut l'année suivante. Prince intelligent, instruit, moins indifférent qu'on ne l'a dit aux droits de l'Empire, mais dépourvu de puissance, Charles IV s'occupa, beaucoup plus que ne l'avait fait son prédécesseur, de la région lorraine et s'efforca d'y maintenir son autorité. On le vit à Toul en 1356, à Metz où il tint deux diètes, en 1354, puis en 1356-1357; la première fois il érigea pour Robert de Bar en marquisat, fief d'Empire, la seigneurie de Pont-à-Mousson. Au cours de la diète de 1356-1357, il promulgua la célèbre Bulle d'Or, qui déterminait le mode d'élection du roi des Romains et les droits des électeurs, il reçut alors l'hommage des princes laïcs et ecclésiastiques de la région, annula les concessions faites par l'évêque de Verdun Hugues de Bar-Pierrefort aux gens de métier, ainsi que tous les traités de garde ou de protection conclus par les Verdunois. En 1367, Charles IV confirma les privilèges des bourgeois de Toul, en 1374 et en 1378 ceux des bourgeois de Verdun.

Son fils aîné Wenceslas lui succéda comme roi des

Romains en 1378. Ce prince indolent ne sut pas comme son père sauvegarder ses droits dans la région lorraine ; l'affaire du grand schisme en fournit une première preuve : tandis que Wenceslas se prononçait pour le pape de Rome, on reconnaissait celui d'Avignon dans les diocèses de Metz, de Toul et de Verdun. Wenceslas ne put réussir à faire monter l'urbaniste Roland de Rodemach sur le siège de Verdun. Il dut, n'ayant pu vaincre l'obstination des Messins, retirer une mise au ban de l'Empire qu'il avait prononcée contre eux.

Wenceslas, déposé en 1400 par les électeurs, eut pour successeur Robert de Bavière, qui se montra plus actif. Beau-père de Charles II de Lorraine, qui l'accompagna en Italie en 1401, il trouva dans ce prince un auxiliaire précieux. Louis d'Orléans, le Barrois, Toul et Verdun continuaient de soutenir Wenceslas ; Charles obligea Toul à reconnaître Robert de Bavière. La victoire que remporta le duc de Lorraine sur la coalition que Louis d'Orléans avait formée contre lui servit indirectement les intérêts de Robert.

Sigismond de Luxembourg, élu en 1411, était comme son père Charles IV un souverain intelligent et actif, qui suivit avec attention les affaires de la Lotharingie. Mais ses occupations multiples et son peu de puissance ne lui permettaient pas d'exercer une action efficace. Ses efforts pour arrêter les progrès de la maison de Bourgogne restèrent sans effet. Il entretint de bons rapports avec les princes laïcs, les évêques et les villes de la Mosellane. On voit le duc Charles II, ainsi que des députations de Toul et de Verdun, assister, le 8 novembre 1414, au sacre de Sigismond à Aix-la-Chapelle ; Verdun se fit représenter à la diète tenue à Nuremberg en 1422.

4° *Les principautés lorraines et la France.*

L'influence de la France passe par des fluctuations intéressantes à noter. Elle baisse à la suite des désastres de Crécy et de Poitiers, se relève avec Charles V, pour subir après

Azincourt une nouvelle éclipse. La royauté peut compter sur la maison de Bar, elle trouve, au moins jusqu'à la fin du grand schisme, un appui précieux dans la papauté d'Avignon, qui peuple de Français les évêchés lorrains. Les ducs de Lorraine se montrent tantôt favorables, tantôt hostiles aux Valois; la république messine est beaucoup moins soumise que celles de Toul et de Verdun à l'influence de la France.

En 1347, Philippe VI dut, sur les réclamations de Marie de Blois, reconnaître que les habitants de Neufchâteau n'avaient à payer au roi de France aucune espèce d'impositions. En 1349, le même souverain déclare Édouard II apte à régner ; en 1352, Jean le Bon agit de même à l'égard de Robert ; peut-être est-ce lui qui, en 1354, érige le Barrois mouvant en duché. A l'égard de Verdun la conduite de Jean présente des contradictions bizarres ; tandis qu'en 1351 il renonce à la garde de cette ville, en 1355 il refuse de signer un abandon formel de ses droits sur elle.

Avec le sage et clairvoyant Charles V, le plus grand des Valois, la France reconquiert la puissance et le prestige que lui avaient fait perdre les malheurs ou les fautes de Philippe VI et de Jean le Bon. Ce prince intervient dans les affaires de son beau-frère Robert de Bar, qui sort, grâce à lui, de la captivité où l'avait réduit sa mère Yolande. Robert et ses fils se montrent tout dévoués à la France. Ainsi que son voisin de Bar, le duc Jean de Lorraine est, après comme avant la mort de Charles V, un fidèle serviteur des Valois ; il va combattre à Roosebeke, en 1382, les Flamands révoltés contre l'autorité de Philippe le Hardi. L'influence française se fait également sentir dans les villes épiscopales de Toul, de Verdun, et, bien qu'à un degré moindre, dans celle de Metz.

Charles V devait recueillir les fruits de sa habile politique: lorsqu'en 1378 l'Église se trouva partagée entre deux papes, ce fut pour celui d'Avignon, soutenu par le roi de France, que se prononcèrent le duc de Lorraine, celui de Bar, les évêques et la grande majorité du clergé de Metz, de Toul et de Verdun. Il y eut pourtant des bourgeois, en particulier ceux de Toul, qui penchèrent plutôt pour le pape de Rome. Les pontifes d'Avignon maintinrent jusqu'au bout dans leur obédience les trois diocèses suffragants de Trèves, et ils eurent soin de ne laisser monter sur les sièges de Metz, de Toul et de Verdun que des prélats qui leur étaient dévoués, originaires de la région lorraine, de la France ou de l'ancien royaume d'Arles.

En 1380, Clément VII nomma Liébaud de Cusance à Verdun, tandis qu'Urbain VI lui opposait Roland de Rodemach. Liébaud se trouva dans une situation d'autant plus difficile que les Verdunois lui témoignaient de l'hostilité et que Wenceslas refusait de le reconnaitre et de l'investir des régales. En 1388, lors du passage à Verdun de Charles VI, Liébaud conclut avec le roi de France un traité de pariage, qui faisait de ce prince le coseigneur de l'évêque à l'égard de Verdun. Les bourgeois, dès qu'ils en eurent connaissance, adressèrent à Wenceslas une protestation qui fut bien accueillie. De 1389 à 1391, ils firent la sourde oreille à toutes les promesses, à toutes les menaces du roi et de ses agents. La folie de Charles VI, survenue en 1392, empêcha le gouvernement royal de poursuivre la reconnaissance du traité de pariage ; il finit par se contenter de traités qui mettaient sous sa garde l'évêché, le chapitre et la ville (1396). C'était pour la royauté française un recul.

Elle avait d'autre part gravement mécontenté le duc de Lorraine Charles II. En 1388, à l'occasion d'un conflit entre Jean Ier et les bourgeois de Neufchâteau, le duc avait été cité devant le Parlement de Paris. La sentence, rendue seulement en 1391, atteignit le fils et successeur de Jean, Charles II, dans son amour-propre et dans ses droits de souverain. Blessé et humilié, il dissimula tout d'abord son ressentiment ; même en 1398, il déclara qu'il ne gardait à l'égard des gens de Neufchâteau aucune animosité. Toutefois, ce n'était de sa part qu'une feinte. Alors déjà se dessinait la Rivalité des maisons de Bourgogne et d'Orléans. Tandis que Robert de Bar s'attachait à la seconde, c'est pour la première que Charles II se déclara ; il s'attira ainsi l'hostilité de Louis d'Orléans et cette guerre où il triompha. Ami de Jean Sans-Peur, Charles crut pouvoir, sans danger pour lui, tirer vengeance des bourgeois de Neufchâteau, à l'égard desquels il se laissa entraîner, en 1411, aux plus condamnables violences. Le Parlement, saisi de l'affaire, prononça en 1412 une sentence rigoureuse contre le prince lorrain, qui n'en tint nul compte, confiant qu'il était dans l'appui que lui donnait le duc de Bourgogne. Loin de se soumettre, il vint à Paris, comme s'il voulait braver les gens du Parlement. Mais ceux-ci veillaient ; sans se laisser intimider par la présence de Jean Sans-Peur, ils osèrent rappeler devant toute la cour la sentence dont Charles avait été frappé, et le duc se vit contraint de solliciter humblement son pardon de Charles VI.

Le ressentiment du prince lorrain contre le roi et contre le parti armagnac s'en accrut d'autant ; il s'abstint de paraître ou d'envoyer des troupes à Azincourt, accepta, en 1417, de Jean Sans-Peur et d'Isabeau de Bavière l'épée de connétable, vint même à Paris en 1418, lorsque le parti bourguignon fut redevenu maître de cette ville.

Puis un revirement se produisit dans son attitude. Comprit-il que les victoires des Anglo-Bourguignons, que les progrès de Philippe le Bon dans les Pays-Bas étaient aussi gros de menaces pour la région lorraine que jadis les tentatives de Louis d'Orléans ? Est-ce uniquement au projet d'unir sa fille à René, un prince armagnac, un beau-frère du futur Charles VII, que l'on doit attribuer son changement de conduite ? Toujours est-il qu'à partir de 1419 Charles se retira de la politique active, garda la neutralité, refusa enfin de marier sa fille avec un prince anglais.

A la différence de Charles II, les ducs de Bar avaient soutenu le duc Louis d'Orléans, puis le parti armagnac.

Pl. XI.

Photo Monum. histor.

AVIOTH (Meuse). — Chapelle dite *La Recevresse*, XVᵉ siècle
(ENLART, *Manuel d'Archéologie française*, t. I).

(Voir p 470).

Edouard, son frère Jean et son neveu Robert étaient tombés sur le champ de bataille d'Azincourt. Le cardinal Louis suivit la même politique que les membres de sa famille ; à plus forte raison, René d'Anjou tenait, lui aussi, pour Charles VII, qui avait épousé une de ses sœurs.

Toutefois, les succès du parti anglo-bourguignon amenèrent Louis et René à faire taire leurs sympathies. En 1429, le cardinal se rendit à Paris, traita avec le duc de Bedford, régent de France, et rendit hommage au jeune roi Henri VI pour le duché de Bar au nom de son petit-neveu. Quelques mois plus tard, René désavouait cet hommage et allait assister au sacre de son beau-frère à Reims.

C'est une sujette de René, Jeanne d'Arc, née au village de Domremy dans le diocèse de Toul et le Barrois mouvant [1], qui avait provoqué cette volte-face du jeune duc. Ecoutant les voix qui l'appelaient à délivrer la France des Anglais et à faire sacrer Charles VII, Jeanne était, en 1429, allée trouver le roi à Chinon, avait obtenu une armée avec laquelle elle avait délivré Orléans, puis conduit Charles à Reims, sans que les Anglo-Bourguignons osassent s'opposer à la marche triomphale du roi de France.

Si les succès de Jeanne s'arrêtèrent là, si l'année suivante elle tomba au pouvoir d'un Bourguignon, Jean de Luxembourg, si les Anglais, auxquels Jean l'avait vendue, la firent condamner en 1431 par un tribunal ecclésiastique que présidait l'évêque de Beauvais Cauchon, si elle périt sur le bûcher, place du Vieux-Marché à Rouen, elle n'en avait pas moins relevé la France, réveillé le sentiment national, rendu la confiance aux capitaines et aux soldats de Charles VII et préparé la chute définitive de la domination anglaise.

---

1. On sait que, dans sa *Ballade des dames du temps jadis*, VILLON a qualifié Jeanne de « bonne Lorraine ». L'expression est exacte, parce que Domremy, village natal de la Pucelle, d'ailleurs étranger au duché féodal de Lorraine, se trouvait dans le diocèse de Toul et, par conséquent, dans la Lorraine, prise au sens géographique que ce terme avait conservé.

Le roi de France, oublieux des grands services que la Pucelle lui avait rendus, n'avait pas fait la moindre tentative pour la tirer des mains de ses geôliers. Plus tard seulement, quand il se fut avisé que la condamnation de Jeanne l'atteignait indirectement lui-même, Charles obtint du Saint-Siège que la sentence fût revisée ; en 1456 de nouveaux juges ecclésiastiques cassèrent l'inique arrêt de 1431 et la mémoire de la libératrice de la France obtint enfin la réparation solennelle à laquelle elle avait droit.

CHAPITRE II

LA RÉGION LORRAINE DE 1431 A 1552 [1]

La région lorraine, moins troublée par des guerres féodales que durant les deux siècles précédents, est plus mêlée

---

1. Bibliographie. — Sources : AUBRION (J.), *Journal*. 1 vol. in-8°, 1857; HUSSON (J.), *Chronique de Metz*, 1 vol. in-8°, 1870 ; VIGNEULLES (Ph. de), *Gedenkbuch [Mémoires]*, 1 vol. in-8°, 1852 ; *Chronique de Lorraine* (CALMET, *Histoire de Lorraine*, 1re édition, t. III, pr. et *Recueil des documents sur l'histoire de Lorraine*, t. V, 1860 [1859]) ; BLARRU (P. de), *Insigne Nanceidos opus*, 1 vol. in-8°, 1518 ; VOLCYR (N.), *L'histoire et recueil de la triomphante victoire obtenue contre les seduycts et abusey lutheriens mecreans du pays Daulsays et autre*, 1 vol. in-f°, s. d. ; PILLART (L.), *Rasticiados libri sex*, 1 vol. in-4°, 1548.

Ouvrages généraux : Aux travaux déjà cités (p. 313) de LEROUX, de PETIT-DUTAILLIS, de LINDNER, ajouter pour la première période (1431-1473) : VALLET DE VIRIVILLE, *Histoire de Charles VII et de son époque*, 3 vol. in-8°, 1862-1865. — LECOY DE LA MARCHE (A.), *le Roi René*, 2 vol. in-8°, 1875-1879. — BEAUCOURT (Du FRESNE de), *Histoire de Charles VII*, 6 vol. in-8°, 1881-1891.

Pour la deuxième période (1473-1485) : TUETEY (A.), *Charles le Téméraire et la ligue de Constance*, 1 vol. in-8°, 1902.

Pour la troisième période (1485-1552) : RANKE (L. von), *Deutsche Geschichte im Zeitalter der Reformation*, 4e et 6e éd. (*Sämmtliche Werke*, t. I-VI, 1867-1881). — JANSSEN (J.), *Geschichte des deutschen Volkes seit dem Ausgang des Mittelalters*, t. I, II, III et IV, 18e éd., 4 vol. in-8°, 1897 et suiv. — KRAUS (V. von) et KASER (K.), *Deutsche Geschichte im Ausgange des Mittelalters*, 2 vol. in-8°, 1888-1893. — EGELHAAF (G.), *Deutsche Geschichte im 16 Jahrhundert bis zum Augsburger Religionsfrie-*

à la politique générale : convoitée par la France et par la Bourgogne, plus tard prise entre la France et l'Empire, elle subit le contre-coup des ambitions et des conflits de ses puissants voisins, risqua même au xv⁰ siècle de se voir englober dans l'Etat bourguignon, quand Charles le Téméraire voulut reconstituer à son profit l'ancien royaume de Lothaire II. La tentative n'aboutit pas, et le duc de Bourgogne périt sous les murs de Nancy, le 5 janvier 1477. Si les ducs lorrains arrivèrent à reconstituer en partie l'unité du pays, ils ne purent aller jusqu'au bout de cette œuvre nécessaire ; en fin de compte la France, profitant d'un ensemble de circonstances favorables, réussit, en 1552, à occuper les trois villes épiscopales et, en s'emparant du jeune duc Charles III, à placer dans sa dépendance la Lorraine et le Barrois.

den, 1 vol in-8°, 1887-1892. — ULMANN (H.), *Kaiser Maximilian I*, 3 vol. in-8°, 1887-1891. — BAUMGARTEN (H.), *Geschichte Karls V*, 3 vol. in-8°, 1885-1892. — LEMONNIER (H.), *les Guerres d'Italie, la France sous Charles VIII, Louis XII et François Ier. La lutte contre la maison d'Autriche ; la France sous Henri II*, 2 vol. in-8°, 1903-1904 (*Histoire de France* de LAVISSE, t. V).

Ouvrages concernant la Lorraine : au travail déjà signalé de l'abbé AIMOND (p. 314), ajouter pour la première période : SAULCY (de) et HUGUENIN (aîné), *Relation du siège de Metz en 1444 par Charles VII et René d'Anjou*, 1 vol. in-8°, 1835. — DUHAMEL (L.), *Négociations de Charles VII et de Louis XI avec les évêques de Metz pour la châtellenie d'Epinal*, 1 vol. in-8°, 1867. — WEINMANN (L.), *Bischof Georg von Baden und der Metzer Kapitelstreit* (Jahrbuch de Metz, t. VI, 1894).

Pour la seconde période : REMI (N.), *Discours des choses advenues en Lorraine depuis le décez du duc Nicolas jusqu'à celuy de René II*, 1 vol. in-4°, 1605. — LACOMBE (F. de), *le Siège et la bataille de Nancy*, 1 vol. in-8°, 1860. — WITTE (Heinrich), *Lothringen und Burgund* (Jahrbuch de Metz, t. II, III et IV, 1890, 1891 et 1892). — GOECHNER (E.), *les Relations des ducs de Lorraine avec Louis XI de 1461 à 1473* (Annales de l'Est, t. XII, 1898). — PFISTER (Chr.), *Histoire de Nancy*, t. I, 1 vol. in-8°, 1902.

Pour la troisième période : WEILL (A.), *la Guerre des paysans*, 1 vol. in-12, 1847. — BUSSIÈRE (de), *Histoire de la guerre des paysans*, 2 vol. in-8°, 1852. — ATORF, traduit par MASSINO (C.), *la Guerre des paysans sous le duc Antoine de Lorraine*, 1 br. in-4°, 1890. — HUBER (E.), *Episode de la guerre des Rustauds* (Mém. Acad. Metz, 1905-1906). — PIMODAN (de), *la Réunion de Toul à la France*, 1 vol. in-8°, 1885.

En raison de l'importance capitale des événements qui se déroulent de 1473 à 1485, de l'avènement de René II à la prise de possession du Barrois mouvant par ce prince, nous étudierons à part ces douze années.

I. — La région lorraine de 1431 a 1473.

Entre 1431 et 1473 le duché de Lorraine est gouverné par trois princes français de la maison d'Anjou. René I*er*, à la mort de sa femme Isabelle (1453), abandonna la Lorraine à son fils Jean, ne conservant pour lui que le Barrois. Jean eut lui-même pour successeur, quand il fut mort en Catalogne (1470), son fils Nicolas, qu'une fin prématurée enleva en 1473. Ces ducs angevins étaient, les deux premiers tout au moins, des hommes d'esprit aventureux, souvent éloignés de leurs Etats, qu'ils faisaient durant leurs absences gouverner par des régents. Ils ont favorisé les progrès de l'influence française dans le pays. Si l'Empire est impuissant à la contrecarrer, Metz réussit à défendre son autonomie, et la Bourgogne, devenue depuis 1443 maîtresse du Luxembourg, oppose une résistance efficace aux empiétements des Valois qui, d'autre part, la tiennent en échec. Vers la fin de cette période, les ducs lorrains se montrent moins favorables à la France ; ils oscillent entre elle et la Bourgogne.

1° *Histoire intérieure des principautés lorraines.*

Une des conséquences de l'avènement de la dynastie angevine fut l'établissement dans la Lorraine et le Barrois d'un véritable régime constitutionnel. La nécessité où se trouvaient Isabelle et René de s'appuyer sur l'ancienne chevalerie pour combattre leur compétiteur, Antoine de Vaudémont, les contraignit de lui faire d'importantes concessions ainsi qu'au clergé et à la bourgeoisie, d'admettre en particulier les trois ordres à participer au gouvernement par eux-mêmes ou par leurs représentants. Les duchés ont désormais leurs

Etats généraux, où d'ailleurs l'ancienne chevalerie joue le principal rôle. Celle-ci prend d'autant plus d'importance que les ducs angevins, souvent éloignés de la Lorraine, instituent des conseils de régence composés en grande partie de nobles. D'ailleurs la bonne harmonie règne entre les ducs et leurs sujets.

Il n'en va pas toujours de même dans les seigneuries ecclésiastiques. Si les évêques de Metz, Conrad Bayer de Boppart et Georges de Bade, n'eurent pas de difficultés avec le gouvernement des paraiges, celui-ci dut soutenir de 1462 à 1465 une longue lutte contre le chapitre, qui fut obligé de quitter la ville. Malgré l'excommunication fulminée contre eux par le pape Pie II, malgré l'appui donné aux chanoines par l'empereur, par le roi de France, par le duc de Bourgogne, les Messins tinrent bon et forcèrent les chanoines à subir leurs conditions pour avoir la permission de rentrer dans la cité. Conrad Bayer de Boppart essaya vainement de réduire à l'obéissance une ville de son temporel, Epinal, qui, plutôt que de reconnaître son autorité, finit par se donner en 1444 au roi Charles VII.

A Toul, les bourgeois se querellent soit avec les chanoines, soit avec l'évêque. A la suite d'un de ces conflits, Louis de Haraucourt remonta sur le siège de Verdun en permutant avec Guillaume Fillastre, prélat intelligent et instruit, mais d'un caractère impérieux ; ses efforts pour rétablir l'autorité épiscopale telle qu'elle avait existé autrefois se heurtèrent à la résistance des bourgeois. Par trois fois la lutte prit un caractère aigu : à deux reprises Guillaume jeta l'interdit sur Toul, il fit également appel au pape, à la diète allemande, au duc de Bourgogne, son protecteur. Las de ses diocésains turbulents, Fillastre échangea, en 1461, le siège de Toul contre celui de Tournai. Le diocèse fut encore troublé par les luttes du chapitre contre le Bourguignon Antoine de Neuchâtel, devenu en 1460 évêque de Toul, grâce à l'appui de Philippe le Bon.

A Verdun, Louis de Haraucourt, successeur du cardinal

Louis, mécontent des bourgeois, passa, en 1437, sur le siège de Toul. Mais son successeur, Guillaume Fillastre, entra en conflit avec son chapitre ; on se défiait de lui à Verdun, parce qu'il devait son siège à Philippe le Bon. Aussi en 1449 permuta-t-il avec Louis de Haraucourt, qui redevint ainsi évêque de Verdun. A Louis succéda en 1456 son neveu Guillaume de Haraucourt.

2° Luttes des principautés les unes contre les autres.

L'un des principaux événements de cette période est la guerre de la succession de Lorraine, qui mit aux prises Isabelle et René d'une part, Antoine, comte de Vaudémont, de l'autre. Antoine, neveu de Charles II par son père Ferry, comte de Vaudémont, se prétendait le légitime héritier de son oncle ; le duché de Lorraine, à l'en croire, ne pouvait revenir à des femmes. En Lorraine, toute la population se prononça en faveur d'Isabelle et de son mari ; du moment que René avait pour lui son beau-frère Charles VII, Philippe le Bon soutint le comte de Vaudémont. D'ailleurs, le duc de Bourgogne et Charles VII voyaient surtout dans cette affaire une occasion d'accroître leur influence dans la région lorraine.

Tandis que Charles VII envoyait Barbazan, gouverneur de Champagne, au secours de René, Toulongeon, maréchal de Bourgogne, recevait de Philippe l'ordre d'appuyer Antoine. Les deux armées se rencontrèrent à Bulgnéville ; l'indiscipline d'une partie de la noblesse lorraine causa la défaite de René, que les Bourguignons prirent et emmenèrent à Dijon. Malgré sa victoire, Antoine ne réussit pas à se faire reconnaître duc de Lorraine. Le comte de Vaudémont et René s'entendirent pour soumettre leur différend à Philippe le Bon, qui ne se pressa pas de le résoudre. La sentence que l'empereur Sigismond, saisi de l'affaire, rendit le 24 avril 1434 en faveur de René, n'avança nullement les affaires de ce prince.

Alors que le duc était encore prisonnier, son frère Louis III mourut, le laissant héritier de l'Anjou, de la Provence et du royaume de Naples. Isabelle, après avoir confié la Lorraine à un conseil de régence, dont faisaient partie les évêques de Metz, de Toul, de Verdun et quelques gentilshommes de l'ancienne chevalerie, partit pour le royaume de Naples, où les droits de son mari étaient combattus par Alphonse d'Aragon.

Charles VII ne réussit pas à faire comprendre son beau-frère dans la paix d'Arras qu'il conclut avec Philippe le Bon (1435). Ce fut en 1437 seulement que René recouvra sa liberté : il devait payer une énorme rançon au duc de Bourgogne, lui laisser en gage Neufchâteau, Clermont et Longwy ; la Lorraine, il est vrai, restait à Isabelle et à René, qui promettaient de donner leur fille aînée Yolande en mariage à Ferry, fils d'Antoine. Une fois sorti de captivité, le duc de Bar et de Lorraine partit pour Naples, où il ne réussit pas à triompher de son concurrent. Durant son absence, les régents eurent à soutenir en 1438, puis en 1440, de nouvelles attaques du comte de Vaudémont. Charles VII intervint et fit signer aux belligérants, en 1441, le traité de Reims, qui mit fin à la querelle : Antoine renonçait à ses prétentions, son fils Ferry devait épouser enfin Yolande. Pourtant, il ne s'écoula pas moins de quatre années avant que le mariage fût célébré.

A la même époque le gouvernement lorrain avait fait à l'évêque de Metz Conrad Bayer de Boppart une guerre injustifiée, qui ne se termina qu'en 1442. Deux ans plus tard, c'était à la cité même de Metz que René s'attaquait, avec l'assistance de Charles VII. Les bourgeois de cette ville avaient pillé les bagages de la duchesse, parce que René ne remboursait pas à quelques-uns de leurs concitoyens l'argent que ceux-ci lui avaient prêté. A la nouvelle du grand péril qui la menaçait, la grande cité avait fait des préparatifs de défense, augmenté la force de ses remparts, pris à sa solde de nombreux mercenaires. Sur les pourparlers qui précédèrent le blocus de Metz, voici ce que rapporte Philippe de Vigneulles :

« Item, en celluy meisme jour, xxii° septembre, furent mandés par le roy René aulcuns des seigneurs de la cité pour aller à Nancy parlementer à luy, et les vint quérir ung noble herault, apartenant à roy Charles de France. Alors le conseil fut mis ensemble, et en nom d'icelle cité furent commis, pour y aller, sire Geoffroy Dex, chevalier, et Poincignon Baudoche, lesquelz venus à Nancy, leur fut par le procureur dudict roy Charles faicte requeste qu'il volcissent la cité de Mets rendre en leurs mains, et à euls faire féaulté comme à leurs souverains. Ausquelles les seigneurs devandicts firent responce convenable, mais non pas à voulloir du demandant ; car à brief parler, ils répondirent pour et on nom de la cité, qu'il aimeroient mieulx tous à morir qu'il leur fut reprochiés qu'il eussent une fois renoyés la grant aigle qui est l'empereur de Rome [1]. »

Les écorcheurs de Charles VII et les soldats de René s'installèrent dans les villages de la banlieue de Metz, faisant des courses à travers le pays. Mais les mercenaires et les bourgeois de Metz opéraient de continuelles sorties, souvent heureuses, comme celle dont nous trouvons le récit dans Philippe de Vigneulles :

« Item, le xvii° jour de novembre, de nuyt par l'ordonnance des vii de la guerre, saillirent dehors au champts environ iii cents piettons, tant de ceulx de Mets que du païs subject, et avec eulx cent hommes d'armes, tout à pied, lesquelz tous ensemble s'en allèrent devant le chaisteaux de Laiduchampts [Ladonchamp], qui est une forte place et ung fort lieu ; mais néantmoins elle fut tellement assaillie, et sy vertement qu'elle ne durait mie deux heures qu'elle fut prinse et arse [brûlée] et furent prins dedens xlviii prisonniés des ennemis, et ung prestre avec une femme, et avecce, y furent prins xxii chevaulx de selle,

---

[1]. Vigneulles (Ph. de), *Chronique*, citée dans Sauley (de) et Huguenin (aîné), *Relation du siège de Metz en 1444*, p. 198. D'après la Chronique (dite) de Praillon (op. cit., p. 232-234), le chevalier Nicolle Louve aurait fait partie de l'ambassade messine ; il en aurait même été le porte-parole. — On remarquera la justesse des expressions qu'emploient les représentants de Metz, quand ils parlent de « l'empereur de Rome ». A cette époque, en effet, il n'y a pas plus « d'empereur d'Allemagne » que « d'empereur allemand ».

et en furent trois ou quaitre d'iceulx escorcheurs ars et brullés dedans la plesse [place]. Et entre les aultres y avoit un gentil homme qui oit la gorge couppée, pourtant qu'il ne se voulut jamais randre, fors que en la main d'un gentilhomme ; et à celluy jour estoit Jehan de la Plaume capitaine en cestuy fait. Et ainsy tous les jours sailloient hors lesdits de Mets aux champts sur leur ennemis, et faisoient tellement que le plus souvent ils ramenoient vivres, chevaulx, prisonniers et aultres bagues et butins.

« Au lendemain après diner, qui fut le xviiie dudict moix, à celluy jour, lesdicts escorcheurs qui estoient lougiés à Wappey [Woippy], qui est bien près de Laiduchampts, olrent sy grant crainte et paour de leurs compaignons ainsy prins et brullés, que eux-meisme bouttèrent le feu en leurs logis, et s'en allèrent fuiant ; car s'ils n'eussent ce fait, il estoit conclus que au second jour après, on leur eust fait pis en aultrement ; et estoient lesdicts de Mets bien deliberés, s'ils les eussent pris à force, de leur encore pis faire que on n'avoit fait à ceulx dudict Laiduchampts[1]. »

Si les protestations de Frédéric III, à qui Metz et Toul avaient porté plainte, n'émurent guère Charles VII, l'attitude menaçante que prit Philippe le Bon et surtout l'énergique résistance des Messins firent réfléchir le roi de France et son beau-frère. Aussi prirent-ils le parti de traiter avec la république messine, Charles le 28 février 1445, René le 5 mars suivant. Metz, qui sortait à son honneur de cette lutte, gardait son indépendance, payait au roi de France une grosse rançon, remettait enfin à René ce qu'il devait à des bourgeois de la ville.

Nicolas, petit-fils de René, devait reprendre les projets de son grand-père : il tenta en 1472, bien que Metz ne l'eût nullement provoqué, de s'emparer de cette ville par surprise, à l'aide d'une machine de guerre qu'avait inventée un capitaine originaire de la Lorraine allemande, Berthold Krantz. Mais laissons la parole à Philippe de Vigneulles :

« Par le ixe jour dudit moix, du matin, entre quaitre et cinq

---

1. VIGNEULLES (Ph. de), *Chronique*, citée dans SAULCY (de) et HUGUENIN (aîné), *Relation du siège de Metz en 1444*, p. 207-208.

heures, arrivairent les devant dits Lourains devant la porte champenoize [serpenoise], et alors que les deux portiers avec le chaitellin ouvrirent la pourte champenoize, les dicts Lourains, sans dire mot, entrairent dedans avec deux chairs pour abuser lesdicts pourtiets, dont l'ung estoit chargié de certains tonnaiaulx plains de mairtiaulx et de tricquoize et aultres engiens et instruments de guerre, et dessus l'aultre, y avoit ung engien de bois bien subtillement fait qui estoit couvert, affin c'on ne le vit et se arestait celluy premier chair au dessoubz de la première pourte du dedans de la cité et là, tout à copt, dressèrent les dits Lorains, qui à ce estoient commis, cellui engien dessoubz les groz paulx [pals] affin qu'ils ne cheussent à la vallée et que l'on passait par dessoubz. Quand le pourtiet nommé Pierson les vit ainsy arester, non sçaichant [ce] qu'ils faisoient, se couroussait disant : « Que faictes-vous ? Que ne tirés-vous avant ? » Mais incontinent, fut empoigné ledit pourtiet et fut tué tout roide en la plaice ; par quoy le chatellain, ce voiant, s'en fuit à loing du balle [baile] avec les clefs. Cy entrairent alors les Lourains sans contredit et desploiairent leurs guidons et estandairt et à hault ton ont sonné leurs trompes en criant : « Ville gaigniée, ville gaigniée ! Tuez tout, femme et anffans ; n'épargnez rien ! »

« Mais Dieu, par sa pitié et bonté, ne le voult pas permestre : ains inspirait un boulangier demourant après de celle pourte, lequel voiant qu'ils serchaient l'entrée pour monter en chaistiaulx, dessus ladite porte, et ne la sçavoient trouver [l'entrée], cellui boullengier se avançait faindant de les y mener ; puis quand il fut au-dedans de l'uis, les enfermoit dehors et fist cheoir les gros pals à la vallée, tellement que en cheant en y olt ung qui consit ledit engien et trespersait le chair tout parmey et cheurent tous, reservé ung qui ne voult courir. Et ce temps pendant le peuple se esmeut aux armes et sortissoient de leur maison sans tenir ordre ne mesure et comme gens de couraige, nus et deschaulx comme ils estoient, avec pal et massue et avec bèche et houes ou aultres hutancilles, tel que chacun les povoit trouver, se mirent au devant en deffandant leur corps et leurs biens et tinrent bon et tres virillement se deffendirent jusques tant que aulcuns hommes d'arme fussent armés et venus. Aussy les bouchiers de viez-boucheries ruoient par leurs fenestres pal, fuste [bâtons], chayrs [sièges], taubles et tretiaulx pour empeschier la rue, et furent les annemis environ le nombre de cinq cents dedans la cité, jusques tout dedans la viez-boucherie. Mais quant ils virent que leurs gens ne venoient plus après, ils furent bien estonnés et esbahys et non sans cause, car ils ne pouvaient entrer, comme dit est, par les pals ainsy cheus. Par quoy bien vite retournèrent arrière et se salvoit qui pouvoit par dessoubs ycelluy pal qui estoit demouré à cheoir ; et en y eust heu d'avantaige plus de deux cent des tués, se ne fust esté la prouesse d'ung très vaillant homme allemand nommé seigneur Barthel Crance, grand conseillier du Palscegreve (comte palatin) ou aultrement nommé la Grand Barbe, lequel en salvait plusieurs, car il desfandoit le pas et pourtoit cellui le choc. Touteffois à la fin luimesme y fut tué et avec luy plusieurs aultres jusques à nombre xxxiii, entre lesquels fut encor tué ung gentilhomme qui se appelloit Jaicob, grant maistre d'ostel du Palsegreve, lequel pourtoit ung pennon de soye blanche et sanguigne, estendairt auquel y avoit ung seigneur à cheval figuré dedans et brodé en rouge soye avec plusieurs devises et sens en lettres d'or. Aussy il en fut de prins plus de L, lesquelles furent lougiés et mis à part en l'ostel de la ville, affin de les interroger et sçavoir d'eux plus avant [1]. »

Nicolas, qui s'était avancé jusqu'aux portes de la ville, pour y pénétrer à la suite de son avant-garde, averti du mauvais succès de l'entreprise, battit en retraite vers Pont-à-Mousson. Il se préparait à venger cet échec quand il mourut.

Les relations entre Jean II et l'évêque de Metz Georges de Bade se gâtèrent à propos de Sarrebourg et d'Epinal ; ces villes, qui faisaient partie du temporel de l'évêché, avaient réussi à se constituer en communes et s'efforçaient de se soustraire à l'autorité de leur seigneur. Après de longues luttes, Sarrebourg finit par se donner, en 1464, à Jean II. Epinal s'était, en 1444, placé sous l'autorité de Charles VII ; Louis XI céda cette ville d'abord à Thiébaut de Neuchâtel, seigneur bourguignon, puis au duc Jean. En 1466, Nicolas prit au nom de son père possession d'Epinal qui resta unie à la Lorraine, malgré les protestations des évêques de Metz, malgré les efforts de Thiébaut qui engagea, pour la reprendre, une lutte armée contre Jean. Quant à la ville de Sarrebourg, elle ne fut qu'en 1561 officiellement cédée à Charles III par François de Beaucaire, évêque de Metz.

1. VIGNEULLES (Ph. de), *Gedenkbuch* [*Mémoires*], éd. MICHELANT, p. 4-5.

3° *Les principautés lorraines et l'Empire.*

Les rapports de l'Empire avec les principautés lorraines méritent à peine une mention. Sigismond adjugea la Lorraine à René Ier en 1434, mais il fut aussi impuissant à le tirer de captivité qu'à mettre un terme aux progrès de Philippe le Bon dans les Pays-Bas. Son deuxième successeur Frédéric III, un Habsbourg, prince indolent et dépourvu de puissance, devait, pour le malheur de l'Empire, traîner durant cinquante-trois ans (1440-1493) un règne inutile et sans gloire. Quand Charles VII et René attaquèrent Metz, Frédéric fit entendre une protestation platonique, dont le roi de France ne tint nul compte. Le Habsbourg refusa pourtant à Philippe le Bon le titre de roi, qu'ambitionnait le duc de Bourgogne.

4° *Les principautés lorraines, la France et la Bourgogne.*

Les maisons de France et de Bourgogne se heurtaient et se faisaient échec dans la région lorraine. La première voulait prendre pied sur les bords de la Meuse et de la Moselle. Quant à Philippe le Bon, il se proposait, pour réunir les Pays-Bas aux deux Bourgognes, d'occuper la Lorraine, le Barrois, les évêchés et les villes épiscopales, de reconstituer ainsi, au moins en partie, le royaume de Lotharingie. Le duc de Bourgogne amena Elisabeth de Görlitz à lui céder en 1441, par le traité de Hesdin, le duché de Luxembourg, dont il occupa en 1443 la capitale ; c'était un premier pas fait vers la conquête de la Mosellane. Mais, en ce qui concernait la Lorraine et le Barrois, l'opposition de la France ne lui permit pas de rien obtenir. Philippe ne réussit pas à faire triompher son protégé, Antoine de Vaudémont, et dut en 1445, sur l'intervention de Charles VII, restituer au duc de Lorraine Neufchâteau, Clermont et Longwy, qu'il avait reçus de lui en gage huit ans auparavant (1437).

Pour couper court aux projets de Philippe sur la région lorraine, Charles VII essaya de s'y établir solidement lui-même. En 1441, il fit sur la Meuse une apparition et menaça Verdun, qui dut lui payer une forte amende. En 1444, après avoir signé une trêve avec l'Angleterre, Charles, désormais libre de ses mouvements, reprit le chemin de la Lorraine. Il voulait débarrasser le royaume des écorcheurs que la trêve rendait inutiles. Frédéric III et René réclamaient son aide, celui-ci contre Metz, celui-là contre les Suisses. Le roi de France ne manquait donc pas de prétextes pour se montrer en armes dans la région lorraine. Les résultats ne répondirent pas à la grandeur des préparatifs de Charles VII, ni à ses espérances ; Epinal, qui ne voulait plus de la domination de l'évêque de Metz, se donna au roi. Toul et Verdun lui payèrent de grosses sommes d'argent et se mirent sous sa garde. Par contre, ainsi que nous l'avons vu, Charles VII et son beau-frère n'obtinrent pas les mêmes succès dans leur tentative pour soumettre Metz. Ce fut en définitive un échec pour le roi de France qui, pas plus qu'auparavant le duc de Bourgogne, n'avait atteint le but qu'il visait.

Durant le séjour de Charles VII à Nancy, au printemps de 1445, René fit célébrer les noces de sa fille aînée Yolande avec Ferry de Vaudémont. En outre, ce fut dans la capitale de la Lorraine qu'à la même époque le comte de Suffolk épousa par procuration, au nom d'Henri VI, Marguerite, fille cadette de René et d'Isabelle, fiancée l'année précédente au roi d'Angleterre. Née à Pont-à-Mousson en 1429, la jeune princesse avait alors seize ans. On connaît la destinée tragique de Marguerite, on sait qu'elle eut à subir les plus cruelles épreuves qui puissent atteindre une épouse, une mère et une reine ; elle mourut en 1482 dans l'isolement, après avoir tout perdu, mari, fils et couronne.

René garda toujours des relations amicales avec Charles VII. Son fils Jean II suivit d'abord la même politique. Puis, mécontent que Louis XI ne l'eût pas appuyé en Italie, il se rapprocha de la Bourgogne, entra dans la Ligue du Bien public, et, par le traité conclu à Saint-Maur en

1465, il obtint de Louis XI que ce prince abandonnât ses droits de suzeraineté sur Neufchâteau, Montfort et Frouard ; c'était là un résultat important. Louis XI fit ensuite don, comme nous l'avons dit, d'Epinal à Jean II.

Nicolas, fils et successeur de Jean, avait été fiancé à la fille aînée de Louis XI, Anne, qui épousa par la suite le sire de Beaujeu. Mais, se croyant dupé par le roi, le duc rompit avec lui en 1472 et se rapprocha de Charles le Téméraire, qui lui promit sa fille Marie. Toutefois l'alliance n'était pas encore conclue entre les deux princes, quand Nicolas mourut ; Charles élevait des exigences auxquelles Nicolas ne voulait pas souscrire avant d'être sûr qu'il obtiendrait la main de l'héritière bourguignonne.

Dans les villes et dans les évêchés, comme dans la Lorraine et le Barrois, la France et la Bourgogne se combattent. Louis XI donne des pensions à des patriciens de Metz, il envoie en 1464 un héraut porter aux Messins une lettre où il les invite à reconnaître sa souveraineté, puis, quand les Messins déclinent ses ouvertures et lui demandent des explications, il feint la surprise : le héraut, affirme-t-il, est un imposteur, la lettre un document apocryphe. Philippe le Bon avait fait monter sur le siège de Verdun Guillaume Fillastre, sur celui de Toul Antoine de Neuchâtel, sur celui de Metz Georges de Bade. De son côté, Louis XI gagne Guillaume de Haraucourt, évêque de Verdun, dont il fait un de ses agents. Mais l'évêque se laisse corrompre par Charles le Téméraire, et le roi, qui a eu connaissance de sa trahison, ordonne en 1469 que le prélat soit arrêté et enfermé dans une cage de fer. Louis essaie ensuite, mais en vain, de lui faire donner un successeur à Verdun.

Dans cette lutte d'influence, ni la Bourgogne ni la France n'avaient remporté d'avantages décisifs.

II. — La région lorraine de 1473 à 1485.

La période suivante a, dans notre histoire, une importance capitale. Fidèle à la politique traditionnelle de sa

famille, Charles le Téméraire cherche, lui aussi, à faire
revivre l'ancien royaume de Lothaire II. Cette résurrection,
il faut le reconnaître, se heurtait à des obstacles de toute
nature, mais elle aurait présenté le précieux avantage de
rendre enfin aux contrées qu'arrosent l'Escaut, la Meuse, la
Moselle et la Saône, avec la stabilité et la sécurité, la situation qu'elles avaient occupée jadis en Europe et que, pour
leur malheur comme pour celui de la civilisation, elles
avaient perdue depuis plus de six cents ans. Si l'entrée de
la Lorraine dans le nouvel Etat avait pu se faire de façon
pacifique, par le mariage d'un de nos ducs avec Marie de
Bourgogne, nos ancêtres l'auraient accueillie peut-être avec
faveur. Seulement, il ne pouvait plus être question d'unir
la jeune princesse à René II, qui venait d'épouser en 1471
Jeanne d'Harcourt. D'autre part, obstiné, brutal et violent
comme il l'était, Charles ne possédait pas les qualités dont
il aurait eu besoin pour atteindre son but. Les coups de force
et les maladresses qu'il commit finirent par le perdre et par
entraîner la dislocation de l'Etat que lui-même et ses ancêtres avaient lentement constitué. D'autre part, si la France
réussit à mettre la main sur une partie de l'héritage du
Téméraire, elle ne gagna pas un pouce de terrain dans la
région lorraine. Après bien des péripéties, la Lorraine, le
Barrois et le comté de Vaudémont se trouvèrent définitivement réunis en 1485 sous l'autorité de René II.

1° *Histoire intérieure des principautés lorraines.*

Nicolas n'ayant pas d'enfant, le duché de Lorraine revenait à Yolande, fille aînée de René I" et d'Isabelle, veuve de
Ferry II, comte de Vaudémont. Mais Yolande céda tout de
suite ses droits à son fils qui portait, comme son grand-
père maternel, le prénom de René. Avec le nouveau duc, c'é-
tait une branche cadette de l'ancienne maison d'Alsace qui
montait sur le trône de Lorraine. Prince intelligent, cultivé,
très brave, mais léger, René manquait de clairvoyance et

de sens politique, comme ne le prouva que trop sa conduite en plusieurs circonstances.

Le jeune duc fut reconnu sans difficulté par les Lorrains, jura de respecter les privilèges de l'ancienne chevalerie, fit signer par quelques-uns des membres de celle-ci le traité qu'il conclut avec Charles, mais il omit de les consulter, quand il rompit avec le duc de Bourgogne, pour devenir l'allié de Louis XI. Quelques-uns des gentilshommes lorrains en voulurent à René de son revirement, l'abandonnèrent même en 1475, pour se rallier à Charles le Téméraire. Une fois redevenu maître de son duché, René prit contre les traîtres des mesures de rigueur. En ce qui concerne le Barrois, René I⁽ᵉʳ⁾ continua de le gouverner jusqu'à sa mort.

A Metz, René II obtint, en 1484, un résultat important en faisant élire par le chapitre son oncle Henri de Vaudémont comme successeur de Georges de Bade. De nouveaux conflits entre chanoines et bourgeois troublent encore la ville de Toul de 1483 à 1485. Verdun se trouve dans une situation difficile, en raison de l'emprisonnement de Guillaume de Haraucourt.

Il n'y eut, durant ces douze années, aucune guerre entre les diverses principautés de la région lorraine.

2° *Les principautés lorraines et l'Empire*

Frédéric III, nous le verrons, ne fit rien pour défendre René II contre le duc de Bourgogne. En 1480, l'empereur avait demandé à Metz de fournir un contingent de troupes qui devait aller combattre les Turcs ; la ville refusa, alléguant ses privilèges ; en punition de sa désobéissance, Frédéric III frappa Metz d'une amende de mille florins. Pourtant l'affaire s'arrangea. La ville de Verdun se vit inviter, en 1475, par l'empereur à fournir un subside ; Frédéric protesta contre l'emprisonnement de Guillaume de Haraucourt, mais sans aucun succès.

3° *Les principautés lorraines, la France et la Bourgogne.*

Beaucoup plus importantes sont les relations de la région lorraine avec la France et la Bourgogne ; celle-ci tente d'occuper la Lorraine et le Barrois non mouvant, celle-là de s'approprier l'autre moitié du Barrois. C'est l'existence même des principautés de la Mosellane qui se trouve alors en jeu. Trop faibles, trop désunies pour se défendre contre la France ou la Bourgogne, leur sort dépendait moins d'elles-mêmes que de la rivalité de leurs puissantes voisines, chacune de celles-ci ayant intérêt à contrecarrer l'autre.

Pourtant l'attitude des princes, des évêques et des villes avait son importance. Les villes gardèrent la neutralité ; quant aux prélats, ceux de Metz et de Toul se montrèrent plutôt favorables à Charles le Téméraire. Enfin le duc de Lorraine René II, suivant la politique de ses prédécesseurs, oscillera entre la Bourgogne et la France ; mais par son action inconsidérée, qui témoigne de son manque de prévoyance, il se mettra lui et ses Etats dans la situation la plus critique, puis, quand il sera sorti du danger, il ne saura pas faire rendre à sa victoire tous les avantages qu'un autre, plus habile, n'aurait pas manqué d'en tirer.

René II vit naturellement son alliance recherchée par Louis XI et par Charles. Ni le roi ni le duc n'avaient la ressource d'offrir leur fille en mariage à un prince qui venait d'épouser Jeanne d'Harcourt. Gagné par les promesses ou intimidé par les menaces de Charles, René signa, le 15 octobre 1473, à Nancy, avec le puissant duc de Bourgogne un traité tout à l'avantage de celui-ci : le Téméraire obtenait, outre l'alliance du jeune duc, le droit pour ses troupes de traverser la Lorraine, ainsi que des places de sûreté ; il avait en outre eu soin de faire garantir le traité par de nombreux gentilshommes de l'ancienne chevalerie. La Lorraine tombait au rang d'Etat vassal de la Bourgogne.

Sa dépendance aurait été plus grande encore, si l'empereur avait consenti à créer en faveur de Charles le royaume de Gaule-Belgique. Le duc de Bourgogne eut beau offrir à Frédéric III sa fille Marie pour l'archiduc Maximilien, fils de l'empereur ; l'opposition des électeurs, qu'inquiétait l'ambition du Téméraire, et les intrigues de Louis XI déterminèrent Frédéric à quitter Trèves, où il était venu négocier avec Charles, sans avoir rien accordé à ce prince, sans même avoir pris congé de lui.

D'autres échecs attendaient Charles en Alsace, où il avait pris possession des domaines autrichiens, que l'archiduc Sigismond lui avait engagés. A l'instigation de Louis XI, qui sut éveiller leurs inquiétudes, Sigismond et les Suisses signèrent un traité d'alliance à Constance. Une ligue, la Basse-Union, conclue à Bâle, réunit en grand nombre des seigneurs et des villes de l'Alsace et de la Souabe. Le bailli des possessions bourguignonnes en Alsace, Pierre de Hagenbach, était bientôt après arrêté, jugé et exécuté le 9 mai 1474 ; les Suisses attaquaient et battaient un seigneur bourguignon, Jacques de Romont.

Il s'agissait pour Louis XI de compléter l'isolement du Téméraire en détachant de lui René II. Le roi y réussit d'autant plus facilement que le jeune duc était peu satisfait de son allié ; les troupes bourguignonnes ne cessaient de traverser la Lorraine, où elles se conduisaient comme en pays conquis, au grand mécontentement des habitants, dont les plaintes ne cessaient de monter jusqu'à René. Celui-ci prêta donc une oreille favorable aux propositions de Louis XI et conclut avec lui une alliance qui demeura secrète. Le duc ne consulta même pas les gentilshommes de l'ancienne chevalerie, garants du traité qu'il avait signé précédemment avec Charles. C'était là une faute grave, qui coûtera cher à René II.

Louis XI avait bien pris l'engagement de défendre le duc de Lorraine ; mais que valaient les promesses, même écrites et scellées, d'un homme aussi dépourvu de scrupules que le roi de France ? Au début de 1475, René adhéra à la Basse-Union ; il allait bientôt après faire un pas de plus. Le duc de

Bourgogne était venu assiéger Neuss, révoltée contre l'autorité de son souverain, l'archevêque électeur de Cologne, allié de Charles. Cette entreprise, qui avait ému toute l'Allemagne, détermina Frédéric III à réunir une nombreuse armée sur les bords du Rhin ; une grande bataille entre Allemands et Bourguignons semblait imminente. C'est alors que René crut pouvoir jeter le masque, se déclarer ouvertement contre son ancien allié et même lui envoyer un véritable défi.

Les événements allaient bientôt prouver au duc de Lorraine qu'il avait commis une grave imprudence. En juillet, Frédéric traitait avec le duc de Bourgogne ; en septembre, Louis XI et Charles signaient la trêve de Soleuvre, où le roi de France n'avait pas expressément compris le duc de Lorraine. En fait, le malheureux René se trouvait abandonné à lui-même. Incapable de lutter contre le duc de Bourgogne qui marchait sur la Lorraine, il courut demander à Louis des secours que le roi lui promit, mais ne lui accorda pas.

Pendant ce temps, Charles envahissait la Lorraine, dont il assiégeait et prenait les places fortes ; quelques semaines lui suffirent pour occuper tout le duché, excepté les territoires de langue allemande. En décembre 1475, Charles réunit à Nancy les Etats généraux de la Lorraine, leur tint un langage très conciliant et sembla donner à entendre que Nancy deviendrait la capitale de son futur royaume. Une partie de l'ancienne chevalerie, qui en voulait à René d'avoir — sans la consulter — quitté l'alliance de Charles pour celle de Louis XI, se rallia au nouveau maître de la Lorraine, mais la masse de la population resta fidèle au souverain national.

La cause de René semblait perdue, et cependant, un an plus tard, il avait recouvré ses Etats. Disons tout de suite qu'il dut son triomphe, non point à son habileté, mais aux fautes de son adversaire. Le duc de Bourgogne, qui voulait se venger des Suisses, marcha contre eux, mais il se fit battre une première fois à Granson, le 2 mars 1476. Cette défaite combla de joie René, qui s'agita beaucoup pour obtenir des troupes du roi de France et de la Basse-Union ; seulement personne n'osait se compromettre, et le duc de Lorraine ne recueillit que de bonnes paroles. Comme Charles annonçait l'intention de venger son échec de Granson, René alla se joindre aux Suisses, espérant que, s'ils triomphaient de leur redoutable adversaire, ils lui donneraient des secours. Il prit une part glorieuse à la bataille de Morat, où fut vaincu pour la seconde fois le duc de Bourgogne (22 juin).

Dès lors René multiplie les démarches auprès des Suisses et de la Basse-Union : celle-ci lui accorde enfin des troupes, avec lesquelles il rentre dans son duché. Aussitôt après Granson, des soulèvements avaient éclaté sur différents points de la Lorraine ; des corps de partisans, sous les ordres de chefs audacieux, avaient repris plusieurs forteresses, Vaudémont, Rosières, Gondreville, Bruyères. René lui-même, après s'être emparé d'Epinal, vint mettre le siège devant Nancy. L'inaction de Campo-Basso, l'un des capitaines de Charles, qui dès cette époque trahissait son maître, et la mutinerie des soldats anglais de la garnison obligèrent le sire de Bièvre, gouverneur de la ville, à capituler après un mois et demi de siège.

Quelques jours après, Charles arrivait en Lorraine. L'insubordination des contingents alsaciens ne permit pas à René de tenir la campagne. Il dut se replier en Alsace, après avoir jeté une forte garnison dans Nancy. Le duc de Bourgogne vint aussitôt investir la place ; soldats et bourgeois se défendirent avec vigueur, résistèrent à toutes les attaques et ne se laissèrent pas abattre par la famine qui, dès le mois de décembre, leur imposa de cruelles souffrances. Des émissaires envoyés par René réussirent à traverser les lignes des Bourguignons et à pénétrer dans Nancy, faisant espérer aux habitants un prompt secours.

Ce ne fut pas sans peine que le duc de Lorraine parvint à réunir une armée. La Basse-Union, à laquelle il s'adressa tout d'abord, voulait attendre que les Suisses eussent pris un parti.

Les Suisses se contentèrent, dans une diète tenue à Lucerne, le 25 novembre 1476, d'autoriser René II à faire des levées dans leur pays. Grâce à la forte solde qu'il promit, de nombreux corps de volontaires se formèrent dans plusieurs cantons. Vers la fin de décembre, René se mettait en marche, ralliait les troupes de la Basse-Union et franchissait les Vosges par le col de Sainte-Marie-aux-Mines ; les contingents lorrains le rejoignirent à Saint-Nicolas, le 4 janvier 1477.

Le 5 au matin le duc se dirigeait sur Nancy, dont les habitants, mourant de faim, commençaient à perdre courage. La situation du Téméraire ne laissait pas que d'être critique. Aux vingt mille Suisses, Alsaciens et Lorrains, de René II, il n'avait à opposer qu'une dizaine de mille hommes. Malgré l'avis de quelques-uns de ses officiers, qui l'engageaient à se retirer dans le Luxembourg, où il attendrait que l'armée de René se fût disloquée, le duc de Bourgogne voulut engager la lutte. Il rangea son armée en bataille, face à Saint-Nicolas, la gauche appuyée à la Meurthe, la droite à un bois, le front défendu par le ruisseau de Jarville.

Alors que René II et ses capitaines tenaient conseil, un prêtre harangua l'assistance :

« Un presbtre aleman subittement un serpelis vestit, une estoile [étole] en son col mit, il monta sur un petit hault [tertre] ; tous le regardoient, print une hostie, en ses deux mains [la] tenoit. Commencea à tous grands et petits [disant] : « Vous tous, Messeigneurs, que icy estes venus, ce est por ce jeune duc que icy veez. Li duc de Bourgoigne grand tort luy faint de luy volloir oster son pays, lequel de droit et de succession, par droict de lignée adpartient à ce dict jeune prince. Et pourtant [partant], Messeigneurs, je vous advertys que tous ayez bonne foi et espérance en Dieu nostre Rédempteur, duquel veez sa remonstrance [remembrance] ; que ayez tous contrition de vos péchés en luy cryant mercy. Veu que tous estes venus en juste et léale querelle, que si tous mourrions, ce que Dieu ne veuille, car tousjours Dieu ayde les siens, tous salvés serviens. On temps de David, en tel cas, en plusieurs passaiges [circonstances] l'a tousjours secouru contre ses adversaires ! » Quand il eut en bonne dévotion et en toute humilité remonstré, tous s'ont mis à genouils, ont joinct les mains vers le ciel, tous une croix sur terre ont faict, et tous l'ont baisée [1]. »

René II prit ensuite ses dispositions pour l'attaque. Son aile gauche, faisant un crochet, alla prendre en flanc l'aile droite bourguignonne et la mit en désordre. Ce mouvement tournant et la supériorité du nombre assurèrent la victoire à René II. Charles périt sur les bords de l'étang Saint-Jean. Beaucoup de ses soldats eurent le même sort ou tombèrent entre les mains du traître Campo-Basso, qui s'était, avec quelques centaines d'hommes, établi au pont de Bouxières, le seul endroit où il fût possible aux fuyards bourguignons de traverser la Meurthe.

Quand René II fit le soir son entrée dans Nancy, un spectacle curieux et touchant frappa ses yeux :

« Ceulx de Nancy, que chiens et chats, chevals et rats avoient mangé, mirent on la place de chastel bien arrangés les unes après les altres mainctes testes de chevals, de chiens, de chats, de rats. Tous ceulx qui les veoient esbahys éstoient, et disoient que ils estoient gens de grand couraige et léals serviteurs, d'avoir enduré la peine et d'avoir mangé telles viandes ou servant li duc René [2]. »

Malgré sa victoire, René ne se sentit rassuré que le surlendemain, quand on eut découvert le cadavre de Charles, à qui il fit faire de somptueuses funérailles.

C'était pour René II un glorieux succès ; mais quel parti allait-il en tirer ? Lui suffirait-il de recouvrer son duché ? Parmi ses prisonniers se trouvait Antoine, dit le grand bâtard de Bourgogne, dont il aurait pu se servir ; Marie, fille et héritière de Charles, aux prises avec mille difficultés, ne se trouvait pas en état de résister à une attaque de René II. Le jeune duc, qui avait réuni le comté de Vaudémont,

---

1. *La Chronique de Lorraine*, publiée par l'abbé MARCHAL dans le *Recueil de documents sur l'histoire de Lorraine*, t. V, ch. excix, p. 295-296.

2. *Ibid.*, ch. ccvi, p. 303.

son apanage, à la Lorraine, qui espérait hériter un jour du Barrois, ne pouvait-il tenter de s'agrandir, soit dans la Franche-Comté, soit mieux encore dans le Luxembourg, fragment de l'ancienne Mosellane, et qui, par sa situation au nord-est de Metz, aurait constitué une acquisition précieuse ? René semble l'avoir compris, car il commença la conquête de ces deux provinces. Mais il se dessaisit du grand bâtard au profit de Louis XI : comment, avec la connaissance qu'il devait avoir du roi de France, a-t-il pu commettre cette lourde faute ? Louis XI, une fois en possession du précieux otage qu'était Antoine, intima au duc imprévoyant l'ordre d'évacuer le Luxembourg et la Comté. René, privé du gage qui faisait sa force, dut obéir et rappeler ses troupes ; l'année suivante, il traitait avec Marie de Bourgogne. Ce n'était vraiment pas la peine d'avoir remporté une victoire aussi éclatante que celle de Nancy pour n'en avoir retiré aucun avantage !

L'occasion, qu'avait manquée René par son imprévoyance, ne devait plus se représenter. Non content d'avoir arraché au duc de Lorraine le fruit de sa victoire, Louis XI chercha plus tard à le frustrer de l'héritage de René I. Le Barrois, que le roi de Sicile conserva jusqu'à sa mort, revenait de droit à son petit-fils René II. Mais le roi de France, qui entre 1474 et 1480 avait plusieurs fois, et sous divers prétextes, fait occuper le Barrois mouvant par ses troupes, ne s'en dessaisit pas à la mort de René Ier (1480). De la riche succession de son grand-père René II ne recueillit que le Barrois non mouvant.

Enfin Louis XI mourut en 1483. Sa fille Anne et son gendre le sire de Beaujeu, combattus par le duc d'Orléans et par une partie de la noblesse, furent obligés de chercher des alliés. Ils gagnèrent le duc de Lorraine en lui promettant la restitution du Barrois mouvant, de l'Anj   de la Provence. En fin de compte, le Barrois seul, que les troupes françaises évacuèrent en 1485, fut restitué à René II.

Au lieu de s'obstiner, comme il le fit, à réclamer l'Anjou

et la Provence, le prince lorrain aurait été mieux inspiré en sollicitant l'abandon par la France de ses droits de suzeraineté sur la moitié occidentale du Barrois. On se rappelle qu'en 1465 Jean II avait fait couper les liens féodaux qui rattachaient à la France Neufchâteau, Châtenois, Montfort, etc. Certes, l'union du Barrois, de la Lorraine et du comté de Vaudémont sous l'autorité du même souverain, constituait un résultat de la plus haute importance, mais la situation de seigneurie relevant de la France, que conservait une partie du Barrois, devait valoir aux successeurs de René II des difficultés et des humiliations sans nombre.

Louis XI, qui avait voulu s'emparer du Barrois mouvant, avait tout mis en œuvre pour assurer à l'une de ses créatures le siège de Verdun, dont il tenait l'évêque en prison. Mais Charles le Téméraire ne le lui permit pas, et le roi dut attendre la mort du Bourguignon pour faire élire un administrateur à Verdun. En 1482, Louis rendit enfin la liberté à Guillaume de Haraucourt, mais après l'avoir contraint à résigner son évêché en faveur d'un Italien, Jean de Nicolinis. Aux prises avec mille difficultés, suscitées en partie par Guillaume de Haraucourt, le nouvel évêque finit par quitter Verdun. Guillaume de Haraucourt reprit, en 1483, possession de son siège, qu'il garda jusqu'à sa mort (1501).

Si les Valois de Bourgogne n'avaient pu conserver la Lorraine, ceux de France avaient subi deux échecs, l'un dans le Barrois, l'autre à Verdun.

III. — LA RÉGION LORRAINE DE 1485 A 1552.

L'unification de la Mosellane avait fait un grand pas en avant, du jour où Lorraine, Barrois et Vaudémont reconnaissaient l'autorité du même souverain. Il n'y avait pas lieu d'espérer que ni le Luxembourg, uni aux Pays-Bas et gouverné par la maison d'Autriche, ni l'électorat de Trèves, puissent être jamais, à moins de bouleversements peu probables, rattachés au groupe barro-lorrain. Restaient les principautés des Vosges et de la Sarre, les évêchés et les villes de Metz, de Toul et de Verdun. Les uns et les autres affaiblis, amoindris, tombaient en décadence. Il s'agissait pour les ducs lorrains, non pas de chercher à les conquérir par les armes, pareille entreprise dépassait leurs forces, mais d'y asseoir leur influence, de s'y insinuer, de préparer doucement l'annexion de ces principautés et de ces villes, de profiter de toutes les occasions favorables pour agrandir leurs Etats.

René II amena l'évêque Olry de Blâmont, le dernier représentant mâle de sa famille, à lui céder le comté de Blâmont, qu'il réunit à la Lorraine en 1506, à la mort du prélat. En 1527, lorsque mourut le dernier des comtes de Moers-Saarwerden, Antoine réclama sa succession, que lui disputèrent les comtes de Nassau–Sarrebrück. Il en résulta un interminable procès devant la chambre impériale ; celle-ci ne rendit sa sentence qu'en 1629, adjugeant Saarwerden et Bockenheim, fiefs de l'évêché de Metz, au duc Charles IV, le reste du comté au comte de Nassau-Sarrebrück.

Vis-à-vis des évêchés, René II et Antoine firent preuve d'habileté ; ils s'arrangèrent pour faire monter sur les sièges épiscopaux des membres de leur famille ou des gens qui leur étaient dévoués ; bien que leur politique à l'égard de Toul et de Verdun n'ait pas toujours été aussi heureuse, ils réussirent à tenir ces deux villes sous leur garde. Mais, en ce qui concerne la cité de Metz, la plus puissante, celle qu'il aurait fallu traiter avec le plus de ménagements, René II, à l'exemple de quelques-uns de ses prédécesseurs, se montra, comme nous le verrons, d'une insigne maladresse.

Les Etats de la région lorraine cherchent et réussissent en partie à se dégager des liens qui les unissent à l'Empire, ne voyant pas que le danger vient pour eux, non de l'Empire, mais de la France. Les expéditions d'Italie détournent, il est vrai, les Valois de la région lorraine, mais la situation de celle-ci devient critique lorsque éclate le conflit entre François Ier et Charles-Quint ; finalement elle paiera en partic les frais de cette lutte. Il n'y a plus ou presque plus de guerres privées, mais la Réforme et les guerres de la France contre l'Autriche troublent le pays de 1525 à 1552.

1° *Histoire intérieure des principautés lorraines.*

René II vécut en bonne intelligence avec ses sujets, quoique ceux-ci lui eussent adressé des remontrances motivées sur sa politique imprévoyante et sur ses prodigalités. Sous son règne, les Etats généraux des deux duchés furent souvent réunis. En 1485, René fit annuler l'union, demeurée stérile, qu'il avait contractée avec Jeanne d'Harcourt ; Philippe, fille d'Adolphe, duc de Gueldre, qu'il épousa ensuite, lui donna de nombreux enfants.

Lorsque René mourut en 1508, les Etats déclarèrent, contrairement aux dispositions testamentaires du prince défunt, son fils Antoine, alors âgé de dix-neuf ans, apte à gouverner. Antoine, de beaucoup supérieur à son père, est un des plus remarquables parmi les ducs de Lorraine ; on constate chez lui un bon sens et une clairvoyance qui avaient totalement fait défaut à René II. Il entretint avec ses sujets d'excellentes relations et convoqua régulièrement les Etats généraux. Le long séjour qu'il avait fait à la cour de Louis XII et son mariage en 1515 avec Renée de Bourbon, sœur du célèbre connétable, expliquent aisément qu'il ait été longtemps soumis à l'influence française. Vers la fin de sa vie, Antoine, qui s'était rapproché de l'Empire, fit épouser à son fils aîné François une nièce de Charles-Quint, Christine de Danemark.

François succéda en 1544 à son père ; il ne régna qu'une année, laissant le trône à son fils Charles, âgé de trois ans. Un traité, intervenu à Deneuvre, partagea le pouvoir entre Christine, veuve de François, et Nicolas, frère du prince défunt, évêque élu de Metz et de Verdun, mais en laissant à la première la plus grande part de l'autorité. Les Etats généraux, réunis à Neufchâteau quelque temps après, firent au sujet de cet accord des représentations qui ne furent pas écoutées : Christine garda le pouvoir. L'ancienne chevalerie lui garda rancune de n'avoir pas tenu compte de ses remontrances, de s'être entourée d'étrangers, Comtois ou Flamands, que son oncle Charles-Quint lui avait donnés pour conseillers, enfin d'avoir autorisé, en 1550, le transfert à Bruges des restes de Charles le Téméraire qui, depuis 1477, reposaient à Nancy dans l'église collégiale Saint-Georges. Aussi, en 1552, ne trouva-t-elle pas l'appui dont elle aurait eu besoin pour résister aux prétentions de Henri II.

La situation, à l'intérieur des évêchés et des républiques municipales, ne se modifie pas. Quoique bien réduit en nombre, bien affaibli, le patriciat bourgeois qui gouverne les villes maintient jalousement ses prérogatives. Les conflits deviennent rares dans les cités épiscopales ; pourtant, en 1541, Toulois et Verdunois sont en désaccord avec leurs évêques. De 1548 à 1549, Verdun est troublé par la mésintelligence de l'évêque Nicolas Psaulme et des lignages, de ceux-ci et des simples bourgeois, qui protestaient contre les privilèges politiques des patriciens. Mais la chambre impériale, saisie de l'affaire, donna gain de cause aux lignages. La politique égoïste, à courte vue, du patriciat des villes épiscopales était très maladroite ; n'y avait-il pas lieu de craindre que les mécontents fissent un jour appel à l'étranger ?

2° *Rapports des principautés lorraines entre elles.*

A. — Les ducs lorrains et les évêchés.

Les ducs lorrains eurent l'habileté de faire monter à cette époque sur les sièges épiscopaux de Metz, de Toul et de Verdun des membres de leur famille et d'arracher à ceux-ci d'importantes concessions. A Metz, René II obtint du chapitre qu'il élût en 1484 son oncle Henri de Vaudémont, en 1505 son fils Jean, un enfant de sept ans. Jean s'adjoignit en 1529 comme coadjuteur son neveu Nicolas, et lorsque

Nicolas eut, en 1548, quitté l'Eglise, Jean céda l'évêché à un autre de ses neveux, Charles de Guise, qui lui-même, en 1551, résigna en faveur de Robert de Lenoncourt, d'une famille de l'ancienne chevalerie lorraine.

A Toul, le Bourguignon Antoine de Neuchâtel avait rencontré des adversaires dans les ducs Jean II et René II ; à la suite d'un dernier conflit, il se retira à Paris, où il mourut en 1495. René fit alors élire par le chapitre Olry de Blâmont qui, malgré l'opposition du pape Alexandre VI, réussit à conserver son siège. Dernier représentant de sa famille, Olry légua le comté de Blâmont à René II et lui céda ses droits de souveraineté sur Toul. Hugues des Hazards, une créature de René, choisi en 1505 pour coadjuteur par Olry de Blâmont, fut élu évêque l'année suivante. Lorsqu'il mourut en 1517, le chapitre, à l'instigation d'Antoine, choisit pour lui succéder Jean de Lorraine, déjà pourvu du siège de Metz ; Jean résigna l'évêché de Toul, avec réserves, d'abord à Hector d'Ailly, puis à Antoine de Pellegrin, enfin à Toussaint d'Hocédy.

A Verdun, la maison de Lorraine n'exerçait guère moins d'influence. A Guillaume de Haraucourt, mort en 1501, le chapitre donna pour successeur Wary de Dommartin, que patronnait René II. Et quand Wary mourut en 1508, le chapitre élut Louis, fils de René ; en 1523, Louis, abandonnant l'Eglise, céda l'évêché de Verdun à son frère Jean, déjà évêque de Metz et de Toul ! Jean résigna ses fonctions en faveur de son neveu Nicolas en 1544, et lorsque Nicolas fut rentré dans le siècle, il eut pour successeur Nicolas Psaulme ; toutefois Jean céda ses droits de réserve à Charles de Guise, qui devenait en quelque sorte le patron du nouvel évêque.

Dans de pareilles conditions, les relations étaient faciles entre ducs de Lorraine et prélats ; ceux-ci fermaient les yeux sur les empiétements des princes lorrains. Pourtant, en 1546, les régents Christine et Nicolas ayant voulu lever des subsides dans l'évêché de Toul, Toussaint d'Hocédy protesta,

Nicolas de Lorraine montra plus d'attachement à la grandeur de sa maison qu'à ses devoirs d'évêque de Verdun, lorsqu'en 1546 il fit à son neveu et pupille Charles III la cession de la seigneurie épiscopale d'Hattonchâtel. Nicolas Psaulme, qui n'entendait pas sacrifier ses droits, eut des difficultés avec les régents de la Lorraine et du Barrois à propos du Clermontois, fief de l'évêché de Verdun, ainsi que de diverses localités verdunoises.

B. — Les ducs lorrains et les républiques municipales.

Les relations des ducs lorrains avec les républiques municipales ne présentaient pas toujours un caractère amical. René II, en particulier, se montra vis-à-vis de Metz d'une maladresse insigne. Il aurait dû se rendre compte que, n'étant pas de force à s'emparer de la grande cité, il avait tout intérêt à vivre en bonne intelligence avec elle. Au lieu de chercher à se concilier les Messins, il réussit à les exaspérer par des attaques répétées, par des tracasseries de toutes sortes. Des seigneurs de la Lorraine allemande, en lutte avec Metz de 1488 à 1490, reçurent des secours de René II. Finalement, en 1490, la république messine déclara la guerre au duc. A peine la paix était-elle rétablie que René chercha par d'autres moyens à s'emparer de la ville. Jean de Landremont, l'un des Treize, que le duc avait acheté, devait lui livrer Metz. Le complot fut découvert et Jean de Landremont paya de sa vie la trahison dont il s'était rendu coupable. La paix ne fut rétablie de nouveau entre Metz et la Lorraine qu'en 1493.

Antoine ne tracassa pas sa voisine comme l'avait fait son père et sut même y gagner des sympathies. D'après un projet élaboré en 1529 par quelques Messins, qui se rendaient compte de la décadence de leur patrie, Metz, tout en gardant ses franchises, aurait reconnu pour comte le duc de Lorraine, qui aurait eu le droit de mettre garnison dans la ville et de pourvoir à sa défense. Pour le malheur de la région lorraine, aucune suite ne fut donnée à ce projet.

René, à qui l'évêque Olry de Blâmont avait cédé ses droits sur Toul, essaya de faire revivre sur cette ville les pouvoirs de comte que Ferry III, après les avoir acquis, avait cédés en 1261 à l'évêque Gilles de Sorcy. Mais les bourgeois protestèrent auprès de Maximilien, qui ne consentit pas à ce que René devint comte de Toul. Pourtant l'autorité des ducs lorrains était plus grande à Toul qu'à Metz et qu'à Verdun. En 1509, Antoine entra dans la ville, jura de défendre les habitants et de respecter leurs franchises. Quant à Verdun, René II en 1496 et Antoine en 1510 prirent cette ville sous leur garde.

3° *Guerres féodales et guerre des Rustauds.*

A. — Guerres féodales.

Quelques guerres avec des seigneurs étrangers troublèrent alors la région lorraine. René II eut à soutenir une lutte de quatre ans (1493-1497) contre Robert de la Marck, à propos de Dun-sur-Meuse ; l'intervention de Charles VIII amena les deux adversaires à conclure la paix : Dun resta au duc de Lorraine, qui dédommagea en argent le seigneur de la Marck.

Vingt ans plus tard, un célèbre aventurier allemand, moitié seigneur, moitié brigand, Franz de Sickingen, intervint dans les affaires du pays, d'abord contre Antoine au profit d'un seigneur de Géroldseck (1516), deux ans plus tard contre Metz. Un bourgeois de cette ville, chassé de sa patrie et réfugié chez un seigneur de la Lorraine allemande, avait été assassiné ; appelé par le protecteur de la victime, Sickingen vint assiéger Metz, qui ne montra pas en la circonstance la même énergie qu'en 1444. Grâce à l'intervention d'un rhingrave, Sickingen consentit, moyennant le paiement d'une grosse somme d'argent, à lever le siège et à quitter le pays, que ses bandes avaient dévasté (1518).

B. — Guerre des Rustauds.

Quelques années plus tard, un danger plus sérieux menaça la Lorraine. Nous reviendrons bientôt sur la Réforme, sur ses causes, sur ses conséquences. Si, parmi ceux qui embrassèrent les idées nouvelles, beaucoup désiraient sincèrement une renaissance de la vie religieuse, d'autres, moins désintéressés, voulaient, comme les nobles et les villes libres, mettre la main sur les terres ecclésiastiques, ou bien, et c'était le cas des paysans, s'affranchir des servitudes qui pesaient sur eux. La Réforme prenait ainsi le caractère d'une révolution politique, territoriale et sociale.

Dans la région lorraine, seuls les comtes de la Sarre embrassèrent les idées nouvelles ; les ducs de Lorraine, les évêques, et en général les magistrats des républiques municipales restèrent attachés au catholicisme. Du reste, chaque gouvernement imposa par la force ses croyances à ses sujets, persécuta, fit mourir ou expulsa les dissidents ; il en résulta plus d'une fois des troubles, surtout à Metz.

L'ensemble de la région se vit menacé en 1525 d'une véritable invasion de paysans venus de la Souabe et de l'Alsace. Ces paysans, luthériens en grande majorité, demandaient la suppression du régime féodal et de tous ses abus, un ordre de choses plus équitable et plus conforme à l'Evangile. Si nous estimons raisonnables les réformes qu'ils réclamaient, elles parurent monstrueuses à ceux dont elles menaçaient les privilèges. Il faut ajouter que les paysans commirent de nombreuses violences. Ces Rustauds, ainsi les appelait-on dans notre pays, maîtres des campagnes de l'Alsace, se disposaient à pénétrer en Lorraine, où leurs émissaires avaient gagné une partie des populations de langue allemande.

Antoine réunit aussitôt une armée, que vint renforcer son frère Claude de Guise, alors gouverneur de Champagne. Une bande de Rustauds fut exterminée à Loupstein ; le gros de l'armée des paysans, enfermé dans Saverne, prit le parti de capituler. Mais comme les paysans se retiraient, les soldats d'Antoine et de Claude se jetèrent sur eux et les massacrèrent. Si rien ne permet de supposer que le duc et son frère aient ordonné cette boucherie, ils ne semblent pourtant pas avoir fait ce qu'ils pouvaient pour y mettre un terme; ils en portent donc, dans une certaine mesure, la responsabilité. Le même jour, Antoine et Claude marchèrent contre une dernière troupe de Rustauds, campée à Scherweiler, l'attaquèrent à la tombée de la nuit et la taillèrent en pièces. Rentré dans ses Etats, Antoine sévit contre les paysans de la Lorraine allemande qui s'étaient prononcés en faveur des Rustauds.

Nous parlerons, en étudiant l'histoire de la Réforme à Metz, des troubles que provoquèrent dans cette ville, de 1542 à 1543, les querelles des protestants et des catholiques.

4° Les principautés lorraines et l'Empire.

A l'égard de l'Empire, princes laïcs, évêques et villes tentent de s'affranchir de toute espèce de subordination. Ils obtinrent quelques succès, malgré les efforts en sens contraire de Maximilien et de son petit-fils Charles-Quint. René, dont la victoire de Nancy avait enflé le cœur, se considérait comme un grand personnage, et se montrait peu disposé à reconnaître l'autorité de l'Empire. Des souvenirs confus du passé flottaient dans l'air; on se rappelait vaguement que le pays avait jadis, sous le nom d'Austrasie, formé un Etat indépendant, et l'on rêvait de ressusciter ces temps glorieux. Dans les cités épiscopales régnait un état d'esprit analogue; il y circulait des légendes, d'après lesquelles ces villes se seraient autrefois librement données à l'Empire, mais à la condition de ne supporter aucune charge. Princes, évêques et villes soutenaient, et ceci finit par être admis, même par les empereurs, qu'ils faisaient partie de l'Empire et non de l'Allemagne.

Certes, rien de plus naturel, rien de plus légitime que les

Pl. XII.

Photo Monum. histor.

SAINT-NICOLAS-DU-PORT (Meurthe-et-Moselle). — Église
(Intérieur de la nef xve-xvie siècles)
(ENLART, Manuel d'Archéologie française, t. I).

(Voir p. 470).

prétentions des principautés lorraines à l'indépendance ! Nous n'en devons pas moins nous demander si, en les faisant valoir, ces petits Etats comprenaient bien leurs intérêts. Avaient-ils donc la présomption de se croire assez forts pour résister à la France, dont ils ne pouvaient ignorer les convoitises ? Ne savaient-ils pas qu'une fois absorbés par leur redoutable voisine ils se verraient dépouillés par la politique absolutiste et centralisatrice des Valois de ces libertés auxquelles ils tenaient tant ? Du moment qu'ils entendaient garder leur autonomie, ne valait-il pas mieux pour eux rester unis à l'Empire, qui au moins ne se mêlait pas de leur administration intérieure ?

Le fils de Frédéric III, Maximilien, élu en 1486 roi des Romains, succéda en 1493 à son père. Souverain très intelligent, très cultivé, très brave, ambitieux et pourtant animé d'un véritable patriotisme allemand, il essaya, par la création d'institutions communes à l'Empire, de rendre à celui-ci la cohésion et la puissance qui lui manquaient. Ses projets rencontrèrent le plus grand mauvais vouloir dans l'Allemagne, aussi bien que dans la région lorraine. Comme nous le verrons plus loin, en étudiant les institutions, princes, évêques et villes de la Mosellane réussirent, mais en partie seulement, à s'affranchir de leurs obligations envers l'Empire.

Le petit-fils et successeur de Maximilien, le grand Charles-Quint, qui comprenait quels dangers faisaient courir à l'Allemagne l'ambition des rois de France et les progrès des Turcs, aurait voulu, comme son grand-père, fortifier le pouvoir impérial. Mais l'esprit d'indépendance des princes et surtout la Réforme ne lui permirent pas de donner à l'Allemagne la cohésion dont elle aurait eu besoin pour se défendre contre ses ennemis extérieurs.

Du reste, dans la région lorraine, persistaient les mêmes aspirations à l'indépendance. En 1532, évêques et villes réclamèrent l'exonération de tout impôt d'Empire ; Charles-Quint ne tint pas compte de leurs prétentions. Ils continuèrent d'être taxés, ce qui les mécontenta.

Plus heureux, le duc de Lorraine réussit, après de longues négociations, à obtenir en 1542 de l'empereur, par le traité de Nuremberg, que la Lorraine fût reconnue comme un Etat presque indépendant, bien qu'elle restât assujettie vis-à-vis de l'Empire à des contributions en argent. Le duc continuait d'ailleurs, pour certains fiefs, de relever de l'Empire. Nous avons déjà dit que, dans les dernières années de son règne, Antoine se rapprocha de Charles-Quint.

Celui-ci, qui voyait les dangers dont les Valois menaçaient la région lorraine, y fit plusieurs voyages. Metz en particulier reçut à trois reprises sa visite, en 1541, en 1544 et en 1546. Les efforts de l'empereur, mal secondés et même contrecarrés, ne réussirent pas à conjurer le péril.

5° *Les principautés lorraines et la France.*

A. — Les Valois et les principautés lorraines de 1485 à 1521.

L'influence française, sans jamais cesser d'être puissante, avait subi des fluctuations. Pendant un quart de siècle, les expéditions françaises en Italie, en détournant l'attention des Valois des bords de la Meuse et de la Moselle, rendaient impossibles les conflits entre eux et les princes lorrains.

René II vécut en bonne intelligence avec Charles VIII et avec son successeur ; il assista au couronnement de Louis XII, envoya son fils Antoine à la cour de ce prince. C'est en France que deux autres de ses fils, Claude et Jean, firent leur fortune : Claude devint duc de Guise, et Jean l'un des conseillers écoutés de François Ier. Antoine combattit à Agnadel en 1509, à Marignan en 1515. On le trouve encore au Camp du drap d'Or, dans l'entourage de François Ier ; il demande au roi d'être le parrain de son fils aîné (1517).

En 1485 Charles VIII, en 1498 Louis XII prennent Verdun sous leur protection. Du reste, cette ville est en même temps sous la garde des ducs de Lorraine et des ducs de Luxembourg de la maison d'Autriche, Maximilien, Philippe le Beau et Charles-Quint.

B. — Les Valois et les principautés lorraines de 1521 à 1552.

Mais à partir de 1521, quand commença la longue lutte de François Ier et de Charles-Quint, la situation des princes et des villes de la région lorraine, pris entre les belligérants, se trouva très difficile. Ils s'en rendirent compte, surtout Antoine, qui prit l'initiative de garder la neutralité et de la faire admettre par les deux adversaires. Evêques et villes suivirent son exemple.

Pourtant, vers la fin de sa vie, Antoine, jugeant la France plus dangereuse que l'Empire, resserra les liens qui l'unissaient à Charles-Quint ; son fils François, bien que filleul du roi de France, épousa Christine de Danemark, nièce de l'empereur ; sa fille Anne, René de Chalon, prince d'Orange, l'un des lieutenants de Charles. Si François Ier avait admis la politique de neutralité d'Antoine, il lui en voulut de se rapprocher de Charles-Quint ; dès lors il lui chercha des chicanes, précisa et aggrava ses obligations vassaliques, lui imposa enfin un traité (15 novembre 1541), par lequel le duc reconnaissait qu'il ne jouissait de la régale et de la souveraineté dans le Barrois mouvant qu'avec la tolérance du roi et que cet état de choses prendrait fin à la mort de son fils. Le roi de France éleva en outre des prétentions sur le Clermontois, fief relevant de l'évêché de Verdun, et par conséquent arrière-fief impérial. Christine de Danemark, favorable à son oncle Charles-Quint, se vit elle aussi, durant sa régence, en butte aux tracasseries de la France. François Ier maintenait d'ailleurs Toul et Verdun sous sa garde. Après une période d'accalmie au début de son règne, Henri II allait reprendre la guerre contre la maison d'Autriche et réaliser enfin les projets de Philippe le Bel et de Charles VII. Les princes protestants de l'Allemagne, qui réclamaient l'appui d'Henri II contre Charles-Quint, lui fournirent un excellent prétexte pour intervenir. Ils signèrent avec lui les traités de Friedewald et de Chambord, le nommèrent vicaire du Saint-Empire et l'autorisèrent à occuper Metz, Toul et Verdun.

Les circonstances se présentaient, dans la région lorraine, aussi favorables que possible à la politique du roi de France. Le pays restait divisé ; en Lorraine Christine n'avait pas su se rendre populaire ; l'autre régent, Nicolas, ne demandait, par ambition personnelle, qu'à seconder les projets d'Henri II; les évêques, Lenoncourt, d'Hocédy, Nicolas Psaulme penchaient aussi pour la France. A Metz, Lenoncourt comptait qu'Henri II l'aiderait à recouvrer les anciens droits qu'avaient eus les évêques sur la ville ; de Heu, chef du parti protestant messin, s'imaginait que le roi de France, qui persécutait les Réformés dans ses Etats, assurerait à ceux de Metz le libre exercice de leur religion ! A Toul existait aussi un parti français. L'évêque de Verdun, Psaulme, client du cardinal Charles de Guise, l'un des conseillers du roi de France, devait se conformer aux instructions de son patron ; la petite bourgeoisie, jalouse des lignages, espérait bien que la France abolirait les privilèges politiques de ceux-ci. D'ailleurs, les cités épiscopales étaient mécontentes de payer des contributions à l'Empire, qui jamais n'avait rien fait pour elles. Ajoutons que ces villes, en complète décadence, n'avaient guère, surtout Verdun et Toul, les moyens de se défendre.

Pourtant aucune d'elles ne se donna de son plein gré au roi de France. Dans toutes, la grande majorité de la population désirait le maintien de l'indépendance ; ceux-là mêmes qui secondèrent Henri II croyaient, on a peine à comprendre semblable naïveté, que, la guerre une fois terminée, le roi évacuerait les villes qu'il avait occupées ! Au surplus, ce qui prouve que Messins, Toulois et Verdunois tenaient à leur autonomie et qu'Henri II savait à quoi s'en tenir sur leurs sentiments, ce sont les précautions dont il s'entoura pour cacher ses vrais desseins ; il se garda bien d'annoncer qu'il se proposait de ne jamais évacuer les villes, mais parla simplement d'y laisser quelque temps une garnison. Les mesures prises ensuite contre les habitants, désarmement ou expulsions, montrent tout aussi clairement que les bourgeois des villes épiscopales regrettaient d'avoir laissé les troupes françaises entrer dans leurs murs, et qu'ils les en auraient expulsées volontiers.

Les préparatifs d'Henri II, à la fin de l'hiver de 1551-1552, inquiétèrent ceux des gouvernants de la région lorraine qui n'avaient pas été gagnés par la France. Christine, qui se doutait des intentions du roi à son égard, alla le trouver à Joinville, mais ne tira de lui que de vagues promesses. Le 13 avril, le roi arrivait à Toul, qui lui ouvrit ses portes : une garnison française en prit possession, les bourgeois durent livrer leurs armes. Le 14, Henri entrait à Nancy, retirait à Christine ses pouvoirs et les transmettait à Nicolas, faisait enfin conduire en France le jeune duc Charles, qui devait être élevé avec les enfants du roi. Dès le 10, Montmorency avait réussi à pénétrer dans Metz par surprise ; la bourgeoisie de cette ville fut également désarmée. Après une promenade sans résultat en Alsace, Henri occupa au retour Verdun, dont l'évêque lui ouvrit les portes.

Si le roi n'avait pas obtenu tous les résultats qu'il avait espérés de cette chevauchée d'Austrasie, l'occupation des trois villes de Metz, de Toul et de Verdun, ainsi que la mainmise sur le duc de Lorraine et de Bar constituaient pour lui des avantages de premier ordre. Les clefs de la région étaient entre ses mains ; il semblait qu'il dépendît de sa volonté d'occuper le reste du pays le jour où il lui en prendrait fantaisie. Et cependant, il s'écoulera près de deux cents ans avant que la Lorraine et le Barrois deviennent des provinces françaises, deux siècles et demi avant que le reste de l'ancienne Mosellane tombe au pouvoir des armées de la République !

CHAPITRE III

LES INSTITUTIONS DE LA LORRAINE ET DU BARROIS DU XIII° AU XVI° SIÈCLE [1]

Pour plus de simplicité, nous n'avons pas cru devoir examiner successivement les institutions de 1270 à 1431, puis de 1431 à 1552. Nous les étudierons de 1270 à 1552, et nous le pouvons d'autant mieux que, même après 1431, même après 1480-1485, le Barrois et la Lorraine, bien que reconnaissant l'autorité du même souverain, conservèrent leurs institutions distinctes. Nous adopterons les mêmes divisions que précédemment.

I. — LES CLASSES SOCIALES.

En dehors du clergé, sur lequel nous reviendrons plus loin, il existe dans les duchés trois grandes classes : les nobles, les roturiers libres et les serfs.

1° *Les nobles.*

Dans le duché de Bar on ne distingue pas les nobles d'ancienne date des anoblis. Dès 1362-1363, le duc Robert confère la noblesse à des roturiers. Est noble dans le Bar-

---

1. Bibliographie. — Sources : Outre les sources citées plus haut (p. 313 et 338), consulter : BONVALOT (Ed.), *les plus principalles et générales coustumes du duché de Lorraine*, 1 vol. in-8°, 1878 ; BOYÉ (P.), *les Anciennes coutumes du Bassigny-Barrois* (Bulletin historique et philologique, 1901).
Ouvrages concernant la Lorraine et le Barrois : Aux travaux déjà signalés (p. 228) de BONVALOT, de LABANDE, de DUVERNOY, ajouter : DUMONT (Ch.), *Justice criminelle des duchés de Lorraine et de Bar, du Bassigny et des Trois-Évêchés*, 2 vol. in-8°, 1848. — LEPAGE (H.), *les Offices des duchés de Lorraine et de Bar et la maison des ducs de Lorraine*, 1 vol. in-8°, 1869. — FITTE (S.), *Das staatsrechtliche Verhältnis des Herzogtums Lothringen zum deutschen Reich seit 1542*, 1 vol. in-8°, 1891. — SADOUL (Ch.), *les Institutions judiciaires des duchés de Lorraine et de Bar avant Léopold*, 1 vol. in-8°, 1898.

rois non seulement le fils d'un père noble et d'une mère roturière, mais celui d'un père roturier et d'une mère noble : le ventre anoblit.

Tout autre est la situation dans le duché de Lorraine, où la vieille noblesse, l'ancienne chevalerie, en raison de ses privilèges, s'opposa longtemps aux anoblissements de roturiers ; les premiers exemples qu'on en puisse mentionner datent de la dynastie angevine. D'ailleurs les anoblis ne seront jamais assimilés aux membres de l'ancienne chevalerie, qui refuseront de les considérer comme des égaux. Les gentilshommes lorrains n'admettront dans leurs rangs que des fils de nobles étrangers au duché et de demoiselles de l'ancienne chevalerie, ceux qu'on nomme les « pairs fieffés ». La qualification de « hauts hommes » a peut-être été donnée à des barons tels que les comtes de Salm et les sires de Créhange qui, indépendants des ducs lorrains pour leur principale seigneurie, tenaient d'eux quelques fiefs, et à raison de ceux-ci prenaient rang dans l'ancienne chevalerie. La noblesse jouissait d'importantes prérogatives politiques et judiciaires, possédait un droit particulier ainsi que des immunités financières ; nous aurons l'occasion de revenir sur les avantages que s'était assurés l'ancienne chevalerie.

2° *Les roturiers libres.*

Le nombre des roturiers libres ne cesse de s'accroître par suite d'affranchissements individuels ou collectifs. Ainsi René II affranchit définitivement en 1497 les gens de la centaine de Pont-à-Mousson, qui furent assimilés, pour les droits et les privilèges, aux bourgeois de cette ville. Il est vraisemblable qu'au XVI° siècle la population des villes ducales ne comprenait plus que des hommes libres.

Si, dans les localités affranchies à la loi de Beaumont, les droits politiques et judiciaires des habitants diminuent au XV° et au XVI° siècle, il n'en résulte aucun préjudice pour leur condition sociale. Au point de vue politique et judiciaire, les roturiers sont moins favorisés que les nobles, ils ont un droit différent et doivent payer tous les impôts.

La situation des vilains libres des campagnes est, bien entendu, moins bonne que celle des bourgeois. Ils restent soumis de façon plus étroite à l'autorité d'un seigneur, qui les fait juger par ses officiers, qui exige d'eux qu'ils assistent à ses plaids annaux, qu'ils s'acquittent des redevances en argent ou en nature et des corvées auxquelles il a droit, qu'ils se soumettent enfin à la banalité de son moulin, de son four et de son pressoir. Encore cela ne lui suffit-il pas toujours ; il prétend parfois imposer à ses vilains plus de contributions et de services que ne le lui permet la coutume ou la charte de franchises. Les paysans opprimés ont, il est vrai, la ressource de porter leurs doléances au duc ou à ses officiers ; mais, en général, ils ne recourent pas à ce moyen peu sûr, dangereux même, pour peu que leur seigneur soit un personnage bien en cour.

A ce qu'il semble, les seigneurs de la Lorraine allemande traitaient leurs vilains libres et leurs serfs plus durement que ne le faisaient les nobles des territoires de langue romane. Quand ils acquéraient des fiefs dans la partie du pays où se parle le français, ils restaient fidèles aux procédés qu'ils avaient l'habitude d'employer dans leurs anciennes possessions. C'est ainsi que la maison de Linange, qu'un mariage fit entrer vers 1463 en possession de la seigneurie d'Apremont, y commit toutes sortes d'exactions et de violences. Les malheureux habitants d'Aulnois et de Saint-Julien eurent particulièrement à souffrir de l'avidité et de la cruauté de leurs nouveaux maîtres. La guerre des Rustauds nous fournit une preuve du mécontentement qui régnait chez les paysans dans une partie de la Lorraine allemande.

3° *Les serfs.*

Il existe encore des serfs, quoiqu'en moins grand nombre, et il y en aura jusqu'à la fin de l'ancien régime, plus peut-être dans la Lorraine allemande que dans le reste des duchés. Toutefois, leur condition tend de plus en plus à s'adoucir, bien que trop souvent, nous le disions quelques lignes plus haut, ils aient encore cruellement à souffrir, surtout dans la Lorraine allemande, des exactions et des vexations sans nombre que leur infligent le caprice ou l'avidité des seigneurs et surtout de leurs agents.

Si par bonheur les guerres sont devenues plus rares, elles s'accompagnent toujours de pillages, d'incendies et de violences contre les personnes, libres ou serves, de la population des campagnes.

II. — LES DIVISIONS DE LA LORRAINE ET DU BARROIS.

L'union de la Lorraine et du Barrois, réalisée une première fois en 1431, devient définitive de 1480 à 1485. Jean II obtient Epinal de Louis XI en 1466; René II réunit à la Lorraine le comté de Vaudémont, son patrimoine, plus tard le comté de Blâmont. Antoine acquiert en 1543 Châtel-sur-Moselle, et les régents, en 1546, la seigneurie d'Hattonchâtel. Tandis que le Barrois conserve son autonomie, les autres territoires sont annexés à la Lorraine, tout en formant des circonscriptions particulières.

Chacun des deux duchés se divise en bailliages ; la Lorraine en compte trois grands, Nancy, Vôge et Allemagne et trois petits, Vaudémont, Châtel et Epinal. On trouve dans le Barrois quatre grands bailliages, Bar, Bassigny, Saint-Mihiel et Clermont-en-Argonne et un petit, Hattonchâtel. Chaque bailliage comprenait un certain nombre de prévôtés ; on sait que ces circonscriptions existaient avant la création des bailliages. Lorsque le chef-lieu d'une prévôté possédait une enceinte fortifiée, la prévôté formait en même temps une châtellenie. La gruerie était une circonscription forestière de même étendue que la prévôté.

Dans chaque duché, dans chaque bailliage, il y avait d'une part le domaine ducal direct et de l'autre les fiefs.

La Lorraine avait une capitale, Nancy; le Barrois en possédait en quelque sorte deux, Bar-le-Duc et Saint-Mihiel. Quant au chiffre de la population, il serait téméraire d'en risquer une évaluation.

III. — Les institutions des duchés de Lorraine et de Bar.

La Lorraine et le Barrois, séparés et souvent ennemis avant 1431, unis de 1431 à 1453, de nouveau séparés de 1453 à 1480-1485, vécurent depuis lors d'une vie commune, bien que chacun des deux duchés conservât ses institutions propres. On peut remarquer qu'à plus d'un égard ces institutions différaient d'un État à l'autre, que le Barrois, plus voisin de la France, en a subi plus tôt et plus complètement l'influence et que des institutions, qui fonctionnent dès le xiv° siècle dans le Barrois, n'apparaissent en Lorraine que cinquante ou soixante-quinze ans plus tard. Ce qui distingue encore les deux duchés l'un de l'autre, c'est qu'en Lorraine l'aristocratie possède une puissance beaucoup plus grande que dans le Barrois, où le pouvoir ducal est plus solidement assis. Ce caractère aristocratique des institutions de la Lorraine s'accentua même après 1431. Pourtant, l'union de la Lorraine et du Barrois fortifia le pouvoir ducal, qui sut dès lors se faire beaucoup mieux respecter et qui, appuyé sur un corps de fonctionnaires dévoués, ne cessa de faire des progrès.

A ce qu'il semble, les pouvoirs des ducs sur leurs vassaux et sur leurs sujets, comme du reste leurs rapports avec l'Empire, se sont modifiés par suite d'une évolution naturelle, que les édits impériaux n'ont ni accélérée ni retardée.

1° *Le pouvoir ducal.*

L'autorité ducale est héréditaire et non élective dans la Lorraine et dans le Barrois. Si un duc laisse plusieurs fils, le duché n'est point partagé entre eux, l'aîné seul hérite ; les cadets se contentent d'apanages pris souvent en dehors de la région lorraine. René II ne fit que se conformer à un usage depuis longtemps admis, quand il interdit à ses successeurs de jamais partager les duchés. Au XVI° siècle, les ducs firent entrer dans l'Eglise quelques-uns de leurs cadets ; ainsi deux des fils de René II et un fils d'Antoine devinrent évêques de Metz, de Toul ou de Verdun.

En ligne directe, les fils ont le pas sur les filles ; mais devait-on préférer celles-ci aux collatéraux mâles ? Des documents du XIII° siècle, dont nous avons déjà parlé, semblent admettre les droits des femmes. Au XV° siècle, la question se posa dans les deux duchés : dans le Barrois, dont Yolande, reine d'Aragon, contesta la possession à son frère le cardinal Louis ; elle parvint dans une certaine mesure à faire admettre ses prétentions, puisque son petit-fils René d'Anjou fut adopté par Louis qui, non content de lui promettre son héritage, lui abandonna de son vivant le duché de Bar ; dans la Lorraine, où Charles II, qui n'avait point de fils, assura sa succession à l'aînée de ses filles, Isabelle, malgré les protestations de son neveu, Antoine, comte de Vaudémont. Le droit des femmes était si bien reconnu qu'en 1453, à la mort d'Isabelle, René Ier céda la Lorraine à son fils Jean, héritier des droits de sa mère. On sait moins bien comment les choses se passèrent en 1473, lorsqu'une mort prématurée eut enlevé Nicolas. Le fils de Ferry de Vaudémont et d'Yolande de Bar, René, qui descendait par les mâles de l'ancienne maison ducale, par les femmes de René Ier, succéda bien à son cousin, mais seulement, à ce qu'il semble, après qu'Yolande eut renoncé aux droits qu'elle tenait de sa mère Isabelle.

René se rendait compte des dangers que présentait pour ses duchés l'hérédité féminine, car si elle avait permis l'union de la Lorraine et du Barrois, elle pouvait dans l'avenir entraîner leur annexion à un grand État. Aussi décida-t-il en 1506, par son testament, que les femmes ne pourraient hériter des duchés qu'en cas d'extinction complète des mâles de la dynastie. Par malheur, faute d'avoir reçu la sanction des Etats généraux, ces sages dispositions n'acquirent pas la force d'une loi constitutionnelle. Il en résultera au XVII° siècle de graves difficultés.

Les ducs étaient majeurs à quinze ou plutôt à quatorze ans. Nous avons déjà vu que la Lorraine et le Barrois connurent au XIV° siècle les inconvénients de deux minorités successives : Elisabeth d'Autriche fut régente pour son fils Raoul, Marie de Blois pour Jean Ier. Dans le Barrois, Yolande, veuve d'Henri IV, rencontra de sérieuses difficultés, quand elle prétendit exercer le pouvoir au nom de ses fils Edouard II et Robert. En dépit des dispositions testamentaires de René II, les Etats généraux décidèrent qu'Antoine, alors âgé de dix-neuf ans, avait atteint sa majorité et pouvait régner seul. Charles III n'ayant que trois ans lors de la mort de François Ier, la régence fut partagée entre sa mère Christine de Danemark et son oncle Nicolas, qui n'eut jusqu'en 1552 qu'une ombre de pouvoir. La désignation des régents appartenait au souverain qui laissait un fils mineur ; quand il n'avait pas pris de dispositions, ou que des circonstances imprévues se produisaient, il fallait consulter la noblesse, comme ce fut le cas en 1350, ou les Etats généraux : rappelons le rôle décisif de ceux-ci dans le Barrois en 1352 et en 1354, dans la Lorraine en 1508, tandis qu'en 1545 les Etats ne réussirent pas à faire modifier la convention qu'avaient conclue à Deneuvre Christine et son beau-frère Nicolas.

Ni pour les ducs de Lorraine, ni pour les ducs de Bar, il n'y avait de sacre. A partir du XV° siècle, les ducs faisaient dans Nancy une entrée solennelle, prêtaient entre les mains du bailli de Nancy, lorsqu'ils pénétraient dans la ville, le serment de respecter les privilèges de leurs sujets, confirmaient enfin par une charte ceux dont jouissait l'ancienne chevalerie.

Avant 1431, le souverain du Barrois s'intitule d'abord

« comte », puis, à partir de 1354, « duc de Bar et marquis de Pont-à-Mousson » ; celui de la Lorraine, « duc de Lorraine et marchis ». Parmi les titres que prennent René Ier et ses successeurs, « ducs de Lorraine, de Bar, d'Anjou, de Calabre, etc., rois de Sicile, de Jérusalem, etc. », quelques-uns correspondent à une réalité, les autres, plus nombreux, indiquent simplement les prétentions de nos ducs à la possession de ces territoires lointains.

Comme signes extérieurs de leur puissance, les ducs lorrains possèdent, au xve et au xvie siècle, la couronne ducale, le sceptre, la main de justice. Une épée large et tranchante était peut-être le symbole de leurs pouvoirs de marchis. Ils avaient des armoiries : d'or à la bande de gueules chargée de trois alérions d'argent pour la Lorraine, d'azur, semé de croix recroisetées au pied fiché d'or, à deux barbeaux adossés de même, brochant sur le tout, pour le Barrois. René II, puis Antoine, prirent les armes des royaumes et des duchés sur lesquels ils élevaient des prétentions, Hongrie, Aragon, Naples, Jérusalem, Anjou.

Les ducs sont de véritables souverains, ils possèdent le pouvoir de promulguer des lois ou ordonnances, de rendre la justice, de faire la guerre et la paix, de lever des troupes, de lever des impôts, de battre monnaie. Toutefois leur puissance est limitée en matière d'impositions par les Etats généraux et, en ce qui concerne la justice, par l'ancienne chevalerie dans la Lorraine, par le Parlement de Paris dans le Barrois mouvant.

2° *Les États généraux.*

On ne sait pas à quelle date les Etats généraux ont commencé à fonctionner dans la Lorraine. Les dispositions prises en 1425 par Charles II pour assurer son duché à sa fille Isabelle et à son gendre René prévoient la réunion d'Etats généraux ; pourtant on n'en peut citer aucune, ni pour le règne de ce prince, ni pour ceux de ses prédécesseurs. Au contraire, le Barrois nous offre l'exemple d'Etats tenus en 1352 et en 1354, pendant la minorité de Robert ; en 1419 nouvelle convocation par le cardinal-duc Louis. Tandis qu'en 1354 le clergé n'a pas de représentants, les Etats de 1419 comptent des membres des trois ordres.

Les Etats vont devenir, sous la dynastie angevine, une institution régulière de la Lorraine et du Barrois. La situation difficile de René et d'Isabelle, que menacent les prétentions d'Antoine de Vaudémont, la défaite et la captivité de René, la nécessité de trouver de l'argent pour payer soit la rançon de René, soit ses expéditions italiennes, obligèrent les ducs angevins à convoquer souvent les trois ordres de la nation. René II et Antoine suivirent l'exemple de leurs prédécesseurs.

Jusqu'au début du xvi⁰ siècle, et même après l'union de la Lorraine et du Barrois, chacun des duchés gardait ses Etats particuliers, qui pouvaient d'ailleurs siéger dans la même ville, à Pont-à-Mousson par exemple. En 1500, les Etats du Barrois mouvant ayant refusé de se réunir à Nancy, René II alla les tenir à Bar-le-Duc. Plus tard, il semble qu'il y ait eu fusion entre les Etats des deux duchés ; du moins est-ce à Nancy que, de 1508 à 1552, se réunirent presque toujours les Etats, ceux du Barrois comme ceux de la Lorraine.

Les Etats comprennent des membres des trois ordres, clergé, noblesse et tiers état. Les nobles, gentilshommes de l'ancienne chevalerie ou pairs fieffés, figurent aux Etats comme possesseurs de fiefs. Le clergé ne comprend ni évêques, ni représentants du bas clergé, ni moines mendiants ; il ne compte que des abbés et des prieurs, appelés à siéger, eux aussi, à raison des fiefs de leurs monastères. Il n'y a point de paysans aux Etats, où ne sont convoqués que des bourgeois, à titre de contribuables ; le terme de « tiers état » n'est jamais employé en Lorraine avant 1552.

Non seulement les Etats généraux ne représentent qu'une partie de la population du pays, mais le principal rôle y appartient à l'ancienne chevalerie, le plus influent des trois ordres, celui auquel Charles II, René et Isabelle ont dû reconnaître des privilèges étendus. Le clergé, en raison de l'absence d'évêques, est incapable de contre-balancer la noblesse, de même la bourgeoisie, qui n'a pour elle ni le nombre, ni la force, les villes des duchés ayant peu d'importance. Les duchés sont des principautés rurales, voilà pourquoi les Etats généraux, comme d'ailleurs les institutions de la Lorraine, présentent un caractère aristocratique très prononcé. Si Metz, Toul et Verdun avaient fait partie de la Lorraine, les évêques et les bourgeois de ces trois cités auraient pris place aux Etats et amoindri l'influence de l'ancienne chevalerie.

Les membres du clergé, de la noblesse et du tiers siègent dans la même salle et ne votent pas par ordre, ce qui permet à l'ancienne chevalerie de maintenir sa prépondérance, tandis que, si les ordres avaient délibéré séparément, la noblesse aurait risqué d'être mise en échec par le clergé et par la bourgeoisie, unis contre elle.

Les Etats généraux ont surtout des attributions financières. Ils votent les aides extraordinaires, en déterminent l'assiette, en contrôlent la levée et l'emploi. On les voit porter aussi leur attention sur le gouvernement intérieur, présenter des remontrances aux ducs, intervenir dans la désignation des régents, et même exprimer leur avis sur les relations du pays avec l'étranger. Plus rarement les Etats s'occupent de la législation, de la justice, des affaires religieuses ou de la politique économique de la Lorraine et du Barrois.

Les Etats généraux, malgré la prépondérance de la noblesse et l'absence des paysans, ont rendu de grands services à la Lorraine, joué un rôle utile et bienfaisant, maintenu le contact entre les ducs et leurs sujets, empêché les premiers de commettre des folies. S'ils s'étaient complétés par l'adjonction des paysans, s'ils avaient pris le caractère d'un véritable Parlement, la Lorraine serait devenue une monarchie constitutionnelle, pour le plus grand bien de ses habitants.

3° *Les auxiliaires des ducs.*

A. — L'administration centrale.

Le duc a des auxiliaires, les uns auprès de lui, les autres dispersés dans les duchés pour les administrer. Les officiers qui entourent le duc peuvent être soit attachés à sa personne, soit investis de fonctions publiques ; d'ailleurs, il n'est pas toujours facile d'établir une distinction entre ces deux catégories. La composition de l'hôtel ducal nous est connue pour la première fois sous René II en 1485-1486 ; il comprend alors cent et quelques personnes, chambellans, écuyers, maître d'hôtel, gentilshommes, chapelain, aumôniers, médecin, personnels de la chambre, de la cuisine, des écuries, etc...

Quand le duc s'absente, il est remplacé par un lieutenant général ou par une régente. René Ier prit, en 1447, son fils Jean pour lieutenant général ; René II nomma régente, en 1486, sa femme Philippe, qui reçut en 1509 le même titre de son fils Antoine.

Le conseil ducal n'est autre que l'ancienne *curia* féodale, qui s'est peu à peu transformée. Nous trouvons mentionné le conseil de Ferry IV en 1319 et en 1320, celui de Jean Ier en 1384. Les comtes et ducs de Bar ont également leur conseil. La composition de ce conseil, d'abord variable, se précisa au xve siècle. René Ier l'organisa une première fois. En 1486, René II rendit une ordonnance qui faisait entrer au conseil l'évêque de Verdun Guillaume de Haraucourt, le maréchal, le sénéchal, les baillis et plusieurs gentilshommes de l'ancienne chevalerie. Ce conseil a des attributions étendues, s'occupe de toutes les questions importantes, et son rôle est d'autant plus considérable que les souverains s'éloignent plus fréquemment de leurs Etats.

Comme hauts dignitaires citons le chancelier, qui n'apparaît qu'en 1473 et qui n'est pas en même temps garde du sceau. Le service de la chancellerie ne reçoit son organisation qu'en 1497 de René II. Le maréchal, le sénéchal et le procureur général apparaissent, dans la Lorraine et dans le Barrois, aux xive-xve siècles ; chacun des duchés conserva les siens postérieurement à 1480-1485. Le maréchal et le sénéchal possèdent des attributions politiques et militaires. Le procureur général, personnage important, surveille la marche de la justice, est chargé de défendre partout et dans toutes les matières les intérêts du souverain, de protéger les veuves et les orphelins, etc., etc.

Citons encore, parmi les hauts dignitaires, le maître et capitaine général de l'artillerie, mentionné pour la première fois en 1462, le receveur général et le trésorier général de la Lorraine, ceux du Barrois, le maître de la monnaie de Nancy, le grand gruyer de la Lorraine et celui du Barrois, placés à la tête de l'administration forestière.

Ces dignitaires étaient, de même que les fonctionnaires provinciaux, nommés par le duc, qui avait le droit de les déplacer et de les destituer. Ni la Lorraine ni le Barrois ne connaissaient alors la vénalité des offices.

B. — L'administration locale [1].

Les plus hauts fonctionnaires de l'administration locale sont les baillis. Ils appartiennent à la noblesse et, en Lorraine, à l'ancienne chevalerie. D'une façon générale, les baillis représentent le duc, publient ses ordonnances, reçoivent les reprises de ses vassaux, jugent au criminel les gentilshommes, convoquent en cas de guerre les vassaux ducaux et en prennent le commandement, veillent à l'entretien des places fortes, peuvent en outre siéger au conseil ducal ou être chargés de missions diverses. En Lorraine, les baillis président le tribunal des assises ; dans le Barrois, ils connaissent en appel des sentences criminelles rendues par les prévôts.

[1]. Ce que nous disons ici de l'administration locale et, un peu plus loin (p. 388), de la justice, ne s'applique en général qu'aux terres du domaine, celles où le duc était en même temps seigneur.

Comme le bailli est un homme d'épée, peu au fait des lois, et qu'il s'absente souvent, on reconnaît, dès le xv⁰ siècle, la nécessité de lui donner un auxiliaire ; le lieutenant de bailli, plus tard appelé lieutenant général, était un roturier, un homme de loi, qui avait pour mission de rendre la justice. Les prévôts, dont nous avons déjà parlé, étaient, eux aussi, des roturiers ; ils avaient de multiples attributions à la fois judiciaires, financières et militaires. Sur le même rang que les prévôts mettons les receveurs, chargés de recouvrer les impôts, les capitaines ou châtelains, qui commandaient les forteresses, enfin les gruyers, c'est-à-dire les agents du service forestier.

L'administration municipale était confiée à des officiers roturiers, bourgeois ou paysans. Le plus élevé était le maire, qu'assistaient des échevins en nombre variable. Dans les localités affranchies à la loi de Beaumont, la nomination du maire et des échevins résultait souvent d'une élection à un ou à plusieurs degrés, mais ils pouvaient aussi être désignés par le duc sur une liste que lui présentaient les habitants. Dans les localités qui n'avaient pas de charte, le duc nommait lui-même les officiers municipaux. Pour être maire ou échevin, il fallait remplir en général certaines conditions d'âge, de résidence, de fortune. Ces fonctions étaient presque toujours annuelles. Maire et échevins avaient des attributions nombreuses, pouvaient rendre des ordonnances, administrer la ville, juger au civil et même au criminel ; toutefois l'exécution des sentences leur échappait, elle était réservée aux officiers ducaux. Les localités les plus favorisées avaient un conseil communal, élu par les habitants. Enfin, dans les petits villages, on trouvait l'assemblée de communauté, dont tous les habitants majeurs faisaient partie ; cette assemblée ne délibérait pas seulement sur les affaires de la localité, elle pouvait se transformer en tribunal criminel.

Neufchâteau, Epinal et Sarrebourg [1] jouirent, au moins

---

1. Sarrebourg des marchands, en allemand *Kaufmannsaarburg*.

du xɪɪɪ° au xv° siècle, d'une situation privilégiée. Tandis que la première de ces villes a toujours appartenu au duché féodal de Lorraine, les deux autres, d'abord dépendantes des évêques de Metz, finirent, après bien des luttes contre leurs seigneurs, par devenir lorraines, Epinal en 1466, Sarrebourg en 1464 (1661). Neufchâteau, Epinal et Sarrebourg avaient reçu ou conquis des libertés qui les égalaient presque à des communes. Si aucune de ces trois villes ne possédait le droit de battre monnaie, toutes avaient un sceau, et l'une d'elles au moins, Epinal, pouvait faire la guerre à qui bon lui semblait. A Neufchâteau, le gouvernement et la juridiction appartenaient à treize jurés, que le duc nommait lui-même durant le xɪɪɪ° siècle, mais que les habitants élurent par la suite ; ces jurés choisissaient parmi eux un maire. Un prévôt, un échevin, un conseil de neuf jurés, à l'origine désignés par l'évêque de Metz, enfin un conseil de quarante bourgeois se répartissaient à Sarrebourg les attributions administratives et judiciaires. Notons, à propos de cette dernière ville, qu'à plusieurs reprises elle éleva des prétentions à l'immédiateté dans l'Empire [1]. Epinal avait à sa tête quatre gouverneurs, qui concentraient entre leurs mains les pouvoirs politiques, administratifs et militaires ; ils étaient élus par l'aristocratie bourgeoise des citains ; ceux-ci formaient le moyen conseil, qui délibérait sur les affaires de la ville. L'assemblée générale, à laquelle les gouverneurs communiquaient leurs décisions, comprenait, outre les citains, les simples bourgeois. Mais l'évêque de Metz s'était réservé le droit, que gardèrent par la suite le roi de France puis le duc de Lorraine, de nommer les officiers chargés de rendre la justice, maire, échevin, grand doyen, clerc juré. Les gouverneurs, les échevins, les jurés, en un mot les magistrats des trois villes restaient en charge une

---

1. Il semble qu'elles aient reçu parfois un accueil favorable, car Sarrebourg figure en 1422 parmi les villes libres auxquelles la diète de Nuremberg demande des soldats pour la croisade contre les Hussites.

année. Au surplus, les bourgeois de Neufchâteau, de Sarrebourg et d'Epinal jouissaient de privilèges que ne possédaient même pas les habitants des villes affranchies à la loi de Beaumont. Sans être à proprement parler dépouillées de leurs libertés politiques, les trois cités les virent diminuer au xv⁰ siècle, Neufchâteau depuis les exécutions violentes de Charles II, Epinal et Sarrebourg à partir de leur incorporation à la Lorraine. L'autorité des officiers ducaux, bailli de Voge à Neufchâteau, bailli à Epinal, capitaine à Sarrebourg, s'accrut petit à petit et réduisit d'autant celle des magistrats municipaux. Notons que Sarrebourg devait encore, au xvi⁰ siècle, faire de nouveaux mais infructueux efforts pour que la Chambre impériale de Spire lui reconnût la qualité de ville libre impériale [1].

4° *Les services publics.*

A. — La législation. La justice.

La législation d'après laquelle les tribunaux rendaient la justice manquait d'unité. Nous avons vu qu'à l'époque précédente avait commencé à se constituer un droit coutumier, qui variait d'une seigneurie à l'autre, et même, dans les duchés, d'un bailliage à un autre. Ce droit resta longtemps oral, et l'on ne songea que vers la fin du xv⁰ siècle à le fixer en le rédigeant. Le travail commença pour le Barrois sous René II, qui en soumit les résultats à l'approbation des Etats généraux en 1506 et en 1507 ; la première fois il s'agissait de la coutume du bailliage de Bar, et la seconde de celle du Bassigny. On ne sait à quelle date fut approuvée et promulguée la coutume du bailliage de Saint-Mihiel. Le travail continua sous Antoine pour le duché de Lorraine. C'est, non point en 1519, comme on l'a dit à tort, mais à

---

[1]. Pourtant parmi les villes libres auxquelles la diète de Worms (1521) impose des contributions en hommes et en argent, on voit figurer Kaufmannsaarbrück, qui doit être en réalité Kaufmannsaarburg, notre Sarrebourg des marchands.

une date inconnue, entre 1508 et 1544, que furent rédigées « les plus principales et générales coutumes du duché de Lorraine », qui reçurent l'approbation des États généraux. A bien des égards le droit n'était pas le même pour les nobles et pour les roturiers.

Pas plus que le *Miroir de Souabe*, le droit romain ne paraît avoir eu force de loi dans la Lorraine ni dans le Barrois.

Au criminel il n'existait pas de coutume écrite, mais des usages, que les ducs avaient le pouvoir de modifier.

La justice était rendue par une série de tribunaux. Au dernier degré fonctionnait la justice communale ou municipale. Le maire et les échevins jugeaient au civil et au criminel ; on pouvait appeler de leurs sentences au criminel comme au civil dans le Barrois, au civil seul dans la Lorraine. La communauté ou assemblée des habitants pouvait dans certains cas s'ériger en tribunal criminel ; la féauté connaissait des contestations relatives aux limites des propriétés.

Le prévôt jugeait au civil et au criminel. Sa juridiction, affaiblie au XIIIe et au XIVe siècle dans les localités affranchies à la loi de Beaumont, regagna du terrain durant le XVe et le XVIe siècle, au détriment des tribunaux municipaux. En appel les prévôts peuvent reviser — dans la Lorraine au civil seulement, dans le Barrois au criminel comme au civil, — les arrêts des justices municipales.

En Lorraine on appelait *semblant* toute sentence rendue par une juridiction inférieure et susceptible d'être portée en appel devant un tribunal plus élevé, qui avait le pouvoir de la réformer.

En ce qui concerne les juridictions supérieures, la Lorraine et le Barrois présentent entre elles des différences appréciables, qu'expliquent et la prépondérance de l'ancienne chevalerie dans la première et la dépendance où se trouve une partie du second vis-à-vis de la France.

Dans la Lorraine il y a lieu de distinguer les tribunaux bailliagers et le tribunal des Assises. A Nancy, le tribunal bailliager est devenu celui du maître-échevin et des échevins, appelé aussi le *change*. Ce tribunal, dont on constate déjà l'existence en 1384, est formé de magistrats nommés par le duc. D'abord subordonnés au bailli, maître-échevin et échevins s'affranchissent peu à peu de son autorité. Ils connaissent en première instance de certaines causes civiles et des crimes commis par les gentilshommes de l'ancienne chevalerie, en appel des sentences rendues par quelques prévôtés et mairies. Toutes les juridictions inférieures prennent l'avis du maître-échevin et des échevins de Nancy dans les affaires criminelles. Les efforts de ce tribunal en vue d'accroître sa compétence le mettront souvent en conflit au XVIe siècle avec les Assises. Dans le bailliage de Vôge, le tribunal bailliager, nommé *fuers assises*, comprend — outre quelques gentilshommes, — les prévôts du bailliage ; il a surtout une juridiction d'appel. Enfin le tribunal du bailliage d'Allemagne est formé d'échevins.

Les Assises de l'ancienne chevalerie sont des tribunaux composés exclusivement de gentilshommes ; chacun des trois grands bailliages de la Lorraine possède le sien. C'est le bailli qui préside ce tribunal, mais sans y jouer un rôle actif ; l'un des gentilshommes présents dirige les débats avec le titre d'échevin. Les Assises jugent au civil en première instance les procès entre gentilshommes ou entre gentilshommes et roturiers, ceux enfin où le duc est partie, — en appel les sentences des tribunaux inférieurs. Les Assises ne possédaient pas la juridiction criminelle, et l'on peut s'étonner que l'ancienne chevalerie n'ait pas voulu se la réserver, au moins en ce qui concernait ses propres membres.

Dans le Barrois mouvant on en appelait soit aux bailliages français de Chaumont ou de Sens, soit au Parlement de Paris, dont les empiétements incessants provoquèrent de fréquents conflits entre les souverains du Barrois et les rois de France. Le procès d'un ancien prévôt de Clermont-en-Argonne, Claude de la Vallée, en fournit au XVIe siècle un exemple mémorable.

Dans le Barrois non mouvant, les plaideurs allaient en appel d'abord devant le bailliage, puis devant les Grands Jours de Saint-Mihiel. Ce dernier tribunal, dérivé de la *curia* des comtes ou ducs de Bar, fut réorganisé en 1444 par René Ier, en 1497 par René II, qui décida qu'il se réunirait tous les trois ans. Il était présidé par le duc lui-même ou par le personnage que le duc avait désigné. A l'origine, les gentilshommes seuls siégeaient aux Grands Jours; plus tard, le duc leur adjoignit des gens de loi. Enfin, en 1532, Antoine remplaça les Grands Jours par une commission permanente, où n'entraient que des gens de loi. Ainsi le Barrois ne possédait aucune juridiction qui rappelât les Assises ; c'est que la noblesse avait dans ce duché moins de puissance qu'en Lorraine.

Au-dessus de tous les tribunaux il y avait le conseil ducal, qui donnait des consultations, et qui servait à l'occasion de tribunal arbitral ; pouvaient également s'adresser à lui tous ceux qui n'avaient pas obtenu justice des autres tribunaux.

On peut dire d'une façon générale qu'au XVe siècle, et surtout au XVIe, les tribunaux ducaux ne cessent d'accroître leur compétence aux dépens des justices seigneuriales et des officialités.

Des tabellions, des notaires, des avocats, des procureurs (?) fonctionnaient auprès des tribunaux de la Lorraine et du Barrois ou de quelques-uns d'entre eux.

Nous regrettons de ne pouvoir étudier la procédure, surtout celle des Assises, d'un formalisme archaïque très curieux. Epreuves et combat judiciaires avaient disparu avec le temps ; mais au criminel on recourait à la question, pour arracher aux prévenus l'aveu des crimes dont les juges les croyaient coupables ; les brodequins, les grésillons, l'échelle, etc., étaient les modes de torture les plus fréquemment employés.

La bastonnade punissait les fautes légères ; la mort attendait les vrais criminels; les nobles avaient la tête tranchée ; on étranglait, on noyait ou l'on envoyait au bûcher les roturiers. Ainsi, jusque dans les supplices, le gentilhomme se distinguait du bourgeois et du paysan.

Ajoutons qu'à la fin du XIII° siècle on trouvait encore dans le Clermontois quelques traces des anciennes coutumes germaniques, responsabilité des parents du meurtrier dont ils étaient solidaires, et possibilité pour le criminel de se racheter par une composition. La faculté qu'a le meurtrier d'éviter, en payant une somme d'argent, le châtiment qu'il a encouru n'est même pas spéciale au Clermontois; nous constatons qu'elle existe jusqu'au XVI° siècle dans le reste du Barrois ainsi qu'en Lorraine.

B. — L'armée.

Il n'existe pas alors d'armée permanente. En temps de paix, le duc a une garde, au moins depuis René II, et quelques troupes dispersées dans les principales forteresses. L'armée réunie au moment d'une guerre comprend des contingents féodaux, des contingents roturiers, des mercenaires. Les vassaux nobles doivent au duc le service militaire personnel; ils lui fournissent en outre un certain nombre d'hommes et mettent leurs châteaux à sa disposition ; eux-mêmes servent à cheval. C'est le bailli qui les convoque et qui les commande. Les roturiers sont astreints à marcher jusqu'à soixante ans ; ils servent à pied ou à cheval, suivant leur fortune ; leurs obligations comportent ou des expéditions, ost et chevauchée, ou la garde et le guet dans les forteresses ducales. Le service d'ost et de chevauchée finit par être limité comme durée et comme distance. Les prévôts convoquent et commandent les roturiers de leurs circonscriptions ; ils ont le droit d'en passer des *montres* ou revues. Les arbalétriers, plus tard les arquebusiers, qui forment des compagnies dans quelques villes de la Lorraine et du Barrois, s'arment et s'équipent à leurs frais, s'exercent tous les quinze jours au tir ; en revanche, ils sont exempts de tailles et reçoivent une solde en temps de guerre. Plus tard, ces compagnies deviendront de simples sociétés de tir.

Enfin les ducs, en particulier René II et Antoine, recourent à des mercenaires ; le premier, lors de sa lutte contre Charles le Téméraire, prend à sa solde des Alsaciens et des Suisses ; le second, pour combattre les Rustauds, fait venir des lansquenets, des Stradiots, des Français, des Italiens et des Espagnols.

L'armée a pour chefs le duc lui-même, le maréchal, le sénéchal et les baillis.

C'est en 1360 que l'on trouve la première mention de l'artillerie dans la Lorraine et le Barrois. Au xv⁰ siècle, ce service a pour chef un maître et capitaine de l'artillerie, qui a sous ses ordres un personnel d'ouvriers et de pointeurs, ceux-ci en petit nombre. Le matériel se compose de fauconneaux, de couleuvrines et d'autres pièces, dont le transport est assuré par des voitures que fournissent d'habitude les abbayes lorraines.

Les duchés possèdent un certain nombre de places fortes, villes et châteaux.

C. — Les finances.

A l'origine, les souverains des duchés vivent de ce qu'ils retirent de leurs domaines ; ceux du Barrois ne disposent que des revenus des forêts et des étangs ; les princes lorrains ont en plus les produits des salines, des mines d'argent, enfin l'aide Saint-Remy, que paient seuls les habitants du domaine ducal.

Ces ressources ne suffisant pas, il fallut en trouver d'autres. A cet égard encore le Barrois est en avance sur la Lorraine. Le duc Robert leva des aides, tantôt après avoir pris l'avis de notables, tantôt de sa seule autorité. Depuis René I⁰ʳ les ducs lorrains se voient, eux aussi, dans la même obligation ; René I⁰ʳ eut besoin de beaucoup d'argent pour payer sa rançon ou ses expéditions d'Italie. Seulement en Lorraine le duc ne pouvait lever d'aides extraordinaires sans l'assentiment des Etats ; il en fut de même pour le Barrois à partir du moment où ce duché s'unit à la Lorraine. Il appartenait aux Etats de fixer la nature, le montant et l'assiette de l'impôt. En général, cette aide extraordinaire était établie par conduit, c'est-à-dire par famille ; de deux francs barrois à l'origine, elle finit par monter jusqu'à six francs ; les contribuables l'acquittaient en argent. D'ailleurs, toutes les familles ne payaient pas le même chiffre d'impôts : quand on répartissait entre les habitants d'une localité la somme à laquelle celle-ci avait été taxée, on tenait compte de leur situation de fortune ; suivant l'expression alors usitée, « le fort portait le faible ». Les nobles, les gens d'Eglise, les fonctionnaires et quelques autres privilégiés bénéficiaient d'une exemption totale d'impôts. Les percepteurs, pris tantôt parmi les maires, tantôt parmi les bourgeois, tantôt parmi les officiers ducaux, remettaient le produit de l'impôt aux receveurs ducaux, qui le versaient entre les mains des receveurs généraux. Les habitants des fiefs payaient ces contributions comme ceux du domaine ducal.

Les recettes du budget ducal ne montaient pas à un chiffre élevé. Sous le règne d'Antoine les salines ne rapportent pas plus de 100.000 francs barrois, celui de l'aide Saint-Remy oscille entre 11.000 et 15.000 ; une aide extraordinaire levée en 1523 produit 70.000 francs.

Le budget des dépenses comprenait l'entretien de la famille ducale et du personnel attaché à son service, les gages des officiers et des fonctionnaires, la solde des gens de guerre, etc...

Chacun des duchés possédait sa chambre des comptes, chargée de surveiller la gestion financière des agents ducaux. L'origine de l'une et de l'autre se perd dans la nuit des temps ; elles dérivaient sans doute de la *curia* ducale. Les membres de la chambre des comptes de Lorraine s'appelaient au XVe siècle « maîtres rationaux », au XVIe « conseillers auditeurs des comptes ». Ils surveillaient l'administration du domaine, la gestion des receveurs, jugeaient les procès financiers ; on pouvait en appeler à eux des sentences des gruyers. La chambre des comptes du Barrois, appelée d'abord « conseil et bureau monseigneur », plus tard « chambre du conseil et des comptes », avait à peu près les mêmes attributions que celle de la Lorraine.

5° *Les fiefs*.

Outre le domaine ducal, la Lorraine et le Barrois comprenaient des fiefs, dont les détenteurs étaient presque tous des gentilshommes, auxquels il faut joindre plusieurs abbayes. Ces vassaux, quels qu'ils fussent, prêtaient foi et hommage au duc ou au bailli, lui délivraient leur aveu et dénombrement ; ils étaient astreints aux obligations vassaliques ordinaires, service militaire, aides féodales, etc. Le refus de satisfaire au service militaire pouvait entraîner la confiscation du fief.

Les fiefs qui relèvent des ducs lorrains varient d'importance et d'étendue, peuvent comprendre des villes et des villages ou simplement quelques maisons d'un village. L'organisation de ces fiefs rappelle, toutes proportions gardées, celle du domaine ducal : le seigneur nomme ses officiers, baillis, prévôts, etc., et, quand il ne choisit pas à son bon plaisir les maires, échevins, doyens, qui administrent les localités de son fief, il les prend sur une liste de candidats que les habitants lui présentent.

Comme nous l'avons déjà dit, il arrive souvent qu'une localité dépende de plusieurs maîtres, soit qu'ils la possèdent par indivis, soit qu'ils se la partagent ; dans ce dernier cas chacun d'eux a d'habitude ses officiers. Parfois, ce sont les droits sur un village qui se trouvent répartis entre différents seigneurs. Il peut se faire d'ailleurs que l'entente règne entre ceux-ci et qu'en vertu d'un accord permanent ils aient les mêmes officiers, ou que leurs agents se réunissent pour former un tribunal unique. C'est ainsi qu'à Insming la *Mère-Cour* comprend dix-sept personnes, dont huit représentent le duc de Lorraine, trois le sire de Braubach, autant le prieuré de Zelle et celui d'Insming. Mais, en général, juxtaposition ou enchevêtrement de droits engendrent des contestations incessantes entre les seigneurs, et de ces querelles il résulte pour les sujets toutes sortes de tracasseries et de vexations. Les conflits prennent un caractère plus grave quand les seigneuries entre lesquelles est divisée une localité relèvent, comme cela se présente quelquefois, de suzerains différents.

Les vassaux nobles jouissaient de pouvoirs plus ou moins grands. Ils ont perdu au xvi° siècle le droit de guerre privée ; ils n'avaient jamais battu monnaie. Au point de vue judiciaire, quelques-uns avaient le droit de haute, moyenne et basse justice. Les plus favorisés possédaient, outre une juridiction inférieure, un tribunal d'appel ou *buffet* et cherchaient, mais pas toujours avec succès, à empêcher leurs sujets d'appeler des sentences de leur buffet à un tribunal ducal. Comme détenteurs de fiefs, ils siégeaient aux États généraux ; leurs sujets payaient les aides extraordinaires. Eux-mêmes avaient le droit de lever des redevances seigneuriales variées, et peut-être aussi des contributions extraordinaires sur les habitants de leurs fiefs.

Tandis que, dans son ensemble, l'ancienne chevalerie possède d'importants privilèges, tient même dans les États généraux le duc en échec, jouit enfin dans ses Assises d'une juridiction étendue, ses membres pris individuellement voient, depuis la fin du xv° siècle, l'autorité ducale, bien secondée par ses agents, empiéter de plus en plus sur leurs prérogatives.

6° *Les ducs, les seigneurs et leurs sujets.*

Pour se faire une juste idée du gouvernement de la Lorraine et du Barrois, il ne suffit pas d'en connaître le mécanisme ; on doit rechercher comment fonctionnaient les rouages, de quels principes s'inspiraient les ducs et leurs officiers, quelle attitude ils observaient dans leurs rapports avec les habitants du pays, quels sentiments enfin ceux-ci éprouvaient pour leurs maîtres.

Si Charles II avait cruellement malmené les bourgeois de Neufchâteau, ses successeurs ne méritèrent pas les mêmes reproches. René I, René II et Antoine n'avaient ni dureté ni morgue ; ils se présentent à nous comme des princes accueillants, paternels, soucieux de ménager leurs sujets et de gagner leur affection. La bienveillance de ces souverains et les succès de René II avaient accru l'attachement des Lorrains et des Barrois pour leur dynastie nationale ; le loyalisme et le patriotisme se confondaient dans leur cœur en un seul et même sentiment. Les officiers ducaux ne se montraient pas toujours d'aussi bonne composition que leurs maîtres ; pourtant, s'ils ont été parfois l'objet de plaintes assez vives de la part de la population, il ne semble pas que cette dernière ait nourri contre eux une véritable haine. Peut-être l'administration des fiefs donnait-elle plus de prise à la critique ; nous avons la preuve que les vilains libres et les serfs de certains seigneurs étaient durement traités. La condition des paysans paraît avoir été moins bonne dans la partie de la Lorraine où se parle l'allemand que dans les territoires de langue romane.

IV. — Relations juridiques des duchés de Lorraine et de Bar avec l'Empire, avec la France et avec les Etats voisins.

Les ducs sont membres de l'Empire et vassaux de la France ; ils entretiennent en outre des rapports avec les seigneurs voisins. Il faut donc les envisager à ces divers points de vue.

2° *Relations féodales des ducs de Lorraine et des ducs de Bar avec l'Empire et avec la France.*

A. — Relations féodales avec l'Empire.

On avait commis la faute d'enlever aux ducs lorrains le droit de participer à la nomination du roi des Romains, réservée à sept princes, dont un seul, l'archevêque de Trèves, appartenait à la région lorraine. Pourtant quelques-uns des ducs lorrains, Ferry III, Ferry IV et Charles II s'intéressèrent à la désignation des rois des Romains et soutinrent même par les armes, quand deux candidats se disputaient la couronne, celui des compétiteurs qui avait leurs préférences.

Ferry III avait encore repris la Lorraine en fief d'Alphonse X. Les successeurs immédiats de Ferry continuèrent-ils de remplir cette formalité ? En 1361, l'acte par lequel Jean Ier fit hommage à Charles IV ne mentionne pas le duché de Lorraine ; il semble qu'il en ait toujours été de même dans la suite. C'est ce que soutint à la diète de Worms, en 1495, René II, qui refusa de prêter le serment dans les formes que Maximilien prétendait tout d'abord lui imposer. Le duc affirma qu'il était vassal de l'Empire non point pour la Lorraine, mais seulement pour quelques fiefs. Maximilien dut se contenter d'une formule de serment très vague, qui ne spécifiait rien quant au duché lui-même. Etait-ce à dire que la Lorraine cessât de faire partie de l'Empire ? En aucune façon ; les ducs en effet continuent d'intervenir dans les affaires allemandes, et Sigismond, fait juge du différend d'Antoine et de René Ier, attribue au second le duché, objet du litige. A partir de René II, nous l'avons dit, les ducs s'efforcent de faire reconnaître l'indépendance de la Lorraine, et après des tentatives infructueuses en 1523 et en 1524, Antoine réussit en 1542, par le traité de Nuremberg, à obtenir une demi-satisfaction. D'autre part, les ducs tenaient en fief de l'Empire plusieurs seigneuries.

Nous avons vu qu'en 1299 Albert de Habsbourg avait à Quatrevaux renoncé à ses droits de suzeraineté sur la moitié occidentale du Barrois. Pour mieux rattacher à l'Empire une partie tout au moins du reste de cette principauté, Charles IV, par un diplôme de 1354, érigea en marquisat, fief impérial, Pont-à-Mousson et les terres qui dépendaient de cette ville.

Les ducs lorrains ne remplissaient pas d'une façon très stricte leurs obligations vis-à-vis de l'Empire, et cela qu'il s'agît de contingents militaires, de contributions en argent ou d'assistance aux diètes. Pourtant Thiébaut II accompagna peut-être Henri VII en Lombardie et Charles II fit en 1401-1402 l'expédition d'Italie avec son beau-père Robert de Bavière. Depuis 1431, les ducs se montrent plus récalcitrants et tentent de se soustraire à toute espèce d'obligations ; ils sont pourtant forcés à plusieurs reprises de donner de l'argent et de fournir des soldats. Ainsi la diète de Nuremberg (1422) réclame 20 lances au duc de Lorraine, autant à celui de Bar. Neuf ans plus tard un autre Reichstag tenu, lui aussi, à Nuremberg, taxe à 100 lances le duc de Bar et le pays de Lorraine. Enfin, en 1521, la diète de Worms invite Antoine à fournir, à titre de duc de Lorraine, 60 cavaliers, 277 fantassins et 600 florins, et comme possesseur du comté de Blâmont, 6 cavaliers, 25 fantassins et 86 florins. Le traité de Nuremberg (1542) détermina, mais d'une façon ambiguë, les rapports de la Lorraine et de l'Empire ; la Lorraine était déclarée un duché libre et non incorporable, placé pourtant sous la protection de l'Empire, à qui en retour son duc devait acquitter une contribution égale aux deux tiers de celle que payait un électeur. Depuis lors, les ducs lorrains se firent représenter aux diètes plus régulièrement qu'ils ne l'avaient fait par le passé.

Comme la république messine, le duc de Lorraine adjoint d'habitude un orateur aux représentants qu'il envoie aux diètes ; c'est ainsi qu'à Nuremberg (1523-1524) les députés d'Antoine eurent pour porte-parole le célèbre franciscain et publiciste strasbourgeois Thomas Murner.

B. — Relations féodales avec la France.

Ducs de Lorraine et ducs de Bar étaient en outre vassaux des rois de France, les premiers depuis le xiiie siècle pour Neufchâteau, Montfort, Frouard [1], etc., les seconds pour le Barrois occidental à partir de 1301. Louis XI renonça en 1465 à ses droits de suzeraineté sur Neufchâteau, etc., tandis que le Barrois mouvant demeura toujours un fief français. Faisait-il partie du royaume de France? Il est assez difficile de résoudre la question. La juridiction qu'exerçaient quelques baillis français et le Parlement de Paris sur cette portion du Barrois semblerait l'indiquer : mais d'autre part les comtes et ducs de Bar jouissaient des droits régaliens dans la moitié occidentale de leur principauté, les habitants du Barrois mouvant ne payaient pas d'impôts au souverain français ; ils protestèrent quand les officiers royaux essayèrent de lever sur eux des contributions, et les rois eux-mêmes reconnurent le bien-fondé de leurs réclamations. Le Barrois n'envoya jamais non plus de représentants aux États généraux du royaume. Quant aux obligations des comtes ou ducs de Bar vis-à-vis de la France, elles étaient en principe celles des vassaux ordinaires. Nous avons dit qu'en 1541 François Ier, non content de les préciser, contraignit Antoine à déclarer qu'il n'exerçait la régale et la souveraineté qu'en vertu d'une tolérance du roi de France ; le traité stipulait que François, fils d'Antoine, bénéficierait encore de la même faveur, mais qu'après lui cette situation prendrait fin.

Vassaux de l'empereur et du souverain français, les ducs lorrains se trouvèrent dans une situation délicate, quand, au xvie siècle, ces deux princes se firent la guerre. Ce fut pour ne pas violer ouvertement ses obligations vis-à-vis de l'un ou de l'autre de ses deux suzerains qu'Antoine prit, après 1521, le parti de garder la neutralité entre eux.

[1]. C'est dans l'héritage des comtes de Champagne que Philippe le Bel avait trouvé les droits de suzeraineté sur Neufchâteau, etc., qu'il transmit à ses successeurs.

Pl. XIII.

VIC-SUR-SEILLE (Lorraine). — Ancienne Monnaie
avant sa restauration (xv⁰ siècle).

VERDUN. — Reconstitution de la Porte-Chaussée
(xv⁰ siècle), par W. Konarski.

(Voir p. 470.)

C. — Relations féodales avec l'évêque de Verdun.

Les comtes, puis ducs de Bar, étaient vassaux des évêques de Verdun pour le Clermontois, mais, avec le temps, les droits de suzeraineté des prélats tombèrent si bien dans l'oubli qu'au XVIe siècle Nicolas Psaulme eut de la peine à les faire revivre.

2° Relations de la Lorraine et du Barrois avec les Etats voisins.

Il y avait encore des relations d'autre nature soit entre les ducs et leurs voisins, soit entre leurs sujets et ceux des seigneuries limitrophes de la Lorraine ou du Barrois.

Pour maintenir la paix, les ducs et les princes de la région signaient des conventions appelées *landfried* ; citons celle de 1501, à laquelle souscrivirent les ducs Jean Ier de Lorraine et Robert de Bar, plusieurs évêques et divers seigneurs. On connaît encore des traités de *landfried* conclus par des gentilshommes de la Lorraine et du Barrois en 1416, en 1435, en 1441 et en 1468.

Lorsque les ducs guerroyaient avec leurs voisins, des Etats amis offraient quelquefois leur médiation aux belligérants. Strasbourg essaya de réconcilier René II et la ville de Metz. Charles VIII s'interposa entre René II et Robert de la Marck ; plus tard, grâce à un rhingrave, Metz fit la paix avec Franz de Sickingen.

En ce qui concerne les relations privées des habitants de deux principautés, les traités d'entrecours réglaient les conditions dans lesquelles se faisaient les mariages, les achats et les héritages. Les tribunaux de *marches* ou d'*estaux* jugeaient les différends ; établis aux frontières, en certains endroits déterminés, ils se composaient de juges nommés par les deux seigneurs de qui dépendaient les parties.

CHAPITRE IV

LES INSTITUTIONS DES PRINCIPAUTÉS ECCLÉSIASTIQUES ET DES RÉPUBLIQUES MUNICIPALES DE METZ, DE TOUL ET DE VERDUN [1]

I. — LES PRINCIPAUTÉS ECCLÉSIASTIQUES.

Les évêques de Metz, de Toul et de Verdun avaient fini, à la suite d'une série de privilèges que leur avaient accordés les Mérovingiens, les Carolingiens et les souverains de la maison de Saxe, par se constituer une sorte d'État, un temporel qui comprenait, outre leur ville épiscopale, des fiefs, des villes et des villages ou des fragments de villages. Mais déjà, dans le courant de la période germanique, ce temporel avait commencé à se morceler, à s'effriter sous l'influence de causes multiples, intérieures ou extérieures. De bonne heure les évêques s'étaient vus obligés de compter avec leurs chanoines et de leur abandonner une partie des domaines de l'Église : il y a le temporel de l'évêque et le temporel du chapitre. Le premier est menacé à l'extérieur

---

[1]. Bibliographie. — Sources : Voir ci-dessus (p 313 et 338).

Ouvrages concernant les principautés et les villes épiscopales : pour Toul, l'ouvrage déjà cité de l'abbé MARTIN (E.), et LUXER (A.), *les Institutions judiciaires de la cité de Toul avant sa réunion à la France*, 1 br. in-8°, 1888.

Pour Verdun : les travaux de CLOUET, de LABANDE et de l'abbé AIMOND (ci-dessus p 228 et 314).

Pour Metz : ABEL (Ch.), *Recherches historiques sur les origines de la commune de Metz ; les Institutions communales dans le département de la Moselle ; Recherches sur les points obscurs de l'histoire de Metz ; les Trois mairies ; les Paraiges* (Mém. Acad. Metz, t. XL, LI et LV, 1859, 1870 et 1875.) — KLIPFFEL (H.), *les Paraiges messins*, 1 vol. in 8°, 1863, et *Metz cité épiscopale et impériale*, 1 vol. in-8°, 1867. — PROST (A.), *les Paraiges messins* (Mém. Soc. arch. Mos., t. XIV, 1867). *L'ordonnance des maïours ; Étude sur les institutions judiciaires de Metz du XIIIe au XVIIe siècle*, 1 vol. in-8°, 1878 ; *les Institutions judiciaires de la cité de Metz*, 1 vol. in-8°, 1893. — RÖRIG (Fr.), *Die Ballette von Metz. Ein Beitrag zur Geschichte der Verkehrsteuern und des Enregistrements* (Jahrbuch de Metz, t. XXI, 1909).

par les ducs de Lorraine, par les comtes, plus tard ducs de
Bar, qui essaient de s'en approprier des morceaux et à
l'intérieur par les bourgeois des villes ou par les vassaux
nobles, qui cherchent et qui réussissent, les uns en partie, les
autres complètement, à s'affranchir de l'autorité de l'évêque.
C'est ainsi que les cités de Metz, de Toul et de Verdun se
transforment en républiques municipales, que les seigneurs
du Westrich, comtes de Salm, de Blâmont, de Saarwerden,
de Sarrebrück et de Deux-Ponts finissent par rompre les
liens de vassalité qui les rattachaient aux évêques de Metz [1]
et par relever directement de l'Empire. En fin de compte,
les prélats gardent des droits de suzeraineté plus ou moins
précis, plus ou moins importants, sur leur ville, sur plusieurs vassaux nobles, enfin ils ont sous leur domination
directe un certain nombre de petites villes et de villages,
qui forment à proprement parler leur temporel.

Dans son temporel, l'évêque est un prince souverain, qui
jouit des mêmes prérogatives qu'un duc de Lorraine dans
ses États. L'évêque promulgue des ordonnances, fait la
guerre et la paix, lève des troupes, bat monnaie, droit que
du reste il n'exerce pas toujours. Au début du xve siècle,
Jean de Sarrebrück s'intitulera évêque et comte de Verdun ;
un de ses successeurs, Guillaume Fillastre, passé par per-
mutation avec Louis de Haraucourt sur le siège de Toul,
se fera autoriser, en 1451, par l'empereur Frédéric III, à
prendre le titre de comte de Toul. Les évêques de Metz ne
suivront pas l'exemple de leurs collègues de Toul et de
Verdun. Comme le duc de Lorraine ou le duc de Bar, l'é-
vêque groupe autour de lui tout un personnel de grands
officiers. Nous avons vu que, depuis le xiie siècle à Verdun,
le xiiie à Metz et à Toul, il n'y avait plus de comte épiscopal.

[1]. Nous laissons de côté les seigneuries alsaciennes de Lützelstein, de
Herrenstein et de Hüneburg, sur lesquelles les évêques messins possédaient, ou avaient possédé des droits de suzeraineté.

Les chefs-lieux des évêchés ou les résidences des prélats sont respectivement Vic, Toul ou Liverdun, enfin Hatton-châtel. Chaque principauté épiscopale se divise en châtellenies ou en prévôtés : il y a huit châtellenies dans l'évêché de Metz, une prévôté et trois châtellenies dans celui de Toul, cinq prévôtés dans celui de Verdun. On retrouve, pour administrer le temporel de chacun des évêques, des baillis, des châtelains, des prévôts, des forestiers, etc., ainsi que des maires, des échevins, des doyens, etc., qui, sous le double rapport du mode de nomination et des attributions, ne se distinguent pas de leurs collègues de la Lorraine ducale. Les causes des vassaux nobles de l'évêque sont portées devant sa cour épiscopale, « Grands Jours » ou « Hauts Jours ». Les sujets roturiers du prince ecclésiastique sont jugés, selon les cas, par les maires et les échevins des villages et des villes ou par les fonctionnaires épiscopaux, prévôts et baillis. La « Chambre de l'évêque » ou la « Salle épiscopale », tribunal supérieur, connaît en appel des procès qu'ont examinés en première instance les officiers du prélat, ou même, comme à Verdun et à Toul, les magistrats de ces deux villes. Les habitants des petits États ecclésiastiques ont leurs coutumes particulières, d'après lesquelles ils sont jugés. Les vassaux nobles sont astreints aux obligations féodales ordinaires vis-à-vis du seigneur évêque. Celui-ci, comme nous allons le montrer, a vu son autorité sur les cités épiscopales décroître sans cesse du XIIIe au XVIe siècle. En outre, deux petites villes du temporel des évêques de Metz, Sarrebourg et Epinal, qui avaient presque réussi à se constituer en communes, finirent, après bien des péripéties, par se soustraire à la domination de leur souverain légitime pour se donner au duc de Lorraine.

Les chapitres épiscopaux jouissent, au point de vue temporel, d'une indépendance complète à l'égard de l'évêque. Ils administrent et jugent leurs sujets par l'intermédiaire d'officiers qu'ils nomment, et sans que l'évêque ait le droit d'intervenir. Tandis que les chanoines de Metz ont leurs domaines répartis dans les villages du pays messin, ceux des deux autres cités épiscopales possèdent de nombreux villages qui se groupent, pour celui de Toul en quatre prévôtés, pour celui de Verdun en six prévôtés. Les comtes et ducs de Bar, les ducs de Lorraine empiètent sur le temporel des chapitres comme sur celui des évêques.

Remiremont, Saint-Dié, Senones, Moyenmoutier, surtout les deux premiers de ces établissements religieux, ont un temporel étendu. Là aussi l'abbesse, le grand prévôt ou l'abbé ont leur domaine distinct de celui de la communauté. Des officiers, à la nomination du seigneur ecclésiastique, administrent ou jugent ses sujets. Mais abbesse, grand prévôt et abbé ont un redoutable adversaire dans leur avoué, le duc de Lorraine pour Remiremont et Saint-Dié, le comte de Salm pour Senones. En dépit des excommunications qu'évêques et papes fulminent contre lui, en dépit des serments qu'il prête, des traités qu'il signe, l'avoué ne cesse d'empiéter sur les droits de l'abbaye ou du chapitre ; il réussira même, après une lutte de plusieurs siècles, non par les dépouiller complètement, mais par se faire reconnaître comme le souverain de ces petits États ecclésiastiques. En outre, l'abbaye de Remiremont perdit les droits de suzeraineté qu'elle avait possédés sur la baronnie de Fénétrange.

Pourtant, l'abbesse de Remiremont, comme d'ailleurs les évêques de Metz, de Toul et de Verdun, restent princes d'Empire, relevant directement des rois des Romains ou des empereurs, qui leur accordent l'investiture des régales. Il ne semble pas que nos trois évêques se fassent régulièrement représenter aux diètes ; d'ailleurs celles-ci n'ont garde de les oublier. A la diète de Nuremberg (1431), l'évêque de Metz est taxé à 40 lances, chacun de ses deux collègues à 10. Celle de Worms (1521) fixe de la façon suivante les contingents militaires de nos trois prélats pour l'expédition romaine et leurs contributions en argent pour l'entretien de la Chambre impériale : l'évêque de Metz devra fournir 24 cavaliers, 75 fantassins et 120 florins; celui de Toul, 9 cavaliers, 24 fantassins et 60 florins; celui de Verdun, 19 cavaliers, 43 fantassins et 120 florins. Quant à l'abbesse de Remiremont, on ne lui demande rien.

II. — Les républiques municipales de Metz, de Toul et de Verdun.

Nous avons exposé plus haut pourquoi Metz, Toul et Verdun ont réussi à s'affranchir de l'autorité épiscopale. Bien loin de regagner du terrain, les évêques du xive siècle ne firent qu'en perdre de plus en plus, à la suite de nouvelles luttes entre eux et les bourgeois. A Metz, elles se terminent, dès la seconde moitié du xive siècle, par le triomphe des bourgeois, tandis qu'à Toul et à Verdun, dont les habitants n'avaient pas réussi à remporter une victoire aussi complète, il y eut encore quelques conflits entre prélats et magistrats municipaux durant le xve et le xvie siècle. Cette différence dans les résultats obtenus s'explique aisément : la bourgeoisie messine, plus nombreuse et plus riche que celles de Toul et de Verdun, se trouvait mieux armée pour la lutte, mieux en état de faire triompher ses prétentions. Le patriciat urbain, qui finit par accaparer l'autorité politique dans les trois villes, dut à Metz, plus longtemps qu'à Verdun, lutter contre l'opposition des gens de métier, qui ne se laissèrent pas écarter du gouvernement sans résistance.

Nous étudierons successivement, en commençant par Toul et en finissant par Metz, les institutions des trois cités épiscopales.

1° *Toul.*

La ville de Toul est la plus petite et la plus faible des trois cités épiscopales, celle aussi où l'évêque a le moins perdu de son ancienne autorité.

A. — Les classes sociales.

A Toul, on ne trouve plus que des hommes libres ; s'il existe entre eux quelques différences au point de vue des prérogatives politiques, il n'y en a pas pour le droit civil. La population urbaine comprend, à défaut de nobles, des gens d'Eglise, clercs ou moines, et parmi eux les chanoines de la cathédrale, puissants personnages, qui entrent en conflit avec les bourgeois, à propos des privilèges qu'ils revendiquent.

B. — Le gouvernement.

La riche bourgeoisie, maîtresse du pouvoir à Toul, comme à Verdun et à Metz, se groupait-elle de la même façon que celle des deux autres cités épiscopales ? Les mentions que l'on trouve des paraiges toulois sont trop peu nombreuses et trop peu explicites pour qu'on puisse les assimiler avec certitude aux paraiges messins. Peut-être les bourgeois de Toul se groupaient-ils par bannières.

Le pouvoir est exercé par le maître-échevin, par les dix justiciers et par un conseil de trente membres. Le maître-échevin, jadis officier royal, puis épiscopal, est le premier magistrat de la cité. L'évêque a conservé le droit de le nommer sur une liste de trois candidats que lui présentent le maître-échevin et les dix justiciers alors en charge. A son entrée en fonctions, le maître-échevin prête entre les mains de l'évêque le serment de respecter ses droits et ceux de la cité ; depuis 1542, il jure en outre de respecter l'accord conclu entre les bourgeois et le chapitre de la cathédrale. Le maître-échevin reste un an en charge ; il a des attributions politiques, administratives et judiciaires. S'il exerce gratuitement ses fonctions, il est exempt de taxes et jouit de quelques autres avantages.

Les dix justiciers, créés au xiii° siècle, et dont les pouvoirs duraient une année, étaient également à la nomination de l'évêque, qui les choisissait sur une liste de vingt bourgeois. Ce conseil avait des attributions politiques, administratives et judiciaires. Chacun des membres, à tour de rôle, présidait le conseil, avec le titre de maître des Dix, pendant six semaines consécutives. Un procureur et un secrétaire assistaient les Dix. Le procureur, gardien des traditions, veillait à la conservation des droits et des privilèges de chacun, surveillait les magistrats, assistait enfin à la reddition des comptes des fonctionnaires. Le secrétaire avait la garde des archives.

Le conseil de ville, formé de trente membres qui restaient en fonctions toute leur vie, se recrutait par cooptation. Il prenait, pour remplacer ceux de ses membres qui mouraient, d'anciens receveurs ou de riches bourgeois qui s'étaient montrés généreux à l'égard de la ville. Le maître-échevin et les Dix ne réunissaient le conseil de ville que pour lui soumettre des affaires d'une haute importance.

C'est à l'hôtel de ville que se trouvait le centre de la vie politique touloise ; il s'élevait place du pilori, devant Saint-Gengoult. Le gouvernement toulois s'intitulait dans les actes qui émanaient de lui : « Nous le maître-échevin, justice et toute l'université des citoyens de Toul » (1261) ; plus tard, « Nous les maître-échevin, justices, maîtres des bannières et université de la cité de Toul » (1421). Le sceau de Toul a varié : il a représenté d'abord saint Etienne, patron de la cathédrale, plus tard une porte de la ville, avec au-dessus saint Etienne, enfin un T gothique, qui est resté dans les armoiries de Toul. On ne sait de quelle époque date la devise *Pia prisca et fidelis*.

La ville n'a pas le droit de battre monnaie; elle doit dans certaines circonstances, par exemple pour la création d'impôts, en référer à l'évêque et demander son autorisation. Enfin l'exécution des sentences appartient, non point aux magistrats municipaux, mais à un officier de l'évêque, le maire.

C. — Les fonctionnaires.

A côté du maître-échevin, des dix justiciers, du procureur et du secrétaire, qui sont des fonctionnaires autant que des magistrats, citons les cinq enquerreurs, agents de police et juges d'instruction, que l'évêque choisissait sur une liste de dix candidats, les six sergents, à la nomination du maître-échevin et des dix justiciers, les quatre bannerets, les receveurs, les gruyers ou agents forestiers. Le maire était un officier de l'évêque, que celui-ci désignait sans aucune intervention des bourgeois.

D. — Les services publics.

Le droit coutumier de Toul, qui ne fut que tardivement rédigé, ne fait aucune distinction entre nobles et roturiers.

A Toul, on trouve des tribunaux municipaux et des tribunaux épiscopaux. Au civil, les dix justiciers formaient la juridiction de première instance ; on appelait de leurs sentences, d'abord au conseil de l'évêque, puis à la chambre impériale de Spire. La *taxe*, tribunal formé des conseillers de l'évêque et des dix justiciers, jugeait le « petit criminel », en d'autres termes les délits. Les crimes étaient de la compétence du maître-échevin, qui jugeait sans appel, assisté du procureur et du secrétaire. L'exécution des sentences appartenait au maire épiscopal. Les échevins, successeurs des scabins de l'époque carolingienne, avaient vu se réduire leur compétence et ne connaissaient plus que des affaires de vassalité. Les différends entre les maîtres des quatre hauts métiers ressortissaient au conseil de l'évêque.

Les hommes valides de la bourgeoisie se répartissaient entre six compagnies. Depuis le xve siècle, il existe à Toul des compagnies d'arbalétriers, de couleuvriniers, puis d'arquebusiers. On ignore si la ville prit à sa solde des mercenaires ; elle était entourée d'une enceinte fortifiée.

Les ressources de la ville se composaient des revenus des propriétés et des forêts communales, d'un tiers des amendes prononcées par les tribunaux municipaux, du *prêt* qui, de cotisation volontaire qu'il était d'abord, devint ensuite un véritable impôt régulier ; le gouvernement toulois avait soin, chaque année, de le faire publier de grand matin pour éviter les protestations et les émeutes. Mentionnons encore les gabelles, impôts indirects qui frappaient les denrées vendues dans la ville, bois, pain, viande, etc. Les commerçants payaient au marché un droit d'étalage ; les chariots qui entraient dans Toul devaient acquitter une taxe. La ville affermait ces impôts au plus fort enchérisseur. Un receveur en concentrait le produit. Le total n'en était pas très élevé et ne suffisait pas toujours à couvrir les dépenses qu'entraînaient le paiement des fonctionnaires, l'entretien des murailles et des édifices municipaux, les droits de garde versés au roi de France, sans parler des dépenses extraordinaires. Aussi les dix justiciers se virent-ils souvent dans la nécessité soit d'élever le *prêt*, soit de recourir à des emprunts. Plus d'une fois aussi, pour accroître les recettes, le gouvernement toulois voulut contraindre les gens d'Eglise à payer les impôts. Mais les chanoines de la cathédrale refusèrent de se soumettre à cette exigence et finirent par avoir gain de cause pour eux-mêmes ; moins heureux, leurs gens n'obtinrent pas d'être exemptés des charges municipales.

E. — Rapports de Toul avec l'évêque, avec l'Empire, avec la France.

L'évêque a vis-à-vis des bourgeois des obligations, comme le prouve le serment qu'il prête, lors de son entrée solennelle, de respecter les privilèges de la ville. Mais les prérogatives qu'il a conservées ont de l'importance ; il participe à la nomination des magistrats municipaux, qu'il ne peut d'ailleurs prendre que dans la riche bourgeoisie, il reçoit le serment de ces dignitaires. Son conseil possède une juridiction d'appel et son maire fait exécuter les sentences du maître-échevin ; la ville ne peut créer d'impôts nouveaux sans le consulter ; lui seul bat monnaie. Chaque soir, quand il réside à Toul, il reçoit du maître-échevin les clefs de la ville.

Toul est une ville impériale, dont les rois des Romains ou les empereurs confirmèrent les privilèges à plusieurs reprises ; citons en particulier la Bulle d'Or que Charles IV accorda aux Toulois en 1367. La cité n'envoie qu'assez rarement des députés siéger aux diètes. Celles-ci pourtant n'oublient pas de la taxer en hommes et en argent. Ainsi, en 1422, on lui réclame cinq hommes d'armes ; en 1521, sept cavaliers, soixante et un fantassins et cent vingt florins. Mais les Toulois se dérobent, ne paient rien ou demandent des réductions ; quelquefois, comme en 1545, l'empereur fait droit à leurs réclamations et réduit le contingent militaire qu'ils devront fournir. D'autre part, les Toulois reconnurent sans difficulté la juridiction de la chambre impériale.

Petite et faible, Toul a besoin de protecteurs. L'impuissance des souverains allemands la détermine à s'adresser au roi de France, qui à plusieurs reprises la prend sous sa garde et à qui elle paie une redevance. Toutefois le roi n'a pas le droit de s'immiscer dans les affaires intérieures de la cité.

2° *Verdun.*

Verdun est plus indépendante de l'évêque que Toul et moins que Metz. A Verdun, comme dans cette dernière ville, il y eut des luttes entre les divers groupements patriciens, puis entre ceux-ci et les gens des métiers.

A. — Les classes sociales.

Comme la population des autres villes épiscopales, celle de Verdun ne se compose que d'hommes libres. Les membres des lignages, c'est-à-dire du patriciat bourgeois, jouissent de prérogatives politiques refusées aux autres habitants ; ils se prétendent nobles, se qualifient de citains, se font donner du « messire ». La coutume de Verdun, qui n'a été rédigée qu'après 1552, distingue dans la population urbaine des nobles et des roturiers ; mais en était-il de même au temps de l'indépendance ? Quant aux gens d'Eglise, à Verdun comme partout ils forment une classe à part.

B. — Le gouvernement.

Les lignages verdunois, auxquels le pouvoir finit par rester après de longues luttes, rappellent à bien des égards les paraiges messins ; ils étaient, eux aussi, à l'origine, des familles riches et puissantes, qui réunissaient autour d'elles leurs membres, leurs amis, leurs clients ; plus tard les lignages devinrent des groupements politiques.

Il y avait à Verdun trois lignages, ceux de La Porte, d'Azanne et d'Estouf, qui se constituèrent l'un après l'autre dans l'ordre où nous venons de les citer. Chaque lignage possédait ses armoiries, ses rôles, ses archives, son lieu de réunion. Nous avons dit plus haut qu'ils se prétendaient nobles. Avant de former une sorte de « pays légal », les lignages guerroyèrent d'abord les uns contre les autres, puis contre les gens des métiers. Ce fut l'union des trois lignages qui leur permit de triompher des artisans et de l'évêque. Ils eurent soin, en 1363, de faire confirmer leurs privilèges par les traités de garde qu'ils conclurent avec les ducs Robert de Bar et Wenceslas de Luxembourg, puis par les bulles d'or que rendit en faveur de Verdun l'empereur Charles IV en 1374 et en 1378.

Le gouvernement était exercé à Verdun par le maître-échevin, par un conseil, enfin par l'assemblée générale de la communauté ou des lignages.

Le maître-échevin et les membres du conseil restaient un an en charge ; tous étaient membres d'un lignage. Le maître-échevin, ancien fonctionnaire royal, puis épiscopal, était au XIIIe siècle nommé par le princier du chapitre et par deux abbés ; plus tard, les lignages le choisirent, mais l'évêque conserva le droit de l'instituer. Le maître-échevin, qui n'avait eu à l'origine que des attributions judiciaires, y joignit peu à peu des prérogatives politiques.

Il partageait le pouvoir exécutif et le pouvoir législatif avec un conseil créé au XIIIe siècle, que l'on appela les jurés, le Nombre, puis, à partir du XVe siècle, les gouverneurs. Les membres de ce conseil, dont le nombre pouvait varier, étaient désignés et institués par l'évêque, qui ne pouvait les choisir que dans les lignages. Le conseil, d'abord présidé par un de ses membres que l'on appelait le chef du Nombre, le fut plus tard par le maître-échevin. Les jurés, le Nombre, ou les gouverneurs avaient des attributions politiques et judiciaires. De plus quelques-uns des membres de ce conseil dirigeaient tel ou tel service. C'est ainsi que trois d'entre eux, les « maîtres de la guerre », étaient chargés de tout ce qui concernait la défense de la ville. Quant aux trois « négociateurs », qui avaient la haute main sur les finances de Verdun, qui s'occupaient, en outre, de ses propriétés et de sa subsistance, ils étaient sans doute avant 1552, comme ils le furent certainement après cette date, choisis parmi les membres du conseil qui les désignait lui-même. On peut supposer que chacun des trois lignages avait son représentant dans ces commissions de la guerre et des finances. Les membres du conseil devaient, en sortant de charge, rendre leurs comptes ; comme au xvie siècle ils s'en dispensaient, des bourgeois, qui n'appartenaient pas aux lignages, adressèrent une plainte à Charles-Quint. En 1549, l'empereur décida que désormais les gouverneurs seraient tenus de remplir la formalité que leurs prédécesseurs négligeaient depuis longtemps.

Dans les grandes circonstances le maître-échevin réunissait l'assemblée de la communauté, qui comprenait à l'origine tous les bourgeois. Depuis le milieu du xive siècle, les membres des lignages y furent seuls convoqués. Pourtant, une fois encore, en 1396, les simples bourgeois et les gens des métiers furent appelés à l'assemblée générale.

A partir de 1388, le siège du gouvernement verdunois se trouve à l'hôtel Montaubain, qui servira d'hôtel de ville jusqu'en 1736. Les formules par lesquelles débutent les actes officiels de la république verdunoise sont au xiiie siècle : « Nous, le nombre, les lignages et la communauté de la cité de Verdun » ; à la fin du xive siècle : « Nous les gouverneurs, citains, bourgeois, habitants, université et communauté de la cité de Verdun » ; enfin au xve : « Les jurez et justice, citains, bourgeois, habitants, université et communauté de la cité de Verdun... ». Le sceau de Verdun représente d'abord la cathédrale, puis, à partir de la fin du xive siècle, l'aigle impériale à deux têtes, chacune de celles-ci surmontée d'une couronne. Pas plus que Toul, Verdun ne possède le droit de battre monnaie.

C. — Les fonctionnaires.

Outre le maître-échevin et les membres du conseil, qui sont aussi bien des fonctionnaires que des magistrats municipaux, on trouve à Verdun des juges, doyen et échevins du palais, échevins de la vicomté ; l'évêque désigne et institue les uns et les autres, mais il ne peut prendre ces officiers que dans les lignages. Mentionnons encore le greffier du palais ou petit doyen ; l'un de ces greffiers, Jean Mélinon, qui vivait dans la première moitié du xive siècle, nous a laissé de curieux détails sur les hommes et sur les institutions de son temps. Il y avait pour les finances un receveur.

D. — Les services publics.

Verdun avait son droit coutumier propre, le droit de Sainte-Croix, dont la rédaction ne date que de la domination française. Il distingue au xviiie siècle les nobles des bourgeois, sans que l'on soit en mesure de dire s'il en était de même avant 1552.

De nombreux tribunaux fonctionnaient à Verdun. Les causes civiles, les procès en matière de fief ressortissaient au doyen et aux échevins du palais. La juridiction criminelle appartenait tout d'abord au maître-échevin et aux échevins de la vicomté, puis le Nombre en attira une partie à lui ; enfin, quand le maître-échevin et le Nombre se furent réunis, ils connurent seuls des affaires criminelles, si bien que les échevins de la vicomté se virent réduits à un rôle insignifiant.

Les sentences des tribunaux criminels étaient définitives. Au civil on faisait appel des jugements à la chambre de l'évêque ; toutefois, on cessa de recourir à elle, quand l'autorité épiscopale se fut affaiblie. Les efforts de Nicolas Psaulme pour rendre à la chambre ses anciens pouvoirs se heurtèrent à une vive résistance du gouvernement verdunois ; mais à deux reprises, en 1550 et en 1552, le prélat porta plainte à Charles-Quint, qui lui donna gain de cause. En outre, on pouvait, depuis le début du xvie siècle, recourir à la chambre impériale de Spire ; les Verdunois ne s'en faisaient pas faute.

La milice bourgeoise de Verdun, formée de fantassins et de cavaliers, comprenait au xvie siècle des arbalétriers, des arquebusiers et des couleuvriniers. En principe tout homme valide, les membres du clergé mis à part, devait, depuis l'âge de dix-huit ans, contribuer à la défense de la cité. Celle-ci enrôlait en cas de guerre des mercenaires, ou faisait appel à ses alliés. Une enceinte fortifiée entourait la ville.

La Bulle d'Or de 1378 avait autorisé le gouvernement municipal à établir des impôts sans en demander l'autorisation à l'évêque. Les recettes comprenaient les revenus des domaines de la ville, le produit des amendes et des impôts sur les transactions immobilières ou sur les prêts d'argent, enfin des droits sur les denrées alimentaires, sur les boissons, sur diverses marchandises. La perception de ces droits était affermée tous les ans à la suite d'une adjudication, que l'on appelait « le grand vendage ». Comme dépenses Verdun avait le paiement de ses fonctionnaires, l'entretien de ses murailles, enfin les redevances que touchaient les princes, gardiens de la cité.

E. — Rapports de Verdun avec l'évêque, avec l'Empire, avec la France.

L'évêque a conservé certaines prérogatives. C'est lui qui nomme et qui institue les magistrats municipaux ; toutefois il ne peut les choisir que parmi les membres des lignages. Seul il possède le droit de battre monnaie. La juridiction de sa chambre est contestée au xvi° siècle. Toute intervention dans les affaires intérieures de la cité lui est interdite, et les bourgeois n'ont pas besoin de le consulter pour établir de nouveaux impôts. S'il fait dans Verdun une entrée solennelle, il doit, au moins depuis le début du xv° siècle, se soumettre à un cérémonial humiliant, dont voici un aperçu. Lorsque Jean de Sarrebrück se présenta le 14 décembre 1404 à Verdun, l'évêque, arrivé à la porte Saint-Victor, mit pied à terre, s'assit sur un siège préparé à cet effet et prêta, en présence du maître-échevin, le serment suivant :

« Nous jurons, vues les sainctes évangiles, notre main mise à nostre pict (poitrine), comme prélat, que nous tenrons, garderons et maintenrons les libertés, franchises, coustumes, usages et communes observances de citeit de Verdun et des appartenances d'icelle ès quelles tenront et maintenront les citains et habitants de ladite citeit en leurs saisines et possessions, sans les enfreindre par quelconque manière. »

Puis le maître-échevin présenta à l'évêque les clefs de la ville,

« en représentation que les citeins et gouverneurs de la citeit le ressoivent à telle seignorie temporelle et esperituelle comme il doit avoir en ladite citeit, saulfz les drois, usaiges, etc., de ladite citeit, des appartenences et des citeins, bourgeois, habitans et communalteit d'ycelle ».

De la porte Saint-Victor l'évêque s'en alla pieds nus à travers la ville, marchant sur des draps qu'étendaient les maîtres de la draperie. Le maître-échevin précédait le prélat, les bourgeois suivaient en tel état qu'il leur plaisait. Arrivé devant la collégiale Sainte-Croix, l'évêque s'arrêta et prêta un nouveau serment :

« Item, nous jurons, vues les saintes évangiles, nostre main mise à nostre pict, comme prélat, que nous garderons et maintenrons le droit de la doynèit et du siège de Sainte-Croix de Verdun, des veves femmes et des orphes enffans, et ne metterons hommes on dit siège ne en aultre office de justice, que des ydones et soffisans dez lignages anciens de laditte citeit de Verdun. »

Une fois arrivé rue du Châtel, l'évêque se trouvait sur un territoire qui lui était directement soumis. Il pouvait alors se rechausser et revêtir ses habits de prince temporel[1].

On comprend que, pour éviter des conflits avec les orgueilleux et ombrageux citains de Verdun, les évêques du xve et du xvie siècle aient résidé rarement dans leur ville épiscopale, à laquelle ils préféraient en général Hattonchâtel.

Charles IV, par sa Bulle d'Or de 1374, avait qualifié Verdun de « ville dépendant de la chambre impériale », par celle de 1378 « de ville impériale ». Les successeurs de Charles IV renouvelèrent à plusieurs reprises les privilèges de Verdun. La ville s'acquittait assez mal de ses obligations à l'égard de l'Empire, refusait de payer les contributions qu'il lui réclamait ou bien en demandait la réduction.

En 1422, nous voyons Verdun taxée à dix hommes pour la guerre contre les Hussites; en 1521, à dix cavaliers, quarante-cinq fantassins et cent vingt florins. La juridiction de la chambre impériale fut admise sans protestation par les Verdunois.

Comme le roi des Romains ou l'empereur ne pouvaient défendre Verdun contre ses ennemis, la ville se mit dès le xive siècle sous la garde des rois de France. Capétiens et Valois s'immiscèrent beaucoup plus dans les affaires de Verdun que dans celles de Toul; on a vu qu'avant 1552 ils essayèrent vainement de transformer leur garde en souveraineté. Verdun se trouvait en outre sous la garde des comtes ou ducs de Luxembourg, des comtes ou ducs de Bar, plus tard des ducs de Lorraine.

3° *Metz.*

Nous avons sur les institutions de Metz beaucoup plus de documents que nous n'en possédons sur Toul et sur Verdun; elles ont été mieux étudiées que celles des cités voi-

---

1. L'abbé CLOUET a reproduit ce cérémonial dans son *Histoire de Verdun*, t. III, p. 501-505.

sines ; elles présentent enfin une originalité beaucoup plus grande. Aussi méritent-elles un examen plus détaillé.

A. — Les classes sociales.

La population messine ne comprend que des hommes libres. Malgré les avantages politiques dont jouissent les gens des paraiges, au point de vue du droit civil ils ne se distinguent pas de leurs concitoyens. Il y a, chose curieuse, des nobles et des roturiers, non seulement dans un paraige, mais dans une même famille. Au xve siècle, des alliances matrimoniales entre les paraiges et des familles nobles de la Lorraine, du Barrois ou du Luxembourg, imprégneront peu à peu les patriciens de Metz de l'esprit féodal, non sans qu'il en résultât un grave préjudice pour les intérêts de la ville ; cependant le droit restera le même pour tous les Messins. Le clergé de Metz, tout en constituant une classe distincte, possède beaucoup moins de privilèges que celui des duchés ou des autres cités épiscopales.

B. — Le gouvernement.

Il semble que la communauté des habitants ait tout d'abord pris part au gouvernement de la cité. Seulement des familles riches et puissantes, qui dès l'origine avaient plus d'influence que les autres, finirent par accaparer le pouvoir et par en écarter la masse de leurs concitoyens : ce sont les six *paraiges*. De toutes les opinions que l'on a formulées sur l'origine et sur la formation des paraiges, voici, croyons-nous, la plus rapprochée de la vérité. Paraige vient de *parentela*. Mais cinq des paraiges, ceux de Port-Saillis, Jurue, Outre-Seille, Porte-Moselle et Saint-Martin doivent être distingués du sixième, celui du commun. Les premiers, comme les lignages verdunois, furent à l'origine formés par le groupement autour d'une famille puissante de ses amis et de ses clients ; plus tard les paraiges prirent le caractère de curies politiques. Comme les lignages verdunois, les cinq paraiges, après avoir commencé par se faire la guerre, s'unirent enfin et purent ainsi conquérir le pouvoir. Quant au paraige du commun, il faut probablement voir en lui l'ancienne communauté urbaine, qui comprit d'abord l'universalité des habitants, et qui se réduisit peu à peu à un nombre limité de familles ; au xv° siècle, le paraige du commun est devenu, lui aussi, un groupe fermé. Tandis que les cinq premiers paraiges se partageaient en branches dès le début du xiv° siècle, rien de pareil n'exista pour le commun. Chaque paraige avait son lieu de réunion et son sceau.

Les paraiges finirent donc par accaparer le gouvernement. Non seulement ils nomment les magistrats, qu'ils prennent parmi leurs propres membres, mais ils interviennent directement dans la confection des lois, dans le vote des mesures militaires, dans la création des impôts. Les paraiges sont nommés dans la suscription des actes officiels de la République messine.

Toutefois, c'est au maître-échevin, aux Treize et au grand conseil qu'appartient surtout l'exercice du pouvoir.

Le maître-échevin, d'abord fonctionnaire royal, puis épiscopal, est le premier personnage de la cité ; lui-même finit par se qualifier de vicaire de l'empereur. Le mode de nomination de ce haut dignitaire a varié d'une époque à l'autre. D'après le règlement édicté en 1180 par l'évêque Bertram, le maître-échevin est choisi par le princier du chapitre et par cinq abbés messins ; depuis 1316, chacun des six électeurs met sur une feuille le nom du patricien qui lui agrée, puis un tirage au sort désigne celui des six candidats qui aura la dignité de maître-échevin ; enfin, à partir de 1441, ce sont les paraiges et les Treize qui nomment le premier magistrat de la république messine. Depuis 1300, le maître-échevin devait toujours appartenir aux paraiges. Chacun de ces derniers fournissait successivement le maître-échevin ; et dans les cinq premiers, chaque branche avait son tour. L'élection avait lieu le 21 mars, ce qui s'explique par le fait que l'année civile commençait à Metz le 25 mars, jour de l'Annonciation. Lors de son entrée en charge, le maître-échevin prêtait le serment de quitter son office au bout d'une année, de défendre les droits de l'évêque, de l'Eglise, etc. Ce serment, d'abord prêté entre les mains de l'évêque, fut reçu plus tard on ne sait par qui. Les fonctions de ce magistrat étaient annuelles et gratuites. Le maître-échevin représentait la ville vis-à-vis de l'étranger, veillait à l'exécution des lois, participait à leur confection, avait la police de la ville, s'occupait des finances, surveillait les magistrats ; enfin il possédait une juridiction en matière civile. On pouvait être à la fois maître-échevin et l'un des Treize. Les Messins tenaient en si haute estime les fonctions de leur premier magistrat qu'en baptisant le fils d'un membre des paraiges on lui souhaitait d'être une fois dans sa vie maître-échevin ou du moins roi de France.

Le conseil des Treize, créé au début du xiiie siècle, comprenait à l'origine treize membres, que nommaient tous les ans les paraiges, à raison de deux pour chacun des cinq premiers paraiges, de trois pour celui du commun. Toutefois, au xve et au xvie siècle, quand le patriciat bourgeois se trouva réduit en nombre, il arriva souvent que le conseil se réduisit à huit ou même à quatre membres. Les Treize devaient, conjointement avec le maître-échevin, assurer l'ordre à l'intérieur de Metz et la sécurité extérieure de la cité, veiller à la rentrée des impôts, à l'approvisionnement de la ville, etc. ; enfin ils jugeaient au criminel.

Le grand conseil, dont la première mention date de 1283, comprenait cent quarante membres ; les cinq premiers paraiges en nommaient chacun vingt, celui du commun quarante. Plus tard le grand conseil reçut une autre composition : on y trouve les Treize, les Sept de la guerre et les échevins. Les attributions du conseil sont multiples : il peut s'occuper de toutes les questions, et en particulier apaiser les conflits qui s'élèvent parfois entre les divers magistrats, par exemple entre le maître-échevin et les Treize.

Enfin, et d'une façon exceptionnelle, le maître-échevin et les Treize réunissent l'assemblée générale, où ils appellent, avec les membres des paraiges, ceux du clergé et les gens des métiers. A plusieurs reprises, l'assemblée est convoquée à la fin du xve siècle, et au début du xvie; en 1512, le gouvernement lui soumit une demande de subsides, que lui avait adressée l'empereur Maximilien.

Les magistrats messins siégeaient, depuis 1317, au palais neuf, qu'ils avaient fait élever sur l'emplacement d'une maison achetée au chapitre de la cathédrale en 1315. Les actes officiels du gouvernement messin portaient le nom d'*atours*. Ils commençaient ainsi au xiiie siècle : « Nous, le maître-échevin et les Treize jurés et la communauté de Metz » (1251) ; au xive : « Nous, le maître-échevin, les Treize, les comtes jurés, les prudhommes, le conseil, le paraige de Jurue... et toute la communauté de la cité de Metz » (1303) ; « Nous le maître-échevin, les Treize, les comtes jurés, les paraiges et toute la communauté de la cité de Metz » (1384). Le sceau de la république messine représentait l'aigle impériale à deux têtes, chacune de celles-ci couronnée d'un nimbe ; sur sa poitrine, l'aigle portait l'écu aux armes de la ville, blanc et noir. Metz avait acquis de ses évêques le droit de battre monnaie.

C. — Les fonctionnaires.

Metz possède de nombreux fonctionnaires, qui ont des attributions déterminées. Le soin de rendre la justice revient au maître-échevin, aux Treize et aux vingt et un échevins, successeurs des échevins de l'époque carolingienne ; il y en a sept pour chacun des trois quartiers ou mairies de Porte-Muselle, de Port-Saillis, d'Outre-Muselle ; ils sont nommés à vie par le maître-échevin, qui les choisit parmi les anciens maîtres-échevins. Chaque année le maître-échevin, les échevins et les Treize désignent les maires et les doyens des trois quartiers de la ville, qu'ils prennent à tour de rôle dans les paraiges. Les comtes jurés des paroisses n'étaient, malgré leur titre, que des gens de métier, nommés tous les ans par les paraiges ; ils avaient pour mission de surveiller l'exécution des sentences criminelles. Citons encore les *pardezours*, chargés des enquêtes, les *plaidiours* ou avocats. Les prudhommes, créés au xiiie siècle, sont supprimés en 1325 ; les *éwardours*, qui les remplacent un peu plus tard, disparaissent eux-mêmes vers la fin du xive siècle ou dans les premières années du xve.

Dès le début du xive siècle, le gouvernement messin institua des commissions de sept membres, appelées pour cette raison *septeries*, qui dirigeaient tel ou tel service ; les plus importantes septeries étaient celles de la guerre, des murs, des ponts, de la monnaie, du trésor, de la maltôte, de la bullette, des affaires de l'Empire. Les membres des septeries se recrutaient dans les paraiges, qui les nommaient à raison d'un pour les cinq premiers paraiges et de deux pour le commun ; ils restaient deux ans en charge. Quant aux fonctionnaires financiers, à côté des sept de la monnaie et des sept du trésor, on trouve le maître des changes, le maître de la monnaie, le changeur ou receveur de la cité.

Les conseillers stipendiés et orateurs de la cité de Metz étaient des jurisconsultes, chargés de défendre les intérêts de la ville dans les affaires contentieuses, d'accompagner les membres des paraiges qui représentaient la république aux diètes impériales ou qui négociaient avec les Etats étrangers ; enfin on les chargeait de prononcer des discours dans des circonstances solennelles. Un de ces conseillers stipendiés fut le célèbre Corneille Agrippa, de Cologne, philosophe, médecin, alchimiste, qui remplit ces fonctions de 1518 à 1520.

Il convient enfin de donner une mention aux *amans*, que l'évêque Bertram créa vers la fin du xiie siècle, à l'imitation de ce qu'il avait vu fonctionner à Cologne. Les amans, qui s'appelèrent d'abord les *wardours* des arches, devaient remplir certaines conditions de naissance et de résidence. Nommés à l'origine par les paraiges, les amans achetèrent leurs charges depuis 1422. Ils avaient à rédiger et à garder dans des arches, c'est-à-dire dans des espèces d'armoires fermées, les transactions intervenues entre les particuliers, ventes, échanges, donations, etc.

D. — Les services publics.

Le droit coutumier de Metz, qui ne fut rédigé qu'au début du XVIIe siècle, ne faisait aucune distinction entre nobles et roturiers.

La juridiction civile appartenait surtout aux trois tribunaux d'échevins ; il y en avait un pour chacun des quartiers où pour chacune des mairies de la ville. Ces tribunaux, qui ne se réunissaient pas le même jour, étaient tous présidés par le maître-échevin ; ils rendaient des sentences dont on ne pouvait appeler. Le maire jouait un rôle important auprès du tribunal de son quartier ; il lui appartenait de citer les parties, de les ajourner à comparaître au bout d'un certain nombre de *nuits*, vieille formule qui rappelait d'anciens usages germaniques ; le maire ouvrait ou *bannissait* le plaid, formalité sans laquelle le tribunal n'aurait pu fonctionner. Les Treize, qui connaissaient de certaines causes civiles, possédaient seuls la juridiction criminelle ; leurs sentences étaient sans appel, bien que les condamnés eussent dans certains cas le droit d'invoquer l'intervention du maître-échevin. Les plaideurs ou les criminels ne pouvaient appeler ni au tribunal de l'évêque ni, sous peine d'une amende, à la chambre impériale. Nous regrettons de ne pouvoir parler avec quelques détails de la procédure archaïque et curieuse des tribunaux messins. Suivant la gravité de la faute commise, on était puni d'une amende, de la confiscation des biens, de la destruction de la maison, de l'exil ; quelquefois cette dernière peine prenait la forme d'un pèlerinage ; on pouvait encore être plongé dans la *xippe*, c'est-à-dire qu'on prenait un bain forcé et répété dans l'eau fétide et boueuse d'un égout ; ou bien encore l'on avait les yeux crevés. Les grands criminels avaient la tête tranchée, étaient pendus, noyés, plongés dans l'huile bouillante ou brûlés. Comme supplices particulièrement cruels, nous citerons ceux de Jean de Landremont en 1492 et de Jean Leclerc en 1525. Landremont eut le ventre fendu; on lui arracha, alors qu'il vivait encore, le cœur et les entrailles qui furent brûlés ; enfin on lui trancha la tête. Le bourreau emporta avec une pince ardente la lèvre supérieure de Leclerc, lui brûla le haut de la tête en forme de couronne, lui trancha la main droite ; le feu fut ensuite mis au bûcher et Leclerc périt étouffé.

Metz devait protéger son indépendance contre de nombreux ennemis. Les sept de la guerre et les sept des murs avaient pour mission d'assurer la défense de la ville sous la surveillance des Treize. Le service militaire était obligatoire pour toute la population mâle en état de porter les armes ; les gens des paroisses formaient l'infanterie, ceux des paraiges la cavalerie. Une ville aussi riche que Metz pouvait entretenir une petite armée permanente : ces mercenaires, nommés « soldoyeurs », en majorité Hennuyers ou Picards, servaient à cheval. En cas de guerre, la ville enrôlait des aventuriers. Les mercenaires recevaient une solde élevée, mais devaient se plier à une discipline sévère ; diverses punitions ou le renvoi frappaient ceux qui se rendaient coupables de fautes graves. Par une ordonnance de 1489, qui lui fait le plus grand honneur, le gouvernement messin prescrivit à ses gens de guerre de s'abstenir de violences inutiles.

L'artillerie messine, qu'on a crue à tort constituée dès l'an 1324, comprenait de nombreuses bouches à feu, comme en témoignent plusieurs inventaires du xve et du xvie siècle. En dehors des grosses pièces qui servaient à la défense de Metz, ou à l'attaque des places ennemies, la république messine possédait au xvie siècle de l'artillerie légère.

Une enceinte fortifiée, flanquée de trente-huit tours et percée de plusieurs portes, entourait la ville. Ces murailles, qui avaient suffi avant l'invention de l'artillerie ou même quand celle-ci faisait plus de bruit que de mal, ne constituaient plus au xvie siècle une protection suffisante pour la cité. Le siège de Metz par Sickingen (1518) en fournit une preuve. En 1552, le duc de Guise devra faire exécuter en hâte d'importants travaux, quand il voudra mettre la ville en état de repousser l'attaque de Charles-Quint.

Metz, à la différence de Toul et de Verdun, a depuis le xive siècle le droit de battre monnaie ; nombreuses et variées sont les pièces que fit frapper la cité. Elle possédait un maître de la monnaie.

Les ressources de la ville étaient les suivantes : revenus des domaines, en particulier des moulins municipaux, produit des amendes et des confiscations, maltôtes ou impôts sur la vente des objets de consommation ou d'autres marchandises, droit d'enregistrement ou impôt de la bullette, ainsi nommé de la bulle ou du sceau apposé aux actes notariés, patentes, péages sur les ponts, emprunts forcés, emprunts ordinaires. Tous les Messins, sans exception, y compris les membres du clergé, devaient contribuer aux charges publiques. Des particuliers ou des receveurs municipaux percevaient une partie des taxes, puis les remettaient aux sept de la maltôte, qui percevaient eux-mêmes la bullette. Les sept du trésor concentraient entre leurs mains le produit des impôts.

Si Metz n'avait pas à payer de droits de garde, l'entretien d'une petite armée permanente et des murailles constituait une assez lourde charge. La république messine comptait d'ailleurs beaucoup plus de fonctionnaires rétribués que celles de Toul et de Verdun.

E. — Le pays messin.

Ce que l'on appelait le « pays messin » représentait la plus grande partie de l'ancien *pagus mettensis*. Beaucoup parmi les localités de cette contrée dépendaient de la république messine, qui les avait presque toutes données en fief à des seigneurs laïcs ou ecclésiastiques [1]. Elles for-

---

[1]. En outre, on rencontrait dans le pays messin des terres possédées à

maient, d'après leur situation topographique, plusieurs groupes, dénommés « Ban des Treize », « Val de Metz », « Entre deux eaux » ou « Ile », « Saulnois », « Haut Chemin » et « Franc Alleu ». Les *villons*, c'est-à-dire les habitants de ces villages, étaient affranchis du servage et jouissaient d'une condition assez bonne, grâce à la surveillance qu'exerçait le gouvernement de la cité sur les seigneurs. Ceux-ci nommaient pour administrer chacun de leurs villages un maire et des échevins, qu'ils choisissaient parmi les habitants. Les appels des juridictions locales étaient portés devant les tribunaux messins. Dans certains cas les Treize pouvaient exiger des paysans de ces localités soit des contributions, soit même le service militaire.

F. — Rapports de Metz avec l'évêque, avec l'Empire, avec la France.

Les prérogatives de l'évêque, encore importantes au xiiie siècle, avaient fini, au xive et au xve, par se réduire à rien. S'il conservait encore ses droits de suzeraineté sur la ville, il n'y exerçait plus en fait aucun pouvoir. L'évêque ne faisait pas dans Metz d'entrée solennelle, n'y résidait pas et même n'y venait presque jamais ; le cardinal Jean de Lorraine visita incognito en 1521 sa ville épiscopale.

La nomination des magistrats n'appartenait plus à l'évêque ; la république messine se gouvernait sans qu'il eût le droit d'intervenir dans ses affaires, créait de nouveaux impôts sans lui demander d'autorisation ; les plaideurs ne pouvaient en appeler à son tribunal ; il avait d'ailleurs vendu aux Messins le droit de battre monnaie.

Metz entretenait avec l'Empire des rapports plus suivis que ne le faisaient les deux autres villes épiscopales. Elle avait rang de ville impériale, et les rois des Romains ou les empereurs confirmèrent maintes fois ses privilèges. Rappelons

---

titre de franc-alleu par des établissements ecclésiastiques ou par des bourgeois de Metz. Évêques de Metz, ducs de Lorraine, ducs de Bar, ducs de Luxembourg, avaient également des domaines allodiaux dans le pays messin.

qu'à deux reprises, en 1354 et 1356, Charles IV réunit une diète à Metz, qu'en 1401 Robert de Bavière projeta d'en tenir une dans cette ville, que plusieurs fois elle reçut la visite des rois des Romains ou des empereurs : Charles-Quint y vint encore à trois reprises. Tout ce qui concernait le séjour d'un empereur à Metz, cérémonial et droits, était l'objet d'une réglementation minutieuse.

Metz envoie assez régulièrement ses députés siéger aux diètes ; les patriciens qui la représentent sont accompagnés d'un secrétaire et d'un orateur, celui-ci chargé de prendre la parole. L'Empire réclame à la cité une contribution annuelle, des contributions extraordinaires et des soldats. En 1422 elle est taxée à vingt hommes, en 1521 à quarante cavaliers, deux cent cinquante fantassins et cinq cents florins. Metz ne s'exécute pas toujours de bonne grâce. Pour ne rien donner ou pour obtenir des réductions, tantôt elle invoque ses privilèges, tantôt elle fait observer que jamais l'Empire ne lui est venu en aide, tantôt elle argue de sa pauvreté. Inutile de dire que le gouvernement impérial n'écoutait pas toujours ses réclamations ; pourtant, en 1434, le chancelier de Sigismond avait reconnu que l'Empire était impuissant à protéger la ville et que celle-ci n'avait à compter que sur elle-même. Ajoutons que Metz refusa d'admettre la juridiction de la chambre impériale.

Metz, assez forte pour se défendre toute seule, ne recourt pas à la protection des rois de France. Ceux-ci essaient parfois d'étendre sur elle leur autorité, ou par la force, comme Charles VII en 1444, ou par des moyens détournés comme ce fut le cas de Louis XI en 1464. En général, les Valois préfèrent entretenir de bons rapports avec Metz, ils s'y font, par les pensions qu'ils accordent à des patriciens influents, des amis et des partisans, qui faciliteront à Henri II et à Montmorency l'occupation de la ville en 1552.

4° *Ressemblances et différences entre les institutions des trois villes épiscopales.*

Le gouvernement est aristocratique à Metz, à Toul et à Verdun : lignages verdunois et paraiges messins sont des groupements de patriciens. Ceux-ci possèdent d'importants privilèges politiques, mais au point de vue du droit civil il n'y a pas de différence entre eux et le reste de la population, sauf peut-être à Verdun. Partout les magistrats ont des attributions variées ; partout, à côté d'anciens magistrats comme le maître-échevin et les échevins, d'origine carolingienne, on trouve de nouveaux organismes qui ont réussi à se faire une place prépondérante dans l'Etat, les Dix justiciers à Toul, le Nombre à Verdun, les Treize à Metz. A Metz, ainsi qu'à Verdun, l'on constate que chacun des paraiges ou des lignages est représenté par un ou par plusieurs de ses membres dans les conseils ou dans les commissions de la cité.

Seulement l'organisation de la république messine est plus compliquée que celle de ses voisines. En outre, elle jouit vis-à-vis de l'évêque et du chapitre d'une indépendance beaucoup plus complète ; l'évêque ne garde plus sur elle aucun pouvoir ; elle a d'autre part obligé le clergé à payer les mêmes impôts que les bourgeois. Enfin Metz a le droit de battre monnaie. A Verdun, et surtout à Toul, l'évêque a conservé quelques prérogatives : dans les deux villes il intervient, pour la forme au moins, dans la nomination des magistrats ; il a de plus conservé à Toul une juridiction d'appel, et le gouvernement de cette ville doit le consulter avant de créer de nouveaux impôts ; à Toul, comme à Verdun, l'évêque s'est réservé pour lui seul le droit de frapper monnaie.

Les villes sont mécontentes de l'Empire, qui leur impose d'assez lourdes charges, sans leur assurer en retour la protection dont elles ont besoin ; aussi refusent-elles souvent de payer les contributions et d'envoyer les soldats que l'Empire leur réclame. Si Metz s'acquitte plus régulièrement de ses obligations que ne le font les deux autres cités, à la différence de celles-ci elle rejette la juridiction de la chambre impériale.

Toul et Verdun, que l'Empire ne peut défendre, se mettent sous la garde de la France, préparant ainsi, bien que sans le vouloir, leur annexion à ce royaume. Seule Metz, assez forte pour sauvegarder elle-même son indépendance, se maintient libre de toute sujétion à l'égard de sa redoutable voisine.

Les institutions politiques de Metz, de Toul et de Verdun, l'existence agitée, difficile, que l'on menait dans ces républiques municipales, développaient chez leurs habitants une hardiesse, un esprit d'initiative et d'entreprise, que ne possédaient pas au même degré les bourgeois des villes ducales. Ajouterons-nous que l'attachement de ces derniers à leur petite patrie était peut-être moins vif, moins ombrageux, que celui des Toulois, des Verdunois et des Messins ?

Malgré bien des défauts, bien des lacunes, le gouvernement du patriciat bourgeois a su faire vivre, durant plusieurs siècles, les trois cités épiscopales de la région lorraine. Celui de Metz en particulier s'est distingué au xive et au xve siècle par des qualités remarquables ; il a maintenu l'ordre à l'intérieur, assuré la sécurité au dehors ; grâce à lui, Metz s'est placée au premier rang parmi les villes impériales.

Quand on lit les vieux chroniqueurs messins, qui d'ailleurs n'appartiennent pas aux paraiges, on est touché de leur ardent patriotisme, de l'affection profonde qu'ils portent « à la noble cité de Metz », de la haute idée qu'ils ont de la richesse et de la puissance de leur patrie. Légitime orgueil ! Non moins légitime la fierté qu'éprouvent, quand ils rappellent le glorieux passé de leur ville natale, les descendants de ceux qui ont su gouverner Metz avec honneur, la rendre prospère et la défendre victorieusement contre ses nombreux ennemis !

CHAPITRE V

LA VIE MATÉRIELLE, LES DISTRACTIONS ET LA VIE ÉCONOMIQUE DU XIIIe AU XVIe SIÈCLE [1]

Nos ancêtres voient leur sort s'améliorer un peu vers la fin du xve siècle et le début du xvie ; alors la Lorraine et le

---

1. Bibliographie. — Ouvrages généraux : Schulte (A.), *Geschichte des mittelalterlichen Handels und Verkehrs zwischen Westdeutschland und Italien*, 2 vol. in-8°, 1900.

Ouvrages concernant la région lorraine : Pour l'agriculture, aux travaux déjà signalés de Guyot (p. 247), ajouter Guyot (Ch.), *Histoire d'un domaine rural en Lorraine* et *Essai sur l'aisance relative du paysan lorrain à partir du XVe siècle* (Mém. Acad. Stan., 1886 et 1888). — Boyé (P.), *les Hautes-Chaumes des Vosges*, 1 vol. in-8°, 1903, et *les Abeilles, le miel et la cire en Lorraine* (Mém. Soc. arch. lorr., t. LVI, 1906). — Gerdolle (H.), *Zur Geschichte des herrschaftlichen Grundbesitzes im Metzer Lande* (Jahrbuch de Metz, t. XVIII, 1906).

Pour l'industrie en général : Lepage (H.), *Recherches sur l'industrie en Lorraine et principalement dans le département de la Meurthe* (Mém. Acad. Stan., 1849, 1850, 1851).

Pour diverses industries : Fresse (A.), *les Mines de la Croix-aux-Mines* (Bulletin de la Société philomatique vosgienne, t. XXV, 1900). — Weyhmann (A.), *Histoire de l'ancienne industrie du fer en Lorraine*, 1 vol. in-8°, 1905. — Gréau (E.), *le Fer en Lorraine*, 1 vol. in-8°, 1908. — Gross (H.), *les Mines d'argent de la Croix-aux-Mines en Lorraine au XVIe siècle*, album in-f°, 1909. — Ascelos (A.), *Historique de l'exploitation du sel en Lorraine* (Mém. Acad. Metz, 1877-1878). — Gréau (E.), *le Sel en Lorraine*, 1 vol. in-8°, 1908. — Beaupré (J. N.), *les Gentilshommes verriers ou recherches sur l'industrie et les privilèges des verriers dans l'ancienne Lorraine aux XVe, XVIe et XVIIe siècles*, 2° éd., 1 br. in-8°, 1846. — Marcus (Ad.), *les Verreries du comté de Bitche. Essai historique (XVe-XVIIIe siècle)*, 1 vol. in-8°, 1887. — Flory (O.), *Die Geschichte der Glasindustrie in Lothringen* (Jahrbuch de Metz, t. XXII, 1911). — Teissier (G. F.), *Essai philologique sur les commencements de la typographie à Metz*, 1 vol. in-8°, 1828. — Beaupré (J.-N.), *Recherches historiques et bibliographiques sur le commencement de l'imprimerie en Lorraine*, 1 vol. in-8°, 1845, et *Nouvelles recherches de bibliographie lorraine, 1500-1700*, 1 vol. in-8°, 1856.

Pour les corporations : Duvernoy (E.), *les Corporations ouvrières dans les duchés de Lorraine et de Bar au XIVe et au XVe siècle*, 1 br. in-4°, 1907.

Pour le commerce : Lepage (H.), *la Juridiction consulaire de Lorraine et Barrois et la confrérie des marchands* (Mém. Soc. arch. lorr., t. XVIII, 1868).

Barrois, définitivement unis, paraissent assurés de leur indépendance, il n'y a plus de luttes féodales et la sécurité est devenue plus grande. La rivalité de François Ier et de Charles-Quint, puis les guerres de religion ramèneront dans le pays des armées ou des bandes, qui par leurs dévastations causeront un grave préjudice à sa prospérité économique.

I. — LA VIE MATÉRIELLE.

Les chroniques, les romans, les poèmes, les œuvres d'art nous font mieux connaître, parce que plus détaillés et plus nombreux, la vie matérielle du xve et du xvie siècle.

1° *L'alimentation.*

Les communications devenues plus rapides, la découverte de l'Amérique et de l'archipel malais permettent aux gens riches de varier davantage leur nourriture. Voici, d'après Volcyr de Serrouville, à qui nous devons un récit détaillé des fêtes auxquelles donna lieu en 1524 le baptême de Nicolas, second fils d'Antoine et de Renée, le menu d'un des festins offerts par le duc de Lorraine à ses nobles convives :

« Premièrement, de la panneterie sailloit le premier service, asscavoir hypocras blanc avec rosties, le deuxiesme service, hérons froitz ; de l'eschançonnerie vin de Bourgogne, clarey viel et nouveau, vin d'Ay nouveau, vin blanc de Bar-sur-Aube nouveau, vin clarey de Bar viel et nouveau, vin bastard et Malvoisie ; de la cuisine, premier service, les saulcisses, les coustellettes de porc, les perdrix aux choulx, pastelz d'assiète ; second service, les chappons bouilliz, le menger blanc, ventre de veau, pastelz à la saulce chaude, cuisses de chevreux chaudes, les perdrix à l'orenge ; troisiesme service, connins à la trimollette, les gellinettes de bois, les cochons rostiz, les oyes sauvaiges, cuisses de chevreux froides, pastelz de longes de chevreux tèdes [tiedes] avec olives et capres ; quatrieme service, hérons et buttors, les cannartz à la dodine, les chappons à la cameline, les bescasses et vanneaux, pastelz de venaison ; cinquiesme service, le bœuf sallé, haultz costez de mouton, pastelz de cannartz, la gellée de cochon, la gellée de court en deux sortes, rouge et jaulne, piedz, groingz et oreilles de porcz au son. Or est que à chascun service que les maistres d'hostels venoient querre, trompettes et clérons menoient si grandz bruitz que l'on y oyoit goutte. Puis de la fruicterie furent apportées tartes d'Angleterre, tartes de cresmes, tartes de pruneaux, chastaignes et poires cuites. Encormais la panneterie délivra fromage plasantin, fromage de gayn. Apres tout cecy y avoit hypocras avec le mestier [1]. »

Nos pères continuaient d'observer rigoureusement les jours d'abstinence. Quatre archers, qui tenaient durant le carême de 1411 garnison au château de Pierrefort, avaient comme principale nourriture des harengs, des pois et de l'huile de noix, qui devait sans doute leur servir à assaisonner de la salade.

On buvait alors, outre les vins du pays, rouge, blanc ou claret, c'est-à-dire gris, des vins d'Alsace, d'Arbois, de Beaune. Le passage de Volcyr que nous venons de reproduire nous montre des vins du Rhin, de Champagne (non mousseux), de Malvoisie, etc., servis aux fêtes du baptême du prince Nicolas. Nos ancêtres buvaient sec ; les quatre archers de Pierrefort ont absorbé en moyenne quatre litres de vin par homme et par jour ; les harengs altéraient sans doute les gosiers de ces braves. Comme boissons accessoires, citons la bière et l'hydromel ; les Messins consommaient aussi du cidre.

On trouve déjà des spécialités culinaires ; ainsi Gondrecourt, dans le Barrois, était renommé pour ses pâtés de truites.

2° Les maladies et l'assistance publique.

Des famines causées par les mauvaises récoltes, enfin des épidémies décimaient la population. Pour se protéger contre les pestes et contre les maladies ordinaires, nos ancêtres n'avaient à leur disposition que des médecins peu

---

1. VOLCYR (N.), le Baptesme de Nicolas monsieur reproduit par DIGOT (A.), Notice sur N. Volcyr (Mém. Acad. Stan., année 1848, p. 161-162).

Pl. XIV.

NANCY. — Palais ducal : *La Porterie* (xvie siècle).
(Voir p. 473).

REMBERCOURT-AUX-POTS (Meuse). — Église
(façade O, xvie siècle).
(Voir p. 474).

nombreux, ignorants, empiriques dangereux, plus capables d'abréger les jours de leurs clients que de les prolonger. Citons pourtant Symphorien Champier, de Lyon, qui fut attaché au service d'Antoine.

Au XVIe siècle, sinon plus tôt, on recommence à tirer parti, pour guérir quelques maladies, des propriétés curatives de certaines eaux, dont les Romains avaient déjà connu et mis à profit l'efficacité. Plombières par exemple est une station thermale, que fréquentent les ducs Antoine et François Ier, les habitants de la région lorraine, et même de nombreux étrangers venus de France ou d'Allemagne.

En ce qui concernait l'assistance publique, les gouvernements, en particulier les autorités municipales, prenaient de plus en plus en main cet important service, dont autrefois l'Eglise était seule à se charger. Nous l'avons déjà dit, le plus grand des hôpitaux messins, celui de Saint-Nicolas, échappait entièrement à la direction du clergé pour ne dépendre que des magistrats de la cité. Il en allait de même à Saint-Julien de Nancy, bien que cette maison eût été fondée en 1336 par le prêtre Warnier, à l'hôpital de Mirecourt, dans d'autres hospices encore, ainsi que dans la plupart des léproseries. Pourtant parmi les établissements d'assistance que la région lorraine vit naître du XIIIe au XVIe siècle, beaucoup furent confiés à des frères ou à des sœurs. Ainsi Waultrin Bertrand unit à l'hôpital de Toul, dirigé par les Pères du Saint-Esprit, l'hospice qu'il avait fondé en 1419 à Marville. On ne crée plus alors de nouvelles maladreries ; même les anciennes se vident petit à petit, la lèpre faisant en Lorraine, comme dans toute l'Europe occidentale, des victimes de moins en moins nombreuses.

3° *Les vêtements.*

Les modes varient, surtout pour les classes riches, celles des femmes aussi bien que celles du sexe masculin ; le luxe ne cesse de croître au XVe et au XVIe siècle. Le jour de son mariage avec le comte de Saarwerden, Barbe de Fénétrange portait une robe enrichie d'or, d'argent, de pierres précieuses. Quoique la France exerçât déjà en Lorraine une grande influence sur les modes, les vêtements de nos ancêtres présentaient pourtant des particularités, qui pouvaient du reste varier d'une contrée à l'autre. Les façons de porter la barbe et les cheveux ont également changé au cours de cette période.

4° *L'armement.*

L'armement se modifie : aux lances, aux épées, aux haches d'armes, dont on continue de se servir, s'ajoutent depuis le xiv° siècle les armes à feu, canons, puis arquebuses. Le haubert en mailles, incapable de résister aux nouveaux projectiles, disparaît et fait place à une armure plus lourde, plus résistante, en plaques de fer juxtaposées et reliées les unes aux autres de manière à ne pas trop gêner la liberté des mouvements des bras et des jambes.

5° *L'habitation.*

Nous connaissons bien les demeures de cette période, que nous représentent des miniatures et dont plusieurs subsistent encore. D'une façon générale, au moins pour les châteaux et pour les maisons bourgeoises, on constate un réel progrès. Le château perd peu à peu l'aspect rébarbatif qu'il avait autrefois, tout en conservant sa valeur défensive ; les chambres sont mieux éclairées, mieux décorées, meublées avec plus d'élégance ; d'ailleurs elles laissent encore à désirer sous le rapport du confort. Les chaumières des paysans restent petites, basses, sombres, dépourvues de plancher, à peine meublées ; parfois la même pièce sert de chambre aux habitants, d'étable ou d'écurie à leurs bêtes.

6° *Usages particuliers aux baptêmes, aux mariages et aux funérailles.*

Baptêmes et mariages se célèbrent, même dans le peuple, avec une certaine solennité. On y observe d'ailleurs des usages, des rites particuliers, souvent entachés de pratiques superstitieuses ; ils varient d'une contrée à l'autre, et chaque classe sociale a les siens. On doit, par exemple, prononcer telle ou telle parole, accomplir tel ou tel acte, s'abstenir au contraire de certains propos, de certains gestes. Baptêmes, mariages, funérailles même sont suivis de grands repas. à la fin desquels règne une gaîté qui n'est pas, dans le cas d'un enterrement, en harmonie avec les circonstances. Quand il s'agit de grands personnages, même de gentilshommes ou de riches bourgeois, ces événements sont accompagnés de fêtes somptueuses ; citons en particulier le baptême de Robert Baudoche (1507), celui de Nicolas de Lorraine (1524), les noces de Barbe de Fénétrange et du comte de Saarwerden, de Nicolas de Heu et de Catherine de Gournay (1489), d'Antoine et de Renée de Bourbon (1515), enfin les obsèques de Philippe de Raigecourt (1499), d'Antoine et de son fils François (1545).

7° *Les distractions.*

Malgré les guerres, malgré les famines, malgré les épidémies, on trouve le loisir et le courage de se divertir. Nous connaissons les distractions de la noblesse mieux que celles des autres classes de la société. Ce sont d'abord les tournois, qui prennent avec le temps un caractère de moins en moins sanglant. Le poète Bretex, qui assista en 1285 au tournoi de Chauvency-le-Château, dans le comté de Chiny, nous a laissé de la fête une description détaillée. De nombreux seigneurs venus de la Lorraine, du Barrois, du Luxembourg, du Hainaut et du Brabant joutèrent les uns contre les autres, sans que, à ce qu'il semble, aucun d'eux ait été tué ni grièvement blessé. René Ier donna à Nancy, au mois de février 1445, durant le séjour de Charles VII dans cette ville, un tournoi, où se distingua Jacques de Lalaing. Les chroniqueurs mentionnent plusieurs tournois à Metz au xve et au xvie siècle, un à Nancy en 1539. Il appartenait, selon les cas, au duc, au comte ou à des gentilshommes de prendre l'initiative de la fête, d'en fixer le lieu et la date, de lancer enfin les invitations. Le tournoi était présidé par une dame, autant que possible jeune et jolie, proche parente de l'organisateur de la fête. Elle prenait place, ainsi que les principaux spectateurs ou spectatrices, sur des échafauds ou dans des tribunes. Le peuple restait debout en dehors de la lice. Des hérauts appelaient tour à tour les chevaliers, des trompettes sonnaient au commencement et à la fin de chaque joute. Ai-je besoin d'ajouter que dames et demoiselles accouraient en foule aux tournois, et que le désir de leur plaire, de se faire admirer d'elles excitait les seigneurs à rivaliser d'adresse et de courage ? Bourgeois et paysans ne prenaient guère moins de plaisir à ces spectacles.

On connaissait, à Metz tout au moins, les courses de chevaux, qui avaient lieu dans le courant de mai. En 1517, un gentilhomme messin battit dans un exercice de ce genre le duc de Suffolk, seigneur anglais, alors en résidence à Metz.

Si, durant un tournoi, les journées étaient remplies par des joutes, des bals occupaient les soirées. A Chauvency, en 1285, on dansa la robardelle et le chapelet, danses compliquées, composées de figures nombreuses et accompagnées de dialogues en vers improvisés ; il fallait, pour y prendre part, avoir l'esprit prompt et cultivé. Les bourgeois et les gens du peuple avaient sans doute des danses plus simples.

La chasse à courre avec des chiens et la chasse au faucon comptaient parmi les passe-temps favoris de la noblesse. Les roturiers, dans certaines contrées, avaient conservé le droit de chasser. Ce droit constituait même une nécessité pour les montagnards vosgiens, qui avaient à se protéger contre les bêtes sauvages, encore très nombreuses dans les forêts. Les bourgeois de Gondrecourt prétendaient aussi avoir le droit de chasser dans une forêt voisine de la ville ; ils n'y renoncèrent qu'au xvie siècle.

Malgré les progrès de la civilisation, les combats de bêtes persistaient encore. En 1497, on voit René II mettre aux prises à Nancy des lions, un sanglier et un taureau. Des acrobates, des jongleurs, des bateleurs amusaient aussi la population ; en 1504, celle de Metz admira tour à tour un Picard, un Italien et des Hongrois qui montraient des ours dressés.

Comme distractions populaires, citons les barres, les quilles, les boules, etc. Les réjouissances publiques du carnaval rappelaient parfois celles des villes flamandes ; en 1497, on promena dans Metz deux géants d'osier, dont on célébra ensuite le mariage ; en 1510 et en 1511, des cortèges costumés parcoururent les rues de la même ville. Un peu partout la Saint-Jean d'été s'accompagnait de feux et de danses, souvenir des fêtes païennes du solstice. A Toul, les enfants de chœur célébraient, le jour de la septuagésime, une cérémonie burlesque, l'enterrement de l'alleluia ; Toul avait également sa fête des fous, que marquaient bien entendu de nombreux désordres.

Les représentations théâtrales plaisaient à toutes les classes de la population. La plus ancienne dont l'histoire ait gardé le souvenir eut lieu à Metz en 1405 ; beaucoup d'autres suivirent. Dans les autres localités de la région lorraine, nous trouvons des représentations mentionnées pour la première fois à Verdun en 1449, à Saint-Mihiel en 1459, à Bar-le-Duc en 1463, à Nancy en 1474, à Saint-Nicolas en 1477. Il n'existait point à cette époque de salle de spectacles. On jouait les pièces en plein air ; les acteurs allaient et venaient sur une plate-forme ; des échafauds ou des gradins recevaient les spectateurs. Les représentations étaient organisées soit par le gouvernement ducal ou municipal, soit par des particuliers, auxquels les pouvoirs publics accordaient des subventions. Les spectateurs payaient leurs places. Ni en Lorraine, ni dans les villes épiscopales on ne trouvait alors d'acteurs de profession ; les rôles étaient tenus par des amateurs, artisans, bourgeois, gens d'Eglise même, ce qui s'explique par le caractère religieux de la plupart des pièces. On représentait des mystères, des moralités, des farces. Les mystères mettaient en action un épisode de l'histoire sainte, de la vie de Notre-Seigneur ou des saints ; on joua le mystère de la Résurrection à Nancy en 1512, le Jeu et révélation de l'Apocalypse de saint Jean à Metz en 1412, le miracle de saint Michel archange à Metz en 1480, les mystères de sainte Barbe, de sainte Catherine à Metz, à Nancy et à Verdun, celui de saint Nicolas à Saint-Nicolas-du-Port et à Verdun. Dans les moralités, les vertus et les vices remplaçaient les personnages réels. Très différentes des mystères et des moralités, les farces étaient des pièces libres, grossières, souvent satiriques, où l'on s'attaquait aux vivants. Ainsi une farce jouée à Verdun en 1520 mit en scène et couvrit de ridicule les minimes de la ville. On donna en latin des pièces de Térence à Verdun et à Metz au commencement du xvie siècle, mais dans la dernière de ces villes, comme les gens des métiers et les vignerons, présents à la représentation, ne comprenaient pas la langue latine, ils crurent que l'on se moquait d'eux et faillirent faire aux acteurs un mauvais parti. C'était probablement une troupe française que celle de Jehan, dit Songe-Creux, qui vint jouer à Nancy en 1515, à Bar-le-Duc en 1524, à la demande d'Antoine.

On a lieu de croire que le poète Gringore, qui fut héraut d'armes de Lorraine, a fait jouer dans le pays des pièces de sa composition.

8° *Les sépultures.*

Comme à l'époque antérieure, les personnages de quelque importance se font enterrer dans les églises, où on leur élève des monuments dont nous reparlerons en étudiant les beaux-arts.

II. — LA VIE ÉCONOMIQUE.

L'activité économique, si longtemps paralysée par l'anarchie féodale, bénéficie autant de l'accalmie qui suit les guerres de Bourgogne que de l'union de la Lorraine et du Barrois. Les industries extractives, métallurgiques et textiles, ainsi que celle de la verrerie se développent alors. Le commerce devient plus actif; Metz continue d'occuper le premier rang au point de vue industriel et commercial.

1° *L'agriculture.*

Si la grande propriété prédomine toujours, elle se transforme. Depuis la fin du xv° siècle on constate le morcellement de l'ancien *mansus indominicatus* ; une partie en est acensée, c'est-à-dire louée pour un temps assez long contre des redevances en argent ou en nature, quelquefois en argent et en nature. D'habitude, elles sont modérées, et ne constituent qu'une charge assez faible pour le locataire. C'est surtout dans les Vosges que les acensements se constatent en grand nombre. L'abbaye de Remiremont et le duc son avoué, qui possédaient dans la montagne — quelquefois séparément, quelquefois en commun, — des terrains boisés ou incultes, les louent à des colons venus de la plaine, qui défrichent le sol et y construisent des maisons ; les granges qui s'élèvent au milieu des terres de ces petits domaines sont isolées les unes des autres et ne constituent pas d'agglomérations. Les colons ne paient que des redevances modiques à leur propriétaire et seigneur, abbesse de Remiremont ou duc de Lorraine. Ainsi s'accroît la superficie des terres cultivées.

D'une façon générale, la condition des paysans s'améliore ; c'est la conséquence des affranchissements et de la suppression progressive des guerres privées. A cette époque apparaissent les manouvriers agricoles. Le grand propriétaire, qui ne peut plus avoir à sa disposition de serfs corvéables pour cultiver ses terres, est obligé de recourir à des paysans libres, qui souvent possèdent eux-mêmes quelques champs, mais pas assez pour vivre. Ces manouvriers sont payés à la journée. D'après les calculs de M. Guyot, les salaires, durant le second quart du xvie siècle, étaient les suivants dans le duché de Lorraine : manouvrier 0 fr. 75, faueur 0 fr. 67, faucheur 0 fr. 92, batteur 0 fr. 76, vigneron 0 fr. 93, manouvrière 0 fr. 45, faneuse 0 fr. 41. Ainsi le salaire des hommes est de beaucoup supérieur à celui des femmes ; de tous les ouvriers, le vigneron est le mieux rétribué. La seule intervention des pouvoirs publics pour fixer les salaires se constate à Metz en 1355, quelques années après la grande peste qui avait fait tant de victimes et amené une hausse des prix de la main-d'œuvre ; un atour détermina le salaire maximum des vignerons.

La culture de la vigne continue de prospérer dans le Toulois et surtout dans le pays messin. L'atour de 1355 énumère les différentes façons que l'on donnait alors à la vigne ; ce sont à peu près les mêmes qu'aujourd'hui. Le gouvernement messin témoignait un grand intérêt à cette culture, qui faisait la gloire et la richesse du pays. Pour empêcher l'avilissement du prix du vin, il défendit en 1393 de planter de nouvelles vignes, et deux ans plus tard, non content de renouveler cette prohibition, il donna l'ordre d'arracher toutes les vignes dont les plants donnaient des produits de qualité inférieure. Quand un étranger de distinction venait à Metz, la cité ne manquait pas de lui offrir un ou plusieurs tonneaux des différentes espèces de vin, rouge, blanc et claret (gris), que produisait la contrée.

Les gens du pays messin pratiquaient avec non moins de succès l'arboriculture. D'après le chroniqueur Philippe de Vigneulles, le prêtre François du Temple, qu'il mentionne à l'année 1512, était un maître dans l'art de la greffe ; ses contemporains estimaient qu'il avait accompli de véritables tours de force, en faisant venir, par exemple, des raisins sur un prunier ou sur un cerisier.

Les mauvaises récoltes entraînaient de véritables famines, tout au moins un renchérissement excessif des vivres. Comme à notre époque, les gelées tardives étaient alors funestes aux vignes : ce fut le cas en 1426, 1446, 1448, 1481, 1517, etc. Par contre, les chroniqueurs signalent quelques années exceptionnellement bonnes : en 1420, on aurait à Magny fait en juillet la vendange et bu, le 22 de ce mois, du vin nouveau ; en 1473, on aurait vendangé en août dans le pays messin.

Les gens du Barrois élevaient beaucoup de bêtes à cornes et de chevaux ; un haras est mentionné à Gondrecourt en 1507. On trouvait de nombreux moutons dans le pays messin, des porcs partout. C'étaient des Alsaciens de la vallée de Munster ou du val d'Orbey qui, au xvi⁰ siècle, menaient pâturer sur les Hautes-Chaumes des troupeaux de bœufs et de vaches.

Les forêts, jusqu'à la fin du moyen âge, appartiennent au duc, aux gentilshommes de l'ancienne chevalerie, aux églises, aux abbayes, plus rarement aux communautés villageoises. Des bourgeois propriétaires de bois se rencontrent au début du xvi⁰ siècle, d'autres bois sont accensés à des communautés rurales ou à des particuliers. Les sujets d'un seigneur jouissent toujours dans ses forêts des droits d'usage dont nous avons déjà parlé. Pourtant, au xvi⁰ siècle, quelques seigneurs rachètent ces droits d'usage aux communautés de villages qui dépendent d'eux ; ils leur abandonnent en toute propriété une partie de leurs forêts, se réservant la jouissance exclusive du reste.

Nous avons dit qu'au xv⁰ et au xvi⁰ siècle on avait défriché une partie des forêts vosgiennes. Le bois, qui continue d'être le principal, sinon le seul combustible en usage, est de plus en plus employé dans l'industrie ; on s'en sert pour étançonner les puits et les galeries des mines, pour transformer le minerai en métal.

A la fin du xv⁰ siècle, il existe dans la montagne vosgienne des scieries nombreuses.

Le bois descend dans la plaine par trains qui flottent sur

la Meurthe, la Moselle ou la Sarre. René II, par un traité conclu en 1507 avec les Messins, obtint de la république qu'elle autorisât les trains de bois à traverser la ville et son territoire. Ces trains ou *voiles* descendaient la Moselle jusqu'à Coblenz. Les cours d'eau fournissaient en outre la force motrice qui faisait marcher scieries et moulins.

2° *L'industrie.*

Abstraction faite des industries extractives et textiles, des verreries, des papeteries, l'industrie est médiocrement active dans la région lorraine.

A. — Les industries extractives et métallurgiques.

Le sel est extrait durant cette période à Lindre-Basse, à Dieuze, à Marsal, à Moyenvic, à Vic jusqu'en 1402, à Salone, à Château-Salins, à Rosières. On remarque d'autre part que les ducs tendent à se rendre acquéreurs des salines qui continuent de fonctionner ; à la fin du xve siècle, celles de Dieuze, de Salone, de Château-Salins et de Rosières leur appartiennent ; ils louent à plusieurs reprises aux évêques de Metz les salines épiscopales de Marsal et de Moyenvic, dont ils deviendront propriétaires en 1571. A ce moment, toutes les salines du pays seront en leur pouvoir. La fabrication du sel se fait toujours d'après les mêmes procédés.

Il en est des mines métalliques comme des salines ; les ducs en possèdent ou en revendiquent pour eux seuls la propriété, comme le montrent une ordonnance promulguée en 1530 par le duc Antoine et la façon dont les ducs agissent en matière d'exploitation minière. Les gisements de fer exploités à Framont dans les Vosges appartiennent en commun à l'abbaye de Senones et au comte de Salm ; on extrait encore le fer en différents points du plateau de Haye, à Chavigny, à Chaligny, à Sexey, à Champigneulles, dans le Barrois mouvant à Gondrecourt, dans le Barrois non mouvant à Hayange, à Moyeuvre, à Ranguevaux. Les forges où se traite le minerai de fer marchent au bois.

Près de Vaudrevange, il y avait une mine d'azur, c'est-à-dire de cuivre, dont l'exploitation avait été, en 1520, l'objet d'un règlement, par malheur perdu, de la part du duc Antoine.

Quelques-uns des gisements de plomb argentifère que recélaient les Vosges se trouvaient en Alsace, dans la vallée de Sainte-Marie-aux-Mines ; la rive gauche de la Lepvrette appartenait au duc de Lorraine. En 1526, le duc Antoine conclut avec l'archiduc Ferdinand d'Autriche un accord relatif aux mines de cette région. Sur le versant lorrain le plomb argentifère se rencontrait à la Croix-aux-Mines, où il n'y avait pas moins de trois mines, celles de Saint-Nicolas, de Saint-Jean et de Saint-Marc (le Chipal), à Anozel, commune actuelle du Saulcy, à Laveline, à Lubine. Les ducs lorrains, après avoir partagé la possession de quelques-unes de ces mines avec la collégiale de Saint-Dié, finirent par en rester les seuls propriétaires. Toutefois, au lieu d'en entreprendre directement l'exploitation, ils la concédaient à des sociétés fermières. L'une d'elles se constitua en 1486, une autre en 1512 ; il y entrait de hauts dignitaires, tels que le comte Oswald de Thierstein et Jean Lud, le secrétaire de René II. Les sociétés jouissaient de prérogatives nombreuses et importantes, pouvaient en particulier faire couper dans les forêts domaniales le bois nécessaire à l'étançonnage des puits ou des galeries, ainsi qu'à la fusion du minerai. Elles étaient tenues de verser au duc le dixième du métal produit, qu'elles faisaient transporter à Nancy. Le duc avait en outre un représentant, le justicier ou *Forweser*, investi de pouvoirs étendus. C'était à lui que s'adressaient les ouvriers de la société concessionnaire qui voulaient rechercher du minerai ; ils lui indiquaient l'endroit où ils se proposaient de creuser un puits, et le justicier leur fixait les limites qu'ils ne devaient pas dépasser ; il portait mention de ces concessions sur un registre. Quand le justicier jugeait les mineurs, il devait, d'après le règlement de 1518, prendre pour assesseurs huit d'entre eux, dont quatre parlaient l'allemand ; c'est que beaucoup d'ouvriers venaient de l'Alsace ou des pays d'outre-Rhin. Parmi les privilèges dont ils jouissaient figurait l'exemption de certaines charges. Il leur était interdit en revanche de descendre avec des armes dans la mine, de peur que les querelles ne dégénérassent en véritables batailles, où le sang aurait coulé.

Les puits creusés par les mineurs se reliaient entre eux par une série de galeries superposées ; des pièces de bois étançonnaient puits et galeries, empêchant ainsi les éboulements de terres. De petits chariots, roulant sur des planches, transportaient à travers les galeries le minerai jusqu'aux puits ; il était ensuite monté par des bennes jusqu'à la surface du sol, où d'autres chariots le prenaient pour le conduire au martinet. On employait le bois ou le charbon de bois pour fondre le minerai et pour en extraire le métal.

Une industrie déjà prospère en Lorraine dès le xve siècle était celle des fondeurs de cloches ; elle devait prendre, au cours du xvie, un très grand essor. Les fondeurs de cloches lorrains, qui n'avaient pas d'atelier fixe, se transportaient partout où l'on avait besoin de leurs services.

B. — Les verreries.

L'industrie de la verrerie prospérait en Lorraine et en Barrois à la fin du moyen âge. Il aurait existé, dès 1373, des verreries dans la région de la Vôge. En 1448, Jean de Calabre, qui gouvernait alors la Lorraine au nom de son père René alors absent, accorda aux verriers de Darney une première charte, qu'il confirma en 1469, alors qu'il était duc de Lorraine. Au xve siècle et au xvie, il se crée de nombreuses verreries dans la Vôge et plus particulièrement dans les prévôtés de Darney et de Lamarche. Les verriers pouvaient prendre dans les forêts domaniales le bois nécessaire à leur industrie. Les chartes de Jean II leur accordaient le droit de chasse, et quelques-uns des privilèges réservés d'habitude aux gentilshommes. Aussi en vinrent-ils à se considérer comme de véritables nobles, et leurs prétentions finirent par être admises par le gouvernement ducal. Il en fut de même des verriers de l'Argonne, dont les établissements datent au moins du début du xvie siècle ; peut-être sont-ils plus anciens. D'autres verreries s'élevèrent à Saint-Quirin, à Bainville-aux-Miroirs et dans une des localités qui portent le nom de Raon ; celle de Bainville n'existait plus quand Volcyr écrivait vers 1520 son *Parc d'honneur*. Ces verreries avaient le gros inconvénient de consommer d'énormes quantités de bois.

C. — Les industries textiles, la papeterie, l'imprimerie.

Plus anciennes étaient les industries textiles ; dès le xiie ou le xiiie siècle on fabrique des étoffes de laine dans les cités épiscopales, ainsi qu'à Saint-Mihiel et à Neufchâteau. Mais ces deux dernières villes ont une avance considérable sur leurs sœurs des duchés; on ne constate l'existence de la draperie à Bar et à Gondrecourt, dans le Barrois, qu'au xive siècle, à Saint-Nicolas, à Nancy, et à Mirecourt, dans la Lorraine, qu'au siècle suivant. Bar-le-Duc et Gondrecourt tissaient également des toiles.

La fabrication du papier semble avoir pris naissance dans le Barrois plus tôt que dans la Lorraine. En 1381, Ville-sur-Saulx possède un moulin à papier ; on trouve un parcheminier installé en 1456 à Saint-Mihiel. En 1473, un moulin à papier fonctionne à Frouard, d'autres sont signalés à Champigneulles, à Mangonville, à Pont-à-Mousson, à Epinal, soit vers la fin du xve siècle, soit au début du xvie. En 1547, mention est faite d'une papeterie dans la petite ville d'Arches, qui restera jusqu'à nos jours l'un des centres de la fabrication du papier.

Quant à l'imprimerie, elle apparaît pour la première fois dans la région lorraine vers la fin du xve siècle. Il est curieux de constater que le clergé joua un rôle important dans la fondation de cette industrie, et qu'à l'origine quelques-uns des imprimeurs se recrutaient parmi les gens d'Eglise. C'est de Metz que sortirent les premiers livres imprimés dans notre pays ; le carme Jean Colini et Gérard de Villeneuve imprimèrent à Metz en 1482 un *De imitatione Christi*; de 1498 (?) à 1516, un Allemand, originaire de Nuremberg, Gaspard ou Caspar Hochfelder, fit marcher ses presses à Metz. Dans le duché de Lorraine, le prêtre Pierre Jacobi imprimait à Saint-Nicolas, en 1501, des ordonnances ducales sur les monnaies, en 1503 les *Hore Virginis Marie ad usum Tullensis ecclesie*, en 1518 le poème épique de Pierre de Blarru, le *Liber Nanceidos*. A Toul, où il transporta plusieurs fois ses presses, le même Jacobi donna en 1505, 1509 et 1521, trois éditions du *De artificiali perspectiva*, du chanoine Jean Pélerin. A Saint-Dié, les membres du gymnase vosgien, humanistes alsaciens et chanoines de la collégiale, Mathias Ringmann, Waldseemuller, les Lud, etc., imprimèrent en 1507 la *Cosmographiæ introductio*, qu'ils firent suivre de plusieurs lettres d'Améric Vespuce, et, en 1509, la *Grammatica figurata*. Un autre homme d'Eglise, Martin Mourot, imprima à Longeville-devant-Bar en 1502 un *Missale Tullense*. Mais la naissance et les progrès de l'hérésie luthérienne allaient porter un coup à l'imprimerie dans notre pays. L'Eglise, qui avait d'abord favorisé la nouvelle industrie, s'y montra désormais hostile ainsi que le pouvoir ducal ; ils voyaient dans les livres des véhicules qui propageaient partout les idées nouvelles. A la fin de notre période on ne trouve plus d'imprimerie fonctionnant dans les duchés ; Metz seule en possède une, et c'est dans cette ville qu'en 1548 Pillard publia, chez Jean Palier, son poème de la *Rusticiade*.

D. — L'organisation du travail. Les corporations.

Le travail n'est pas organisé de la même façon dans toutes les industries. On pourrait assimiler à des fonctionnaires les ouvriers des salines ducales. Nous avons dit que les mineurs et les verriers, les patrons tout au moins, se trouvaient en possession de privilèges considérables. Ni les uns ni les autres ne semblent avoir formé de corporations. Il en était de même des ouvriers qui travaillaient dans les bourgs ou dans les villages ; le travail y jouissait d'une plus grande liberté que dans les villes proprement dites.

C'est dans les cités épiscopales que se constatent les premiers groupements de patrons et d'ouvriers, groupements qui avaient pour objet la défense des intérêts professionnels et peut-être aussi la conquête du pouvoir politique. Les corporations, mentionnées en bloc à Metz dès le xii° siècle, le sont à Toul et à Verdun au siècle suivant ; elles n'apparaissent dans le Barrois qu'en 1377 et en Lorraine qu'en 1411 ; rappelons pourtant que, dès le xiii° siècle, on en trouve à Neufchâteau. Les corporations des drapiers, les premières signalées, se rencontrent dans les villes épiscopales ainsi qu'à Neufchâteau au xiii° siècle, à Gondrecourt dans le Barrois en 1377, dans la Lorraine en 1411 ; à cette date les drapiers de Saint-Nicolas, de Rosières et de Lunéville se réunissent en une seule corporation, dont Saint-Nicolas est le centre et le chef-lieu. Les tisserands de toile apparaissent formés en corporations à Bar en 1431, à Gondrecourt en 1491, les cordonniers et tanneurs à Bar en 1430, à Nomeny en 1456, à Dun en 1513, les fèvres, et par ce terme il faut entendre les forgerons, les maréchaux ferrants, etc., à Bar en 1407, à Nancy en 1442 ; les bouchers sont organisés à Bar dès 1392, à Saint-Mihiel en 1428, à Nancy en 1419, à Saint-Nicolas en 1425, les pâtissiers à Saint-Nicolas en 1486. Si Metz possédait beaucoup plus de corporations que la Lorraine et le Barrois, une cinquantaine environ, c'est que des métiers, qui dans les duchés se groupaient en une seule corporation, formaient dans la grande cité impériale plusieurs corporations distinctes et qu'à Metz fonctionnaient des industries qui n'existaient nulle part ailleurs dans le pays.

En Lorraine, la corporation porte le nom de *han*, dérivé de l'allemand *hanse*, *hansa* (ligue, association). Dans les villes épiscopales, comme dans les duchés, la corporation comprenait des apprentis, des compagnons, des maîtres, était soumise à des règlements. Le patron pouvait engager autant d'apprentis qu'il le voulait ; il passait avec le père ou avec le tuteur de l'enfant ou du jeune homme qu'il prenait à son service un contrat, qui déterminait les droits et les devoirs de chacune des deux parties. Les usages, les règlements ou le contrat fixaient pour chaque corps de métier la durée de l'apprentissage. Le père ou le tuteur de l'apprenti payait une redevance au duc ou à la corporation.

Les ouvriers ou compagnons pouvaient être embauchés en nombre illimité par le patron ; quelquefois un contrat intervenait, réglant le nombre d'heures de travail que le compagnon aurait à fournir, le salaire qu'il recevrait, etc... Pour devenir maître, il fallait, dans quelques corps de métier, avoir été compagnon un certain nombre d'années. Si l'on excepte les barbiers de Bar-le-Duc, aucune corporation n'exigeait alors, pour l'obtention de la maîtrise, la confection d'un chef-d'œuvre ; mais il fallait payer un droit de han au duc ou à la corporation, quelquefois à l'un et à l'autre. Cette redevance était réduite de moitié pour les fils de maîtres. Le nouveau maître devait prêter le serment de respecter les statuts de la corporation, quelquefois aussi offrir un banquet à ses confrères.

Les statuts ou règlements des corporations déterminaient d'une part les obligations professionnelles ou confraternelles des membres, d'autre part les procédés de fabrication. S'ils étaient rédigés par les intéressés, le duc en Lorraine, à Metz les paraiges avaient seuls le droit de les promulguer. Un maître et des *eswardeurs* veillaient dans chaque corporation à l'observation des statuts ; à Metz, les *eswardeurs* portaient le nom de jurés. Les uns et les autres étaient des patrons nommés pour un an par leurs collègues ; pourtant, à partir de René II, le pouvoir ducal intervient dans la désignation de ces dignitaires. Tandis qu'à Metz le maître et les jurés possèdent en commun la surveillance du travail et la connaissance des différends entre les membres de la corporation, en Lorraine et en Barrois la première n'appartient qu'aux *eswardeurs*, la seconde qu'au maître. Dans les duchés, maître et *eswardeurs* jouissaient de quelques privilèges.

La corporation avait sa caisse particulière, qu'alimentaient, outre divers droits payés par les membres, les amendes infligées aux délinquants. Chaque corporation se doublait dans les duchés d'une confrérie religieuse, qui avait son patron et sa fête annuelle; quand un des membres mourait, ses confrères devaient assister à ses obsèques. A l'origine, on trouve à Metz de semblables confréries, mais le patriciat bourgeois les supprima en 1382, et il renouvela en 1406 l'interdiction aux artisans de constituer des associations religieuses. C'est la crainte de voir les gens des métiers qui, jusqu'au début du xv° siècle, disputèrent le pouvoir aux paraiges, profiter des réunions des confréries pour préparer des révolutions, qui dicta au gouvernement messin les mesures de rigueur dont nous venons de parler. Dans la Lorraine et le Barrois, les corporations ne se sont jamais occupées de politique.

Jusqu'en 1336, dix des principaux métiers de Metz se trouvaient soumis à l'autorité d'un grand-maître des métiers. A cette date, les membres du gouvernement messin crurent devoir supprimer le grand-maître, non point, comme ils le prétendirent, parce que ce dignitaire opprimait les métiers, mais bien plutôt parce qu'ils craignaient de le voir devenir le chef de l'opposition des artisans contre le patriciat bourgeois.

En somme, si le régime corporatif permettait aux gens d'un même métier de défendre leurs intérêts, s'il assurait aux acheteurs des produits d'une fabrication soignée, il maintenait à un taux élevé le prix des denrées, développait un esprit égoïste, étroit chez les membres des corporations; il favorisait en outre les maîtres et leurs fils, au détriment des ouvriers. Et pourtant le régime corporatif se montre en Lorraine plus libéral qu'il ne l'était en France à la même époque.

Partout le pouvoir politique exerce un contrôle sur les corporations. En Lorraine, à la différence de ce qui se passe à Metz, plusieurs corps de métier se groupent en une seule corporation, et chaque corporation s'y double d'une confrérie religieuse.

3° *Le commerce.*

La sécurité devenue plus grande, l'accroissement de la population et le développement de quelques industries ne pouvaient qu'être favorables aux transactions commerciales. Ces dernières subissent en outre le contre-coup d'événements extérieurs, tels que la décadence et la disparition des foires de Champagne, la découverte de l'Amérique et d'une route de mer pour se rendre en Extrême-Orient.

Il ne semble pas qu'alors on ait créé de nouvelles voies de communication. Chaque province est tenue d'entretenir en bon état celles qui traversent son territoire et d'y assurer la sécurité. Celle-ci devient plus grande, du jour où un même prince gouverne la Lorraine, le Barrois et le comté de Vaudémont, du jour où cessent les luttes des duchés contre les villes épiscopales. Pourtant, surtout dans la Lorraine allemande, il se trouve encore des seigneurs qui détroussent les marchands. Au xivᵉ siècle, les ducs continuent d'accorder des lettres de sauvegarde aux trafiquants étrangers : Ferry IV en délivre à des marchands de Milan qui traversent la Lorraine pour se rendre à Neufchâteau (1321) ; les mêmes obtiennent des magistrats de cette ville une lettre qui leur garantit toute sécurité pour leurs personnes et pour leurs marchandises à l'intérieur de Neufchâteau (1321). Les Messins agissent de même à l'égard des négociants de la Lombardie, de la Flandre, du Brabant, du Hainaut, de la Lorraine, du Barrois, de l'évêché de Metz et de la cité de Neufchâteau, qui viendront dans leur ville acheter de la laine (1356). Quand il s'agit d'une route qui passe à travers plusieurs principautés, les seigneurs se réunissent pour délivrer aux marchands des sauf-conduits collectifs :

c'est ce que font Marie de Blois (1352), Jean Ier (1371) et Charles II (1394 et 1415) de concert avec les comtes de Sarrebrück, de Deux-Ponts et le seigneur de Lichtenberg pour la route qui allait du Luxembourg à Strasbourg par Sarrebrück, Sarreguemines, Remlingen et Ingweiler.

Les cités épiscopales, Metz en particulier, et parmi les villes lorraines Neufchâteau, puis Saint-Nicolas-du-Port sont les principaux centres commerciaux. Neufchâteau, grâce aux franchises politiques qu'elle avait obtenues au xiiie siècle, avait développé son industrie et son commerce. Mais les violences injustifiées, que commirent contre ses bourgeois Jean Ier et surtout Charles II, portèrent à sa prospérité un coup dont elle ne se releva pas. Saint-Nicolas, lieu de pèlerinage très fréquenté, devint au xve et au xvie siècle une grande place de commerce, la première de la Lorraine.

Au dehors, Francfort, Anvers, les foires de Champagne jusqu'à leur déclin, puis au xve siècle celles de Lyon attiraient les marchands de la région lorraine.

Mesures, poids et monnaies variaient d'une principauté à l'autre ; c'était là une source de difficultés et de conflits. Dans la région, les comtes ou ducs de Bar, les ducs de Lorraine, les comtes ou ducs de Luxembourg, les comtes de Vaudémont, les évêques des trois cités, enfin la ville de Metz avaient seuls le droit de battre monnaie; toutefois, les évêques de Toul, de Metz et de Verdun avaient cessé, les premiers au xive siècle, les autres au xve, d'user de cette prérogative, que les villes de Toul et de Verdun n'ont jamais possédée. Les monnayages les plus actifs étaient ceux des ducs lorrains et de la république messine. Les ducs substituent sur leurs monnaies au type équestre primitif leurs armoiries, en attendant qu'ils y mettent leur buste. De nouvelles monnaies sont émises à Metz et en Lorraine, en particulier les florins d'or, qui apparaissent au xve siècle. Outre le numéraire frappé dans la région, circulaient des pièces venues de l'Allemagne, des Pays-Bas ou de la France.

Tout patron, tout chef d'industrie se doublait d'un commerçant, puisqu'il avait à écouler ses produits. On appelait merciers les négociants qui ne fabriquaient rien, qui se contentaient de vendre les produits des autres. Dès 1341, ceux de la Lorraine constituèrent une association, qui englobait les commerçants des principales villes du duché. Elle avait pour patron saint Georges, célébrait sa fête à la collégiale Saint-Georges de Nancy ; c'étaient en outre les chanoines de la collégiale qui nommaient, sur une liste de cinq candidats présentés par les merciers, le chef ou roi de la corporation. Le roi des merciers possédait une juridiction qu'il exerçait à l'intérieur de la collégiale. La Chambre des marchands, qui existait à Metz vers la fin du xive siècle et le début du xve, avait à sa tête un prévôt et se composait, en 1420, de vingt membres ; c'est tout ce que l'on sait d'elle.

Les banquiers et les prêteurs d'argent, toujours nombreux, étaient soit des étrangers, Lombards ou Juifs, soit des indigènes ; des membres des paraiges exerçaient à Metz, sous le nom de changeurs, cette profession lucrative où ils amassèrent de grosses fortunes ; la ville n'en comptait pas moins de soixante en 1406 ; à leur tête se trouvait un maître des changeurs, qui était peut-être désigné par le gouvernement. Le métier rapportait de si beaux bénéfices que la république messine le faisait exercer à son profit par une sorte de fonctionnaire, le changeur de la ville. Metz possédait aussi au xve siècle des Lombards, que le gouvernement expulsa de la cité, en 1492, à la suite des prédications violentes des cordeliers contre eux. Les Lombards ou les Juifs pratiquaient le prêt dans diverses localités du pays messin et dans quelques villes des duchés. Un simple village du Barrois, Essey-en-Woëvre, avait des Lombards au xive siècle. Les gouvernements ne laissaient pas que de contrôler le commerce de l'argent : en 1536, le duc Antoine fixa le taux de l'intérêt à 5 %.

Après avoir, à l'époque carolingienne, trouvé appui et protection auprès des souverains, les Juifs avaient été plus tard en butte, de la part des populations ou des seigneurs, à toutes sortes de tracasseries et de persécutions. On les haïssait comme usuriers et comme descendants des bourreaux du Christ. Ils n'étaient pas seulement obligés de porter sur leurs vêtements un signe distinctif et d'habiter un quartier spécial dans les villes où les pouvoirs publics les toléraient ; expulsions et massacres ne cessaient pour ainsi dire pas de les menacer. En 1332, les Juifs de Metz, accusés d'avoir excité les lépreux à empoisonner les fontaines, subirent le supplice du feu ; on les chassa de cette ville en 1365, à la suite d'un orage qui avait détruit une partie de leur quartier[1]. En 1477 René II expulsa les Juifs qui habitaient la Lorraine, sous prétexte qu'ils s'étaient montrés favorables aux Bourguignons. Par contre, un évêque de Metz, Conrad Bayer de Boppart, accorda en 1442 sa protection aux Juifs qui résidaient sur les terres de son temporel.

Les pouvoirs publics intervenaient également, soit pour faciliter, soit pour entraver les transactions commerciales. Nous avons parlé des sauvegardes que les ducs accordaient. Un document de 1304 (n. st.) nous apprend qu'en vertu de conventions particulières les négociants messins n'avaient pas à payer de taxes quand ils allaient trafiquer dans certaines villes de l'Empire, telles que Thionville, Aix-la-Chapelle, Saint-Trond, Cambrai, Francfort et Arles ; les marchands de ces différentes cités jouissaient des mêmes avantages quand ils venaient à Metz. Au xive siècle, des accords passés entre Côme, Metz et Neufchâteau permettaient aux marchands de ces deux dernières villes de payer dans la première, pour leurs laines, des droits moins élevés que leurs confrères des autres cités allemandes.

Dans les traités de paix on insérait parfois des clauses relatives au commerce. Celui que Metz conclut, en 1370, avec le duc Robert de Bar, stipulait, pour les marchands

---

1. Le nom de « Jurue », que porte encore de nos jours une rue de Metz, rappelle qu'autrefois elle a été habitée par les Juifs.

messins, le droit de circuler dans le Barrois. En 1507, René II obtint de Metz le libre passage, à travers le territoire de la république, des trains de bois venus des Vosges par la Moselle. Des conventions conclues en 1407 et en 1522 réglaient les rapports commerciaux de la Lorraine avec le Luxembourg. Dans d'autres cas, les gouvernements prennent des mesures pour empêcher ou la sortie des produits indigènes, ou l'entrée des produits étrangers. Tantôt ces prohibitions s'expliquent par des raisons économiques : ce fut le cas lorsque la république messine en 1350 et René Ier au xve siècle interdirent l'importation des vins étrangers ; tantôt elles ont le caractère de représailles politiques : quand René II par exemple défendit à ses sujets de rien vendre aux gens de Metz et que la république messine riposta par des mesures analogues, dirigées contre la Lorraine.

Quelquefois les gouvernements font du commerce, dans le but, il est vrai, de prévenir des accaparements, une hausse excessive des prix ; celui de Metz achète, en 1482, quelques milliers de porcs, qu'il revend à un prix très modéré. Le pain est taxé au xve siècle, aussi bien dans les duchés que dans les villes épiscopales. Parfois aussi d'autres denrées sont traitées comme le pain ; ainsi à Metz, en 1483, le gouvernement fixa les prix que ne devraient pas dépasser les harengs, les chandelles, le vin vieux, etc.

La région lorraine exporte du sel, des produits du sous-sol, de l'azur en particulier, des vins, des laines, des draps ; elle achète du blé, des vins, des épices, des étoffes, des vêtements, des armes.

Les marchands de Metz se rendent dans le nord de l'Italie, en Allemagne, en particulier à Francfort, dans les Pays-Bas (Anvers, 1480), en France (Lyon). Ceux de la Lorraine vont en Italie et en France. Les foires de Metz et de Saint-Nicolas sont fréquentées par des étrangers, venus des différents pays que nous venons de citer.

La situation économique de la région lorraine se présente

donc sous un aspect favorable au début du xvie siècle : tout est en progrès, de nouvelles industries se créent et prospèrent. Les diverses productions du pays suffisent à la consommation de ses habitants, mais elles ne sont pas assez abondantes pour fournir la matière d'une exportation considérable ; comme conséquence, les achats faits à l'étranger sont de médiocre importance.

De tout ce que nous avons dit dans ce chapitre, il résulte qu'à la fin du xve siècle et au début du xvie, la tranquillité plus grande, la sécurité mieux assurée, la diminution ou la fixation des redevances ont amené une amélioration générale de la situation des classes inférieures. Elles jouissent d'un bien-être très relatif, cela va sans dire, mais réel pourtant, si l'on compare l'existence des gens de cette époque à celle de leurs ancêtres du xiie et du xiiie siècle. On se tromperait d'ailleurs, si l'on s'imaginait que la misère avait disparu. Un chroniqueur messin rapporte qu'aux noces de Nicolas de Heu et de Catherine de Gournay (1489), *douze cents* pauvres reçurent des distributions de pain, de viande et de vin. Pourtant le mariage se célébrait dans la cité que l'on avait surnommée « Metz la riche » !

CHAPITRE VI

L'ENSEIGNEMENT, LA LITTÉRATURE ET LES ARTS DANS LA RÉGION LORRAINE DU XIIIe AU XVIe SIÈCLE [1]

Décadence des études, stagnation de la littérature, sauf à Metz, imitation en architecture de l'art ogival français, en

---

1. Bibliographie. — Aux éditions indiquées ci-dessus (p. 313 et 338), des principaux auteurs de cette période, ajouter : BRÉTEX (J.), *le Tournoi de Chauvency*, 1 vol. in-8°, 1835, et 1 vol. in-8°, 1898. — [WALDSEEMÜLLER] et [RINGMANN], *Cosmographiæ introductio*, 1 vol. in-4°, 1507. — [RINGMANN], *Grammatica figurata*, 1 vol. in-4°, 1509. — [PÉLERIN], *De artificiali perspectiva*, Viator, 1 vol. in-f°, 3 éditions, 1505, 1509, 1521.
Ouvrages généraux : Enseignement : DENIFLE (H.), *Die Universitäten*

sculpture, influence possible de l'art flamingo-bourguignon, influence tardive et très faible de la Renaissance

des Mittelalters bis 1400, 1 vol. in-8°, 1885. — Rashdall (H.), *The universities of Europe in the middle ages*, 3 vol. in-8°, 1895.

Histoire littéraire et scientifique : Petit de Julleville (L.), *Histoire de la langue et de la littérature française*. T. III. *Le XVIe siècle*, 1 vol. in-8°, 1897. — Gallois (L.), *les Géographes allemands de la Renaissance*, 1 vol. in-8°, 1894.

Beaux-arts : Gonse (L.), *l'Art gothique*, 1 vol. in-4°, 1890 et *la Sculpture française depuis le XIVe siècle*, 1 vol. in-4°, 1894. — Courajod (L.), *Leçons professées à l'Ecole du Louvre*. T. II. *Origines de la Renaissance*, 1 vol. in-8°, 1901. — Michel (A.), *Histoire de l'art*. T. II. *Formation, expansion et évolution de l'art gothique*. T. III. *Les débuts de la Renaissance*. T. IV. *La Renaissance*, 6 vol. in-8°, 1907-1912. — Male (E.), *l'Art religieux de la fin du Moyen Age en France*, 1 vol. in-4°, 1908.

Ouvrages concernant la région lorraine : Langues : Consulter les travaux cités plus haut (p. 75) de Pfister (Chr.) et de Witte (Hans).

Histoire littéraire : A l'ouvrage déjà mentionné (p. 261) de Pormaigre, ajouter pour les poètes : Duvernoy (E.) et Harmand (R.), *le Tournoi de Chauvency en 1285* (Annales de l'Est et du Nord, t. I, 1905). — Duvernoy (E.), *Un poète lorrain du XVe siècle, Jean Baudouin de Rosières-aux-Salines* (Mém. Ac. Stan., 1907). — Rouyer (J.), *De Pierre de Blarru et de son poème de la Nancéide* (Mém. Soc. Arch. lorr., t. XXVI, 1876). — Collignon (A.), *De Nanceide Petri de Blaro rivo parisiensis*, 1 vol. in-8°, 1892. — Lepage (H.), *Pierre Gringoire* (Mém. Ac. Stan., 1848). — Oulmont (Ch.), *Pierre Gringore*, 1 vol. in-8°, 1911.

Pour les chroniqueurs : Digot (A.), *Notice sur N. Volcyr* (Mém. Ac. Stan., 1848). — Prost (A.), *Notice sur les chroniques de Metz publiées par M. Huguenin et Notice sur deux chroniques messines des XVe et XVIe siècles* (Mém. Acad. Metz, t. XXXI et XL, 1851 et 1859). — Allut (P.), *Etude biographique et bibliographique sur Symphorien Champier*, 1 vol. in-8°, 1859.

Pour les savants : Schmidt (C.), *Mathias Ringmann humaniste alsacien et lorrain* (Mém. Soc. arch. lorr., t. XXV, 1875). — Gérard (A.), *Martin Waldzemuller savant géographe* (Bulletin Société philomatique vosgienne, t. VII, 1882). — Meaume (E.), *Recherches critiques sur Americ Vespuce et ses ouvrages* (Mém. Soc. arch. lorr., t. XXXVIII, 1888). — Save (G.), *Vautrin Lud et le gymnase vosgien et Jean Pélerin le Viateur, chanoine de Saint-Dié, de Nancy et de Toul*, etc. (Bull. Soc. phil. vosg., t. XV et XXII, 1890, 1897). — Gallois (L.), *Améric Vespuce et les Géographes de Saint-Dié ; Waldseemüller, chanoine de Saint Dié* (Bull. Soc. de Géographie de l'Est, 21e année, 1900). — Bremer (F.-P.), *Claude Chansonnette aus Metz* (Jahrbuch de Metz, t. V, 1re partie, 1893). — Grimme (Fr.), *Wolfgang Musculus* (Jahrbuch de Metz, t. V, 2e partie, 1893).

Beaux arts : Aux ouvrages indiqués ci dessus (p. 261) ajouter, pour italienne sous sa double forme littéraire et artistique, voilà en quelques mots les traits caractéristiques tant de l'enseignement que du mouvement intellectuel et artistique dans la région lorraine du xiiie au xvie siècle.

Dans ce domaine, comme dans tous les autres, nous devons constater les effets désastreux pour notre pays du morcellement qu'il avait subi.

I. — L'enseignement.

Si l'Eglise continue d'avoir la haute main sur l'instruction, les pouvoirs publics commencent à s'en occuper; c'est l'enseignement primaire qui semble attirer surtout leur

---

les architectes, X., *les Ranconval, père et fils, Henri et Jean, architectes de Metz, au XVe siècle* (*l'Austrasie*, 1853).

Pour les sculpteurs : Girodie (A.), *la Sculpture ancienne en Lorraine* (*Revue lorraine illustrée*, 1906). — Lepage (H.), *Mansuy Gauvain* (*Mém. Soc. arch. lorr.*, t. II, 1851). — Sailly (de), *Jean de Haës, sculpteur messin du XVe-XVIe siècle* (*Bull. Soc. arch. Mos.*, t. X, 1867). — Maxe-Werly (L.), *Jean Crocq de Bar-le-Duc, sculpteur imagier et sa famille* (*Mém. Soc. Bar-le-Duc*, IIIe série, t. VI, 1897). — Cournault (Ch.), *Ligier Richier, statuaire lorrain du XVIe siècle*, 1 vol. in-4°, s. d. — Denis (P.), *Ligier Richier, l'artiste et son œuvre*, 1 vol. in-4°, 1911.

Pour les peintres : Lepage (H.), *Quelques notes sur des peintres lorrains des XVe, XVIe et XVIIe siècles* (*Mém. Soc. Arch. lor.*, t. IV, 1853). — Dannreuther (H.), *Quelques portraits du musée de Bar-le-Duc* (*Mém. Soc. Bar-le-Duc*, 4e série, t. VI, 1908).

Pour les monuments, aux ouvrages déjà cités (p. 261), de Kraus, de Ménard, de Prost, joindre Eslart (G.), *les Traditions architecturales du pays messin* (*l'Austrasie*, 1906-1907). — Huguenin (Al.), *Notice sur l'église Sainte-Segolène* (*Mém. Soc. arch. Mos.*, t. II, 1860). — Guillaume (abbé), *la Cathédrale de Toul* (*Mém. Soc. arch. lorr.*, t. XIII, 1863). — Boucher (Fr.), *la Cathédrale de Toul. Essai archéologique* (*Ecole nationale des Chartes. Positions des thèses*, 1912). — Schaudel L.), *Histoire d'Avioth et de son église* (*Mém. Soc. Bar-le-Duc*, 2e série, t. X, 1891). — Badel (E.), *Simon Moycet et l'Église de Saint-Nicolas* (*Mém. Soc. arch. lorr.*, t. XXXIX, 1899). — Martin (Al.), *Eglises barroises* (*Revue lorraine illustrée*, 1909). — Toussaint (M.), *Blénod-les-Toul* (*Revue lorraine ilustrée*, 1909). — Aimond (abbé Ch.), *Monographie de l'église Saint-Etienne, ancienne collégiale Saint-Pierre de Bar-le-Duc* (*Mém. Soc. Bar-le-Duc*, 4e série, t. IX, 1911). — Denoger (Ch.), *les Origines de l'architecture de la Renaissance à Bar-le-Duc* (*Annuaire de la Meuse*, 1899).

attention. En 1504 le doyen de la collégiale Saint-Laurent de Dieulouard donne une maison, où les enfants du village devront recevoir l'instruction. A Morhange c'est l'autorité municipale qui décide, en 1517, la création d'une école. Mention est faite d'un maître d'école à Sarrebourg en 1398, à Gondrecourt-le-Château en 1417, d'un autre cent ans plus tard. Enfin, nous savons qu'à la date de 1528 le maître d'école de Saint-Mihiel périt victime d'un assassinat.

D'une façon générale les anciennes écoles épiscopales et monastiques sont en décadence. Nous n'avons d'ailleurs que peu de renseignements sur les unes et sur les autres. A Metz, Wiry d'Ardenne remplissait, en 1427, les fonctions d'écolâtre. L'école de Toul possédait deux chaires de droit, et le chapitre institua un théologal à la demande de l'évêque Guillaume Fillastre. Henri de Ville, devenu en 1405 évêque de Toul, exerçait auparavant à Verdun la charge d'écolâtre. A Metz, les écoles des abbayes Saint-Vincent, Saint-Arnoul et Saint-Martin subsistaient encore au xve siècle ; en 1426, maître Charbin, écolâtre de Saint-Vincent, était un laïc. Les carmes établirent dans le couvent qu'ils avaient, en 1441, fondé à Baccarat, une école avec deux professeurs de théologie ; les abbés de Senones et d'Etival y envoyaient ceux de leurs jeunes moines ou chanoines qui avaient besoin de compléter leur instruction.

Si les études sont en décadence dans le pays, c'est en grande partie parce qu'il ne possède pas d'université. Ici encore nous constatons les effets du morcellement de la région lorraine. Les clercs et les laïcs, désireux de parfaire leur instruction, vont à l'étranger. L'université de Paris attire en grand nombre nos compatriotes ; plusieurs d'entre eux même y professèrent, après y avoir étudié comme élèves. Le collège de La Marche, qu'avait fondé, vers 1380, un chanoine de Toul, Guillaume de la Marche, et qu'agrandit son ami Beufve de Voinville après 1420, pouvait recevoir douze boursiers d'origine lorraine. On allait encore à l'université de Cologne, et en Italie à celle de Bologne, où nous trouvons, en 1440, le chanoine messin Nicolas d'Ex ou d'Aix.

L'université créée à Trèves, en 1473, par l'archevêque Jean de Bade, ne semble pas avoir été très florissante. Les étudiants lorrains continuent de fréquenter les universités étrangères : ainsi, au XVI° siècle, le Messin Michel le Gournaix étudie à Orléans et à Cologne ; cette dernière université compta aussi comme étudiant le polygraphe Nicolas Volcyr de Serrouville.

Ni la Renaissance, ni la découverte de l'imprimerie n'eurent pour effet de donner une nouvelle vie aux études dans le pays ; les ducs lorrains, bien qu'instruits et cultivés, n'exercèrent à cet égard qu'une influence assez faible. René II protégea cependant l'espèce d'académie qu'était le gymnase vosgien créé à la fin du XV° siècle à Saint-Dié par quelques humanistes, les chanoines lorrains Gautier (Vautrin) et Nicolas Lud, Basin de Sandaucourt, André Reynette, Jean Aluys (Louis), l'Alsacien Mathias Ringmann et le Fribourgeois Waldseemuller. Répandre l'enseignement et publier des ouvrages pédagogiques ou scientifiques, tel était le double but que se proposaient les membres du gymnase vosgien. Nous avons déjà parlé de leurs travaux, *Cosmographiæ introductio* et *Grammatica figurata*. Ce qui donne au premier de ces livres une réelle importance, c'est que les éditeurs y insérèrent quatre lettres d'Améric Vespuce à Soderini, et que, dans l'ignorance où ils étaient des droits respectifs de Vespuce et de Colomb, ayant cru pouvoir attribuer au premier le mérite de la découverte qui revenait au second, ils proposèrent en conséquence qu'on donnât le nom d'Amérique au Nouveau Monde.

Les bibliothèques que possédaient alors des monastères ou des particuliers nous sont mal connues ; nous avons pourtant le catalogue des livres de Michel Chaverson ou Chavresson, un Messin, un membre des paraiges, qui vivait à la fin du XV° siècle. On y trouve beaucoup plus de manuscrits que d'imprimés : sur quatre-vingt-deux numéros, il y a six ouvrages en latin, un en allemand, le reste est en français.

Tite-Live dans le texte original et des traductions de Lucain, de Suétone et de Salluste représentent l'antiquité. D'ailleurs, la bibliothèque de Michel Chaverson contenait des livres ou des manuscrits de toutes matières, théologie, religion, jurisprudence, histoire, histoire naturelle, médecine, romans, poésies. Plus riche, le duc Antoine possédait cent quatre-vingt-trois manuscrits ou livres imprimés, des traductions de Thucydide et de Strabon, Virgile, César, Tite-Live dans le texte original ou dans une traduction, saint Augustin, saint Jérôme, des livres de piété, des chroniques, des œuvres d'imagination. Aucun ouvrage allemand ne figure dans la bibliothèque d'Antoine.

II. — Les langues, la littérature et les sciences.

1° *Les langues.*

L'Eglise, les professeurs, les savants, quelques écrivains, continuent d'employer le latin, dont les chancelleries, même celles des princes ecclésiastiques, se servent de moins en moins. D'ailleurs la Renaissance le remettra en honneur, et des poètes ou des prosateurs écriront encore en latin durant la première moitié du XVI° siècle.

Les langues vulgaires se développent, se transforment, la romane comme l'allemande, gardant, bien entendu, dans la région lorraine leurs caractères dialectaux. L'allemande est plus grossière, moins cultivée que la romane, puisqu'elle n'est parlée que par des paysans et par des bourgeois de petites villes et qu'elle ne sert à exprimer ni des idées ni des sentiments d'un caractère général.

En dépit de son infériorité littéraire l'allemand avait gagné du terrain dans notre pays au cours du moyen âge. Du moins, au XVI° siècle, le trouve-t-on maître, dans la région de la Seille, de nombreuses localités où il n'avait pas encore à l'époque franque droit de cité et d'où il disparaîtra plus tard, à la suite des malheurs de la guerre de Trente Ans.

Metz, la grande ville romane de la région, possédait, semble-t-il, une colonie allemande de quelque importance. En outre, ceux des commerçants messins que leurs affaires appelaient de l'autre côté du Rhin devaient comprendre l'allemand et le parler ; les vers suivants de *La guerre de Metz en 1324* nous en fournissent la preuve :

> Là vint le cuens de Sallebruche (Sarrebrück)
> Qui veult ravoir tous les prisons (prisonniers).
> Ciel de Metz respondent en duche (*deutsch,* allemand
> Qu'il n'est pas temps, lieu ne saison [1].

A la différence des Messins, les gens de Toul ne savaient pas l'allemand, comme le prouve une lettre écrite en 1429 par le maître-échevin et par les justiciers de cette ville aux électeurs de l'Empire, qui avaient réclamé d'eux aide et assistance contre les Hussites.

Ajoutons que la chancellerie des ducs de Lorraine et celle des évêques de Metz ont rédigé en allemand des actes concernant des vassaux ou des sujets soit lorrains, soit évêchois, qui parlaient cette langue.

2° *Les littératures latine, française et allemande à la fin du moyen âge.*

Jusqu'à la Renaissance, nous ne pouvons citer en fait d'auteurs latins que des théologiens, comme le dominicain Hugues de Metz au XIV® siècle, ou des jurisconsultes, tel Jacques de Revigny, qui devint évêque de Verdun (1289-1296).

En français, Guillebert de Metz rédigea au XV® siècle une description de Paris en trente chapitres ; les onze derniers, très curieux, nous font connaître la grande ville de 1407 à 1434. Le prieur des célestins de Metz et le doyen de Saint-Thiébaut rédigèrent l'un et l'autre une chronique en simple prose, tandis que quelques Messins inconnus, plus ambi-

---

1. *La guerre de Metz en 1324,* page 140, verset 73.

tieux, écrivirent en strophes de quatre vers l'histoire de leur patrie. On englobe sous le titre *La guerre de Metz en 1324* des poèmes politiques ou satiriques, qui se rapportent à la guerre des quatre seigneurs contre Metz. Un seul des mystères écrits alors nous est parvenu en manuscrit, celui de Saint-Clément, joué à Metz au xv° siècle. *L'instruction de la vie mortelle*, de Jean Baudouin, de Rosières, est un poème de 47.000 vers de 10 syllabes, prolixe, ennuyeux, dont on n'a jusqu'à ce jour publié que des fragments. Si l'on excepte Metz, la région lorraine est alors, qu'on me pardonne le mot, une vraie Béotie.

Isabelle de Lorraine, fille de Ferry Ier, comte de Vaudémont, sœur du célèbre Antoine et femme de Philippe Ier, comte de Nassau-Sarrebrück, traduisit en allemand, sous le titre de *Hug Schapler*, le poème de *Huon Chapet*.

3° *Les littératures latine, française et allemande à l'époque de la Renaissance.*

La Renaissance va-t-elle pénétrer dans le pays, secouer sa torpeur, réveiller le goût des lettres, susciter des écrivains? René I, René II, ainsi que quelques-uns des prélats de cette époque, Guillaume Fillastre, le cardinal Jean de Lorraine, étaient des hommes cultivés, amis et protecteurs des gens de lettres. On ne peut nier que leur influence ait produit d'heureux résultats; pourtant, si la région lorraine compte en plus grand nombre des poètes et des historiens, nous ne rencontrons parmi eux ni un Villon, ni un Marot, ni un Commines.

A. — La littérature latine.

La Renaissance, qui remettait l'antiquité en honneur, devait retarder plutôt que précipiter la décadence du latin. L'étude de Cicéron, de César et des autres classiques permit aux auteurs du xvi° siècle d'écrire en un latin plus pur et plus élégant que ne l'avaient fait leurs devanciers.

Parmi les prosateurs de cette période qui ont employé la langue savante, citons deux théologiens, le P. André, de Neufchâteau, et le Toulois Jean Raulin, le jurisconsulte Claude Chansonnette (*Cantiuncula*) de Metz, qui vécut longtemps à Ensisheim en Alsace, les membres du gymnase vosgien, les Lud, Basin de Sandaucourt, Ringmann, Waldseemuller, le chanoine de Toul Jean Pélerin, né en Anjou, auteur d'un livre de géométrie, le *De artificiali perspectiva*. Aucun de ces écrivains ne peut soutenir la comparaison avec Jean de Trittenheim, ou Trithème, né sur les bords de la Moselle, mais qui a vécu et déployé sa grande activité littéraire dans la région rhénane. Intelligent, très instruit, il a touché à toutes sortes de sujets et composé, sous le nom d'*Annales hirsaugienses*, un ouvrage historique, important en raison des sources, aujourd'hui perdues, où l'auteur a puisé.

Voici deux poètes épiques, Pierre de Blarru et Laurent Pillard ; ce ne sont, hélas! ni des Virgile ni des Lucain. Tous deux ont eu l'idée fâcheuse de choisir l'hexamètre latin pour célébrer, le premier dans son *Liber Nanceidos*, la victoire de René II sur Charles le Téméraire, le second dans sa *Rusticiade* celle d'Antoine sur les Rustauds. Pierre de Blarru, né à Paris, ne fait peut-être qu'un avec cet ami de Villon, auquel le facétieux poète lègue dans son *Petit Testament* son « diamant et l'âne qui recule ». Blarru vint en Lorraine, s'y fixa et devint chanoine de la collégiale de Saint-Dié. René II le connut, l'apprécia, lui suggéra peut-être l'idée de son poème épique et lui fournit, pour l'écrire, plus d'un renseignement. La *Nancéide*, qui a quelque valeur historique, manque de vie et de chaleur. On doit mettre encore au-dessous de la *Nancéide*, si l'on ne tient compte que des qualités littéraires, la *Rusticiade* de Laurent Pillard, un Lorrain, qui lui aussi était chanoine de Saint-Dié.

B. — La littérature française.

Historiens et chroniqueurs sont alors assez nombreux. Plusieurs d'entre eux, serviteurs et panégyristes des ducs lorrains, en particulier d'Antoine, ont écrit sur le passé de la Lorraine des œuvres médiocres et remplies de fables ; tels le médecin lyonnais Symphorien Champier, le Lorrain Volcyr de Serrouville et le Normand Emond du Boulay.

D'autres chroniqueurs remontent très haut dans le passé pour descendre ensuite jusqu'à l'époque où ils vivent. En général, tout ce qu'ils disent des siècles antérieurs est plus ou moins gâté par des histoires fabuleuses, tandis que pour leur temps ces écrivains donnent une foule de renseignements sérieux et pleins d'intérêt.

Metz nous offre un grand nombre de chroniqueurs. A l'exemple des institutions politiques, l'historiographie de la grande cité a pris un caractère laïc de plus en plus marqué. Les annalistes substituent à l'histoire des évêques celle de la république messine ; en outre, ils appartiennent désormais à la société séculière, non plus à l'Eglise. L'auteur de la *Chronique* dite *de Praillon* ne perd pas une occasion de critiquer les paraiges et le gouvernement aristocratique. Un tout autre esprit anime Philippe Gérard, dit de Vigneulles, du nom de son village natal. Né dans la petite bourgeoisie, Vigneulles avait une intelligence vive et curieuse, qui lui fit entreprendre tout jeune des voyages à l'étranger : revenu à Metz, il y exerça le métier de chaussetier, se maria deux fois et eut plusieurs enfants. Malgré sa vie agitée, malgré ses occupations professionnelles, Vigneulles s'intéressait aux choses de l'esprit ; il avait beaucoup lu et il écrivit lui-même de nombreux ouvrages, des contes, une traduction du poème de *Hervis*, une chronique qui contient pour la fin du xv° siècle et le début du xvi°, c'est-à-dire pour le temps où vivait l'auteur, une histoire et une description vive et animée de la république messine. Quoique étranger par sa naissance aux paraiges, Vigneulles ne les attaque pas : il admire même, tant est vif son patriotisme, le gouvernement aristocratique, auquel il attribue la prospérité de sa ville natale.

A la différence des écrivains dont nous venons de parler,

Concert (fin du xv⁰ siècle).
(Miniature du Psautier de René II).
(d'après A. Jacquot, La musique en Lorraine).

BLÉNOD-LES-TOUL (Meurthe-et-Moselle).
Tombeau de Hugues des Hazards (xvi⁰ siècle).
(Église).

(Voir p. 474).

Richard de Wassebourg est un homme d'Eglise, archidiacre de Verdun ; il s'occupe plus spécialement de cette ville dans ses *Antiquités de la Gaule Belgique*, ouvrage important et pour les temps anciens, en raison des sources aujourd'hui disparues dont l'auteur s'est servi, et pour le xvie siècle, sur lequel il est presque seul à nous fournir des renseignements. Quoique dignitaire de l'Eglise, Wassebourg voit les abus dont elle souffre et il n'hésite pas à les rendre responsables de l'hérésie luthérienne.

Enfin, plusieurs auteurs ont simplement raconté soit les événements de leur vie ou de leur temps, soit tel ou tel épisode dont ils avaient été les témoins. Philippe de Vigneulles a laissé de curieux mémoires sur sa vie très mouvementée, marquée même par de véritables drames. Citons encore le Messin Jehan Aubrion, qui a écrit un Journal, deux Lorrains, Jean Herquel (*Herculanus*), chanoine de Saint-Dié, et Volcyr de Serrouville, enfin le Normand Emond du Boulay, dont les œuvres se rapportent au règne d'Antoine.

Si en histoire nous avons la quantité, sinon toujours la qualité, la poésie ne nous offre ni l'une ni l'autre. La Lorraine a possédé sous le règne d'Antoine, qui fit de lui l'un de ses hérauts d'armes, un poète de talent, Pierre Gringore ; par malheur, c'est en Normandie qu'il a vu le jour. L'œuvre poétique de Gringore est très considérable ; il a beaucoup écrit pour le théâtre, surtout des moralités, et rempli ses pièces d'allusions aux événements contemporains. Ce poète raisonnable, sensé, ami de la clarté, d'ailleurs dépourvu d'imagination et de sensibilité, ne méritait-il pas de naître en Lorraine ? Plus âgé que Gringore, le poète lyrique et satirique Jean Mangin, de Metz, se vit comparer à Villon par ses concitoyens. Méritait-il cet honneur ? Comme l'auteur des *Repues franches*, Mangin mena une existence agitée ; il eut, lui aussi, de nombreux démêlés avec la justice ; seulement, nous ne pouvons juger de son talent poétique, aucune de ses œuvres ne nous étant parvenue.

Nous avons parlé plus haut des représentations théâtrales. De toutes les pièces jouées en Lorraine au xvi⁰ siècle, très peu nous ont été conservées ; encore sont-elles restées inédites, sauf le *Mystère de saint Clément*, publié par M. Abel. M. Dumont a donné quelques passages du *Mystère de saint Étienne*, écrit par dom Nicole Loupvent et représenté en 1543 à Saint-Mihiel; on y relève des termes d'une crudité que les gens du xvi⁰ siècle trouvaient naturelle, même dans un drame religieux composé par un bénédictin.

C. — La littérature allemande.

La région lorraine a produit un auteur allemand, Wolfgang Mœuslin, qui latinisa son nom en Musculus : né à Dieuze, il quitta son pays pour aller vivre en Alsace, puis en Allemagne, embrassa le luthéranisme, écrivit de nombreux traités de théologie et traduisit en vers allemands quelques-uns des psaumes.

4° *Les sciences.*

Dans la région lorraine, on trouve encore moins de savants que de littérateurs. Il paraît que le prêtre messin François du Temple, si habile dans l'art de greffer les arbres, était en même temps géomètre et ingénieur. Nous avons déjà parlé des géographes Ringmann et Waldseemuller et de leur *Cosmographiæ introductio*, de Pélerin et de son *De artificiali perspectiva*.

III. — LES BEAUX-ARTS.

Nos ancêtres étaient par bonheur mieux doués pour les arts que pour la littérature : dans quelques-unes des œuvres architecturales et sculpturales qu'a vues naître notre pays, du xiii⁰ au xvi⁰ siècle, s'affirme un talent, une puissance créatrice, que l'on ne retrouve ni dans les traités de théologie ou de droit, ni dans les poèmes épiques, ni même dans les chroniques ou les mémoires, intéressants d'ailleurs, qu'ont produits à la même époque les auteurs originaires de la région lorraine.

1° *Les arts durant la période gothique.*

Au XI° et au XII° siècle, notre pays avait été le berceau d'un art original, proche parent, mais non dépendant de celui de l'Allemagne ; du XIII° siècle au début du XVI°, c'est l'influence française qui prédomine, au moins en architecture, dans la région lorraine comme d'ailleurs dans l'occident et même dans le centre de l'Europe. L'art ogival ou gothique, né en France au XII° siècle, est importé au siècle suivant en Lotharingie par des moines de Cîteaux, par des architectes ou par des marchands.

A. — L'architecture.

La voûte, qu'avait créée l'art roman, s'appuyait sur des piliers massifs, sur des murs qui n'étaient percés — pour offrir plus de résistance — que de fenêtres petites et rares ; aussi pouvait-on reprocher aux robustes édifices romans un aspect lourd et trapu et un éclairage insuffisant. L'art va compléter l'évolution commencée et gagner les qualités qui lui manquaient tout d'abord. Faire pénétrer dans les églises la lumière par de larges baies, élever des monuments très vastes, pousser très haut les lignes verticales, voilà ce que se proposent les architectes français du XII° siècle. Comment résoudre ces problèmes, comment, sans nuire à la solidité, construire des églises ajourées, larges et hautes ? Sous les arêtes des voûtes, les architectes feront courir des arcs ogifs, destinés à en supporter la charge ; cette charge, ils la transmettront d'une part aux piliers verticaux intérieurs, de l'autre à des arcs-boutants rejetés en dehors de l'édifice. Enfin à l'ornementation, souvent conventionnelle, de l'école romane, l'art gothique en substituera une autre, plus riche, tirée de la nature elle-même, en particulier de la flore et de la faune du pays.

L'art nouveau avait pris naissance dans l'Ile-de-France. Toutefois, c'est non pas à cette province, mais à la Champagne que les architectes de la région lorraine sont allés demander leurs modèles. Les artistes champenois, qui ont subi la double influence de l'Ile-de-France et de la Bourgogne, ont élevé à Reims, à Châlons et à Troyes des œuvres admirables. L'action qu'ils ont exercée dans notre pays se comprend du reste sans peine. Les ducs de Lorraine et les comtes de Bar ne sont-ils pas les cousins ou les vassaux des comtes de Champagne, et les foires de Troyes ou de Provins n'attirent-elles pas les marchands de Metz, de Toul, de Verdun et des principautés laïques ?

Nos ancêtres imiteront donc les églises champenoises, mais en conservant d'abord une partie des formes romanes, comme c'est le cas à Hesse, à Morlange, à Saint-Dié ; plus tard le style champenois régnera complètement et sans partage. Les églises ogivales de la région lorraine ont une ou trois nefs, avec un transept, une abside et quelquefois des absidioles. D'habitude, on n'y rencontre pas de *triforium*, sauf à la cathédrale de Metz, ni de déambulatoire. Les voûtes, munies d'arcs ogifs, reposent sur des pilastres formés de faisceaux de colonnettes ou sur de simples piliers cylindriques. Pilastres et piliers manquent souvent de chapiteaux, surtout dans les églises de village. Les arcs-boutants extérieurs, qui reçoivent une partie de la poussée des voûtes et que consolident des clochetons verticaux, sont au début rapprochés des murs. Des rosaces garnissent le haut des fenêtres. Sur le devant de l'église s'élèvent une ou deux tours, tantôt rondes, tantôt carrées, qui se terminent soit par une plate-forme avec balustrade ajourée, soit par une flèche élancée. La décoration, inspirée de la nature, se distingue le plus souvent dans la région lorraine par une grande sobriété. Ce n'est pas seulement la pauvreté relative du pays qui explique la simplicité des ornements ; nous croyons y voir un des traits du caractère lorrain, ennemi du faste, du luxe, de l'exubérance. On peut cependant citer comme exemples de décoration plus riche la frise de Metz et le portail de Toul.

L'ancienne division de la période ogivale en trois phases, d'après les formes des fenêtres, a rencontré de nos jours des adversaires, qui en ont contesté le bien-fondé. Il n'en faut pas moins ranger à part les églises du xve siècle et des premières années du xvie, spécimens du style que l'on appelle « flamboyant », parce que les dessins formés par les pierres des fenêtres et des arcatures rappellent des flammes. L'art flamboyant présente une ornementation plus riche, mais souvent de moins bon goût, que celle des églises du xiiie et du xive siècle. Toutefois, et pour les raisons que nous donnions plus haut, les églises flamboyantes de la région lorraine sont décorées avec une réserve relative.

Au lieu d'être, comme à l'époque romane, des clercs ou des moines, les architectes gothiques, les maîtres de l'œuvre, se recrutent surtout, sinon de façon exclusive, parmi les laïcs. Si des Champenois ont construit quelques-unes de nos églises, la plupart de celles-ci ont eu pour maîtres de l'œuvre des artistes nés dans la région elle-même.

Au xive siècle, nous pouvons citer Jehan de Metz et Pierre Perrat qui travaillèrent, le premier à la cathédrale de Toul, le second à celle de Metz. Au xve siècle, Jehan de Commercy dirigea quelque temps la construction de ce dernier monument; Metz employa aussi les Ranconval : le père fut architecte de la cité, le fils, Hannes ou Jean, ajouta à ces fonctions celles de maître d'œuvre de la cathédrale. On sait que Thierry de Sierck et Mangin Chevrot, de Donchéry, travaillèrent, le premier à plusieurs églises messines, le second à Saint-Martin de Pont-à-Mousson; quant au portail de Toul, il est l'œuvre de Jacquemin Hogier, de Commercy.

Vu l'extrême lenteur du travail à cette époque, les églises ne furent le plus souvent terminées qu'au bout de deux ou de trois siècles. Comme les architectes d'alors n'avaient nul souci d'achever les monuments dans le style où ceux-ci avaient été commencés, il en résulte que certaines parties d'une église appartiennent au roman, d'autres au gothique primitif, d'autres au gothique flamboyant. L'unité, que nous sommes habitués à rencontrer dans nos édifices actuels, manque donc à la plupart de ceux qu'a élevés le moyen âge.

Parmi les églises ogivales de la bonne époque construites dans la région lorraine, citons les cathédrales de Metz et de Toul, la collégiale Saint-Georges de Nancy, aujourd'hui détruite, l'église Saint-Pierre (Saint-Etienne) de Bar-le-Duc, les églises de Munster (le petit Saint-Nicolas), de Dun et d'Avioth. Notre pays possède de nombreuses églises de style flamboyant : la plus importante est celle de Saint-Nicolas-du-Port, commencée dans les dernières années du xve siècle, terminée vers le milieu du xvie ; les proportions de l'édifice s'expliquent par l'importance qu'avait jadis la ville, à la fois lieu de pèlerinage et centre commercial. Mentionnons encore les églises de Varangéville, de Vézelise, d'Etain, de Ligny, de Fénétrange, de Rambervillers, de Charmes, de Châtel, Saint-Eucaire de Metz et l'ancienne église Saint-Evre de Nancy.

Il ne reste que peu de vestiges de l'architecture militaire, dont les monuments ont été, les uns remplacés plus tard par d'autres ouvrages défensifs, les autres détruits à la suite d'une guerre ou par ordre de Richelieu. Une enceinte flanquée de tours et munie d'un fossé entourait les villes ; dans les châteaux, une tour plus haute appelée donjon servait de réduit aux défenseurs. Des créneaux, des mâchicoulis, des meurtrières permettaient aux assiégés de faire pleuvoir sur les assaillants des projectiles variés. Les hautes murailles des villes ou des châteaux formaient pour les canons une cible, où il était facile de faire des brèches. Mais la transformation du système de fortification ne se fit qu'avec beaucoup de lenteur. La Porte des Allemands à Metz, la Porte Chaussée à Verdun, les ruines de Prény, de Moyen, de Gombervaux, de Pierre-Percée rappellent, bien imparfaitement, ce qu'ont été jadis les forteresses de la région lorraine.

Il existe encore dans les villes, à Metz, à Nancy, à Toul, à Bar, et même dans plusieurs villages, quelques demeures de cette époque, presque toutes mutilées et défigurées. Autant et plus que la pierre, le bois était employé pour la construction d'un grand nombre de ces maisons ; les façades présentaient une série d'étages surplombants ; les fenêtres étaient petites et étroites, la décoration très simple.

B. — La sculpture.

L'architecture reste jusqu'au xve siècle l'art dominant, celui auquel tous les autres sont subordonnés ; ils n'existent pour ainsi dire que pour elle et par elle.

La plupart des monuments de la sculpture ont été détruits au xviie ou au xviiie siècle ; nous ne possédons plus que des pierres tombales et des statues en assez petit nombre. Aussi nous est-il difficile de nous prononcer aujourd'hui sur l'originalité des imagiers lorrains des xiiie, xive et xve siècles, sur les influences qu'ils ont subies. Peut-être conviendrait-il de rattacher les sculpteurs lorrains du xve siècle à l'école flamingo-bourguignonne, quoique leur réalisme soit moins brutal que celui des Flamands. Un des artistes qui ont travaillé à Dijon au monument funéraire de Philippe le Hardi, Jean de Marville, était probablement originaire du bourg alors mi-barrois, mi-luxembourgeois de Marville, qui semble avoir possédé une école de sculpture. Saint-Mihiel eut aussi la sienne.

Comme sculpteurs lorrains de la période qui précède la Renaissance, nous pouvons mentionner Jacquemin Hogier, de Commercy, qui avait fait pour le portail de la cathédrale de Toul une statue de René II ; Jean Crocq, né dans les Pays-Bas, peut-être à Anvers, travailla d'abord à Bar, puis à Nancy, où il sculpta le monument de Charles le Téméraire dans la collégiale Saint-Georges. On ne connaît pas le lieu de naissance de Mansuy Gauvain ; toutefois le prénom qu'il porte indique une origine lorraine. La statue équestre du duc Antoine, qu'il exécuta pour la Porterie du palais ducal, a par malheur été détruite durant la Révolution, mais nous admirons encore sa Vierge de miséricorde dans l'église Notre-Dame de Bonsecours de Nancy.

C. — La peinture.

Il reste peu de chose des fresques qui décoraient autrefois les murs des églises ; elles ont été effacées par le temps ou recouvertes de badigeon. On a sauvé quelques-unes de celles qui décoraient l'ancien Saint-Evre de Nancy, Saint-Eucaire de Metz, ainsi que les églises de Malzéville et de Saint-Dié.

Beaucoup de vieux vitraux ont également disparu. Metz a employé des artistes verriers originaires de l'Alsace, Philippe Hermann de Munster au xive, plus tard Valentin Busch de Strasbourg. Sous les règnes de René II et d'Antoine, la Lorraine avait des peintres verriers comme Théobald ou Thiébaut de Lixheim. Quelques anciens vitraux se voient encore à la cathédrale de Metz, à la cathédrale et à Saint-Gengoult de Toul, aux églises de Saint-Dié, de Saint-Nicolas, de Blénod-les-Toul et de Vézelise.

D. — Les arts mineurs.

Les arts mineurs végètent ou, pour mieux dire, presque toutes les œuvres qu'ils avaient produites ont disparu. Il semble qu'on ait alors enluminé très peu de manuscrits. Nous connaissons quelques gravures exécutées à Metz durant le xve siècle ; c'est dans cette ville que résidait au début du xvie siècle un graveur nommé Cornelius.

2° *Les arts à l'époque de la Renaissance.*

Comment se fait-il que la Renaissance française du xve siècle n'ait pas touché la Lorraine, et que la Renaissance italienne n'y ait exercé que tardivement son influence?

Pourtant René Ier, le mari d'Isabelle, était originaire de l'Anjou, et il avait fait un long séjour en Italie. Son fils Jean II, son petit-fils René II, Antoine enfin allèrent à plusieurs reprises dans la péninsule; deux de ces princes au moins, René Ier et René II, avaient le goût des arts, et le premier les cultivait. Pourquoi donc les premières manifestations de la Renaissance dans notre pays ne datent-elles que du xvie siècle ? A quoi attribuer ce phénomène ? Sans doute à l'esprit traditionaliste, pour ne pas dire routinier, de nos ancêtres, à leur défiance vis-à-vis des nouveautés, enfin aux guerres qui désolèrent le pays durant une partie du xve siècle.

A. — L'architecture.

L'architecture italienne de la Renaissance rompt avec le style gothique pour revenir aux modèles de l'antiquité gréco-romaine ; les dimensions des édifices sont réduites, les lignes horizontales remplacent les verticales, les ordres réapparaissent, l'ornementation se transforme.

Les nouvelles modes architecturales ne pénètrent en Lorraine qu'au xvie siècle, sous Antoine, encore n'est-ce que timidement. Ainsi la Porterie du palais ducal, qui date de 1508-1511, offre un mélange de gothique dans les lignes générales et de style Renaissance dans la décoration. Il existe encore à Nancy, à Metz, et surtout à Bar-le-Duc des maisons particulières du xvie siècle ; dans celles de Bar tantôt le style nouveau se marie au gothique, tantôt prédomine l'influence soit de l'Italie, soit de la Flandre, soit même de l'Allemagne. C'est seulement après 1550 que l'art imité de l'antiquité triomphera en Lorraine pour la construction des bâtiments civils.

Les châteaux, ou du moins quelques-uns d'entre eux, perdent alors le caractère de forteresses rébarbatives pour prendre celui de demeures élégantes et somptueuses. C'est, en particulier, le cas de celui de Fléville, construit durant le deuxième quart du xvie siècle. Par un véritable miracle, il a échappé à l'arrêt de mort qu'avait prononcé Richelieu contre les châteaux de la Lorraine.

L'architecture religieuse se montre encore plus rebelle aux formes de la Renaissance italienne. La plupart des églises élevées au xvi⁰ siècle sont encore gothiques dans leurs grandes lignes, et seule la décoration s'inspire des modèles italiens. Citons pourtant l'église de Rembercourt-aux-Pots avec une façade Renaissance et celle d'Autrey-sur-Mortagne.

B. — La sculpture.

La sculpture appelle les mêmes observations que l'architecture. Les artistes du xvi⁰ siècle restent encore imprégnés des traditions réalistes de la période gothique.

Si l'on examine les tombeaux de René II dans l'église des Cordeliers de Nancy, de Hugues des Hazards dans celle de Blénod-les-Toul, les monuments de saint Mansuy dans la cathédrale de Toul et de saint Eucaire dans l'église de Liverdun, on constate que les statues elles-mêmes, œuvres d'artistes inconnus, sont traitées dans le style des imagiers gothiques, tandis que la décoration du soubassement, toute différente, indique une influence italienne. Qu'en doit-on conclure ? Que deux catégories d'artisans ont travaillé à ces monuments, d'une part des sculpteurs lorrains qui continuent les traditions du passé, de l'autre des ornemanistes venus de la Péninsule.

Le plus grand des sculpteurs qu'ait vus naître la Lorraine, Ligier Richier, est lui-même un homme de transition, qui se rattache beaucoup plus au passé qu'au présent et qui ne subit que tard, et d'une façon incomplète, l'influence de l'Italie. Né à Saint-Mihiel, il voyagea peut-être, on ne sait d'ailleurs où, vécut longtemps en Lorraine, mais comme il avait embrassé le calvinisme et qu'il ne pouvait le pratiquer librement dans son pays, il quitta la Lorraine pour aller se fixer à Genève, où il termina ses jours. Ligier Richier n'a pas été l'élève de Michel-Ange, comme on l'avait prétendu à tort ; peut-être n'a-t-il jamais vu l'Italie. Il s'est formé, probablement à Saint-Mihiel même, dans l'atelier d'un maître inconnu, où il s'est pénétré des idées et des pratiques de l'art gothique. Par les sujets qu'il aborde, par la façon réaliste dont il les traite, Richier se montre un homme du passé. On constate pourtant dans les dernières œuvres du maître des préoccupations nouvelles, un souci de l'élégance et de la beauté des figures, qui prouvent que l'art italien avait fini par le toucher. La Réforme a-t-elle exercé une influence réelle sur le talent de Richier ? Pour répondre à cette question, il faudrait savoir — et on l'ignore — à quelle époque l'artiste avait embrassé le protestantisme.

Ligier Richier a sculpté ou des monuments funéraires ou des morceaux de sculpture religieuse. Parmi les premiers, citons le monument de René de Beauvau et de sa femme Claude de Baudoche, celui de Philippe de Gueldre, femme de René II, œuvre saisissante de réalisme. L'église Saint-Pierre de Bar-le-Duc possède le squelette qui décorait le tombeau de René de Chalon, prince d'Orange, gendre d'Antoine. Ligier Richier est aussi l'auteur de Christ en croix, accompagnés ou non de larrons (Bar-le-Duc, Génicourt, Briey), de piéta, c'est-à-dire de groupes représentant la Vierge près du corps de son fils, descendu de la croix (Etain, Clermont-en-Argonne) ; il est curieux de remarquer que Richier traite ce sujet à la façon allemande, dispose les personnages comme le font les artistes d'outre-Rhin, c'est-à-dire que la sainte Vierge, au lieu de porter le Christ sur ses genoux, est agenouillée près du corps, étendu par terre, de son fils.

Le chef-d'œuvre de Ligier Richier est la *Mise au tombeau* ou le *Sépulcre*, dans l'église Saint-Etienne de Saint-Mihiel. Le sujet, l'un de ceux que les artistes de tous les pays ont le plus fréquemment abordés, a été traité à plusieurs reprises dans la région lorraine : citons les mises au tombeau de Domjulien, de Bayon, de Pont-à-Mousson, de Saint-Avold, qui datent du xve ou du xvie siècle, les unes antérieures à celle de Ligier, les autres exécutées à la même époque.

Richier a su renouveler le sujet par la façon dont il a disposé les personnages. Le Christ n'est pas encore déposé dans le tombeau ; l'artiste saisi le moment où Joseph d'Arimathie et Nicodème, qui portent le corps du Sauveur, s'arrêtent pour prendre un moment de repos. En arrière ou à côté du groupe qu'ils forment, se tiennent la sainte Vierge, soutenue par saint Jean et par Marie Cléophée, Marie-Madeleine, Véronique, un ange, un centurion et deux soldats ; l'ensemble n'est pas moins intéressant par la vérité des attitudes que par l'expression des physionomies. Il se pourrait que la disposition des personnages eût été modifiée, que Ligier l'eût tout d'abord agencée d'autre façon ; peut-être même s'est-il exilé à Genève avant d'avoir terminé le travail.

Ce grand artiste a laissé des descendants et des neveux, qui ont honorablement porté le nom de Richier, et dont on a souvent attribué les œuvres à leur illustre parent.

C. — La peinture.

La cathédrale de Metz, les églises de Saint-Nicolas-du-Port et de Blénod, construites toutes deux au xvie siècle, d'autres encore possèdent de beaux vitraux qui datent de cette époque. Antoine employa un peintre qui s'appelait Hugues de la Faye, mort en 1539. Cet artiste avait copié la *Cène* de Léonard de Vinci pour le réfectoire des Cordeliers de Nancy. Nous ne savons du reste de quel pays Hugues de la Faye était originaire. Le Musée de Bar-le-duc possède un portrait intéressant du duc Antoine, mais nous n'en connaissons pas l'auteur. Les autres peintres, comme Martin Crocq, fils du sculpteur, ne nous ont laissé que leur nom.

CHAPITRE VII

L'ÉGLISE ET LES MŒURS DU XIIIe AU XVIe SIÈCLE [1]

Sous l'action démoralisante de ses richesses, de son pouvoir temporel, des privilèges dont elle jouit, l'Eglise voit la décadence qui l'avait atteinte se poursuivre d'une façon lente, mais continue. Ses dignitaires, mal recrutés en général, sont trop souvent inférieurs à la tâche qu'ils ont à remplir ; les préoccupations temporelles les absorbent au détriment de leurs devoirs spirituels. Les papes, dont l'autorité en matière de nomination des prélats et de juridiction est devenue prépondérante, ne réussissent pas à détruire les abus ; quelquefois même ils les tolèrent ou en font naître de nouveaux. Les conciles du xve siècle sont impuissants à arrêter le mal, dont ils ne voient d'ailleurs pas l'origine. Aussi qu'arrivera-t-il ? C'est qu'au xvie siècle des hommes hardis, non contents d'entreprendre la réforme des abus,

---

1. Bibliographie. — Sources : Voir ci-dessus (p. 313 et 338).
Ouvrages généraux : A l'ouvrage mentionné plus haut (p. 338) de Janssen, ajouter Imbart de la Tour (P.), *les Origines de la Réforme*, t. I, II et III, 3 vol in-8°, 1905-1914. — Valois (N.), *la France et le grand schisme d'Occident*, 4 vol. in-8°, 1896-1902, et *le Pape et le concile*, 2 vol. in-8°, 1909. — Pastor (L.), *Geschichte der Päpste seit dem Ausgange des Mittelalters*, 4e éd., 5 vol. in-8°, 1900-1907.
Ouvrages concernant la région lorraine : Ehlen (L.), *Das Schisma im Metzer Sprengel : bis zum Tode des Bischofs Theoderich Beyer von Boppart; — bis zur Niederlage der Urbanisten* (Jahrbuch de Metz, t. XXI, 1909, 2e partie, et t. XXV, 1913).
Pour le protestantisme : Meurisse (R. P.), *Histoire de la naissance, des progrès et de la décadence de l'hérésie dans la ville de Metz*, 1 vol. in-8°, 1670. — Thiriot (M.), *Etude sur le protestantisme à Metz et dans le pays messin*, 1 vol. in-8°, 1884. — Dietsch (F.), *Die evangelische Kirche von Metz*, 1 vol., 1898. — Winckelmann (O.), *Der Anteil der deutschen Protestanten an der kirchlichen Reformbestrebungen in Metz bis 1543* (Jahrbuch de Metz, t. IX, 1897). — Grimme (Fr.), *Wolfgang Musculus (Meusslin) 1497-1563* (Jahrbuch de Metz, t. V, 2e partie, 1893). — Dannreuther (H.), *Ligier Richier et la Réforme à Saint-Mihiel* (Mém. Soc. Bar-le-Duc, 2e série, t. II, 1883); du même, *le Martyr Augustin Marlorat et son frère Martin* (Bulletin de l'histoire du protestantisme, 1891). — Pfister (Chr.), *Histoire de Nancy*, t. II, 1909.

prétendront modifier les dogmes et la discipline et finalement rompront avec l'Eglise ; ils entraîneront dans leur révolte des millions d'hommes, qu'animaient des aspirations et des mobiles très divers.

Le protestantisme, qui ne prendra pas naissance dans la région lorraine, n'y fera qu'un petit nombre d'adeptes, et la masse de la population restera fidèle à l'ancienne foi.

I. — L'Église séculière.

1° *L'épiscopat.*

Durant cette période, tous les archevêques de Trèves et presque tous les évêques des trois autres diocèses de la province sont issus de familles nobles ; comme roturiers nous ne pouvons mentionner que Conrad Probus et Jean de Ileu à Toul, Jacques de Revigny et Nicolas Psaulme à Verdun ; Guillaume Fillastre sortait d'une famille d'anoblis.

Quelle est d'autre part la nationalité des membres de notre épiscopat du XIIIe au XVIe siècle? Si la plupart d'entre eux appartiennent à des familles de la région lorraine, beaucoup viennent de la France ou du royaume d'Arles. Les pays rhénans et l'Allemagne proprement dite n'ont fourni qu'un petit nombre d'évêques, Conrad Probus, Thierry et Conrad Bayer de Boppart, enfin Georges de Bade, le premier à Toul, les trois autres à Metz. Sur le siège de Trèves, il n'est monté que des prélats lorrains ou rhénans, surtout rhénans.

Le droit de nommer les évêques continue d'appartenir aux chapitres. Celui de Trèves a conservé à peu près intacte cette importante prérogative, tandis que, moins heureux, les chanoines de Metz, de Toul et de Verdun s'en voient fréquemment dépouillés. Au XIIIe et au XIVe siècle on trouve encore quelques prélats régulièrement élus, comme Renaud de Bar à Metz, Jean d'Arzillières, Thomas de Bourlémont et Philippe de Ville à Toul, Thomas de Blâmont à Verdun.

Mais dans la suite, les élections, quand elles ont lieu, sont presque toujours faussées par une pression extérieure, séculière : tantôt c'est le roi de France qui intervient, tantôt le duc de Lorraine. Jean de Sarrebrück devient, grâce à Charles VI, évêque de Verdun, tandis qu'Henri de Vaudémont et Jean de Lorraine à Metz, Olry de Blâmont et Hugues des Hazards à Toul, Wary de Dommartin et Louis de Lorraine à Verdun doivent à René II la possession de leur siège épiscopal. Mais c'est le pape surtout qui se substitue dans bien des cas au chapitre. Dès le XIII° siècle, il se réserve le droit de désigner le successeur d'un évêque mort en cour de Rome, et au XIV° siècle le nombre des cas où le souverain pontife nomme les prélats ne cesse d'augmenter. C'est encore lui qui autorise un évêque à quitter son siège pour aller en occuper un autre, ou deux prélats à permuter entre eux. Au XIV° siècle, presque tous les évêques de Metz, de Toul et de Verdun ont été choisis par le pape dans l'une ou l'autre de ces conditions. Aussi n'y a-t-il pas lieu d'être surpris que, dans le courant du XIV° siècle, les prélats aient pris peu à peu l'habitude de s'intituler « évêques ır la grâce de Dieu et du Saint-Siège de Rome ».

Quelques-uns des évêques du XV° ou du XVI° siècle se donnent un coadjuteur : le chapitre et le souverain pontife interviennent aussi en cette circonstance. Au XVI° siècle, il arrive que des prélats cèdent à un parent ou à un protégé tel ou tel des nombreux évêchés dont ils sont pourvus, mais en se réservant une partie des revenus de cet évêché et le droit de le reprendre à la mort ou à la résignation du nouveau titulaire ; c'est ce qu'à trois reprises fera Jean de Lorraine à Toul. Dans ce cas encore, l'autorisation pontificale est nécessaire.

Au XV° siècle, le concile de Bâle et les souverains laïcs tentèrent de sérieux efforts en vue de réduire cette influence excessive de la papauté et de rendre aux chapitres les droits qu'ils avaient perdus. En ce qui concerne l'Empire, le concordat de Vienne de 1448 stipulait que le pape pourrait nommer aux évêchés et aux autres bénéfices ecclésiastiques six mois de l'année ; les vacances qui se produiraient durant les six autres mois seraient pourvues par les chapitres ou par les collateurs ordinaires. Mais ce concordat, qui fut appliqué tout de suite à Trèves et dès 1456 à Metz, ne le sera qu'en 1519 à Verdun, qu'en 1544 à Toul.

Une pratique, qui se constate à Trèves dès 1286, ne semble pas s'être étendue aux autres diocèses lorrains : les chanoines contraignent les candidats qui sollicitent leurs suffrages à prendre vis-à-vis d'eux certains engagements.

Quelques évêques, dès le xiv° siècle, et un plus grand nombre encore au xv° et au xvi°, ne sont pas engagés dans les ordres : ce sera par exemple le cas de prélats appartenant à la maison de Lorraine, Jean, Louis et Nicolas. On voit même des enfants nommés évêques, comme Jean de Lorraine, qui fut élu à l'âge de sept ans par le chapitre de Metz. A ces prélats grands seigneurs le savoir, et en particulier les connaissances théologiques, font défaut. Possèdent-ils au moins les vertus de leur état ? Trop souvent on trouve en eux les défauts habituels des féodaux, amour du plaisir et de la guerre, âpreté à défendre leur autorité princière. Du reste, il faut bien reconnaître que des évêques roturiers, supérieurs, sous le double rapport de l'intelligence et de l'instruction, aux cadets de noblesse, ne montrent pas moins d'intransigeance qu'eux lorsqu'il s'agit de leurs intérêts temporels : Conrad Probus et Guillaume Fillastre soutinrent de longues luttes contre les bourgeois de Toul. Quelques-uns de ces prélats, peu zélés pour les affaires religieuses, ont un si médiocre souci de leurs devoirs qu'il leur arrive de passer une partie de leur existence, quelquefois même, comme Henri de Vaudémont, leur épiscopat entier, loin de leur diocèse. Seul Pierre de Luxembourg, évêque de Metz et cardinal, se montra, quoique à peine sorti de l'enfance, digne par son ardente piété, par ses vertus, des hautes fonctions auxquelles Clément VII l'avait appelé.

2° *Les auxiliaires de l'évêque.*

Tous les évêques ont besoin d'auxiliaires ; cette nécessité s'impose plus encore aux prélats ignorants, à ceux qui vivent loin de leur diocèse, à ceux enfin, le cas est fréquent au xv° et au xvi° siècle, qui n'ont pas reçu les ordres sacrés : incapables de remplir les devoirs spirituels de leur charge, ce sont en quelque sorte des évêques commendataires. On les voit se faire suppléer, dès le xiv° siècle, dans l'accomplissement de leurs devoirs épiscopaux, par un dignitaire qui porte le titre, d'ailleurs inexact, de suffragant. C'est en général à des carmes, à des franciscains ou à des dominicains que l'on confie ces fonctions. A Toul, les suffragants sont d'habitude évêques *in partibus* de Chrysopolis. En étudiant la situation de l'Eglise lorraine durant la période germanique, nous avons parlé de l'official, qui apparaît au xiii° siècle dans les quatre diocèses de la province de Trèves. L'institution des vicaires généraux se place à une date postérieure ; on constate leur existence à Toul au xiv° siècle. Quelquefois le même personnage cumule les fonctions d'official et de vicaire général.

3° *Les chapitres.*

Le chapitre est, dans une certaine mesure, l'auxiliaire de l'évêque. Les familles nobles le remplissent de leurs cadets. Sur 378 chanoines que le chapitre de Trèves a comptés durant le xiv° et le xv° siècle, trois seulement étaient roturiers, quatre-vingt-un appartenaient à des familles comtales, quatre-vingt-trois à des familles baronales, cent quatre-vingt-dix à des familles de petite noblesse. Les chapitres de Metz, de Toul et de Verdun contenaient, à ce que nous croyons, une proportion de roturiers plus forte. La chose s'explique facilement pour Metz : les paraiges, maîtres incontestés du pouvoir, faisaient entrer dans le chapitre quelques-uns de leurs membres.

Le chapitre se recrutait par cooptation ; seulement, le droit de pourvoir aux vacances était exercé non par le chapitre tout entier, mais à tour de rôle par chacun des chanoines, qui s'appelait pour cette raison chanoine tournaire. Le chapitre avait son organisation, ses dignitaires, princier, trésorier, coûtre, écolâtre. La principale de ses prérogatives qui, nous l'avons vu, lui échappait quelquefois, était l'élection de l'évêque. Mais il avait en outre l'administration de la mense capitulaire, souvent très importante. Les chanoines de Toul et ceux de Verdun possédaient, nous l'avons dit, un véritable temporel, formé d'assez nombreux villages répartis entre plusieurs prévôtés. Les chapitres jouissaient à l'égard de leur évêque d'une grande indépendance, au spirituel comme au temporel. Sous le rapport de l'instruction et de la moralité, les chanoines, surtout quand ils appartenaient à la noblesse, donnaient prise à la critique. Ceux-là mêmes qui avaient fréquenté les universités pouvaient y avoir acquis des connaissances étendues, mais non les vertus de leur état. Nous savons qu'à Metz plusieurs chanoines furent au xve siècle les héros d'aventures scandaleuses. D'ailleurs les chanoines se montraient fort jaloux de leurs prérogatives, très âpres à défendre — envers et contre tous — leurs intérêts temporels.

On pourrait, à propos des autres chapitres, de celui de Saint-Dié par exemple, et des collégiales, répéter ce que nous venons de dire des chapitres épiscopaux.

4° Le clergé paroissial.

Les membres du clergé paroissial, surtout dans les campagnes, recrutés dans la bourgeoisie et dans le peuple, ne possèdent, faute de séminaires, qu'une instruction médiocre. Leur moralité n'est pas toujours supérieure à leur savoir. Les ducs de Lorraine avaient à certains endroits le droit de revendiquer, comme étant leurs sujets, les bâtards de prêtres. Le poète Jean Baudouin de Rosières trace un portrait peu flatteur des gens d'Église de son temps, qu'il représente comme adonnés à toutes sortes de plaisirs peu canoniques, et ne se mettant nullement en peine des devoirs de leur état. Il y a plus : les lettres de rémission des ducs de Lorraine nous font connaître des membres du clergé brutaux et querelleurs, qui n'hésitent pas à jouer de la dague ou de l'épée et qui se rendent coupables d'homicides.

Les curés des paroisses ne sont en grande majorité nommés que pour la forme par l'évêque du diocèse. Dans la plupart des cas, la cure a un patron, établissement religieux ou seigneur laïc, qui, lorsqu'elle devient vacante, a le droit de présenter à l'évêque le candidat destiné à la desservir ; presque toujours celui-ci est accepté, quand bien même les qualités nécessaires à un bon curé lui font défaut.

5° *Rapport des évêques avec les chapitres et avec le clergé paroissial.*

Bien que l'évêque soit le chef spirituel du diocèse, il s'en faut de beaucoup qu'il obtienne toujours l'obéissance de son clergé. De fréquents conflits éclatent entre lui et les chanoines ou les curés, surtout à propos d'intérêts temporels, redevances ou juridiction. A Metz, Thierry Bayer de Boppart et Conrad Bayer de Boppart, à Toul Philippe de Ville, Guillaume Fillastre, Antoine de Neuchâtel, Antoine Pellegrin, à Verdun Guillaume Fillastre et Wary de Dommartin eurent à lutter, pour une cause ou pour une autre, contre leur chapitre. Jean de Vienne eut des difficultés avec les curés de Metz, Antoine de Pellegrin avec le clergé du diocèse de Toul.

II. — L'Église régulière.

1° *Les ordres anciens.*

La décadence dont est frappé le clergé séculier n'épargne pas les moines. Si nous considérons les ordres anciens, nous constatons d'abord qu'ils ne s'étendent plus par la création d'abbayes nouvelles et que, dans les anciennes, le nombre des moines a beaucoup diminué; ainsi en 1420, Senones ne compte plus que six religieux. Relâchement de la discipline, instruction et moralité médiocres, grand attachement aux biens temporels, voilà le spectacle qu'offrent les abbayes durant cette période. On voit la papauté porter atteinte aux droits d'élection des religieux aussi bien qu'à ceux des chanoines, et imposer aux monastères comme abbés des membres du clergé séculier, qui se contentent de toucher les revenus de la mense abbatiale. C'est déjà le régime de la commende.

La décadence n'épargne pas davantage les abbayes de femmes. Nous avons mentionné, en étudiant la période précédente, la transformation de Remiremont, d'Epinal, de Poussay, de Bouxières, en chapitres de chanoinesses. Au XIVe siècle, sinon avant, ces chapitres se ferment aux roturières; au lieu de protester contre leurs tendances antichrétiennes, la papauté les tolère; Benoît XIII autorise, en 1394, les chanoinesses de Remiremont à n'admettre parmi elles que des filles justifiant de quatre quartiers de noblesse du côté paternel et d'autant du côté maternel !

2° *Les ordres nouveaux.*

Pour ce qui est des ordres nouveaux, cisterciens, prémontrés, ils appelleraient les mêmes observations. Pourtant Jean Louviat, riche bourgeois de Metz, fonda, en 1320, dans cette ville, l'abbaye cistercienne de Pontiffroy.

On constate dans les ordres mendiants une vie plus intense, qu'attestent d'assez nombreuses fondations de couvents dans les villes et dans les bourgs de la région. D'ailleurs, ils n'échappent pas aux abus que nous avons signalés dans les autres ordres. La discipline se relâche, la moralité aussi ; on attache aux biens de ce monde une importance excessive, qu'eussent formellement condamnée saint François ou saint Dominique; on recherche les donations et les héritages. La discorde trouble l'ordre des frères mineurs, divisés en conventuels et en observants.

Les templiers lorrains n'eurent pas à souffrir les persécutions odieuses que fit subir Philippe le Bel à leurs frères de France. Lorsque le concile de Vienne et le pape Clément V eurent, en 1312, supprimé l'ordre du Temple, les maisons et les biens qu'il possédait en Lorraine furent attribués aux hospitaliers.

III. — Rapports entre les deux clergés.

La bonne harmonie ne régnait pas toujours en Lorraine, non plus qu'ailleurs, entre séculiers et réguliers. Au xve et au xvie siècle, les évêques prétendent exercer un droit de visite sur une partie des monastères, non sans rencontrer de la part des moines une assez vive résistance. Il y a d'ailleurs rivalité entre les évêques ou les curés d'une part, et les ordres mendiants de l'autre. Les prélats voient d'un mauvais œil les privilèges accordés par les papes aux franciscains, aux dominicains, aux carmes, aux augustins, privilèges qui rendent ces religieux presque indépendants de l'autorité épiscopale. Dans les villes où les moines mendiants ont des couvents, la population court à leurs chapelles et les comble d'aumônes, au préjudice et à la grande indignation du clergé paroissial.

IV. — Action du clergé.

Nous avons déjà vu quel rôle politique le clergé avait joué, quelle influence, d'ailleurs moins grande qu'autrefois, il avait exercée sur l'agriculture, sur l'enseignement, sur les lettres et sur les arts. L'action proprement religieuse des évêques se réduit à peu de chose. Le clergé paroissial et les moines mendiants auraient pu, par la prédication, éclairer les fidèles sur leurs devoirs ; seulement les sermons, dont par malheur aucun ne nous est parvenu, devaient parfois, si nous en croyons les chroniqueurs, être bien bizarres, bien peu propres à toucher les cœurs. Ainsi, en 1512, à propos d'un chapitre tenu à Metz par les dominicains, l'un de ceux-ci loua la cité en interprétant chacune des lettres de *Metis*, nom latin de la ville. En 1514, un prédicateur du carême à Metz fit représenter la Passion sous les yeux de ses auditeurs. Les moines mendiants, en particulier les franciscains de l'Observance ou Cordeliers, attaquaient, parfois avec une virulence extraordinaire, les défauts et les vices de la société laïque, ou même du clergé séculier. Les sermons de l'observant Guillaume Josseaume, en 1429, produisirent une vive émotion dans Metz, et peu s'en fallut que le petit peuple, excité par ses harangues enflammées, ne tentât une nouvelle révolution.

Le clergé possédait un autre moyen d'action, les confréries. Outre celles qui étaient adjointes aux corporations, il en existait d'autres, recrutées dans toute la population. Ainsi, en 1356, les dominicains fondèrent à Toul la confrérie de Saint-Nicolas des Clercs, qui englobait des femmes aussi bien que des hommes ; doit-on en considérer les membres comme des tertiaires ? On sait que, chez les dominicains et chez les franciscains, à côté des religieux et des religieuses, il existait un troisième ordre ou tiers ordre, qui comprenait des laïcs des deux sexes.

Durant cette période, il s'est tenu plusieurs conciles œcuméniques, ceux de Lyon (1274), de Vienne (1311), de Constance (1414), de Bâle (1431), de Latran (1510). Nous reviendrons plus loin sur quelques-uns d'entre eux. Si les évêques lorrains assistèrent ou envoyèrent des représentants à ces grandes assemblées de l'Eglise, aucun d'eux ne s'y fit remarquer. Mentionnons le rôle important que jouèrent au concile de Bâle deux clercs originaires de la région, Nicolas de Cusa, et Guillaume Huin d'Étain. Le premier abandonna le concile, tandis que Huin lui resta fidèle jusqu'au bout ; tous deux devinrent cardinaux. Il ne se tint en Allemagne que peu de conciles nationaux. Citons pourtant 'en 1287 celui de Wurzbourg, auquel se rendirent les évêques de Metz et de Toul, Bouchard d'Avesnes et Conrad Probus. Celui-ci combattit très vivement une demande du légat pontifical, qui proposait au clergé allemand d'abandonner au pape durant quatre ans un quart de ses revenus. Irrité, le légat parla de déposer Conrad, sans toutefois aller jusqu'à exécuter sa menace. A différentes reprises, en 1310, en 1423, en 1549, nous voyons se réunir encore des conciles de la province de Trèves. Le plus important est celui de 1310, qu'avait convoqué l'archevêque Baudouin de Luxembourg ; il ne vota pas moins de cent cinquante-six canons, qui se rapportent à la discipline et aux mœurs. Rappelons encore qu'au concile provincial tenu à Trèves en 1549 Nicolas Psaulme, évêque de Verdun, réclama vainement la restitution des décanats wallons, qui, d'après une tradition ancienne, auraient été injustement enlevés à son diocèse et rattachés à celui de Trèves. Enfin chaque évêque était tenu, mais la règle fut violée plus d'une fois, de convoquer à un synode soit tous les ans, soit tous les six mois comme à Toul, les principaux membres de son clergé.

Dans les diocèses lorrains l'officialité épiscopale finit par triompher des officialités secondaires. Mais elle eut moins de bonheur dans la lutte qu'avaient engagée contre elle les tribunaux séculiers. Dès le xive siècle la république messine travaille avec succès à réduire la compétence de l'official de l'évêque. Dans la Lorraine et dans le Barrois on voit apparaître un peu plus tard, surtout au xvie siècle, les mêmes tendances.

Assez rares, à ce qu'il semble, ont été les conflits entre l'officialité diocésaine et l'Inquisition. Jusqu'au xvie siècle, la région lorraine ne connut pour ainsi dire pas d'hérétiques. Ce fut plutôt le jugement des sorciers que se disputèrent parfois les deux principaux tribunaux ecclésiastiques. En 1310, le concile provincial de Trèves parle de femmes qui feignent de sortir la nuit pour aller chevaucher avec la déesse païenne Diane ou avec Hérodiade : ce sont évidemment des sorcières. La première condamnation de sorcière que nous connaissions fut prononcée à Metz en 1372. Depuis lors, on en compte beaucoup dans les duchés, aussi bien que dans les cités épiscopales. On attribuait volontiers aux sorciers ou aux sorcières les intempéries, telles que la grêle ou les gelées tardives.

Comme nous l'avons dit, en matière d'assistance publique, le rôle du clergé n'avait plus la même importance qu'autrefois ; beaucoup d'hôpitaux échappaient à la direction de l'Eglise, et se trouvaient placés sous la tutelle des magistrats municipaux.

V. — Situation matérielle du clergé.

Sur la situation matérielle du clergé, il y aurait plus d'une observation à faire. Le clergé possède encore de nombreux domaines, malgré les usurpations des seigneurs laïcs ; pourtant il ne cesse, chaque fois qu'on lui demande de l'argent, de crier misère. En fait, la fortune de beaucoup d'établissements religieux se trouve réduite par la mauvaise administration, par les dilapidations de supérieurs imprévoyants ou prodigues, qui ont engagé, quelquefois même aliéné, les domaines de leur église ou de leur abbaye. Malgré tout, l'Eglise reste riche, beaucoup trop riche.

L'institution de l'avouerie n'a pas entièrement disparu de la région lorraine ; elle se maintiendra même, d'ailleurs réduite d'importance, jusqu'à la fin de l'ancien régime. Ducs de Lorraine et comtes de Salm poursuivent, avec une persévérance couronnée de succès, leur politique d'annexion à l'égard du temporel de Saint-Dié, de Remiremont ou de Senones. Par contre, beaucoup d'abbayes réussissent à se débarrasser de leur avoué, qu'elles remplacent par un gardien. Celui-ci doit, moyennant une redevance, défendre ses protégées contre leurs ennemis, mais sans intervenir dans leur administration intérieure. On trouve comme gardiens des princes puissants, les rois de France, les ducs de Lorraine ; si les premiers essayèrent plus d'une fois de transformer en souveraineté leurs droits de garde, il semble que les ducs lorrains aient montré une discrétion, que ne faisaient pas prévoir les usurpations dont ils s'étaient rendus coupables comme avoués de Remiremont ou de Saint-Dié.

Nous pourrions répéter ici, à propos de la dîme, ce que nous avons déjà dit en étudiant l'époque germanique ; bien loin de s'améliorer, la situation aurait plutôt empiré durant les derniers siècles du moyen âge

VI. — L'Église lorraine et la papauté.

Nous avons vu, à propos de la période précédente, que la constitution de l'Eglise, d'aristocratique était devenue monarchique du XIe au XIIIe siècle. Les pouvoirs des papes vont en croissant au XIVe siècle, et malgré le grand schisme, malgré les conciles de Constance et de Bâle, ils ne diminuent pas. Nous ne reviendrons pas sur l'intervention des papes dans la désignation des évêques. La juridiction pontificale ne cesse de s'étendre non seulement en appel, mais en première instance, au détriment des archevêques, des évêques et des plaideurs, et non sans de graves inconvénients pour la papauté elle-même.

Il faut un personnel considérable pour juger les innombrables procès portés en cour de Rome, et ce personnel coûte cher ; les papes se trouvent ainsi dans la nécessité, les revenus des domaines pontificaux ne leur suffisant pas, de recourir, depuis le XIIIe siècle ou le XIVe, à des ressources extraordinaires ; le clergé leur paie des impôts très variés, communs services, dispenses, droits de chancellerie, dont le montant est versé directement à la cour de Rome ou d'Avignon, décimes que lèvent des collecteurs spéciaux (après qu'à la fin du XIIIe siècle des agents du Saint-Siège eussent évalué les revenus des églises et des abbayes), annates, dépouilles, vacants, etc... Tous ceux, archevêques, évêques, chanoines, abbés, collateurs laïcs, dont les droits ou les intérêts se trouvent lésés par les nouvelles exigences pontificales, protestent, adressent des réclamations, demandent, quand il s'agit de taxes, des réductions et vont même jusqu'à refuser de payer. Pour contraindre les récalcitrants à se soumettre, les papes les menacent ou même les frappent d'excommunication.

Les abus ne diminuèrent pas durant le grand schisme, bien au contraire. Chacun des papes, celui d'Avignon comme celui de Rome, exigeait des pays soumis à son obédience autant d'argent qu'en prélevaient avant 1378 les souverains pontifes sur l'ensemble de la chrétienté.

Les conciles de Constance et de Bâle tentèrent la réforme de la papauté, mais le premier se sépara sans l'avoir accomplie, le second se brouilla avec Eugène IV, tomba dans le schisme et n'aboutit à rien. Ce que n'avaient pu les conciles, certains souverains laïcs, Charles VII en France, Frédéric III dans l'Empire, tentèrent de l'accomplir. Le concordat de Vienne, de 1448, limitait les droits pontificaux, surtout en matière de nomination aux bénéfices.

Nous venons de mentionner le grand schisme qui, à partir de 1378 et pendant un tiers de siècle, divisa et troubla si profondément la société chrétienne. Le grand schisme eut pour résultat de couper en deux la province de Trèves et de manifester au grand jour les influences différentes qui se disputaient l'ancienne Mosellane. Tandis que l'archevêque électeur de Trèves, comme Wenceslas et la plus grande partie des princes allemands, se prononçait pour le pape de Rome, dans les trois autres diocèses les évêques, la grande majorité du clergé, le duc de Lorraine, le duc de Bar, une partie de la bourgeoisie des cités épiscopales se déclaraient, à la suite de la France, en faveur du pape d'Avignon. Pourtant, à Toul et à Verdun, de nombreux bourgeois penchaient pour le pape de Rome. Chacun des deux pontifes s'efforça de gagner les diocèses qui n'avaient pas voulu le reconnaître, Clément VII celui de Trèves, Urbain VI ceux de Metz, de Toul et de Verdun. A un moment donné, il y eut deux évêques à Toul, deux aussi à Verdun, où l'urbaniste Roland de Rodemach combattit, d'ailleurs sans aucun succès, le clémentin Liébaud de Cusance. Finalement chacun des deux partis garda dans la région lorraine ses premières positions. On vit évêques et ducs, dociles aux impulsions de la France, se soustraire comme elle en 1398 à l'obédience du pape Benoît XIII, puis y revenir quelques années plus tard. Les uns et les autres allèrent ou se firent représenter en 1409 au concile de Pise, en 1414 à celui de Constance, qui rétablit l'unité dans l'Eglise et dans la province de Trèves. Lors du conflit d'Eugène IV et du concile de Bâle, évêques et princes laïcs se rangèrent au parti du pape. L'un d'eux, René Ier, ne pouvait d'ailleurs adopter une autre conduite : prétendant au trône de Naples, il avait besoin de l'appui du souverain pontife, suzerain de l'ancien royaume normand.

Une diète tenue à Mayence en 1441 réclama la réunion à Metz d'un nouveau concile œcuménique, qui aurait eu pour mission de mettre fin au schisme qu'avait provoqué le concile de Bâle, en opposant à Eugène IV l'antipape Félix V. Quoiqu'aucune suite n'eût été donnée au vœu du Reichstag de Mayence, Félix et ses adhérents finirent par se soumettre à Nicolas V en 1449.

VII. — L'Église et l'État.

Nous avons déjà dit que, si l'Eglise retirait de son étroite union avec l'Etat de grands avantages matériels, sa liberté d'action s'en trouvait gênée, son activité et son zèle ralentis; elle comptait, en effet, pour le maintien de son autorité, moins sur la valeur de sa doctrine et sur les vertus de ses ministres, que sur la force matérielle mise à sa disposition par le pouvoir séculier.

Pourtant, en ce qui concerne les rapports des deux sociétés, il y a lieu de distinguer les duchés d'une part, les cités épiscopales de l'autre. Dans la Lorraine et dans le Barrois, le clergé jouit de privilèges judiciaires et financiers ; ses membres, par exemple, ne sont pas justiciables des tribunaux séculiers et ne paient pas les aides extraordinaires. On constate pourtant chez les ducs du XVe et du XVIe siècle une tendance à diminuer la juridiction ecclésiastique. Antoine obtint de Léon X un indult qui interdisait de citer en première instance ses sujets en cour de Rome. Lui-même défendit de publier aucune bulle pontificale, aucun bref, sans son autorisation. Enfin les ducs s'efforcèrent, comme auparavant, de réduire à leur profit, sinon d'absorber, le temporel des abbayes ou des collégiales, telles que Remiremont ou Saint-Dié, et d'empiéter sur le domaine des évêques. Quoique ces usurpations du pouvoir ducal aient provoqué de graves conflits, les rapports restèrent en général amicaux entre les ducs et le clergé.

Dans les cités épiscopales et plus particulièrement à Metz, il en allait autrement. Les luttes qu'avaient soutenues les bourgeois pour s'affranchir du pouvoir temporel des prélats avaient développé en eux un véritable esprit anticlérical, qui se traduisit par une série de mesures contre les privilèges du clergé. A Toul, les chanoines réussirent à se faire exempter des taxes municipales, tandis qu'à Metz tous les gens d'Eglise sans exception y étaient astreints ; si l'on n'exigeait pas d'eux le service militaire personnel, on les soumettait à des corvées quand il s'agissait de travaux relatifs à la défense de la ville. En 1325, l'évêque Henri Dauphin avait conclu avec la cité un traité, qui déterminait dans quelles conditions fonctionnerait la juridiction ecclésiastique. Mais il semble que les Messins n'aient pas observé cette convention, et que la juridiction séculière ait sans cesse empiété sur sa voisine. Dans une foule de cas, les clercs étaient justiciables, au criminel comme au civil, des tribunaux laïcs. Pour n'avoir pas voulu se soumettre à la juridiction civile, les chartreux se virent expulser de Metz en 1332. Non contente de limiter ou de supprimer les privilèges de l'Eglise, la république messine intervient dans ses affaires temporelles. Redoutant l'extension exagérée des biens ecclésiastiques, elle interdit, en 1304, aux religieux et aux religieuses de recueillir l'héritage de leurs parents, en 1323 de remplir les fonctions d'exécuteurs testamentaires. C'est jusque dans des questions d'ordre purement ecclésiastique que s'ingère le gouvernement messin. En 1308, il limite le nombre des religieux et des novices que pour compter chaque couvent ; un atour de 1322 prétend réformer les abbayes bénédictines de Metz, un autre de 1338 interdit au clergé de refuser les derniers sacrements aux malades qui s'étaient confessés et la sépulture chrétienne à ceux qui avaient reçu la communion. En 1349, lors de la grande peste qui fit tant de victimes, les Treize durent rappeler à ses devoirs le clergé paroissial, qui élevait à propos des sépultures des exigences déplacées. Plus d'une fois des conflits sérieux mirent aux prises le gouvernement messin et les chanoines : ainsi en 1340, à l'occasion des dîmes de Plantières, en 1462 à propos des attitudes différentes qu'avaient prises la ville et le chapitre vis-à-vis de deux candidats au siège archiépiscopal de Mayence.

Le clergé de Metz se voyait donc limité dans ses privilèges et surveillé par le pouvoir civil, comme il ne l'était pas dans les duchés. On trouve à Metz un esprit laïc, pour me servir d'une expression à la mode aujourd'hui, beaucoup plus développé et plus fort que partout ailleurs dans la région lorraine. A cet égard encore, Metz se distingue nettement du reste du pays.

VIII. — L'ÉTAT MORAL DE LA SOCIÉTÉ.

Malgré la décadence du clergé, la religion exerce encore beaucoup d'influence sur les laïcs. On assiste aux offices, on reçoit les sacrements, on observe les jeûnes, on entre dans une confrérie, on va en pèlerinage à Saint-Nicolas, à Aix-la-Chapelle, à Cologne, à Saint-Jacques de Compostelle, à

Rome, à Jérusalem. L'évêque Hugues de Bar-Pierrefort meurt en Égypte en revenant de la Terre sainte ; en 1395, en 1446, en 1447, des Messins se rendent en Palestine : jusqu'en 1519-1520 on trouve des pèlerins qui vont à Jérusalem. Il y a des vocations sincères parmi ceux qui entrent dans le clergé séculier ou dans les ordres religieux : ainsi en 1479 un membre des paraiges, Jean de Gournay, entra aux cordeliers de Metz, et en 1519 Philippe de Gueldre se fit clarisse à Pont-à-Mousson. Toutefois les superstitions, restées vivaces, ont souvent plus d'empire que les préceptes évangéliques ; les mœurs sont relâchées à Metz, au xvie siècle, plus peut-être qu'ailleurs ; les chroniqueurs messins constatent que beaucoup de mariages tournent mal. A l'exemple des rois et des princes, les nobles ou les riches bourgeois font maintenant casser leur mariage. En 1515, Pérette Baudoche obtient en cour de Rome, après y avoir dépensé 2.000 ducats, l'annulation de l'union qu'elle avait contractée avec Androuin Roussel, et l'année suivante elle prenait un nouvel époux ; on la vit même, le jour de ses secondes noces, aller à l'église les cheveux dénoués et la tête nue comme une jeune fille. Les maris entretiennent des concubines, les femmes ont des amants. En 1449-1450, Thiriat Quairel, un bourgeois de Metz, trouve en rentrant chez lui, le soir, sa femme en conversation intime avec un des chanoines de la cathédrale ; il tue sa femme et blesse le chanoine, qui s'enfuit à grand'peine. Après enquête, les Treize condamnèrent non point Quairel, mais le chanoine, qu'ils frappèrent d'une amende de cent livres. En 1519, la femme d'un orfèvre messin se laisse séduire par le duc de Suffolk ; d'après Philippe de Vigneulles, ce scandale finit par prendre les proportions d'une affaire d'État :

> « En ce temps tout le monde, c'est assavoir chacun murmuroit de une jonne femme de Fournerue nommé Sebille, femme à Nicolais l'orfèvre et fille à Gaudin le bouchier. Et la cause estoit, que l'on voulloit dire, que le duc de Sciffort [Suffolk], nommé la Blanche-Rouse, l'entretenoit, comme vérité estoit ;

car celle Sebille estoit alors l'une des belles jonnes femmes qui fût en la cité de Mets, haulte, droite et élancée et blanche comme la neige. Et avoit le dit duc pour parvenir à ce qu'il cherchoit, longuement devant entretenu le mari d'elle et lui faisoit ouvrer en vaixelle d'or et d'argent et le paioit tout à son dit, et de fait durant, que se faisoient les acointances, le envoiait à Paris à ses frais et coustanges pour acheter ce qu'il lui falloit et print par trop grande acointance à luy, et tellement alloit à la besoigne, que celle belle Sebille alloit aulcunes fois bancqueter et faire la bonne chière en l'ostel du dit duc, lequel encor se tenoit en la maison seigneur Claude Baudoiche auprès du saint Esperit, et tant que chacun en parloit, pour ce que trop souvent venoit de nuit en l'ostel d'ung couturier voisin de la dite Sebille, nommé Mangenat de Noeroy, et il se oisoit [osait] alors trouver personne par les rues de nuit, que le dit duc ne vousist tuer ou baitre, car il lui sembloit que tout chacun l'espioit. »

L'orfèvre et sa femme sont mandés devant les magistrats messins :

« Quand Sibille vit que la besoigne se portoit mal, elle print l'airgent de son mari et fist ses fairdiaulx de ses roubes et juaulx [joyaux] et de toutes ses meilleures baigues et la nuit ensuiant à minuit se desroubait elle et sa servante et s'en allait à la Haultepierre chiés le dit duc... Aussy durant celle semaigne le dit orfèvre fut plusieurs fois en justice, afin de ravoir ses biens et sa femme et alloit toujours la main armée, tellement que le vendredi ensuiant xvi° jour du dit moix, le dit duc de Scifort passoit par Fornerue lui et ses gens et vit le dit Nicolas l'orfèvre apoyé [appuyé] sus l'estault d'aulcuns ses voisins et sans aultre parole dire il se aperçut, comme il fut dit, que le dit Nicolas le menaçoit par semblant de la teste ; par quoy le duc voyant ce ait dit : Non, non, tantost, tantost, en voulles-vous à moi ? Puis ce dit escriait à ses gens qu'ils se rangissent et ce fait tirait son dollequin [poignard] et en cuidoit férir le dit orfèvre ; mais il aperceust venir le copt [coup] et bien viste se mist en salveté dedans la maison du dit son voisin. Et alors la Blanche-Rouse voyant qu'il avait failli son copt ruait [lançait] le dit poignal après, par quoy ce fut une grande esclandre et grand rumeur par toute la cité [1]. »

---

[1]. VIGNEULLES (Ph. de), *Gedenkbuch (Mémoires)*, p. 365-367.

Les magistrats de Metz, pour mettre fin au scandale, décidèrent le duc de Suffolk à se séparer de Sibille et à la leur livrer; toutefois, ils ne voulurent pas la rendre à son mari, parce que celui-ci refusait de s'engager à lui pardonner son inconduite. En fin de compte, le duc de Suffolk, que l'orfèvre avait tenté de faire assassiner, quitta le pays messin pour se rendre à Toul, où Sibille réussit à le rejoindre, trompant par un déguisement la surveillance dont elle était l'objet.

D'autre part, de fréquents attentats contre les personnes, qui nous sont connus en particulier par les lettres de rémission des ducs lorrains, l'emploi de la question pour arracher des aveux aux inculpés, le recours à des supplices atroces comme la noyade ou le bûcher, les violences de toutes sortes que commettent les gens de guerre, prouvent combien, malgré quinze siècles de christianisme, les mœurs restaient dures et cruelles à la fin de la période que nous étudions.

X. — Les tentatives de réforme.

Un clergé peu instruit, de mœurs médiocres, très attaché à ses intérêts temporels, n'hésitant pas à employer la force là où il n'aurait dû recourir qu'à la douceur, bref, inférieur à sa haute mission, voilà ce que constatent au XVe siècle les esprits clairvoyants ; se rendant compte des dangers de cet état de choses pour l'Eglise et pour la société, ils réclament une réforme de l'Eglise dans son chef et dans ses membres. Pour rendre au clergé sa pureté et sa force, il fallait modifier l'enseignement ou plutôt le réorganiser, enlever à l'Eglise ses richesses, son pouvoir temporel et la protection de l'Etat. Le clergé aurait été moins nombreux, mais, plus instruit, plus désintéressé, plus zélé, il n'aurait fait appel, pour accomplir sa tâche, qu'à des moyens évangéliques.

Seulement, si le mal n'échappait pas à des observateurs attentifs, bien peu en voyaient l'origine. Il n'aurait du reste

Pl. XVI.

SAINT-MIHIEL. — Mise au tombeau, par Ligier Richier (xvie siècle) (Église Saint-Étienne).

(Voir p. 475).

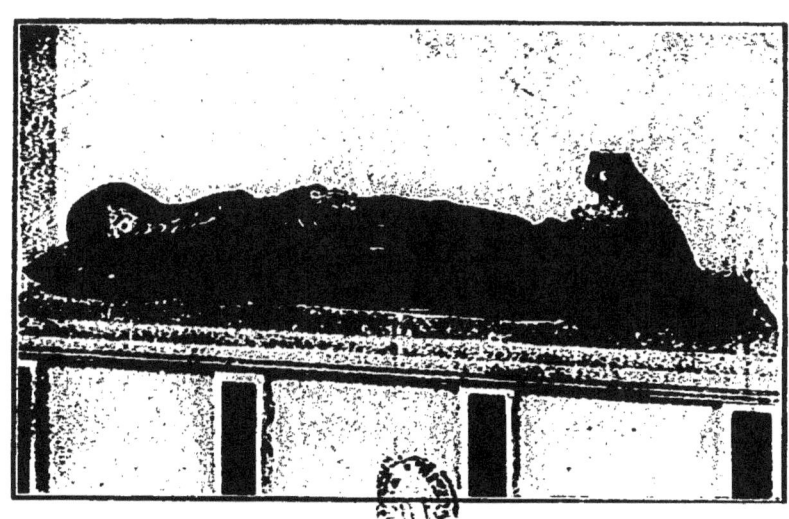

NANCY. — Tombeau de Philippe de Gueldre, par Ligier Richier (xvie siècle) (Église des Cordeliers).

(Voir p. 475).

pas suffi, pour supprimer les abus, d'en connaître les causes profondes. Quand on réfléchit à la situation qu'occupait l'Eglise dans l'Etat, et en particulier dans l'Empire, on se rend compte qu'il ne fallait rien moins qu'une révolution politique et sociale pour rompre les liens qui unissaient les deux sociétés, pour rendre à chacune d'elles sa liberté et pour ramener l'Eglise à la simplicité des temps anciens.

Les conciles de Constance et de Bâle ne pouvaient à eux seuls exécuter une œuvre aussi grandiose. Nous avons déjà dit qu'ils se montrèrent hors d'état d'entreprendre une réforme, même incomplète, de l'Eglise. Les papes de la seconde moitié du xve siècle et des premières années du xvie, préoccupés d'intérêts temporels, de littérature et d'art, ne travaillèrent pas avec l'énergie nécessaire à supprimer les abus ; on peut même dire que leur tolérance contribua plutôt à les accroître. Le concile que Jules II réunit au Latran en 1512 ne produisit aucun résultat.

Dans la région lorraine on constate, du xive au xvie siècle, quelques tentatives partielles de réforme. L'homme qui se distingua le plus par ses efforts pour relever l'Eglise fut Nicolas Krebs, fils d'un batelier de Cues sur la Moselle, qu'on appelle improprement Nicolas de Cusa ; créé cardinal par Nicolas V, puis légat pontifical, il s'occupa activement de l'Allemagne, mais laissa de côté les trois diocèses de Metz, de Toul et de Verdun.

Quelques prélats essaient de ramener leur clergé à la pratique de ses devoirs et publient des statuts diocésains : ainsi les évêques de Toul Bertrand de la Tour d'Auvergne en 1356, Hugues des Hazards en 1515, Hector d'Ailly en 1526, Antoine de Pellegrin en 1541, les évêques de Verdun Liébaud de Cusance en 1401 et Wary de Dommartin en 1507.

Le clergé régulier est aussi l'objet d'essais de réforme dus à des abbés ou à des évêques. En 1422, Hermann d'Ogéviller, abbé de Saint-Evre, promulgue des statuts pour son monastère et les fait adopter par vingt-deux abbés bénédictins qu'il avait réunis. La même année, soixante abbés bénédictins, parmi lesquels trois appartenaient au diocèse de Metz, quatre à celui de Toul, quatre à celui de Verdun, s'assemblèrent à Saint-Maximin de Trèves et adoptèrent des règlements pour la réforme des monastères bénédictins. En 1488, l'abbesse de Vergaville rétablissait la discipline dans son monastère. Deux évêques de Metz, Conrad Bayer de Boppart et Georges de Bade, l'évêque de Toul Guillaume Fillastre, entreprenaient également la réforme des abbayes bénédictines de leur diocèse, non sans rencontrer de la part de celles-ci une sérieuse résistance. Hugues des Hazards ramenait, de son côté, à l'observance de la règle, les cordeliers de Toul et de Neufchâteau. Toutefois, ces tentatives ne pouvaient aboutir à des résultats sérieux. Du moment qu'en haut de la hiérarchie les abus ne cessaient de croître, comment les aurait-on extirpés en bas ?

X. — La réforme protestante.

Puisque l'Eglise n'avait pas accompli la réforme nécessaire, celle-ci allait être opérée sans elle et contre elle. Ce fut l'œuvre de Luther, de Zwingle, de Calvin, tous trois hommes d'Eglise, tous trois sincèrement religieux, mais qui, malgré leur prétention de ramener le monde à l'Evangile, n'en pratiquèrent pas toujours les vertus : la charité, la douceur et l'humilité ne leur ont-elles pas manqué ? D'ailleurs, non contents de s'attaquer aux abus et à leurs causes, ils prétendirent modifier les dogmes et la hiérarchie, en vinrent ainsi à diviser la société chrétienne. Mais ils n'auraient pas réussi à fonder de nouvelles Eglises, si le clergé catholique avait donné l'exemple des vertus chrétiennes. Quand Richard de Wassebourg, un archidiacre de Verdun, déclare que « les vies infâmes, mœurs corrompues des chefs et supérieurs ecclésiastiques, sont causes certainement des hérésies luthériennes, schismes et divisions qui règnent aujourd'hui entre les chrétiens [1] », il exprime une opinion que nous croyons juste.

1° *Le protestantisme dans les principautés laïques.*

Comment les doctrines des novateurs allaient-elles être accueillies dans la région lorraine ? Distinguons encore ici les principautés laïques et les villes épiscopales. Dans les duchés la masse de la population, peu instruite, peu portée aux controverses théologiques, réfractaire aux nouveautés, ne pouvait accepter d'elle-même les idées de Luther. L'aurait-elle fait sous une pression extérieure ?

Les souverains des principautés de la Sarre embrasseront le luthéranisme et finiront par l'imposer à leurs sujets. Les événements suivront un tout autre cours dans la Lorraine et dans le Barrois. Bien qu'ayant à maintes reprises usurpé des terres d'Église, bien que convoitant toujours le temporel des évêchés, les ducs lorrains ne verront pas dans un changement de religion l'occasion de satisfaire leurs convoitises. Non contents de rester attachés au catholicisme, ils prétendront contraindre leurs sujets à ne pas le quitter et persécuteront les dissidents. Du reste, leur politique ne diffère pas de celle que suivent alors tous les princes, les protestants aussi bien que les catholiques. La religion est, comme dans l'antiquité païenne, une affaire d'État ; tout gouvernement s'arroge le droit d'intervenir dans les questions de conscience et d'employer la force pour imposer à ses sujets la croyance qu'il a lui-même adoptée.

Antoine montra sans tarder quelle ligne de conduite il suivrait. Il accueillit avec honneur Antoine de Saint-Chaumont, que Léon X envoyait dans la région lorraine en qualité de commissaire sur le fait de l'hérésie, et le seconda de tous ses efforts. Nous avons dit qu'en 1525 il avait écrasé les Rustauds. La même année, Antoine avait rendu une première

---

1. WASSEBOURG (R. de), *Premier volume des antiquités de la Gaule Belgique*, f° VCXXXIIII, r¹°.

ordonnance, qui frappait d'emprisonnement les propagateurs des erreurs luthériennes ; en 1539, une seconde ordonnance menaçait les hérétiques du bûcher ; en 1545, les régents Christine et Nicolas renouvelèrent ces prescriptions. D'ailleurs, bien avant 1539, les bûchers s'étaient allumés pour les luthériens. W. Schuch, curé de Saint-Hippolyte, ville alsacienne qui dépendait de la Lorraine, voulut, après s'être converti au luthéranisme, y amener ses ouailles ; il fut arrêté, conduit à Nancy, condamné et brûlé (1525). En 1545, même sort atteignit Martin Chobard, instituteur à Saint-Mihiel. Un gentilhomme lorrain, acquis aux idées nouvelles, Antoine de Saussure, fut expulsé. En dépit des persécutions, la Réforme recruta plusieurs adhérents dans le peuple, un plus grand nombre dans la bourgeoisie et quelques-uns dans l'ancienne chevalerie ; il y eut des du Châtelet, des Haraucourt, qui se firent luthériens. Nous avons déjà parlé de Wolfgang Mæuslin (Musculus), théologien luthérien, originaire de Dieuze. Un Barrisien, A Le Marlorat, de moine augustin devenu ministre luthérien à Rouen, périt sur le bûcher dans cette ville (1562).

2° *Le protestantisme à Metz, à Toul et à Verdun.*

Tout autre était la situation dans les cités épiscopales, où de longues luttes contre les prélats avaient développé un esprit anticlérical assez accentué. Toutefois, la réforme ne recruta que peu d'adeptes à Toul et à Verdun, où l'évêque avait conservé une autorité assez grande.

Elle trouva un meilleur accueil à Metz, tout en restant la religion d'une minorité. De 1524 à 1530, la population se montre favorable à la réforme de l'Eglise, sans accepter l'idée d'une rupture avec Rome. Le moine augustin Jean Châtelain de Tournai, rallié au luthéranisme, vint à Metz et y prêcha contre les mœurs relâchées du clergé. Ses philippiques reçurent de la population le même accueil favorable qu'un siècle auparavant celles de G. Josseaume. Attiré hors de Metz dans une sorte de guet-apens par les agents de l'inquisiteur épiscopal, Châtelain fut conduit à Vic, jugé, condamné et brûlé vif. La nouvelle de son supplice causa dans Metz une émeute. Les Treize, d'ailleurs, n'entendaient nullement laisser la religion luthérienne prendre pied à Metz. Un jeune chanoine, Pierre Toussaint, converti au luthéranisme, dut se réfugier à Strasbourg ; lorsqu'il revint à Metz, en compagnie du célèbre G. Farel, les Treize les obligèrent tous deux à quitter la ville ; moins heureux, un cardeur de laine de Meaux, Jean Leclerc, réfugié à Metz, se vit arrêter sur l'ordre des Treize pour avoir mutilé des statues de la Vierge ; ses juges le condamnèrent à un affreux supplice, qu'il subit avec un courage héroïque.

De 1530 à 1543, le luthéranisme fait à Metz des progrès ; quelques membres des paraiges appartenant aux familles de Heu et d'Aix embrassent la religion nouvelle, et les protestants messins trouvent un appui au dehors chez les princes luthériens de la ligue de Smalkalde. L'ordre donné en 1531, par le gouvernement messin, de dresser l'inventaire des biens du clergé semble secrètement inspiré par des adversaires du catholicisme. En 1535, quelques riches bourgeois demandent au chapitre d'admettre parmi ses membres un curé suspect d'hérésie.

Après qu'à la diète de Ratisbonne Charles-Quint eut fait d'importantes concessions aux luthériens (1541), ceux de Metz s'enhardirent : ils demandèrent en 1542, pour deux dominicains qui avaient apostasié, l'autorisation de prêcher dans la ville les nouvelles doctrines. Au mois de mars de cette même année, un luthérien, Gaspard de Heu, devint maître-échevin ; tout de suite les protestants messins redoublèrent d'efforts. De Heu s'adressa à la ligue de Smalkalde, qui fit partir pour Metz Guillaume de Furstemberg avec une troupe de soldats. De Heu introduisit Furstemberg dans la ville, mais il avait trop présumé des forces de son parti. Non seulement presque tous les Treize, mais la très grande majorité de la population restaient attachés au catholicisme. Les habitants coururent aux armes, quand ils virent Furstemberg entrer dans Metz, et l'expulsèrent de la ville. Furstemberg se plaignit de la violence dont il avait été l'objet et se retira dans le bourg de Gorze. Bientôt après, Farel arrivait à Metz, où les Treize ne lui permirent pas de résider ; il alla, lui aussi, se fixer à Gorze, qui devint dans le pays un foyer de luthéranisme. Cependant la ligue de Smalkalde intervenait encore une fois, à la demande de Furstemberg et de Heu. Ses députés n'ayant pas été admis à séjourner dans Metz, les négociations se poursuivirent hors de la cité entre eux et les Treize. Enfin, au mois de février 1543, on convint que Furstemberg obtiendrait une réparation, qu'un ministre luthérien aurait la permission de résider à Metz, et que des conférences s'ouvriraient à Strasbourg en vue de régler la situation des protestants messins. Dubois, l'un des dominicains convertis au protestantisme, s'installa tout de suite à Metz comme ministre. Ce demi-succès des réformés ne devait pas avoir de lendemain.

A de Heu succéda, en mars 1543, comme maître-échevin, un fervent catholique, Nicolas de Raigecourt ; depuis ce moment jusqu'en 1552, les catholiques gardèrent le pouvoir à Metz et firent perdre à leurs adversaires religieux le peu de terrain que ceux-ci venaient de gagner. Furstemberg quitte Gorze, et le détachement qu'il y avait laissé en est chassé bientôt après par des troupes qu'avait envoyées le duc de Guise ; quelques-uns des protestants de Gorze sont massacrés, Farel est obligé de s'enfuir. Les conférences de Strasbourg avaient enfin abouti : rappel des bannis à Metz, droit pour les protestants d'avoir dans cette ville un temple et trois ministres, expulsion du prédicateur catholique Caroly, voilà les principales clauses de l'accord. Mais les Treize ne ratifièrent que la première de ces dispositions. Pour mieux assurer le triomphe du catholicisme, ils firent appel à Charles-Quint, qui leur envoya l'un de ses conseillers, Nicolas Boizot. A l'instigation de celui-ci, Dubois fut chassé de la ville, une ordonnance interdit l'exercice du culte luthérien sous des peines rigoureuses. Les violences exercées contre les protestants messins déterminèrent plusieurs d'entre eux, qui craignaient pour leur vie, à s'expatrier. Les démarches de la ligue de Smalkalde (1545) et de la ville de Strasbourg (1546), en faveur des réformés de Metz, n'eurent aucun résultat. Les Treize répondirent à une requête que leur adressèrent les luthériens de Metz en 1550 en prenant contre eux de nouvelles mesures ; ils chassèrent de la ville un gentilhomme lorrain, Antoine de Saussure, qui s'y était réfugié.

Exaspérés par ces persécutions, les protestants messins ne virent pour eux de salut que dans une révolution qui modifierait le gouvernement. Dans l'espoir que l'occupation momentanée de Metz par la France vaudrait à lui et à ses coreligionnaires le libre exercice de leur culte, G. de Heu s'entendit avec le cardinal de Lenoncourt pour favoriser l'entrée à Metz de Montmorency. La suite des événements se chargea de prouver aux protestants messins combien étaient grandes leurs illusions. Ils restèrent dans une situation très précaire jusqu'à ce qu'en 1598 l'édit de Nantes leur eût accordé le droit de pratiquer librement leur religion.

En définitive, si l'on excepte les principautés de la Sarre, l'immense majorité des habitants de la région lorraine restait attachée au catholicisme, les uns de leur plein gré, d'autres par crainte des persécutions. Les dissidents avaient dû en effet, pour éviter la prison ou le bûcher, s'exiler dans un pays où le protestantisme fût devenu la religion officielle. Metz est le seul endroit de la région lorraine où l'avenir ait sensiblement modifié cet état de choses

D'autre part, les progrès de l'hérésie avaient enfin amené l'Eglise à reconnaître la nécessité d'une réforme. Le pape Paul III avait convoqué en 1545, à Trente, un concile œcuménique, dont les sessions ne se terminèrent qu'en 1563. Dès 1534, saint Ignace de Loyola fondait la Compagnie de Jésus. Toutefois, nous croyons devoir renvoyer à la période suivante l'étude de la Contre-Réforme catholique, des moyens qu'elle a employés pour combattre l'hérésie et des résultats qu'elle a obtenus.

RÉSUMÉ SUR LA PREMIÈRE PÉRIODE FRANÇAISE.

Le mariage de René et d'Isabelle met fin aux luttes séculaires de la Lorraine et du Barrois, et prépare l'union des deux duchés. Un peu plus tard, vers la fin du xve siècle, cessent également les guerres entre les ducs, les évêques et les républiques municipales de Metz, de Toul et de Verdun. C'était là un progrès immense ; les populations rurales voyaient enfin le terme des misères dont elles avaient tant souffert pendant près de trois cents ans.

L'union définitive, sous René II, de la Lorraine, du Barrois et du comté de Vaudémont, semblait présager, dans un avenir plus ou moins rapproché, le groupement, sous l'autorité des ducs lorrains, des principautés ecclésiastiques et des républiques municipales, les unes et les autres affaiblies et frappées de décadence. Pour atteindre ce but, René II et ses successeurs feront asseoir des cadets de leur maison sur les sièges épiscopaux de Metz, de Toul et de Verdun. Pourtant, l'achèvement de l'œuvre d'unification ne laissait pas que de présenter de grandes difficultés ; on pouvait prévoir que les évêques d'une part, les villes de l'autre, ne se laisseraient pas absorber sans résistance. Toutefois les obstacles les plus sérieux devaient venir de l'extérieur, non pas de l'Empire, mais de la France.

Philippe le Bel avait, dès le début du xive siècle, pris pied dans la région lorraine en obligeant le comte de Bar Henri III à se reconnaître son vassal pour la partie de ses Etats située à l'ouest de la Meuse. Lui-même ou ses successeurs amenèrent de gré ou de force les évêques et les villes de Toul et de Verdun à se mettre sous la garde de la France. Si la guerre de Cent Ans arrêta pour un temps les Valois, ils reprirent au milieu du xve siècle leur marche en avant. Seulement, ils se heurtèrent à leurs cousins, les descendants de Philippe le Hardi, qui, maîtres des Pays-Bas et des deux Bourgognes, désiraient relier l'un à l'autre ces deux groupes de possessions, en occupant tout ou partie de la région lorraine. En fin de compte, Charles VII ne réussit pas plus à s'emparer de Metz que Charles le Téméraire à garder la Lorraine et le Barrois non mouvant, sur lesquels il avait un instant mis la main; Anne de Beaujeu rendit à René II le Barrois mouvant que Louis XI avait occupé. Les guerres d'Italie firent encore une diversion, qui détourna durant quelques dizaines d'années vers le sud-est l'attention et les efforts des Valois.

Mais la rivalité des maisons de France et d'Autriche allait de nouveau mettre les principautés lotharingiennes dans une situation d'autant plus critique que les luttes religieuses, qui ne tardèrent pas à déchirer l'Allemagne, procurèrent à François I*er* et à son fils des alliés de l'autre côté du Rhin. Henri II put, avec le consentement formel des princes protestants allemands, occuper les villes de Metz, de Toul et de Verdun. Il s'empara en même temps du jeune duc Charles III de Lorraine, alors mineur, et le fit conduire en France pour qu'il fût élevé à sa cour. La mainmise des Valois sur les trois cités épiscopales de la région enlevait aux ducs lorrains tout espoir de jamais achever à leur profit la reconstitution de l'ancienne Mosellane. En outre, l'annexion de Metz, de Toul et de Verdun à la France produira ce très fâcheux résultat de prolonger, d'aviver même les haines entre les habitants de ces trois villes et ceux des duchés, restés indépendants.

L'avènement de la maison d'Anjou dans le duché de Lorraine eut pour conséquence l'accroissement des prérogatives politiques et judiciaires de l'ancienne chevalerie et l'organisation d'un véritable régime parlementaire. Les Etats généraux deviennent une institution régulière des deux duchés. En ce qui concerne les rapports des ducs avec l'ancienne chevalerie, on constate deux faits qui semblent se contredire :

groupée, la vieille noblesse lorraine est assez forte pour contrôler et limiter le pouvoir ducal, mais celui-ci prend sa revanche sur les gentilshommes, pris individuellement, dont il restreint peu à peu les privilèges : les guerres féodales sont interdites et les juridictions seigneuriales réduites. Les ducs, fortifiés par la réunion de la Lorraine, du Barrois et du comté de Vaudémont, appuyés sur un corps de fonctionnaires dévoués et actifs, n'empiètent pas seulement sur les privilèges des nobles, ils s'attaquent aux franchises des villes et des villages mis à la loi de Beaumont, ils réduisent enfin la juridiction des tribunaux d'Eglise.

Les principautés ecclésiastiques, menacées par leurs propres vassaux et par les ducs lorrains, s'affaiblissent de plus en plus. Dans les républiques municipales de Metz, de Toul et de Verdun, le patriciat l'emporte sur les gens des métiers. A Metz, plus encore que dans les deux autres cités, il crée des institutions originales et assez compliquées, réduit les privilèges de l'Eglise et donne longtemps aux habitants sécurité et prospérité. Mais faute de se renouveler, la riche bourgeoisie diminue, s'étiole, entraînant les villes elles-mêmes dans sa décadence.

Le nombre des serfs diminue ; la condition de ceux qui n'ont pas été affranchis s'améliore peu à peu ; d'une part, les redevances qu'ils doivent payer ont été réduites ou précisées ; d'un autre côté, la suppression des guerres féodales apporte à leur condition une amélioration notable. Grâce à la tranquillité plus grande dont jouit le pays, l'agriculture fait quelques progrès, certaines industries se développent ou se créent, les transactions commerciales deviennent plus actives. Les corporations de gens de métier, dont on constate l'existence dans les républiques municipales dès le XIIIe siècle, s'organisent au XIVe et au XVe dans les duchés.

L'enseignement tombe en décadence, la littérature est peu cultivée. Si, du XIIIe au XVe siècle, la France impose les formes de l'art ogival à la région lorraine, celle-ci produit des architectes et des sculpteurs de talent ; peut-être la statuaire lorraine a-t-elle subi l'influence des artistes flamingo-bourguignons. Ni en littérature ni en art, la Renaissance italienne ne pénétra de bonne heure dans le pays qui, traditionnaliste et même routinier, resta longtemps fidèle aux modes anciennes.

L'Eglise, rongée d'abus, n'arrivait pas à se réformer; clergé séculier et clergé régulier, alourdis par leurs richesses, préoccupés d'intérêts matériels, ne produisent plus en Lorraine d'hommes éminents par leur savoir, par leurs vertus, par leur zèle apostolique. Pourtant, conservateurs comme ils l'étaient, les Lorrains du xvie siècle n'adoptèrent pas, sauf de rares exceptions, les idées nouvelles ; même dans les villes épiscopales, même à Metz où existait une sorte d'esprit anticlérical, le luthéranisme ne fit qu'un nombre restreint d'adeptes. La crainte des supplices et de l'exil empêcha d'ailleurs plus d'un habitant de nos contrées d'embrasser les doctrines des réformateurs.

Cherchons maintenant à résumer les rapports que la région lorraine a entretenus du xiiie au xvie siècle avec l'Allemagne et avec la France. La question, il faut en convenir, ne laisse pas que d'être fort complexe. Ce qui est vrai des principautés de langue romane peut ne pas l'être de celles où l'on parle un idiome germanique ; de plus, il y a lieu de considérer séparément les relations politiques, commerciales, littéraires, artistiques, enfin les affaires religieuses. Dans leur politique intérieure ni les duchés ni les villes ne suivent les exemples que leur donne la France. Le régime parlementaire qui fonctionne en Lorraine et en Barrois au xve et au xvie siècle donne à ces pays une physionomie originale et les distingue — à leur avantage — de la monarchie des Valois, où le pouvoir royal tend à devenir absolu. Nous avons vu que duchés et républiques municipales cherchaient à couper ou tout au moins à relâcher les liens qui les unissaient à l'Empire. Mais l'on commet une grave erreur quand, égaré par des apparences trompeuses, on leur attribue le désir de se voir annexer à la France. C'est à l'indépendance complète qu'ils aspirent, non à leur absorption dans le puissant Etat voisin, qui les dépouillera, Metz, Toul et Verdun en feront après 1552 la triste expérience, des libertés auxquelles ils tiennent tant. Les archevêques électeurs de Trèves, est-il besoin de le dire, veulent garder la haute situation qu'ils occupent dans l'Empire et dont la France ne leur donnerait pas l'équivalent.

Les relations commerciales n'appellent pas d'observations particulières ; principautés et villes en entretiennent aussi bien avec l'un qu'avec l'autre des deux grands Etats voisins.

En matière d'enseignement, de littérature et d'art, l'influence de la France est prépondérante chez les Mosellans de langue romane ; ils prennent de préférence le chemin de l'Université de Paris, et, s'ils sont écrivains, architectes, sculpteurs, ils s'inspirent des auteurs ou des artistes soit de la France, soit de la Bourgogne. Quant aux habitants des contrées de langue allemande, sans échapper à la force d'attraction de la France, ils vont plutôt chercher des leçons ou des modèles de l'autre côté du Rhin, où s'est produite au xve siècle une brillante Renaissance.

Dans le domaine de la religion, nous voyons la région lorraine, surtout à l'époque du grand schisme, tiraillée entre des influences contraires. Tandis que les archevêques de Trèves, comme la plupart des princes allemands, reconnaissent le pape de Rome, leurs suffragants de Metz, de Toul et de Verdun, ainsi que les ducs de Lorraine et ceux de Bar, dociles aux impulsions de la France, se prononcent pour le pontife d'Avignon. Cependant le concordat germanique finira tôt ou tard par être appliqué à tous les diocèses de la province de Trèves. A l'égard du protestantisme, il en va de la région lorraine comme de la France : exception faite des principautés de la Sarre, les idées nouvelles n'y triompheront pas du catholicisme. D'autre part, le protestantisme causera moins de trouble dans notre pays que dans le royaume des Valois ; même les guerres de religion affaibliront à ce point la France que le duc Charles III de Lorraine pourra un moment nourrir l'espoir de lui enlever Metz, Toul et Verdun, pour les réunir à ses Etats, et de faire faire un pas décisif à l'unification de la région lorraine.

En définitive, pénétration de nos contrées, surtout dans les parties romanes, par les idées et par la civilisation de la France, mais en même temps profond attachement de nos ancêtres à leur autonomie, voilà ce que doit constater un observateur impartial. Si forte est la volonté qu'ont les Lorrains de conserver à tout prix leur existence de nation indépendante qu'ils ne craindront pas, au xviie siècle. de soutenir une lutte désespérée contre la France et de s'exposer aux malheurs les plus terribles qu'un peuple ait jamais subis.

ADDITIONS ET CORRECTIONS

P. 9, n. 1, *ajouter à la fin* : Goury (G.), *Le paléolithique en Lorraine* (Anthropologie, t. XXV, 1914). — Schumacher (K.), *Siedelungs-und Kulturgeschichte der Reinlande*, t. I. *Die vorrömische Zeit*, 1 vol. in-4°, 1921.

P. 19, n. 1, *ajouter à la fin* : Schumacher (K.), *op. cit.*

P. 29, n. 1, l. 3, après t. XIII, *ajouter* : Espérandieu (commandant E.), *Recueil général des bas-reliefs, statues et bustes de la Gaule romaine*, t. V et VI, 2 vol. in-4°, 1913 et 1915.

Ibid., ibid., l. 14, *ajouter* : Morin-Jean, *La verrerie en Gaule sous l'Empire romain*, 1 vol. in-4°, 1913. — Bonnard (L.), *La navigation intérieure de la Gaule à l'époque gallo-romaine*, 1 vol. in-8°, 1913.

Ibid., ibid., l. 29, *ajouter* : Reusch (A.), *Keltische Siedelungen in den Vogesen*, et *Römische Villen im Kreise Saarburg* (Jahrbuch de Metz, t. XXIII et XXIV, 1911 et 1912). — Cumont (F.), *Comment la Belgique fut romanisée* (Annales de la Société royale d'archéologie de Bruxelles, t. XXVII, 1914). — Reisers (H.) et Drexel (F.), *Eine Römersiedelung vor Verdun*, 1 vol. in-8°, 1918. — Unverzagt (W.), *Terra sigillata mit Rädchenverzierung. Materialien zur römisch-germanischen Keramik*, 1 fasc. in-4°, 1919. — Chenet (G.), *Anciennes verreries d'Argonne* (Bulletin archéologique du comité des travaux historiques [1920]). — Chenet (G.), *Gobelets ovoïdes moulés d'Autry-Laroye. Céramique gallo-romaine d'Argonne* (Pro Alesia, nouvelle série, t. V, 1920). — Westphalen (R. de), *Le culte de l'arbre dans nos coutumes populaires* (Annuaire de la Société d'histoire et d'archéologie de la Lorraine, t. XXXII, 1923).

P. 61, n., l. 7, *au lieu de* 1894, *lire* : 2ᵉ éd., 1907 et t. III, 1915.

Ibid., ibid., l. 13, *ajouter* : Lévêque (L.), *Solimariaca et saint Elophe*, 1 vol. in-12, 1912. — Bigot (L.), *Monsieur saint Euchaire de Liverdun et les martyrs de Pompey*, 1 vol. in-12, 1912.

P. 75, n. 1, l. 27, *ajouter* : Wolfram (G.), *Siedelungsprobleme in Elsass-Lothringen* (Verhandlungen des XIXᵗᵉⁿ Geographentags zu Strassburg in Elsass, 1914-1915). — Lévy (P.), *Histoire linguistique de Thionville* (Revue des études historiques, 1923). — Lévy (P.), *Les dialectes germaniques en Lorraine* (Annuaire de la Société d'histoire et d'archéologie de la Lorraine, t. XXXII, 1923).

P. 77, l. 26-27, *ajouter* : D'après l'abbé Carrière, le nom d'*urbs Clavorum*, donné jadis à Verdun, devrait se lire *urbs Sclavorum*, et viendrait des Sarmates, c'est-à-dire des Slaves, qui auraient habité le pays verdunois au IVe siècle de notre ère.

P. 107, l. 25-28, *au lieu de* C'est de Lothaire II... Lotharingie, Lorraine, *lire* : On appela *Lotharii regnum* les territoires francs échus à Lothaire II, *Lotharingi* les sujets qu'avait gouvernés ce prince. Plus tard *Lotharingi* donna naissance à *Lotharingia*, d'où sont dérivés les mots français *Loheraine*, puis *Lorraine*.

P. 138, n., l. 10, *ajouter* : DOPSCH (A.), *Die Wirthschaftsentwicklung der Karolingerzeit, vornehmlich in Deutschland*, 2 vol. in-8°, 1912 et 1913. — HALPHEN (L.), *Etudes critiques sur l'histoire de Charlemagne*, 1 vol. in-8°, 1921.

P. 149, n. 2, l. 2, *ajouter* : MANITIUS (M.), *Geschichte der lateinischen Literatur im Mittelalter*, 1 vol. in-8°, 1911.

P. 150, n., l. 4, *après* la région : *ajouter* : Littérature : *Ibid., ibid.*, l. 6, *ajouter* : Beaux-arts : BIGOT (abbé L.), *L'Evangéliaire de saint Gauzelin (Revue lorraine illustrée*, 1913).

P. 157, n., l. 17, *ajouter* : GRIMME (F.), *Die Kanonikerregel des heiligen Chrodegang und ihre Quellen (Jahrbuch* de Metz, t. XXVI, 1914). — GUISE (abbé), *Saint Sigisbert roi d'Austrasie* (630-656), 1 vol. in-12, 1920. — *Le millénaire d'Etienne, évêque de Liège* (920-1920) (*Leodium, chronique mensuelle de la Société d'art et d'histoire du diocèse de Liège*, 1920). — BOUDET (P.), *Le chapitre de Saint-Dié en Lorraine des origines au XVIe siècle (Annales de la Société d'émulation des Vosges*, 1914-1921 et 1922, et tirage à part).

P. 160, l. 16-19. Dans son étude sur le chapitre de Saint-Dié, M. Boudet s'est prononcé contre l'authenticité de la charte de Numérien. A notre avis, elle est, sous sa forme actuelle, un document remanié, interpolé.

P. 162, dernière ligne, *ajouter* : L'origine irlandaise de Deodatus, admise par M. Boudet, est rejetée par M. l'abbé Chapelier.

P. 166, l. 19, d'après Mgr Duchesne (*Les fastes épiscopaux de l'ancienne Gaule*, t. III, p. 59-61), Adéodat serait, non point un évêque de Toul, mais saint Dié, le fondateur de l'abbaye qui porta plus tard son nom.

P. 184, n. 1, l. 5-6, *au lieu de* Les chartes dans Calmet... Bloch, *lire* : Pour les chartes, aux ouvrages, déjà mentionnés, de CALMET... de BLOCH, *ajouter* : GROSDIDIER DE MATONS (M.), *Catalogue des actes des comtes de Bar de 1022 à 1239*, 1 vol. in-8°, 1922. — DUVERNOY (E.), *Catalogue des actes des ducs de Lorraine de 1048 à 1139* (*Mémoires de la Société d'archéologie lorraine*, t. LXII, 1922). — Pour les nécrologes : AIMOND (abbé Ch.), *Le nécrologe de la cathédrale de Verdun*. 1 vol. in-8°, 1910, *Le nécrologe de Gorze* (*Bulletin de la Société d'archéologie lorraine*, 1914) et *Les nécrologes de l'abbaye de Saint-Mihiel* (*Mémoires de* la Société des lettres de Bar-le-Duc, t. XLIV, 1922-1923, et tirage à part).

P. 185, n., l. 20, *ajouter* : Grosdidier de Matons (M.), *Le comté de Bar des origines au traité de Bruges* (vers 950-1301), 1 vol. in-8°, 1922.

P. 187, l. 28-30, *ajouter* : Il est possible qu'Otton, comte de Verdun, ait commencé par gouverner la Lotharingie au nom d'Henri, fils de Giselbert et de Gerberge, et qu'il ne soit devenu duc titulaire qu'après la mort de cet enfant.

P. 209, n. 1, l. 11-12, supprimer *Catalogue des actes...*, t. LXII, 1912.

Ibid., ibid., l. 13, ajouter : *Catalogue des actes des ducs de Lorraine de 1176 à 1220* (Mém. Soc. arch. lor., t. LXIV, 1914-1919). M. Duversoy a réuni en un tirage à part ce travail et celui que nous avons cité à la p. 184, n. 1, sous le titre *Catalogue des actes des ducs de Lorraine de 1048 à 1139 et de 1176 à 1220*, 1 vol. in-8°, 1915. Du même, *Catalogue des actes de Ricuin, évêque de Toul* (Bulletin philologique et historique du comité des travaux historiques [1917], 1918). — Perris (E.), *Catalogue des chartes de franchise de la Lorraine antérieures à 1350* (Annuaire de la Société d'histoire et d'archéologie de la Lorraine, t. XXXIII, 1924).

Ibid., ibid., l. 21, après Chatelain, *ajouter* : et de M. Grosdidier de Matons.

Ibid., ibid., l. 31, *ajouter* : Schaudel (L.), *Les comtes de Salm et l'abbaye de Senones* (Mémoires de l'Académie de Stanislas, 1917-1918, 1918-1919, 1919-1920, et tirage à part, paru en 1921).

P. 212, l. 11, *après* réparation, *ajouter* : La guerre de Simon Ier et d'Albéron de Montreuil, ainsi que le siège de Nancy par les troupes de l'archevêque, sur lesquels Jean d'Aucy a donné force détails, appartiennent plutôt à la légende qu'à l'histoire.

Ibid., l. 24, après xviie siècle, *ajouter* : L'évêque de Liége Albéron finit par obliger Renaud à lui restituer le château de Bouillon, dont le comte de Bar s'était emparé. En revanche, Renaud obtint de son frère Etienne, évêque de Metz, que celui-ci lui inféodât la châtellenie de Briey, qui avait appartenu autrefois à leur cousine, la grande comtesse Mathilde.

P. 214, l. 14, *ajouter* : Agnès apporta en dot à son mari la seigneurie de Ligny, qui était tombée, on ne sait d'ailleurs quand ni comment, au pouvoir des comtes de Champagne.

P. 219, l. 10, *ajouter* : Quoique Ferry de Bitche n'ait pas été duc de Lorraine, nous conservons à son fils le numéro II, consacré par l'usage. On devrait l'appeler Ferry IV, la première maison de Bar ayant fourni à la Haute-Lorraine deux ducs du nom de Frédéric.

P. 220, l. 3, *après* Thiebaut Ier, *ajouter* : Frédéric II aurait fait empoisonner le duc, s'il fallait en croire un bruit, probablement faux, qu'a recueilli le chroniqueur Richer de Senones.

P. 224, l. 33, *après* précieuses, *ajouter* : Mathieu II acquit Lunéville, Gerbéviller et une partie de Sarreguemines ; Ferry III, Mirecourt, Charmes et Morhange ; mais il vendit Longwy au comte de Bar Henri III. S'il se fit abandonner par le comte Eberhard de Deux-Ponts les droits de ce dernier sur Marimont, Lindre et Sarreguemines, il lui céda en fief la seigneurie de Bitche, un des anciens domaines patrimoniaux de sa famille.

P. 225, l. 1, *après* politiques, *ajouter* : Tous deux accroissent leurs domaines et leur influence aux dépens des évêchés de Metz, de Toul et de Verdun, de la Lorraine, de la Champagne et de la Franche-Comté. Thiébaut II réussit à recouvrer la suzeraineté de la châtellenie de Gondrecourt, que son père avait perdue, et à gagner celle de la châtellenie de Buzancy.

P. 261, n., l. 19, *après* 1895, *ajouter* : WESTPHALEN (de), *op. cit.*, p.

Ibid., ibid., l. 26, *après* 1913, *ajouter* : REINERS (H.) et EWALD, *Kunstdenkmäler zwischen Maas und Mosel*, 1 vol. in-4, 1921.

P. 281, n. 1, l. 5, *ajouter* : PFISTER (Chr.), *Bullaire de l'Eglise de Toul* (1050-1198) (*Mélanges d'histoire offerts à M. Charles Bémont*, 1 vol. in-8º, 1913).

P. 294, l. 7, *après* chanoines, *ajouter* : A Verdun, Jean d'Apremont (1224-1228) aurait été le premier évêque qui n'aurait dû son siège qu'au chapitre de la cathédrale.

P. 301, l. 23, *après* protégées, *ajouter* : M. Boudet estime que les ducs de Lorraine enlevèrent au chapitre de Saint-Dié les deux tiers environ de ses domaines.

P. 315, avant-dernière ligne, *après* agitées, *ajouter* : Après la mort de Ferry III, les conflits de ce duc avec l'ancienne chevalerie et son emprisonnement dans la tour de Maxéville doivent être rangés dans le domaine des légendes ; aucun document de l'époque n'en fait mention.

P. 316, l. 16, *après* l'autorité, *ajouter* : D'autre part les chanoines de la cathédrale reprochaient à Renaud de Bar de sacrifier les intérêts de l'évêché de Metz à ceux de sa maison.

P. 338, l. 9, *après* droit, *ajouter* : L'Eglise devait, de nos jours, lui accorder plus encore. Le 27 janvier 1894, Jeanne devenait vénérable, le pape Léon XIII ayant, à la demande de la congrégation des Rites, introduit la cause de la Pucelle. Le 18 avril 1909, Pie X la déclarait bienheureuse et, le 16 mai 1920, Benoît XV la mettait au rang des saintes. Enfin le Parlement français a décidé de célébrer chaque année, en l'honneur de Jeanne, une fête qui serait celle du patriotisme.

ADDITIONS ET CORRECTIONS

P. 339, n., l. 22, *après* troisième période, *ajouter* : LEPAGE (H.), *La guerre de Sedan et René II* (*Mém. Soc. arch. lor.*, t. XXXIV, 1884).

P. 340, l. 12, *après* 1473, *lire* : Le peuple de Nancy crut que le jeune duc avait été empoisonné par un de ses serviteurs, le Glorieux. M. Duvernoy a prouvé que la mort de Nicolas était due à des causes naturelles.

P. 342, l. 6, *après* Verdun, *ajouter* : On a mis sous le nom de Louis de Haraucourt un *Mémorial des grands gestes et faits en la province de Lorraine*. Ce *Mémorial*, dont il ne reste que des fragments, est un document apocryphe; il en est de même des *Mémoires* de Michel Errard, des *Coupures* de Bournon, des *Mémoires* de Florentin le Thierriat et des *Lettres* d'Alix de Champé.

P. 350, l. 24, *après* Georges de Bade, *ajouter* : M. Alfred Bourgeois se trompe, selon nous, lorsqu'il parle de l'existence d'un parti allemand dans le chapitre de Saint-Etienne. Seules la France, la Bourgogne et la Lorraine exercent une action à Metz. Les chanoines de la cathédrale subissent soit l'une, soit l'autre de ces trois influences.

P. 367, l. 31, *après* allemande, *ajouter* : Dans la seigneurie de Bitche les paysans se soulevèrent en masse et forcèrent le comte Reinhard à chercher un refuge auprès d'Antoine, son suzerain.

P. 373, l. 16, *après* désarmée, *ajouter* : L'occupation de Metz par les Français a donné naissance à des légendes qui, bien que dénuées de fondement et de vraisemblance, ont été accueillies par la crédulité populaire et propagées de nos jours par des historiens allemands, qu'aveuglait un chauvinisme regrettable.

P. 383, *ajouter un alinéa, qui prendra place avant le dernier.* Les sessions des Etats, assez rares, à ce qu'il semble, durant la période angevine, deviennent plus nombreuses à partir de 1473. Sous René II on en compte vingt-sept pour un règne de trente-cinq ans, sous Antoine dix-sept seulement pour un principat de trente-cinq ans et demi. Si Antoine fait, moins souvent que son père, appel à ses sujets, c'est qu'il est plus économe, qu'il sait mieux administrer ses finances. Quant à la durée des sessions, elle a souvent varié ; d'abord très courte, elle a par la suite une tendance à s'allonger. Les Etats délibèrent un, deux, trois, quatre, cinq, et même six jours, jamais davantage.

P. 402, n. 1, l. 19, *ajouter* : PERRIN (E.), *Le droit de bourgeoisie et l'immigration rurale à Metz au XIII*[e] *siècle* (Annuaire de la Société d'histoire et d'archéologie de la Lorraine, t. XXX, 1921).

Ibid., *ajouter un dernier alinéa* Pour les abbayes les ouvrages, mentionnés plus haut (p. 157), de l'abbé DIDIERLAURENT, de l'abbé JÉRÔME et de BOUDOT.

P. 417, l. 19, *après* Verdunois, *ajouter* : Auparavant Verdun avait eu quelquefois recours au chef de l'Empire. On voit en 1418 la cité adresser à Sigismond une plainte contre Jean d'Autel. Le seigneur à qui le roi des Romains avait confié l'affaire condamna le sire d'Autel à une amende de 2.000 marcs d'or. Comme Jean s'était refusé à la payer, Sigismond le mit au ban de l'Empire.

P. 418, l. 5, *après* libres, *ajouter* : Elle s'accroît, dès le xiiie siècle, par l'immigration de vilains originaires du pays messin ou des seigneuries voisines, temporel des évêchés, Lorraine, Barrois, etc.

P. 430, n. 1, l. 4, *après* région lorraine, *ajouter* : Pour les distractions : Duvernoy (E.) et Harmand (R.), *Le tournoi de Chauvency en 1285* (*Annales de l'Est et du Nord*, t. I, 1905).

P. 432, l. 14-16. A propos des vins consommés dans le pays, nous croyons devoir citer le quatrain suivant, qu'on lit dans la *Prophétie de Lambelin*, vers 53-56 (*La guerre de Metz en 1324*, p. 338) :

> Quand des vins de Bleuou sera meue nouvelle
> Que vauront vins d'Arbois, d'Auxais et de Rochelle
> Adont seront seigneurs Trième, Nancey, Bair, L.,
> De la citeit que ciet entre Seille et Muselle.

P. 436, l. 19, *après* spectacles, *ajouter* : Bien que n'entraînant plus comme autrefois mort d'homme, les tournois ne se passaient pourtant pas sans effusion de sang. En 1475, dans une joute à Metz, Regnault de Gournay fut blessé grièvement à la cuisse par la lance de Collignon d'Aix.

P. 437, l. 26, *après* suivirent, *ajouter* : Une représentation du jeu de « Madame sainte Agnès » fut donnée à Vézelise, dans le comté de Vaudémont, le 22 mai 1410.

P. 450, l. 17, *après* sécurité, *ajouter* : Les chefs de l'Empire interviennent parfois en faveur des marchands, comme le prouve un diplôme de mars 1299, par lequel le roi des Romains, Albert de Habsbourg, enjoint à l'évêque de Bâle, à l'abbé de Murbach, au duc de Lorraine, aux comtes de Bar et de Ferrette, d'assurer aux négociants sûre conduite à travers leurs Etats.

P. 451, l. 5, *après* Ingweiler, *ajouter* : Comme, au milieu du xve siècle, cette dernière route était délaissée, le duc Jean II, les comtes de Nassau-Sarrebrück et de Deux-Ponts, le seigneur de Lichtenberg écrivirent, le 29 février 1456, au bourgmestre et aux échevins de Malines, aux commerçants de la France, de l'Angleterre, de la Flandre, des Pays-Bas, de Venise, de Milan, de la Bourgogne et de Genève, pour les inviter à la reprendre. Ils offraient de donner aux commerçants des saufs-conduits nouveaux, assurant plus de garanties que les anciens. Leur lettre n'ayant pas obtenu de réponse, ils revinrent à la charge, mais avec aussi peu de succès, le 18 août de la même année.

P. 455, l. 1 du titre du chap. vi, *après* l'enseignement, *ajouter* : les langues. *Après* la littérature, *ajouter* : les sciences.

P. 456, n., l. 31, *après* 1893, *ajouter* : DORNER (Mme M.), *Philippe de Vigneulles. Un chroniqueur messin des XVe et XVIe siècles* (*Mém. Acad. Metz*, 1913-1914). — COLLIGNON (A.), *Les Vœux du paon de Jacques de Longuyon* (dans COLLIGNON (A.), *Reliquiæ*, 1 vol. in-8°, 1924).

P. 462, l. 4, *après* Metz, *ajouter* : Il est possible qu'au xve siècle on ait rédigé en langue française des chroniques, aujourd'hui perdues, dans lesquelles les faits historiques étaient défigurés par des légendes et par des fictions romanesques. Richard de Wassebourg et Jean d'Aucy ont, à ce qu'il semble, puisé l'un et l'autre dans ces chroniques.

Ibid., l. 10, *après* fragments, *ajouter* : Citons encore les *Vœux du Paon*, composés au début du xive siècle par Jacques de Longuyon, qui était peut-être doyen de la chrétienté de cette ville. Les *Vœux du Paon* sont une chanson de geste, en vers de douze syllabes, qui se rattache au cycle d'Alexandre. Sous les noms du roi de Macédoine, de ses capitaines, de ses adversaires et de quelques personnages fictifs, l'auteur dépeint en réalité des chevaliers du moyen âge, braves, courtois et galants.

P. 477, n. 1, l. 1, *au lieu de* Sources, voir ci-dessus, p. 313 et 338, *lire* : Aux sources mentionnées p. xiii, xiv, 281, 313 et 338, *ajouter* : LEPAGE (H.), *Pouillé du diocèse de Toul rédigé en 1402*, 1 vol. in-8°, 1863.

Ibid., ibid., l. 2, *après* 1913, *ajouter* : MORRET (B.), *Stand und Herkunft der Bischœfe von Metz, Toul und Verdun*, 1 vol. in-8°, 1911. — VANSTEENBERGHE (abbé E.), *Le cardinal Nicolas de Cues (1401-1464). L'action, la pensée*, 1 vol. in-8°, 1920. — MANGENOT (abbé E.), *Sion, son pèlerinage, son sanctuaire*, 1 vol. in-16, s. d. — MARTIN (abbé E.), *La dévotion à la Sainte Vierge dans le diocèse de Toul*, 1 vol. in-16, 1922. — [DORVAUX (abbé N.)], *Aperçu historique sur la paroisse Saint-Martin à Metz*, 1 vol. in-8°, 1922.

Ibid., ibid., l. 23, *après* 1909, *ajouter* : MICHAELIS (O.), *Die evangelische Kirche in Lothringen in Vergangenheit und Gegenwart*, 1 vol. in-16, 1917.

P. 479, l. 3, *après* intervient, *ajouter* : tantôt le duc de Bourgogne.

Ibid., l. 5, *après* Verdun, *ajouter* : Philippe le Bon fait monter Guillaume Fillastre sur le siège de Verdun, Georges de Bade sur celui de Metz, Antoine de Neuchâtel sur celui de Toul.

P. 486, l. 34-36, *au lieu de* le premier...: cardinaux, *lire* : le premier abandonna le concile pour se rallier à Eugène IV ; Nicolas V le nomma cardinal. Le second, créé cardinal par l'antipape Félix V, resta fidèle au concile de Bâle jusqu'à la dissolution de cette assemblée. Lorsqu'il eut fait sa soumission, Nicolas V le confirma dans sa dignité de cardinal.

P. 494, l. 5, *après* Jérusalem, *ajouter* : En 1487, un membre des paraiges, Nicolle d'Aix, mourut au cours d'un pèlerinage à Saint-Jacques de Compostelle.

Ibid., l. 9, *après* Pont-à-Mousson, *ajouter* : Une sœur de René II, Marguerite de Lorraine, duchesse d'Alençon, morte en 1521 sous l'habit franciscain, a mérité, par ses hautes vertus, d'être l'objet d'un culte, que le pape Benoît XV a approuvé le 21 mars 1921.

P. 497, l. 26, *après* Verdun, *ajouter* : Les pays que Nicolas de Cues avait reçu mandat d'inspecter en qualité de légat comprenaient l'Allemagne et la Bohême. Les clercs de Liége s'opposèrent à ce qu'il s'acquittât de sa mission dans leur ville, parce que, disaient-ils, elle ne faisait point partie de l'Allemagne. Est-ce en prévision d'une attitude analogue du clergé de Metz, de Toul et de Verdun que Nicolas laissa de côté les trois diocèses lorrains ? Nous sommes porté à croire qu'on les regardait alors comme situés hors de l'Allemagne, bien que se rattachant au Saint-Empire.

P. 503, l. 10, *après* réfugié, *ajouter* : M. de Saussure alla chercher un asile en Suisse, où ses descendants ont continué de résider jusqu'au xix⁰ siècle Quelques-uns d'entre eux se sont illustrés par leurs travaux scientifiques et par leurs découvertes ; le plus célèbre est le naturaliste Horace-Bénédict de Saussure.

TABLE DES PLANCHES HORS TEXTE
(Gravures et carte)

		Pages
Pl. I.	— Vaudrevange (province rhénane). — Objets de l'âge du bronze.	16
Pl. II.	— Messein (Meurthe-et-Moselle). — Coupe du rempart du camp d'Affrique (période de Hallstatt).	48
Pl. III.	— Reconstitution d'un appareil servant à recueillir le sel (briquetage de la Seille, période de Hallstatt).	80
—	— Grand (Vosges). — Ruines de l'amphithéâtre gallo-romain.	80
Pl. IV.	— Soulosse (Vosges). — Cippes funéraires gallo-romains.	112
—	— Grand (Vosges). — Bas-relief représentant *Meditrina*, déesse de la pharmacie [?].	112
Pl. V.	— Couverture du *Sacramentaire* de la cathédrale de Verdun (IXe siècle).	144
—	— Laitre-sous-Amance (Meurthe-et-Moselle). — Eglise (portail O. XIIe siècle).	144
Pl. VI.	— Saint-Dié. — Eglise Notre-Dame (nef prise du chœur, XIIe-XIIIe siècles).	176
Pl. VII.	— Dugny (Meuse). — Ancienne église (clocher « hourdé » du XIIe siècle).	208
Pl. VIII.	— La Croix-aux-Mines (Vosges). — Mines d'argent, transport des bois (d'après l'*Album* de Heinrich Gross).	240
—	— Lavage et triage du minerai (même *Album*).	240
Pl. IX.	— Munster (Lorraine). — Eglise (ensemble N.-O. XIIIe-XVe siècles).	272
—	— Schorbach (Lorraine). — Ossuaire roman du XIIe siècle.	272
Pl. X.	— Toul. — Cathédrale (façade O. XVe siècle)	304
—	— Metz. — Cathédrale (ensemble S.-O. XIIIe-XVe siècles)	304
Pl. XI.	— Avioth (Meuse). — Chapelle dite *La Recevresse* (XVe siècle).	336

		Pages
Pl. XII.	— Saint-Nicolas-du-Port (Meurthe-et-Moselle). — Eglise (intérieur de la nef, xve-xvie siècles).	368
Pl. XIII.	— Vic-sur-Seille (Lorraine). — Ancienne Monnaie avant sa restauration (xve siècle).	400
—	— Verdun. — Reconstitution de la Porte-Chaussée (xve siècle) par W. Kozanski.	400
Pl. XIV.	— Nancy. — Palais ducal : *La Porterie* (xvie siècle).	432
—	— Rembercourt-aux-Pots (Meuse). — Eglise (façade O. xvie siècle).	432
Pl. XV.	— Concert (fin du xve siècle) (miniature du psautier de René II).	464
—	— Blénod-les-Toul (Meurthe-et-Moselle). — Tombeau de Hugues des Hazards (xvie siècle).	464
Pl. XVI.	— Saint-Mihiel. — Mise au tombeau par Ligier Richier (xvie siècle) (église Saint-Etienne).	496
—	— Nancy. — Tombeau de Philippe de Gueldre, par Ligier Richier (xvie siècle) (église des Cordeliers).	496
Carte.	— La région lorraine dans l'antiquité et au moyen âge.	520

LA RÉGION LORRAINE DANS L'ANTIQUITÉ ET AU MOYEN-AGE

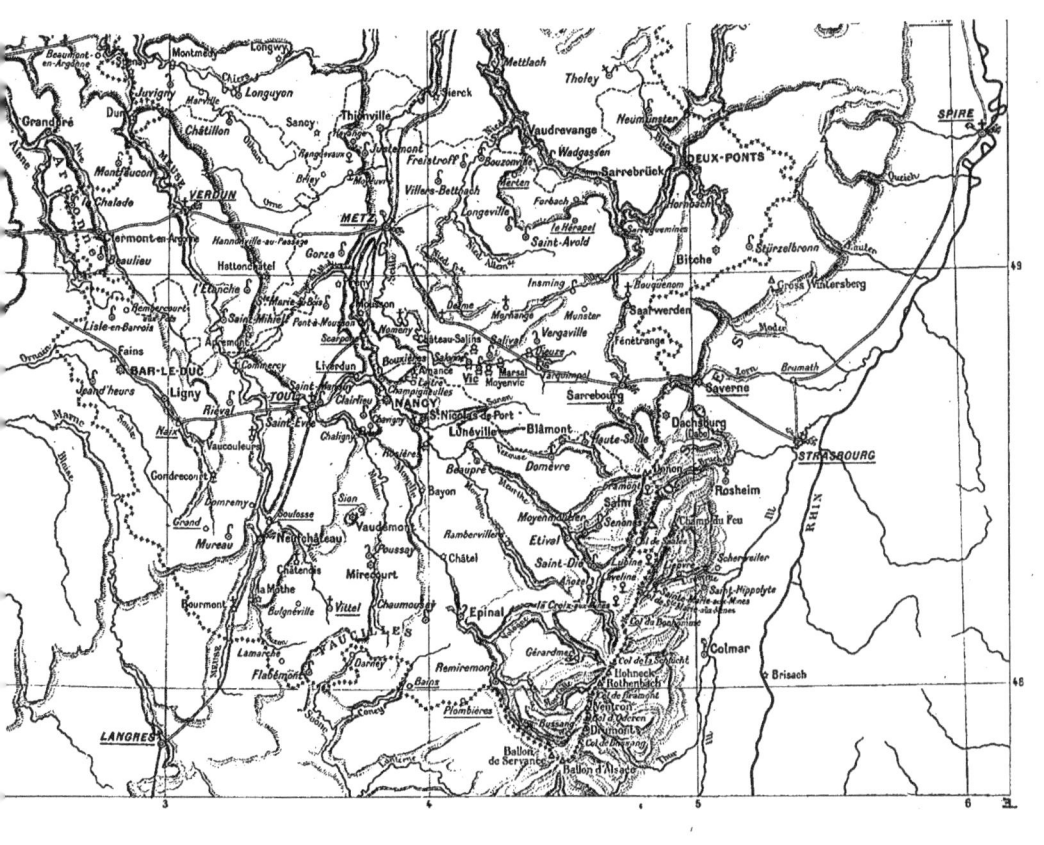

TABLE DES MATIÈRES

	Pages
AVANT-PROPOS.	V
BIBLIOGRAPHIE GÉNÉRALE.	XIII
INTRODUCTION. — Géographie de la région lorraine.	1

PREMIÈRE PARTIE

Livre unique. — Les origines (jusqu'en 511). 9

CHAPITRE PREMIER. — Les temps préhistoriques 9

I. L'âge de la pierre, p. 10. — II. L'âge du bronze, p. 13. — III. Période de Hallstatt et premiers temps de la période de la Tène, p. 15. — IV. Les enceintes fortifiées, p. 17.

CHAPITRE II. — Les temps protohistoriques. Les peuples belges de la Moselle. Fin de la période de la Tène. 19

I. Territoire, institutions, civilisation et religion des peuples belges de la Moselle, p. 19. — II. Les Belges de la Moselle, les Germains et César, p. 25.

CHAPITRE III. — La Belgique romaine. 29

I. Histoire des cités belges de la Moselle sous la domination romaine, p. 31. — II. L'organisation sociale. Les institutions politiques et administratives des cités belges de la Moselle, p. 34. — 1º L'organisation sociale, p. 34. — 2º Les institutions politiques et administratives, p. 37. — A. Première période : du règne d'Auguste jusqu'à la fin du III siècle, p. 38. — B. Deuxième période : de l'avènement de Dioclétien aux grandes invasions, p. 43. — III. La vie matérielle, la vie économique, p. 45. — 1º La vie matérielle, p. 45. — 2º La vie économique, p. 48. — IV. La civilisation littéraire et artistique, p. 53. — 1º La langue, l'enseignement et la littérature, p. 53. — 2º Les arts, p. 54. — 3º Les distractions, p. 56. — V. La religion et les mœurs, p. 56.

Pages

CHAPITRE IV. — Le christianisme. 60

I. Les origines du christianisme dans la première Belgique et la fondation des diocèses, p. 61. — 1° Difficultés auxquelles se heurtait le christianisme, p. 61. — 2° La théorie de l'apostolicité, p. 62. — 3° Les premiers évêques, p. 64. — II. Histoire du christianisme dans la première Belgique du IVe siècle au début du Ve, p. 66. — 1° Les progrès du christianisme, p. 66. — 2° L'union de l'Eglise et de l'Etat, p. 67. — 3° Les circonscriptions ecclésiastiques et le clergé, p. 69. — III. Valeur morale du clergé et des fidèles, p. 72.

CHAPITRE V. — Les invasions barbares. L'établissement des Francs et des Alamans dans la première Belgique. . . . 75

I. Quels sont les barbares qui ont pénétré dans notre pays, p. 76. — II. A quelle époque, à quel titre Francs et Alamans se sont-ils établis dans la première Belgique, p. 77. — III. Comment Francs et Alamans se sont-ils répartis dans la première Belgique, p. 81. — IV. Quels pays les barbares ont-ils occupés, p. 83. — V. Dans quelles conditions les barbares se sont-ils établis, p. 86. — VI. Que devint la population gallo-romaine, p. 87. — VII. Conséquences des invasions des barbares et de leur établissement dans la première Belgique, p. 87.

Résumé sur la période des origines. 88

DEUXIÈME PARTIE

Livre unique. — L'époque franque (511-925).   92

CHAPITRE PREMIER. — Histoire de la région lorraine de 511 à 925. 93

I. L'Austrasie mérovingienne, p. 94. — 1° L'Austrasie de 511 à 613, p. 95. — 2° L'Austrasie de 613 à 679, p. 100. — 3° L'Austrasie de 679 à 751, p. 101. — II. La monarchie carolingienne de 751 à 840, p. 103. — III. Le royaume de Lotharingie (840-925), p. 106. — 1° La Lotharingie de 840 à 869, p. 106. — 2° La Lotharingie partagée entre la France et l'Allemagne (869-879), p. 111. — 3° La Lotharingie unie à la France orientale (879-895), p. 112. — 4° La Lotharingie indépendante (895-900), p. 113. — 5° La Lotharingie, royaume autonome uni à l'Allemagne, puis à la France (911-923) p. 114.

CHAPITRE II. — Les institutions de l'époque franque. Les origines du régime féodal. 116

I. Les classes sociales, p. 117. — II. Le pays et ses divisions,

p. 120. — III. Le gouvernement et l'administration, p. 122. — 1º La royauté et l'administration centrale, p. 122. — 2º L'administration provinciale, p. 124. — 3º Les services publics, p. 126. — A. La justice, la législation, p. 126. — B. L'armée, p. 131. — C. Les finances, p. 132. — IV. Les origines du régime féodal, p. 133.

CHAPITRE III. — La vie matérielle. La vie économique. . . . 137
I. La vie matérielle, p. 138. — II. La vie économique, p. 140. — 1º L'agriculture, p. 141. — 2º L'industrie, p. 146. — 3º Le commerce, p. 147.

CHAPITRE IV. — L'enseignement, la littérature et les arts. . 149
I. L'enseignement, la langue et la littérature, p. 150. — 1º L'époque mérovingienne, p. 150. — 2º L'époque carolingienne, p. 151. — II. Les beaux-arts, p. 154.

CHAPITRE V. — L'Eglise et les mœurs à l'époque franque. . 156
I. L'époque mérovingienne, p. 157. — 1º L'Eglise séculière, p. 157. — 2º L'Eglise régulière, p. 161. — 3º La situation matérielle du clergé, p. 164. — 4º L'Eglise et la société laïque, p. 165. — 5º L'Eglise franque et la papauté, p. 166. — 6º L'état moral de la société, p. 166. — II. Le principat de Charles Martel, p. 168. — III. L'époque carolingienne jusqu'en 840, p. 169. — 1º La réforme de l'Eglise franque, p. 169. — 2º L'Eglise séculière, p. 170. — 3º L'Eglise régulière, p. 171. — 4º Réformes diverses, p. 172. — 5º La situation matérielle de l'Eglise, p. 172. — 6º L'Eglise et la société laïque, p. 172. — 7º L'Eglise franque et la papauté, p. 173. — 8º L'état moral de la société, p. 173. — IV. La fin de l'époque carolingienne (840-925), p. 173. — 1º L'Eglise séculière, p. 174. — 2º L'Eglise régulière, p. 175. — 3º La situation matérielle de l'Eglise, p. 175. — 4º L'Eglise et la société laïque, p. 176. — 5º Le rôle de la papauté, p. 170. — 6º L'état moral de la société, p. 177.
Résumé sur l'époque franque. . . . . 178.

TROISIÈME PARTIE

Livre unique. — La période allemande (925-1270). . 182

CHAPITRE PREMIER. — Histoire de la région lorraine de 925 à 1122 184
I. La Lotharingie de 925 à 959, p. 186. — II. La Mosellane ou

Haute-Lorraine de 959 à 1033, p. 188. — III. La Haute-Lorraine de 1033 à 1047, p. 197. — IV. La Haute-Lorraine de 1047 à 1076, p. 198. — V. La Querelle des Investitures (1076-1122), p. 200.

CHAPITRE II. — La région lorraine de 1122 à 1270. 209

I. La région lorraine de 1122 à 1152, p. 211. — II. La région lorraine de 1152 à 1197, p. 213. — III. La région lorraine de 1197 à 1220, p. 219. — IV. La région lorraine de 1220 à 1270, p. 223.

CHAPITRE III. — Les institutions de l'époque allemande. . . 228

I. Les classes sociales, p. 229. — II. Les divisions du pays, p. 231. — III. Les institutions, p. 233. — 1° Les institutions centrales, p. 233. — 2° Les ducs, les comtes et les prélats, p. 233. — A. Caractères des dignités de duc et de comte, p. 233. — B. Transmission des dignités de duc et de comte, p. 234. — C. La hiérarchie féodale. Obligations des suzerains et des vassaux, p. 237. — D. Titres et insignes des ducs et des comtes, p. 238. — E. Droits et prérogatives des ducs et des comtes, p. 238. — F. Assemblées convoquées par les ducs, p. 239. — G. Auxiliaires des ducs et des comtes, p. 239. — 3° Les services publics, p. 240. — A. La législation, la justice, p. 240. — B. L'armée, p. 242. — C. Les finances, p. 244. — 4° Les villes épiscopales, p. 245. — 5° Les villes et les villages à la loi de Beaumont, p. 246.

CHAPITRE IV. — La vie matérielle, les distractions et la vie économique du X⁰ au XIII⁰ siècle. 247

I. La vie matérielle, les distractions, p. 247. — II. La vie économique, p. 252. — 1° L'agriculture, p. 252. — 2° L'industrie, p. 254. — 3° Le commerce, p. 256.

CHAPITRE V. — L'enseignement, la littérature et les arts. . . 260

I. L'enseignement, p. 262. — II. Les langues et la littérature, p. 264. — 1° Les langues, p. 264. — 2° La littérature latine, p. 264. — A. La prose, p. 264. — B. La poésie, p. 266. — 3° La littérature romane, p. 267. — A. La prose, p. 267. — B. La poésie, p. 268. — III. Les beaux-arts, p. 276. — 1° L'architecture, p. 277. — 2° La sculpture et la peinture, p. 279. — 3° Les arts mineurs, p. 280.

CHAPITRE VI. — L'Eglise et les mœurs dans la région lorraine du X⁰ au XIII⁰ siècle. 281

I. L'Eglise lorraine de 925 à 1076, p. 281. — 1° L'Eglise séculière, p. 282. — 2° L'Eglise régulière, p. 283. — 3° Situation matérielle de l'Eglise. L'Eglise et la société laïque, p. 287. — 4° L'Eglise lorraine et la papauté, p. 289. — 5° L'état moral de la société, p. 290. — II. La Querelle des Investitures (1076-1122), p. 292. — III. L'Eglise lorraine de 1122 à 1270, p. 293. — 1° L'Eglise séculière, p. 293. — 2° L'Eglise régulière, p. 297. — A. Les ordres anciens, p. 297. — B. Les ordres nouveaux, p. 298. — 3° Situation matérielle de l'Eglise. L'Eglise et les princes, p. 300. — 4° L'Eglise lorraine et la papauté, p. 302. — 5° L'état moral de la société, p. 303.

Résumé sur la période allemande. 305

QUATRIÈME PARTIE

Les progrès de la France (1270-1812). 309

Livre premier. — Première période d'influence française (1270-1552). 312

CHAPITRE PREMIER. — La région lorraine de 1270 à 1431. . . 313

I. La région lorraine de 1270 à 1346, p. 315. — 1° Histoire intérieure des principautés lorraines, p. 315. — 2° Luttes des principautés lorraines les unes contre les autres, p. 317. — 3° Les principautés lorraines et l'Empire, p. 319. — 4° Les principautés lorraines et la France, p. 320. — II. La région lorraine de 1346 à 1431, p. 326. — 1° Histoire intérieure des principautés lorraines, p. 326. — 2° Luttes des principautés lorraines les unes contre les autres, p. 330. — 3° Les principautés lorraines et l'Empire, p. 332. — 4° Les principautés lorraines et la France, p. 333.

CHAPITRE II. — La région lorraine de 1431 à 1552. 338

I. La région lorraine de 1431 à 1473, p. 340. — 1° Histoire intérieure des principautés lorraines, p. 340. — 2° Luttes des principautés lorraines, les unes contre les autres, p. 342. — 3° Les principautés lorraines et l'Empire, p. 348. — 4° Les principautés lorraines, la France et la Bourgogne, p. 348. — II. La région lorraine de 1473 à 1485, p. 350. — 1° Histoire intérieure des principautés lorraines, p. 351. — 2° Les principautés lorraines et l'Empire, p. 352. — 3° Les principautés lorraines, la France et la Bourgogne, p. 353. — III. La région lorraine de 1485 à 1552, p. 360. — 1° Histoire intérieure des principautés lorraines, p. 362. — 2° Rapports des principautés lorraines entre elles, p. 363. — A. Les ducs lorrains et les évêchés, p. 363. — B. Les ducs lorrains et les républiques municipales, p. 365. — 3° Guerres féodales et guerre des Rustauds, p. 366. — A. Guerres féodales, p. 366. — B. Guerre des Rustauds, p. 367. — 4° Les principautés lorraines et l'Empire, p. 368. — 5° Les principautés lorraines et la France, p. 370. — A. Les Valois et les principautés lorraines de 1485 à 1521, p. 370. — B. Les Valois et les principautés lorraines de 1521 à 1552, p. 371.

CHAPITRE III. — Les institutions de la Lorraine et du Barrois du XIIIe au XVIe siècle. 374

I. Les classes sociales, p. 374. — 1° Les nobles, p. 374. — 2° Les roturiers libres, p. 375. — 3° Les serfs, p. 376. — II. Les divisions de la Lorraine et du Barrois, p. 377. — III. Les institutions des duchés de Lorraine et de Bar, p. 378. — 1° Le pouvoir ducal, p. 378. — 2° Les États généraux, p. 381. — 3° Les auxiliaires des ducs, p. 384. — A. L'administration centrale, p. 384. — B. L'administration locale, p. 385. — 4° Les services publics, p. 388. — A. La législation, la justice, p. 388. — B. L'armée, p. 392. — C. Les finances, p. 393. — 5° Les fiefs, p. 395. — 6° Les ducs, les seigneurs et leurs sujets, p. 396. — IV. Relations juridiques des duchés de Lorraine et de Bar avec l'Empire, avec la France et avec les États voisins, p. 397. — 1° Relations féodales des ducs de Lorraine et des ducs de Bar avec l'Empire et avec la France, p. 398. — A. Relations féodales avec l'Empire, p. 398. — B. Relations féodales avec la France, p. 400. — C. Relations féodales avec l'évêque de Verdun, p. 401. — 2° Relations de la Lorraine et du Barrois avec les États voisins, p. 401.

CHAPITRE IV. — Les institutions des principautés ecclésiastiques et des républiques municipales de Metz, de Toul et de Verdun. 402

I. Les principautés ecclésiastiques, p. 402. — II. Les républiques municipales de Metz, de Toul et de Verdun, p. 406. — 1° Toul, p. 406. — A. Les classes sociales, p. 407. — B. Le gouvernement, p. 407. — C. Les fonctionnaires, p. 408. — D. Les services publics, p. 409. — E. Rapports de Toul avec l'évêque, avec l'Empire, avec la France, p. 410. — 2° Verdun, p. 411. — A. Les classes sociales, p. 411. — B. Le gouvernement, p. 412. — C. Les fonctionnaires, p. 414. — D. Les services publics, p. 414. — E. Rapports de Verdun avec l'évêque, avec l'Empire, avec la France, p. 415. — 3° Metz, p. 417. A. Les classes sociales, p. 418. — B. Le gouvernement, p. 418. — C. Les fonctionnaires, p. 421. — D. Les services publics, p. 423. — E. Le pays messin, p. 425. — F. Rapports de Metz avec l'évêque, avec l'Empire, avec la France, p. 426. — 4° Ressemblances et différences entre les institutions des trois villes épiscopales, p. 428.

CHAPITRE V. — La vie matérielle, les distractions et la vie économique du XIIIe au XVIe siècle. 430

I. La vie matérielle, p. 431. — 1° L'alimentation, p. 431. — 2° Les maladies et l'assistance publique, p. 432. — 3° Les vêtements, p. 433. — 4° L'armement, p. 434. — 5° L'habitation, p. 434. — 6° Usages particuliers aux baptêmes, aux mariages et aux funérailles, p. 435. — 7° Les distractions, p. 435. — 8° Les sépultures, p. 438. — II. La vie économique, p. 439. — 1° L'agriculture, p. 439. — 2° L'industrie, p. 442. — A. Les industries extractives et métallurgiques, p. 442. — B. Les verreries, p. 444. — C. Les industries textiles, la papeterie, l'imprimerie, p. 445. — D. L'organisation du travail. Les corporations, p. 446. — 3° Le commerce, p. 450.

CHAPITRE VI. — L'enseignement, les langues, la littérature, les sciences et les arts dans la région lorraine du XIIIe au XVIe siècle. 455

I. L'enseignement, p. 457. — II. Les langues, la littérature et les sciences, p. 460. — 1° Les langues, p. 460. — 2° Les littératures latine, française et allemande à la fin du moyen âge, p. 461. — 3° Les littératures latine, française et allemande à l'époque de la Renaissance, p. 462. — A. La littérature latine, p. 462. — B. La littérature française, p. 463. — C. La littérature allemande, p. 466. — 4° Les sciences, p. 466. — III. Les beaux-arts, p. 466. — 1° Les arts durant la période gothique, p. 467. — A. L'architecture, p. 467. — B. La sculpture, p. 471. — C. La peinture, p. 472. — D. Les arts mineurs, p. 472. — 2° Les arts à l'époque de la Renaissance, p. 472. — A. L'architecture, p. 473. — B. La sculpture, p. 474. — C. La peinture, p. 476.

CHAPITRE VII. — L'Église et les mœurs du XIIIe au XVIe siècle. 477

I. L'Église séculière, p. 478. — 1° L'épiscopat, p. 478. — 2° Les auxiliaires de l'évêque, p. 481. — 3° Les chapitres, p. 481. — 4° Le clergé paroissial, p. 482. — 5° Rapports des évêques avec les chapitres et avec le clergé paroissial, p. 483. — II. L'Eglise régulière, p. 483. — 1° Les ordres anciens, p. 483. — 2° Les ordres nouveaux, p. 484. — III. Rapports entre les deux clergés, p. 485. — IV. Action du clergé, p. 485. — V. Situation matérielle du clergé, p. 488. — VI. L'Eglise lorraine et la papauté, p. 489. — VII. L'Eglise et l'Etat, p. 491. — VIII. L'état moral de la société, p. 493. — IX. Les tentatives de réforme, p. 496. — X. La Réforme protestante, p. 498. — 1° Le protestantisme dans les principautés laïques, p. 499. — 2° Le protestantisme à Metz, à Toul et à Verdun, p. 500.

Résumé sur la première période française. 504
Additions et corrections. 511
Table des planches hors texte (gravures et carte). . . . 519
Table des matières. 521

Éditions A. PICARD, 82, rue Bonaparte, Paris.

LES SOURCES DE L'HISTOIRE DE FRANCE

VOLUMES PUBLIÉS :

PREMIÈRE PARTIE. — *Des Origines aux Guerres d'Italie(1494)*, par Auguste MOLINIER.
    I. — Époque primitive : Mérovingiens et Carolingiens, 1 vol. in-8°.
    II. — Époque féodale : Les Capétiens jusqu'en 1180, 1 vol. in-8°.
    III. — Les Capétiens (1180-1328), 1 vol. in-8°.
    IV. — Les Valois (1328-1461), 1 vol. in 8°.
    V. — Les Valois (1461-1494) et introduction générale, 1 vol. in-8°.
    VI. — Table générale des matières des cinq fascicules rédigée par M. POLAIN.

DEUXIÈME PARTIE. — *Le XVIe siècle (1494-1610)*, par Henri HAUSER.
    I. — Les premières guerres d'Italie. — Charles VIII et Louis XI (1494-1515), 1 vol. in-8°.
    II. — François Ier et Henri II (1515-1589), 1 vol. in-8°.
    III. — Les guerres de religions (1559 1589), 1 vol. in-8°.
    IV. — Henri IV (1589-1610), 1 vol. in-8°.
    Chaque volume broché : **10 francs** ; relié toile : **15 francs**.

TROISIÈME PARTIE. — *Le XVIIe siècle (1610-1716)*, par E. BOURGEOIS et L. ANDRÉ.
    I. — Géographie et Histoire générale, 1 vol. in-8°.
    II. — Mémoires et lettres, 1 vol. in-8°.
    III. — Bibliographies. Recueils de biographies. Biographies individuelles.
    IV. — Journaux et Pamphlets, 1 vol.
    Chaque volume broché : **15 francs** ; relié toile : **25 francs**.

CHEVALIER (Ulysse). — *Répertoire des Sources historiques du moyen âge.*
BIO-BIBLIOGRAPHIE, 2e édition, et TOPO-BIBLIOGRAPHIE, 4 vol. grand in-8°. . . . . **250 fr.**
La BIO-BIBLIOGRAPHIE seule, 2 vol. . . . . **175 fr.**

Manuels des Sciences auxiliaires de l'Histoire

LANGLOIS (Ch.-V.) et STEIN (H.). — *Les archives de l'Histoire de France*, 1 vol in-8°.
STEIN (H). — *Manuel de bibliographie générale (Bibliotheca Bibliographica nova)*, 1 vol. in 8°. Épuisé.
STEIN (H). — *Bibliographie générale des cartulaires manuscrits ou relatifs à l'Histoire de France*, 1 vol. in-8°.
    Broché : **30 fr.** ; relié toile : **40 francs**.